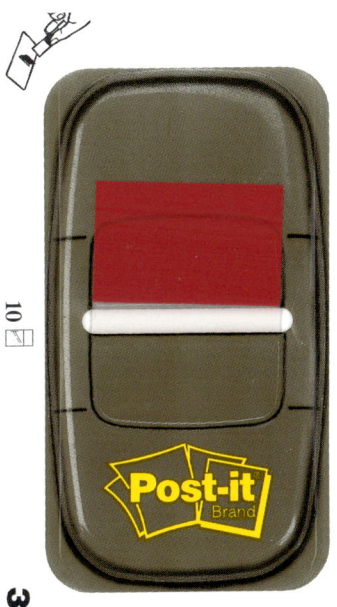

Vor der Reise
Guatemala Ciudad
Anhang

Reisetipps
Das zentrale Hochland
Kartenatlas

Land und Natur
Das westliche Hochland

Staat und Gesellschaft
El Quiché

Die Menschen
Alta und Baja Verapaz

Izabal-See und Karibik

Der Petén

Der Oriente

Costa Sur

Barbara Honner
Guatemala

„Guatemala ist ein surrealistisches Land. Alle Menschen, Landschaften und Dinge, alles schwebt in einem surrealistischen Klima von Wahnsinn und übereinanderliegenden Bildern."
Miguel Ángel Asturias, 1954
(Guatemaltekischer Literaturnobelpreisträger)

Impressum

Barbara Honner
Guatemala

erschienen im
REISE KNOW-HOW Verlag Peter Rump GmbH
Osnabrücker Str. 79
33649 Bielefeld

© Peter Rump 1991, 1993, 1995, 1997, 1999, 2001
7., komplett aktualisierte Auflage 2005

Alle Rechte vorbehalten.

Gestaltung
  Umschlag: M. Schömann, P. Rump (Layout),
    Günter Pawlak (Realisierung)
  Inhalt: Günter Pawlak (Layout und Realisierung)
  Fotos: Barbara Honner, Axel Heller und
    Freunde aus Mietingen,
    Stuttgart und Guatemala
  Umschlagfoto: David Unger
  Karten: der Verlag, Catherine Raisin

Lektorat (Aktualisierung): Andrea Hesse

Druck und Bindung
Fuldaer Verlagsagentur

ISBN: 3-8317-1315-4
Printed in Germany

Dieses Buch ist erhältlich in jeder Buchhandlung
Deutschlands, der Schweiz, Österreichs, Belgiens
und der Niederlande.
Bitte informieren Sie Ihren Buchhändler
über folgende Bezugsadressen:
Deutschland
  Prolit GmbH, Postfach 9
  D-35461 Fernwald (Annerod)
  sowie alle Barsortimente
Schweiz
  AVA-buch 2000
  Postfach, CH-8910 Affoltern
Österreich
  Mohr Morawa Buchvertrieb GmbH
  Sulzengasse 2, A-1230 Wien
Niederlande, Belgien
  Willems Adventure
  Postbus 403, NL-3140 AK Maassluis

Wer im Buchhandel trotzdem kein Glück hat,
bekommt unsere Bücher auch direkt über
den Verlag oder unseren **Büchershop
im Internet: www.reise-know-how.de**

*Wir freuen uns über Kritik, Kommentare
und Verbesserungsvorschläge.*

*Alle Informationen in diesem Buch sind von
der Autorin mit größter Sorgfalt gesammelt
und vom Lektorat des Verlages gewissenhaft
bearbeitet und überprüft worden.*

*Da inhaltliche und sachliche Fehler nicht
ausgeschlossen werden können, erklärt der
Verlag, dass alle Angaben im Sinne der
Produkthaftung ohne Garantie erfolgen und
dass Verlag wie Autorin keinerlei Verantwortung
und Haftung für inhaltliche und sachliche
Fehler übernehmen.*

*Die Nennung von Firmen und ihren Produkten
und ihre Reihenfolge sind als Beispiel ohne
Wertung gegenüber anderen anzusehen.
Qualitäts- und Quantitätsangaben sind rein
subjektive Einschätzungen der Autorin und
dienen keinesfalls der Bewerbung von Firmen
oder Produkten.*

Barbara Honner

Guatemala

Danksagung

*Die Autorin dankt **René Meier**, **Dieter Richter** und **Robert Heuer** für ihre Mitwirkung bei dieser Auflage.*

REISE KNOW-HOW im Internet

Aktuelle Reisetipps und Neuigkeiten
Ergänzungen nach Redaktionsschluss
Büchershop und Sonderangebote
Weiterführende Links zu über 100 Ländern

www.reise-know-how.de
info@reise-know-how.de

Wir freuen uns über Anregung und Kritik.

Vorwort

Guatemala – Besuch im Land der Chapínes und Maya. So nennen sich die Ladinos und die Indígenas Guatemalas. Die einen stammen aus der Verschmelzung von Einheimischen und Spaniern, die anderen nennen sich im Zuge eines neuen Selbstbewusstseins wieder stolz „Maya". Beide Ethnien sind im Land etwa gleich stark vertreten, doch kann von Gleichheit und Gleichbehandlung aller Guatemalteken nicht die Rede sein.

Der Besucher wird also im „Land des ewigen Frühlings" auf Gegensätze, Unterschiede und Ungereimtheiten treffen. Die Allgegenwart weit auseinander liegender kultureller Epochen – Maya-Zeit, Kolonialismus und Moderne – prägt das Leben in Guatemala in einzigartiger Weise. Aber auch die abwechslungsreiche Landesnatur mit ihren Küsten, Hochplateaus, Vulkanen, Regenwäldern und Seen fasziniert Jahr für Jahr mehr Europäer. Einen der nachhaltigsten Eindrücke wird der Reisende jedoch von der Fremdartigkeit indigener Kultur- und Lebensformen mit nach Hause nehmen.

Diese haben sich die Maya durch alle Epochen der guatemaltekischen Geschichte bewahrt. Das ist besonders bemerkenswert im Hinblick auf die jüngste Vergangenheit, die durch 36 Jahre Bürgerkrieg gekennzeichnet ist, dessen Opfer mehrheitlich der Mayabevölkerung angehören. Mit dem Abschluss der Friedensverträge 1996 sollte eine neue Zeit in Guatemala beginnen. Doch scheint es ein weiter und beschwerlicher Weg zu sein, nicht nur den Maya längst überfällige Rechte zu garantieren, sondern auch eine neue politische und soziale Kultur zu begründen. So leidet die Gegenwart noch immer unter den Auswirkungen der Vergangenheit, wie dem Leser in den entsprechenden Kapiteln offen und kritisch dargelegt wird. „Wir haben nichts aus der Geschichte gelernt. Wir nehmen unsere Verantwortung nicht wahr bezüglich dessen, was im bewaffneten Konflikt passiert ist", stellt *Helen Mack,* Guatemalas bekannteste Menschenrechtsaktivistin, bedauernd fest. Es ist kein Nachteil, auch von den Schattenseiten eines Landes zu wissen, das man bereist und kennen lernen will. Guatemala wird sich seinen Besuchern trotzdem als eines der aufregendsten und schönsten Länder der Welt präsentieren.

Zum Verständnis der gegenwärtigen Situation des Landes gibt dieser Reiseführer wertvolle Hintergrundinformationen mit auf den Weg. Dennoch wird dem Besucher in Guatemala vieles rätselhaft und geheimnisvoll bleiben – gemäß der Einschätzung *Miguel Ángel Asturias'* (vgl. S. 3).

Hinweise zur Benutzung

Dieser **Guatemala-Reiseführer** besteht im Wesentlichen aus drei Teilen: einem praktischen Teil mit Tipps und Informationen für die Zeit vor und während der Reise, einem ausführlichen landeskundlichen Teil für entsprechendes Background-Wissen über Guatemala und einem detaillierten Reiseteil mit allen notwendigen Infos, die bewusstes, unkompliziertes und erlebnisreiches Reisen im Land ermöglichen. Stadtpläne erleichtern das Zurechtfinden in den Zentren, Karten verschaffen einen Überblick über das Land und verdeutlichen landeskundliche Merkmale. Hin und wieder wird der Leser auf Exkurse stoßen, die ein bestimmtes Thema vertiefen, z. B. die Wesenszüge einer kolonialen Stadt, die Geschichte der *United Fruit Company* in Guatemala, die Einwanderung der deutschen Kaffeepflanzer im 19. Jahrhundert und anderes Historisches oder Aktuelles, das der eingehenden Besprechung wert ist.

Der Reiseteil beschreibt unterschiedliche Natur- bzw. Kulturräume, die, ausgehend von Städten oder größeren Orten, leicht zu „erforschen" sind. Die einzelnen Regionen folgen so aufeinander, dass sie bei einer ausreichenden Dauer des Aufenthaltes im Land eine große Rundreise ergeben könnten. Genauso gut kann man aber sein eigenes Programm nach Lust und Laune zusammenstellen und findet dafür die entsprechenden Empfehlungen und Tipps. Auch wer sich abseits der großen Verbindungen für das Hinterland Guatemalas interessiert, erfährt hierzu alles Wissenswerte, Nützliche und Notwendige. Für alle, die weniger Zeit haben und doch möglichst viel erleben wollen, gibt es **Tourenvorschläge** unterschiedlicher Dauer und „Schwierigkeitsgrade". Über die kurze Skizzierung hinaus sind alle Punkte innerhalb des großen Reiseteils detailliert beschrieben.

Die Informationen über Verbindungen, Hotels und Restaurants sind umso ausführlicher gehalten, je größer der Ort und je lohnenswerter der Aufenthalt dort ist. Bei ausgesprochenen Touristenzentren ermöglicht ein **Verzeichnis von A bis Z** einen schnellen Überblick über Adressen, Öffnungszeiten u. Ä. Die Auflistung von Hotels und *hospedajes* berücksichtigt alle Kategorien, je nach Anspruch und Geldbeutel.

Die Preise beziehen sich jeweils auf ein Einzel-, Doppel- bzw. Dreibettzimmer. Auch ist zu beachten, dass das Vorhandensein bzw. Fehlen einer Toilette oder Dusche (*sin/con baño*) meist noch einen kleinen Preisunterschied ausmacht.

Nach einem im ersten Moment chaotischen, im Grunde genommen aber schnell zu durchschauenden System funktioniert das öffentliche Transportwesen Guatemalas, das ganz und gar auf Bussen basiert (abgesehen von ein paar wenigen Inlandflugstrecken). Wer locker und stressfrei durchs Land kommen will, sollte sich ein paar „Grundkenntnisse" des Busfahrens in

Guatemala zu Eigen machen, die im Kapitel **„Reisen mit dem Bus"** erläutert werden. Es enthält außerdem eine Übersicht über die wichtigsten Busverbindungen, Abfahrtszeiten, *terminales* (Busbahnhöfe), Umsteigepunkte sowie Informationen über Fahrtdauer und Straßenzustand.

Hin und wieder steht jedoch weniger die Erreichbarkeit eines Ortes im Vordergrund als vielmehr dessen Existenz. Die Beschreibung beispielsweise von weit abgelegenen Dörfern in den Cuchumatanes oder nur schwer erreichbaren Mayastätten im Dschungelgebiet des Petén soll in erster Linie etwas über ihr Vorhandensein erzählen. Denn oft gibt es nicht (mehr) viel zu sehen, aber die Geschichte und Geschichten der Vergangenheit und Gegenwart oder ihre historische Bedeutung rechtfertigen die Erwähnung. Der Reiseführer kann also nicht nur benutzt, sondern auch gelesen werden. Desgleichen geht die Beschreibung von leicht zugänglichen Landstrichen, Dörfern und Sehenswürdigkeiten an vielen Stellen über das unmittelbar und konkret Örtliche hinaus. So steckt allgemein **Wissenswertes** und **Interessantes** überall im Buch.

Ein farbiger **Kartenatlas** am Ende des Buches gibt einen Überblick über das gesamte Land, wobei Verweise auf römische Seitenzahlen in den Kopfzeilen das Auffinden des gewünschten Kartenausschnittes erleichtern.

Ein ausführliches Register und ein Verzeichnis der Karten im **Anhang** erleichtern den Zugriff auf gesuchte Informationen.

Zu guter Letzt sei darauf hingewiesen, dass ein Reiseführer niemals eine Informationsgarantie gewähren kann. Viel zu schnell ändert sich viel zu viel in einem Land wie Guatemala. Ein Reiseführer ersetzt nicht selbstständiges Reisen. Ebensowenig will er eigene Entdeckungen und Erfahrungen vorwegnehmen.

In diesem Sinne:
Bienvenido a Guatemala y buen viaje!

Barbara Honner

Abkürzungen

apdo.	Apartado postal – Postfach
Av.	Avenida – Straße
Blvd.	Boulevard – Straße
CA	Carretera – (Schnell-) Straße
C.A.	Centro América – Zentralamerika
Col.	Colonia
Dept.	Departamento – Provinz, „Bundesland"
Edif.	Edificio – Gebäude
E.E.U.U.	Estados Unidos – Vereinigte Staaten
lb.	Libra – 454 Gramm
ote.	Oriente – östlich
pte.	Poniente – westlich
Q	Quetzal
S. A.	Sociedad Anónima
Z	Zona – Zone

Inhalt

Vorwort	7
Hinweise zur Benutzung	8

Vor der Reise

Basisdaten Guatemala	16
Wichtige Informationen vor der Reise	17

Praktische Reisetipps A–Z

Ankunft	26
Aufenthaltsverlängerung	26
Ausreise	27
Banken	27
Betteln	27
Busfahren	28
Camping	29
Diebstahl	29
Diplomatische Vertretungen	30
Drogen	31
Einkaufen und Handeln	32
Eisenbahn	32
Essen und Trinken	33
Fiesta- und Festtagskalender	35, 38
Fluggesellschaften	36
Fotografieren	36
Frauen allein unterwegs	37
Fremdenverkehrsämter	40
Gesundheit	41
Gringo	42
Hotels und Hospedajes	42
Kommunikation	43
Kontakte	44
Märkte	44
Maße und Gewichte	45
Mehrwertsteuer	45
Mietwagen	46
Notrufe	46
Öffnungszeiten	46
Orientierung	47
Post	47
Sprache	48, 50
Taxis	50
Telefonieren	50
Trampen	51
Trinkgeld	51
Ungeziefer	52
Verkehr und Straßenverhältnisse	52
Zeitungen	54
Zoll	55

Land und Natur

Naturraum	58
Vulkane und Erdbeben	61
Klima	62
Pflanzen- und Tierwelt	66

Staat und Gesellschaft

Zeittafel	72
Geschichte	75
Staat und Politik	86
Wirtschaft	106

Die Menschen

Bevölkerung	126
Kultur	136
Kirche	163
Die Maya	169

Reisen in Guatemala

Reiseziele	186
Reiserouten	188
Reisen mit dem Bus	190

Guatemala Ciudad

Guatemala Ciudad	202
Die südliche Umgebung	230

Das zentrale Hochland

Zwischen Guatemala Ciudad und Chimaltenango	235
Chimaltenango	239
Die Umgebung von Chimaltenango	240
Antigua	244

Die Umgebung von Antigua	265
Atitlán-See	269
Rund um den Atitlán-See	281

Das westliche Hochland

Vom Atitlán-See nach Quetzaltenango	289
Quetzaltenango	291
Die Umgebung von Quetzaltenango	305
Richtung Norden	306
Richtung Süden und Westen	311
San Marcos	318
Die Umgebung von San Marcos	320
Huehuetenango	323
Die Umgebung von Huehuetenango	327

Exkurse

Huelga de Dolores	105
CACIF	118
Migration – ein Wirtschaftsfaktor	123
Die Farben der Maya	143
Der Mais	146
Die Marimba	151
Miguel Ángel Asturias	160
Die Maras	220
Iximché	242
Die koloniale Stadt	254
100 Jahre guatemaltekische „Bierkultur"	300
Ein Maya-Gott in Nadelstreifen	315
Nahualismus	334
Triángulo Ixil	352
Rigoberta Menchú Túm	356
Rückkehr und Wiederansiedlung der Flüchtlinge	360
Der Quetzal	364
Ein Abenteuer der besonderen Art	372
Die Deutschen in Guatemala	376
Die Herrschaft der Bananen	392
Belize	418
Die Götter der Maya	430
Das große Geschäft mit den kleinen Kindern	460

Inhalt

El Quiché — 337

Von Los Encuentros nach Chichicastenango	339
Chichicastenango	340
Santa Cruz del Quiché	347
Die Umgebung von Santa Cruz del Quiché	349
Von Santa Cruz del Quiché nach Nebaj	350

Alta und Baja Verapaz — 357

Baja Verapaz	359
Alta Verapaz	366
Cobán	366
Die Umgebung von Cobán	373
Vom Alta Verapaz in den Petén	380
Duch das Polochic-Tal an den Izabal-See	382

Der Izabal-See und die Karibik — 387

Quiriguá	388
Puerto Barrios	394
Lívingston	397

Der Petén — 407

Von Modesto Méndez nach Flores	409
Flores	412
Tikal	419
Uaxactún	429
Sayaxché	432
Die Umgebung von Sayaxché	434

Der Oriente — 441

Dept. El Progreso	442
Dept. Zacapa	443
Dept. Jalapa	445
Dept. Jutiapa	445
Dept. Chiquimula	446
Abstecher nach Copán	449

Die Costa Sur – das pazifische Tiefland — 457

Von West nach Ost	459
Dept. Santa Rosa	467
Puerto San José	469
Von Escuintla nach Monterrico	471

Anhang

Literaturhinweise	478
Aktuelle Reise-Gesundheits-Informationen Guatemala	484
Register	492
Die Autorin	504
Kartenverzeichnis	504

Kartenatlas — nach 504

VOR DER REISE

Vor der Reise

Basisdaten Guatemala

Größe:
108.900 Quadratkilometer (etwa so groß wie Bayern und Baden-Württemberg)

Staatsform:
Präsidiale Republik

Präsident:
Oscar Berger (seit Januar 2004)

Hauptstadt:
Nueva Guatemala de Asunción, kurz: Guatemala Ciudad mit 1,5 Mio. Einwohnern. Inoffiziell hat die Hauptstadt bereits 2 Mio. Einwohner.

Einwohner:
Mit 12,5 Mio. Menschen das bevölkerungsreichste Land Mittelamerikas. Bis zum Jahr 2005 schätzt man 13 Mio. Ca. 1,6 Mio. Guatemalteken leben in den USA.

Bevölkerung:
50 % der Guatemalteken sind Indígenas, die 21 unterschiedlichen Ethnien angehören. Die andere Hälfte sind Ladinos (Mestizen), außerdem gibt es Schwarze sowie die Xinca, die beide nicht zur Maya-Sprachgruppe gehören.

Bevölkerungswachstum:
2,7-3 %. Im Durchschnitt hat eine guatemaltekische Familie vier bis fünf Kinder. Doch natürlich sind es bei den Indígenas auf dem Land mehr, bei den Ladinos in der Stadt weniger.

Sprache:
Offizielle Landessprache ist Spanisch; außerdem gibt es entsprechend der Maya-Ethnien 21 verschiedene Sprachen, sowie die der Garífunas und Xinca.

Klima:
15°C-25°C. Entsprechend der vielgestaltigen Topographie herrschen unterschiedliche Mikroklimata.

Wirtschaft:
Landwirtschaft (Agroindustrie) repräsentiert 50% des Exports. Tourismus ist seit langem zweitwichtigster Wirtschaftsfaktor.

Exportprodukte:
Kaffee, Zucker, Bananen, Kardamom, Erdöl, Fleisch, Minerale, nicht-traditionelle Produkte wie Blumen, Gemüse, chemische Produkte und Konfektionstextilien

Auslandsverschuldung:
Ca. 2,6 Milliarden US-Dollar

Inflation:
Rate schwankt zwischen 7 und 8 % jährlich

Gesundheit:
Zwei Drittel der Bevölkerung sind fehl- und unterernährt. Die Kindersterblichkeit liegt bei 40 pro 1000 unter 5 Jahren.

Bildung:
Etwa 29 % der Bevölkerung sind Analphabeten (laut Unesco 2001). Auf dem Land erhöht sich der Prozentsatz.

Wichtige Informationen vor der Reise

Anreise

Direktverbindungen aus dem deutschsprachigen Raum nach Guatemala bestehen bislang nicht. Es gibt aber eine Reihe von **Umsteigeverbindungen** mit Linienfluggesellschaften über Großstädte in Europa und den USA (ab 13 Std. Flugzeit).

Daneben gibt es eine lange Reihe von Flug-Varianten, bei denen man die Fluggesellschaft wechseln muss. Oft ist mehrmaliges Umsteigen billiger als ein Direktflug, es kostet aber dafür mehr Zeit und Nerven. Anschlussflieger warten in der Regel nicht, das Gepäck muss selbst umgecheckt werden, und je nach Land muss man trotz Weiterflug Zollformalitäten und Durchsuchungen über sich ergehen lassen. Bei Gepäckverlust fühlt sich erfahrungsgemäß zunächst keine Linie zuständig. Besonders schwierig wird es, wenn Gepäckstücke bei Zwischenflügen verloren gehen, deren Fluggesellschaft keine Vertretung im Land hat.

Anreise ab Mexiko: Der mittelamerikanische Konzern Grupo Taca fliegt ab Mexiko-City und Cancún. Daneben fliegt die mexikanische Fluglinie Mexicana Guatemala an. Billiger sind in jedem Fall Busfahrten. Gute Verbindungen gibt es von Mexico-City, Tuxla Guitiérrez und San Cristobal de Las Casas aus. Busse fahren nur bis zur Grenze. Abenteuerlicher ist die Einreise über den Petén, z. B. von Palenque oder Tenosique von Mexiko aus, oder über den Rio Naranjo per Boot. Das Wichtigste dabei ist, dass man nie ohne Ausreise- bzw. Einreisestempel das Land wechselt!

Fluggesellschaften

Die wichtigsten Verbindungen von Mitteleuropa nach Guatemala City:

- **American Airlines,** Internet: www.aa.com. Ab Frankfurt und Zürich über Dallas.
- **British Airways,** Internet: www.britishairways.com. Ab vielen Flughäfen in Deutschland, aber auch Wien und Zürich über London nach Miami und von dort mit American Airlines weiter nach Guatemala City.
- **Continental Airlines,** Internet: www.continental.com. Von Frankfurt via Houston.
- **Delta Airlines,** Internet: www.delta.com. Von Frankfurt, Stuttgart, München und Zürich via Atlanta (Übernachtung dort auf eigene Kosten).
- **Grupo Taca,** Internet: www.grupotaca.com. Für Anschlussflüge von den USA und Mexiko nach Guatemala.
- **Iberia,** Internet: www.iberia.de. Von vielen Flughäfen in Deutschland sowie Wien und Zürich via Madrid und in der Nebensaison zusätzlich via Miami.
- **Mexicana,** Internet: www.mexicana.com. Anschlussflüge von Mexiko nach Guatemala.
- **United Airlines,** Internet: www.united.com. Von Frankfurt und Zürich über Los Angeles oder San Francisco.

Rückbestätigung

Bei den meisten Airlines ist heutzutage die **Bestätigung des Rückfluges** nicht mehr notwendig. Allerdings empfehlen alle Airlines, sich dennoch telefonisch zu erkundigen, ob sich an der Flugzeit nichts geändert hat.

Wenn die Airline aber eine Rückbestätigung *(reconfirmation)* **bis 72 oder 48 Stunden vor Rückflug** verlangt, sollte man auf jeden Fall nachfragen, sonst kann es passieren, dass die Buchung bei der Airline gestrichen wird; der Flugtermin ist dahin. Das Ticket verfällt jedoch dadurch nicht.

WICHTIGE INFORMATIONEN VOR DER REISE

Ausrüstung

Guatemala hat die unterschiedlichsten Klimata von tropisch heißen Küstenregionen bis hin zu kalten Hochlandplateaus, wo besonders während der Trockenzeit in der Nacht die Temperaturen unter den Gefrierpunkt absinken können. Die Auswahl der **Kleidung** sollte entsprechend sein. In Guatemala ist jede Art von Kleidung erhältlich.

Am bequemsten reist es sich natürlich mit einem **Rucksack** ohne Tragegestell. Gepäckstücke werden auf Busfahrten nicht geschont. Etwas Flickzeug im Gepäck ist daher empfehlenswert. Da Guatemala eine herrliche Auswahl an kleinen Tages-Rucksäcken und Taschen aus den typischen Indígena-Stoffen hat, sollte man nicht zu viele kleinere Handgepäckstücke mitnehmen. Für den Rucksack ist ein Schloss empfehlenswert.

Wen **Moskitos** um den Schlaf bringen, wird ohne Netz nicht an die Küste oder in den Petén fahren können. Diese sind jedoch rar in Guatemala. Weniger effektiv, aber trotzdem nützlich sind Insekten abweisende Mittel.

Von allen wichtigen **Papieren** (Reisepass, Ticket) sollten Fotokopien angefertigt werden. Nicht vergessen, die Reisescheknummern zu notieren. Passfotos in Reserve können nützlich sein. Der nationale Führerschein wird anerkannt. Brustbeutel und Bauchgurte sind noch immer die beste Möglichkeit, Papiere zu verstauen. Zur Ausrüstung gehören auch Taschenlampe, Taschenmesser, Sprachführer, Sonnenschutz und Sonnenbrille.

Sehr empfehlenswert ist die Anfertigung eines **Inletts** aus Leintüchern. Zum einen verschmutzt der Schlafsack nicht so schnell, zum anderen ersetzt es ihn in heißen Gegenden. Außerdem vermeidet man so den direkten Kontakt mit weniger sauberen Betttüchern in billigen *hospedajes*.

Tipp fürs Packen: Alles in Plastiktüten verstauen. Beim Herumsuchen gerät so weniger durcheinander.

Ein- und Ausreise

Für Guatemala ist kein **Visum** erforderlich. Der Pass muss noch mindestens ein halbes Jahr gültig sein. Wer über Land ein- oder ausreist, muss an der Grenze mit „Gebühren" zwischen 10 und 20 Q rechnen. Die Höhe des Betrags hängt oft von der Laune des Beamten ab.

Bei der Einreise wird in der Regel eine **Aufenthaltsgenehmigung** von 90 Tagen erteilt. Die internationale **Flughafengebühr** von 30 US$ ist meist im Ticket enthalten. Vor dem Abflug ist eine **Sicherheitsgebühr** von 20 Q in bar zu entrichten. Bei Inlandflügen wird eine Flughafengebühr von 20 Q in bar erhoben.

Elektrizität

In allen Ländern Mittelamerikas sind Flachstecker üblich: 110 V Wechselspannung. Mitgebrachte Geräte müssen also umschaltbar sein; außerdem ist ein Adapter notwendig, der in jedem Elektrofachgeschäft erhältlich ist.

Wichtige Informationen vor der Reise

Geld

Guatemalas **Währung** ist der Quetzal (Q), unterteilt in 100 Centavos. Lange Jahre war der Quetzal so viel wert wie der Dollar. Aus wirtschaftspolitischen Erwägungen heraus wurde der Kurs vor vielen Jahren freigegeben; er schwankt nun um 8 Quetzales pro Dollar. Der exakte Wechselkurs hängt von der Liquidität der Bank ab.

Wie überall in Mittel- und Südamerika zählen „dolares". Es ist also wenig hilfreich, Euro oder Franken mitzunehmen. Euro können vereinzelt in Restaurants, Hotels oder Boutiquen umgetauscht werden, jedoch nicht in Banken. **Traveller-Schecks** werden bei allen großen Banken eingelöst, z. T. auch auf dem Schwarzmarkt. Bewährt haben sich hier American Express und Visa; Thomas-Cook-Schecks werden kaum akzeptiert. Ausbezahlt wird in den meisten Fällen nur in Quetzales.

Fast alle Banken haben einen Vertrag mit einer Kreditkartenfirma, am geläufigsten sind Visa und Master-Card. Diese werden in allen größeren Hotels, Restaurants und Geschäften akzeptiert. Bei der Autovermietung werden **Kreditkarten** verlangt. Gegen die Mitnahme einer solchen spricht also nichts, aber man kann sich nicht darauf verlassen, dass sie im Notfall die notwendige Hilfe ermöglicht. Die Guatemalteken kassieren am liebsten in *efectivo*, d. h. Bargeld.

Es empfiehlt sich außerdem, **Bardollars** in kleinen Noten mitzunehmen, aber nur so viele, wie es das eigene Sicherheitsgefühl zulässt.

Guatemalas **Quetzalscheine** sind in der Regel stark abgegriffen. Keine angerissenen oder beschädigten Scheine annehmen! Sie werden vor allem von Indígenas nicht akzeptiert, da die Banken sich häufig weigern, ihnen das Geld einzutauschen. Man sollte darauf achten, so wenig große Scheine wie möglich bei sich zu haben, da bereits ab 20 Q das ewige Wechselproblem beginnt. Seit 1999 gibt es Münzen zu 50 Centavos und 1 Quetzal. Letztere wird *paloma* genannt, da der Schriftzug *paz* („Friede") die Form einer Taube hat.

Um ein **Konto** zu eröffnen, braucht man einen guatemaltekischen Bürgen. Die Banken haben einen regelrechten Wettbewerb um die Gunst der Kunden eingeläutet; für jede weitere Einlage winken Prämien.

Eine **Kreditkarte** kann man als Ausländer nicht beantragen.

Überweisungen werden, ebenso wie Dollar-Schecks, ausschließlich in Quetzales ausbezahlt. Das einfachste System ist das der Western Union, die Verträge mit vielen Banken hat (Adressen im Telefonbuch, im Internet unter www.westernunion.com, oder einfach auf das gelb-schwarze Schild achten). Um Geld abzuholen, benötigt man die Überweisungsnummer des Absenders. Es existiert kein Überweisungssystem innerhalb der Banken; es wird entweder bar, mit Scheck oder per Karte bezahlt.

Gesundheit

Dringend anzuraten ist eine Auffrischung der **Tetanus-Impfung.** Langzeitreisende sollten wissen, dass nach sechs Monaten die dritte und letzte Tetanusspritze ansteht. Allen, die das Hinterland bereisen wollen, empfehle ich eine Schutzimpfung gegen Typhus, Polio (Kinderlähmung) und Hepatitis A+B (Gelbsucht).

Wer sich viel in den Küstenregionen und im Petén aufhält, während der Regenzeit von Mai bis Oktober reist oder ganz einfach auf Nummer sicher gehen will, kann eine **Malaria-Prophylaxe** *(Resochin, Weimerquin forte* u. a.) durchführen. Sie beginnt eine Woche vor Antritt der Reise und endet sechs Wochen nach Rückkehr. In Guatemala sind Malaria-Mittel unter dem Namen *Aralen* bekannt.

Impfungen gegen Gelbfieber oder Cholera sind nicht vorgeschrieben. Über Kosten, Wirkung usw. geben die **Tropeninstitute** Auskunft.

Mehr zur Gesundheit unterwegs in den Kapiteln „Praktische Tipps" und „Aktuelle Reise-Gesundheitsinformationen" (im Anhang).

Informationsstellen

In der Bundesrepublik

- **Informationsstelle Lateinamerika**
Heerstr. 205
53111 Bonn
Tel. 0228/63 45 52
E-Mail: is.guate@web.de
- **Botschaft von Guatemala**
Joachim-Karnatz-Allee 45-47
10557 Berlin-Tiergarten
Tel. 030/20 64 363
E-Mail: embaguate.alemania@t-online.de
- **Peace Brigades International** (dt. Zweig)
Chemnitzstr. 80
22767 Hamburg
Tel. 040/38 06 903, 38 69 417
- **Generalkonsulat in Hamburg**
Esplanade 6
20354 Hamburg
Tel. 040/34 51 94
- **Honorarkonsulat in München**
Grafingerstr. 2
81671 München
Tel. 089/40 62 14
- **Honorarkonsulat in Düsseldorf**
Achenbacherstr. 43
40237 Düsseldorf
Tel. 0211/67 06 45 90
- **Tourist Office Central America**
Severinstraße 10–12
50678 Köln
Tel. 0221/93 11 093
Internet: www.centralamerica-tourism.com

WICHTIGE INFORMATIONEN VOR DER REISE

In der Schweiz
- **Generalkonsulat**
Rue du Vieux-Collège 10 Bis
CP 3194, 1211 Genf 3
Tel. 0041/22/31 19 945
- **Guatemala-Komitee Zürich**
Gasometerstr. 36
8005 Zürich
Tel. 0041/1/27 22 046

In Österreich
- **Österreichisches Lateinamerikainstitut**
Schlickgasse 1
1090 Wien
Tel. 0043/1/31 07 465
- **Informationsgruppe Lateinamerika**
Währingerstr. 59
1090 Wien
Tel. 0043/1/40 34 755
- **Botschaft von Guatemala**
Landstraße Hauptstraße 21
1030 Wien
Tel. 0043/1/71 43 570
E-Mail: embaguate.viena@chello.at

Informationen aus dem Internet

Allgemeine Informationen finden sich unter:

- www.guatemalaflash.com
- www.terra.com.gt/turismogt/
- www.mayasspirit.com.gt/
- www.nuestraguatemala.com/inguat.htm
- www.auswaertiges-amt.de
- www.eda.admin.ch
- www.bmaa.gv.at

Karten

Die gängige **Touristenkarte** „Mapa turistico" (1:1 Mio.) kann man gratis bei INGUAT beziehen (sofern sie gerade zu haben ist …). Empfehlenswert ist die im world mapping project bei **Reise Know-How** erschienene Karte „Guatemala/Belize" (1:500.000, nur in Europa erhältlich). Auch das Blatt 642 von **International Travel Maps** leistet gute Dienste; erhältlich ist es in den meisten Buchläden Guatemalas. Wer **Detailkarten** benötigt (1:250.000 oder 1:50.000), muss zum *Instituto de Geografia Nacional* (IGN), Av. Las Americas, Z 13, Guatemala Stadt.

Reisekosten

Noch ist Guatemala ein Billigreiseland. In Touristenzentren kostet ein **einfaches Zimmer** mit Dusche etwa 60 bis 80 Q. Auf dem Land ist es entsprechend billiger. Bessere Zimmer kosten 80 bis 140 Q, für sehr gute in einem **Mittelklasse-Hotel** bezahlt man 150 bis 250 Q pro Person. Richtig nobel wird es ab 50 US$. Bei einem Umrechnungskurs von ca. 8 Q pro Dollar kostet eine gute Unterkunft in Guatemala nicht mehr als 20 Euro. Doppelzimmer kosten nur geringfügig mehr. Zu zweit reisen ist in Guatemala wesentlich billiger. Die Hotelpreise haben in den letzten Jahren stark angezogen. Sie schwanken außerdem je nach Saison und Jahreszeit (Ostern, Weihnachten, auch das Wochenende kann vielerorts deutlich mehr kosten). Antigua und die Hauptstadt sind die teuersten Orte. Je teurer der Dollar für die Guatemalteken, desto billiger die Reise.

Busfahrten mit den großen Pullman-Bussen (*Galgos, Rutas Orientales, Litegua* etc.) sind etwa doppelt so teuer wie mit den normalen *camionetas*. Eine Fahrt mit *Galgos* von der Hauptstadt nach Quetzaltenango (200 km) kostet ca. 40 Q. Wer sich auf seiner Reise aber ins Hinterland begibt, wird ohnehin auf die billigen *camionetas* umsteigen müssen.

Das **Essen** in guten Restaurants außerhalb der Hauptstadt kostet im Durchschnitt 50 bis 70 Q. Ein einfaches Mittag- oder Abendessen ist für 40 Q zu haben.

Reisezeit

Guatemala kennt eine Trocken- und eine Regenzeit, die sich am deutlichsten im Zentralen und Westlichen Hochland auswirkt. Die **Regenzeit** beginnt etwa im **Mai** mit ein paar heftigen Regengüssen pro Woche und erreicht mit regelmäßigem Platzregen am Nachmittag oder Dauerregen ihren **Höhepunkt** im **August** und **September.** Von Mitte Juli bis Mitte August gibt es allerdings eine **Zwischentrockenzeit** *(caniculas)*. Wer diese in der Reiseplanung erwischt, erlebt das Land rundum grün und trotzdem trocken.

Im November setzt die Trockenzeit ein. Blauer Himmel, Sonne, intensive Farben und kühlere Nächte kennzeichnen diese Zeit bis zum nächsten Mai. Zwischen Regen- und Trockenzeit gibt es im immerfeuchten Regenwald des Petén und an der Küste kaum Unterschiede. Die Regenzeit wird Winter, die Trockenzeit Sommer genannt. „**Ewiger Frühling**" herrscht in den Höhen um 1500 Meter wie in der Hauptstadt und in Antigua, wo die Temperaturunterschiede zwischen Tag und Nacht nicht so extrem sind. Obwohl während der Regenzeit das Hochland grüner ist, sollte die Trockenzeit vorgezogen werden.

Sicherheit

Die so genannte *delincuencia común* (allgemeine Kriminalität) hat in den letzten Jahren leider zugenommen. Die Gründe hierfür sind vielfältig und werden sich dem aufmerksamen Reisenden, zumindest teilweise, bald erschließen. Dennoch besteht kein Grund, ängstlich oder verunsichert durchs Land zu reisen. Vor allem dann nicht, wenn man die Regeln, Hinweise und **Empfehlungen** beachtet, die in dem mehrsprachigen Faltblatt „Wichtige Hinweise für Ihre Sicherheit" enthalten sind, das man im Infobüro nach der Ankunft am Flughafen erhält. Besonders gefährdet ist man in Guatemala dort, wo man auch andernorts auf der Welt eine leichte Beute ist: an allen Orten und Plätzen, die wenig besucht sind oder abseits liegen. Das gilt vor allem für fast alle Vulkane Guatemalas und touristische Aussichtspunkte (unter der Woche). Daher nie alleine gehen! Inzwischen gibt es in allen Touristenzentren wie Antigua, Panajachel oder Quetzaltenango genug Reisebüros oder Ausflugsveranstalter, die **Gruppen organisieren** oder Führer bereitstellen. Ebenso wie verlassene Plätze sollte man Gedränge und Menschenansammlungen meiden. Die guatemaltekischen Taschendiebe sind Profis. Sie sind schnell und schlau. Man kann sich aber vorsehen, wenn man aufmerksam und wach durch die

Wichtige Informationen vor der Reise

Gegend reist. Gegen einen bewaffneten Überfall, sollte man das Pech haben dabeizusein, ist man sowieso machtlos. Glücklicherweise ist es immer noch eine sehr kleine Minderheit von Reisenden, die Geld, Papiere, Foto, Gepäck etc. einbüßt. **Wichtigste Regel: Alles hergeben!**

Sprachschulen

Noch immer ist Antigua *die* Stadt der Sprachschulen schlechthin. Doch leider hört man auch immer öfter Klagen über unprofessionellen Unterricht, unerfahrene Lehrer und fehlende Konzeption. Es gibt keine offiziellen Empfehlungen. Dagegen entwickelt sich Quetzaltenango seit einigen Jahren zu einer echten Alternative. Diejenigen, welche zusätzlich zur Sprache gerne mehr über die Indígena-Kultur lernen möchten, können hinauf in die Berge nach Todos Santos Cuchumatán (Dept. Huehuetenango) gehen. Hier besteht die Möglichkeit, bei **Indígenafamilien** untergebracht zu werden. Aber auch ein Sprachkurs am Petén-Itza-See hat seinen Reiz. Hier steht die Ökologie des Regenwaldes und die alte Mayakultur im Vordergrund.

Sprachschulen gibt es derzeit in der Hauptstadt, Antigua, Panajachel, Quetzaltenango, Huehuetenango, Todos Santos Cuchumatán, Cobán, Monterrico und San Andrés (am Petén-Itza-See).

Versicherungen

Auf eine **Auslandskrankenversicherung** sollte man auf keinen Fall verzichten. Gesetzlich Krankenversicherte müssen eigens eine Reise-Krankenversicherung abschließen. Die Tarife sind sehr unterschiedlich, ein Vergleich lohnt sich. Privatversicherte müssen prüfen, ob die Kasse eine Krankenversicherung für Guatemala übernimmt.

Der Abschluss einer **Gepäckversicherung** lohnt sich nicht immer. Es gibt viele Einschränkungen, z. B. bezüglich Sonderausstattung (Laptop, Kamera, Sportgeräte etc.). Bei Verlust oder Beschädigung von versichertem Gepäck müssen, abgesehen von einer Bestätigung des entsprechenden Beförderungs- oder Beherbergungsunternehmens, eine genaue Auflistung der fehlenden/beschädigten Gegenstände sowie im ungünstigsten Fall Kaufquittungen vorgelegt werden.

Eine **Reiserücktrittskosten-Versicherung** kann extra vereinbart werden. In Anbetracht der relativ hohen Kosten sind die Bedingungen hierfür genau zu studieren.

Zeit

Die Differenz zur mitteleuropäischen Zeit (MEZ) beträgt (ohne Sommerzeit in Deutschland) genau minus 7 Stunden. Das bedeutet, während wir in Guatemala um 15 Uhr eine Kaffeepause einlegen, ist für die Lieben zu Hause um 22 Uhr der Tag schon beinahe zu Ende.

Praktische Tipps A–Z

Praktische Tipps A–Z

Ankunft

Wer in Guatemala auf dem Flughafen La Aurora ankommt, wird schon beim Anflug gemerkt haben, dass dieser praktisch mitten in der Stadt liegt. Zunächst passiert man die Passkontrolle, die schnell und unbürokratisch vonstatten geht. Touristen erhalten ein Besuchervisum für 90 Tage. Die **Gepäckausgabe** liegt im unteren Stockwerk des Flughafengebäudes, wo sich auch der Ausgang befindet. Blickt man nach oben, erkennt man auf der Galerie immer eine Schar von Menschen, die nach „ihren" Ankömmlingen Ausschau hält. Hier oben befindet sich u. a. die Abflughalle des Gebäudes mit den Schaltern der Fluggesellschaften. Die **Gepäckkontrolle** ist relativ streng. Man tritt nach Entgegennahme seines Gepäcks aus dem Flughafengebäude heraus; hier finden sich eine Bank und mehrere Mietwagengesellschaften. Weitere Banken (Banco del Quetzal, Western Union) haben Filialen ein Stockwerk höher im Abflugbereich. Der **Geldwechselkurs** am Flughafen ist nicht schlechter als anderswo.

Taxis, Abholdienste und **Shuttles** stehen unten bereit. Die Taxis haben festsetzte Preise in je verschiedene Zonen (A, B, C, D und E) der Hauptstadt, die sich durch die Entfernung zum Hotel unterscheiden. Die Kosten für eine Taxifahrt vom Flughafen zum gewünschten Hotel sind zwar höher als gewöhnlich, aber noch akzeptabel. Sollte es Probleme geben, kann man sich bei INGUAT, der staatlichen Tourismusbehörde, unter der gebührenfreien Nummer 1-801-46 48 281 beschweren. Jedes Taxi hat eine Nummer. Wer gleich nach Antigua möchte, sollte Ausschau nach einem Shuttle-Service (10 US$) halten. Meist werden die Touristen von den Fahrern angesprochen.

Im Flughafengebäude befinden sich Büros von **Autovermietungsfirmen**, deren Hauptbüros nur ein paar Hundert Meter außerhalb des Flughafens gelegen sind. Hier ist ein Vergleich der Preise gut möglich, da alle Unternehmen nebeneinander platziert sind. Das Büro von INGUAT hat täglich von 6–21 Uhr geöffnet. Die **Stadtbusse** fahren auf der Höhe der oberen Ebene ins Zentrum der Hauptstadt.

P.S.: Man sollte nicht gleich nach Antigua „flüchten". Die Angst und die Abscheu, mit der die meisten Touristen der Hauptstadt begegnen, wird ihr nicht gerecht. Sie wird zwar nie einen Schönheitswettbewerb gewinnen, dennoch gibt es viel Sehenswertes hier. Sie ist das Herz und der Puls des Landes, ein Spiegel der Zustände und der Befindlichkeiten in Guatemala. Die *Capital* ist gelebte Gegenwart, Antigua konservierte Vergangenheit …

Aufenthaltsverlängerung

Nach 90 Tagen Aufenthalt kann bei der Migracion (im INGUAT-Haus, 7. Av. 1–17, Z 4, Centro Civico, 2. Stock) eine Aufenthaltsverlängerung von 90

Tagen beantragt werden. Dazu benötigt man u. a. eine von einem Anwalt beglaubigte Passkopie *(fotocopia autentica)*. Ein ziemlicher Formularkrieg, dazu kommen zwei Tage Wartezeit und Kosten von 75 Q. Einfacher ist es, nach sechs Monaten für mindestens 72 Stunden **außer Landes** zu gehen. Besonders Freiwilligenarbeiter ohne Arbeitserlaubnis reisen so regelmäßig nach Salvador, Honduras oder Belize, bevor sie wieder für ein halbes Jahr neu einreisen.

Bei einer Ausreise nach über 90 Tagen wird eine **Gebühr** von 10 Q pro illegalem Aufenthaltstag verlangt, deren Bezahlung in Guatemala City erfolgt, nicht an der Grenze.

Ausreise

Seit geraumer Zeit ist die **Flughafengebühr** für internationale Abflüge in allen Tickets enthalten. Der Code dafür lautet XC. Dafür muss man nun eine Sicherheitstaxe von 20 Q in bar direkt am Flughafen bezahlen (am Schalter der Banco de la Republica). Das geht schnell und meist ohne Anstellen.

Banken

In allen größeren Orten gibt es Banken, die meist problemlos Bargeld und Traveller-Schecks eintauschen sowie Bargeld auf Kreditkarten geben. Auch **Geldautomaten** (mit Tageslimit!) gibt es in allen größeren Orten. Jede Bank hat ihre Vertragspartner, d. h. je nach Scheck oder Karte wird man u. U. an eine andere Bank verwiesen, wobei die Angestellten meist nicht wissen, wer welche Schecks und Karten akzeptiert. Es werden nur **Dollars** angenommen; an den Grenzen kann die Währung des jeweiligen Nachbarstaates eingetauscht werden.

Vorsicht bei größeren Beträgen: Oft warten **Kriminelle** vor einer Bank auf ihre Gelegenheit, nachdem sie eine Transaktion am Schalter beobachtet haben.

Die Warteschlangen sind oft sehr lang, und man muss viel Zeit und Geduld für Geldwechselgeschäfte mitbringen.

● **Credomatic,** 5. Av./1. Calle, Z 1 und 7. Av. 6–26, Z 9 (Hauptstadt) zahlt Bargeld auf Visa und Mastercard aus.
● Die **Banco Industrial,** 7. Av. 5–10, Z 4, gibt Bargeld auf VisaCard. In der Hauptstadt gibt es in der 6. Av. zwischen 5. und 6. Calle eine Visa-Bank, man erhält mit Visa-Card täglich Bargeld für 500 US$.
● Die **Banco del Quetzal** im 2. Stock am Flughafen hat auch Sa und So von 8–16 Uhr geöffnet. Hier gibt es auch eine **Western Union Bank,** ebenso bei **Multibanco,** 7. Av. 6–17, Z 1.

Vor dem Aufbruch ins Hinterland und vor den Wochenenden sollte man genügend **Quetzales in kleinen Scheinen** im Geldbeutel haben (s. „Guatemala Ciudad, A–Z").

Betteln

Bettelnde Kinder, Frauen und Männer gehören zum Alltag in Guatemala. Bei Kindern zurückhaltend sein, da sie oft von den Eltern auf die Straße geschickt oder gezielt eingesetzt werden, um Mitleid zu erregen. Unterstützenswert sind dagegen kleine Darbietungen in den Bussen. Sie werden auch von den Guatemalteken honoriert.

Busfahren
(Hauptstadt)

Der Bus ist das einzige öffentliche Verkehrsmittel in der 1,5-Millionenmetropole Guatemala Ciudad. Das heißt, zusammen mit den Privatautos spielt sich der gesamte Straßenverkehr der Hauptstadt oberirdisch ab. Tagtäglich bedienen ca. **3000 Busse** etliche Linien kreuz und quer durch die Stadt und in die Randzonen. Ihr Zustand war (und ist z. T. noch immer) haarsträubend. Nicht nur ihre Lautstärke, auch und vor allem der *humo negro* (Abgase), den sie als dicke Schwaden in den engen Straßen der Zone 1 und andernorts ablassen, raubt einem den Atem. Camionetas gehören zu den **größten Luftverschmutzern** der Hauptstadt. Die Stadtverwaltung zog daher 1998 die schlimmsten ihrer Art aus dem Verkehr und ersetzte sie durch 800 neue Busse (Mercedes). Ihre moderne Form und die rote Farbe machen sie schon von weitem sichtbar. Die so genannten *guzanos* („Würmer") sind Ziehharmonikabusse mit Überlänge, wie wir sie aus unserem Stadtverkehr kennen. Noch immer sind offiziell mehr als 50% der Busfahrer nicht in der Lage, einen Stadtbus mitsamt seinen Passagieren ordentlich

und verantwortungsbewusst zu manövrieren. Zu schnell, zu rücksichtslos, zu nachlässig beim Wechselgeld wie der Boletoausgabe sind nur einige der Attribute, die die Stadtverwaltung ihren Busfahrern zueignet. Einem Mangel aber hat selbst die bemühte Verwaltung bislang nicht abhelfen können: Vor allem Touristen bedauern **das Fehlen eines Streckenplanes.** Es geht schlichtweg über das Vermögen aller Beteiligten (Stadt, Tourismusbehörde, Busunternehmen etc.) hinaus, einen übersichtlichen Fahrplan zu erstellen. Zu chaotisch und instabil scheinen die befahrenen Linien zu sein. Selbst der *Capitaleño* kennt oft nur seine tagtäglich frequentierte Strecke. Aber man kommt durch: Da eine Fahrt (für uns) nicht teuer ist (1 Q pro Einstieg), empfiehlt es sich, einfach einen Bus in die gewünschte Richtung zu nehmen und bei Bedarf aus- und umzusteigen. Und sonst: fragen, fragen, fragen. Für die Zukunft spielen die verantwortlichen Politiker gerne mit dem Gedanken an eine Art elektrische Straßenbahn für die Hauptstadt. Vor einigen Jahren lud man dazu erfahrene Deutsche und Österreicher zwecks Kostenberechnung in die Capital ein. Wunschtraum der Capitaleños, irgendwann einmal eine *Metro urbano* nach mexikanischem Vorbild zu besitzen, wird aller Voraussicht nach einer bleiben.

Camping

Es gibt nur einige wenige Campingplätze in Guatemala, wie am Amatitlán-See, in Panajachel am Atitlán-See, in El Remate am Petén-Itza-See und in Tikal. **Camping ist nicht sehr verbreitet** in Guatemala. Eine billige Übernachtungsmöglichkeit in einer Hospedaje findet sich in der Regel immer. Das relativ schutzlose Übernachten auf freiem Feld ist nicht ungefährlich. Dringend abzuraten ist vom Übernachten am Strand in der Nähe von Orten oder Städten. Die Guatemalteken warnen Ausländer immer wieder vor Überfällen.

Diebstahl

Überall, wo es eng wird, wie auf den Märkten, bei Veranstaltungen oder in den Bussen, ist die Gefahr groß, beklaut zu werden. Taschen werden gerne aufgeschlitzt. Rucksäcke sollten mit einem Schloss versehen sein. Eine – mühsam zu protokollierende – Anzeige bei der Polizei lohnt sich nur für eventuelle Forderungen an die Versicherung daheim. Wer seine Reiseschecks oder Kreditkarte „verloren" hat, kann folgende Nummern anrufen:

- **EC-/Maestro-Karte,** (D) 0049-1805-02 10 21; (A) 0043-1-20 48 800; (CH) 0041-1-27 12 230.
- **Euro-/MasterCard und VISA,** (D) 0049-69-79 33 19 10; (A) 0043-1-71 70 14 500 (Euro/MasterCard) bzw. 0043-1-71 11 77 70 (VISA); (CH) 0041-44-20 08 383 für alle Banken außer Credit Suisse, Corner Bank Lugano und UBS.
- **American Express,** (D/A): 0049-69-97 97 10 00; (CH) 0041-1-65 96 666.
- **American Express Reiseschecks,** (D) 0049-69-97 97 18 50; (A) 0043-1-54 50 120; (CH) 0041-17 45 40 20.

Diplomatische Vertretungen

●**Travelex/Thomas Cook,** mehrsprachiger Computer für alle Länder, Tel. 0044-17 33 31 89 49.

Bei Verlust der Papiere die Botschaft informieren!

Diplomatische Vertretungen
(Embajadas)

Wer länger in Guatemala bleiben will, meldet sich am besten bei seiner Botschaft, die einen in die Touristen-Kartei aufnimmt und damit alle wichtigen Daten griffbereit hat, falls etwas passieren sollte. Bei dieser Gelegenheit kann man sich für den Notfall auch Adressen von **Kliniken** und **Ärzten** in der Hauptstadt geben lassen. Außerdem kann man gegen eine Gebühr wichtige Papiere hinterlegen.

Botschaft der Bundesrepublik Deutschland

20. Calle 6-20, Z 10
Edif. Plaza Marítima, 2. Stock
Guatemala Ciudad
Tel. 23 64 67 00
Internet: www.guatemala.diplo.de
Mo-Fr 9-12 Uhr
Bereitschaftsdienst außerhalb der Öffnungszeiten unter Tel. 57 09 50 04

Botschaft von Österreich

6. Av. 20-25, Z 10
Edif. Plaza Marítima, 4.Stock
Guatemala Ciudad
Tel. 23 68 11 34, 23 68 23 24
Mo-Fr 9-12 Uhr

Botschaft der Schweiz

Av. La Reforma 16-85, Z 1
Torre Internacional, 14. Stock
Guatemala Ciudad
Tel. 23 67 55 20, Mo-Fr 9-11.30 Uhr

Botschaft von England und Irland

(für Visum nach Belize für Schweizer)
7. Av. 5-10, Z 4
Edif. Centro Financiero, Torre I, 7. Stock
Guatemala Ciudad
Tel. 23 32 16 04/02/01
Mo-Do 9-12 Uhr u. 14-16 Uhr, Fr 8-11 Uhr

Botschaft von Mexiko

15. Calle 3-20, Z 10
Edif. Centro Ejecutivo, 7. Stock
Guatemala Ciudad
Tel. 23 33 72 54/58
Mo-Fr 9-13 und 15-18 Uhr

Botschaft von Honduras

19. Av. „A", 20-19, Z 10, Guatemala Ciudad
Tel. 23 66 56 40, 23 63 54 95

Botschaft von El Salvador

5. Av. 8-15, Z 9, Guatemala Ciudad
Tel. 23 60 76 60, 22 60 76 70
Mo-Fr 8-14 Uhr

Botschaft von Belize

5a Av. 5-55, Z 14
Europlaza, Torre 2, Of. 1501
Guatemala Ciudad, Tel. 23 67 38 83

Botschaft von Nicaragua

10. Av. 14-72, Z 10, Guatemala Ciudad
Tel. 23 68 07 85, Mo-Fr 9-12 Uhr

Die Adressen weiterer Botschaften und Konsulate stehen im Telefonbuch auf den blauen Seiten; man kann sie auch bei der heimischen Botschaft erfragen.

Achtung: Schweizer brauchen ein Visum für Belize.

Besonders die Fiesta
ist ein Anlass zum Besäufnis

Drogen

In den letzten Jahren hat sich Guatemala immer mehr zu einer Durchgangsstation des **internationalen Drogenhandels** entwickelt. Wöchentlich erscheinen Pressemeldungen, die von entdeckten Mohn- und Cannabisfeldern, beschlagnahmter Ware oder erfolgreicher Fahndung berichten. Es ist kein Geheimnis, dass hoch gestellte Persönlichkeiten des öffentlichen Lebens und ehemalige Militärs in Drogengeschäfte verwickelt sind.

Während der Marihuanaanbau in Guatemala seit langem bekannt ist, sind Mohnfelder eine relativ neue Erscheinung. Trotz des **chemischen Vernichtungsfeldzuges** durch Sprühflugzeuge vergrößert sich jährlich die Anbaufläche. Besonders die Depts. Huehuetenango und San Marcos sowie der dichte Dschungel des Petén sind bevorzugte Anbaugegenden. Diese Regionen haben eine direkte Grenze zu Mexiko. Die Haupt-Drogenrouten verlaufen durch die Dept. Petén, Alta Verapaz, Izabal und Quiché.

Die Befürchtungen, Guatemala könne sich zu einem der wichtigsten Umschlagplätze der Welt entwickeln, sind durchaus berechtigt. Nach Informationen der amerikanischen Drogenbehörde DEA *(Drug Enforcement Agency)* werden 25 % der in den USA ankommenden Drogen durch das Land geschleust.

Dennoch kennt Guatemala bisher nicht die Probleme des Missbrauchs harter Drogen wie Kokain, Opium und

Einkaufen und Handeln, Eisenbahn

Heroin. Da der Konsum teuer ist, werden allgemein **billigere Rauschmittel** genommen. Die Straßenkinder der Hauptstadt schnüffeln Klebstoff, in der Karibik wird Marihuana geraucht, doch landesweit ist der Alkohol die verbreitetste Droge. Alkoholismus ist ein nationales Problem, besonders unter den Indígenas.

Bei Schmuggel, Handel oder Besitz harter Drogen verstehen die guatemaltekischen Behörden keinen Spaß. Also Hände weg von allem, was danach aussieht! Die **Haftstrafen** werden in Jahren gezählt. Selbst ein harmloser Joint kann zum Verhängnis werden. In solchen Fällen kann nicht einmal mehr die Botschaft helfen.

Einkaufen und Handeln

Grundsätzlich kann man in Guatemala über jeden Preis verhandeln, außer in Edelboutiquen, Luxusantiquariaten, Bussen und Ähnlichem. Jedes Pfund Tomaten, jedes Dutzend Bananen und jede Avocado werden auf dem Markt von neuem ausgehandelt. Was *artesanías* (Kunsthandwerk) anbetrifft, werden in den Touristenzentren wie Panajachel, Antigua oder Chichicastenango die Preise oft um mehr als das Doppelte angesetzt mit dem eiligen Hinweis „con rebaja" (mit Nachlass). Dies ist eine Aufforderung zu einem alternativen Preisvorschlag. Den darf man ruhig niedrig ansetzen, um sich dann irgendwann einmal in der Mitte zu treffen.

Es gibt einige Voraussetzungen für **gutes Handeln:** zunächst Kaufinteresse, Humor (ganz wichtig!), Respekt vor der Arbeit (besonders bei Kunsthandwerk), Sensibilität, Geduld, Zeit und das Wissen um den realen Wert der Ware. Den kennt man in der Regel besser nach ein paar Wochen Aufenthalt im Land. Die Fülle der guatemaltekischen *típicas* verführt leicht zum vorschnellen Kauf. Meistens entdeckt man später noch Schöneres.

Handeln hat in Guatemala nichts mit Ausbeutung oder Arroganz zu tun. Natürlich bezahlen Ausländer am Ende immer etwas mehr, und das ist auch völlig in Ordnung. Wer keine Lust zum Handeln hat oder glaubt, es nicht zu können, wird sehr viel mehr als den sowieso üblichen „Gringo-Aufschlag" bezahlen müssen.

Eisenbahn

Die Eisenbahn Guatemalas hat sich nicht als allgemeines Beförderungsmittel etablieren können. Von Beginn an (1878) war sie für die Verschickung von Fracht zuständig, so dass ihre Hauptlinien (um 1900 rund 710 Kilometer), vor allem an die Häfen (Puerto Barrios, San José, Champerico) und die Grenzen (Tecún Umán, Anguitú) führten. Damals war die Bahn Eigentum der nordamerikanischen *International Railways of Central América* (IRCA). Erst 1968 ging sie als *Estatal Ferrocarriles de Guatemala* (FEGUA) in guatemaltekischen Besitz über; sie umfasste damals 824 Kilometer. Der

Essen und Trinken

bedauernswürdige **Zustand des alten Bahnhofes** in der Hauptstadt (18. Calle, Z 1), der nach einem Brand 1996 völlig zerstört wurde, spricht für sich. Inzwischen haben die Amerikaner die Lizenz für eine Dauer von 50 Jahren gekauft, nachdem Tausende von *invasores* ihre Hütten auf dem Bahngelände entlang der Schienen geräumt haben. Die sechsstündigen **Nostalgiefahrten,** die noch vor einigen Jahren angeboten wurden, gibt es leider nicht mehr; vielleicht später einmal wieder.

Essen und Trinken

Man wird schnell bemerken, dass die guatemaltekische Küche eine sehr begrenzte Variationsbreite aufweist.

Zu jedem Essen werden **Tortillas** gereicht. Touristen bekommen häufig Brot vorgesetzt. Wie Tortillas sind auch *tamales* (Klöße mit Fleisch, bei den Bauern ohne) aus Mais. *Chuchitos* sind kleiner als Tamales, aber wie diese in Mais- bzw. Bananenblätter gewickelt. *Enchiladas* mit Huhn- oder Käsefüllung und *tacos* (dünne Tortillas mit Fleisch, Kraut und Avocado) sind mexikanische Adaptionen. *Paches* sehen aus wie Tamales, sind aber aus Kartoffeln. Typische **Soßen** sind die grüne *salsa picante* aus Chili-Schoten, die meist in kleinen Fläschchen auf den Tischen steht und die rote *chirmol* aus Tomaten.

Ein leckeres **Gemüse** ist der grüne oder weiße Güisquil (oder *chayote*) sowie die rote Camote (Süßkartoffel)

ESSEN UND TRINKEN

und die Yucca, die einen Kastaniengeschmack aufweist. So wichtig wie Mais sind *frijoles* (schwarze Bohnen), die unterschiedlich zubereitet werden. Zusammen mit Rühreiern, *chirmol* und Tortillas ergeben sie ein typisches guatemaltekisches Frühstück *(desayuno chapín)*. Wo es keine *frijoles* als Beilage gibt, werden sie durch Reis ersetzt. *Plátanos fritos* sind frittierte Kochbananen, die roh kaum genießbar sind. Aus pürierten Avocados mit Zwiebeln und Limonensaft machen die Guatemalteken eine köstliche Guacamole. *Ejote* sind grüne Bohnen, die mit Ei gewissermaßen paniert werden.

Fleisch: Es wird viel *pollo* (Huhn) gegessen. Es ist dem meist zähen Rindfleisch, das als *carne asada* (gebraten) oder *carne guisada* (geschmort) serviert wird, vorzuziehen. In besseren Restaurants werden die Steaks daher mit einem Weichmacher behandelt. Eine Fischspezialität ist der runde *mojarra*. Auch *cangrejos* (Flusskrebse) und die großen Camarones gehören dazu. Eine köstliche Zwischenmahlzeit ist *ceviche*, rohe Meeresfrüchtestückchen in pikanter Limonen-Essig-Soße.

Es gibt **traditionelle Gerichte** zu bestimmten Tagen im Jahr. An Allerheiligen *(Todos los Santos)* bereiten Hausfrauen das *fiambre* zu, das aus nicht weniger als 40 Zutaten besteht. Die Vorbereitung dauert mehrere Tage, wobei allerlei Gemüse, Kräuter, Fleisch und Fisch gekocht wird. Jede Hausfrau hat hierfür ihr Geheimrezept. Manche Guatemalteken behaupten, ein *fiambre* wäre der größte Salat der Welt, da er kalt gegessen wird. Am Tag der Jungfrau von Guadelupe (12. Dezember) gibt es *torrejas,* in Ei gewendetes Weißbrot mit Honig, das ausgebacken wird, und *buñuelos,* ebenfalls eine süße Köstlichkeit, wie *quesadillas* (gibt es auch pikant) und *borrachos.* Überhaupt sollte man alle Arten von süßem Gebäck und *dulces* ausprobieren.

Das **Obstangebot** ist das ganze Jahr über reichhaltig. Äpfel, Bananen, Ananas, Papayas und Orangen gibt es immer. Mangos, die auch unreif (grün) mit Salz gegessen werden, erhält man ab Februar. Da in den letzten Jahren auch bei uns immer mehr Exoten erhältlich sind, wird einem manches auf dem Markt bekannt vorkommen. Beliebt sind violett- bis orangefarbige *granadillas*, auch Maracuja oder Passionsfrucht genannt, deren Fruchtfleisch aus einer geleeartigen Masse mit grünlichen Kernen besteht. Sie gehören traditionell auf den Weihnachtsteller. *Zapotes* (Breiäpfel) besitzen ein rotes Fruchtfleisch mit einem Kern, ähnlich der Avocado. *Anonas,* auch als *cherimoya* oder Rahmapfel bekannt, sehen aus wie ein grüner, großschuppiger Pinienzapfen. Sie besitzen ein köstlich süßes, weißes, rahmiges Fruchtfleisch mit vielen schwarzen Kernen. Leider sind sie oft total verwurmt. Probieren sollte man auch *nisperos* (Mispeln), *pitahayas* (Kaktusfrucht), *mameys* u.v.a.m.

Typische **Getränke** sind *atoles* aus Mais, Reis und *plátanos*. Die Bauern trinken neben *atoles* viel *pinol*, ein braunes gesüßtes Maisgetränk. Beliebt ist auch *incaparina,* das es als Pulver zu kaufen gibt und das aus eiweißreichem Soja hergestellt ist. Eine kühle *horchata* besteht aus gesüßtem Reis mit Zimt. Die *refrescos* (Erfrischungsgetränke) werden aus den verschiedensten Früchten zubereitet. So wird mancherorts aus der Tamarinde eine köstliche Limonade hergestellt. Unübertroffen sind kühle, dickflüssige *licuados con leche* (Milchmixgetränke) mit Ananas, Papaya, Banane, Mango, Brombeere u.a. Ansonsten ist Guatemala ein Coca-Cola- und Pepsi-Cola-Land, wie die meisten Länder auf dem Kontinent. **Vorsicht!** Keine „Cola" bestellen, sondern eine „Coca". *Cola* heißt „Warteschlange", aber auch „Schwanz", was zu Peinlichkeiten führen könnte.

Die heimischen **Biere** *Gallo, Cabro* (fast nur in Quetzaltenango erhältlich), *Monte Carlo* und *Moza* (dunkel) haben seit 2003 durch das brasilianische *Brahva* Konkurrenz bekommen. Die Weine kommen aus Spanien und Südamerika. Die wenigen guatemaltekischen sind aus Früchten hergestellt und sehr süß. Bei den harten **Drinks** wird weißer Rum und *aguardiente* (wie der Rum aus Zuckerrohr) bevorzugt. Der *Centenario* aus Zacapa zählt mit zum besten Rum der Welt. Eine Spezialität ist der *rompopo* (Eierlikör) aus Salcajá. Bei den Campesinos haben Schnäpse verschiedene Namen, z.B. *Mataburro* („Eselstöter"), was für sich spricht.

In den *comedores* und Restaurants wird jeden Tag wechselndes **almuerzo** (Mittagessen) angeboten, das aus zwei bis drei Gängen besteht. Da Betriebe und Firmen in Guatemala praktisch keine Kantinen kennen, ist das die übliche Art in Guatemala, zu Mittag zu essen. Besonders authentisch isst man in den Garküchen auf den Märkten. Wer nicht seine Scheu vor den *comedores* ablegt, wird Guatemalas Küche nie kennen lernen.

Fiesta- und Festtagskalender

Beinahe jede Stadt und jedes Dorf in Guatemala begeht einmal im Jahr den Festtag zu Ehren seines Schutzheiligen. Meist beginnt das Ereignis einige Tage vorher und nimmt zum Teil regelrechten „Feria"-Charakter an mit Rummel, Buden, Glücksspielen. Traditionelle Tänze in bunten Kostümen werden aufgeführt, Prozessionen abgehalten, *cohetes* (Feuerwerkskörper) gezündet, Schönheitswettbewerbe ausgefochten, Musikgruppen engagiert und Sportkämpfe veranstaltet, je nach Größe der Fiesta. Überall ist ein maßloser Konsum von Alkohol während der Fiesta festzustellen. Für kritische Beobachter nimmt die Veranstaltung, deren Größe und Umfang mancherorts zu einer Prestigesache wird, bereits dekadente Züge an. Für die Indígenas aber sind diese turbulenten Tage der Höhepunkt des Jahres im sonst eher eintönigen Alltag des Hochlands.

Der Besuch einer guatemaltekischen Fiesta gehört zweifellos ins Reiseprogramm. Während der Fiestas ist das Übernachtungsangebot im Ort schnell erschöpft. Entweder man reserviert im Voraus oder fährt von außerhalb an und vergewissert sich, dass Busse zurückgehen. Außerdem haben um die Festtage herum viele öffentliche Einrichtungen, Banken etc. geschlossen.

In der Liste (s. u.) sind einige Fiestas und Ferias, wichtige Nationaltage und sonstige Feiertage angegeben, die in Guatemala Bedeutung haben.

Fluggesellschaften

In den Gelben Seiten des Telefonbuchs stehen unter dem Eintrag *Lineas Aéreas* sämtliche Adressen der in Guatemala operierenden Fluggesellschaften sowie derjenigen, die nur ein Büro im Land unterhalten. Nach Flores fliegen TACA Inter, Tikal Jets, TAG und RACSA.

- **Air France,** Av. La Reforma 9-00, Z 9, Edif. Plaza Panamericana, Tel. 23 34 00 43.
- **American Airlines,** Av. Las Américas 18-81, Z 14, Columbus Center, 2. St., Tel. 23 37 11 77.
- **Continental Airlines,** 18. Calle 5-56, Z 10, Tel. 23 85 96 10, 1-801-81 26 684.
- **Copa,** 1. Av. 10-17, Z 10, Tel. 23 85 55 55.
- **Delta Airlines,** 15. Calle 3-20, Z 10, Edif. Centro Ejecutivo, 1. St., Tel. 1-800-30 00 005.
- **Iberia und British Airways,** Av. Reforma 8-60, Z 9, Tel 23 32 09 11/12/13.
- **Jungle Flying,** Av. Hincapié 18-00, Z 13, Bodega Nr. 1, Tel. 23 39 05 02.
- **KLM,** 6. Av. 20-25, Z 10, Tel. 23 67 61 79-83 oder Flughafenbüro 23 31 92 47.
- **Lufthansa,** Diagonal 6, 10-01, Z 10, Centro Gerencial Las Margaritas, Torre II, 8. St., Tel. 23 36 55 26.
- **Mexicana,** 13. Calle 8-44, Z 10, Tel. 23 34 60 01, 23 66 45 43.
- **Taca,** Av. Hincapié, 18. Calle, Z 13; Hotel Antigua, Tel. 24 70 82 22.
- **TAG,** Av. Hincapié, 18. Calle, Hangar 15, Z 13, Tel. 23 60 30 38.
- **Tikal Jets,** Av. Hincapié, 18. Calle Aeropuerto, Hangar J6, Z 13, Tel. 23 61 00 42-44.
- **United Airlines,** Av. Reforma 1-50, Z 9, Edificio El Reformador, Tel. 1-800-83 50 100 oder Flughafenbüro 23 39 32 62.

Fotografieren

In allen größeren Städten Guatemalas gibt es Kodak-Vertretungen, die Negativ-Filme und Dia-Filme verkaufen und entwickeln. Sie sind teurer als bei uns, daher sollte man genug Material mitnehmen.

Beim Fotografieren von militärischen Einrichtungen, Hafenanlagen,

Flugplätzen etc. sollte man etwas vorsichtiger zu Werke gehen oder vorher um Erlaubnis fragen. Nicht weniger zurückhaltend natürlich bei Aufnahmen von religiösen Handlungen oder sonstigen „typischen" Szenen aus der Welt der Indígenas. Das versteht sich von selbst. Ein **Teleobjektiv** ist hierbei nützlich und weniger aggressiv. Viele Kinder, besonders in den Dörfern rund um den Atitlán-See, wissen um ihre Attraktivität („takapitsch, takapitsch!" = „take a picture!") und verlangen „Gage" für die Schnappschüsse der Gringos. Ob man die zahlen will oder nicht, muss jeder selbst entscheiden.

Verhalten und Tipps für das Fotografieren

- **Respekt** vor dem Gegenüber ist bei der Fotografie von anderen Menschen erstes Gebot. Es handelt sich schließlich um Menschen, nicht um Fotoobjekte. Man sollte stets die **Erlaubnis** einholen, jemanden abzulichten. Ein Satz in der Landessprache, ein freundlicher Blick und eine entsprechende Geste können Wunder wirken und sogar der Auftakt einer kleinen Begegnung sein, an der man viel mehr Freude hat als an einem anonymen, „gestohlenen" Bild. Möchte jemand nicht fotografiert werden, ist das unbedingt zu respektieren, nicht zuletzt, um sich selber Ärger zu ersparen. Dass die Fotoerlaubnis manchmal mit einer Geldforderung verbunden wird, sollte einen aufgrund der Armut in vielen Ländern nicht aufregen.
- Hemmungsloses **Blitzen** in Situationen oder Räumen, die für andere Menschen privat oder gar heilig sind, zeugt von Respektlosigkeit, ist lästig und zieht oft Ärger nach sich, manchmal sogar handfesten.
- Fotografieren von **Militäreinrichtungen, Brücken** oder **Häfen** ist in vielen Ländern verboten. Entsprechende Regeln sollte man unbedingt erfragen und beherzigen, auch wenn es nicht nachvollziehbar ist, warum. Wer mit der Beschlagnahmung des Films davonkommt, kann manchmal froh sein!
- **Fotoverbote oder -einschränkungen in Sehenswürdigkeiten und Museen** sollten ebenfalls beachtet werden. Wer unbedingt ein Bild braucht, sollte die entsprechenden Stellen um Erlaubnis fragen, manchmal ist eine saftige Gebühr zu zahlen.
- **Überlegen, was und warum man überhaupt fotografiert.** Die zwanzigste Kirche, pittoreske, halbverfallene Hütten oder Mama vor atemberaubendem Panorama?
- Das **Detail nicht vergessen.** Gesamtaufnahmen werden schnell langweilig. Versteckte Reize in Kleinigkeiten oder scheinbaren Nebensächlichkeiten zu entdecken, schult den eigenen Blick für das Besondere.
- **Geduldig sein:** Es lohnt sich, eine Situation zu beobachten, gutes Licht abzuwarten, nach einem geeigneten Blickwinkel zu suchen.
- Lieber **mal ein Bild mehr fotografieren.** Schließlich kann ein schönes Foto noch nach Jahren an ein Reiseerlebnis erinnern. Deswegen aber ständig den Sucher vor dem (inneren) Auge zu haben, **begrenzt den eigenen Blickwinkel** für andere Aspekte des Reisens. Man muss nicht jedes Bild „eingefangen" haben.
- **Buchtipp:** *Helmut Hermann:* „Reisefotografie. Handbuch für perfekte Reisefotos", Reihe Praxis, Reise Know-How Verlag. In der gleichen Reihe erschienen: „Reisefotografie digital" von *Volker Heinrich.*

Frauen allein unterwegs

Frauen, die alleine nach Mittelamerika aufbrechen, müssen über eine gute Portion Selbstbewusstsein verfügen, Sprachkenntnisse haben (doppelt wichtig bei allein reisenden Frauen), aufgeschlossen und nicht überängstlich sein. Das Problem von Frauen ist ja nicht das schwere Gepäck, sondern

FESTTAGSKALENDER

Januar:
1. Neujahr (Año Nuevo)
6. San Gaspar Ixchil, Huehuetenango; Barberena, Santa Rosa
15. Tag des Schwarzen Christus von Esquipulas wird gefeiert in: Esquipulas, Chiquimula; Santa María Chiquimula, Totonicapán; Chinique, El Quiché; Colomba,Quetzaltenango, Santa María de Jesús, Sacatepéquez
17. San Antonio Ilotenango, El Quiché; San Antonio Sacatepéquez, San Marcos
18. San Sebastian Huehuetenango, Huehuetenango; San Sebastian, Retalhuleu
20. Santa Cruz del Quiché, El Quiché; San Antonio Aguas Calientes, Sacatepéquez; El Tejar, Chimaltenango
21. San Raimundo, Guatemala
22. Santa Lucia La Reforma, Totonicapan; San Vicente Pacaya, Escuintla
23. Rabinal, Baja Verapaz
24. San Juan Tecuaco, Santa Rosa
25. San Pablo La Laguna, Sololá; Tamahu, Alta Verapaz

Februar:
2. Lichtmess
20. **Tag von Tecún Umán, des letzten Quiché:** Cunén, El Quiché; San Juan Ostuncalco, Quetzaltenango; Chiantla, Huehuetenango; Río Bravo, Suchitepéquez; Santiago Sacatepéquez, Sacatepéquez; San Pedro Sacatepéquez; Quetzaltenango

März:
15. Coatepeque, Quetzaltenango
19. Morales, Izabal; San José Pinula, Guatemala; San José, Escuintla
Ostern: Überall gibt es Osterprozessionen, die prächtigsten in Antigua

April:
25. San Marcos, San Marcos; San Marcos La Laguna, Sololá. Ende April (40 Tage nach Ostern) Prozessionen in Aguacatán, Huehuetenango

Mai:
1. **Tag der Arbeit (Día del Trabajo),** Gewerkschaftsdemos in den Städten
3. Amatitlán, Guatemala; Cajolá, Quetzaltenango; Santa Clara La Laguna, Sololá; San Benito, El Petén
10. Santa Cruz La Laguna, Sololá
14. Melchor de Mencos, El Petén
28. Dolores, El Petén
24. Olintepeque, Quetzaltenango; San Juan Ixcoy, Huehuetenango; San Juan La Laguna, Sololá; San Juan Cotzal, El Quiché
25. San Pablo La Laguna, Sololá

Juni:
13. Sayaxché, El Petén; Purulhá, Baja Verapaz; San Antonio Palopó, Sololá
21. Tag der Verschwundenen (seit 1990 von Menschenrechtsorganisationen begangen)
24. San Juan Chamelco, Alta Verapaz; San Juan Cotzal, El Quiché; Comalapa, Chimaltenango
29. San Pedro Carchá, Alta Verapaz; El Estor, Izabal; Almolonga, Quetzaltenango; San Pedro Sacatepéquez, Guatemala
30. **Tag der Armee (Día del Ejército),** Aufmärsche in der Hauptstadt.
Zu wechselnden Zeitpunkten im Juni Corpus-Christi-Feiern im ganzen Land.

Juli:
2. Santa María Visitación, Sololá
3. Tajumulco, San Marcos
12.-18. Huehuetenango, Huehuetenango
19. Puerto Barrios, Izabal;
25. Antigua, Sacatepéquez; Palín, Escuintla; El Palmar, Quetzaltenango; Momostenango, Totonicapán
26. Chimaltenango, Chimaltenango
30. Palín, Escuintla

August:
4. Cobán, Alta Verapaz; Rabinal, Baja Verapaz; Sacapulas, El Quiché; Asunción Mita, Jutiapa; Jocotenango, Sacatepé-

FESTTAGSKALENDER

quez; Tacaná, San Marcos; Tactic, Alta Verapaz. Fiesta in der Hauptstadt.
15. **Himmelfahrt (Día de Asunción)**
18. Santa Cruz del Quiché, El Quiché
24. San Bartolo, Totonicapán
25. Salcajá, Quetzaltenango
26. Lanquín, Alta Verapaz
28. Sumpango, Sacatepéquez; Santa Clara La Laguna, Sololá; Totonicapán, Totonicapán
30. San Jerónimo, Baja Verapaz

September:
15. **Unabhängigkeitstag (Día de la Independencia)**, Quetzaltenango
17. Salamá, Baja Verapaz
29. Taxisco, Santa Rosa; Totonicapán; sämtliche „San-Miguel"-Orte
30. San Jerónimo, Baja Verapaz

Oktober:
4. Panajachel, Sololá; San Francisco El Alto, Totonicapán; San Francisco, El Petén; San Juan Comalapa, Chimaltenango
12. **Tag des Volkes (Día de la Raza)**
18. San Lucas Sacatepéquez; San LucasToliman, Sololá
20. **Revolutionstag 1944 (Día de la Revolución)**
22.–25. Feria in Iztapa, Escuintla
24. San Rafael La Independencia, Huehuetenango

November:
1. **Allerheiligen (Día de Todos los Santos)**
wird im ganzen Land gefeiert, besonders in Todos Santos Cuchumatán, Huehuetenango (Pferderennen); Santiago Sacatepéquez (Drachensteigen)
10.-15. Feria in Nueva Santa Rosa, Santa Rosa
11. San Martín Sacatepéquez, Chimaltenango; San Andres Semetabaj, Sololá

Dezember:
4. Santa Bárbara, Huehuetenango; Chinautla, Guatemala
7. Quema del Diablo (Teufelsverbrennung) mit Feuerstellen auf der Straße, vor allem in der Hauptstadt
8. Ciudad Vieja, Sacatepéquez; Escuintla, Escuintla; Retalhuleu, Retalhuleu; Zacapa, Zacapa
12. La Libertad, El Petén
15. San Carlos Sija, Quetzaltenango
21. Chichicastenango, El Quiché
24. **Heilig Abend (Nochebuena)**
25. **Weihnachten (Día de Navidad)**
mit Prozessionen, Messen und Festen im ganzen Land
28. Lívingston, Izabal
31. La Democracia, Escuintla Silvesterfeiern

die Konfrontation mit einer Männerwelt, die noch viel weniger Gleichberechtigung und Gleichbehandlung kennt als bei uns.

Wer jedoch alleine in Guatemala gereist ist, wird sicher viele gute Erfahrungen gemacht haben. Denn im Gegensatz zu Mexiko (und viele Traveller kommen von Norden) reist eine Frau hier stressfreier und gelassener, wenngleich die **Organisation des Alltags** etwas anstrengender ist, weil vieles ungeregelt und chaotisch erscheint. Die guatemaltekischen Männer sind allgemein höflicher und zurückhaltender als die Mexikaner. Jede Frau wird merken, dass sie in Guatemala nicht so oft angemacht oder angequatscht wird. Sie kann allein irgendwo sitzen, ohne von vornherein den Eindruck zu erwecken, dass sie nur darauf wartet, von einem *macho* belästigt zu werden, der sich für unwiderstehlich hält. Mit Ausnahme der *costeños* (Männer aus der Küstenregion im Süden) sind Männer in Guatemala zumindest in dieser Hinsicht angenehme Zeitgenossen.

Am wenigsten haben Frauen von den Indígenas etwas zu befürchten. Sie sind ohnehin viel introvertierter als die Ladinos. Eine große blonde *extranjera* (Ausländerin) erweckt eher distanzierte Neugierde als das Bedürfnis, näher zu kommen. Der direkte Blick der Indígenas ist frei von Anzüglichkeiten. Der Aufenthalt im Hochland ist daher für alleinreisende Frauen meist eine sehr schöne Erfahrung.

Es versteht sich von selbst, dass es einige ungeschriebene Gesetze bezüglich der **Kleidung** in einem Land wie Guatemala gibt. Salopp sitzende Shorts sind kurzen Röcken in jedem Fall vorzuziehen (die sollte man überhaupt zu Hause lassen). Im Hochland und Gegenden mit überwiegend indigener Bevölkerung ist kniefreie Kleidung unangebracht. Wer über einen gesunden Menschenverstand und Einfühlungsvermögen verfügt, weiß sich ohnehin zu kleiden.

Kleine Hilfsmittel, aufdringliche Annäherungsversuche zu bremsen, sind Ehering, Fotos vom „Ehemann" und den Kindern. Auf Fragen, ob man allein unterwegs ist, muss ja nicht sofort eine wahre Antwort folgen. Vielleicht ist der *compañero* nur beim Einkaufen oder schaut sich ein Museum an ... Im Falle einer Einladung, die mir nicht ganz geheuer wäre, würde ich stets fragen, ob der Freund mitkommen könnte. Wenn ich den Anmacher loswerden möchte, sage ich zu, mit dem Hinweis, dass ich meinen Bruder und dessen Freund mitbringe, die heute abend aus ... zurückkommen. Das wäre in Deutschland so üblich. Und ob er ein Bild sehen möchte ...? Meistens verzichtet er darauf und verschwindet.

Aber wie gesagt, Guatemala ist ein sehr angenehmes Land, wo ausländische Frauen keinen Dauerstress mit derartigen Dingen haben.

Fremdenverkehrsämter

In allen Touristenzentren Guatemalas gibt es ein *Oficina de Turismo* (Fremdenverkehrsbüro). Sie sind regionale

GESUNDHEIT

Ableger der staatlichen Tourismusbehörde *INGUAT* (in der Hauptstadt 7. Av. 1–17, Centro Cívico, Z 4, Hochhaus, Tel. 1-801-46 48 281, gratis; Internet: www.mayaspirit.com.gt, E-Mail: info@inguat.gab.gt). Mit Ausnahmen (Hauptstadt, Panajachel, Antigua) sind die Infos eher spärlich. Wer spezielle Informationen sucht, begibt sich am besten gleich aufs Bürgermeisteramt *(municipalidad)*. Oft wird keine Mühe gescheut, nach alten Büchern, Zeitschriften und Dokumenten zu suchen. Zwar erhält man in Guatemala oft zunächst die Antwort „No hay" („Gibt's nicht"), doch das Insistieren lohnt sich. Die Guatemalteken sind ausgesprochen hilfsbereit, wenn sie sich für eine Sache interessieren.

In Antigua haben sich besonders viele private Anbieter etabliert. Da der Konkurrenzdruck hoch ist, über- bzw. unterbieten sie sich in ihren Angeboten und Preisen.

Gesundheit

Bei Nahrungsmitteln gilt Vorsicht bei allem, was nicht gebraten oder gekocht ist (etwa Salat). Obst und Früchte sollten schälbar sein. Bereits aufgeschnittenes Obst möglichst meiden. Auf keinen Fall **Leitungswasser** trinken! Die Guatemalteken in der Stadt trinken *salvavida* („Lebensretter"), das in großen Flaschen geliefert wird und in vielen Hotels, Restaurants, Behörden und einigen Geschäften bereit steht. Getränke am besten immer ohne Eis („sin hielo") bestellen.

Keiner bleibt von **Durchfall** *(diarrea)* verschont. Der Grund ist nicht nur ungewohntes Essen, sondern auch Klima, Zeitverschiebung, Anstrengung, Reizüberflutung und die Höhe. Wer nach seiner Ankunft sofort ins Hochland fährt, sollte bedenken, dass er sich durchschnittlich auf 2300 m befindet. Bei uns wächst in dieser Höhe bereits kein Baum mehr. Ganz sicher aber werden diejenigen chronischen Durchfall und Magenschmerzen haben, die der guatemaltekischen Küche mit Abneigung und Ekel begegnen.

Einfache allgemeine **Vorsorgemaßnahmen** sind häufiges Händewaschen, viel Flüssigkeit und Salz (die Guatemalteken salzen daher z. B. ihre Orangen), nicht zuviel Sonne (die Höhensonne ist zwar nicht heiß, aber umso intensiver, was leicht unterschätzt wird), ausreichend Schlaf und Pausen während der Tour. Einen leichten Durchfall kann man entweder aushungern oder ihn mit Coca-Cola, Tees, Salzigem, Papayas, Schokolade oder Reis in den Griff bekommen. Sollte ein Durchfall trotz Einnahme von Medikamenten nicht aufhören und wird Blut im Stuhl entdeckt, könnten es Amöben sein. Da hilft nur eine spezielle Kur. In jeder Stadt und jedem größeren Ort in Guatemala gibt es Ärzte. Wer sich auf dem Land befindet, kann ein *centro* oder *puesto de salud* aufsuchen oder macht sich am besten auf den Weg in die Stadt, um dort in eine Privatklinik zu gehen.

Schwere Erkrankungen wie **Malaria** und **Hepatitis** (Gelbsucht) kündigen sich durch Schüttelfrost und hohes Fie-

Praktische Tipps

ber an. Da die Symptome an den darauffolgenden Tagen zunächst wieder zurückgehen, wird die Gefährlichkeit oft unterschätzt. Akute Malaria muss sofort behandelt werden. Bei Hepatitis A, die durch Nahrung übertragen wird, hilft nur liegen, ruhen, nichts tun. Bei Fieberanfällen immer einen Arzt aufsuchen!

Siehe auch „Aktuelle Reise-Gesundheitsinformationen im Überblick" im **Anhang.**

Als ADAC-Mitglied kann man im Notfall im Internet unter www.adac.de eine **Liste deutschsprachiger Ärzte** in Guatemala abrufen oder sie schon vor Reiseantritt unter Tel. 089/76 76 76 anfordern.

Gringo

Mit diesem Ausdruck wird zunächst einmal jeder hellhäutige **Ausländer** bezeichnet. Streng genommen ist es aber der Name für Nordamerikaner. Als es Mitte des 19. Jh. um die nordamerikanische Annexion Neu-Mexikos ging, beschimpften die Einwohner die grüngekleideten Soldaten: „Green go!". Daraus wurde das berühmte „Gringo"! Je nach Betonung verwenden die Guatemalteken den Begriff aggressiv, abschätzig oder einfach nur als Spitznamen. Eine Schmeichelei drückt der Name jedoch nicht aus. Die Kinder rufen ihn den Touristen hinterher. Jeder Europäer ist aber nur solange ein Gringo, bis das Gegenteil bewiesen ist. Ein kurzes „Somos alemanes" genügt meist.

Hotels und Hospedajes

Knapp 14.000 Gästezimmer sind bei der Tourismusbehörde eingetragen. In Guatemala wird qualitativ zwischen Hotels und Hospedajes unterschieden. Letztere bestehen oft nur aus ein paar schmucklosen Zimmern, die um einen Innenhof *(patio)* gruppiert sind und häufig kein richtiges Fenster haben. Komfort ist allgemein in Guatemala keine Selbstverständlichkeit. Darauf muss man sich einstellen. Besonders außerhalb der Städte und Touristenzentren sind die Übernachtungsmöglichkeiten äußerst bescheiden. Außerdem ist Guatemala noch immer ein Land, in dem es zwar eine Fülle von Dienstleistungen gibt, aber so gut wie keinen Service.

Frühstück ist auch in den besseren Hotels in der Regel nicht im Preis inbegriffen. Zimmer mit Dusche *(baño privado)* kosten selbstverständlich ein paar Quetzales mehr. Wer sich das Zimmer zeigen lässt, sollte Klospülung und **Dusche** ausprobieren. In heißeren Gegenden muss der Ventilator funktionieren und das Moskitonetz in Ordnung sein. Bei Nichtgefallen ruhig nach einem besseren Zimmer fragen oder über den Preis verhandeln, wenn er überzogen erscheint. Wird der im Zimmer angeschlagene Preis in besseren Hospedajes und Hotels nicht eingehalten bzw. stark überzogen, sollte man unbedingt reklamieren und notfalls mit einer Anzeige bei INGUAT drohen. 12% Mwst. auf den Hotelpreis sind allerdings mancherorts üblich, meist ist sie inbegriffen.

Während der Trockenzeit kann es vorkommen, dass kein Wasser da ist. Da heißt es abwarten und hoffen. In Guatemala ist es Sitte, gebrauchtes Toilettenpapier in einen bereitgestellten Eimer zu werfen. Es empfiehlt sich, diesen Brauch zu übernehmen – eine verstopfte **Toilette** ist weitaus unangenehmer. Außerdem ist es nützlich, immer eine Rolle Toilettenpapier dabei zu haben. Die Duschen in den Hotels und Hospedajes sind teilweise abenteuerlich ans Stromnetz angeschlossen. Lieber nicht so genau hinschauen und die Finger davon lassen ... Wer sich in der Regenzeit weit oben in den Bergen aufhält, sollte auf keinen Fall (!) während eines Gewitters duschen.

Die guatemaltekischen **Betten** bestehen aus mehreren Matratzen, eine Dauerbelastung für Wirbelsäule und Bandscheiben. Bettwäsche wird in den billigeren Hospedajes (oft nicht nur dort) mehreren Gästen hintereinander zugemutet. Frische verlangen!

Natürlich gilt diese Beschreibung nicht für teure Hotels in der Stadt. Jedoch für eine durchschnittlich einfache Hospedaje und weiter draußen auf dem Land. Eben dort, wo Traveller Traveller finden. Allerdings hat sich auch im Low-Budget-Bereich der Standard etwas verbessert. Die Guatemalteken haben erkannt, dass der Gast lieber ein paar Quetzales mehr ausgibt, wenn er dafür ein sauberes und freundliches Zimmer bekommt.

An Wochenenden und Feiertagen ist die Wahrscheinlichkeit groß, dass beispielweise in Antigua oder Panajachel (Hauptstadtnähe) viele Hotels und Hospedajes belegt sind. Wie so oft in Guatemala, hilft in solchen Fällen nur fragen, fragen, fragen. Wer nicht gerade über **Ostern** (Semana Santa) in Antigua (hoffnungslos) ein Zimmer sucht, wird immer und überall ein Dach – wenn auch ein bescheidenes – über dem Kopf finden.

Zu den **Preisangaben** in den Ortskapiteln: Sind bei den Übernachtungsmöglichkeiten zwei Beträge aufgeführt, handelt es sich um die Preise für Einzel- und Doppelzimmer; bei drei Beträgen gilt der letzte für ein Dreibettzimmer.

Kommunikation

Wie überall, sind auch in Guatemala die Internet-Cafés in den letzten Jahren zu einer festen Einrichtung geworden. Die Zeiten, in denen eine Telefonverbindung nach Europa reine Glücksache war, ein schriftlicher Gruß nach Hause bis zu drei Wochen und länger dauerte und ein Telegramm oft den schnellsten und sichersten Weg beschritt, sind Vergangenheit. Guatemala ist ans WorldWideWeb angeschlossen. Wo immer sich ein Markt auftut, sind Anbieter da. Über den reinen Kommunikationsservice hinaus (Telefon, Fax, E-Mail, Surfen etc.) bieten viele Firmen auch einen Travelservice an (Infos, Shuttle, Touren, Flüge, Reservierungen etc.).

Die Mitnahme eines **Mobiltelefons** empfiehlt sich nicht; die lokalen Mobilfunkanbieter haben keine Roaming-Abkommen mit Deutschland, Österreich und der Schweiz.

Kontakte

Deutsche sind sehr beliebt in Guatemala und werden daher gerne in ein Gespräch verwickelt. Obwohl sich die wenigsten Guatemalteken eine Vorstellung von der Entfernung und der Größe „Alemanias" machen können (Indígenas fragen gerne, ob man mit dem Bus gekommen sei), sind sie neugierig auf das Land und die Familie, aus der man kommt. Fotos und Postkarten sind daher ein gutes **Kommunikationsmittel.** Auf Fragen, was der Flug gekostet hat (eine häufige Frage), antwortet man am besten etwas ausweichend und ohne Angabe des Preises. Bei einem guatemaltekischen Durchschnittsverdienst von 100–150 Euro im Monat versteht sich das fast von selbst ...

Märkte

Touristischer Anziehungspunkt Guatemalas sind die bunten **indianischen Märkte** des Hochlands. Städte wie Antigua, Quetzaltenango, San Marcos oder Huehuetenango haben einen permanenten Markt. Größere Orte wie Sololá, Chichicastenango oder Totonicapán halten wöchentlich zweimal einen Markt ab. Dörfer haben einen Markttag, meistens den Sonntag, wenn die *campesinos* der umliegenden *aldeas* zur Messe gehen und die

MASSE UND GEWICHTE, MEHRWERTSTEUER

Frauen danach ihren Wocheneinkauf machen. Der Markt ist Treffpunkt und Zentrum, hier werden Neuigkeiten ausgetauscht, Geschäfte getätigt und vieles andere mehr. Die Händler kommen zum Teil von sehr weit her, um ihre Produkte zu verkaufen.

Der **berühmteste Markt** in Guatemala ist der von **Chichicastenango,** der jeden Donnerstag und Sonntag abgehalten wird. Er hat sich zu einer ausgesprochenen Touristenattraktion entwickelt, da er an Vielfalt und Farbenpracht kaum zu überbieten ist.

Markttage

Täglich gibt es einen Markt in: Antigua, Chimaltenango, Cobán, Guatemala Ciudad, Huehuetenango, Jutiapa, Mazatenango, Quetzaltenango, Retalhuleu, San Juan Sacatepéquez (Sac.), San Marcos, San Pedro Carchá, Santa Cruz del Quiché, Santiago Atitlán, Totonicapán und vielen anderen Orten.

- **Montags:** Antigua, Chimaltenango, Zunil
- **Dienstags:** Comalapa, Olintepeque, Patzún, San Andrés Semtabaj, San Lucas Toliman, Santa Clara La Laguna, Sololá, Sumpango, Tucurú
- **Mittwochs:** Almolonga, Momostenango, Palín, Patzicía, Sacapulas, Chimaltenango, Todos Santos Cuchumatán
- **Donnerstags:** Aguacatán, Chichicastenango, Nebaj, Patzún, Sacapulas, San Christóbal Verapaz, San Juan Ostuncalco, San Mateo Ixtatán, San Pedro Sacatepéquez (San Marcos), Tactic, Tecpán, Tucurú, Uspantán, Zacualpa, Nahualá
- **Freitags:** Comalapa, Palín, San Francisco El Alto, San Andres Iztapa, San Juan Sacatepéquez, San Lucas Tolimán, San Martin Sacatepéquez, San Pedro Sacatepéquez (Guate.), Sololá
- **Samstags:** Almolonga, Patzicía, Santa Clara La Laguna, Santiago Sacatepéquez, Sumpango, Todos Santos Cuchumatán, Tucurú
- **Sonntags:** Aguacatán, Cantel, Chiantla, Chichicastenango, Momostenango, Nebaj, Nahualá, Panajachel, Parramos, Patzún, Rabinal, Sacapulas, San Cristóbal Totonicapan, San Cristóbal Verapaz, San Juan Ostuncalco, San Juan Sacatepéquez (Guate.), San Lucas Tolimán, San Mateo Ixtatán, San Raymundo, Santa Eulalia, Santa Lucia Utatlán, Tactic, Tacaná, Tecpán, Uspantán, Zacualpa, Zunil

In Quetzaltenango wird zusätzlich jeden ersten Sonntag im Monat auf dem Parque ein kleiner **Kunsthandwerkmarkt** abgehalten.

Maße und Gewichte

Länge:	1 pulgada	= 2,54 cm
	1 yarda	= 91,40 cm
	1 legua	= 5 km
Volumen:	1 galón	= 3,785 l
Gewicht:	1 onza	= 28,35 g
	1 libra	= 453,6 g
	1 quintal	= 50 kg
Oberfläche:	1 manzana	= 0,7 ha
	1 caballería	= 45 ha

Mehrwertsteuer

Mit Einführung der Demokratie 1985 wurde eine Mehrwertsteuer eingeführt. In fast jedem Restaurant, Hotel oder Geschäft ist die so genannte *IVA (Impuestos sobre el valor agregado)* im Preis inbegriffen. Wer sich nicht sicher ist, kann sich vorher erkundigen. Derzeit beträgt sie zehn Prozent. Außerdem gibt es eine zehnprozentige Tourismussteuer.

Mietwagen

Die Adressen internationaler Autoverleihfirmen wie Hertz, Avis, Budget und andere sind auf den Gelben Seiten des Telefonbuches unter „Alquiler de automóviles" zu finden. Vergleichen lohnt sich. Die Kosten sind unterschiedlich hoch. Am Flughafen befinden sich alle Mietwagenfirmen etwas außerhalb der Ankunftshalle. Das erleichtert das Vergleichen. Aus versicherungstechnischen Gründen ist es besser, das Geschäft über die Kreditkarte abzuwickeln, sofern sie einen Schutz bei Mietwagenverträgen gewährt. Unbedingt eine Versicherung abschließen! Wichtig ist eine **Probefahrt** und die Auflistung aller Mängel, falls vorhanden. Darauf achten, dass ein guter Wagenheber im Auto ist und das Ersatzrad Profil hat.

Ein Mietwagen lohnt sich erst zu mehreren Personen und für Touren, die fernab regelmäßiger Buslinien liegen. Diese Gegenden sind **nur mit einem vierradgetriebenen Jeep** sicher zu bewältigen. Ab 40 US$ pro Tag gibt es einen PKW, ein Jeep ist ab ca. 60 US$ zu mieten. Ab einer Woche PKW ca. 270 US$ inklusive Vollkasko und Diebstahlversicherung. Nur ein Drittel der guatemaltekischen Straßen sind asphaltiert. Mietwagenverträge werden nur mit Personen über 25 Jahre abgeschlossen. Am besten einen Pickup mieten (bietet Mitfahrgelegenheit für Guatemalteken).

Da die Straßenverhältnisse und der Straßenverkehr in Guatemala in keiner Weise mit europäischen Maßstäben gemessen werden dürfen, sollte man neben ausgezeichneten Fahrfähigkeiten starke Nerven haben. Bei Unfällen liegt die Beweislast meist bei den Ausländern. Mehr dazu unter „Verkehr".

- **Avis**, 6. Calle 7-64, Z 9, Tel. 23 39 32 49, 23 32 62 09. PKW 55 US$/Tag, 341 US$/Wo; Jeep 105 US$/Wo inkl. Steuer und Versicherung.
- **Hertz**, 7. Av. 14-76, Z 9, Tel. 23 32 22 42, 23 34 74 21.
- **Tabarini**, 2. Calle „A" 7-30, Z 10, Tel. 23 31 26 43, 23 32 21 61.

Notrufe

Im Notfall sollte man sich immer in ein *Hospital Privado* einliefern lassen.

• Polizei:	120, 110
• Ambulanz:	128
• Rotes Kreuz:	125
• Feuerwehr:	122, 123
• Tourismus-Polizei (Antigua)	78 32 72 90 / 78 32 02 51
• Politour Guatemala Ciudad	23 61 60 52

Öffnungszeiten

Grundsätzlich gilt: Wichtige Dinge (Behördengänge, Geldwechsel, Infos) sind vormittags zu erledigen. Über Mittag machen Geschäfte ab 12 Uhr eine zwei- bis dreistündige Siesta. Einen offiziellen Ladenschluss gibt es nicht. Sonntags sind nur wenige Läden geöffnet. Banken und die Post haben in der Regel Mo-Fr von 9-16 Uhr geöffnet, Museen von Di-So bis 16 Uhr, eventuell mit Mittagspause. Montags sind Museen oft geschlossen.

Orientierung

Das System des rechtwinkligen Straßennetzes (Schachbrett) ist einfach zu verstehen. Ein Nachteil ist, dass durch das Fehlen von Diagonalen nur selten Abkürzungen möglich sind. Im Kapitel „Guatemala Ciudad, Struktur der Hauptstadt" wird erklärt, wie man sich im Adressensystem zurechtfindet.

Post

Seit Guatemala mit der kanadischen Post zusammenarbeitet (1998), ist die Zustellung zuverlässiger geworden. Dennoch: Bargeld oder wertvolle Dokumente sollte man sich niemals schicken lassen! Briefkästen gibt es so gut wie keine in Guatemala. Die wenigen sind zu meiden. Die herkömmlichen Briefmarken sind Aufkleber. Für Sammler zu Hause und auf Reisen gibt es in Guatemala Ciudad und anderswo die Möglichkeit, bei der Post oder in Schreibwarenläden wunderschöne guatemaltekische Briefmarken zu erwerben.

Die **Paketpost** ist aufwendig und teuer. Jede Sendung muss vorher vom Postbeamten selbst geprüft werden. Nie mit zugeklebtem und verschnürtem Paket auf die Post gehen. Die Pakete müssen nach Vorschrift verpackt werden, es dürfen keine Faltstellen zu sehen sein. Vorher also genügend Klebeband und Schnur besorgen. Souvenirpakete müssen die Aufschrift „Keine Handelsware" tragen und dürfen nicht schwerer als 1 kg sein.

Post in Guatemala zu empfangen ist möglich. **Postlagernde** Sendungen kann man an die Deutsche Botschaft, an ein Hotel oder an das American Express Büro schicken lassen, wenn man im Besitz einer solchen Kreditkarte ist. Viele Traveller lassen sich die Post auf das Postamt der Touristenorte Antigua oder Panajachel schicken. Die Sendung muss dann den Vermerk „Lista de Correos" tragen. In der Regel wird die Post einen Monat lang aufbewahrt. Sicherheitshalber sollte man sich an Ort und Stelle noch einmal danach erkundigen.

Guatemala befindet sich in einem Dauerkonflikt mit den ausländischen Fluggesellschaften wegen unbezahlter Rechnungen. Wer vorhat, kräftig einzukaufen, um sich durch den Wiederverkauf zu Hause die Reise nachträglich zu finanzieren (oder womöglich mit dem Erlös Projekte zu unterstützen, was leider seltener der Fall ist), sollte sich erkundigen, ob Paketpost zurzeit befördert wird. Eine Alternative sind private Firmen wie DHL etc.

Porto nach Europa

Postkarten/Briefe bis 20 g	8 Q
Briefe bis 50 g	14 Q
Briefe bis 100 g	25 Q
Paket 250–500 g	148 Q
Paket 500–1000 g	180 Q
Paket 1–2 kg	260 Q
Paket 2–4 kg	480 Q
Paket 4–6 kg	690 Q
Paket 6–8 kg	865 Q
Paket 8–10 kg	1000 Q
jedes weitere kg	90 Q

Kleiner guatemaltekischer Sprachführer

Hier sollen nur einige der typisch guatemaltekischen Ausdrücke oder Redewendungen aufgelistet werden sowie Wörter, die im Text unübersetzt vorkommen. Wichtige Ausdrücke in Mayasprachen siehe im Kapitel „Kultur".

Es gibt einige **Grundregeln der Aussprache,** die einfach zu merken sind. Die Betonung liegt jeweils auf der letzten Silbe:

Panajachel	- sprich: Pana**ch**atschel
Chajul	- sprich: **Tsch**a**ch**ul
Nebaj	- sprich: Neba**ch**
Jocotenango	- sprich: **Ch**oko**t**enango (nicht

immer wird das c als k gesprochen wie z.B. bei San Vicente, Santa Lucía oder El Cruce)

Quetzaltenango	- sprich: **K**etzaltenango
Quiché	- sprich - **Kitsch**e
Chiquirichapa	- sprich: **Tsch**i**ki**rit**sch**apa
Xela	- sprich: **Sch**ela
San Andres Xecul	- sprich: San Andrés **Sch**ek**u**l

In Guatemala wird häufig anstatt des **tú** (du) **vos** gebraucht. Es ist sozusagen eine Mischform aus du und Sie. Diese Form ist vor allem unter den Indígenas sehr geläufig. Als Tourist sollte man stets die Höflichkeitsanrede **usted** gebrauchen. Es gibt immer wieder Reisende, die wie selbstverständlich Indígenas duzen.

Wer in Guatemala Spanischunterricht nimmt, wird merken, dass es praktisch keine Form für **ihr** gibt. Selbst unter Freunden ist es üblich, in solchen Fällen **ustedes** zu nehmen. Auch Ehepaare sprechen sich häufig mit *usted* an.

a la gran púchica	Menschenskind!
adobe	mit Stroh durchmischter Lehmziegel
agua	Erfrischungsgetränk wie Coca-Cola, Crush, Spur etc.
aguardiente	Schnaps
alcalde	Bürgermeister
aldea	Dorf, besser Streusiedlung
baile	Tanz
barranco	Schlucht
bistec	gegrilltes (meist zähes) Fleisch
borracho	betrunken
brujo	Zauberer, Schamane
cabecera	Departementshauptstadt
caites	Ledersandalen der Indígenas
camioneta	Bus
campesino	Bauer
canches	blonde Europäer, Haarnadelkurve, Guerilla
capital	Hauptstadt Guatemala Ciudad
capixay	wollener Umhang der Indígenas
chapín	Guatemalteke
chafa	Militär
chicle	Kaugummi
chinchon	Beule
chiripá	Anfängerglück
chilero	großartig
choca	25 Centavo-Münze
chompipe	Truthahn
chucho	Hund
chuchito	Maisknödel mit Fleisch
chulo	hübsch
chupar	einen (alkoholischen) Schluck zur Brust nehmen
cofradía	religiöse Bruderschaft
comal	flache Tortillapfanne
comedor	einfaches Esslokal oder Garküche
cómo no!	natürlich, selbstverständlich
corte	Rock der Indígena-Frauen
costumbre	Brauch, Gewohnheit
cuadra	Häuserblock
cusha	Schnaps
departamento	Provinz

KLEINER GUATEMALTEKISCHER SPRACHFÜHRER

fíjese	hören Sie mal ... allseits beliebter Ausdruck, der besonders gerne dann gebraucht wird, wenn etwas zu entschuldigen ist.
finca	Plantage
frijoles	schwarze Bohnen
hospedaje	mittlere bis bescheidene Unterkunft
huipil	Bluse der Indígena-Frauen
jalón	Mitfahrgelegenheit
jaspe	spezielle Färbetechnik (Ikat)
kopal	Räucherharz
lancha	Boot
len	Centavo
limonadas	Schimpfwort der Indígenas für Ladinos
manta	weißer Grundstoff der Huipiles
mecapal	Stirngurt, an den Lasten gehängt werden
milpa	Maisfeld
monte	Waldland
municipalidad	Bürgermeisteramt, kurz: muni
panela	brauner Rohzucker
para servirles	Ihnen zu Diensten (ebenso: a sus ordenes)
patio	Innenhof
patojo	kleiner Junge
perraje	Schal
petate	Matte aus Schilfrohr
pichicatos	eine Winzigkeit
pila	Spül- und Waschbecken
pisto	Knete (Geld)
qué chero	super
qué onda vos	Was geht ab?
rancho	kleines Häuschen
rodillera	wollener Teppichrock, Teil der Männertracht
seño	Abkürzung für Señora
tecomates	Kalebassen
tela	Tuch, Stoff
tienda	Laden
Típicas	einheimisches Kunsthandwerk
típico	typisch, z.B. comida típica (einheimisches Essen),
traje	Tracht
tzut	Kopfbedeckung der Indígenas
vaya	sprich: baia, okay, in Ordnung

Wer noch nicht so gut Spanisch spricht, dem empfehle ich für die Reise den kleinen, handlichen **Kauderwelsch Band 83, Spanisch für Guatemala (mit Begleitkassette), Reise Know-How Verlag, Bielefeld.** Er enthält eine Grundgrammatik, Beispielsätze, Redewendungen, Wörterlisten, Verhaltensregeln und anderes mehr.

Sprache

Man kann nicht oft genug darauf hinweisen, dass Kenntnisse in der offiziellen Landessprache **Spanisch** eine Grundvoraussetzung für das Kennenlernen von Land und Leuten ist. Diejenigen Einheimischen, die etwas Englisch beherrschen, werden sie zwar stolz bei den Touristen anbringen, sie sind aber an einer Hand abzuzählen.

Nicht nur der allgemeinen Kommunikation wegen ist es nützlich, sich verständlich machen zu können. Auch bei der Organisation des Reisealltags, wie z. B. beim Erfragen von Buslinien, Unterkünften, Preisen usw. ist die Beherrschung einiger Grundzüge des Spanischen absolut notwendig! Im Allgemeinen gibt es keine Fahrpläne, Hotelverzeichnisse oder Fixpreise. Vieles, was nicht möglich oder machbar erscheint („no hay", „no se puede"), geht am Ende doch, vorausgesetzt, man besitzt die Fähigkeit und bringt genug Humor und Geduld auf, mit den Leuten über „Gott und die Welt" reden zu können.

Die Guatemalteken plaudern gerne und viel. Besonders die Ladinos unterhalten sich gern mit Deutschen, die ohnehin sehr beliebt sind. Wer zu Hause nicht genug Spanisch gelernt hat, kann dies in einer der vielen **Schulen** (Antigua, Quetzaltenango, Panajachel) nachholen. Damit verbunden ist die Unterbringung in einer guatemaltekischen Familie.

Guatemala besitzt wie jedes Land in Mittel- und Südamerika landestypische Wörter oder Phrasen. Im kleinen Sprachführer (s. o.) sind die wichtigsten aufgelistet.

Taxis

Da die Kosten für eine Taxifahrt in keinem Verhältnis zu einer Busfahrt innerhalb der Stadt stehen (1–1,25 Q), ist es für die Guatemalteken nicht alltäglich, ein Taxi zu benutzen. Sie sind somit seltener als etwa in Mexiko. Taxis haben ihre Standorte vorwiegend an Plätzen und am Parque Central.

Zum Teil gibt es so genannte **Colectivos,** die mehrere Fahrgäste aufnehmen und billiger sind. Das organisierte und eingetragene Taxiwesen begann in Guatemala erst 1995. Die Unternehmen bedauern, dass es noch immer nicht *costumbre* (Gewohnheit) ist, ein Taxi zu nehmen. Dennoch gibt es schon etwa 50 Taxiunternehmen, die hoffen, durch zukünftig vermehrte Nachfrage ihre Tarife senken zu können. Doch für den größten Teil der Stadtbevölkerung wird das Taxi immer die teuerste Alternative sein. In Guatemala kann man die Taxis auf der Straße heranwinken. Da viele Taxis keine Taxameter (mehr) haben, muss der Preis vorher ausgehandelt werden. Nur nummerierte, weil registrierte Taxis nehmen!

Telefonieren

Gerade acht Jahre, nachdem das gesamte Telefonnetz 1996 auf siebenstellige Nummern ausgebaut wurde, um dem Ansturm auf neue Linien und besonders Mobiltelefone zu begegnen, wurde im September 2004 noch eine **achte Ziffer** vorangesetzt. Mittlerweile gibt es mehr Mobiltelefone als Festnetzapparate. Über die Auskunft (Tel. 1508) erfährt man die neue Nummer, sofern man denn die alte weiß ...

Insgesamt wurden Anfang 2004 **3,2 Mio. Nummern** gezählt (eine Vervierfachung in vier Jahren). Dementsprechend nimmt die Telekommunikation mit 10,7% des Bruttoinlandproduktes einen wichtigen Platz in der Wirtschaft ein. Die Anschlüsse sind jedoch nicht gleich verteilt. Allein in der Hauptstadt und den umliegenden Gemeinden befinden sich 75% der Anschlüsse.

Vier **Gesellschaften** teilen sich das Geschäft: Telgua (Vorwahl 147), ehemals staatliche Guatel und unter umstrittenen Umständen vor einigen Jahren an den mexikanischen Riesen Telmex verkauft, Comcel (139), ein zentralamerikanisches Konglomerat, die spanische Telefonica (130) und Bell South aus den USA. Alle Gesellschaften bieten Spezialtarife für Ferngespräche an, allerdings müssen diese von einem Festnetzapparat aus geführt werden. Vor dem Landescode die oben in Klammern angeführte Vorwahl eingeben.

Für Charges-Collect-Gespräche die Nummer 120 wählen. Vielerorts sind Ladetelkarten zu 20, 30 oder 50 Q erhältlich, mit denen man von öffentlichen Apparaten aus telefonieren kann (ca. 8 Q pro Minute). Am günstigsten sind Internetcafés, die Ferngespräche schon ab 2 Q anbieten.

Die **Vorwahl** für Deutschland lautet 0049 plus lokale Vorwahl ohne die 0, z.B. Stuttgart 711, München 89, Hamburg 40 etc. Die Vorwahl für die Schweiz lautet 0041, für Österreich 0043.

Das **Telefonbuch** ist sehr übersichtlich aufgebaut. Es gibt zwei für das ganze Land, eines für die Hauptstadt und eines für die Departemente. Regierungsstellen sowie internationale Organisationen und Botschaften finden sich in den Blauen Seiten, vor den Gelben Seiten.

Trampen

Eine gute Mitfahrgelegenheit *(jalón)* bieten die Ladeflächen der Pick-ups, die wegen der geringen Steuern in Guatemala beliebte Fahrzeuge sind. Zum Teil verlangen die Fahrer einen kleinen Obulus, besonders wenn es sich um halbprofessionelle Transportunternehmen handelt. Wer keine Lust hat, lange auf einen Bus zu warten, kann durchaus versuchen, auf diese Art schneller ans Ziel zu kommen.

Trinkgeld

In Restaurants und Kneipen sind zehn Prozent Trinkgeld *(propina)* üblich. Für kleinere Dienste wie Einparkhilfe, Autoaufpassen usw. gibt man 3–5 Q. Am besten vorher gibt man jenen ein Trinkgeld, die ein Taxi bestellen, eine Telefonverbindung herstellen oder Ähnliches.

Ungeziefer

Besonders diejenigen, die sich auf ihrer Reise vom allgemeinen Touristenstrom wegbewegen, werden in *comedores*, Hospedajes und anderswo ungewollte Bekanntschaft mit diversen Tierchen machen. Im Hochland sind es vor allem **Flöhe** *(pulgas)*, die, in Matratzen und Decken versteckt, ihre nächsten Opfer erwarten. Auch die drangvolle Enge in den Bussen ist eine gute Gelegenheit, das alte Nest zu verlassen. Die Bisse liegen meist dicht nebeneinander und rufen einen extremen Juckreiz hervor. *Pulgas* zu fangen erfordert ein Höchstmaß an Geduld. Wer einen dieser winzigen Blutsauger erwischt hat, zerquetscht ihn am besten zwischen den Fingernägeln. Anders sind sie kaum umzubringen. Eine Vorsorgemaßnahme ist häufiges Waschen der Kleidung.

Ebenso gehören die käfergroßen, schwarzen **Kakerlaken** *(cucarachas)* zu den weniger liebenswerten Exemplaren der heimischen Tierwelt. Diese Allesfresser sind lichtscheu und sehr flink. Da es auch fliegende Ausgaben der Spezies gibt, empfiehlt sich, ein Moskitonetz aufzuspannen. Sie beißen und stechen nicht, sind aber für viele ekelhaft. Besonders häufig treten sie in wärmeren Gegenden auf.

Am Pazifik- und Karibikstrand verhindern oftmals beißende **Sandflöhe** das Sonnenbad. Schlimmer als Moskitos sind die kleinen schwarzen **Zancudos** an der Pazifikküste. Sie lassen sich nur begrenzt von Insekten abwehrenden Mitteln abschrecken.

Skorpione sind zwar kein Ungeziefer, ein Stich kann aber unangenehme Folgen haben. Besonders um den Atitlán-See herum gibt es viele dieser krebsartigen Spinnentiere. Sie halten sich tagsüber bevorzugt unter Steinen auf. Vorsicht beim Barfußlaufen!

Wer nicht gerade einen ausgedehnten Spaziergang durch ein Zuckerrohrfeld vorhat oder sich durch den Dschungel des Petén schlägt, wird in Guatemala kaum Bekanntschaft mit **Giftspinnen und Schlangen** machen.

Verkehr und Straßenverhältnisse

Von dem 14.450 km umfassenden Straßennetz in Guatemala sind 5465 km inzwischen asphaltiert – mit zunehmender Tendenz. Relativ neu sind 25 km Autobahn (mautpflichtig) Richtung Escuintla (Küste). Die Dörfer des Hinterlandes sind durch Erdstraßen miteinander verbunden, die in der Trockenzeit sehr staubig sind und sich in der Regenzeit in gefährliche Schlammpisten verwandeln können. Die **Straßen im Hochland** sind außerordentlich kurvenreich und steil, was die Guatemalteken aber nicht zu einer angepassten Fahrweise zwingt. Das halsbrecherische Anschneiden von Kurven gehört ebenso zur Praxis wie das Überholen an unübersichtlichen Stellen. Zu den atemberaubendsten Überholmanövern der Busfahrer zählt das Abschalten des Abblendlichtes in engen Serpentinen nach Einbruch der Dunkelheit.

Verkehr und Strassenverhältnisse

Wer selbst einmal die Gelegenheit haben sollte, **mit einem Auto unterwegs** zu sein, braucht zu Anfang starke Nerven und Durchsetzungsvermögen. Die Hauptstadt, am Rande ihrer Kapazität, ist der beste Trainingsplatz. Der Arm ersetzt den Blinker, Drängeln geht vor Warten, überholt wird, wo es Platz gibt, und die Hupe ist ohnehin immer im Einsatz. Mit einem (überspitzten) Wort: die Straßenverkehrsordnung funktioniert nach dem K.O.-Prinzip. Bei einem Unfall mit Personenschaden immer die Botschaft einschalten.

Vorsicht vor Busfahrern, sie kennen kein Pardon! Es dauert nicht lange, um zu begreifen, dass der Autofahrer in Guatemala immer Vorfahrt hat. Die Überquerung einer großen Straße erfordert Konzentration, Wagemut und den Start auf dem richtigen Fuß im richtigen Augenblick. Fußgänger werden als Verkehrshindernis wahrgenommen und entsprechend behandelt. Die Existenz eines Zebrastreifens erschöpft sich in der lustigen Straßenbemalung mit weißen Balken.

Ausländische Autofahrer sollten einige **Warnschilder** kennen. Die häufigsten sind: *viraje obligado* (Abbiegen nur in Richtung des Pfeils), *frene con motor* (mit dem Motor bremsen), *derrumbes* (Erdrutsch) und *túmulos* (kleine Erdwälle, Schikanen). Letztere befinden sich häufig an Ortseingängen und sind leicht zu übersehen. Wer darüberdonnert, hat hoffentlich gute Stoßdämpfer und gepolsterte Sitze.

Ein Ast oder Zweig mitten auf der Straße ersetzt das Warndreieck bei Unfällen. Langsam fahren!

Bei längeren Touren in abgelegene Gebiete sollte man **auf jeden Fall einen Vierrad-Antrieb** mieten und jede Möglichkeit nützen, **vollzutanken.** In der allgemeinen Touristen-Landkarte sind Tankstellen *(gasolineras)* eingezeichnet, doch darf man sich nicht darauf verlassen, dass Treibstoff vorhanden ist. Es kommt immer wieder zu Engpässen.

Die Regierung unter *Alvaro Arzú* (1996–1999) hat sich besonders der seit Jahrzehnten desolaten Straßenverhältnisse angenommen. So wurden unter den Neoliberalen die wichtigsten Verbindungen des Landes in einen ordentlichen Zustand versetzt. Außerdem wurden Mittel- und Randstreifen eingeführt und Katzenaugen erleichtern das Fahren bei Dunkelheit. Auch auf die Beachtung von Verkehrsregeln und -vorschriften wurde Wert gelegt. So wird zur Kasse gebeten, wer den Sicherheitsgurt nicht anlegt, während der Fahrt telefoniert, falsch parkt, ohne Führerschein fährt und es an Respekt gegenüber der 1997 neu gegründeten *Policía Municipal de Tránsito* (PMT), der Verkehrspolizei, fehlen lässt. Dazu kommen Verordnungen wie z. B. das Mitführen eines Warndreiecks und anderes mehr. Dabei spielt die Neuordnung des Verkehrs in der Hauptstadt eine besondere Rolle (s. auch „Busfahren"). Vielleicht bleibt dabei auch das ein oder andere typisch Guatemaltekische auf der Strecke, wie die Existenz der *gritones* (Schreihälse), die die Fahrziele der Busse ausrufen: „Guateee, Guateee, Guatemala!!", „Antiguaaa, Antiguaaa!!", die dem Präsidenten ebenso ein Dorn im Auge sind wie die völlig überfüllten Busse zur Rush Hour. Denn eines ist sicher: Obwohl nur ein Teil der Guatemalteken einen offiziell erworbenen Führerschein besitzt (wenn überhaupt) und die Mehrheit nicht weiß, was eine Überholspur ist, was „Rechts vor Links" bedeutet oder warum Blinker, Scheinwerfer und Bremslichter funktionieren sollten, geschehen weniger Unfälle als in Ländern, wo der Autofahrer immer Recht hat, wenn er das Recht hat ...

Zeitungen

Die populärste **Tageszeitung** ist die *Prensa Libre,* mit einer Auflage von 150.000 Exemplaren die am meisten gelesene Zeitung in Guatemala (Internet: www.prensalibre.com). Sie besitzt mit *El Periódico* (30.000) einen qualitativ besseren Ableger. Diesem liegt wiederum seit 1998 einmal monatlich die Frauenzeitschrift *La Cuerda* bei. Daneben gibt es die Tagespresse *Siglo Veintiuno* (45.000), mit Abstand die beste Tageszeitung (Internet: www.sigloxxi.com). Sie enthält einmal wöchentlich eine englischsprachige Beilage (SigloNews). Ihr populärer Boulevard-Ableger ist *Al Día* (88.000), die zunehmend an Beliebtheit gewinnt. Unübertroffen jedoch hat sich *Nuestro Diario* (135.000), eine Art Bildzeitung, an die Spitze gesetzt. Die liberale *La Hora* (12.000) erscheint nur nachmittags und ist sehr selten jenseits der Hauptstadtgrenzen erhältlich. Sie ist die Zeitung der gebildeten Mittel- und Oberschicht (Internet: www.lahora.com.gt). *La República* gibt sich linksliberal.

Ob sich das Blatt *El Quetzalteco* durchsetzt, bleibt abzuwarten.

Deutschsprachige Zeitungen und Zeitschriften gibt es in manchen großen und teuren Hotels der Hauptstadt (s. dort). In der deutschen Botschaft liegt die *Tribuna Alemana* aus, ein Pressespiegel, zusammengestellt aus deschen Zeitungsberichten.

Zoll

Verboten ist die Ausfuhr von Antiquitäten und archäologischen Kostbarkeiten. Die Ausfuhr von Textilien bis 10 kg ist unproblematisch. Bei allen Paketsendungen nach Hause zuerst mit offenem Paket zur Post gehen, Inhalt dort durch den Postbeamten prüfen lassen. Drei Liter Alkohol und zwei Stangen Zigaretten sind zollfrei.

Ein- und Ausfuhrbestimmungen erfragt man bei *Aduana Central* am Flughafen, Z 13, oder in der 10. Calle 13–92, Z 1, Tel. 22 21 46 78, 22 38 06 51.

Informationen über Einfuhrbeschränkungen und weitere Zollbestimmungen finden sich für die BRD im Internet unter www.zoll-d.de oder beim Zoll-Infocenter Tel. 069/46 99 76-00; für Österreich unter www.bmf.gv.at oder beim Zollamt Villach Tel. 04242/33 233; für die Schweiz unter www.zoll.admin.ch oder bei der Zollkreisdirektion in Basel, Tel. 061/28 71 111.

Land und Natur

Land und Natur

Naturraum

Die Landschaften Guatemalas

Die sehr unterschiedlichen Naturräume Guatemalas sind in den entsprechenden Reisekapiteln eingehend beschrieben, so dass hier ein kleiner Überblick genügt.

Die **Costa Sur** (Südküste) von Guatemala ist ein 40 bis 50 km breiter und 240 km langer Küstenstreifen entlang des pazifischen Ozeans, der sich parallel zu den Kordilleren von Nordwesten nach Südosten wenig abwechslungsreich hinzieht. Landvorsprünge sind durch Strandversetzungen (Nehrungen) miteinander verbunden. Die Topografie der Costa Sur ist eben, der Untergrund aus mächtigen Schwemmablagerungen aufgebaut, und die Böden sind aufgrund vulkanischer Sande und Aschen, die von Hunderten kleiner Flüsse hierher transportiert werden, fruchtbar und für eine landwirtschaftliche Nutzung besonders geeignet. Zusammen mit hohen Temperaturen und ausreichenden Niederschlägen gehört die Costa Sur zu den reichsten Regionen für eine ausgedehnte Exportproduktion (semiaride Tieflandzone). Das Land wird von Großgrundbesitzern mit ihren Arbeitern und Kleinbauern bewirtschaftet. Im nördlichen Abschnitt dominiert der Anbau von Zuckerrohr und die Kultivierung von Kautschukplantagen sowie Rinderweidewirtschaft. Der südliche Abschnitt ist geprägt von einer extensiven Weidewirtschaft. Baumwolle wird seit vielen Jahren nicht mehr angepflanzt. Typisch, doch für den Tourismus weniger attraktiv, ist der schwarze Sand am Pazifikstrand.

Ein schmaler grüner Streifen schiebt sich zwischen das Küstentiefland und die höher gelegenen Gebiete Guatemalas. Die durch den Stauungsregen an den Vulkanhängen feuchte und üppige **Boca Costa** (semihumide Plantagenzone) mit ihren sandigen Böden ist der Kaffeegürtel des Landes, der auf nur kurze Distanz einen Höhenunterschied von rund 1000 m aufweist. Die Besitzstrukturen gleichen im Wesentlichen der Costa Sur. Die Großgrundbesitzer sind Eigentümer des Landes, während die ländliche Bevölkerung entweder auf den Fincas lebt oder dort arbeiten geht. Eine lange Vulkankette, die nach Osten hin immer niedriger wird, schließt die Boca Costa ab. Die ökologischen Probleme der gesamten Küstenzone sind Überweidung, Erosion, Bodenverdichtung und der Eintrag von Pestiziden und Dünger.

Das Zentrale und Westliche **Hochland** oder der **Altiplano** liegt auf einer Höhe zwischen 1500 und 3000 m. Beherrschende Gebirgszüge sind die **Sierra Madre** im Süden, die sich von Mexiko kommend durch den gesamten mittelamerikanischen Kontinent zieht und die **Sierra Los Cuchumatanes** im Norden des Hochlandes. Die Temperaturen sinken hier während der Trockenzeit in der Nacht bis weit unter den Gefrierpunkt. Obwohl der Altiplano nur rund ein Viertel der Gesamtfläche Guatemalas ausmacht, ist diese

Naturräume

- Tropischer, immerfeuchter Regenwald
- Tropischer Regenwald
- Nebelwald
- Montaner Regenwald und Páramo (Ödland)
- Savanne (Dornstrauchsavanne)
- Tiefland - Trockenwald
- Kiefernsavanne
- Prämontaner und montaner Feuchtwald (Nebelwald)

Orte: El Mirador, Uaxactún, Tikal, Piedras Negras, Yaxja, Yaxchilán, Lago Petén Itzá, Flores, Altar De Los Sacrificios, El Ceibal, Poptún, La Mesilla, Cobán, Livingston, Lago de Izabal, Puerto Barrios, Huehuetenango, Quiriguá, San Marcos, Chichicastenango, CIUDAD DE GUATEMALA, Quetzaltenango, Lago de Atitlán, Retalhuleu, Mazatenango, Antigua Guatemala, Escuintla

BELIZE — MEXICO — HONDURAS — EL SALVADOR — PAZIFIK

Region mit Abstand die bevölkerungsreichste des Landes. Er ist der Lebensraum der indianischen Bevölkerung, die zurückgezogen und weithin ausgeschlossen von den ohnehin dürftigen Errungenschaften des guatemaltekischen Fortschritts auf ihrem kleinen Stückchen Land (Minifundien) lebt. Auf den oft unter 1 ha großen Parzellen pro Familie wird im so genannten Milpa-System hauptsächlich Mais, Bohnen sowie Kartoffeln und Weizen als *cash crops* und, wo Boden und Klima es zulassen, auch Gemüse und Obst angebaut.

Die **Städte des Hochlands** liegen in breiten Tälern oder Ebenen (intramontane Becken). Antigua, Quetzaltenango, San Marcos oder Huehuetenango sind keine modernen Großstädte, dafür ist ihnen aber ein provinzieller Charme eigen. Alte Mayakultur, koloniales Erbe und moderne Einflüsse vermischen sich hier allerdings nicht immer so verträglich, wie es den Anschein hat.

Der **Oriente** Guatemalas östlich der Hauptstadt bis zur Grenze von Honduras und El Salvador ist ein trockenes Gebiet, das nur um den Motagua-Fluss fruchtbare Böden aufweist. Es gibt nur wenig touristische Attraktionen, weswegen diese heiße Region den meisten Guatemala-Reisenden unbekannt bleibt.

Der **Izabal-See** und die **Karibik** sind dagegen durch die ausreichende Versorgung mit Niederschlägen wieder Gebiete, in denen eine Fülle von tropischen Früchten und landwirtschaftlichen Produkten wächst.

Der Izabal-See ist mit 590 km² der größte See Guatemalas; er ist durch den **Río Dulce** mit dem Atlantik verbunden. An dieser kleinen Küste, der Bucht von Amatique, leben die schwarzen Guatemalteken (Garífunas) relativ abgeschlossen. Sie sind die Nachkommen karibischer und afrikanischer Sklavenarbeiter, die im späten 18. Jahrhundert von den West Indies und Roatán (Honduras) deportiert wurden und später hierher geflüchtet sind. Santo Tomás de Castilla ist der wichtigste Atlantikhafen Guatemalas.

Die beiden Departemente **Alta** und **Baja Verapaz** sowie der östliche Teil des **Quiché** sind ähnlich wie die Boca Costa im Süden Guatemalas eine Kaffeeanbauregion mit gemäßigten Temperaturen und hohen Niederschlagsmengen. Neben dem **Kaffee,** den die Deutschen Mitte des 19. Jahrhunderts hier erstmals kultiviert haben, ist **Kardamom** das zweite bedeutende Exportprodukt, außerdem Kakao. Landschaftlich werden die Verapaces, die durch kreidezeitliche Sedimente der nordamerikanischen Platte aufgebaut wurden, durch den tropischen Karst bestimmt, der mit seinen bizarren Formen der Gegend einen überaus reizvollen Charakter verleiht.

Die weite Ebene des **Petén** ist der südliche Teil einer großen Kalktafel, die die **Halbinsel von Yucatán** aufbaut. Im Vergleich zu seiner Größe ist das ehemalige Siedlungsgebiet der Tiefland-Maya heute nur dünn besiedelt. Durch Kolonisationsprojekte versucht die Regierung, den Petén zum Entlastungsgebiet für den dicht besie-

Vulkane und Erdbeben

delten Altiplano auszubauen. Doch Abholzung, Brandrodung und die Entdeckung von Erdöllagerstätten haben hier wie in ganz Guatemala das ökologische Gleichgewicht bereits empfindlich gestört.

Vulkane und Erdbeben

Guatemala besitzt „offiziell" **33 Vulkane** (eigentlich 37), von denen drei als aktiv eingeschätzt werden. Sie sind Teil einer langen Vulkankette, die sich perlschnurartig von Mexiko bis Panama an der pazifischen Küstenlinie entlangzieht. Die meisten sind quartären Ursprungs, also geologisch jung, und verändern rasch ihre Gestalt. Mit wenigen Ausnahmen sind die guatemaltekischen Vulkane so genannte **Stratovulkane** (Schichtvulkane) mit einer fast perfekten Kegelform und steilen Abhängen, die aus Asche- und Lavaschichten aufgebaut sind. Daher die Ansicht, das Land besitze die schönsten Vulkane. Der höchste Vulkan Guatemalas und damit der höchste Zentralamerikas überhaupt ist der Tajumulco mit 4220 m. Der zurzeit am meisten gefürchtete ist der kleine Santiaguito, der beim letzten Ausbruch des Santa María Anfang des letzten Jahrhunderts entstand. Und derjenige mit den großartigsten Eruptionen ist zweifellos der Pacaya, Hausvulkan der Hauptstadt.

Ihre Entstehung verdanken die Vulkane dem Eintauchen der ozeanischen Platte des Pazifiks unter die amerikanische Kontinentalplatte mit ihrer zentralamerikanischen Landbrücke. Der Druck auf die Landmasse presst die im Erdmantel eingeschmolzene Ozeankruste nach oben und lässt dabei die Vulkane entstehen. Neben der ständigen Gefahr durch den aktiven Vulkanismus ist Guatemala auch der Gefahr von **Erdbeben** ausgesetzt. Die Geologie Mittelamerikas ist gekennzeichnet durch viele Brüche, die als labile Zonen innerhalb einer sich stets in Bewegung befindlichen Plattentektonik auftreten. Jede Verschiebung oder Zerrung hat ein *terremoto* zur Folge. Meist erwachen dann auch die Vulkane.

Guatemala kennt eine Reihe verheerender Vulkanausbrüche und Erdbeben in seiner Geschichte. Zum Teil waren sie so einschneidend, dass 1773 sogar die Hauptstadt verlegt werden musste. Vulkanausbrüche, wie die des Santa María 1902 bei Quetzaltenango, besiegelten dden Untergang der Stadt. 1916 und 1917 legten zwei Erdbeben die neue Hauptstadt Guatemala Ciudad in Schutt und Asche.

Die jüngste und eine der folgenschwersten Katastrophen überhaupt ereignete sich am 4. Februar 1976 um 3 Uhr morgens. 30 Sekunden nur bebte die Erde mit einer Stärke von 7,5 auf der Richterskala. Fast 25.000 Tote und 76.500 Verletzte waren zu beklagen. Das Epizentrum lag 10 km westlich von Los Amates im Motagua-Tal (Dept. Izabal), einer sensiblen Schwächelinie. Ein Großteil der insgesamt 1 Million obdachlos gewordenen Menschen strömte damals vom Land in die Hauptstadt, weil ihre Adobehütten wie

Kartenhäuser in sich zusammengefallen waren. Die Verwendung von Zementblöcken und Wellblechdächern (*lamina*) beim Hausbau löst (leider) den typischen Lehmziegelbau mit roten Dachziegeln auf dem Land ab, ist aber in der Tat resistenter.

Erst im Oktober 1994 wurde das 1976 entstandene Nationale Wiederaufbaukomitee aufgelöst, das den Erdbebenopfern hätte helfen sollen.

Bei Erdbeben gibt es keinen Schutz. Die Guatemalteken leben mit der Gefahr. Über jedes noch so kleine *temblor* (Zittern) informiert das *Instituto de Sismología, Volcanología, Meteorología e Hidrología* (INSIVUMEH). Unruhig ist also auch die scheinbare Ruhe. Ein Zustand, der Guatemala nicht nur seismographisch kennzeichnet.

Klima

Guatemala ist ein Land der Tropenzone (zwischen den Wendekreisen). Hier sind also nicht so sehr die Unterschiede im Temperaturverlauf eines Jahres prägend als vielmehr die zwischen Tag und Nacht.

Was man sich jedoch landläufig unter „Tropen" vorstellt, nämlich den immerfeuchten Regenwald mit seiner immensen Artenvielfalt an Flora und Fauna, trifft in Guatemala nur auf ein Drittel des Landes zu. Der Rest zählt zu den periodisch-feuchten Tropen. Damit ist bereits die unterschiedliche Verteilung der Niederschlagsmengen angesprochen, die sich durch ausgeprägte Trocken- und Regenzeiten bemerkbar macht. Sie variieren außerdem mit der Höhe und entsprechend der Luv- und Leelage.

Die **höchsten Niederschläge** erhält die Karibikküste und das Tiefland des Petén mit bis zu 5000 mm pro Jahr. (Zum Vergleich: in der kühl-gemäßigten Klimazone Mitteleuropas fallen im Durchschnitt 1000 mm Niederschläge pro Jahr). Entsprechend der Lage Guatemalas in der Nähe des nördlichen Wendekreises ist der Nordostpassat Hauptregenbringer. Er lädt sich über dem Atlantik mit Feuchtigkeit auf und regnet sich dann über der im Luv gelegenen Ostküste der mittelamerikanischen Landbrücke ab. Es ist derselbe Passat, der mit seinem Nordostdrift von den europäischen Eroberern zur Überfahrt benutzt wurde. Niederschlagsärmer dagegen ist das näher der Westküste gelegene Hochland von Guatemala und der pazifische Küstensaum mit 600–1500 mm Jahresniederschlag im Lee des Passates.

So unterschiedlich wie die Niederschlagsmengen sind auch die Temperaturen, die mit der Höhenlage variieren (thermische Höhenstufung). In der **Tierra caliente** („Heißes Land") des nördlichen Tieflandes, der Pazifik- und Karibikküste herrscht eine mittlere Jahrestemperatur von 26°C. Zusammen mit den hohen Niederschlägen findet sich hier bis in ca. 800 m Höhe die typische Vegetation des immergrünen und immerfeuchten Re-

„Ewiger Frühling" am Atitlán-See mit angenehmen Temperaturen

Klima

Land und Natur

KLIMA

genwaldes mit bis zu 50 m hohen Urwaldriesen. Die Luftfeuchtigkeit, die in der Nacht und am Morgen 90% betragen kann, schafft ein Klima, an das sich der Mitteleuropäer nur langsam gewöhnt. Umso verwunderlicher, dass sich gerade in dieser scheinbar klimatischen Ungunstzone mit seinem schier undurchdringlichen Urwald eine der bemerkenswertesten Hochkulturen der Menschheitsgeschichte entwickeln konnte, die Maya.

Auf die Tierra caliente folgt bis in eine Höhe von 1800 m die gemäßigte Zone, die im Gliederungsschema der tropischen Höhenstufung **Tierra templada** („Gemäßigtes Land") genannt wird. Mittlere Frühlingstemperaturen zwischen 16° und 23°C herrschen vor und vermitteln ein angenehmes Klima. Es ist die Zone des Kaffees, der als der beste der Welt gilt.

Die größte Bevölkerungsdichte weist die **Tierra fria** („Kaltes Land") auf, die bis 3000 m ansteigt und zugleich der Lebensraum der indianischen Bauern ist. Höher liegen nur noch die Gipfel der Vulkane, von denen Guatemala zwei Viertausender besitzt. Schon der Name verrät, dass die Jahrestemperaturen sehr niedrig sind. Im Mittel liegen sie bei 15°C und darunter. Da die Luft jedoch sehr trocken ist, kommt es einem nicht eigentlich kalt vor. In der Nacht allerdings sinken die Temperaturen so drastisch, dass man nicht ohne dicken Pullover oder Jacke das Hochland besuchen sollte.

Mit der zunehmenden Höhe im Landesinneren wirken sich mehr und mehr die Unterschiede im Temperaturverlauf innerhalb eines Tages aus. Hinzu kommt, dass das guatemaltekische Hochland im Gürtel des tropischen Wechselklimas liegt, so dass hier von November bis April eine **Trockenzeit** herrscht, die die Guatemalteken *verano* (Sommer) nennen. Die **Regenzeit** von Mai bis Oktober wird als *invierno* (Winter) bezeichnet. Besonders während der Sommer-/ Trockenzeit kann es im Tagestemperaturverlauf zu Unterschieden bis 30°C und mehr kommen, (tags 20°C, nachts -10°C). Die Hochlandsommernächte sind somit die kältesten. Wenn die Sonne ihren nördlichsten Stand hat, setzt der Veranito de San Juan ein. Die 14-tägige Regenpause wird auch *Canicula* (Hundstage) genannt; sie ist besonders schön. In der Regenzeit gehen vor allem im Tiefland ein- bis zweimal am Tag Regenschauer mit einer solchen Heftigkeit nieder, dass sie für sich gesehen schon ein Erlebnis sind. So abrupt, wie sie einsetzen, enden sie, und die Sonne trocknet innerhalb kürzester Zeit Straßen und Plätze wieder. Im Zentralen und Westlichen Hochland allerdings kommt es nicht selten zu Dauerregen. Die Wege und Erdstraßen des Hochlands verwandeln sich dann in Schlammpisten, was eine Busfahrt zum Abenteuer macht. Viele Guatemalteken sind heute allerdings der Meinung, dass sich das Klima allmählich ändert. So versichern Bewohner der Nebelwaldregion Alta Verapaz, dass der feine, *Chipi-Chipi* genannte Nieselregen auch nicht mehr das ist, was er einmal war, und Klimakatastrophen wie *El Niño* (1997) er-

Durchschnittstemperaturen

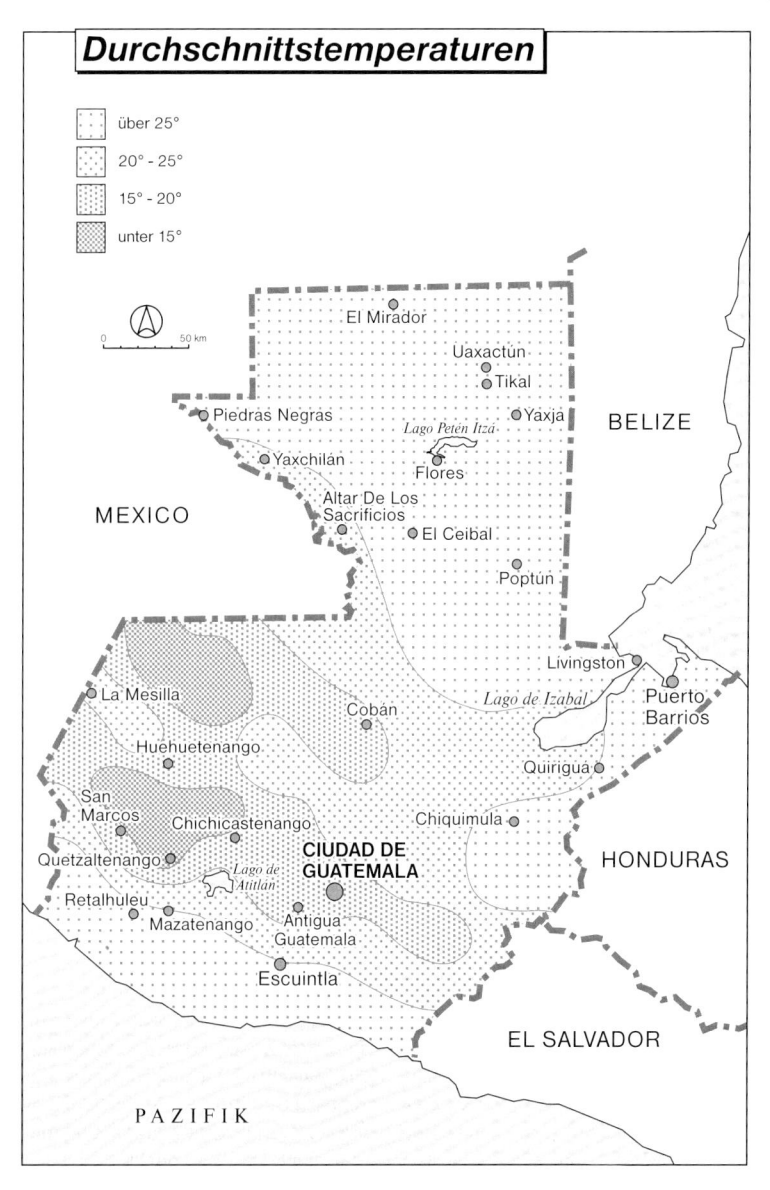

- über 25°
- 20° - 25°
- 15° - 20°
- unter 15°

schüttern das Vertrauen in die Beständigkeit des Klimas der wechselfeuchten Tropen.

Die unterschiedlichen Klimazonen spiegeln sich in der natürlichen Vielfalt der Vegetationsformen wider. Das feucht-tropische Petén-Tiefland und die Karibikküste, die wechselfeucht gemäßigte Zone des zentralen Hochlands, die trockenen Regionen der Pazifikküste und des Ostens sowie die höchsten, im Westen gelegenen Gebirgsregionen mit regelmäßigen Frösten bilden daher ein kleinräumiges Vegetationsmosaik. Vielfalt in vielerlei Hinsicht ist überhaupt eines der Merkmale Guatemalas, dem Land, das sich **„Land des ewigen Frühlings"** nennt, da Blütezeiten über das gesamte Jahr hindurch zu beobachten sind.

Pflanzen- und Tierwelt

Guatemalas **Wälder** bedecken mit rund 38.000 km² nahezu 36 % des gesamten Territoriums des Landes. Mit über zwei Dritteln nimmt der Laubwald den größten Raum ein. Nur 7 % der Waldfläche ist mit reinen Nadelhölzern bedeckt, nur halb so viel wie der Mischwaldanteil. Mit 0,6 % nehmen die sensiblen und ökologisch wertvollen Mangroven die kleinste Fläche in Anspruch.

Entsprechend den unterschiedlichen klimatischen Gegebenheiten sind **Flora und Fauna** in Guatemala **sehr vielfältig.** Es gibt 14 Arten von subtropischen Wäldern und 450 Baumarten. Der größten Artenvielfalt begegnet man im Petén-Tiefland, dem Gebiet des immergrünen Regenwaldes, dessen botanische Üppigkeit das Ergebnis hoher Temperaturen und ganzjähriger Niederschläge ist. Charakteristisch für einen Regenwald, wie man ihn hier und anderswo antrifft, ist der Stockwerkbau. Urwaldriesen ragen aus der grünen Masse auf. Unter ihnen bilden die Bäume ein Dach, durch das fast kein Sonnenlicht mehr dringt. Im Halbschatten hat die dritte Baumschicht jedoch nichts an Vielfalt und Schönheit verloren. Da sich nach dem Weggang der Maya aus diesem Gebiet die Vegetation auf den sich schnell regenerierenden Kalkböden in kürzester Zeit wieder einstellen konnte, können wir im Petén einen urwüchsigen Wald erleben, wie es ihn nur noch selten gibt.

Regen- und Nebelwald

Neben zahlreichen Fruchtbäumen, Schlingpflanzen, Lianen, Moosen, leuchtenden Blumen und Orchideen sind es vor allem **vier Baumarten,** die als Charakterbäume typisch für die *tierra caliente* des Regenwaldes sind.

Der **Mahagoni** *(caoba)* wird wegen seines wertvollen Holzes geschätzt. Der mäßigen Infrastruktur im Petén-Tiefland ist es zu verdanken, dass sich die Nutzbarmachung der Hartholzbestände noch in Grenzen hält. Mit dem anwachsenden Bevölkerungszuzug wird sich gewiss auch der Anteil des Holzeinschlags erhöhen. Denn das Schlagverbot greift ins Leere, wenn es nicht von Maßnahmen und Programmen flankiert wird, die der illegalen

Abholzung und den Waldbränden ein Ende bereiten.

Das harte, schwer faulende und Termiten abweisende Holz des **Zapote** (*Manilkara zapota*) wurde schon von den Maya als Baumaterial geschätzt. Sein weißes Harz lieferte außerdem Chicle, den Kautschukrohstoff, der Ende des 19. Jahrhunderts die Grundlage für Kaugummi (*Wrigley's*) wurde. Auf ihren Streifzügen durch den Regenwald wurden die *chicleros* nicht selten zu Entdeckern einzelner, längst von der Vegetation zurückeroberten Mayastätten.

Einen ganz besonderen Schutz genießt die schnell wachsende **Ceiba** (*Ceiba pentandra, Bombax ceiba*) mit ihren unverwechselbaren Brettwurzeln. Sie gehört mit 30 m Höhe und einem Umfang von 3–5 m zu den schönsten Urwaldriesen. Bereits bei den Maya war die Ceiba (auch Kapokbaum genannt) ein heiliger Baum und wurde als Mutterbaum der Menschheit geschont und verehrt. Sie hat eine tausendjährige Tradition als kosmisches Symbol. Die Ceiba begrenzt die vier Ecken des Universums, das sich die Maya als Quadrat vorstellten. Ihr Stamm weist dem Menschen den Weg zur Tagwelt, und an ihren Ästen stieg er nach seinem Tod zum Himmel empor. In der Samenkapsel der Ceiba befinden sich seidig weiche Haarfasern, die zu 65 % aus Zellulose bestehen. Diese Fasern werden zu Isolier- und Füllzwecken verwendet, weswegen man auch vom Wollbaum spricht. Heute ist die Ceiba oft Mittelpunkt der Dorfplätze, unter deren Schatten das Volk zum Handeln, Tanz und Feiern zusammenkommt, und seit 1955 **Nationalbaum Guatemalas**.

Ein etwas kleinerer Baum mit einer Höhe von 10–20 m ist der **Kopalharzbaum** (*Protium copal*). Sein Harz (die Indígenas nennen es *Pom*) war bei den Maya damals wie heute eine wichtige Beigabe bei zeremoniellen Anlässen. Das Verbrennen der blau bemalten Pomballen oder -kuchen in besonders dafür gefertigten Tongefäßen soll z. B. die Wolkenbildung bewirken und ist somit Teil der Regenbitt-Riten am Winteranfang. In vorspanischer Zeit war das Kopalräucherharz neben dem Kakao und Salz ein wertvolles Handelsobjekt. Der Kopalharzhandel kam jedoch zum Erliegen, als die Spanier große Bestände von Kopalbäumen abschlagen ließen, um umgesiedelte Indianer an der Rückkehr in ihre angestammten Lebensräume zu hindern. In Chichicastenango kann man auf den Treppen der Kirche Santo Tomás Indígenas beim Verbrennen von Pom zusehen. Es ist dem Weihrauch ähnlich und riecht ebenso würzig.

In Guatemala wurden ca. **700 Vogelarten** erfasst, die dort permanent heimisch sind. 210 dieser Arten sind bedroht, und jedes Jahr werden es mehr. Die schönsten, wie der schwarzgelbe **Tucan** oder die bunten **Aras,** leben im Petén. Noch immer werden Arten entdeckt, wie 1998 der Pavo de Cacho (*Oreophasis derbianus*), eine Art Hornvogel von der Größe einer Pute mit schwarzweißem Gefieder und einem roten „Horn" auf dem Kopf. Lebensraum vieler exotischer

Vögel ist neben dem Petén die Sierra de Las Minas. Schlangen, Affen, Raubkatzen und Wild gehören zum Regenwald wie die unüberschaubare Menge an Insekten und Schmetterlingen.

Besonders im Alta Verapaz und an der Karibik sind die **Orchideen** heimisch, die mit etwa 30.000 Arten die größte Blütenfamilie der Welt bilden. 800 davon sind in Guatemala klassifiziert. Im Regen- und Nebelwald wachsen sie als Baumbewohner in den mannigfaltigsten Formen und Farben. Die meisten von ihnen sind *Epiphyten* (Aufsitzerpflanzen) und nehmen ihre Nährstoffe z. T. über Luftwurzeln auf. Die bekannteste Nutzorchidee ist die Echte Vanille, die ursprünglich aus Mexiko stammt und schon den Azteken als Gewürz diente. An warmen Standorten der höheren Lagen blühen sie am Boden oder im warmen Dampf aktiver Vulkane, wo sie besonders am Pacaya eine interessante ökologische Anpassung zeigen. Ihrer Schönheit und „Reinheit" wegen erhoben die Guatemalteken die Monja blanca, die „Weiße Nonne" *(Lycaste skinnen var. alba)*, zur **Nationalblume.** Ebenso zahlreich wachsen **Bromelien** und Riesenfarne in dieser Region. Tillandsien z. B. gehören zur Familie der Bromelien, deren einzige essbare und bekannteste Art die Ananas ist. Insgesamt gibt es 550 Arten, wovon 65 in Guatemala heimisch sind. Tillandsien sind Epiphyten wie die Orchideen; sie sitzen auf Bäumen, wo sie ihren Wasserbedarf dem Regenwasser und dem Wasserdampf der Luft entnehmen. Viele der wurzellosen Tillandsienarten sind bereits vom Aussterben bedroht. Guatemala ist seit vielen Jahren die Drehscheibe des internationalen Tillandsienhandels. Auf dem Markt gibt es derzeit zehn Arten zu kaufen, die ausschließlich aus gezüchteten Beständen stammen dürfen. Dies aber steht in krassem Widerspruch zu den jährlich 200–250 t weltweit vermarkteter Pflanzen, denn die Tillandsie benötigt Jahre, bis sie eine verkaufsfähige Größe erreicht hat. So muss man annehmen, dass geschätzte 80–90% der Ware trotz des Verbotes Wildpflanzen aus den tropischen Wäldern sind. Allein in Guatemala gibt es sechs große Importeure neben etlichen kleinen Züchtern bzw. Verkäufern.

Die Nebelwälder bis 2000 m Höhe sind auch die Heimat des **Quetzal,** eines grünrotes Vogels, der Guatemalas Symbol schlechthin darstellt (siehe Exkurs im Kapitel „Baja Verapaz"). An den feuchten subtropischen Standorten der nördlichen (Verapaz) und südlichen Abdachung (Boca Costa) des Hochlandes trifft man vermehrt auf **Kaffee-, Kardamom-** und **Kakaopflanzungen.**

Hochland

Im Hochland selbst, insbesondere im gebirgigen Westen, dominieren **Nadelhölzer.** Auf Graniten, kristallinen Schiefern, paläozoischen Kalken und Sandsteinen herrschen Zypressen und Kiefern vor. Nur in klimatisch günstigen Becken und Tälern, wie rund um den Atitlán-See, in Antigua oder der Hauptstadt findet sich bis 1500 m Höhe eine reizvolle subtropi-

PFLANZEN- UND TIERWELT

sche Vegetation mit Hibiskussträuchern, Bougainvilleen, Jacarandas und vielen anderen blühenden Sträuchern und Bäumen, die wirklich einen „ewigen Frühling" suggerieren. Die Nadelhölzer des Hochlands sind eine wichtige Überlebensbasis der vorwiegend indigenen Bevölkerung. Von insgesamt 80 % des Gesamteinschlages finden nur 2 % der Nadelhölzer Verwendung als Nutzholz. Der Rest dient der Bevölkerung als Brennholz *(leña)*. Die Abholzung, die mancherorts bereits den Charakter des Kahlschlags erreicht hat, führt zu irreparablen Erosionserscheinungen. Die Folge ist eine zunehmende Verringerung wertvollen Anbaulandes. Ebenso leiden Pinienwälder und Eichenbestände unter dem Bedarf an Brennholz. Beide Arten kommen nur noch als Reste einst zusammenhängender Wälder vor. Ab 3000 m Höhe wachsen Büschelgräser *(pajón)*, die als Deckmaterial für Dächer verwendet werden.

Die wild lebenden Tiere des Hochlandes sind fast ausgestorben. Auch Vögel und Insekten wurden bereits stark dezimiert und sind gefährdet. Schuld ist die Bevölkerungsdichte des Gebietes und die Zerstörung des Lebensraumes der Tiere. Den Bedingungen haben sich nur die Hunde Guatemalas angepasst, die sich als mehr oder weniger wilde Haustiere unkontrolliert vermehren.

Pazifikküste

Die pazifische Küstenebene, die nur noch geringe Niederschläge des sich über dem Tiefland und der Ostküste abregnenden Nordostpassates erhält, besitzt Savannencharakter. Waldflächen trifft man nur noch vereinzelt an, ihren Platz haben Zuckerrohrfelder, Gummi- und Bananenplantagen und Viehweiden eingenommen. Eine exotische Tierwelt lebt jedoch in den kleinen Lagunen und **Mangrovengebieten** (siehe Reiseteil Monterrico), wo man, wie an der Pazifikküste, mit viel Glück Schildkröten, Leguane und andere Reptilienarten beobachten kann.

Staat und Gesellschaft

Staat und Gesellschaft

Zeittafel

2000 v. Chr.	Erste Anzeichen einer **Basiskultur** an der pazifischen Küste Guatemalas.
800–400 v. Chr.	Blütezeit der olmekischen **La Venta-Kultur**.
ab 250 v. Chr.	Im Petén etablieren sich wichtige **Maya-Zentren**.
100 n. Chr.	Im nördlichen Belize werden die ersten **Pyramiden** errichtet.
300–650 n. Chr.	Blütezeit von Teotihuacán in Mexiko. Kaminalyujú wird als Kolonie gegründet.
300–900 n. Chr.	**Klassische Mayakultur.** Errichtung großer Zeremonialzentren, die theokratisch regiert werden. Tikal wird zum Mittelpunkt des Maya-Reiches. Die Maya perfektionieren Kalender und Schrift.
um 950 n. Chr.	**Untergang der Maya.** Die letzten Zentren (El Ceibal, Altar de Los Sacrificios) werden verlassen.
14. Jh.	Die aus Mexiko eingewanderten *Quiché* übernehmen die politische Vorherrschaft im Hochland. Stämme, wie die *Cakchiquel*, werden tributpflichtig.
bis 1523	Kriege und Auseinandersetzungen zwischen den Indianerstämmen.
1523	*Pedro de Alvarado* wird von Hernán Cortés beauftragt, nach Süden zu marschieren; er erobert daraufhin Guatemala.
1541	Der Vulkan Agua zerstört die spanische Hauptstadt Ciudad Vieja.
1773	Ein **Erdbeben** zerstört die Hauptstadt (heute Antigua Guatemala). Ende der klerikalen Macht der Klöster und Orden.
bis 1821	Guatemala ist **spanische Kolonie** mit einem exportorientierten Wirtschaftssystem (Kakao, Indigo, Koschenille). Politische Auseinandersetzungen zwischen liberal-bürgerlichen und konservativen Kreisen.
15. Sept. 1821	**Guatemala wird unabhängig.**
1823	Föderalistischer Zusammenschluss von 18 Provinzen zu den **„Vereinigten Provinzen von Zentralamerika".**
1839–1871	Konservatives Regime unter *Rafael Carrera*. Durch die Erfindung synthetischer Farbstoffe bricht die Produktion von Indigo und Koschenille in Guatemala zusammen.
1871–1885	Mit Hilfe der liberalen Bewegung „modernisiert" der Reformer *Justo Rufino Barrios* Guatemala. Säkularisierung kirchlichen Grundbesitzes. Die Zeit des Kaffees (Deutsche) und der Bananen (Nordamerikaner) beginnt.
1898–1921	Unter *Estrada Cabrera* weitet sich der Einfluss der USA im Land aus. Die *United Fruit Company* wird zum „Staat im Staat".
1929	**Weltwirtschaftskrise** erschüttert Guatemala. Die internationalen Kaffeepreise sinken, die Arbeitslosigkeit im Land steigt.
1931–1944	*Jorge Ubico* wird Präsident und führt das alte Vagabundengesetz wieder ein, das Indígenas zur Zwangsarbeit verpflichtet. Oppositionelle werden umgebracht.
Oktober 1944	**„Oktoberrevolution",** die von liberalen Teilen des Militärs, der Kleinbourgeoisie und Intellektuellen getragen wird.
1945	Präsiden *Juan José Arévalo* führt **demokratische Rechte,** wie Presse-, Meinungs- und Versammlungsfreiheit ein. Gewerkschaften werden gegründet, eine Agrarreform vorbereitet.

ZEITTAFEL

1950–1954	Präsident *Jacobo Arbenz* verabschiedet die **Agrarreformgesetze** und enteignet die United Fruit Company. Das amerikanische Außenministerium startet daraufhin eine internationale Hetzkampagne und denunziert Guatemala als kommunistisches Land.
1954	Mit Hilfe der CIA marschiert *Oberst Castillo Armas* von Honduras nach Guatemala ein. Die Amerikaner greifen die Hauptstadt aus der Luft an. Arbenz muss abdanken.
bis 1957	*Armas* macht sämtliche demokratische Errungenschaften rückgängig. 1957 wird er ermordet.
1957	*Miguel Ydígoras Fuentes* gewährt ausländischen Investoren steuerliche Vergünstigungen.
1960	Gründung des Gemeinsamen Mittelamerikanischen Marktes (MCCA). Nach einem gescheiterten Putschversuch entsteht die erste Guerillabewegung MR 13.
1963	*Oberst Peralta Azurdia* stürzt *Ydígoras Fuentes*.
1966	Der Zivilist *Méndez Montenegro* übernimmt die Macht. Die Amerikaner verstärken ihre militärische Hilfe gegen die wachsende **Guerillabewegung** im Land. Als der Guerillero *Turcios Lima* bei einem Autounfall ums Leben kommt, zieht sich die Guerilla für einige Jahre zurück.
1970	Unter dem Militärregime *Arana Osorios* verstärkt die Guerilla wieder ihre Aktivitäten. Der gnadenlosen Verfolgungsjagd fallen Tausende zum Opfer.
1974	*General Kjell Laugerud* setzt die **Unterdrückungswelle** im Land ungebrochen fort.
4. Febr. 1976	Schweres **Erdbeben.** Fast 30.000 Tote sind zu beklagen. Viele obdachlos gewordene Menschen vom Land strömen in die Hauptstadt.
1978	Unter *General Romeo Lucas García* nimmt die **Korruption** unerträgliche Ausmaße an. Politiker, Studenten, Intellektuelle und Oppositionelle werden entführt und ermordet. In Panzós werden 100 Indígenas nach einer Demonstration vom Militär niedergemetzelt. Im selben Jahr **Generalstreik** gegen Fahrpreiserhöhung in der Hauptstadt.
1978	In Panzós werden über 100 Indígenas bei einem Massaker getötet.
1980	Erstürmung der Spanischen Botschaft, nachdem dort 32 Ixil-Indígenas Zuflucht gesucht hatten. Alle sterben im Kugelhagel. Beginn der Verfolgungswelle von Priestern und Katecheten aus dem In- und Ausland. Die USA verstärkt ihre **Militärhilfe.**
1981	Die große Flüchtlingswelle nach Mexiko setzt ein. Tausende von Flüchtlingen auch im Land *(desplazados)* unterwegs.
1982	Die vier in Guatemala operierenden Guerillagruppen vereinigen sich zur Unión Revolucionaria Nacional Guatemalteca (URNG), die bis zum Friedensschluss 1996 existiert.
	Durch einen Militärputsch gelangt der Sektierer *Ríos Montt* an die Regierung. Das Land wird zum Massengrab. Das Ausland ist schockiert über die Vorgänge in Guatemala. Erste „Modelldörfer" entstehen.
1983	**Militärputsch.** *Mejía Victores* übernimmt die Macht und verspricht freie Wahlen.
1985/86	**Demokratische Wahlen.** Unter dem Zivilisten und Christdemokraten *Vinicio Cerezo Arévalo* wird nach über 40 Jahren erstmals wieder eine

Staat und Gesellschaft

ZEITTAFEL

	demokratische Verfassung in Kraft gesetzt. Während seiner Amtszeit bis 1990 übersteht Cerezo zwei Militärputsche. Trotz Wirtschafts- und Sozialreformen bessert sich die Situation der ärmeren Bevölkerungsschichten praktisch nicht. Eine **Nationale Versöhnungskommission** nimmt Gespräche mit der Guerilla auf.
1990/91	Demokratische Wahlen. Der evangelikale *Jorge Serrano Elías* übernimmt nach Stichwahl die Macht. Noch immer gehört Korruption zum politischen Geschäft. Mehrere Treffen mit Vertretern Guatemalas und der Guerilla im Ausland zu Friedensgesprächen
1992	*Rigoberta Menchú Túm* erhält in Oslo den **Friedensnobelpreis.**
1993	2500 Flüchtlinge kehren zurück.
Mai/Juni 1993	*Präsident Serrano* setzt die Verfassung außer Kraft und schränkt Grundrechte ein. Nachdem ihn das Militär im Stich lässt, wird der Menschenrechtsprokurator *Ramiro de León Carpio* zum neuen (Interims-) Präsidenten gewählt
1994	**Friedensverhandlungen** mit der Guerilla kommen nur schleppend voran. Internationale Beobachter begleiten die Rückkehrer aus Mexiko in ihre alte Heimat Guatemala.
1995	Das Militär verübt in Xamán, einem Flüchtlingslager, ein **Massaker.** Kurz vor den Wahlen muss Ríos Montt seine Kandidatur zurückziehen, doch seine Partei bleibt vertreten. Die Wahlen bringen keine klaren Mehrheitsverhältnisse. Im zweiten Wahlgang siegt *Alvaro Arzú* von der neoliberalen **PAN** (Nationale Fortschrittspartei).
1996	Alvaro Arzú scheint eine konsequente Linie zu fahren. Er nimmt die Friedensverhandlungen mit der Guerilla auf, verwirklicht umfangreiche Privatisierungsmaßnahmen, lässt einen Schmugglerring hochgehen und erreicht tatsächlich, dass am
29. Dez. 1996	der endgültige **Friedensvertrag** unterzeichnet wird. Nach fast 40 Jahren herrscht Frieden in Guatemala, aber wirtschaftlich geht es bergab.
26. April 1998	Ermordung von *Juan José Gerardi,* Weihbischof von Guatemala Ciudad, zwei Tage nach der offiziellen Vorstellung des Berichtes *Guatemala nunca más,* Ergebnis des interdiözesanen Projekts zur „Wiedergewinnung der geschichtlichen Wahrheit" (REMI).
1999	Offizielle Übergabe des Berichts an die Regierung der unter deutscher Federführung geschaffenen Wahrheitskommission, die die historische Aufklärung der begangenen Menschenrechtsverletzungen zur Aufgabe hatte.
2000–2003	Der 48-jährige Ökonom und Anwalt *Alfonso Portillo* wird mit 68% der Stimmen aus der zweiten Wahlrunde neuer Präsident Guatemalas. Die rechtsgerichtete *FRG (Republikanische Front Guatemalas)* besetzt sämtliche Schlüsselpositionen; es folgen Skandale und Misswirtschaft. Nach Ende seiner Präsidentschaft flüchtet *Portillo* aus dem Land.
2004	*Oscar Berger,* zweimaliger Bürgermeister der Hauptstadt und Vertreter der reichen Oberschicht, wird zum Präsidenten gewählt.

Geschichte

Die Conquista – die Eroberung

Die spanische Eroberung der zentralamerikanischen Landbrücke erfolgte aus zwei Richtungen. Im Süden von Panama und im Norden von Mexiko und Veracruz. Nachdem *Hernán Cortés* 1519 Mexiko erobert hatte, beauftragte er seinen Offizier *Pedro de Alvarado* mit der Eroberung Guatemalas, der im Dezember 1523 mit 120 Reitern, vier Geschützen, 300 Spaniern und Tausenden zwangsrekrutierter Indianer ins Land einmarschierte.

Eroberungszüge in die Neue Welt waren ein einträgliches Geschäft. Zwar mussten die Kosten für Ausrüstung, Verpflegung und Sold in den allermeisten Fällen von den Konquistadoren selbst bezahlt werden, die Beute jedoch fiel abzüglich eines zehnten Teils an die Krone an die Konquistadoren selbst. Die Entdeckung von Ländern mit reichen Edelmetallvorkommen wie Mexiko, Peru oder Honduras waren daher für die Spanier von besonderem Interesse.

Die Eroberung Guatemalas war für *Alvarado* wirtschaftlich ein Misserfolg. Es gab kein Gold, wenig Silber, nur Baumwolle, Kakao, Federn und Salz. Die geringen Mengen an Jade und Türkis waren unbedeutend. So nutzen die Spanier die Arbeitskraft der unterworfenen Indianer als schier unerschöpfliche Ressource u.a. für den Anbau der zwei wichtigsten Exportprodukte des 17. Jahrhunderts, die Farbstoffe Koschenille (rot) und Indigo (blau).

Immer noch werden die Eroberungszüge der Spanier in den Geschichtsbüchern als lockere Handstreiche dargestellt. Natürlich entbrannte beim Eintreffen der Spanier in Guatemala angesichts ihrer militärischen Überlegenheit kein richtiger Krieg; Gewehre, Geschütze, Pferde waren den Indianern ja unbekannt. Außerdem verhinderte die relative Autonomie der einzelnen Stämme, ihre Rivalitäten untereinander sowie sprachliche Verständigungsschwierigkeiten eine geschlossene Kampffront. Trotzdem gibt es genug Beispiele für erbitterten Widerstand, den die Quichés, Mames, Cakchiqueles und Tzutuhiles mit den ihnen zur Verfügung stehenden Mitteln und Taktiken gegen die Spanier aufboten.

Als *Pedro de Alvarado* 1523 das heutige Guatemala erreichte, war die Mayahochkultur bereits seit 400 Jahren erloschen. Die Zeremonialstätten waren zum überwiegenden Teil verlassen und vom Urwald bedeckt. Nur um den Petén-Itzá-See siedelten noch Maya, aber die Mehrheit von ihnen hatte sich nach Yucatán oder ins Hochland zurückgezogen, wo bereits von Norden eingewanderte Stämme, wie die Quichés, lebten. „Als er diesem Reiche sich näherte, ließ er gleich im Anmarsch eine Menge Volks ums Leben bringen", schreibt der spätere Erzbischof von Chiapas, *Bartolomé de Las Casas*, in seinem „Bericht von der Verwüstung der Westindischen Länder". Die Einwohnerzahl der Region, die zu den dichtbesiedelsten Zentralamerikas gehörte, verringerte sich aufgrund der Massaker und eingeschleppten Krankheiten schnell um zwei Drittel. Trotz Gegenwehr der Indianer, die mit einer Art Guerillataktik die Spanier aufzuhalten versuchten, ging die Eroberung relativ schnell vor sich.

Die Spanier errichteten in Zentralamerika ein neues Kolonialreich als europäische Siedlungskolonie. Nichts konnte darum so bleiben wie es war. Das Land, die Bodenschätze, die landwirtschaftliche Produktion und Arbeitskraft der Bevölkerung waren Kriegsbeute und gingen in den Besitz der spanischen Krone über, die ihrerseits begann, vom Mutterland aus Ländereien samt der darauf lebenden Menschen zu vergeben, welche als Zwangsarbeiter schuften mussten. Das unter dem Namen *encomienda* eingeführte System war im mittelalterlichen Spanien nach der Vertreibung der Araber von der Iberischen Halbinsel entstanden und auf das neue Kolonialreich übertragen worden. Jedem *encomendero* wurden bis zu 1600 Menschen zugeteilt, die ihm als Leibeigene ohne Anspruch auf Entlohnung oder Unterhalt ausgeliefert waren. Im Gegenzug dazu musste sich der neue „Schutzherr" verpflichten, die Indianer in der christlichen Religion zu unterweisen. Mit diesem System begann die Unterdrückung und Ausbeutung der indianischen Bevölkerung in Guatemala. Sie wurde von ihren Ländereien vertrieben, war der Willkür ihrer *patrones* ausgesetzt und verlor jegliches Recht auf Freiheit und Selbstbestimmung.

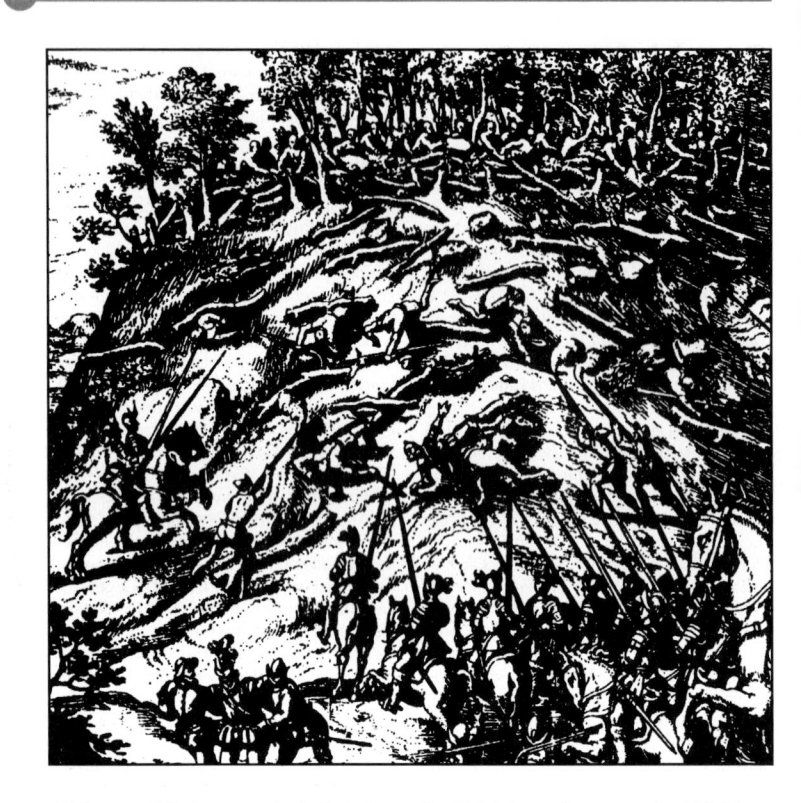

Die neuen Grundbesitzer waren ehemalige Gefolgsleute des Konquistadoren, die zum Verbleib verpflichtet wurden und im Zuge der Städtegründungen zu Bürgern avancierten. Um die Kontrolle der indianischen Sklaven und ihre Missionierung zu erleichtern, wurden 1542 auf Druck der Franziskaner die Indianer in so genannte *reducciones* zusammengelegt. Das Verlassen der neuen Dörfer war streng reglementiert. (Frappierend die Ähnlichkeit mit der Einrichtung der „Modelldörfer" im Quiché-Gebiet Guatemalas 500 Jahre später unter der Militärherrschaft.)

Die im selben Jahr vom spanischen Königshaus erlassenen „Neuen Gesetze" *(Las Nuevas Leyes de Las Indias)* sollten die politische Struktur der Kolonie festlegen und auf die Beschwerde des Dominikaners Las Casas hin die Behandlung der Indianer durch ihre Sklavenhalter verbessern.

Klöster und Orden waren die heftigsten Befürworter des Encomienda-Systems. Die Ausbeutung der Indianer durch die katholische Kirche stand jener der weltlichen Grundherren in nichts nach. Als reichste Grundbesitzer hatten sie ein starkes Interesse an der Ausweitung ihrer Macht innerhalb des Kolonialreiches und halfen mit, die Kultur und Lebensgewohnheiten der Indianer zu zerschlagen. Die Kirche genoss überdies Vorteile, die sie zu nutzen verstand. Sie brauchte keinen Zehnten zu entrichten, war von diversen Steuern befreit und unterstand dem Papst, nicht dem kastilischen König, was ihr eine gewisse Unabhängigkeit sicherte.

Die Orden waren die eigentlichen Herrscher der Provinzen. Doch gab es auch eine kleine Gruppe von Ordensbrüdern, ohne deren Denken und Handeln die Kolonisierung und Missionierung womöglich schlimmere Folgen für die einheimische Bevölkerung gehabt hätte. Ihre Botschaft gründete auf der Errichtung einer gerechten Gesellschaft mit einer menschlichen Religion. Der bekannteste Vertreter dieser Ethik und ein großer Fürsprecher der Indianer war der bereits erwähnte **Bartolomé de Las Casas** (1484–1566), der mehr als vierzig Jahre in den spanischen Kolonien zubrachte. Er war verhasst bei den Eroberern, die sich durch seine Schriften, in denen er die Brutalität und die Verbrechen an den Indianern anprangerte, bedroht fühlten. Nach Las Casas' Auffassung hatte Gott den Menschen nach seinem Bild geschaffen, so dass seine Versklavung einer Verhöhnung Gottes gleichkäme. Man denunzierte ihn als Hochverräter und Lutheraner. Las Casas, den Miguel Asturias den „Don Quijote mit dem Rosenkranz" nannte, versuchte, die Indianer mit friedlichen Mitteln zu bekehren. Seine Erfolge gaben ihm Recht, dennoch lehnten Vertreter der offiziellen Kirche und die spanische Krone seine Reformvorschläge ab. Der Name der Provinz, Alta Verapaz (Echter Frieden), dokumentiert heute noch die gewaltlose Christianisierung der Bevölkerung dieser Region. In Spanien gibt es kein Denkmal, das an ihn erinnert, und der Ort seines Grabes ist unbekannt.

Bis weit ins 18. Jahrhundert hinein war die katholische Kirche die beherrschende Macht innerhalb der Gesellschaft. Sie kontrollierte das Bildungs- und Gesundheitswesen, bestimmte Werte und Moralvorstellungen und war eine der Hauptstützen des kolonialen Systems, das einen ausgesprochen theokratischen Charakter hatte.

Die spanische Krone begann kurz nach der Eroberung mit der Aufteilung, Verwaltung und Organisation der neuen Kolonialgebiete. Alvarado wurde zum adelantado des Königreichs Guatemala ernannt, doch taugte er nicht viel zum Beamten. Lieber ging der Abenteurer auf Expeditionen, wo er schließlich im Norden Mexikos 1541 starb. Im selben Jahr zerstörten Schuttströme des Vulkans Agua und die spanische Hauptstadt Guatemalas, Ciudad Vieja.

Hauptsitz der spanischen Kolonialregierungen wurde daraufhin die Audiencia Real in Antigua, der neuen Hauptstadt Guatemalas. Dem Präsidenten dieser Verwaltungs- und Aufsichtsbehörde wurde der Titel des Generalkapitäns verliehen, was ihn zur Ausübung des höchsten Richter- und Regierungsamtes und der militärischen Befehlsgewalt autorisierte.

Das neue **Generalkapitanat** umfasste **sechs Provinzen:** Guatemala, Honduras, El Salvador, Nicaragua, Costa Rica und Chiapas. Jede dieser Provinzen entwickelte sich trotz des verwaltungsmäßigen Überbaus relativ selbstständig. Da die spanische Krone einen Handel unter den mittelamerikanischen Provinzen untersagte, hatten die Nachbarn nur wenig miteinander zu tun. Guatemala blieb jedoch Mittelpunkt der Macht und das einzige politische, wirtschaftliche und kulturelle Zentrum von Bedeutung in Zentralamerika. Die Universität San Carlos im heutigen Antigua war die dritte ihrer Art nach Mexiko und Lima. Sie genoss einen guten Ruf, diente aber der Verbreitung spanischer Kultur und der Ausbildung der Oligarchie.

Die 300 Jahre der spanischen Besetzung waren geprägt von politischer Unbeweglichkeit und ökonomischer Starre. Zwar begannen die Spanier sogleich mit dem Aufbau einer **Exportwirtschaft,** vor allem die Produktion von Kakao, Baumwolle, Tabak und Zucker, gründeten große Viehzuchtbetriebe und verschifften Farbstoffe. Restriktive Gesetze des Mutterlandes verhinderten aber die Etablierung eines eigenständigen Marktes in Guatemala. Zum Schutz der eigenen Monopole verbot die spanische Krone die Herstellung von Produkten, die für sie selbst eine Konkurrenz bedeutet hätten. Darüber hinaus mussten alle Rohstoffe an Spanien abgegeben werden, so dass sich keine Verarbeitungsindustrie entwickeln konnte. Handel unter den Kolonien war untersagt, und hohe Steuern auf alle Ein- und Ausfuhren, auf alles Gekaufte und Verkaufte belasteten die Unternehmer. Jedes Geschäft, gleich welcher Art, musste über die spanischen Häfen abgewickelt werden. So bezog Mexiko Waren aus Guatemala über Sevilla oder Cadiz, was zur Zeit der Piratenschifffahrt mit hohen Risiken verbunden war.

Die exportorientierte Wirtschaftsweise vernachlässigte die Produktion von Grundnahrungsmitteln, vor allem von Mais und Bohnen. Außerdem erwies sich die Abhängigkeit vom europäischen Markt als katastrophal, sobald sich dort die Bedürfnisse änderten und eine Umstellung der Produktion erforderlich wurde. Missernten, Plagen und der Mangel an Arbeitskräften provozierten zusätzlich Krisen in den Kolonien. Von einer gesunden Wirtschaftsweise kann also zu keiner Zeit die Rede sein.

Die Conquista führte zu einer Entvölkerung riesigen Ausmaßes. Lebten zu Anfang des 16. Jahrhunderts noch ca. 800.000 Indígenas im guatemaltekischen Hochland, war ihre Zahl bis zur Mitte des Jahrhunderts auf knapp 100.000 zusammengeschrumpft. Wer nicht während den Eroberungszügen umgebracht wurde, starb an seiner Arbeitsstelle oder an den Folgen eingeschleppter Krankheiten. Malaria, Gelbfieber, Pest, Tuberkulose, Grippe und vieles mehr war bis zum Erscheinen der Europäer in Zentralamerika unbekannt gewesen. Die Lage auf dem Arbeitskräftemarkt wurde so bedrückend, dass sich der Generalkapitän von Guatemala 1667 an den Gouverneur von Campeche wandte mit der Bitte, dieser möge seine Häftlinge aus den Gefängnissen befreien und sie ihm als Arbeitskräfte überstellen.

Die Conquista war auf dicht bevölkerte Regionen angewiesen, um eine entsprechende Exportwirtschaft auf der Grundlage feudaler Verhältnisse betreiben zu können. Mit der Entvölkerung entzog sich die Kolonisation den Boden, so dass die *Audiencia* 1543 eine „arme" Kolonie war. Das Bevölkerungsdefizit versuchte man mit der Einfuhr von insgesamt 50.000 Sklaven aus Afrika und den Westindischen Inseln auszugleichen.

Die **Folgen der Kolonialpolitik** teilt Guatemala mit fast allen ehemaligen Kolonien. Die Ausplünderung des Landes verhinderte bis weit in das 19. Jahrhundert eine selbstständige Entwicklung. Dagegen finanzierte es die industrielle Entwicklung Europas, dessen Vorsprung nicht mehr aufzuholen war. *Eduardo Galeano* zitiert *Ernest Mandel:* „Die zweifache Tragödie der Entwicklungsländer besteht darin, dass sie nicht nur Opfer dieses Prozesses internationaler Konzentration wurden, sondern darin, dass sie sich später bemühen mussten, ihren industriellen Rückstand aufzuholen, d.h. die Erstanhäufung von Industriekapital zu vollziehen, und zwar inmitten einer Welt, die von einer bereits gereiften, nämlich der westlichen Industrie mit fertiggestellten Artikeln überschwemmt wird." Hinzu kam ein Zweites. Das Zusammenleben der verschiedenen Ethnien resultierte im Laufe der Zeit in einer sozialen Struktur, deren Hierarchie nach der „Reinheit des Blutes" bestimmt wurde. An der Spitze standen die *peninsulares*, gebürtige Spanier aus dem Mutterland. Nach ihnen kamen die Kreolen, die bereits in der Kolonie geboren wurden und mit weniger Privilegien und einem geringeren Ansehen leben mussten. Die Auseinandersetzung zwischen diesen beiden Gruppen wurde eine der Antriebskräfte des Unabhängigkeitskampfes. Mestizen (Ladinos), Mischlinge aus Indígenas und Spaniern, besaßen zwar keine Privilegien, wurden jedoch nicht in dem Maße diskriminiert wie die Indígenas, die auf ihrer Kultur und ihren Lebensgewohnheiten beharrten.

Zu ersten **Spannungen mit der spanischen Krone** kam es bereits im 16. Jahrhundert. Das Encomienda-System belastete die Indígenas so schwer, dass es ihnen vielfach nicht mehr möglich war, den Tribut an die Krone zu zahlen. Die spanische Krone schaffte 1784 kurzerhand dieses System ab und stellte die Indianer unter ihre direkte Aufsicht. Die Unabhängigkeitsbewegung, die Ende des 18. Jahrhunderts einsetzte, fand ihre Antriebskraft vor allem in der Unzufriedenheit der Kreolen. Sie gerieten zum einen in Rivalität zur privilegierten Klasse der Peninsulares, zum anderen verhinderte die spanische Krone, dass die aufstrebende und selbstbewusste Händlerschicht konkurrenzfähig

GESCHICHTE

blieb. Hinzu kamen heftige Auseinandersetzungen mit dem Klerus, der um seinen Besitz und seinen Einfluss fürchtete, sollten sich die liberalen Ideen der kreolischen Grundbesitzer und Händler durchsetzen. Die Spaltung der herrschenden Klasse in eine liberal-bürgerliche Partei und einen kleineren, aber einflussreichen Teil konservativer Vertreter, die mit der Kirche verbündet waren, charakterisiert die politische Landschaft Guatemalas bis weit ins 20. Jahrhundert hinein.

Dabei ist klarzustellen, dass zwischen Liberalen und Konservativen keine grundsätzlichen Meinungsverschiedenheiten hinsichtlich ihrer Klasseninteressen bestanden. Während die konservativen Kräfte den reaktionären Teil der Oligarchie repräsentierten, der wenig Interesse an einer Modernisierung des Landes zeigte und mit dem spanischen Königshaus und der Kirche in enger Verbindung stand, galten die Liberalen als der dynamischere Teil im System. Sie hatten ein großes Interesse an der Ausweitung des Handels, der Säkularisierung im Bildungs-, Erziehungs- und Finanzwesen, wie überhaupt an der Errichtung einer weltlichen Gesellschaft.

Die guatemaltekische **Unabhängigkeitsbewegung** wurde durch Ereignisse im Ausland unterstützt. Die Französische Revolution trug mit ihren bürgerlichen Idealen nicht weniger dazu bei als die Unabhängigkeit der Vereinigten Staaten von Amerika, die Befreiung Südamerikas durch *Simon Bolívar*, die Besetzung Spaniens durch die Franzosen und der mexikanische Aufstand 1810. Indianische Aufstände in vielen Teilen Guatemalas selbst beschleunigten außerdem die Entwicklung hin zu einem unabhängigen Staatsgebilde, doch war die Entstehung des guatemaltekischen Nationalstaates nicht das Ergebnis eines indianischen Befreiungskampfes.

Die Unabhängigkeit und die Ära der liberalen Reformen

Am **15. September 1821** entließ Spanien Guatemala kampflos in die **Unabhängigkeit.** Kurze Zeit war es an das reaktionäre Kaiserreich Mexiko unter *Iturbide* angeschlossen. 1823 gelang der liberalen Bewegung im Land die Bildung eines föderalistischen Zusammenschlusses der Provinzen zu den „Vereinigten Provinzen von Zentralamerika". Die Zeit der Föderation war bis zu ihrem Ende 1838 geprägt von blutigen Machtkämpfen zwischen Liberalen und Konservativen. *Francisco Morazán*, der Gründer des mittelamerikanischen Bundes, konnte dem Chaos kein Ende bereiten. Trotz einiger fortschrittlicher Gesetze, genauer gesagt wegen ihnen, wurde der Widerstand der Reaktion immer größer. Dazu gehörte z. B. die Abschaffung der Todesstrafe, die Einberufung von Geschworenengerichten und die Anerkennung der Zivilehe.

Eine Choleraepidemie war für die Kirche das geeignete Mittel, diese als Strafe Gottes für die ketzerischen Gesetze des Landes verantwortlich zu machen und Panik zu schüren. Es kam zu einer bewaffneten Auseinandersetzung der beiden Lager, aus der der dreiundzwanzigjährige *Rafael Carrera* (1839-1871), der eine der längsten konservativen Diktaturen errichten sollte, als Sieger hervorging.

Schon lange vor der Unabhängigkeit rechneten sich das europäische Ausland und die USA den Profit aus, den sie nach dem Zusammenbruch Spaniens machen würden. 1821 standen England, Frankreich und die USA bereits in den Startlöchern, als Guatemala begann, seine Ressourcen an das kapitalistische Ausland zu verkaufen.

Carreras Wirtschaftspolitik geriet ins Wanken, als Mitte des 19. Jahrhunderts die Erfindung synthetischer Farbstoffe in Europa die Produktion von Indigo und Koschenille zum Erliegen brachte, die bis dahin rund 80% der guatemaltekischen Exporterlöse erwirtschaftete. Wollte Guatemala wirtschaftlich nicht zugrunde gehen, musste es schnell auf eine andere Exportware umsatteln. Doch die Krise war nicht mehr zu stoppen. Das autoritäre Herrschaftssystem war am Ende. In den 50er und 60er Jahren entstand eine Volksbewegung, die die liberalen Kreise nutzten, um einen Machtwechsel herbeizuführen. **Die liberale Revolution** (1871) sollte eine neue Ära wirtschaftlicher Impulse einleiten.

Mit *Justo Rufino Barrios* (1835-1885) begann für Guatemala mit der Plantagenwirtschaft die Zeit des Kaffees und der Bananen. Die Nachfrage nach beiden Produkten auf

GESCHICHTE

dem internationalen Markt war in den Jahren zuvor enorm gestiegen. Die Umstellung auf die Produktion von **Kaffee** überließ *Barrios* vor allem dem **deutschen Kapital,** den Anbau von Bananen dem amerikanischen. Die riesigen Flächen, die für den Anbau benötigt wurden, stammten aus dem Grundbesitz der Kirche, der im Zuge der Reformen säkularisiert wurde. Der Rest wurde den Indígenas gestohlen. Diese konnten bis dato kleinere Ländereien bebauen, die als Gemeinde- bzw. *Ejidoland* unveräußerliches Eigentum der indianischen Dorfgemeinschaft waren. Da Kaffee am besten in einer Höhe von 900 bis 1500 m wächst, waren die Hochlandindígenas am schwersten vom Landraub betroffen. Diejenigen, die sich nicht anderswo ein Stück Land suchten, mussten unter den Bedingungen des neu eingeführten Lohnsystems auf den Latifundien arbeiten.

Die Deutschen erwiesen sich als die geeigneten Partner; ihre Einwanderung begann 1828 mit *Carl Rudolf Friedrich Klee*. Mit Hilfe der Regierung führten sie rationale Produktionsmethoden ein, bauten die Infrastruktur aus und kontrollierten innerhalb kürzester Zeit den gesamten Kaffeexport, der zeitweise 90 % der nationalen Ausfuhrerlöse ausmachte. Gut die Hälfte der Produktion ging nach Hamburg, wo sich damals das europäische Umschlagszentrum für guatemaltekischen Kaffee befand.

Die **Modernisierung des Landes** verstärkte die Bodenkonzentration und die Ausweitung der Latifundien, was bis heute die agrarstrukturellen Verhältnisse Guatemalas kennzeichnet. Ein großer Teil des Bedarfs an Grundnahrungsmitteln musste wegen des erhöhten Einsatzes an Boden und Arbeitskräften für die Exportproduktion importiert werden. Die autoritäre, rassistische Politik der Regierung und eine monopolistische Wirtschaftsweise ausländischer Kapitalisten in Zusammenarbeit mit der inländischen Oligarchie dienten auch den Interessen des wohl mächtigsten Imperiums auf guatemaltekischen Boden, der **United Fruit Company.** Diese Firma etablierte sich besonders während der Amtszeit des Präsidenten *Estrada Cabrera* (1898-1921) und wurde zum Staat im Staat. *Cabrera* regierte das Land über 20 Jahre mit Gewalt und Terror. *Miguel Asturias* setzte diesem Diktator, den die Nationalversammlung 1920 für amtsunfähig erklärte, in seinem Roman „Der Herr Präsident" ein angemessenes Denkmal.

Es folgten zehn Jahre der Instabilität und wechselnden Regierungen. In diese Zeit fällt die Gründung einiger gesellschaftlich und politisch wichtiger Organisationen wie des Allgemeinen Studentenbundes Guatemala, der Volkshochschule und der Arbeitergewerkschaft, sozio-ökonomische Reformen blieben jedoch aus.

Die **Weltwirtschaftskrise 1929** erschütterte auch Guatemala. Die Kleinbauern auf den Fincas und Plantagen wurden wegen des Exportrückgangs entlassen, die Angestellten in den Städten erhielten keine Gehälter mehr. Die großen Exportgesellschaften, allen voran die United Fruit Company, zogen sich aus der Produktion allmählich zurück. Die Ländereien aber behielten sie.

Die Terrorherrschaft

1931 übernahm **Jorge Ubico** die Macht, der als skrupelloseste Tyrann in die Geschichte Guatemalas eingehen sollte. „Überall auf dieser Welt gibt es Paranoiker, aber jene Länder sind gezählt, die so schnell in ein riesiges, privates Irrenhaus verwandelt wurden wie dieses", sagte *William Krehm*, damaliger Korrespondent der „Time", über den Zustand Guatemalas unter *Ubicos* Herrschaft. Durch improvisierte und gefälschte Wahlen übernahm *Ubico* mit Hilfe der Amerikaner die Macht. Während seiner dreizehn Jahre dauernden Diktatur wirtschaftete er das Land ökonomisch, gesellschaftlich und sozial herunter.

Wie seine Vorgänger hatte auch er kein Interesse, die wirtschaftliche Misere des Landes zum Wohle des ganzen Volkes zu beheben und es aus seiner Abhängigkeit von ausländischem Kapital zu befreien. Im Gegenteil, eine Industrialisierung wurde von ihm systematisch blockiert, da sie den Interessen des Auslandes und der guatemaltekischen Oberschicht widersprach. Das alte von *Rufino Barrios* eingeführte Vagabundengesetz, das jeden Indígena, der keinen Arbeitsplatz nachweisen konnte, zur Zwangsarbeit auf den Plantagen verpflichtete, passte *Ubico* den gegebenen Verhältnissen an. Die Einführung eines Arbeitsbuches ermöglichte die Kontrolle der abgeleisteten Arbeitstage. Wer unter dem vorgeschriebenen Pensum von 180 Tagen jährlich blieb, konnte wegen Landstreicherei eingesperrt werden oder musste im Straßenbau arbeiten, wo Tausende unter den mörderischen Bedingungen starben.

Die **Latifundisten** wurden per Dekret von jeder Verantwortung entbunden, wenn Menschen innerhalb ihrer Ländereien getötet wurden. Diebstahl, Schmuggel, Betrug oder das, was man dafür hielt, musste mit dem Leben bezahlt werden. Ein *Indígena* konnte so wegen des Diebstahls von ein paar Centavos oder einer Banane auf der Stelle gehenkt werden. Die politische Betätigung kam zum Erliegen. Angst und Schrecken breiteten sich aus. Laut *Eduardo Galeano* ließ *Ubico* 1933 etwa 500 Menschen ermorden, die sich innerhalb der Gewerkschaften, Parteien oder Studentenvereinigungen engagierten. Durch immer grausamere Foltermethoden sollten die Gefangenen vor ihrem Tod zu Geständnissen und der Herausgabe von Information gepresst werden. Politische Prozesse fanden nicht statt. Besonders beliebt wurde die so genannte *Ley fuga*, bei der das Opfer während eines inszenierten Fluchtversuches erschossen wurde.

Analphabetismus war Programm. *Ubico* ließ die einzige Volkshochschule schließen, die Zahl der Schulen und Lehrer sank trotz Bevölkerungswachstum. Gleichzeitig kürzte er die Löhne und Gehälter der Arbeiter, Angestellten und Lehrer. Er selbst wurde dabei immer wohlhabender. Mit den Einkünften aus gestohlenen Ländereien, Plantagen und Immobilien war er einer der reichsten Männer Guatemalas, während das Volk auf dem Land verhungerte.

Sein Größenwahn kannte keine Grenzen. *Ubico,* der sich schon auf der Militärakademie für die guatemaltekische Ausgabe Napoleons hielt, sich dementsprechend kleidete und frisierte, ließ in der Hauptstadt eine groteske Nachbildung des Pariser Eiffelturms errichten, die man heute noch besichtigen kann. (Sie überspannt die 7. Avenida in der Zona Viva.) Mit einem Motorrad raste er durch das Land und war immer und überall anzutreffen. Der persönlichen Kontrolle des „motorisierten Henkers" entging so gut wie nichts. Die Oligarchie und das Ausland spielten das Theater mit.

Anfang der 1940er Jahre geriet er unter Druck. In Europa war der Zweite Weltkrieg ausgebrochen. Die Amerikaner sahen die Zeit gekommen, den Einfluss der deutschen Kaffeefinqueros in Guatemala zu brechen. Sie zwangen *Ubico*, der ein glühender Verehrer *Hitlers* und *Mussolinis* war, die deutschen Plantagen zu enteignen und Hitlerdeutschland den Krieg zu erklären. *Ubico* tat sich schwer mit diesen Maßnahmen und führte sie nur halbherzig durch.

Mitte 1944 regte sich **Widerstand.** Der Anstoß zum ersten Streik kam von den Intellektuellen Guatemalas. Ihnen schlossen sich bald darauf die Angehörigen der Mittelklasse sowie die Arbeiter und kleine Teile der Landbevölkerung an. Trotz Militär- und Polizeieinsätze war der Generalstreik nicht mehr aufzuhalten. *Ubico* dankte ab und verschwand in den USA. Nachdem unter seinem Nachfolger *General Ponce* keine Verbesserung der Situation eintrat, kam es am 20. Oktober 1944 zu einem bewaffneten **Volksaufstand.**

Die demokratischen Jahre 1945-54

Die bewaffnete Aktion vom 20. Oktober 1944 wurde von einer dreiköpfigen Junta getragen, die aus dem Zivilisten *Jorge Toriello* und den beiden jungen Offizieren *Jacóbo Arbenz* und *Francisco Javier Arana* bestand. Vor allem die liberalen Teile des Militärs und die Schicht der unterprivilegierten Kleinbourgeoisie standen hinter diesem Umsturz, der als **Bürgerliche Revolution** in die Geschichte einging.

Zum ersten Mal in der Geschichte Guatemalas wurden bald darauf **freie Wahlen** vorbereitet. Der Kandidat der revolutionären Regierung war der exilierte Philosophie- und Pädagogikprofessor *Juan José Arévalo*, der

GESCHICHTE

mit überwältigender Mehrheit gewählt wurde. Die Nationalversammlung verabschiedete eine fortschrittliche Verfassung, die dem Land die politischen, sozialen und ökonomischen Grundlagen einer Demokratie sichern sollte. Und in der Tat folgten Gesetze, wie sie Guatemala nie erlebt hatte.

Gewerkschaften konnten ungehindert arbeiten, eine Sozial- und Krankenversicherung wurde eingeführt, die Arbeitszeit auf täglich acht Stunden verkürzt, ein umfassendes Alphabetisierungsprogramm gestartet, der Polizeiapparat verkleinert, die Industrialisierung gefördert, Meinungs- und Pressefreiheit eingeführt, Schulen, Krankenhäuser und Wohnungen gebaut, und die staatlich legitimierte Zwangsarbeit fand ein Ende. Auch kulturell erlebte Guatemala unter seinem neuen Regierungschef, Verfasser einer Dissertation zum Thema „Pädagogik und Persönlichkeitsbildung", einen Aufschwung. Demokratisch gesinnte Schriftsteller, Historiker und Verleger besuchten das Land. **Miguel Ángel Asturias** wurde 1946 Kulturattaché Guatemalas in Mexiko und begann seine diplomatische Laufbahn.

Mit all diesen Maßnahmen versuchte *Arévalo* eine demokratische Modernisierung des Landes voranzutreiben. Die Umsetzung des Programms jedoch bereitete der neuen Führung nicht wenig Kopfzerbrechen. Außerdem zögerte *Arévalo* in einer alles entscheidenden politischen Frage: in der Landfrage. Zwar erließ er Gesetze zur Zwangsverpachtung brachliegender Ländereien an landlose Bauern sowie zur Verstaatlichung des enteigneten deutschen Besitzes zum Aufbau von Kooperativen und Aktiengesellschaften, doch eine entscheidende Veränderung trat nicht ein. Die neue liberale Oligarchie der Baumwollproduzenten, Bankiers und Kleinindustriellen glich sich nach und nach der alten an und forderte ihre Interessen ein.

Die Beziehungen zur USA und der *United Fruit Company* in den ersten Reformjahren waren so lange entspannt, wie beide das Gefühl hatten, ungehindert ihren Geschäften nachgehen zu können. Die USA unterstützten Guatemala bei der Verwirklichung technischer und landwirtschaftlicher Programme. Ausländische Investoren fürchteten jedoch die neuen Auflagen der Regierung, zogen sich zurück und gefährdeten das wirtschaftliche Gleichgewicht des Staates. Für *Arévalo*, der am Ende seiner Regierungszeit nicht weniger als 32 Putschversuche überstanden hatte, blieben die politischen Verhandlungen mit dem Kapital stets eine Gratwanderung. Nach Ablauf seiner regulären Amtszeit wurde er 1951 von dem 39-jährigen *Jacóbo Arbenz* abgelöst. Dieser ging mit einer geradezu unerschrockenen Vehemenz daran, die längst fällige Landfrage zu lösen.

Arbenz hatte begriffen, dass Impulse für eine Industrialisierung des Landes nur über eine Umgestaltung des Agrarsektors zu vermitteln waren. Zum einen mussten durch Modernisierung des technischen Bereichs von dort Arbeitskräfte freigesetzt werden, zum anderen war nur über die Verstaatlichung und Verteilung des brachliegenden Bodens eine Diversifizierung der Agrarexportproduktion möglich, die die Industrialisierung finanzieren sollte. Außerdem musste es *Arbenz* gelingen, das Monopol der United Fruit Company im infrastrukturellen Bereich zu brechen. Sie kontrollierten nicht nur alle Häfen, sondern immer noch das gesamte Eisenbahnnetz und die Energiewirtschaft des Landes.

1952 wurde das **Gesetz zur Agrarreform** verabschiedet. Zum ersten Mal in der Geschichte Guatemalas sollten die ökonomischen Fundamente der feudalen Struktur angetastet werden. Artikel 1 des berühmten *Decreto Nr. 900* lautete: „Die Agrarreform der Oktoberrevolution hat das Ziel, in den ländlichen Gebieten das feudale Eigentum und die es bedingenden Produktionsverhältnisse zu beseitigen, um in der Landwirtschaft die kapitalistische Produktionsweise durchzusetzen und den Weg für die Industrialisierung Guatemalas zu eröffnen."

Brachliegendes Land über 100 ha wurde enteignet und an die Bauern verteilt. Der enteignete Besitz wurde in Form von Staatsobligationen entschädigt. Insgesamt wurden bis Juni 1954 1 Million ha Boden umverteilt und 8,3 Millionen Quetzales (1 Quetzal = 1 Dollar) an Entschädigung bezahlt.

Am härtesten traf es die *United Fruit Company*. Von ihren 225.000 ha Grundbesitz wurden ca. 85 % nicht genutzt. *Arbenz* enteignete daraufhin 162.000 ha und ließ sich aufgrund der Steuerangaben der Gesellschaft die Entschädigungssumme ausrechnen. Nachdem sich der Wert auf „nur" ca. 1 Mio. Dollar belief, forderte die UFCo mit Unterstützung des amerikanischen Außenministeriums nicht weniger als das 16-fache an Entschädigung von der guatemaltekischen Regierung. Als *Arbenz* sich weigerte, diesen Betrag zu bezahlen, begann die USA mit einer internationalen Kampagne gegen die „kommunistische Subversion" in Guatemala. Und als er sogar noch mit dem Bau des Hafens Santo Tomás, dem Wasserkraftwerk von Jurún-Marinalá und der neuen Straße von der Hauptstadt zur Karibikküste offen gegen das US-Monopol in Konkurrenz trat, bedeutete dies eine direkte Beeinträchtigung der amerikanischen Interessen. Schon unter *Arévalo* war vom damaligen US-Botschafter *Patterson* eine wüste Propagandaoffensive gestartet worden. Sein Nachfolger *John Perifoy* übernahm den Fall Guatemala. Gemeinsam mit dem Vertreter der UFCo, *Spruille Braden*, und dem neuen Chef des State Departements und UFCo-Aktionär *John Foster Dulles* lösten die USA das Problem der „kommunistischen Unterwanderung" auf ihre Weise.

Alles ging sehr schnell. Im Januar 1954 informierte die Regierung Guatemalas die Weltöffentlichkeit über einen geplanten Putsch. Ein paar Wochen später musste Guatemala auf der X. Konferenz der Organisation Amerikanischer Staaten (OAS) in Caracas erkennen, dass die Hetzkampagne der USA bei den Nachbarn auf fruchtbaren Boden gefallen war. Es war den USA gelungen, eine Resolution zu verabschieden, die im Falle eines Falles grünes Licht für eine Intervention in Guatemala gab. *Diktator Somoza* in Nicaragua und *Galvéz* in Honduras warteten schon seit längerer Zeit auf ihre Chance und zeigten sich als treue Verbündete der Amerikaner.

Im Mai 1954 wurde im Hafen von Puerto Barrios eine Waffenlieferung aus der Tschechoslowakei an die Regierung entdeckt. Die USA verteilten daraufhin Waffen an die Contras in Nicaragua und Honduras, wo *Castillo Armas*, seit 1950 nach einem missglückten Putsch im Exil, schon als „Führer der Befreiungsarmee" auf seinen Einsatz wartete. Mit einer 200 Mann starken Truppe, unterstützt von der amerikanischen Luftwaffe und vom CIA vorbereitet, marschierte die **Contra** am 18. Juni 1954 von Honduras aus nach Guatemala ein. Proteste Guatemalas vor dem UN-Sicherheitsrat wurden nicht mehr gehört.

Arbenz wurde zum Rücktritt gezwungen. Bestochene Offiziere liefen über, und am 3. Juli traf *Armas* an Bord des Privatflugzeuges von Botschafter *Perifoy* in der Hauptstadt ein. Das hoffnungsvollste Experiment in der Geschichte Guatemalas war zu Ende.

Von der Demokratiebewegung blieb eine Bevölkerungsgruppe ausgeschlossen, die erst Anfang der 1970er Jahre als revolutionäres Potenzial in Erscheinung treten sollte: die Indígenas. *Mario Sanchez*, damaliges Führungsmitglied der kommunistischen „Guatemaltekischen Arbeiterpartei" PGT, beschreibt die **Fehler und Versäumnisse** seiner Partei während der Demokratie so: „Die politische Arbeit unter den Indianern zeigte ein Problem auf, das die Partei bis heute nicht vollständig gelöst hat: Die marxistische Theorie kannte und kennt nur Klassen, also Ausbeuter und Ausgebeutete, Unterdrücker und Unterdrückte. Die Mitglieder und die Leitung der Partei bestanden aus Weißen und Ladinos. Die indianische Bevölkerung hatten wir stets als Bauern eingeordnet, also als Bündnispartner, die noch in einem gewissen ökonomischen und kulturellen Rückstand lebten und sich an ihre Minifundien klammerten. Wir berücksichtigten ihre spezifischen Interessen in unseren politischen Überlegungen einfach zu wenig. Die Partei war nicht in der Lage, die indianischen Bauern als revolutionären Faktor zu begreifen, so wie dies später anderen Organisationen gelungen ist" (*Horst-Eckart Gross*, Guatemala – Bericht über einen verdeckten Krieg). Heute ist klar, dass die „Indianer-Frage" von zentraler und unmittelbarer Bedeutung für die politische und revolutionäre Praxis ist. Ohne die aktive Beteiligung der am härtesten unterdrückten Gruppe kann es keine Veränderung in Guatemala geben. Zum Problem der Nichtintegration der indigenen Bevölkerung am Umgestaltungsprozess traten andere, die das Scheitern der Demokratie erklären. Die Hoffnungen der Bevölkerung auf Verbesserung der wirtschaftlichen Situation im Land führte zu einem Erwartungsdruck, dem die Regierung nicht entsprechen konnte. Um ein Erfolg versprechendes Krisenmanagement führen zu können, fehlte es an Erfahrung und Wissen.

Außenpolitisch war die **Zeit des Kalten Krieges** angebrochen. Die Amerikaner führten weltweit eine beispiellose Hetzkampagne gegen jeglichen Verdacht der kommunistischen Infiltration durch. Weder *Arévalo* noch *Arbenz* war es gelungen, während dieser Jahre echte Bündnispartner im In- und Ausland zu gewinnen. *Castillo Armas* brauchte nach seiner Machtübernahme nur die Gesetze der demokratischen Regierung zu widerrufen, um den alten Zustand wieder herzustellen. So wenig grundlegend waren die Grundstrukturen des Staates und der Gesellschaft verändert worden.

Rückkehr zur Diktatur

Mit politischer und logistischer Unterstützung der USA legte *Armas* 1954 den Grundstein für eine Entwicklung, die zum Teil bis heute andauert. Die Grundzüge dafür sind der Kampf gegen „kommunistische Subversion", die Institutionalisierung des Militärs, die enge Zusammenarbeit mit den USA, die mit ihrer neuen Strategie der „humanitären Hilfe" die wirtschaftliche Entwicklung Guatemalas bestimmt. Hinzu kommen der verstärkte Anstieg von Auslandsinvestitionen und die Ausrichtung der Landwirtschaft als Exportproduzent. Letzteres hatte 1956 zur Folge, dass fast alles Land des unter der Demokratie umverteilten Besitzes an die ehemaligen Grundbesitzer zurückgegeben wurde.

1957 wurde *Armas* ermordet. Unter *Miguel Ydígoras Fuentes* änderte sich die bisherige Politik nicht. Auch er gewährte ausländischen Investoren große Vergünstigungen und befreite sie weitgehend von Steuern. Bestechlichkeit und Korruption nahmen innerhalb der Regierung, Armee und öffentlichen Verwaltung unerträgliche Ausmaße an. Die Unfähigkeit des Regimes, stabile Zustände im Land herzustellen, forderte die Unzufriedenheit des Volkes heraus. 1960 konnte *Ydígoras* eine Verschwörung gegen sich aufdecken, an der nahezu ein Drittel des gesamten Militärapparates beteiligt war.

Einer der Verschwörer war *Turcios Lima*, der in den bewaffneten Untergrund ging und die revolutionäre Bewegung in Guatemala gründete. Dies geschah zur Zeit der kubanischen Revolution, als klar wurde, dass sich ein Volk mit Waffengewalt von seinen Unterdrückern befreien konnte, wenn es verstand, Ziele und Taktik zu kombinieren.

Regierung, Oligarchie und die USA befürchteten das Schlimmste für sich. Vor allem die USA sah sich durch ein zweites Kuba auf dem mittelamerikanischen Kontinent bedroht. Bei den für 1964 geplanten Wahlen in Guatemala war *Juan José Arévalo* aussichtsreichster Kandidat. Die Zeit drängte, unliebsame Entscheidungen des Volkes vorwegzunehmen.

Am 30. März 1963 putschte das Militär unter Verteidigungsminister *Peralta Azurdia* und übernahm alle staatlichen Funktionen. Nicht für *Ydígoras*, wohl aber für *Arévalo* und alle gemäßigten Kreise bedeutete dieser Putsch eine große Niederlage. Mit den Wahlen 1966 kam erneut ein Zivilist an die Macht, *Julio César Méndez Montenegro*, der eine neue Verfassung in Kraft setzte. Der Jurist *Montenegro* musste vor Amtsantritt eine Amnestie für alle an Verbrechen beteiligten Militärs unterschreiben und ihnen sämtliche Freiheiten bei der Guerilla-Bekämpfung einräumen. Der Terror ging weiter.

1970 übernahm das Militär *Carlos Arana Osorio* die Regierungsgeschäfte. Das Volk nannte ihn *araña*, „Spinne". Er überzog das Land mit einem Netz von rechten **Terrorkommandos**, die gnadenlos auf jede Entführung und Erschießung von Seiten der Guerilla antworteten. In diese Zeit fiel auch die Ermordung des deutschen Botschafters *von Spreti*, die eine der letzten Taten der Guerilla war, bevor sie für einige Jahre von der Oberfläche verschwand.

Kjell Laugerud García, Minister unter *Arana Osorio*, übernahm 1974 die Macht, nachdem der damals für die Christdemokraten angetretene Kandidat *Ríos Montt* wegen offensichtlichen Wahlbetrugs auf das Amt verzichten musste. *Laugerud* regierte während einer Zeit der Grabesruhe im Land. Linke Demokraten, Intellektuelle, Künstler und Untergrundbewegung waren ausgeschaltet, im Exil oder schwiegen aufgrund der andauernden Repression. Die Oligarchie wähnte sich in einem Zustand der Stabilität. Die größte Katastrophe in *Laugeruds* Amtszeit ereignete sich am 4. Februar 1976, als Guatemala von einem schweren Erdbeben erschüttert wurde. Damals begann sich die Guerilla erneut zu rekrutieren und fand große Unterstützung im Departement El Quiché, das in den darauffolgenden Jahre mit einer Welle von militärischen Gewaltakten überzogen wurde.

Der aus dem Alta Verapaz stammende Großgrundbesitzer *General Romeo Lucas García* steht für Korruption, Verbrechen und Wirtschaftskrise. Während seiner Amtszeit von 1978–82 erhöhte sich die Zahl der Toten und Entführten auf mehrere Zehntausend. Politiker, wie den Gründer der **Partido Socialista Democrático** (PSD) *Fuentes Mohr*, traf es ebenso wie den Kekchí-Indígena aus Panzós, der mit hundert anderen Männern, Frauen und Kindern nach einer Demonstration vom Militär niedergemetzelt wurde. Eine der gnadenlosesten Aktionen *Garcías* war das Anzünden und die Erstürmung der Spanischen Botschaft, nachdem diese Ende Januar 1980 von 32 Ixil- und Quiché-Indígenas besetzt worden war. Einzige Überlebende des Blutbades waren der Botschafter und ein Indígena, der jedoch aus dem Krankenhaus entführt und ermordet wurde.

Die **Korruption** nahm so große Ausmaße an, dass General *Rios Montt* seine Chance witterte, 1982 *Lucas García* durch einen Putsch stürzte und sich zum Präsidenten ernannte. Wie viele andere Vorgänger hat sich *Lucas García* ins Ausland abgesetzt (Venezuela). Die guatemaltekische Menschenrechtsorganisation gibt für die ersten sechzehn Monate der Regierungszeit von *Rios Montt* 15.000 politische Morde an, darunter viele an Priestern. Die große Flüchtlingswelle setzte ein, nachdem Flächenbombardements im Zuge der „Politik der verbrannten Erde" ganze Dörfer dem Erdboden gleichmachten.

Im August 1983 stürzte Verteidigungsminister *Oscar Humberto Mejía Victores* die Regierung *Rios Montt*. Einer der Gründe für die Ablösung des Generals war der religiöse Fanatismus, mit dem er das Heer überzog. *Montt* gehört noch heute der Evangelikalen Pfingstbewegung *El Verbo* an.

Die **Putsche der 1970er und 80er Jahre** waren keine gewalttätigen Umsturzversuche. Meist unterschieden sich die Präsidenten in ihren Zielen und Methoden nicht wesentlich voneinander. Ein Präsidentenamt in Guatemala gilt als die Sicherung eines sorgenfreien Vorruhestands.

Demokratie und Frieden

Seit 1986 hat Guatemala wieder eine **zivile Regierung,** die auf die demokratische Verfassung des Landes vereidigt ist. *Vinicio Cerezo Arévalo*, Christdemokrat und ehemaliger Exilant, war der erste Präsident. Sein Nachfolger *Jorge Serrano* wurde 1991 durch friedliche und formal korrekte Wahlen ins Amt berufen. *Serrano* kündigte nach seinem Wahlsieg an, was zum guten Ton gehört: wirtschaftliche Stabilisierung, Lohnerhöhungen, Reformen im Staatsapparat, die Achtung von Menschenrechten und die Beendigung des Guerillakampfes durch Gespräche. Doch in den zweieinhalb Jahren seiner Amtszeit bereicherte sich *Serrano* enorm. Allein in einem Naturschutzgebiet in der Nähe des Lago Izabal baute er sich eine Villa im Werte von 22 Mio. USUS$. (Diese soll nun als Erholungszentrum für Staatsangestellte umfunktioniert werden.) Die Korruption stieg, und Skandale häuften sich. Am 25. Mai 1993 entlässt er den Kongress und den obersten Gerichtshof. Er verhängt den Ausnahmezustand über das ganze Land und setzt die Verfassung außer Kraft. Nur sieben Tage lang dauert die Alleinherrschaft *Serranos*. Dann fällt ihm das Militär in den Rücken und zwingt ihn zum Rücktritt. Am 2. Juni flüchtet er nach Panama ins Exil.

Am 6. Juni 1993 erhält Guatemala seinen Wunschpräsidenten, der bis dahin als Prokurator der Menschenrechtskommission amtierenden *Ramiro de León Carpio*. *Ramiro de León* verspricht, sich für mehr soziale Gerechtigkeit und die Wahrung der Menschenrechte einzusetzen sowie ein Vorantreiben der Friedensgespräche mit der URNG und die Unterzeichnung des Friedensvertrages bis Ende 1994. Weitere Flüchtlinge kehren während dieser Zeit zurück.

Ende 1995 finden Präsidentschaftswahlen statt. Da das erste Ergebnis keine eindeutigen Mehrheitsverhältnisse ergibt, kommt es zu einer Stichwahl zwischen *Alvaro Arzú* (PAN) und *Alfonso Portillo* (FRG), der als Kandidat für den wegen dem Vorwurf der Korruption zurückgetretenen und nicht müde werdenden *Rios Montt* eingesprungen ist. Am 7. Januar 1996 wird der ehemalige Bürgermeister der Hauptstadt, *Alvaro Arzú Irigoyen*, Präsident von Guatemala.

Im ersten Jahr seiner Amtszeit bekämpft *Arzú* mit nie dagewesener Unerschrockenheit die Korruption im Land. Im Herbst lässt er einen der größten Schmugglerringe des Landes hochgehen. Bei der anschließenden Untersuchung stellen sich nicht nur Verbindungen zu höchsten Regierungs- und Militärkreisen heraus, es werden auch Bestechungsgelder an die FRG für den Wahlkampf 1995 offenbar. Mit großer Entschlossenheit treibt er die Modernisierung und Privatisierung voran. Seine neoliberale Wirtschaftsweise ist typisch für Länder wie Guatemala: Wo die Politik so lange versagt hat, muss es die Wirtschaft richten.

Privatisierungen, Preiserhöhungen und Schulden haben dem Staat und der Volkswirtschaft jedoch mehr geschadet als genutzt. So wird die Präsidentschaftswahl Ende 1999 eine Wahl gegen die PAN und verhilft dem 48-jährigen Ökonomen und Anwalt *Alfonso Portillo*, der für die FRG mit 68 % der Stimmen im zweiten Wahlgang einen überragenden Wahlerfolg erringt, zum Sieg. *Arzús* größter Verdienst bleibt der erfolgreiche Abschluss der Friedensverhandlungen und die Unterzeichnung des endgültigen **Friedensvertrages am 29. Dezember 1996.**

Alfonso Portillo bildet ab 2000 mit seiner Partei, in der *Rios Montt* das Sagen hat, eine starke, nicht zu brechende Mehrheit im Kongress. Zunächst überrascht der neue Präsident damit, dass er politische Posten mit Christdemokraten und Sympathisanten der URNG (ehemalige Guerilla) besetzt. Aber schon nach acht Monaten erweist sich die neue Regierung als orientierungslos und ohne Programm. 65 % der Bevölkerung sind unzufrieden mit der von ihr gewählten Regierung. Wahlversprechen werden nicht eingehalten, die Regierungsgeschäfte verkommen zu einem Kräftemessen zwischen *Montt* und *Portillo*, die Korruption blüht wie nie zuvor und die Fälschung eines Gesetzes über Alkoholsteuern (*Guate-Gate*) im Sommer 2000 durch die Präsidentenpartei (FRG) wächst sich zu einer Regierungskrise aus. Deutsche Beobachter in Guatemala sprechen von einem „Komödienstadl". Von Menschenrechten, integraler Entwicklung, Umweltschutz, Erziehung, Gleichberechtigung, Gesetzes- und Steuerreformen, den sechs Hauptthemen des portilloschen „Regierbarkeitsabkommens", bleibt so wenig übrig wie von all den anderen schönen Wahlzusagen. Auch unter *Portillos* 2004 gewähltem Nachfolger *Berger* bleibt Guatemala, was es war: ein Selbstbedienungsladen ohne Kasse.

Staat und Politik

Regierungssystem

Der offizielle Staatsname Guatemalas lautet **„República de Guatemala"**. 1984 leiteten die Wahlen zur verfassungsgebenden Versammlung nach langer und blutiger Militärherrschaft einen ersten Demokratisierungsprozess ein.

Die **Verfassung** des Landes ist seit 1985 in Kraft. Nach ihr ist der Präsident, der zugleich Regierungschef ist, sowie der Nationalkongress (158 Abgeordnete) auf vier Jahre direkt vom Volk gewählt.

Am 14.1.1986 übernahm der Christdemokrat *Vinicio Cerezo Arévalo* als erster demokratisch gewählter Präsident nach langer Militärherrschaft die Regierungsgeschäfte. Er wurde im Januar 1991 von *Jorge Serrano Elías* abgelöst. Als dieser durch einen „Putsch von oben" im Mai 1993 sogar den Rückhalt des Militärs verlor, wurde kurz darauf der ehemalige Menschenrechtsprokurator *Ramiro de León Carpio* im zweiten Wahlgang zum neuen Präsidenten gewählt. Bei Amtsantritt verfügte er zwar noch über kein politisches Programm, dennoch konnte er auf die Sympathie der Bevölkerung und großen Respekt im Ausland zählen. Doch auch *Ramiro de León Carpio* blieb hinter den in ihn gesetzten Erwartungen zurück, obwohl ihm ein großer Fortschritt innerhalb der Friedensverhandlungen zu verdanken war.

Die **demokratische Öffnung** des Landes 1984 begann nicht ohne Pakt mit dem Teufel. In der Regel ernennt und entlässt der Präsident laut Verfassung die Minister. Im Falle des Verteidigungsministeriums erzwingt das Militär auch heute noch die Berufung des Ministers aus ihren eigenen Reihen, was ihnen nicht nur ein Mitspracherecht, sondern auch wichtige Entscheidungsbefugnisse einräumt. So erkannte *Cerezo* stellvertretend für alle seine Nachfolger bei Amtsantritt ganz richtig, dass er zwar an der Regierung war, aber noch lange nicht an der Macht. Heute hat sich das Kräfteverhältnis zugunsten der Regierung verschoben.

Verwaltungsmäßig ist Guatemala in **22 Departemente** (Provinzen) aufgeteilt. Jedes Departement besitzt eine *Cabecera* (Hauptstadt), die an Größe und Bedeutung meist wenig Konkurrenz im Umkreis hat. Die Departemente wiederum sind unterteilt in bis zu 30 *Municipios,* die sich als Gebiete mit größter kultureller Homogenität verstehen, was Tracht, Sprache, *costumbres* und Wirtschaftsweise betrifft.

Innenpolitik

Am 29. Dezember 1996 unterzeichneten die Regierung (inkl. Militär) und die Guerilla nach jahrelangen Verhandlungen den **„endgültigen Friedensschluss".** Nach 36 Jahren bewaffneten Kampfes legte die URNG (vereinigte Guerilla) ihre Waffen nieder und verpflichtete sich wie die anderen Vertragspartner zur Mithilfe an der Umsetzung der elf Teilabkommen, die im Friedensvertrag festgeschrieben sind. Damit ging in Guatemala der längste Bürgerkrieg Mittelamerikas zu Ende. Am 25. Februar 1999 übergab die *Comisión para el Esclarecimiento Histórico,* CEH **(Wahrheitskommission),** die unter der Leitung des Berliner Völkerrechtsprofessors *Christian Tomuschat* die Menschenrechtsverletzungen während des bewaffneten Konflikts untersuchen sollte, dem guatemaltekischen Volk im Nationaltheater ihren Bericht. Ergebnis: 200.000 Menschen wurden während der Auseinandersetzungen getötet. 93 % der dokumentierten Fälle gehen auf das Konto der staatlichen Sicherheitskräfte, für 3% war die Guerilla verantwortlich. Bei den 626 Massakern und der Auslöschung von über 400 Dörfern waren 80 % der Opfer Indígenas, so dass sich das Militär besonders während der Jahre 1975 und 1982 des Genozids an der einheimischen Mayabevölkerung schuldig gemacht hat. Besonders grausam ging dabei der Geheimdienst G2 und der präsidiale Generalstab EMP vor. Eine Bestrafung der Täter wird es nicht geben. Das „Gesetz für die Nationale Versöhnung", das einem Amnestiegesetz gleichkommt, schließt die Strafverfolgung der Mörder praktisch aus. Es wird Generationen dauern, bis die Wunden dieses Krieges und dieser Verbrechen gegen die eigene Bevölkerung verheilt sind. Heute sind einige, doch noch längst nicht alle Abkommen des Friedensvertrages erfüllt.

Ein großes innenpolitisches Problem ist die **Straflosigkeit** (impunidad). Sie zieht sich wie ein roter Faden durch die Geschichte Guatemalas. Strukturelle Probleme und Korruption beherrschen das Justizwesen, in das kaum ein Guatemalteke Vertrauen hat. Abhilfe will der Oberste Gerichtshof (CSJ) als mächtigste Justizbehörde durch die Einrichtung von mehr Zivil-, Friedens- und mobilen Gerichten schaffen, da Fälle von Selbstjustiz enorm zugenommen haben. Die Schaffung einer funktionierenden Gerichtsbarkeit wird eines der größten politischen Aufgaben der nächsten Jahre sein.

Guatemala befindet sich **innenpolitisch** in einer Übergangsphase, an deren Ende Demokratie und Frieden stehen sollen. Ein schöner Gedanke, wären da nicht Armut, Arbeitslosigkeit, Landkonflikte, Kriminalität und Straflosigkeit, die Guatemala fest im Griff haben. Durch weitreichende Privatisierungsvorhaben, Einsparungen, Mehrwertsteuererhöhungen und Infrastrukturmaßnahmen versucht die Regierung, das Land zu modernisieren. Doch viele der Gründe für die gesellschaftliche Ungerechtigkeit in Guatemala liegen in seit Jahrhunderten festgefügten Strukturen, die nicht durch ein politisches Rechts oder Links gekennzeichnet sind, sondern durch ein wirtschaftliches Oben und Unten. So ist der Weg zu einer „multiethnischen, multikulturellen und vielsprachigen Gesellschaft" vor allem einer der wirtschaftlichen Veränderungen.

Außenpolitik

Die aggressive Einmischungspolitik der Nordamerikaner in Guatemala seit Ende des letzten Jahrhunderts verhinderte aktiv das Selbstbestimmungsrecht des Landes in außenpolitischen Fragen. Unterstützt wurde das Vorgehen der USA durch die Haltung der guatemaltekischen Präsidenten, die indirekt von der US-Regierung eingesetzt wurden.

Der 1984 eingeleitete Demokratisierungsprozess verhalf Guatemala zu einem neuen Image, das unter der Militärherrschaft negativ gelitten hatte. Das Ausland zeigte sich spendabel bei der Finanzierung der neuen Demokratie und anerkannte die Bemühungen der damaligen christdemokratischen Regierung auf ihrem neu eingeschlagenen Weg der „aktiven Neutralität".

Ex-Präsident *Cerezo* übernahm dabei eine Führer- und Vermittlerrolle innerhalb der zentralamerikanischen Friedensinitiativen. Ein respektabler Schritt nach vorne gelang ihm, als er die Präsidenten von Honduras, El Salvador, Nicaragua und Costa Rica im Mai 1986 und August 1987 in der guatemaltekischen Kleinstadt Esquipulas an einem Tisch zusammenbrachte. Dabei wurde als von Guatemala ausgehende Initiative der Vorschlag für ein Zentralamerikanisches Parlament in das Abkommen aufgenommen, das heute als PARLACEN existiert und in der Guatemala 20 Sitze zustehen.

Guatemala ist weiterhin an einer zentralamerikanischen Führungsrolle interessiert, die sich in einer Politik der guten Nachbarschaft ausdrückt. Von besonderer Bedeutung ist die Annäherung an den nordamerikanischen Markt, der als große Chance begriffen wird.

Rückschläge des neuen außenpolitischen Kurses musste *Cerezo* bei der Aufnahme diplomatischer Beziehungen mit dem Osten einstecken. Selbst eine geplante Aufführung des Moskauer Bolschoi-Balletts im Nationaltheater von Guatemala Ciudad musste einmal abgesagt werden, weil niemand für die Sicherheit der russischen Tänzer garantieren konnte. Auch wegen seiner neutralen Haltung gegenüber *Daniel Ortega* geriet *Cerezo* oft zwischen die Fronten.

Heute öffnet sich Guatemala zusehends Richtung Osten. 1998 wurden seit 1961 erstmals wieder diplomatische Beziehungen zu Kuba aufgenommen. Derzeit unterhält Guatemala in 40 Ländern der Erde eine Botschaft, einschließlich Kuba und Russland, während 50 Länder in Guatemala eine diplomatische Vertretung haben.

Der Regierung ist sehr daran gelegen, Guatemala als demokratisches Land wieder salonfähig zu machen. Durch den Friedensvertrag wurden die politischen Voraussetzungen dafür geschaffen. Die finanziellen übernimmt das Ausland: mit knapp 2 Milliarden US-Dollar könnte Guatemala den nationalen Aufbau nach den Vorgaben der Abkommen vorantreiben.

Die politischen Parteien

Politische Parteien spielten in Guatemala immer eine untergeordnete Rolle. Viele kommen und gehen. Da es lange Jahre nach Einführung der Demokratie keine echte Opposition gab, beschränkte sich ihre Funktion auf die Stabilisierung des herrschenden Systems und auf die Aufrechterhaltung einer demokratischen Fassade, hinter der sich das Militär als der wahre Machthaber im Land verbarg. Politik wurde in der Geschichte der Parteien meist als ein Geschäft betrachtet, das zum Vorteil einer kleinen gesellschaftlichen Gruppe betrieben wurde. Dennoch verfügt die Mehrheit der Parteien weder über ideologische Programme, noch haben sie sich als demokratische Volksvertreter bewährt. So sind die Auseinandersetzungen während des Wahlkampfes weniger parteiideologischer Natur als ein Kampf der Kandidaten, bei dem der politische Gegner, nicht aber der politische Zustand des Landes, das Feindbild abgibt. Da konnte es durchaus vorkommen, dass Präsidentschaftskandidaten mitten im Wahlkampf die Partei wechselten.

Nach dem geltenden Wahlgesetz muss eine Partei in mindestens 50 von 330 Municipios Guatemalas Parteiorganisationen nachweisen. Diese müssen 12 von 22 Departemente abdecken, um eine breite Streuung erkennen zu lassen. Außerdem muss sie bei den Wahlen mindestens 5 % der Stimmen erringen, sonst droht die Auflösung. 2001 gab es 14 eingetragene Parteien, von denen nur wenige eine langfristige Rolle im politischen Alltag Guatemalas spielen.

Die guatemaltekische Bevölkerung weiß um die politische Unfähigkeit der Parteien, die Bestechlichkeit ihrer Mitglieder und deren schlechte Arbeitsmoral. Kein Wunder also, dass von mehr als vier Millionen wahlberechtigter Guatemalteken nur 185.000 Mitglieder einer Partei sind und 55–65 % Wahlen fernbleiben.

Den ersten Präsidenten der jungen Demokratie stellte 1985 die **Democracia Cristiana – DC –** (Christdemokratische Partei). Besonders auf dem Land hat diese Partei ein großes Wählerpotenzial. Grund hierfür ist die tragende Rolle der Kirche in Guatemala. Die DC ist zwar noch immer im Kongress vertreten, hat aber an Einfluss stark verloren.

1955 war die DC mit einem extrem antikommunistischen Programm und einem bedingungslosen Ja zur Kirche angetreten, begann jedoch bald, oppositionelle Standpunkte zu vertreten und konnte im Laufe der Zeit durch die Basisarbeit der Priester auf dem Land einen gewissen Rückhalt in der Bevölkerung verbuchen. Doch musste sie bald erkennen, dass Reformwilligkeit in Guatemala einen langen Atem und Opfer erfordert und es deshalb von Vorteil ist, sich mit gewissen Teilen des Militärs und der Oligarchie zu verständigen. Die christdemokratische Regierungszeit Mitte der 1980er Jahre war von Korruptionsskandalen überschattet. Nichtsdestotrotz ist *Vinicio Cerezo* wieder auf der politischen Bühne aufgetaucht.

Während des Militärregimes von *Rios Montt* 1983 gründete der Zeitungsverleger (El Grafico) *Jorge Carpio Nicolle* die **Union del Centro Nacional – UCN –** (Nationale Zentrumspartei). Nach nur siebenmonatigem Bestehen gelang es dem populären *Carpio*, eine Oppositionspartei aufzubauen, die bei den Wahlen 1985 als schärfster Konkurrent der DC auftrat. Die Zentrumspartei war bis 1994 eine der stärksten Parteien im Kongress. Sie befindet sich jedoch seit der Ermordung ihres Führers *Carpio* im Juli 1993 in einer tiefen Krise. Es fehlt ihr noch immer an einer geeigneten Führungsperson. Dennoch hat sie im Kongress mehr Abgeordnete als die Christdemokraten, doch beide Parteien befinden sich derzeit in einem desolaten Zustand.

Eine der ältesten und bestorganisierten Parteien ist die dem guatemaltekischen Unternehmerverband CACIF nahestehende **Movimiento de Liberación Nacional – MLN –** (Bewegung der nationalen Befreiung). Sie fasste nach der Konterrevolution 1954 die ultrareaktionären Teile der guatemaltekischen Oligarchie zusammen und wurde viele Jahre von *Mario Sandoval Al-*

STAAT UND POLITIK

arcón angeführt. Die MLN brachte 1970 bzw. 1974 die Militärs *Manuel Arana Osorio* und *Kjell Laugerud García* an die Macht.

Die Partei des Präsidenten von 1995–1999 ist die 1985 gegründete **Partido de Avanzada Nacional – PAN –** (Partei des Nationalen Fortschritts). Die neoliberale PAN arbeitet traditionell mit dem Unternehmersektor zusammen und verfolgt ein ausgesprochen neoliberales Konzept. Preiserhöhungen, Privatisierungen, Schulden und nicht zuletzt der Regierungsstil haben der PAN 1999 den Wahlsieg gekostet. Sie präsentiert sich als Partei der gut ausgebildeten städtischen Eliten mit gemäßigten bürgerlich-konservativen Vorstellungen.

1990 wurde die **Frente Republicano Guatemalteco – FRG –** (Republikanische Front Guatemala) gegründet, deren Führer der ehemalige Diktator *General Efrain Rios Montt* ist. Ihre ultrarechten Positionen werden vor allem vom kleinbürgerlichen Lager um die Hauptstadt herum unterstützt, das sich von dem charismatischen Sektenführer *Montt* Ordnung und Ruhe erhofft. Er hatte versprochen, Verbrecher öffentlich hinrichten zu lassen. Mit überwältigender Mehrheit zog die FRG mit Präsident *Alfonso Portillo* als stärkste Partei in den Kongress ein. Doch schon nach wenigen Monaten Amtszeit erwies sich die Regierung als unfähig, so dass Skandale und Korruption heute wieder und immer noch das politische Geschäft kennzeichnen.

1999 vereinigten sich die ehemalige Guerilla-Partei **Unidad Revolucionaria Nacional Guatemalteca – URNG –** (Nationale Revolutionäre Einheit Guatemalas) und die als Partei der Nichtregierungsorganisationen bekannte **Partido Político Día – DÍA –** zu einem hoffnungsvollen Linksbündnis. Die sozialdemokratische **Alianza Nueva Nación – ANN –** (Allianz der Neuen Nation) zeichnet sich durch eine konsequente Gerechtigkeits- und Minderheitenpolitik aus und fordert die rasche Umsetzung der in den Friedensverträgen festgehaltenen Punkten. Noch sind sie dabei, ihre Strukturen aufzubauen und taktische Bündnisse zu suchen, aber ihre politische Glaubwürdigkeit und die Spaltung der PAN machte sie bei den letzten Wahlen zur zweitstärksten Partei im Kongress.

2002 wurde die **UNE** (Union Nacional de Esperanza) gegründet, unter dem Vorsitz des Ingenieurs und Maya-Priesters *Alvaro Colom*. Als dritte Kraft ging sie in die Wahlen 2003 und brachte ihren Kandidaten problemlos vor *Rios Montt* in den zweiten Wahlgang. Heute bildet sie eine starke Fraktion im Kongress und stellt den Kongresspräsidenten.

Gewonnen hat die Wahl 2003 die **Gran Alianza Nacional** (GANA), bestehend aus der neuen **Partida Patriota** unter Ex-General *Perez Molina*, **Partido Solidaridad Nacional** (PSN) unter *Eduard Stein* und der **Movimiento Reformador (MR)** unter dem ehemaligen CACIF-Vorsitzenden *Jorge Briz*. Nach Querelen wurde *Oscar Berger* der PAN abgeworben und konnte als erfolgreicher Kandidat gewonnen werden. Die **Partido Unionista** mit dem zurückgetretenen Bürgermeister der Hauptstadt, *Fritz Garcia Gallont*, konnte mit dem Ex-Präsidenten *Alvaro Arzu* immerhin das Bürgermeisteramt in Guatemala Stadt erringen.

Die Gewerkschaften

Guatemala erlebte mit der Einführung der Demokratie 1985 zum zweiten Mal in seiner Geschichte ein Aufkeimen der Gewerkschaftsbewegung. Während der demokratischen Jahre unter *Arévalo* und *Arbenz* 1945–54 waren schätzungsweise 10 % der Arbeiter organisiert und konnten ihrer Arbeit ungehindert nachgehen. Mit dem gewaltsamen Ende der demokratischen Ära begann der Leidensweg der guatemaltekischen Gewerkschaften, der seinen Höhepunkt 1980 mit der Liquidierung von 27 führenden Gewerkschaftern der **CNT (Central Nacional de Trabajadores)** erreichte.

Die Zahl der Gewerkschaften hatte unter *Cerezo* wieder zugenommen. Der damalige Arbeitsminister sah darin ein „deutliches Zeichen des Vertrauens", dennoch sind nur 3–6 % der erwerbstätigen Bevölkerung gewerkschaftlich organisiert. Noch immer ist die Angst vor Verfolgung, Denunzierung und illegale Verhaftungen extrem

Staat und Politik

hoch und reduziert somit den politischen Druck, den die Gewerkschaften ausüben könnten. Außerdem droht der Betrieb nicht selten mit der sofortigen Schließung, sobald sich die Beschäftigten organisieren.

Die Arbeiterführer wissen, dass gegenwärtig keine Gewerkschaft dazu in der Lage ist, die Interessen der Arbeiter gegen den Widerstand von Staat und Unternehmer zu vertreten. Ideologische Gespaltenheit der einzelen Arbeitervertretungen, Mangel an Professionalität und Ideen, Finanzschwächen und fehlende Beziehungen zu internationalen Organisationen haben zu einem Vertrauensverlust in die Gewerkschaftsarbeit geführt. Auch wenn 1997 nach fünf Jahren Kampf der erste Tarifvertrag zwischen Gewerkschaft und einem Veredelungsbetrieb (maquiladora s. Kapitel „Wirtschaft") unterschrieben wurde, muss die Bewegung über neue Strategien nachdenken, um Mitglieder zu gewinnen. Dieser Vertrag und der Kampf der Gewerkschafter auf den Bananenplantagen in der Provinz Izabal Ende der 1990er Jahre war ein Anfang.

Neben der **CGTG** (*Central General de Trabajadores de Guatemala*), die dem christdemokratischen Weltverband angehört und die sich auf gewerkschaftliche Aufgaben konzentriert, gibt es die **UNISTRAGUA** (*Unión Sindical de Trabajadores de Guatemala*), die auch eine gesellschaftliche Veränderung im Blick hat und eng mit den Volksbewegungen kooperiert. Sie gehört der USAP an, der Einheit für Gewerkschafts- und Volksaktionen, die seit 1988 kurzzeitig immer wieder große Teile der Bevölkerung mobilisieren konnte (Streiks, Aktionen, Demos). Die dritte wichtige Gewerkschaftsorganisation ist die bereits seit 1983 bestehende **CUSG** (*Confederación de Unidad Sindical de Guatemala*), die mit amerikanischer Hilfe entstand und auf internationaler Ebene dem Internationalen Bund Freier Gewerkschaften angehört. 1996 scheiterte ein kurzzeitiges Bündnis dieser drei großen Gewerkschaften (GAS) an innerer Zerstrittenheit, was die Bewegung allgemein kennzeichnet.

Die Zukunft der guatemaltekischen Demokratie wird wesentlich vom Erfolg der Arbeiterbewegung und Arbeitskämpfe abhängen. Das Protestpotenzial jedenfalls ist vorhanden. Noch immer werden zwei Drittel der guatemaltekischen Bevölkerung als arm bis extrem arm eingestuft, die Arbeitslosenzahl geht in die Millionen. An jedem 1. Mai demonstrieren Tausende von Menschen aus allen Teilen des Landes gegen Wirtschaftsmaßnahmen der Regierung, niedrige Löhne, steigende Lebenshaltungskosten, ungerechte Landverteilung und politische Repression. Dennoch wird es für die Gewerkschaft ein harter und steiniger Weg sein, das Vertrauen der Basis wiederzugewinnen und aus der gegenwärtigen Schwächephase herauszufinden.

Das System der Sicherheitskräfte

Um die Vergangenheit Guatemalas zu verstehen, ist es wichtig, das System der Sicherheitskräfte zu beleuchten, ohne deren Netz der 36 Jahre dauernde bewaffnete Konflikt im Land nicht möglich gewesen wäre.

Im Gegensatz zum sozialen Versorgungssystem ist das der Sicherheitskräfte, die mehr Unsicherheit als Sicherheit schaffen, im Land flächendeckend und lückenlos. Das Netz der Überwachung und Kontrolle der guatemaltekischen Bevölkerung ist engmaschig, und die Knotenpunkte des Systems sind bestens miteinander verbunden. Noch immer ist es so, dass die Sicherheitskräfte eine Art Immunität genießen und bei Verfahren gegen Mitglieder des Militärs oder der Polizei mit anderen Maßstäben geurteilt wird, als dies sonst der Fall ist. Der repressive Charakter des Militärs und die selbstherrlichen Wesenszüge der Polizei sind seit den Friedensverträgen noch nicht ganz verschwunden. Zu viele Schlüsselpositionen werden noch immer von den Repräsentanten der ehemaligen Terrorregimes besetzt, und es sieht so aus, als ob nur die Zeit sie überleben könnte.

Das Militär

Die guatemaltekische Armee galt nach Angaben der Amerikaner lange Zeit als die größte, am besten ausgerüstete und ausgebildete Armee in ganz Lateinamerika. Zu diesem Zustand hat die USA wesentlich beigetragen, ja, man kann sogar behaupten, ohne die ideologische und finanzielle Unterstützung der Nordamerikaner hätte Guatemala nicht jenen starken **Militärapparat** besessen, der 30 Jahre lang bis 1995 ein Drittel der ohnehin geringen Steuereinnahmen verschlang.

Nach offiziellen Angaben verfügt die guatemaltekische Armee derzeit über 31.000 Soldaten. Antiguerilla-Spezialeinheiten wie die Kaibiles und eine Reihe paramilitärischer Gruppen gehör(t)en zur Verstärkung. Die meisten dieser Gruppen entstanden in den 1960er Jahren als Antwort auf die Untergrundbewegung, welche in dieser Zeit aktiv wurde. Ihre Namen *Mano Blanco* („Weiße Hand") und *Ojo por Ojo* („Auge um Auge") stehen für Terror, Verschleppung, Folter und Mord. Gemeinsam mit der Armee verfolgten diese Truppen Ende der 1970er Jahre die „Politik der verbrannten Erde", die Guatemala in ein Massengrab verwandelte.

Unterstützt und unterhalten wurde das Militär Guatemalas auf vielfältige Weise. Nach dem Sturz *Arévalos* leiteten die USA massive Hilfsprogramme ein, die außer enormen Geldmittelbeträgen die systematische Einrichtung von militärischen Ausbildungslagern, eine sorgfältige technische Beratung und ideologisches Training sowie ausgedehnte Waffenverkäufe vorsahen. Nach offiziellen Angaben belief sich die Gesamtsumme der US-Militärhilfe von 1950–1981 auf ca. 75 Mio Dollar. Mitte der 1970er Jahre richteten die Amerikaner eine Militärakademie in

STAAT UND POLITIK

der Hauptstadt Guatemalas für 7 Mio Dollar ein, die als die bestausgerüstete Lateinamerikas galt.

Doch nicht nur die USA halfen beim Aufbau des guatemaltekischen Militärs. Südafrika, Chile, Argentinien und Israel teilten sich mit den Amerikanern diese Aufgabe. Insbesondere Israel, das auf wertvolle Erfahrungen aus den besetzten arabischen Gebieten zurückgreifen kann, war während der *Violencia* (Gewaltherrschaft) mit mehr als 300 Beratern im Land tätig und lieferte moderne EDV-Anlagen mit umfassenden Datenbanken. Europäische Staaten wie die Schweiz, Österreich und Belgien sprangen 1977 für die USA ein, als US-Präsident *Carter* wegen wiederholter **Menschenrechtsverletzungen** das Militärhilfeprogramm stark reduzierte und einen Lieferstopp für Waffen und Ausrüstung verhängte. *Ronald Reagan* und sein Nachfolger haben den Ausrutscher ihres demokratischen Kollegen wieder gutgemacht. Nachdem 1990 jedoch US-Bürger Opfer des Militärs wurden und die Armee Massaker an Indígenas verübte, wurde die finanzielle Hilfe abermals gestoppt und auf militärisches Training beschränkt.

Die Frage nach der Macht und Herrschaft des Militärs in Guatemala ist nicht nur in den Machtgelüsten einzelner Offiziere zu sehen. Die Unterdrückung des Volkes geht einher mit der Verteidigung handfester materieller Interessen des Militärs. Seit den 1950er Jahren hat sich der Anteil der Landbesitzer und Industriellen unter ihnen erheblich erhöht, so dass das Militär nicht mehr nur die Interessen anderer verteidigt, sondern selbst viel zu verlieren hatte. Die Folge war eine **„Oligarchisierung"** weiter Teile der Armee und die Verbürgerlichung ihrer Ideologie. Der Armee gehörten Sporteinrichtungen, ein Fernsehkanal, ein Supermarkt, eine Bank, eine Versicherung sowie Fabriken für die Herstellung von Munition und Fahrzeuge. Sie war und ist sozusagen ein Versorgungsapparat, wobei heute weniger die Aneignung von Ländereien im Vordergrund steht als vielmehr das Geschäft im Drogenhandel, Kunstraub, Autodiebstahl etc.

Anfang der 1980er Jahre wurde vom Militär eine neue Strategie zur Guerillaabwehr entwickelt, als sich das Volk zunehmend mit der Befreiungsbewegung solidarisierte: *Fusiles y Frijoles* („Gewehre und Bohnen") sah statt der rein militärischen Bekämpfung und physischen Vernichtung des Gegners die radikale Umgestaltung der sie unterstützenden Bevölkerung vor und wurde mit dem Aufbau „ländlicher Entwicklungszentren" gekoppelt. Diese „Modelldörfer" waren nichts anderes als Internierungslager, die unter der bewaffneten Kontrolle des Militärs standen.

Trotz demokratischer Verfassung seit 1985 war das Militär nach wie vor eine politische Kraft im Staat. Doch mit dem Wegfall der Guerilla durch die Friedensverträge wurde diese in der Tat geschmälert. Was die Armee an ihrem empfindlichsten Nerv trifft, ist das Abkommen zum Thema „Stärkung der zivilen Macht und Funktion der Armee in einer demokratischen Gesellschaft", das Regierung und Guerilla unterzeichnet haben. Danach soll die bisherige Zuständigkeit der Armee für die Aufrechterhaltung der inneren Sicherheit wegfallen. Nichtsdestotrotz kann sie aber vom Präsidenten vorübergehend zur Bekämpfung von Kriminalität und Drogenhandel eingesetzt werden – sollten andere Maßnahmen erschöpft sein. Das Militär jedenfalls hat schon heute trotz gelegentlicher Übergriffe in den Rückkehrergebieten an Schrecken im Inland und negativem Image im Ausland enorm verloren.

Ein weiterer Punkt der Friedensverträge ist die Beschränkung des militärischen Geheimdienstes G2 auf die in der Verfassung festgelegten Funktionen und die Auflösung der Mobilen Militärpolizei PMA, der ca. 5000 Mitglieder angehörten. Sie war 1965 unter *Enrique Peralta Azurdia* (1963–66) als paramilitärische Einheit zur Bekämpfung der Sympathisantenbewegung in den ländlichen Gebieten eingerichtet worden. Im Laufe der Jahre hatte sie sich als Elitetruppe etabliert, der heute zahlreiche Menschenrechtsverletzungen vorgeworfen werden.

Momentan befindet sich das Militär in einer finanziellen und ideologischen Krise. Krampfhaft sucht man nach einer neuen Aufgabe. Viele versuchen

---

Gestern floss der Verkehr,
heute hagelt es Bußgelder

Staat und Politik

ihr Glück der Politik – noch nie saßen im Kongress so viele Ex-Militärs wie heutzutage. Die derzeitige Regierung treibt den Abbau des Militärapparates, der mit den Friedensverträgen eingesetzt hat, weiter voran. 2004 wurden drei Basen geschlossen, künftig sollen nur noch 12 operieren, davon sechs in der Hauptstadt. Die Streitkräfte werden weiter reduziert (von 27.000 auf 15.000 Mann). Ein Heer von arbeitslosen Militärs: eine nicht ganz ungefährliche Situation für Guatemala ...

Die Polizei

Eine der dringlichsten Aufgaben im Zuge der Demokratisierung Guatemalas ist die Reform der Polizei. Lange Jahre Handlanger der politischen Macht und bis in die untersten Bereiche hinein von Korruption und Willkür geprägt, wurde sie Ende der 1990er Jahre völlig neu strukturiert. Sie selbst profitiert von der personellen und finanziellen Abrüstung des Militärs.

Die neue **Zivile Nationalpolizei (PNC)** wurde am 29. Januar 1997 ins Leben gerufen. Sie muss per Gesetz einen multiethnischen, multikulturellen und vielsprachigen Charakter erhalten. Da die guatemaltekische Polizei einen schlechten Ruf im Land besitzt, wurde die erste „Rundumerneuerung" von der spanischen Guardia Cicvil übernommen. Außerdem soll das demokratische Bewusstsein der Bediensteten gestärkt werden. Rund 15.000 Polizisten der neuen PNC sollen zukünftig in allen Provinzen im Einsatz sein.

Erstmals in Guatemala gibt es eine Verkehrspolizei, die **Policía Municipal del Tránsito (PMT)**. Die Mitglieder erhielten eine spezielle Ausbildung, die neben der Erlernung der Gesetze und Verkehrsregeln auch den Umgang mit der Bevölkerung beinhaltete. Heute kontrolliert die PMT Guatemalas Straßen und sorgt für mehr Sicherheit.

Die **Tourismuspolizei** soll wegen der anhaltenden Sicherheitsdefizite von 325 auf 800 Personen aufgestockt werden.

Patrullas de Autodefensa Civil (PAC)

Als Anfang der 1980er Jahre unter *Rios Montt* mit dem Wiederaufbau der zerstörten Dörfer begonnen wurde, entstanden die ersten „Patrouillen für zivile Selbstverteidigung". Diese als eine Art ländliche Bürgerwehr getarnte zivile Organisation hatte die Aufgabe, ihre nähere Umgebung zu beobachten und „Subversivos" der Armee zu überstellen. Das Militär machte sich dabei die genaue Orts- und Personenkenntnis der Landbevölkerung zunutze. Offiziell war der Dienst freiwillig, doch wer sich wehrte, musste mit Verfolgung und Repression rechnen. Die Gewehre wurden vom Militär gestellt. Damit begann ein Teufelskreis der Kriminalität, denn von nun an war die Zivilbevölkerung bewaffnet. Der versprochene Lohn wurde nie ausbezahlt, was die Ex-PACs erboste und sie 2002 auf die Straßen trieb. 2003 begann die Regierung mit einer Teilzahlung der ausstehenden Saläre, doch fehlten die Ressourcen für eine komplette Auszahlung. Der neue Präsident *Berger* hat keine andere Wahl, als die Versprechen einzulösen, wann immer es möglich ist. Mittlerweile haben die Ex-Patrulleros ihre Vertreter im Kongress.

Revolutionäre Basisbewegungen gestern und heute

Die Unterzeichnung des „endgültigen Friedens" am 29. Dezember 1996 bedeutete das Ende des bewaffneten Kampfes. 36 Jahre existierte die Guerilla in Guatemala, so lange wie in keinem anderen mittelamerikanischen Land. Ihr Kampf war gerecht, wenn auch nicht immer die Mittel. Die nächsten Jahre werden zeigen, ob der Widerstand sich gelohnt hat, denn die Einhaltung und Umsetzung der Abkommen, unter die Regierung und Guerilla ihre Unterschriften gesetzt haben, werden entscheidend sein auf dem demokratischen Weg, für den Guatemala sich entschieden hat. Die ehemalige Guerilla will daran teilhaben. Als institutionalisierte Kraft ist sie nun vom bewaffneten zum politischen Kampf übergetreten. Die guatemaltekische Guerilla war eine große Kraft im Land und hat eine lange, wechselvolle Geschichte.

Die Guerilla

Die erste guatemaltekische Guerillabewegung entstand 1960, als ein Putschversuch vorwiegend junger Offiziere gegen das damalige Ydígoras-Regime scheiterte. Damals gründeten die Führer der Guerilla, *Yon Sosa* („El Chino") und *Turcios Lima* in Erinnerung an den Tag des Aufstandes die **Movimiento Revolucionario 13 de Noviembre, MR 13** (Revolutionäre Bewegung 13. November), die vor allem in der Sierra de Las Minas operierte. Nachdem sich auch die guatemalteki-

Staat und Politik

sche Arbeiterpartei **PGT** für den bewaffneten Kampf aussprach, kam es im Dezember 1962 zu einem Zusammenschluss dieser Kräfte und zur Gründung der **Fuerza Armada Rebelde, FAR** (Aufständische Streitkräfte).

Polititische Uneinigkeit, militärische Unerfahrenheit, Disziplinlosigkeit und Verrat führten bald zu Spannungen in der FAR. Als die Gruppe um *Yon Sosa* mit dem Trotzkismus sympathisierte, kam es zur Spaltung der einstigen MR 13. 1965 gründete die revolutionäre Kampftruppe unter *Turcios Lima*, **Frente Guerillero Edgar Ibarra (FGEI)**, zusammen mit der PGT und der kommunistischen Parteijugend eine neue FAR.

Ein Jahr darauf wurden Neuwahlen ausgeschrieben, die die Militärjunta auf Betreiben der USA, der an einer demokratischen Fassade gelegen war, durchführte. Mit dem Juristen *Méndez Montenegro* bot sich ein Zivilist als idealer Kandidat an. Zu diesem Zeitpunkt zählte die Guerilla ca. 500 kämpfende Mitglieder, die schwerpunktmäßig im Nordosten des Landes (Izabal und Zacapa) operierten, jedoch noch ohne größeren Rückhalt aus der Landbevölkerung.

Die Aussicht auf die versprochene „demokratische Öffnung" der neuen Regierung führte zu unterschiedlichen Einschätzungen der Situation innerhalb der FAR. Große Teile der Guerillabewegung schlossen sich einem Waffenstillstandsabkommen an, was den internen Auflösungsprozess beschleunigte. Am Vorabend der Wahl Montenegros im Mai 1966 wurden 27 Führungsmitglieder der PGT verhaftet, gefoltert und ermordet. Gleichzeitig wurde die Bevölkerung im Rahmen des Counterinsurgency-Programms zunehmend Opfer eines brutal geführten Anti-Guerillakampfes.

Als am 2. Oktober 1966 *Turcios Lima*, der entschlossenste Guerillero, bei einem Autounfall ums Leben kam, zerbrach der organisierte Widerstand, deren Offensiven nur noch die Gewalt und Repression der Gegenseite zu steigern vermochte. Ein Jahr später hatte die guatemaltekische Guerilla als landesweite Organisation praktisch zu existieren aufgehört.

Es gibt viele Gründe, warum die Guerilla über ihre Anfänge erst einmal nicht hinauskam. Der vielleicht entscheidende Fehler lag in der kritiklosen Übernahme des kubanischen Guerillakonzeptes. Die Guerilla übersah, dass eine Basis nur dann revolutioniert werden kann, wenn sie mit der Idee des Befreiungskampfes vertraut gemacht und die Kommunikation durch praktische Solidarität ergänzt wird.

Das bedeutete nichts anderes, als dass die Guerilla zunächst lernen musste, unter den gleichen schwierigen Bedingungen wie die Campesinos zu leben, deren Kultur und Wertvorstellungen kennen zu lernen sowie ihre Solidarität durch Ernteeinsätze, Arzneimittelversorgung und Ähnliches zu beweisen. Über die harte und entbehrungsreiche Zeit der Aufbauarbeit Ende der 1960er und Anfang der 70er Jahre berichtet der Guerillero *Mario Payeras* eindrücklich in seinem Buch „Wie in der Nacht die Morgenröte".

STAAT UND POLITIK

In den 1970er Jahren kam es dann nach langjähriger Pause unter der Regierung *Arana Osorio* zu einer neuen Phase des bewaffneten Kampfes. Vier große Organisationen traten an. Das **Ejército Guerillero de los Pobres, EGP** (Guerillaheer der Armen), wurde 1972 gegründet und trat drei Jahre später zum ersten Mal mit Aktionen an die Öffentlichkeit. Unter ihrem Mitbegründer *Mario Payeras* gelang dem Guerillaheer 1975 eine der spektakulärsten Hinrichtungen, die des „Jaguars von Ixcán", *Luis Arenas*. Dieser reiche Großgrundbesitzer war wegen seiner Grausamkeit gegenüber den Indígenas berüchtigt. Zu dieser Zeit kämpfte die Gruppe vor allem in den Provinzen El Quiché und Alta Verapaz, später dann im gesamten zentralen Hochland bis zur Pazifikküste. Am 7. Oktober 1979, dem 12. Todestag *Che Guevaras,* entführte das EGP einen Verwandten des amtierenden Präsidenten *Romeo Lucas García* und ließ sich von der millionenschweren Familie den Abdruck eines „Internationalen Manifestes" bezahlen, die das Grundrecht des Volkes einklagt, die Macht in seine Hände zu nehmen. Über das Leben in der EGP in den Jahren 1981 und 1982 berichtet das Buch von *Nicolas Andersen* (Pseudonym) „Guatemala, Escuela Revolucionaria de Nuevos Hombres".

Eine zweite Guerillatruppe trat 1979 nach acht Jahren unentdeckter Aufbauarbeit in den Provinzen San Marcos und Sololá in Erscheinung. Die **Organicación del Pueblo en Armas,**

Staat und Politik

ORPA (Organisation des Volkes in Waffen), nutzte ihre Arbeit im Untergrund, um die Landbevölkerung ideologisch auf den Widerstand vorzubereiten. Dazu gehörte der Entwurf von Geschichts- und Geographiebüchern sowie Unterricht im Lesen und Schreiben der Mayasprachen. Ihrem politischen Ziel entsprechend, vor allem die indigene Bevölkerung als Basis der Revolution zu gewinnen, machte der Indígena-Anteil ca. 80 % ihrer Kampfkraft aus. Kommandant der ORPA war kein Geringerer als *Gaspar Ilom,* der mit richtigem Namen *Rodrigo Asturias* heißt und der Sohn des berühmtesten guatemaltekischen Schriftstellers und Literaturnobelpreisträgers *Miguel Ángel Asturias* ist.

Die dritte Guerilla-Organisation war die **Fuerzas Armadas Rebelde, FAR** (Aufständischen Streitkräfte), die sich durch die Integration christlicher Gewerkschaftler prinzipiell von der alten FAR unterschied. Ende der 1970er Jahre operierten sie vor allem im Petén und an der Pazifikküste. Die *FAR* entführte 1979 den amerikanischen Botschafter *Sean M. Holly,* ließ ihn jedoch nach 39 Stunden wieder frei.

Die vierte Gruppe umfasste den revolutionären Kern der Kommunistischen Partei PGT, der sich erst im April 1982 für den bewaffneten Kampf entschied. Ihren Zulauf erhielt die PGT vorwiegend von Studenten und Arbeitern aus der Hauptstadt.

Am 9. Februar 1982 gründeten die vier politisch-militärischen Befreiungsorganisationen, die bereits seit Oktober 1980 in einem „Revolutionären Viererbündnis" ihre Arbeit koordiniert hatten, die **Unidad Revolucionaria Nacional Guatemalteca, URNG** (Nationale Revolutionäre Einheit Guatemalas). In einem Fünf-Punkte-Programm legten sie die Ziele der zukünftigen Volksregierung fest, die das Recht auf Freiheit und Unversehrtheit, Wohlstand, Gleichberechtigung und politische Blockfreiheit garantieren sollte.

Von der Guerilla gesprengte Brücke, 1989

Rodrigo Asturias, Ex-Comandante der Guerilla und 2003 Präsidentschaftskandidat der Ex-Guerillapartei URNG

Staat und Politik

Nahezu 30 Jahre Bürgerkrieg in Zentralamerika haben die mittelamerikanischen Präsidenten auf dem Friedensgipfel von Esquipulas II am 7. August 1987 dazu bewogen, einen Nationalen Dialog in Gang zu setzen. Aus diesem Anlass wurde im September desselben Jahres für Guatemala die **Comisión Nacional de Reconciliación, CNR** (Nationale Versöhnungskommission), gegründet. Diese Komission sollte Lösungsvorschläge für ein Einvernehmen aller an sozialen, wirtschaftlichen und politischen Themen beteiligten Gruppen ausarbeiten.

Zwischen der CNR und der URNG gab es zwar regelmäßige Gespräche, doch solange das Militär von der URNG die bedingungslose Niederlegung aller Waffen verlangte, wurden nie mehr als befristete Waffenstillstände ausgehandelt. Im Gegenzug forderte die Guerilla die Einsetzung einer „Wahrheitskommission", die sämtliche Gewalttaten der Armee aufklären sollte. Klar, dass weder Regierung noch Militär ein Interesse an einer detaillierten Untersuchung hatten. Die guatemaltekische Öffentlichkeit verfolgte die Verhandlungen mit großem Interesse. Doch nennenswerte Ergebnisse ließen lange auf sich warten, und man musste davon ausgehen, dass die Friedensgespräche bewusst verschleppt wurden. Erst ein Jahrzehnt nach Esquipulas II sollte man den endgültigen Friedensvertrag unterschreiben.

Die Gründe, warum die Guerilla trotz gleichbleibender Ungerechtigkeiten im Land in den letzten zehn Jahren ihres Bestehens nicht mehr Unterstützung erfuhr, wird heute verschieden beantwortet. Nach 1985 sah sich die Guerilla nicht mehr einer Militärregierung gegenüber, sondern gewählten, zivilen Christdemokraten. Zwar ging die Aufstandsbekämpfung durch das Militär weiter, aber der Terror, der die frühen 1980er Jahre beherrschte, wurde auf einer „niedrigeren Intensität" fortgeführt. Gleichzeitig wurde in ersten Gesprächen der Contadora-Initiative der Frieden diskutiert. Die politische Richtung steuerte auf eine allgemeine Demokratisierung, was die Guerilla nicht nur international isolierte, da sie an ihrem Ziel der bewaffneten Übernahme der politischen Macht festhielt, sondern sie auch uninteressant für nationale Bündnispartner machte. Und das Volk, für dessen Interessen die letztlich nur noch 3000–4000 Mann/Frau starke Bewegung kämpfte, hatte bereits zu viele Verluste hinnehmen müssen. Daneben litt die Guerilla unter einer chronisch schlechten Versorgung. Während der letzten Jahre ihres Kampfes erhob sie ein *Impusteo de guerra*, eine so genannte (kleine) Kriegssteuer, vorzugsweise von Autofahrern, die sie auf der Straße anhielt.

Für die Nachrichtenverbreitung benutzte die Guerilla die Presseagentur *CERIGUA* sowie den Guerillasender *Voz Popular* auf Kurzwelle. Außerdem veröffentlichte sie regelmäßig Anzeigen in den Tageszeitungen *El Grafico, Prensa Libre* und *La Hora,* wo die vier Kommandanten der URNG die Öffentlichkeit über ihre Einschätzungen, Ziele und Forderungen informierten.

Nach der großen Demobilisierung 1997, die von der UN überwacht wurde, hatte sich die Ex-Guerilla drei Ziele gesetzt: Wiedereingliederung ins zivile Leben, Suche nach politischen Bündnissen und Allianzen und die Errichtung einer eigenen Partei. Letzteres ist mit der unter dem alten Namen angetretenen URNG bereits geschehen.

CONIC

Ins Jahr 1993 fällt die Gründung der *Coordinación Nacional Indígena Campesina (CONIC)*. Die „Nationale Indígena- und Bauernkoordination", die sich aufgrund interner Probleme vom CUC abgespalten hat und vor allem aus den Landbesetzungen heraus entstand, ist ein breiter, unabhängiger Zusammenschluss von Basisbewegungen auf dem Land, der in den letzten Jahren einen starken Zulauf erfahren hat. Ihre Führung ist professionell und ihre Hilfen sind umfassend. Ins Programm geschrieben haben sie sich die Respektierung von Menschenrechten, den Kampf um bessere Arbeitsbedingungen, die Anhebung der Mindestlöhne und die Organisation und Solidarisierung innerhalb der Dorfgemeinschaften. Zentrales Thema ist allerdings die Wiedergewinnung des verloren gegangenen Landes und die Unterstützung derjenigen, die sich über Landbesetzungen oder Einklage ihr Recht zurückholen wollen. CONIC ist in über 148 Gemeinden tätig.

Grupo de Apoyo Mutuo (GAM)

Neun Frauen erhoben im Mai 1984 öffentlich Protest gegen die Verschleppung ihrer Angehörigen und riefen die *Grupo de Apoyo Mutuo, GAM* (Gruppe zur gegenseitigen Unterstützung), ins Leben, an der sich kurz darauf 600 Familien beteiligten. Nach dem Vorbild der argentinischen Mütter von der Plaza del Mayo forderten auch die guatemaltekischen Frauen: „Lebend habt ihr sie uns genommen, lebend wollen wir sie zurück!" Trotz Versprechungen der Regierung zur Aufklärung über das Schicksal der Verschwundenen bekam bisher keine der Frauen ihren Sohn, Mann oder Bruder zurück; zumindest nicht lebend. Die GAM ist inzwischen eine der bedeutendsten demokratischen Bewegungen in Guatemala und eine international bekannte Menschenrechtsgruppe.

Obwohl die Bedrohung der Mitglieder und ihrer Angehörigen noch immer sehr akut ist, kämpft die GAM gegen das ihnen zugefügte Unrecht und die Straffreiheit *(impunidad)* für diejenigen, die in den 1980er Jahren und heute an Entführungen, Folter und Mord beteiligt waren und sind. Der Erhalt des „historischen Gedächtnisses" ist laut GAM gerade nach dem Friedensschluss eine ihrer herausragendsten Aufgaben.

CONAVIGUA

1988 gründete eine kleine Gruppe von Frauen in der katholischen Kirche von Chichicastenango die Vereinigung der „Nationalen Witwenkoordination Guatemala", *Coordinadora Nacional de Viudas de Guatemala (CONAVIGUA)*. Die Frauen hatten ihre Männer während der Militärherrschaft in den 1970er und 80er Jahren durch Verschleppung, Folter und Mord verloren. Von den geschätzten 50.000 Witwen des Landes sind heute ca. 15.000 bei CONAVIGUA organisiert, so dass diese nicht nur die erste, sondern auch größte oppositionelle Frauenbewegung Guatemalas ist. Ihre international bekannte und anerkannte Vertreterin ist *Rosalina Tuyuc,* eine Indígena, die es 1995–1999 bis in den Abgeordnetenkongress schaffte. CONAVIGUA kämpft wie die GAM noch immer unter großen Risiken für ihre Ziele. Den Witwen geht es vor allem um die Aufklärung der begangenen Verbrechen und um eine Verbesserung der Situation aller Indígena-Frauen auf dem Land sowie um die allgemeine Respektierung der Menschenrechte. Heute zeigt sich die Organisation gespalten.

Comité de Unidad Campesina (CUC)

Das 1978 gegründete *Comité de Unidad Campesina, CUC* (Komitee der Bauerneinheit), vertritt die Interessen der Bauern und Landarbeiter. Es gelang diesem Komitee innerhalb kürzester Zeit, bis zu 300.000 Menschen zu mobilisieren. Das CUC hat sich zur Aufgabe gemacht, die Arbeitsbedingungen und Löhne der Landarbeiter auf den Fincas zu verbessern, Aktionen wie Streiks und Landbesetzungen vorzubereiten und den Kampf für allgemeine demokratische Rechte voranzutreiben. In den Jahren 1980 und 1981 organisierte das CUC die größten Landarbeiterstreiks in der Geschichte Guatemalas. 80.000 Plantagenarbeiter legten während 17 Tagen in der Erntezeit die Arbeit nieder und erzwangen Lohnerhöhungen um das Dreifache des fixierten Tagesminimallohnes.

Internationales Aufsehen erregte im Januar 1980 die Besetzung der spanischen Botschaft in der Hauptstadt. Bei der brutalen Erstürmung kamen mehr als 30 Menschen ums Leben, darunter *Rigoberta Menchús* Vater.

Im CUC sind vor allem Indígenas organisiert. Eine Besonderheit ist die große Beteiligung der Frauen. Die Friedensnobelpreisträgerin und Repräsentantin des CUC, *Rigoberta Menchú,* berichtet in ihrem Buch „Leben in Guatemala" ausführlich über die Mitarbeit und das Selbstverständnis der Frauen im CUC. Sie ist davon überzeugt, „dass wir unsere Probleme selbst angehen müssen und nicht jemanden bitten dürfen, es für uns zu tun, weil das eine Lüge ist. Niemand wird unsere Probleme lösen, und das Beispiel für dieses Bewusstsein sind gerade die Compañeras Indígenas, die politische Klarheit besitzen und Führungspositionen in der Organisation haben."

Die geheimen Dörfer im Widerstand

Als Antwort auf die „Politik der verbrannten Erde" gab es seit 1982 die „geheimen Dörfer im Widerstand", *Comunidades de Población en Resistencia (CPR).* Sie waren so organisiert, dass bei einem möglichen Vorrücken der Armee das gesamte Dorf seine Habe schnell einpacken und die Be-

Huelga de Dolores

Einmal im Jahr, vier Wochen vor Ostern, geistert ein tanzendes Skelett durch Guatemala. „La Chabela" ist die Symbolgestalt des alljährlichen Studentenstreiks, den die Studenten und Studentinnen der San Carlos Universität in Anlehnung an den Viernes de Dolores (Karfreitag) *Huelga de Dolores* (Schmerzensstreik) nennen. Während dieser Zeit ziehen in lila Gewänder vermummte Studenten durch die Stadt und erregen mit ihrem *desfile bufo*, dem Umzug, öffentliche Aufmerksamkeit. Sie tragen Politikerfratzen aus Pappmaché auf ihren Schultern durch die Straßen, verteilen „subversive" Flugblätter an Passanten, sammeln Spenden, legen den Autoverkehr durch quergelegte Nagelbretter lahm und veranstalten politische Theaterabende in der Hauptstadt und in Quetzaltenango.

Die Geschichte des „Huelga de Dolores" begann 1898 unter der Diktatur *Estrada Cabreras* und wurde im Untergrund von Medizin- und Jurastudenten der USAC ins Leben gerufen. Die erste Nummer der Zeitschrift „No nos tientes" („Führe uns nicht in Versuchung"), erschien, Kampflieder entstanden, doch erst 1922 gingen die Studenten mit ihrem Protest auf die Straße. Damals gehörte auch *Miguel Ángel Asturias* dem Organisationskomitee des Streiks an. Die Mitgliedschaft und die Mitwirkung beim „Huelga de Dolores" war gefährlich. Viele der Studenten und Studentinnen wurden in den darauffolgenden Jahren verschleppt, gefoltert, ermordet. Dennoch wurden die Protestmärsche mit ihren Plakaten, Figuren und Sprüchen entsprechend der herrschenden Politik immer aggressiver, zynischer und obszöner. Die Solidarität der Bevölkerung wirkte dagegen als eine Art Schutzschild bei öffentlichen Auftritten, so dass sich Regierung und Militär gezwungen sahen, still zu halten, wollten sie nicht ein Blutbad provozieren. Heute hat sich der „Huelga de Dolores" schon fast institutionalisiert und wird als traditionelle Veranstaltung geduldet, ja ist sogar 2001 vom Präsidenten finanziell subventioniert worden, was zur Bildung eines Subkomitees führte, das den Ausverkauf der Huelga anprangert.

Das studentische *Honorable Comite* (ehrenwerte Komite) stellt jedes Jahr ein fantasievolles Abendprogramm auf die Beine. Untergrund-Theater, politisches Kabarett und linke Liedermacher gehören ebenso zum Programm wie rebellische Kampfansagen an den US-Imperialismus und Solidaritätserklärungen mit den Unterdrückten im eigenen Land. Die Veranstaltung der Studenten ist regelmäßig ausverkauft. Die Eintrittskarte kostet 1 Quetzal plus ein Pfund Zucker, Mais oder Bohnen, das an die Landbevölkerung verteilt wird.

Straßenaktion: Vermummte Studenten legen mit Nagelbrettern den Verkehr lahm

wohner in die Wälder flüchten konnten. Hauptinteresse der Armee war es, die Äcker der Widerständler ausfindig zu machen und ihre Ernte zu zerstören oder zu beschlagnahmen.

Auch unter den demokratischen Regierungen gingen die Verfolgungen der Bewohner der Geheimen Dörfer im Widerstand weiter, wie die Offensive von September 1987 bis März 1988 beweist, als viele Indígenas durch Luftangriffe starben und Tausende von ihnen gefangengenommen wurden.

Ein hoffnungsvoller Neuanfang für die Widerstandsdörfer wurde im Ixcán (Dept. Quiché) gemacht, wo 1996 150 Familien nach mehr als 14 Jahren Flucht und Vertreibung Land zur endgültigen Besiedlung zugeteilt wurde.

Weitere, nicht weniger bedeutende **Basisbewegungen** sind u.a. *CERJ* (Rat der ethnischen Gemeinschaften), die sich für die Menschenrechte stark machen, *CONDEG,* die sich der Rechte von Flüchtlingen und Vertriebenen annehmen, *Majawil Q'ij,* die als „Neuer Tagesanbruch" für eine kulturelle Selbstbestimmung kämpfen, sowie etliche, die aus der Abspaltung alter Basisgruppen hervorgegangen sind, wie etwa *FAMDEGUA*, in der sich die Angehörigen von Verschwundenen organisiert haben, oder als Dachverband indigener Gruppen die Interessen koordinieren wie *COMG*, der Rat der Maya-Organisationen, *CONDEG*, der Nationalrat der Vertriebenen Guatemalas, und *CNOC*. Die Anzahl der Gruppen und Volksorganisationen lässt bereits erahnen, wie sehr sich das Selbstverständnis von Oppositionellen und Mayabevölkerung verändert hat. Rechte werden eingeklagt, Forderungen artikuliert und Öffentlichkeit gesucht. Grundsätzlich kämpfen heute viele Basisbewegungen um die Nähe oder Distanz zur URNG. Dadurch entstehen interne Konflikte und Spaltungen. Mehr im Kapitel Kultur über „Widerstand und Selbstbewusstsein" innerhalb der indigenen Kultur.

Wirtschaft

„Unser Land ist gefangen in einem Teufelskreis permanenter Verhandlungen, die weder eine Vision noch Problemlösungen hervorbringen". Der Grund dieser Einschätzung eines guatemaltekischen Wirtschaftswissenschaftlers liegt in der Vielfalt meist sich widersprechender Interessen und im Opportunismus der Politiker, wenn es um die Wirtschaft des Landes geht. Schon immer hatte die guatemaltekische Wirtschaftspolitik auf die Forderungen, Ansprüche und Interessen eines kleinen und privilegierten Teils der Gesellschaft Rücksicht nehmen müssen, der im Besitz der ökonomischen Macht des Landes ist. So entdecken wir in Guatemala die Monopolstellung einer kleinen Gruppe, die die gesamte nationale Finanzwirtschaft dominiert. Dies fällt umso leichter, je unmittelbarer Präsidenten, Militärs und Politiker selbst einen Teil dieser Oligarchie darstellen. Mit der Einführung der Demokratie und einer neuen Verfassung 1985 verpflichtete sich die Regierung, **Wirtschaftspolitik** mit Sozialpolitik zu verbinden. Sie stand damit nicht nur vor einem politischen Problem, sondern gleichzeitig vor einem ideologischen, nämlich Guatemalas großmächtigem Unternehmerverband CACIF begreiflich zu machen, dass der Besitz von Produktionsmitteln und Kapital auch sozial verpflichtet. Wahrhaftig eine der schmerzhaftesten Lektionen für die Privatwirtschaft des Landes, die bisher auf alle Lohn- und Steuererhebungen mit einer Weltuntergangsstimmung reagiert hat und damit einen wirtschaftlichen Strukturwandel bis heute verhindert. Guatemala weist seit jeher eine negative Handelsbilanz auf. Seit Jahren werden mehr Produkte importiert (2003 für 6,2 Mrd. US$) als exportiert (2003 für 2,4 Mrd. US$).

Allgemeiner Überblick

Guatemalas Wirtschaft ist abhängig von seiner **Exportproduktion.** Die Landwirtschaft erwirtschaftet allein rund 50 % des Exportvolumens. Wegen des niedrigen Preises ist Kaffee mit 12 % Anteil am Export auf die Hälfte geschrumpft (2000 noch 21 %), während Zucker und Bananen mit je 8 % deutlich zunahmen. Neu sind chemische Produkte mit beinahe 12 % an vorderster Stelle anzutreffen. Von den anderen so genannten „nicht traditionellen Produkten" nehmen z. B. Nahrungsmittel beinahe 10 % ein, Erdöl 8 % und Baumaterial 4 %.

Die Entwicklung des industriellen Sektors wird durch den schwachen heimischen Markt gebremst. Niedrige Löhne, Inflation und steigende Lebenshaltungskosten hemmen die Kaufkraft der Guatemalteken. So sind während der letzten 20 Jahre die Preise für Grundnahrungsmittel um 850 % gestiegen, während die Mindestlöhne nur um 470 % erhöht wurden. Politische Instabilität und Bürgerkrieg in den 1970er und 80er Jahren bewirkte eine Kapitalflucht, die das Land um Jahre zurückwarf. Die verarbeitende Industrie gehört mit der Nahrungs- und Genussmittelproduktion sowie der Textilverarbeitung zu den wichtigsten Zweigen. Insgesamt trägt die Industrie etwa 20 % zum Bruttoinlandsprodukt bei und beschäftigt 13,5 % der Arbeitskräfte im Land. Allgemein wuchs das BIP inflationsbereinigt um ca. 2 % seit Mitte der 1980er Jahre. Dennoch ist ein stetiger Produktionsrückgang der guatemaltekischen Wirtschaft zu verzeichnen, der besonders von der Zurückhaltung bezüglich Investitionen herrührt.

Zweitwichtigster Wirtschaftszweig ist der **Tourismus.** Mit nicht ganz 900.000 Besuchern konnte die Millionengrenze aber noch immer nicht überschritten werden; dies soll nun mit neuen Hafenanlegestellen für große Kreuzfahrtschiffe erreicht werden.

Die wichtigsten **Außenhandelspartner** Guatemalas sind dank des erfolgreich umgesetzten PPP (Plan Puebla Panamá, Förderung des Warenaustausches in der seit Entstehen des Nordamerikanischen Freihandelsabkommens zwischen Kanada, USA und Mexiko benachteiligten Region zwischen Puebla und Panamá) die zentralamerikanischen Staaten mit 38 % des Exportvolumens, gefolgt von den USA mit 34%. Etwa 6% des Warentausches erfolgt mit der Europäischen Union, davon wiederum die Hälfte mit Spanien und Deutschland. Des Weiteren Mexiko sowie Japan und Saudi-Arabien, die einen großen Teil der Kardamom-Ausfuhr beziehen.

Auch die deutschen Importe legen mit jedem Jahr zu. Allen voran Maschinen, chemische Erzeugnisse, Elektrotechnik, Eisenwaren und Fahrzeuge. Guatemala selbst rangiert nach der deutschen Außenhandelsstatistik beim Gesamtumsatz jedoch nur auf dem 89. Platz! Das beliebteste Einfuhrprodukt ist nach wie vor der Kaffee.

Aus den USA erhält Guatemala rund 35% aller importierten Waren, gefolgt von den EU-Ländern (13%) und 11,2% aus den MCAC-Ländern (Zentralam. Markt). An der Spitze der Einfuhrgüter stehen Rohstoffe und Halbwaren (ein Drittel), gefolgt von Konsum- und Investitionsgütern (ein Viertel).

Trotz eines Wirtschaftswachstums von durchschnittlich 3 % jährlich hat sich die wirtschaftliche Situation des „kleinen Guatemalteken" nicht verbessert. Das **Pro-Kopf-Einkommen** der letzten Jahre ist kontinuierlich gesunken. Der gesetzliche Mindestlohn in Guatemala beträgt in der Landwirtschaft derzeit 27 Q pro Tag, in den anderen Wirtschaftsbereichen liegt er etwas höher. Dass vor allem in der Landwirtschaft auf den Fincas die ohnehin geringen Löhne oftmals nicht ausgezahlt werden, verschärft die Situation der Kleinbauern und Lohnarbeiter besonders. Der Durchschnittsverdienst eines Angestellten oder Lehrers liegt bei ca. 1200–2000 Q im Monat, ein Fabrikarbeiter kommt auf 600–800 Q. Dagegen verdient ein Regierungsfunktionär 25.000–50.000 Q. Die Einkommen der „Großverdiener" in der Wirtschaft und „sonstigen" Branchen liegen jenseits von Gut und Böse. Es ist und bleibt eines der eindrücklichsten Merkmale eines Entwicklungslandes, dass immenser Reichtum dicht neben bitterster Armut existiert. Mit dem Bevölkerungswachstum von 2,6% steigt auch die Zahl der Erwerbslosen und Unterbeschäftigten. Armut und Elend haben in dem Maße zugenommen, wie sich die Regierung bisher weigerte, dringend notwendige sozialpolitische Investitionen zu tätigen. Riesige Summen verschlingt dagegen ein aufgeblasener und träger bürokratischer Apparat, der zu den größten Bremsern des Fortschritts gehört.

Mit einer Auslandsverschuldung von rund 2,3 Milliarden US$ steht Guatemala im Vergleich zu anderen lateinamerikanischen Ländern relativ gut da (Nicaragua 8,7 Mrd. US$). Man vermutet, dass ein gleich hoher Betrag von im Land erwirtschafteten Gewinnen auf amerikanischen Privatkonten liegt. Guatemalas Währung muss mit durchschnittlich 10–13% Inflationsrate immerhin als eine der stabilsten in Lateinamerika angesehen werden.

Nach Haiti besitzt Guatemala noch immer die niedrigsten Steuersätze Amerikas und die niedrigsten sozialen Indikatoren Lateinamerikas. Trotz der von der christdemokratischen Regierung seinerzeit durchgeführten Steuerreform, die erstmals eine siebenprozentige Mehrwertsteuer einschloss (heute 12%), bewirkten die Mehreinnahmen keine Verbesserung der öffentlichen Dienstleistungen. Es gibt Einschätzungen, dass der Haushalt ohne Neuverschuldung verabschiedet werden könnte, wenn alle Steuern rechtmäßig abgeführt würden. Doch offene Steuerhinterziehung gehört zu einer weit verbreiteten Sitte im Land. Die Steuerflucht beträgt etwa 60%.

Der Agrarsektor

Die ungleiche Landverteilung ist einer der Grundkonflikte Guatemalas. Die Wurzeln liegen in der Übernahme der wirtschaftlichen und politischen Macht durch die bürgerlichen Schichten Ende des 19. Jahrhunderts, die die Vergabe von Ländereien für eine exportorientierte Produktion forcierten. Seither wurde der Kontrast zwischen Klein- und Großbetrieben bezüglich des Landeigentums immer größer.

Die Anzahl der Minifundien und *Fincas subfamiliares,* die Größen bis 7 ha einschließen, machen noch immer mehr als drei Viertel aller Betriebe aus und besetzen nur 16% des nationalen Territoriums. Sie verfügen damit jedoch nicht einmal über ein Viertel des bebaubaren Landes. Vor allem die Minifundien mit weniger als 0,7 ha nehmen anteilmäßig ständig zu. Hauptsächlich davon betroffen ist die indianische Bevölkerung Guatemalas auf den kargen Böden des Hochlands. Neben der Expansion des Großgrundbesitzes auch in diesen traditionell kleinbäuerlichen Regionen wird der Zersplitterungsprozess durch die Bevölkerungszunahme und das System der Realerbteilung beschleunigt. Da die Kleinstbetriebe die Existenzgrundlage einer Familie nicht mehr sichern können, sind vor allem die Familienväter gezwungen, regelmäßig bei Ernteeinsätzen an der Küste (Zuckerrohr, Kaffee) zu arbeiten.

Den Minifundien stehen die Latifundien in den fruchtbaren Regionen wie der Küste und der Boca Costa gegenüber. Die Zahlen sprechen für sich: Fast zwei Drittel des Landes gehören knapp 3 % Grundeigentümern. Die letzten offiziellen Erhebungen bezüglich der Besitzstrukturen sind über 20 Jahre alt. Neue Daten werden erst nach Abschluss der Katastererhebung vorliegen. Jedoch jetzt ist schon ersichtlich, dass in den Grundstücksverzeichnissen Besitztitel eingetragen sind, nach denen Guatemala etwa das Dreifache seiner realen Fläche umfassen müsste. Es kann noch Jahre dauern ...

Auf den Fincas und Haciendas der Großgrundbesitzer wird unter Einsatz von Maschinen hauptsächlich für den Export produziert, während die Kleinbetriebe den inländischen Markt versorgen oder je nach Größe subsistent wirtschaften. Besorgnis erregend ist die Tatsache, dass Guatemala ähnlich wie Mexiko in den letzten Jahren Grundnahrungsmittel, wie z. B. Mais importieren musste. Ein Grund dafür ist die sinkende Produktivität des Bodens, die vor allem die Minifundien des Altiplano (Hochland) betrifft. Jahrzehnte-

WIRTSCHAFT

langer Maisanbau selbst in extremen Hanglagen führte nicht nur zu einer Bodenverarmung, sondern auch zu irreparablen Erosionserscheinungen. Die Versorgung mit teurem Kunstdünger ist für die Campesinos inzwischen zu einer Überlebensfrage geworden. Staatliche oder private Terrassierungsprogramme gehören daher auch aus ökologischen Gründen zu den derzeit wichtigsten Hilfsmaßnahmen.

Standbein der guatemaltekischen Wirtschaft ist der agroindustrielle Sektor. Nach wie vor setzt Guatemala auf das Exportprodukt Nummer 1 trotz Rückläufigkeit: den **Kaffee.** Die Pflanze (reiner Arabica) benötigt eine ausreichende Höhe und viel Feuchtigkeit. Kaffee macht nur noch ein Fünftel der Agrarexporte aus. 2003 sanken die Einnahmen auf 299 Mio US$; 2000 waren es noch 598 Mio US$ gewesen. Keine Frage also, dass mit dem Verkauf von Kaffee die Handelsbilanz Guatemalas steht und fällt. 1989 gerieten die Weltmarktpreise mit dem Zusammenbruch des Internationalen Kaffee-Abkommens ICA ins Schleudern. Guatemala erhielt nur eine Quote von 3,26 % der weltweiten Kaffeeproduktion zugestanden. Man weiß, dass die USA als mächtigstes Verbraucherland die Quoten nach politischen Kriterien verteilen. Doch ebenso ist es ein offenes Geheimnis, dass auf dem internationalen Kaffeemarkt ein reger Handel mit Quotenrechten existiert. Die Kaffeekrise bleibt in Guatemala ein Dauerzustand. Vietnam ist heute der schärfste (und zudem von der Weltbank finanzierte) Konkurrent.

Kaffee kann bereits im dritten Jahr nach der Pflanzung in Produktion gehen, doch von einer Finca sind immer nur ca. drei Viertel der Fläche produktiv. Die Kaffeeanbaufläche in Guatemala beträgt ca. 300.000 ha, und man schätzt die Zahl der Kaffeebäume auf etwa 800 Mio. Stück. Von der Ernte eines Jahres gehen 95–98 % ins Ausland! Die USA nehmen 48 % des Exportvolumens ab, Deutschland 14 %, gefolgt von Japan (9 %), Belgien (6 %) und Holland (5 %). Kaffeekonsumländer wie Frankreich und Italien (3/4 %) beziehen ihren Kaffee von anderswo.

Die großen Kaffeeproduzenten Guatemalas sind vorzüglich organisiert. Als größte Arbeitgeber des Landes beschäftigen sie rund 1 Mio. Menschen, teils permanent, überwiegend aber saisonal. Es ist kein Geheimnis, dass nur rund ein Drittel der Fincas ihren Arbeitern den Mindestlohn von 27 Q auszahlt. Frauen erhalten darüber hinaus trotz gleicher Arbeit oft nur die Hälfte des Lohnes.

In der jährlichen Exportbilanz (über 20 %) schlagen sich zunehmend die Devisen aus dem Verkauf **„nicht-traditioneller Produkte"** zu Buche. Insgesamt (Agrar- und Industriebranche) stiegen die Einnahmen auf 2,3 Mrd. US$. Im Agrarsektor führt mit fast 55 Mio US$ Gemüse (v. a. Brokkoli, Erbsen), das bereits vor Kardamom rangiert, gefolgt von Obst (50, v. a. Mangos, Melonen), Blumen und Pflanzen einschl. Saatgut (44), Gummi (37), Sesam (33), Meeresfrüchte (32) und Ta-

Zuckerrohrtransporte an der Küste

WIRTSCHAFT

bak (30). In Arbeit ist ein Gesetz über kontrollierten Anbau, mit dessen Produkten man den europäischen Markt erobern will. Mit 28 % gehört die Bekleidungsindustrie (s. Kap. „Industriesektor") zu den wichtigsten Herstellern nicht-traditioneller Produkte.

An vorderer Stelle mit 11 % Exportvolumen steht inzwischen das **Zuckerrohr,** das in der heißen Region der Küstenebene angebaut wird. Zusammen mit der Baumwolle- und Fleischproduktion wurde die Herstellung von Zucker in den 1950er Jahren angekurbelt. Seit 1980 hat sich die Anbaufläche auf Kosten der Baumwolle verdoppelt, so dass Guatemala zum drittgrößten Zuckerexporteur Lateinamerikas und sechstgrößten weltweit aufgestiegen ist. Mit dem *ingenio* „Pantaleón" (zwischen Escuintla und Mazatenango) besitzt Guatemala sogar den größten Zuckerunternehmer Mittelamerikas, der ein Sechstel der Gesamtproduktion des Landes kontrolliert. Hier schneiden die Arbeiter 7–8 t Zuckerrohr pro Tag, während in den übrigen 17 *ingenios* der Durchschnitt nur 2–3 t niedriger liegt. Mit 70 % exportierten Zuckers ist dieses Geschäft ein wichtiger Wirtschaftsfaktor. Im lateinamerikanischen Vergleich liegt Guatemala bereits an fünfter Stelle hinter Brasilien, Mexiko, Kuba und Kolumbien. Das hohe Bartgras wird jedoch auch in hohem Maße für den nationalen Markt verarbeitet.

Rund viermal weniger Devisen als der Kaffee erwirtschaftet die **Bananenindustrie** (ca. 209 Mio. US$). Die einstigen Flächen der legendären *United Fruit Company* sind in den 1970er Jahren in verschiedene Hände übergegangen. *BANDEGUA* produziert als guatemaltekische Niederlassung hauptsächlich für *Del Monte Fresh Produce* und exportiert seine Produktion in die USA. Über die *COBIGUA*, ebenfalls eine nationale Vertriebsgesellschaft guatemaltekischer Produzenten und juristische Rechtsnachfolgerin der UFCo (*Chiquita Brands*), geht der Verkauf dagegen hauptsächlich nach Saudi-Arabien und Italien. Guatemala ist heute mit 7 % der gesamten lateinamerikanischen Bananenproduktion der zweitkleinste Produzent vor Nicaragua mit 2 %. Die Situation hat sich mit der Erhöhung der Einfuhrsteuern der EU von 5 % auf 20 % verschärft.

Im Gegensatz zur Kaffeeproduktion benötigt die Bananenindustrie permanente Arbeitskräfte, die durch den Einsatz chemischen Düngers und anderer Mittel in den feuchtheißen Gebieten großen körperlichen Belastungen ausgesetzt sind. Die Jahre 1998 und 99 waren geprägt von großen Streikwellen und engagierter Gewerkschaftsarbeit auf den Plantagen. Die Bananenindustrie beschäftigt derzeit ca. 10.000 Menschen.

Das aromatische Gewürz **Kardamom** ist dagegen ein relativ junges Exportprodukt; es wurde erstmals in den 1970er Jahren verstärkt angebaut. Damals begannen Überlegungen, die Abhängigkeit vom Kaffee zu reduzieren, so dass heute auf vielen ehemaligen Kaffeeanbauflächen Kardamom wächst. Neben Vanille und Safran ist Kardamom das teuerste Gewürz der Welt. Schon die Römer schätzten es als Heilmittel gegen Völlegefühl und Sodbrennen nach übermäßigen Zechgelagen. Die Deutschen kennen Kardamom als unverzichtbaren Zusatz in Lebkuchen. 176 t jährlich führt die Bundesrepublik von diesem süßlich schmeckenden Gewürz ein. Noch liegt Guatemala mit ca. 7000 t an der Weltspitze der Kardamomproduktion. Schärfster Konkurrent auf dem internationalen Markt ist Indien. Die Inder arbeiten derzeit an einer neuen Hybridsorte, welche den guatemaltekischen Ertrag von derzeit 250 kg pro Hektar um das Dreifache übersteigen wird. Hauptabnehmer sind die Arabischen Länder. Im Durchschnitt exportiert Guatemala Kardamom im Wert von 78 Mio US$.

Kautschukernte

WIRTSCHAFT

Die Produktion von **Gummi** befindet sich im Aufwärtstrend. Zwischen Mazatenango und Retalhuleu sind in den letzten Jahren viele *Hule*-Plantagen entstanden. Man erkennt die Kautschukbäume an ihren spiralförmigen Einritzungen und dem kleinen Auffangbecken für das weiße Harz, das um den Stamm gehängt wird. 1998 erwirtschaftete Kautschuk bereits 39,8 Mio US$, das war bereits mehr als doppelt so viel wie noch fünf Jahre zuvor. Grund dafür ist nicht zuletzt die steigende Nachfrage nach Präservativen, seitdem AIDS zu einem weltweiten Problem geworden ist. Allerdings stößt die Ausweitung der Plantagen an Grenzen. Zum einen sind die Bodenpreise an der Costa Sur stark gestiegen, zum anderen rentiert sich eine Kautschukplantage erst nach sieben Jahren. Heute gibt es über 300 Fincas, die mehr als 800.000 Quintal (1 Quintal = 47 kg) Gummi produzieren.

Trotz hoher Produktivitätsraten verzeichnet die **Baumwolle** als traditionelles Ausfuhrgut der 1970er und 80er Jahre seit Jahren eine kontinuierliche Talfahrt. Durch die Bearbeitung der Felder mit giftigem DDT kamen nicht nur Hunderte von Plantagenarbeitern alljährlich ums Leben (die Felder wurden bis zu 40 Mal im Jahr gespritzt), auch das ökologische Gleichgewicht der Regionen ist empfindlich gestört worden. Restriktivere Gesetze haben viele Pflanzer zur Aufgabe ihrer Felder bewogen. Heute ist die Produktion praktisch zum Erliegen gekommen.

Ebenso hat die Rinderzucht an der Küste und im Petén an Bedeutung verloren. Während Guatemala Anfang der 1990er Jahre noch für fast 31 Mio US$ Fleisch exportierte, fiel der Wert Ende der Dekade gegen Null. Die Weideflächen wurden von Zuckerrohr, Bananen, Gummi- und Palmölplantagen eingenommen.

Da die exportorientierte Anbaustruktur Guatemalas empfindlich gegenüber Preisschwankungen auf dem Weltmarkt ist, wird seit einiger Zeit verstärkt der Anbau von Erzeugnissen für den Binnenmarkt gefördert.

Der Industriesektor

Bescheidene Anfänge einer Industrialisierung lassen sich erst seit Mitte der 1940er Jahre erkennen. Das Schwergewicht lag zu Beginn bei der Nahrungs- und Genussmittelbranche. 1960 wurde der Gemeinsame **Mittelamerikanische Markt – MCAC –** gegründet, der die regionale Industrie zugunsten von Halbfabrikaten und Investitionsgütern verstärken sollte. Der kurzzeitige Anstieg der industriellen Produktion mit ca. 16 % am BIP bis Anfang der 1970er Jahre gelang nur mit Hilfe ausländischer Investitionen. Diese kauften entweder lokale Firmen auf oder gründeten Filialen, so dass die bedeutendsten Unternehmen wie ehemals in den Händen multinationaler Gesellschaften waren. Es gibt Schätzungen, dass bis zu 40 % der guatemaltekischen Industrie vom Auslandskapital kontrolliert wird. Der Zusammenbruch des MCAC bedeutete für Guatemala das vorläufige Aus industrieller Entwicklung. Steigende

WIRTSCHAFT

Preise und sinkende Kaufkraft sind noch immer die großen Hemmnisse für die Entwicklung einer nationalen Industrie, die nur ein Sechstel der Guatemalteken beschäftigt.

Das Schwergewicht der neuen Betriebsgründungen beim verarbeitenden Gewerbe liegt auf der Herstellung von pharmazeutischen Produkten, Kosmetika, Papier, Kunststoff, Glas, Stahl und Zement. Nach dem Erdbeben 1976 verzeichnete die Bauindustrie einen beachtlichen Aufschwung. Doch konnte dieser Sektor wie viele andere seine Bilanzen nicht halten.

Seit Mitte der 1980er Jahre erlebt Guatemala einen Boom der so genannten **Maquila-Industrie.** Sie ist inzwischen der wichtigste Wachstumszweig des Landes, bei der halbverarbeitete Waren eines Industrielandes (etwa für Gap, H&M, Nike etc.) im Entwicklungsland fertiggestellt werden. Diese Zulieferbetriebe, in der Mehrheit Textilverarbeiter, beschäftigen zumeist weibliche Arbeitskräfte. Die Gründe liegen auf der Hand: Lohnkostenvorteil, Steuerbegünstigungen, praktisch keine Importzölle, unterentwickelte Gewerkschaften und eine miserable Rechtslage der Arbeitnehmerinnen. Heute arbeiten auf insgesamt 175.000 Arbeitsplätzen der guatemaltekischen Maquiladoras 80 % 18–25-jährige Frauen 11–12 Stunden pro Tag im Akkord für einen gesetzlichen Mindestlohn von 800 Q. Soziale Absicherung ist ein Fremdwort, die Arbeitsbedingungen sind „sklavenartig", so die Frauenorganisation GRUFE-PROMEFAM, die sich der Rechte der Maquila-Arbeiterinnen annimmt. Während für die neoliberale Regierung dieser Sektor ein Beispiel für die Integration in den Weltmarkt ist, sehen Wirtschaftsexperten das Modell äußerst skeptisch. Denn wieder handelt es sich um die Abhängigkeit von fast ausschließlich ausländischem Kapital. Inzwischen gibt es rund 250 Maquiladoras. Besonders eindrucksvoll reihen sie sich entlang der hauptstädtischen Ausfallstraße Richtung Amatitlán.

Die Maquila-Industrie kam in den 1960er Jahren in Mexiko auf, kam dann über die Dominikanische Republik nach Mittelamerika. Nur selten finden die Arbeiterinnen akzeptable Arbeitsbedingungen vor. 1997 erreichten die 700 Frauen der Maquila-Betriebe Camisas Modernas I und II mit Hilfe der Gewerkschaft und Solidaritätsgruppen aus den USA nach sechsjährigem Kampf die Unterzeichnung eines Tarifvertrages, der erste in der Geschichte einer guatemaltekischen Maquiladora.

Um die Promotion für ausländische Investitonen kümmert sich die 1984 gegründete FUNDESA, eine Privatinitiative von Geschäftsleuten, die regelmäßig ein Magazin („Viva Guatemala") und monatlich ein Papier mit den neuesten Wirtschaftsdaten, Einschätzungen, Empfehlungen und Kurzinformationen an alle Interessenten in der Welt verschickt („Guatemala Watch").

Von einer mangelhaften Ausstattung und Organisation sind vor allem die **Kleinbetriebe** betroffen. Förderprogramme des Staates (SEGEPLAN) und ausländischer Entwicklungshilfeorganisationen haben in den letzten Jahren durch günstige Kreditkonditionen und Weiterbildungsmaßnahmen versucht, Abhilfe zu schaffen. Besonders die deutsche Friedrich-Ebert-Stiftung setzt sich für die Klein- und Mittelbetriebe ein. Damit sollte zugleich die Bildung einer kaum vorhandenen Mittelschicht vorangetrieben werden.

Keine Industrie ohne **Energie.** Guatemala verfügt über die besten Voraussetzungen für die Energiegewinnung aus Wasserkraft. Die Anlage von Chixcoy produziert knapp 50 % des landesweiten Stromangebots, das direkt von der Hauptstadt absorbiert wird, die 65 % der gesamten Stromproduktion des Landes benötigt.

Seit Jahren wird über die Rentabilität der Erdöllagerstätten im Petén und Alta Verapaz gestritten. Derzeit fördert Guatemala rund 50.000 Barrel Rohöl pro Tag. Seit 1979 existiert eine Pipeline von Rubelsantos im Süden des Petén zur Karibikküste nach Santo Tomás de Castilla, von wo aus zweimal im Monat **Erdöl** nach Texas exportiert wird. Abgesehen davon, dass von diesem Geschäft hauptsächlich ausländische Unternehmen profitieren (Basic Resources), wäre die Zerstörung des Regenwaldes durch den Ausbau der Förderanlagen eine ökologische Katastrophe. 80 % des geförderten Öls wurde exportiert, um andererseits Öl für teures Geld zu importieren; das Ergebnis eines Ausverkaufs an ausländische Unternehmen.

Eine dritte Quelle ist die Umsetzung geothermischer Energie. Die Forschungen hierzu haben erst 1973 angefangen und erfordern Spezialisten, die aus dem Ausland geholt werden müssen. Immer wieder gibt es Zwischenfälle, wie der Erdrutsch 1991 bei Bohrversuchen nahe Zunil zeigt. Damals kamen über 20 Menschen ums Leben. Dennoch ist die Anlage Orzunil bei Zunil die einzige Anlage in Guatemala, die arbeitet.

Der Finanzsektor

Ein trauriges Kapitel der guatemaltekischen **Finanzpolitik** betrifft das Steuerwesen. Guatemala besitzt mit einer Steuerquote von 3 % des BIP die niedrigste ganz Lateinamerikas. Darin enthalten ist zu 80 % die Mehrwert- und Verbrauchssteuer, die 1996 unter großen Protesten von 7 auf 12 % erhöht wurde. Eine strukturelle **Steuerreform** ist längst überfällig. Die zuständige Behörde SAT hat für die nächsten Jahre besonders die Irregularitäten rund um den informellen Sektor und das Schmuggelunwesen an den Grenzen ins Visier genommen. So beträgt die jährliche Hinterziehung der Zollgebühren ca. 3 Mrd. Quetzales. Aber auch durch die korrekte Abführung der Einkommenssteuer könnte sich der guatemaltekische Haushalt regenerieren. Die Mehrheit der Unternehmer (60 %) ist jedoch der Ansicht, dass ihre Gewinne auf den Konten in Miami besser aufgehoben sind. Ein weiterer Punkt sind die zunehmenden Spekulationsgeschäfte und die hohe **Inlandsverschuldung,** für die der Staat 16 Mio Quetzales an täglichen Zinszahlungen aufbringen muss. Angesichts der permanenten Finanzkrise des Landes darf man sich über die vielen privaten Banken und Finanzierungsgesellschaften wundern. Die Antwort findet man im Schmuggel, Drogengeschäft und Raub. Denn nur aus dieser Branche erwachsen die enormen Finanzmittel, die die Kapitalisierung der Institute ermöglichen, die wiederum der Geldwäsche dienen. Und schon befinden wir uns in einem Bereich der guatemaltekischen Wirtschaft, in dem **organisierte Kriminalität** als Unternehmung fungiert. Und das nicht zu knapp. Denn es geht um Millionenbeträge und um ein Netz von Akteuren, die nicht nur die Volkswirtschaft schädigen, sondern auch die Korruptionskultur aufrecht erhalten. Mit dem „Gesetz über den freien Devisenhandel" von 2000 wurde außerdem eine Dollarisierung des nationalen Marktes etabliert, die als eine Art wilde Globalisierung die bekannten Schwächen des Systems weiter verschärfen wird.

Der informelle Sektor

Diesen wichtigen Teil der Wirtschaft, den die Guatemalteken selbst als *sector informal* bezeichnen und den man bei uns „alternativen Beschäftigungssektor" oder einfach nur **Schattenwirtschaft** nennt, ist typisch für ein Entwicklungsland wie Guatemala. Es handelt sich hier um die Produktions-, Vertriebs- und Dienstleistungen Tausender von Männern, Frauen und Kinder. Sie verkaufen auf der Straße Tortillas, Tacos, Eis, *dulces* (Süßigkeiten), Obst, Zigaretten, Zeitungen, Kleidung, Modeschmuck, Uhren, Brillen, Bilder – kurz, alles, was sich zu Geld machen lässt. Die *vendedores ambulantes* mit ihren fahrbaren Buden gehören zum Stadtbild in Guatemala. Andere bieten ihre Dienste als Autowäscher, Einparkhilfe, Schuhputzer und Aufpasser an, wieder andere arbeiten als Dienstmädchen (allein 30.000 in der Hauptstadt), Gärtner, Nachtwächter, Putzhilfe, reparieren Autos oder schreiben Briefe für solche, die es nicht können. Der Fantasie sind in diesem Sektor keine Grenzen gesetzt. Besonders die Kuriositäten, die auf der Straße verkauft werden, verdienen durchaus Aufmerksamkeit; oft ist der Krimskrams filigrane Handarbeit, so dass man zu Recht von den *artistas de la calle* spricht, wie sie in einer Zeitungsreportage einmal genannt wurden.

Der Unterschied zum formellen Sektor liegt in der Art und Organisation der Beschäftigung. Der informelle Sektor kennt nicht die durchorganisierten und reglementierten Formen eines offiziellen Arbeitsverhältnisses. Die „selbstständigen Unternehmer" oder vertragslosen Angestellten sind weder registriert noch zahlen sie irgendwelche Steuern. Dafür gibt es auch keine Versicherung, kein geregeltes Einkommen, keinen Kündigungsschutz. Allerdings gibt es Pläne zur Legalisierung, die in Folge Schwarzhandel und Fälschungen effizienter verfolgen soll.

Es ist keine Frage, dass die Ausdehnung des informellen Sektors mit den sozio-ökonomischen Lebensbedingungen der marginalisierten Bevölkerungsschichten zusammenhängt. In Guatemala ist die Hauptstadt durch den Zuzug nicht qualifizierter Arbeitskräfte vom Land besonders stark davon betroffen. Fast die Hälfte derer, die in der Schattenwirtschaft ihr Auskommen finden, sind vom Land. 55 % Beschäftigte weist dieser Sektor heute auf, der mit dem offiziellen Begriff der „ergänzenden Wirtschaft" eine Aufwertung erfahren soll. Allein in der Hauptstadt säumen 5–6000 *vendedores* die Calles, Avenidas und Plätze. Im Durchschnitt arbeitet ein Angehöriger des informellen Sektors 55–60 Stunden pro Woche. Von den informellen „Betrieben" in der Hauptstadt sind die meisten Autowerkstätten, gefolgt von Schneidereien, Schreinereien, Schuster- und Elektrowerkstätten. Bei den Beschäftigten handelt es sich meist um Autodidakten, dennoch wird ersichtlich, wie wichtig dieser an sich illegale Dienstleistungs- und Handwerkssektor für die Volkswirtschaft ist.

Der Tourismus

Wie für viele andere Entwicklungsländer ist auch für Guatemala der Tourismus einer der Hauptdevisenbringer. Volkswirtschaftlich gesehen steht die Touristikbranche nach der Kaffeeindustrie sogar an zweitwichtigster Stelle. So verbucht Guatemala Einnahmen von fast 700 Mio US$ jährlich aus dem Reiseverkehr mit steigender Tendenz.

WIRTSCHAFT

CACIF

Zu einer machtpolitischen Größe hat sich der Dachverband der Privatunternehmer Guatemalas entwickelt. Das 1957 gegründete „*Comité Coordinador de Asociaciónes Agrícolas, Comerciales, Industriales y Financieras*" (CACIF) koordiniert die Interessen aus den Bereichen Landwirtschaft, Handel, Industrie und Finanzen. Daher kann man von einem Arbeitgeberverband sprechen. In seinen Statuten stellt der CACIF fest, dass nur die freie Marktwirtschaft ökonomischen Fortschritt und das Wohl des Volkes garantiert. Erklärtes Ziel ist es also, das wirtschaftliche System Guatemalas aufrechtzuerhalten, einschließlich der Eigentumsverhältnisse, Produktionsbedingungen und Privilegien.

Der Zusammenschluss der vier wichtigsten Wirtschaftssektoren des Landes ist perfekt organisiert und verwaltet. Kommissionen übernehmen die Lösung von internen Konflikten, die Aufrechterhaltung von Auslandsbeziehungen, die Koordination von Vorgehensweisen bezüglich Steuerfragen, die Entscheidung über Beteiligungen an Wirtschaftsprojekten und vieles andere mehr. Geschlossenheit nach außen und Zusammenhalt nach innen garantieren die Durchsetzung der Ziele. Allerdings kommt es seit geraumer Zeit zu internen Spannungen, da die Vertreter der Produzenten für den Binnenmarkt mit ihrer Forderung nach der Kräftigung der inländischen Kaufkraft beim exportorientierten Teil des CACIF auf taube Ohren stoßen.

Als größter Arbeitgeber Guatemalas und finanzkräftigste Organisation im Land besitzt der CACIF inzwischen mehr Macht und Einfluss auf die guatemaltekische Politik als jeder Präsident oder jede Partei. Dass Vertreter der Oligarchie als Abgeordnete im Kongress die Interessen ihres Verbandes direkt verteidigen, gehört zur Strategie des CACIFs.

Die meisten der erfassten Touristen besuchen mit Reiseveranstaltern das „Land des ewigen Frühlings". Im Gegensatz zum Individualtouristen bleiben die Pauschaltouristen jedoch meist nicht länger als zehn bis 14 Tage im Land und bewegen sich auf einer vorgeschriebenen Route. Ob länger oder kürzer, für den größten Teil der Gäste aus den USA oder Europa ist Guatemala noch immer nicht mehr als ein Abstecher oder eine Durchgangsstation innerhalb eines umfangreicheren Reiseprogramms.

Von den 860.000 Auslandstouristen jährlich (es gibt Statistiken, die eine weitaus höhere Zahl veranschlagen) kommt rund ein Viertel aus den USA, gefolgt von nur etwas weniger Gästen aus El Salvador, bei denen der Anteil an Geschäftsreisenden nicht unerheblich ist. Von den Europäern kommen die meisten – natürlich – aus Deutschland. Rund 25.000 Deutsche zählt die offizielle Statistik jährlich. Tendenz steigend. Aber auch die Franzosen und Italiener haben eine Schwäche für Guatemala. Im Durchschnitt gibt der gemeine Tourist 660 US$ während seiner durchschnittlichen Aufenthaltsdauer von 7,5 Tagen aus. Insgesamt verfügt Guatemala über rund 33.000 Hotelbetten, und ihre Zahl nimmt ständig zu. So hat sich beispielsweise die Zahl der Hotelzimmer (13.960) in der Hauptstadt während der letzten drei Jahre verdoppelt.

Um die teuren Gäste auch entsprechend zu beschützen, wurde 1996 ein **Tourismus-Polizei-Pilotprojekt** gestartet. Außer in Antigua soll sie

WIRTSCHAFT

Touri-Polizei in den nächsten Jahren auch auf Panajachel, Guatemala-Ciudad, Chichicastenango, Quetzaltenango und Tikal ausgeweitet werden.

Während Guatemala rund eine gute halbe Million Gäste empfängt, reisen über 300.000 Guatemalteken ihrerseits jährlich ins Ausland – die Hälfte davon vorzugsweise in die USA. Dies ist nicht verwunderlich, da die USA, und insbesondere Miami, der Traum des Guatemalteken schlechthin ist und ca. 1,5 Millionen *Chapines* in den Staaten leben.

Um die Förderung und den Ausbau des Tourismus in Guatemala bemühen sich das (noch) Staatliche Fremdenverkehrsamt INGUAT *(Instituto Guatemalteco de Turismo)* und die Tourismuskammer CAMTUR *(Cámara de Turismo de Guatemala)*. Die großen Gewinne machen natürlich weltweite Touristikunternehmen, die über ein Netz von Hotels der gehobenen Klasse und Reiseveranstalter verfügen, die dem Gast den größtmöglichen Komfort bieten.

Ein länderübergreifendes Projekt wird die Fertigstellung der so genannten **Ruta Maya** sein. Geplant ist, eine 2400 km lange Route (keine Asphaltstraße) zu schaffen, die die wichtigsten Maya-Zentren von Mexiko, Guatemala, Belize, Honduras und El Salvador miteinander verbinden soll. An der Finanzierung und Beratung sind die staatlichen Tourismusbehörden der Länder ebenso beteiligt wie der private Sektor, die EU und die UNESCO. Ein Schwerpunkt wird die Ausweisung von Naturschutzgebieten sein.

Tourismus und Ökologie schienen lange Zeit ein unverträgliches Paar zu sein. Zwar kann ein Regenwald ohne Tourismus leben, umgekehrt ist die Abhängigkeit jedoch größer. Costa Rica ist das einzige Land in Mittelamerika, das diesen Zusammenhang bisher politisch konsequent umsetzt. Fast 30 Nationalparks und Reservate schützen Flora und Fauna in den unterschiedlichsten Klimazonen. Es sind nämlich im Allgemeinen weniger die Touristen, die ganze Landstriche roden, Orchideen verkaufen, Raubtiere schießen und Gewässer vergiften, sondern Einheimische. Auch in Guatemala ist „Ecoturismo" (Ökotourismus) kein Fremdwort mehr. Allmählich begreift man, dass die Abhängigkeit vom Tourismus abhängig macht von der Sorge um die Erhaltung des Naturraums. Noch aber hat sich Guatemala nicht entschieden, die dafür notwendigen Schritte einzuleiten. Die Ecoturismo-Projekte und -Einrichtungen sind größtenteils Etikettenschwindel, teils aus Unwissenheit, teils aus Berechnung.

Schwieriger ist das Problem der **Einflüsse des Tourismus** auf den Kulturraum. So fand *INGUAT* in einer Studie heraus, dass zahlreiche indianische Orte durch den Fremdenverkehr gefährdet sind. Abgesehen vom Einfluss besonders der nordamerikanischen Kultur durch Presse, Fernsehen und Kommunikation, liegt hier ein Teil der Verantwortung beim Touristen selbst. Respekt und Zurückhaltung in Fragen der Kleidung, des Benehmens und Konsumverhaltens dürften inzwischen als verbindlich gelten.

WIRTSCHAFT

Entwicklungshilfe

Die Entwicklungshilfe für Guatemala hat sich in den letzten 40 Jahren vielfach gewandelt. Die 1950er Jahre waren geprägt von einer „geliehenen Entwicklung" in Form von Importsubstitutionen und dem Versuch einer Industrialisierung. Seitens der katholischen Kirche wurde vor allem nach dem Militärputsch 1954 ein Priesterimport betrieben, der das System stabilisieren sollte. Unter dem Druck der wachsenden Repression und einer widerständischen Aufbruchsbewegung der verarmten Bevölkerungsmehrheit rückte die ideologische Auseinandersetzung mehr und mehr in den Mittelpunkt der Entwicklungspolitik.

Der Einfluss der gesamtamerikanischen Entwicklungsvision und das erklärte Ziel der USA, ein zweites Kuba zu verhindern, hinterließ in den 1960er Jahren mit einem reichen nordamerikanischen Geldsegen seine Spuren in Guatemala. Doch wo es viel zu verteilen gibt, öffnen sich viele leere Taschen: diese waren meistens olivgrün getarnt.

Um den Staat bei seiner schon systematisch betriebenen Pflichtverletzung zu schützen, wurden im selben Zeitraum bevorzugt Kooperativgründungen gefördert, die zwar relativ viel Geld, aber kaum andere Unterstützung erhielten. Der Boom Anfang der 1970er Jahre mit ca. 500 Neugründungen jährlich verkehrte sich rasch in sein Gegenteil. Die Zusammenbrüche erreichten annähernd dieselbe Größenordnung.

Der Gewaltausbruch zu Beginn der 1980er Jahre veranlasste beispielsweise die deutsche Bundesregierung, ihre Finanzhilfen auf Eis zu legen. Seit der demokratischen Wende 1985/86 fließt jedoch wieder reichlicher Kreditsegen ins Land. Von der deutschen Regierung, die kein anderes zentralamerikanischen Land so umfangreich unterstützt, erhielt Guatemala bis 2000 rund 30 Mio. Euro jährlich für technische und finanzielle Zusammenarbeit. Ein Teil davon wurde als nicht rückzahlbarer Kredit gewährt. Hinzu kommen bundesdeutsche Stiftungen, die seit Mitte der 1980er Jahre Vertretungen in Guatemala haben sowie die Hilfen aus privaten und kirchlichen Kreisen. Mit 110 Mio US$ Schulden ist Guatemala allerdings das Land Zentralamerikas, das bei Deutschland am wenigsten in der Kreide steht. Im Gegensatz dazu hat El Salvador 430 Mio, Honduras 300 Mio und Nicaragua gar 1,2 Milliarden US$ Schulden, wovon der größte Teil rückzahlbare Entwicklungshilfekredite sind.

Die „Erfolge", sind ernüchternd: Nach vierzig Jahren Entwicklungspolitik ist der Graben zwischen Nord und Süd dramatisch tief geworden, und die Zahl hungernder, kranker und verzweifelter Menschen hat sich vervielfacht. Die Guatemalteken werden mit ausländischen Programmen und Projekten geradezu überschwemmt. Haben sich die Amerikaner Mitte der 1990er Jahre mit ihrer Finanzierung von Hilfsprogrammen zu 70% zurückgezogen, steigen die EU, Asien und Kanada umso stärker ein. Man findet kaum ein Dorf, und sei es noch so entlegen, in dem nicht eine internationale Institution ihr Projekt leitet. Besonders gefördert werden Projekte für Gesundheit, Kulturerhaltung, Frauen, Landwirtschaft, Alphabetisierung, Aufforstung und Umweltschutz. Es sind meist die Interessen der Ausländer, die gefördert werden, nicht die Bedürfnisse der einheimischen Bevölkerung.

Entwicklungspolitische Praxis wird in Guatemala wie in vielen anderen vergleichbaren Ländern hauptsächlich von nationalen und internationalen NGOs bestimmt (Nicht-Regierungs-Organisationen). Aber auch deren Bemühungen sind leider oft von Niederlagen und Misserfolgen bestimmt.

Nach der Unterzeichnung des Friedensabkommen Ende 1996 zeigte sich die internationale Gemeinschaft in nie gekanntem Ausmaße spendabel. Mit knapp 2 Mrd. US$, wovon die Hälfte als Schenkung tituliert ist, halfen und helfen die Geber Guatemala nach dem Friedensschluss auf die Beine; ein Geldsegen von immensem Ausmaß, der jedoch an Bedingungen wie die Erhöhung der Steuerquote (auf 12 %) geknüpft ist. Infrastrukturmaßnahmen wie der Straßenausbau gehörten zu den ersten Maßnahmen der damaligen neoliberalen PAN-Regierung.

Umweltsch(m)utz

Keinem Reisenden werden die offenen Müllhalden an den Straßenrändern und in den *barrancos* hinter den Dörfern verborgen bleiben. Guatemala hat ein gravierendes Müll- und Umweltproblem. Allein die Hauptstadt zählt 417 illegale Müllhalden. Doch das Plastik- und Wegwerfzeitalter hat hier erst angefangen. So wird in *bolsas* eingepackt, was einzupacken geht. Sogar Getränke werden in kleine Plastiktüten abgefüllt. Während einer Bus- oder Autofahrt fliegt dann alles Unbrauchbare aus dem Fenster.

Die Verschmutzung der Feuchtgebiete und Gewässer hat **besorgniserregende Ausmaße** angenommen. Nicht nur die Einleitung der Abwässer von Städten und Dörfern bringen Seen und Flüsse zum Umkippen, auch der Eintrag von Düngemitteln und Pestiziden, die von den Hängen talwärts gespült werden. Die Hälfte der 220 Arten der im Süßwasser lebenden Tiere Guatemalas sind bereits gefährdet oder vom Aussterben bedroht. Denn geradezu bedenkenlos und üppig wird giftige Agrochemie in der Landwirtschaft verwendet, oft ohne Kenntnis der Folgen, da viele Kleinbauern die Anwendungshinweise weder lesen noch verstehen. Jährlich wird je Hektar Ackerland und Dauerkulturen knapp 76 kg (!) Kunstdünger ausgebracht – die größte Menge in Lateinamerika. Noch immer werden an der Küste erhöhte Werte an DDT in der Luft, an Pflanzen und an Tieren festgestellt. Jedes Jahr werden über 1000 Fälle kontaminierten Wassers bekannt. Die Dunkelziffer liegt nach Schätzungen dreißigmal höher. 30 % der toten Kinder werden heute schon als Opfer dieser Umweltverschmutzung gedeutet – in der Hauptsache durch verseuchtes Wasser. Kein Wunder, so ge-

WIRTSCHAFT

hen noch immer ungeklärte Abwässer in den Amatitlán-See sowie die von Quetzaltenango in den Río Samalá. Mit diesem *agua negro* werden dann die nahen Gemüsefelder bewässert.

Nicht weniger schlimm steht es um **die Wälder Guatemalas.** Wenn man bedenkt, dass gerade mal 2 % des Gesamtholzeinschlages als Nutzholz verwendet werden, ist die Menge an Brennholz, die tagtäglich in den Hütten und Häusern Guatemals verbraucht wird, vorstellbar. Der Brennholzbedarf der guatemaltekischen Bevölkerung liegt jährlich bei etwa einer Tonne pro Einwohner. Die illegale Brandrodung, die besonders im Petén und in der Franja Tranversal del Norte des Verapaz für Besiedlung und Beweidung immer noch durchgeführt wird, nimmt ebenso einen großen Anteil ein. Über 80.000 ha Wald werden jedes Jahr vernichtet, 8000 ha wieder aufgeforstet. Die Abholzung bedroht Flora und Fauna. Rund ein Siebtel der Vogelarten sind bedroht. Kahlschlag und der permanente Anbau von Mais an steilen Hängen haben überdies zu irreparablen Erosionserscheinungen geführt. Der Verlust fruchtbaren Bodens während einer jeden Regenzeit ist unvorstellbar (ca 8 % des BIP). Das 2001 eingerichtete Umweltministerium wird daran nichts ändern.

Die Folgen sind kaum aufzuhalten. Obwohl es immer wieder groß angelegte Wiederaufforstungskampagnen gibt und die internationale Gemeinschaft sich um die Ressourcen der tropischen Wälder sorgt, reduzieren sich die Waldgebiete Guatemalas jährlich um 2,1 %.

Ein kleiner, aber wichtiger Schritt ist die Ausweisung von **Schutzgebieten,** die seit 1955 betrieben wird. Heute besitzt das Land sieben Nationalparks, darunter Tikal, und 44 kleine Naturschutzgebiete wie Teile der Sierra de Las Minas, das Biotopo del Quetzal, etliche Vulkane und den Río Dulce. Weitere 20–30 Gebiete stehen auf der Warteliste. Eine große Aufmerksamkeit wird der 1990 ausgewiesenen Biosfera Maya geschenkt, die zum Schutz von 1,6 Mio Hektar Regenwald eingerichtet wurde. Dennoch leidet sie immer noch unter einer maßlosen Ausbeutung. Private Naturschutzorganisationen wie *Asociación Amigos del Bosque, Madre Selva* und die *Fundación Defensores de la Naturaleza* fordern weitere Maßnahmen zur Erhaltung der ökologischen Ressourcen. Staatlicherseits kümmern sich die CONAMA (Umweltkommission der Regierung) und die CONAP (Nat. Kommission für Naturschutzgebiete) um den Schutz der Natur – mit mehr oder weniger großem Erfolg. Das wirtschaftliche Interesse einflussreicher Kreise in Guatemala ist jedoch so mächtig und das Umweltbewusstsein der Bevölkerung so unterentwickelt, dass umweltpolitische Entscheidungen nur schwer durchsetzbar sind. Die Beispiele aus Costa Rica, dem Vorreiter in Sachen Ökologie in Mittelamerika, hat man aber auch hier zur Kenntnis genommen – zumindest was den Tourismus betrifft, denn der bringt Geld.

Migration – ein Wirtschaftsfaktor

Mittlerweile stellen die Geldtransfers von in den USA ansässigen GuatemaltekInnen an ihre zurückgebliebenen Familien die zweitstärkste Einnahmequelle der Volkswirtschaft Guatemalas dar. Längst haben die *remesas* den Gewinnen aus Zucker und Tourismus den Rang abgelaufen. Wurden 1987 über die Banco de Guatemala 12 Mio. US$ Devisen aus US-Überweisungen verbucht, hat sich die Summe zehn Jahre später bereits um das 40-fache, auf 407 Mio. US$ vervielfacht.

Der Geldzuwachs entwickelt sich parallel zum ansteigenden Phänomen der Migration in die USA, das für viele eine Alternative auf der Suche nach einer Lebensperspektive geworden ist. Nicht zuletzt die kontinuierlich ansteigenden Lebenshaltungskosten ergeben plausible Schubfaktoren für die erhöhte Migrationsbereitschaft vor allem der Landbevölkerung. Im Zeitalter der Globalisierung erhält die Migration zusätzlich Auftrieb durch das ausgedehnte Informations- und Kommunikationswesen, das den *american way of life* in immer mehr Wohnzimmer trägt. Durchschnittlich 11 % der verdienten Dollars werden nach Guatemala verschickt, von denen zunächst Banken und Geldbotendienste profitieren. Durch die Verwendung der *remesas* werden wichtige Versorgungslücken im Bereich Ernährung, Gesundheit, Bildung, Hausbau und sogar Landerwerb in den marginalisierten Regionen Guatemals geschlossen. Glücklich diejenigen, die durch Erspartes ebenfalls die gefahrenreiche Reise in die USA antreten können.

Die Dollarisierung Guatamalas wird durch die *remesas* vorangetrieben, denn die Arbeitsmigration in die USA wird sich weiter sozialisieren. Die erworbenen Dollars sind schließlich aus den Handelsbilanzen des nationalen Ökonomie genausowenig wegzudenken wie aus den Köpfen der Menschen im verarmten guatemaltekischen Hochland.

DIE MENSCHEN

Die Menschen

Bevölkerung

Ethnien

Von den 12,5 Millionen Guatemalteken sind ca. 50% **Indígenas.** Offizielle Angaben liegen darunter, inoffizielle darüber. Gemeinhin werden die Indígenas als **direkte Nachkommen der Maya** bezeichnet, wobei man nicht dem Irrtum aufsitzen darf, die Tiefland-Maya seien nach dem Niedergang ihrer Hochkultur um 900 n.Chr. geschlossen ins Hochland abgewandert. Vielmehr verließ ein Teil den Petén in Richtung Yucatán, andere Stämme dagegen drangen von Mexiko ins guatemaltekische Hochland vor. Heute gibt es **21 indigene Volksgruppen** in Guatemala, die unterschiedliche Sprachen sprechen und sich wirtschaftlich, kulturell und sozial scharf von der übrigen Bevölkerung abgrenzen. Heute nennen sich die Indígenas im Zuge der Rückbesinnung auf ihre eigene Kultur und Vergangenheit selbstbewusst „Maya".

Die zweite große ethnische Gruppe sind **Mestizen,** die aus der Vermischung von Einheimischen und spanischen Weißen entstammen. In Guatemala werden sie **Ladinos** genannt, was gleichzeitig die kulturelle und soziale Zugehörigkeit zu einer bestimmten Schicht ausdrückt. Sie haben sich vor allem seit der liberalen Revolution 1870 einen Platz im Machtgefüge des Landes erkämpft. Ein Indígena kann sich durchaus ladinisieren, wenn er Tracht, Sprache und Lebensweise ablegt. Die Ladinos gehören im Gegensatz zu den Indígenas der Mittel- und Oberschicht an, orientieren sich am westlichen Standard und sprechen die offizielle Landessprache Spanisch. Der Begriff „Ladino" ist zum Synonym für eine gesellschaftlich dominante Gruppe geworden. Sie leben vorwiegend im Osten Guatemalas, an der Küste und in den Städten des Landes.

Zwischen diesen beiden großen Ethnien herrscht ein tiefer Rassismus, der vor allem von den Ladinos ausgeht. Aufgrund der wirtschaftlichen und intellektuellen Unterlegenheit der Mayabevölkerung hat diese kaum Chancen, eine gleichberechtigte Rolle in der Gesellschaft zu spielen.

Neben Indígenas und Ladinos gibt es in Guatemala die **Garífunas,** die Schwarzen Guatemalas. Sie leben an der Karibikküste im Osten des Landes und haben sich bis heute ihre kulturellen und sozialen Merkmale erhalten. Schwarze spielen im öffentlichen Leben Guatemalas eine untergeordnete Rolle. Sie leben wie in einer Enklave um Puerto Barrios und Lívingston unter sich. Ebenso fallen die **Xinca,** bei denen es sich ebenfalls um eine Sprachgemeinschaft handelt, die nicht zu den Maya gehört, kaum ins Gewicht. Nur 45 Xinca im Südosten Guatemalas sprechen noch ihre Sprache. Es gibt jedoch Anstrengungen, die Kultur zu retten.

Demographie

Nach Schätzungen liegt das **Bevölkerungswachstum** pro Jahr bei 2,6%.

BEVÖLKERUNG

Theoretisch müsste sich die Bevölkerung Guatemalas daher im Jahre 2021 verdoppelt haben. Den größten Zuwachs verzeichnet die Landbevölkerung. Zehnköpfige Familien im Hochland sind keine Seltenheit. Statistisch hat jede guatemaltekische Mutter 4,5 Kinder. Die hohe Geburtenrate führt dazu, dass die Alterspyramide von Guatemala einen extrem hohen Anteil (ca. 45%) an Personen unter 15 Jahren aufweist. Die durchschnittliche Lebenserwartung liegt bei 67 Jahren.

Eine schlechte Gesundheitsversorgung, Fehlernährung, Elend und Armut sind die Gründe für die hohe **Kindersterblichkeit** auf dem Land. Von 1000 Kindern sterben etwa 40, bevor sie das fünfte Lebensjahr vollendet haben. *Se fueron con dios* – sie sind mit Gott gegangen – antworten die Eltern auf die Frage nach ihren verstorbenen Kindern. Doch sie werden mitgezählt wie die Lebenden.

Die **Bevölkerungsverteilung** nach Stadt und Land entspricht einem Verhältnis von 40% zu 60%. Dabei gibt es deutliche Konzentrationserscheinungen. Allein in der Hauptstadt lebt ein Fünftel der Gesamtbevölkerung, und die Urbanisierung schreitet mit einer jährlichen Wachstumsrate von 4% voran. Das Westliche Hochland weist in den Departementen Quetzaltenango und Totonicapán eine Bevölkerungsdichte bis zu 340 Einwohnern/km^2 aus, im Gegensatz zum Petén mit 12 Einwohnern/km^2. Der Durchschnitt in Guatemala beträgt 106 Einwohner/km^2 (zum Vergleich: in Deutschland sind es 225).

Gesundheit

Für die Krise im Gesundheitswesen sind laut Regierung die Militärregimes der Vergangenheit verantwortlich, die sich unzureichend um die medizinische Versorgung der Bevölkerung gekümmert haben. Bilanz dieser Sorglosigkeit: In Guatemala kommt ein Arzt auf 20.000 Einwohner, von den 37 staatlichen Hospitälern mit insgesamt 6600 Betten, *Centros de Salud* und *Puestos de Salud* (Krankenstationen auf dem Land) sind fast alle in einem erbärmlichen Zustand und verfügen nicht über die notwendige medizinische Ausrüstung, um ausreichend Hilfe zu leisten.

Kein Wunder, dass der Gesundheitszustand der Guatemalteken der schlechteste in ganz Mittelamerika ist. Ein weiterer Grund für die medizinische Unterversorgung ist die ungleiche **Verteilung der Krankenstationen.** So befindet sich der überwiegende Teil des medizinischen Personals in der Hauptstadt. Allein im Departement Guatemala gibt es neun staatliche Hospitäler, die 42% der gesamten Bettenkapazität belegen. So haben große Teile der Bevölkerung kaum Zugang zu ärztlichen Hilfeleistungen. Hinzu kommt, dass Guatemala ein extrem unterentwickeltes Sozialversicherungssystem hat, in das nur 8% der Bevölkerung einzahlen. Jeder Arztbesuch kostet daher Geld, das der Landbevölkerung fehlt.

Mangelnde Hygiene, katastrophale sanitäre Verhältnisse und die Fehlernährung sind weitere Ursachen für

BEVÖLKERUNG

den Besorgnis erregenden Gesundheitszustand vor allem der indigenen Bevölkerung. Zu den am häufigsten registrierten Todesursachen gehören immer noch infektiöse und parasitäre Krankheiten. An Lungen- und Durchfallerkrankungen, Malaria, Grippe und Ernährungsmangelkrankheiten sterben die meisten Guatemalteken.

Wer es sich leisten kann (10 % der Bevölkerung), geht in Guatemala in eines der zahlreichen **privaten Hospitäler,** die über eine Kapazität von insgesamt 3000 Betten verfügen (2400 davon in der Hauptstadt!). Die reichen Guatemalteken fliegen gleich in die USA. Kein Politiker lässt sich im eigenen Land operieren. Auf dem Land ziehen es viele Indígenas vor, lieber zu sterben, als sich in die Obhut eines Arztes zu begeben, den man ohnehin nicht bezahlen könnte. Von der seit 1948 existierenden Sozialgesetzgebung profitiert nur ein Bruchteil der Bevölkerung.

Ohne die finanzielle Hilfe aus dem Ausland würde das staatliche Gesundheitswesen Guatemalas zusammenbrechen. Allein aus den USA flossen während der ersten demokratischen Jahre ab 1985 mehrere Hundert Millionen Dollar in den Gesundheitssektor. Kanada, Italien und die Bundesrepublik sind ebenfalls wichtige Geldgeber. Viele Krankenstationen auf dem Land existieren nur mit personeller Hilfe aus dem Ausland.

Ein heikles Thema ist die Geburtenkontrolle in Guatemala. Dafür wurden Entwicklungshilfegelder in den letzten Jahren nicht immer nach humanen Kriterien eingesetzt. So wurde die guatemaltekische *Asociación Pro Bienestar de la Familia,* APROFAM (Gesellschaft zur Wohlfahrt der Familie), die direkt von den USA und England finanziert wird, vor einigen Jahren beschuldigt, Sterilisationsprogramme bei Indígena-Frauen durchgeführt zu haben. Schon in den Jahren zuvor verteilte APROFAM Verhütungsmittel, die sterilisierende Wirkstoffe enthielten, ohne die Opfer darüber aufzuklären. Offizielle Statistiken wollen wissen, dass nur ca. ein Drittel der guatemaltekischen Frauen Empfängnisverhütung praktiziert.

Die häufigste **Todesursache bei Kindern** ist Durchfall, gefolgt von Erkrankungen der Atemwege und den Folgen der Unter- bzw. Fehlernährung. Oft werden Kinder viel zu spät abgestillt und dann beinahe abrupt auf Mais und Bohnen umgestellt. Die aufgeschwemmten Bäuche vieler Kleinkinder sind die Folgen von Wurmbefall, von dem so gut wie kein Kind auf dem Land verschont bleibt. Besonders zu Beginn der Regenzeit beginnt in den ärmsten Regionen des Hochlandes alljährlich das große Kindersterben, wenn das Trinkwasser verunreinigt ist und die Familien nach dem Einkauf von Dünger für die nächste Maisaussaat kein Geld mehr für Medikamente haben. Dennoch ist die Kindersterblichkeit in den letzten 35 Jahren um die Hälfte zurückgegangen.

Ein anderes Problem ging auch an Guatemala nicht vorbei: **AIDS** (oder SIDA, wie die Krankheit hier heißt). Seit 1984 wurden über 3000 Fälle registriert. Mit Sicherheit ist die wahre

BEVÖLKERUNG

Zahl der Betroffenen viel höher. Viele Firmen verlangen bei der Einstellung einen AIDS-Test. Am häufigsten von der tödlichen Krankheit betroffen sind die Menschen im Dept. Guatemala.

Bildung

Guatemala gehört mit rund **29 % Analphabeten** zu den Ländern der Welt mit der höchsten Analphabetenrate. Dabei liegt der Prozentsatz wegen der ohnehin schlechten Versorgungslage auf dem Land dort drei- bis viermal höher als in urbanen Zonen. Das bedeutet gleichzeitig, dass Indígenas, besonders die Frauen, am meisten benachteiligt sind. Extrem niederschmetternd ist die Lage in den Verapaces, im Quiché und im Dept. San Marcos.

Die Verfassung verpflichtet den Staat, für die Erziehung und Ausbildung aller seiner Bürger zu sorgen. Doch wer kann, versorgt sich selbst, d.h. besucht eine der vielen privaten und halbprivaten Schulen (colegios), von denen besonders die ausländischen Einrichtungen (colegio aleman, colegio austriáco, die als die besten gelten, u.a.) einen enormen Zulauf verzeichnen. Die anderen Kinder, allen voran jene auf dem Land, müssen in die staatlichen Schulen, die direkt dem Erziehungsminister unterstellt sind. Hier zeichnet sich ein düsteres Bild: Die Lehrer sind mit bis zu 50 Schülern pro Klasse hoffnungslos überfordert, die Kinder erscheinen aufgrund ihrer zu Hause benötigten Arbeitskraft unregelmäßig zum Unterricht, und weniger als die Hälfte aller Schüler erreicht einen Grundschulabschluss. Immerhin haben es rund 84 % aller schulpflichtigen Kinder versucht.

In den Friedensverträgen ist der Bereich Bildung und Erziehung eines der wichtigsten Abkommen. So wird in den nächsten Jahren verstärkt ein bilingualer Unterricht (Maya-Sprache/Spanisch) gefördert und damit besonders der Landbevölkerung Rechnung getragen. Bildung bzw. Alphabetisierung ist die **Grundvoraussetzung für die Entwicklung Guatemalas.**

Guatemala besitzt neben einigen wenigen privaten **Universitäten** eine staatliche Hochschule. 1676 wurde die *Universidad de San Carlos de Guatemala*, USAC, gegründet. Heute zählt die seit 1945 autonome San Carlos Universität zehn Fakultäten und 88.000 Studenten, von denen 70 % Männer sind. Das „Schulgeld" liegt bei der USAC um ein Vielfaches niedriger als beispielsweise bei den privaten Hochschulen *Francisco Marroquín, Rafael Landívar* und den anderen. Solange jedoch die Ausbildung eine finanzielle Frage ist, wird sie den Kindern gutbürgerlicher Schichten vorbehalten sein. Eine Ausbildungsförderung gibt es lediglich in bescheidenem Maße. Insgesamt studieren 150.000 Guatemalteken an den zehn Universitäten des Landes.

Anders als in den westlichen Industrieländern ist der soziale Status eines Hochschullehrers eher niedrig. Das hängt zum einen mit dem vergleichsweise geringen Einkommen der Akademiker an den Universitäten zusammen, zum anderen aber auch mit der

BEVÖLKERUNG

Geringschätzung und Furcht vor Intellektualität und Wissenschaft, die sich oft genug in Opposition zur herrschenden Machtpolitik gesetzt hat. Politisch engagierte Studenten und Hochschullehrer gehör(t)en in Guatemala zu einer Risikogruppe. Gäbe es einen Universitätsfriedhof auf dem Campus der USAC, er wäre groß.

Unterricht im Hochland von Alta Verapaz

Frauen

Von einer Frauenbewegung in Guatemala zu sprechen, wäre übertrieben. Ein wenig bewegt sich dennoch etwas. So konnte man Ende 2000 bereits vierzig **Frauenorganisationen** zählen, die sich zur Organisation eines symbolischen Frauentribunals zusammengefunden haben, um über die Verletzung der Rechte von Frauen zu urteilen. Sie seien, so hieß es, der Situation von Gewalt und mangelnder Aufmerksamkeit ausgesetzt.

Die „Guatemaltekische Frauengruppe" (GGM) bietet betroffenen Frauen

BEVÖLKERUNG

seit über zehn Jahren juristische und psychologische Beratung an, und seit 1997 gibt es in der Hauptstadt sogar ein Frauenhaus, das Frauen und deren Kindern in Krisensituationen eine Unterkunft bietet. Ein ebenfalls ambitioniertes Projekt auf der politischen Ebene ist die Nationale Frauenunion Guatemalas, UNMAG, in der verschiedene Sektoren, Organisationen und Sprachgruppen an der besseren Einbeziehung der Frauen ins nationale Leben arbeiten.

Innerhalb des Abkommens über die Identität und Rechte der indigenen Bevölkerung gibt es einen ausgewiesenen Absatz über die Rechte der indigenen Frau, die im Friedensvertrag als besonders wehr- und hilflos angesichts ihrer doppelten Diskriminierung als Frau und Indígena charakterisiert wird.

Gegen Ausbeutung am Arbeitsplatz wehren sich die *Mujeres en Solidaridad*, die sich vor allem um die Frauen in den Maquiladoras kümmern. Dort werden die jungen Frauen nicht nur finanziell ausgebeutet, sondern sind häufig sexuellen Belästigungen ausgesetzt, was in Guatemala noch immer nicht als Delikt geahndet wird. Trotzdem klagte 1997 erstmals eine Frau gegen ihren Chef (beim Sozialversicherungsinstitut), der daraufhin sogar verurteilt wurde. Ein Berufungsgericht hob das Urteil später wieder auf.

In Guatemala werden viele verschiedene Frauenleben gelebt. In der stark patriarchal geprägten Maya-Gesellschaft reduziert sich das Dasein der Frauen auf dem Land auf den häuslichen Bereich und das Kinderkriegen bis ins „hohe" Alter, das für viele, vielleicht sogar die meisten, eine große und schwere Belastung ist. In der Stadt werden die jungen Indígenafrauen in den Fabriken oder als *muchacha* ausgebeutet. Auf der anderen Seite stehen die Ladinofrauen, von denen ein Teil nicht besser und schlechter lebt als ihre Maya-Nachbarinnen; dagegen unterscheiden sich die Mittel- und Oberschichtfrauen gravierend von ihnen. Der Stellenwert von Schönheit und Fitness ist ähnlich hoch wie bei ihren Geschlechtsgenossinnen in den Industrieländern. Für die Karriere sind die Männer zuständig. Zum Glück bestätigen auch hier die Ausnahmen die Regel. Ist die Wirtschaft eine reine Männerdomäne, drängen die Frauen in der Politik und in Organisationen immer weiter nach vorne und nach oben. Die Gesetzesinitiative der neun von zwölf weiblichen Abgeordneten im Kongress, eine Frauenquote von 30 % für alle öffentlichen Ämter einzuführen, scheiterte (noch). Guatemala hat starke, kämpferische Frauen, was bereits der große Frauenanteil innerhalb der Guerilla stets bewies. Frauen wie *Nineth Montenegro* (ANN), *Rosalina Tuyuc* (CONAVIGUA), *Otilia Lux de Cotí*, erste Maya-Ministerin Guatemalas, oder auch *Helen Mack*, Schwester der 1990 ermordeten Anthropologin *Myrna Mack,* sind aus Empörung und Wut über die Gewalt, die ihren Familien angetan wurde, an die Öffentlichkeit bzw. aus Basisbewegungen heraus in die Politik gegangen. Die berühmteste unter ihnen ist aber zweifellos *Rigoberta Menchú Túm*.

Bevölkerung

Armut

Armut in Guatemala hat viele Gesichter. Arbeitslosigkeit, Unterbeschäftigung, Kinderarbeit, Obdachlosigkeit, unwürdige Wohnverhältnisse, Alkoholismus und Krankheit sind nur einige der zahlreichen Indikatoren für das Ausmaß der Armut im Land, die sich schwer in exakten Zahlen wiedergeben lässt. Offiziell spricht man von 70% Unterbeschäftigten. Sie verdienen sich irgendwie ihren Lebensunterhalt. Es heißt, 30% der arbeitsfähigen Bevölkerung zwischen 15 und 50 Jahren haben eine offizielle Anstellung, d.h. etwa 1,5 Mio Guatemalteken. Trotzdem liegt der Prozentsatz der in Armut lebenden Menschen bei 75%. Selbst eine Vollbeschäftigung garantiert also kein ausreichendes Einkommen. Laut UN-Bericht für 2000 verdient ein Viertel der Gesamtbevölkerung weniger als 1 US$ täglich (2,8 Mio Personen). Immerhin noch weitere 57% können nicht mehr als 2 US$ täglich ausgeben. Die überragende Mehrheit der Armen (fast 57%) lebt auf dem Land. Die Zahlen werden so bleiben, wenn sich nichts daran ändert, dass 10% der Bevölkerung 44% des nationalen Einkommens besitzen.

Wie in allen Ländern der „Dritten Welt" spielt die **Kinderarbeit** bei der Unterstützung der Familie eine wichtige Rolle. Auf dem Land sind die Kinder in den täglichen Arbeitsablauf der Familie integriert, in den Städten dagegen arbeiten sie allein – auf der Straße. Für 5% der *niños callejeros* (Straßenkinder) ist sie sogar Wohnort und Arbeitsplatz in einem. 3000 Kinder schlafen täglich auf den Straßen und Plätzen der Hauptstadt. Sie werden *niños de la calle* genannt, im Gegensatz zu den 95% *niños en la calle*, die durchschnittlich 18 Stunden täglich von zu Hause weg sind und die Familie mit ihrem Verdienst als Schuhputzer, Gehilfe, Autowäscher, Autowächter oder sonstigen Gelegenheitsjobs unterstützen. Hunderttausende sind es, die so zu den „Überausgebeuteten" gehören (s. Exkurs im Kap. „Die Costa Sur").

Kriminalität und **Drogenkonsum** gehören zum Alltag der Straßenkinder. Sehr verbreitet ist das Schnüffeln von Klebstoff. Das *pegamento* kostet nur einige Centavos, macht warm und vertreibt den Hunger. Von der Gesellschaft immer noch ignoriert wird das Ausmaß der Kinderprostitution, grausamster Ausdruck der Ausbeutung und des Missbrauchs von Kindern und Jugendlichen. Das Hilfsprojekt *Casa Alianza* nimmt sich seit Jahren mit großem Erfolg und deutscher Beteiligung der Straßenkinder an.

Niemand kann genau sagen, wie viele Einwohner Guatemala hat und wie viele davon obdachlos sind oder in Bretterverschlägen leben. Laut UNICEF leben allein 30% der Einwohner in der Hauptstadt in Elendsvierteln. Diese haben sich in der „Front der Vereinigten Elendsviertel Guatemalas" FAUG organisiert, da sie ohne jegliche Lobby sind. Der Wohnungsbau hat seit 1993 wieder abgenommen, so als gäbe es dieses Problem nicht. Damit zählt Guatemala mit Haiti zum lateinamerikanischen Schlusslicht.

Die Menschen

BEVÖLKERUNG

2003 war noch immer knapp ein Drittel der Bevölkerung ohne Trinkwasseranschluss, zwei Drittel leben ohne Stromversorgung. Besonders brisant ist die Lage für die Kleinbauern in abgelegenen Hochlanddörfern, aber auch für die Bewohner der Slums in der Hauptstadt. Mit der Landflucht, die durch zunehmende Perspektivlosigkeit in den ländlichen Gebieten verstärkt wird, vergrößern sich Jahr für Jahr die Marginalsiedlungen um die Capital herum, in denen nicht selten desillusionierende Zustände herrschen. Man schätzt, dass es alleine hier 300 illegale Siedlungen gibt. Zum Teil sind sie zu Drogenverteilungszentren verkommen wie El Gallito in der Zone 3 oder die La Limonada in der Zone 5, einer der ältesten „Slums" der Hauptstadt. Die Aussichtslosigkeit, im Land Arbeit und Auskommen zu finden, treibt seit jeher Guatemalteken ins Ausland. Mehr dazu s. Exkurs „Migration".

Menschenrechte und Kriminalität

Zweifellos ist die Frage nach Einhaltung und Respektierung der Menschenrechte das düsterste Kapitel in der Geschichte Guatemalas. 1986, nach Einführung der Demokratie, waren die Hoffnungen groß, die neue Regierung möge trotz rechter Kräfte im Land einen entscheidenden Einschnitt in der traurigen Bilanz der vergangenen 30 Jahre erreichen. Diese nämlich verzeichnet nicht weniger als 200.000 politische Morde, 40.000 Verschwundene, 200.000 Flüchtlinge, 1 Mio. so genannte *desplazados,* Vertriebene im eigenen Land, und allein zwischen 1980 und 1983 646 Massaker – 626 davon vom Militär verübt.

Die Optimisten sahen sich getäuscht. Allein in den ersten vier Jahren christdemokratischer Regierung musste der guatemaltekische Menschenrechtsausschuss – wie das Amt des Prokurators für Menschenrechte eine neue Einrichtung – fast 1000 **politisch motivierte Mordfälle** und 42 Massaker mit insgesamt 230 Toten konstatieren. Die Ermordung ranghoher Politiker, wie die des Christdemokraten *Danilo Barillas* 1989 und des UCN-Führers *Jorge Nicolle Carpio* 1993, gehörten ebenso zum politischen Alltag wie die Entführung und Ermordung mehrerer Studentenführerinnen der *Asociación de Estudiantes Universitaros* (AEU) im selben Jahr, die Enthauptung des Nordamerikaners *Michael DeVine,* die Ermordung der amerikanischen Anthropologin *Myrna Mack* 1990 und die Massaker an den Indígenas von El Aguacate 1988, Santiago Atitlán 1990 und der Finca Xamán 1995, um nur einige der spektakulärsten Fälle zu nennen. Das aufsehenerregendste Verbrechen fand 1998 mit der Ermordung des Weihbischofs von Guatemala Ciudad, *Juan Gerardi,* statt. Bei der Aufklärung der Verbrechen werden nicht selten die Verfolger zu Verfolgten. Neben dem Mangel an politischem Willen ist das einer der Hauptgründe für „erfolglose" Fahndung nach den Tätern, die jeder kennt. Fazit ist, dass es der Regierung bisher kaum gelungen ist, wirksam gegen die Menschenrechtsverletzungen im Land vorzugehen.

Nur aufgrund des politischen Drucks der USA war es möglich, wenigstens die Mörder von *Michael DeVine* und *Myrna Mack* zu verurteilen. Der vielbeklagte Zustand der *impunidad* (Straffreiheit) ist damit aber nicht im geringsten gebrochen. Doch es ist nicht zu übersehen, dass mit der Verurteilung der Mörder ein Schritt vollzogen wurde, der noch vor einigen Jahren undenkbar gewesen wäre: Militärs werden wegen politischen Mordes von guatemaltekischen Gerichten zu lebenslangen Haftstrafen verurteilt. Ein zweiter Schritt wäre nun, die Auftraggeber zur Verantwortung zu ziehen. Das aber trifft den wunden Punkt Guatemalas. Denn hier müsste die Justiz Farbe bekennen, die sich noch lange nicht von den korrupten Strukturen gelöst hat, die die Gerichtsbarkeit über Jahre hinweg geprägt haben. Wer in Guatemala Recht will, muss einen langen, langen Atem haben.

Die umfassendsten Arbeiten zur **Menschenrechtssituation** der letzten Jahrzehnte in Guatemala wurden von 1997–1998 von der unabhängigen „Wahrheitskommission" unter deutschem Vorsitz und vom REMHI-Projekt „Wiedererlangung des historischen Gedächtnisses" des erzbischöflichen Menschenrechtsbüros *ODHAG* erstellt. Die beiden Berichte: „Guatemala. Erinnerung an das Schweigen" der ersteren und „Guatemala. Nunca más!" reden Klartext. Das Vermächtnis und die Erinnerung Tausender Überlebender aus den Jahren der Repression sind hier unwiderlegbar festgehalten. Die Einhaltung der Menschenrechte überwachen soll ein staatlicher Prokurador, dessen Amt von den Vereinten Nationen 1948 geschaffen wurde. Guatemala war das erste lateinamerikanische Land, das 1985 einen Menschenrechtsbeauftragten wählte. Zu seinen wichtigsten Aufgaben zählt die Veröffentlichung und Untersuchung von Verletzungen und die Einleitung rechtlicher Schritte. Alleine im Jahr 2003 sind über 7000 Anzeigen wegen Menschenrechtsverletzungen eingegangen. Am 14. April 1998 ist Guatemala auf einer Sitzung der Menschenrechtskommission der UNO von der Liste der Länder gestrichen worden, die systematisch Menschenrechte verletzt. Dennoch begeht ein Teil der Bevölkerung seit 1980 am 21. Juni den „Tag der Verschwundenen".

Ein gegenwärtiges Problem ist die so genannte allgemeine Kriminalität, *delincuencia comun,* oder was man dafür hält. Guatemala hat es Ende der 1990er Jahre nach Kolumbien an die zweite Stelle der Kriminalstatistik gebracht. Pro Tag nimmt die Polizei 12 Morde, drei Entführungen und 24 gestohlene Wagen auf. Besonders Überfälle auf LKWs und Entführungen haben in den letzten Jahren dramatisch zugenommen. 1996 sollen so 50 Mio. Quetzales an Entführungsgelder bezahlt worden sein. Jedoch wird aus Angst nur ein Teil der Entführungen bei der Polizei angezeigt. „Anleitungen, um nicht entführt zu werden" werden dann schon einmal in der Zeitung veröffentlicht. Das Gefühl der Angst, Verunsicherung und Schutzlosigkeit ist allgegenwärtig in Guatemala. So hilft sich die Bevölkerung oft selbst. Von nachbarschaftlichen Selbstverteidigungsgruppen (*Guardianes del Vecindario*) bis hin zu Selbstjustizvergehen reicht die Gegenwehr der aufgebrachten und verängstigten Menge. Auch die Frauen der Oberschicht haben sich in der Gruppe *Madres Angustiadas* („Mütter in Angst") zusammengeschlossen, da nicht zuletzt die Kinder aus begüterten Familien bedroht sind. In Guatemala werden jährlich ca. 750 Mio. Quetzales für den privaten Schutz ausgegeben. 180 Wachfirmen, 35.000 Privatpolizisten und 150 Importeure für Alarmanlagen und Waffen werden beschäftigt.

Ein großes Problem ist das **Drogengeschäft**. Bereits in den 1980er Jahren entwickelte sich Guatemala zur bevorzugten Brücke für den Transport kolumbianischen Kokains in die USA. Die Routen verlaufen durch den Petén, Alta Verapaz und den Izabal. Experten gehen davon aus, dass der Drogenhandel, der bisher vorwiegend in den Händen der Militärs lag, sich zunehmend zu einem „Nebengeschäft" von Unternehmern entwickelt. Jedes Jahr werden Drogen im Wert von ca. 30 Mio US$ umgesetzt, darunter Marihuana, Opium, Kokain, Heroin und Crack. Die amerikanische Drogenbekämpfungsbehörde DEA hat ihre Beratung und technische Hilfe zugesagt.

Kultur

Es ist mehr als schwierig, von *der* guatemaltekischen Kultur zu sprechen. Ebensowenig kann man behaupten, dass es *den* Guatemalteken gibt. Die scharfe kulturelle Grenze zwischen Ladinos und Indígenas verhindert bis heute eine Verschmelzung der beiden Kulturen. Die Wurzeln der Indígenas gehen bis zu den Maya zurück. Trotz Kolonialisierung, Ausbeutung und Benachteiligung haben sie ihre Identität als Indígenas oder Maya, wie sie sich selbst gerne bezeichnen, weitestgehend erhalten. Sie pflegen ihre *costumbres* und leben in der für sie typischen Weise.

Das „Abkommen über die Identität und die Rechte der indigenen Bevölkerung" vom 31. März 1995 (Teil des Friedensvertrages) anerkennt zum ersten Mal die Selbstständigkeit der indigenen Kultur und respektiert sie als solche. Stand 1965 noch offiziell die Integration der Indígena-Gruppen in die *cultura nacional* festgeschrieben, so werden heute die verschiedenen Sprachen, Traditionen, Sitten, Lebensformen und Werte der Mayabevölkerung als Teil der „Nationalkultur" wahrgenommen. Der Kampf gegen die historische Diskriminierung wurde in die Verfassung mitaufgenommen.

Dass die Kultur der ladinischen Minderheit, die nun über 500 Jahre zählt, zur Nationalkultur erhoben wurde, kann man durchaus vor dem Hintergrund der Selbstüberschätzung der ladinischen Bevölkerung und der allgemeinen Diskriminierung der Maya-

Völker sehen. Denn im Vergleich zu den Ausdrucks- und Erscheinungsformen der indigenen Kultur wirkt die der Ladinos eher blass und ist extrem anfällig für Einflüsse der westlichen Moderne. Verständlich, wenn auch etwas befremdlich, ist daher die Tatsache, dass sich das offizielle Guatemala nach außen gerne mit den Attributen der indianischen Kultur schmückt. Die Web-, Holzschnitz- oder Korbflechtearbeiten, die bunten Trachten, alten Tänze, prächtigen Fiestas und geheimnisvollen Bräuche der Indígenas besitzen eine große Attraktivität und wirken auf den Besucher ungeheuer reizvoll. Dabei unterliegt vor allem die guatemaltekische Tourismusbranche der Gefahr, die Kultur der Maya als konsumfähige Folklore zu missbrauchen. Zwar erscheint uns die indigene Lebenswelt als intakt und auf den ersten Blick stabil, doch haben Entfremdung, Identitätsverlust und Konsumhaltung innerhalb der Mayabevölkerung Spuren hinterlassen, die dem aufmerksamen Beobachter in Guatemala nicht entgehen werden. Besonders krass drückt sich dieses Problem in der bewussten Angleichung an die Kultur der Ladinos aus *(aculturación)*. Dabei legen die Indígenas zunächst einmal ihre Tracht ab, bemühen sich um ein akzentfreies Spanisch und nehmen an keinen *costumbres* mehr teil. Die Frauen unterstreichen dies noch durch das Abschneiden ihrer langen Haare. Zwangsläufig entfremden sie sich dadurch auch „innerlich" von der Lebensweise, dem Denken und den Werten ihres Volksstammes. Für viele Indígenas bedeutet die Ladinisierung oder Akkulturation das Aufrücken in eine sozial höhere Schicht.

Die indigene Kultur

Sprachen

Die Zahl der in Guatemala gesprochenen **Mayasprachen** wird allgemein mit 21 angegeben. Daneben gibt es noch den Volksstamm der Garífunas und Xinca, die keine Mayawurzeln aufweisen. Da alle über eine eigene Grammatik verfügen, ist es nicht ganz korrekt, von Dialekten zu sprechen. Die Indígenas verstehen daher auch die Sprache eines anderen Stammes nicht. Eine Verständigung ist nur über die offizielle Landessprache Spanisch möglich. Die am weitesten verbreiteten Sprachen sind Quiché, Mam, Cakchiquel und Kekchí, die von insgesamt mehr als 2,3 Millionen Personen gesprochen werden.

Indios – Indígenas – Maya

Die Einheimischen Guatemalas nennen sich selbst Indígenas oder Maya. Während es in einigen Ländern Südamerikas mit einem hohen Indianeranteil wie Peru oder Bolivien durchaus üblich ist, von Indios zu sprechen, betrachten die Indígenas von Guatemala diese Bezeichnung als Schimpfwort. Jeder Reisende sollte den Begriff „Indio" in Guatemala deshalb aus seinem Wortschatz streichen und ihn durch Indígena oder Maya ersetzen. Die Bezeichnung „Maya" drückt vor allem die Zugehörigkeit zu gemeinsamen kulturellen Wurzeln aus, während der Begriff „Indígena" eher eine untere soziale Gruppe beschreibt.

Die einzelnen Sprachen entstanden erst nach dem Niedergang der Maya-Hochkultur und konnten sich in ihrer Mehrheit bis heute behaupten. Dennoch gibt es Anzeichen dafür, dass ein Teil der Sprachen vom Aussterben bedroht ist. Einer der Hauptgründe ist die Diskriminierung der Maya innerhalb der guatemaltekischen Gesellschaft. So haben Untersuchungen ergeben, dass viele Familienväter den Kindern ihre eigenen negativen Erfahrungen ersparen möchten, die darauf zurückzuführen sind, dass man sie aufgrund ihres schlechten Spanisch überall als Indígenas erkannt hat. Sie sind außerdem davon überzeugt, dass es keine perfekte Zweisprachigkeit geben kann und unterstützen daher die Anwendung des *castellano* (Spanisch) bei ihren Kindern. Angesichts der Tatsache, dass Sprache ein wichtiges Bindeglied der kulturellen Identität einer Gruppe ist, wäre vom Aussterben der Sprache die gesamte indigene Kultur betroffen. Die Regierung hat sich verpflichtet, die Anwendung aller indigenen Sprachen im Bildungssystem, ihre amtliche Anerkennung und ihre positive Bewertung zu fördern. So hat sie u.a. die *lenguas vernáculas* (einheimischen Sprachen) der Landessprache gleichgestellt und die Verfassung der Republik Guatemalas in den vier indigenen Hauptsprachen veröffentlicht. Und in der Tat gibt es heute schon eine Reihe Kinderbücher in verschiedenen Sprachen.

Das Erlernen einer der vielen Mayasprachen ist abgesehen von der Aussprache fremdartiger Klack- und

Sprachenvielfalt in Guatemala

Neben der offiziellen Landessprache Spanisch und der Sprache der Kariben (Garífunas) und Xinca sind in Guatemala ca. 21 Mayasprachen lebendig. Viele von ihnen sind in Gefahr, für immer verloren zu gehen. Dem entgegen wirkt die 1986 gegründete „Akademie für Mayasprachen" (ALMG), die die Mayasprachen fördern und deren Schreibweise vereinheitlichen will. 1991 wurde ein verbindliches Maya-Alphabet erstellt. Dennoch ist noch lange nicht klar, welche Sprache in welchem Umfang die so unterschiedlichen Maya-Volksgruppen Guatemalas repräsentieren soll. Die Liste gibt einen Überblick über die Anzahl der Mitglieder der noch existierenden Sprachgruppen.

1.	Quiché	1.000.000
2.	Mam	700.000
3.	Cakchiquel	405.000
4.	Kekchí	361.000
5.	Kanjobal	102.000
6.	Tz'utujil	80.000
7.	Ixil	71.000
8.	Chortí	60.000
9.	Pocomchí	50.000
10.	Jacalteco	32.000
11.	Pocomán	31.000
12.	Chuj	29.000
13.	Sacapulteco	21.000
14.	Aguacateco	16.000
15.	Acateco	20.000
16.	Mopán	5000
17.	Sicapakehse	3000
18.	Uspanteco	2000
19.	Tectiteco	2500
20.	Achí	500
21.	Itzá	300

Diese Sprachen sind im Friedensvertrag als Mayasprachen aufgeführt.

KULTUR

Sprachenvielfalt

	Quiché	Cakchiquel	Kekchí	Mam
Guten Tag				
zu einer weiblichen Person	sakiric nan	seker nána	ch'ona	xisji nay
zu einer mänlichen Person	sakiric tat	seker táta	ch'ocua	xisji cuxe
Danke	maltiox	matiox	bantiox	xijonte te
Bitte	chabana jun tok'ob	tabana 'utzil	ma tabanu li usilal	noj same
Entschuldigung	chacuyu nu mac	tacuyu'juba	chacuy inmac	noj same
Wie geht es Ihnen?	a utz a wach	utz avech	chan xacuil	sen taye
Aufwiedersehen	ch'abej chic	cuenta c'a	chacuil acuib	klad quib

Das Problem der Aussprache lässt sich am besten mit etwas Humor und Sprachgewandtheit lösen.

Knacklaute wegen des Mangels an niedergeschriebenen Grammatiken für einen Ausländer schwierig. Zudem gibt es nur sehr wenig Literatur, da die Legenden, Lieder und Gebete seit jeher mündlich weitergegeben wurden.

Tracht

Betrachtet man frühe indianische Trachten auf Abbildungen oder die schöne Trachten-Sammlung im Ixchél-Museum von Guatemala Ciudad, erkennt man, dass Farben, Formen und Muster sich laufend verändert haben. Verallgemeinernd lässt sich sagen, dass die Farben der Trachten mit der Anwendung von synthetischen Färbemitteln greller geworden sind und die Ausschmückung der Kleidungsstücke mit kleinen Mustern fantasievoller und verschwenderischer gestaltet wird. Liebhaber alter pflanzengefärbter *huipiles* müssen schon einige Hundert Quetzales für ein derartiges Souvenir bezahlen.

Die Tracht ist keine Erfindung der Maya. Vielmehr wurden die Einheimischen Guatemalas von den Spaniern im 16. Jahrhundert je nach Dorf in unterschiedliche Kleidung gezwungen, um sie voneinander unterscheiden zu können. Erst im Laufe der Zeit wurde die *traje* (Tracht) zu einem Identifikationsmuster und zur Trägerin unterschiedlicher Symbolgehalte. Doch bis heute haben sich Schnitte und Muster aus der kolonialen Zeit erhalten, wie die „Offiziersjäckchen" der Männertracht von Solojá oder der Faltenrock der Frauen in Quetzaltenango oder im Verapaz.

Die Frauen- und Männertracht eines jeden Dorfes hat ihren eigenen Ausdruck. Keine gleicht der anderen. Dennoch sind ihnen grundsätzliche Züge gemeinsam. Die **Kleidung der Frauen** besteht aus einem *corte* oder *refajo* (Rock). Dies ist ein aus mehreren Bahnen zusammengenähtes viereckiges Stück Stoff, das entweder eng um die Hüften gelegt *(corte envuelto)* oder als Faltenrock getragen wird *(corte plegado)*. Die Länge des *corte* zeigt oftmals den Familienstand der Frau an. Der *corte* wird zusammengehalten von einer *faja* (Gürtel), die einmal oder mehrmals um die Taille geschlungen wird. Besondere Aufmerksamkeit, was die Herstellung und Ausarbeitung anbetrifft, wird dem *huipil* (Bluse) geschenkt. Je nach Klima der Region ist er unterschiedlich dick gewebt. In den kälteren Hochlandgegenden wird der *huipil* in den *corte* gesteckt, im wärmeren Dept. Alta Verapaz beispielsweise tragen ihn die Frauen dagegen kurz und lässig über dem *corte*. Beide Male handelt es sich aber in der Regel wie beim Rock um ein großes viereckiges Stück Stoff mit Öffnungen für Kopf und Arme, wobei die Schultern wie falsche Ärmel bis zu den Ellbogen reichen können. Die dekorativen Nähte *(randas)* zwischen den Stoffbahnen sind wie beim *corte* Teil der Tracht. Insbesondere *huipiles* sind seit vielen Jahren Souvenir- und Modeartikel geworden. So schmücken sich vor allem Indígenas in den Städten besonders gern mit den schönsten *huipiles* des Landes, gleichwohl sie von ihrer Herkunft eine andere Tracht gewöhnt sind.

KULTUR

Der **Kopfschmuck der Frauen** besteht aus ein oder zwei Tüchern, die als *tzutes* gegen die Sonne auf dem Kopf getragen werden. In manchen Gegenden verwenden die Indígena-Frauen nur bunte Seidenbänder (*cintas*), die sie auf verschiedene Arten kunstvoll ins Haar flechten. Einzigartig in Guatemala sind die roten *tocoyales* der Frauen aus Santiago Atitlán. Dabei wickeln sie sich ein meterlanges Band so oft um den Kopf, bis der typische „Heiligenschein" entsteht. Leider machen sich nur noch einige wenige alte Frauen im Dorf die Mühe, einen *tocoyal* zu binden. Er ist übrigens auch auf der 25-Centavo-Münze, dem „Choca", abgebildet.

Ein wichtiges Utensil ist die *perraje*, ebenfalls ein gewebtes Tuch, das den Frauen zu verschiedensten Zwecken dient. Meist wickeln sie darin ihre Babys ein, die sie auf ihrem Rücken festbinden. Der Schriftsteller *Luis Cardoza y Aragón* fand dafür einmal das schöne Bild: *Envuelto como un tamalito*, eingewickelt wie ein kleiner Tamal. Die Indígena-Frauen benützen die *perraje* aber auch als Einkaufstasche und als Schulter- oder Kopftuch. Bei größeren Ausgaben der *perraje* handelt es sich um *rebozos*, in die man sich voll einwickeln kann, wie das die Frauen aus Zunil, Dept. Quetzaltenango, tun. Viele Indígena-Frauen haben eine Vorliebe für Halsketten und Ohrringe. Die

Ketten bestehen oft aus alten Münzen (*macacos*) oder aus bunten Perlen, die wie in San Antonio Palopó am Atitlán-See ein Bestandteil der Tracht sind.

Auch der **Männertracht** sind grundsätzliche Züge gemeinsam. Sie ist jedoch längst nicht mehr so verbreitet wie die traditionelle Kleidung der Frauen. Sie lehnte sich in viel stärkerem Maße an die spanische Tracht des 17. Jahrhunderts an. Im Allgemeinen besteht die indianische Männerkleidung aus *pantalones* (Hosen), die mit mehr oder weniger auffälligen Mustern unterschiedlich lang gewebt sind. Eine Besonderheit ist die wollene Überhose der Indígenas aus Todos Santos Cuchumatán. Mit oder ohne Hosen wird der *rodillera*, ein derber dunkler Teppichrock, z. B. in San Antonio Palopó am Atitlán-See getragen. Die *camisas* (Hemden) der Männer sind oft kragenlos und besitzen, wie diejenigen aus Todos Santos und Nahualá, bunte Muster. In den kälteren Regionen tragen die Männer in einigen Dörfern einen braun-weiß-gestreiften *capixaij* (Umhang) aus Schafwolle, der mit Fransen verziert ist. Er ist in Anlehnung an die Umhänge der spanischen Mönche entstanden. Die *pantalones* werden durch breite *cinchos* oder *bandas* (Schärpen) zusammengehalten. Bei den Indígenas von San Martín Sacatepéquez hängen die Enden auf dem Rücken lose herunter. Auch bei den Männern gehört der *tzute* zur Tracht. Als Kopfschmuck wird er jedoch nur noch von den Angehörigen der *Cofradías* (religiöse Bruderschaften) getragen und ist weitestgehend von den allgemein üblichen Strohhüten ersetzt worden. Aus demselben Material wie der *rodillera* oder der *capixaij* sind die *chaquetas* (Jacken), deren Schnitt meist kurz ist und Verzierungen aufweisen. Die groben Ledersandalen werden *caites* genannt. Ebenfalls zur Tracht gehört die *bolsa* (Tasche). Sie ist entweder gehäkelt, gestrickt oder gewebt. Kein Bestandteil der Tracht, aber ebenfalls ein wichtiges Utensil ist die Machete und der *azadon* (Hacke), ohne die ein Campensino nicht aufs Feld geht.

Ein hervorstechendes Merkmal der indianischen Trachten ist das **Ikat-Muster,** das in Guatemala *jaspe* genannt wird und das durch eine spezielle Art des Einfärbens der Baumwollfäden erreicht wird. Die *jaspe* ist allerdings nichts typisch Guatemaltekisches, ihr Ursprung ist vielmehr in Indien zu suchen. Zentrum der guatemaltekischen Jaspe-Technik ist Salcajá bei Quetzaltenango.

Unter den **Symbolen,** die in die Trachten eingewebt werden, sticht die Sonne als Zeichen für den Mann und der Mond als Zeichen für die Frau auf vielen Kleidungsstücken hervor. Als Besonderheit blickt von der Männerjacke aus Nahualá ein doppelköpfiger Adler herab. Ein Überbleibsel aus der Zeit *Karls V.*, dem ersten habsburgischen König von Spanien 1516. Der Doppelkopfadler findet sich außerdem an den Wänden einiger Kirchen (San Francisco El Alto, San Cristóbal Totonicapán) und auf gehäkelten Taschen. Erhalten hat sich auch das Emblem des Cakchiquel-Herrscherhau-

Die Farben der Maya

Die Farbenpracht der indianischen Trachten ist legendär. Niemand kann sich der Schönheit dieser verschwenderischen Fülle an Farben, Formen und Mustern entziehen, die uns geballt in den Dörfern und auf den Märkten des guatemaltekischen Hochlandes entgegenleuchtet.

Guatemala ist mit Zentralindien und Bali eines der großen Färbe- und Webzentren der Welt.

Gewoben wurden Pflanzenfasern, vor allem Sisal-Agave und Baumwolle, bis mit den Spaniern auch die Schafwolle und die Seide Einzug hielten. Die Rohstoffe für die Farben wurden ebenfalls der Pflanzen- und Tierwelt entnommen. Das Wissen um die Kunst des Färbens, die Bedeutung der Farben und Muster wurden durch Geschichten, Erzählungen und Legenden an die nachfolgenden Generationen weitergegeben.

Schwarz war die Farbe des Krieges, denn es war die Farbe des Obsidians, aus dem die Maya Speerspitzen und Messer herstellten. Es wurde aus dem *Palo de Campeche (Haematoxylon campechianum)* gewonnen und mit Kupfer oder Holzasche fixiert wie fast alle Farben. **Braun** wurde aus gemahlener Erlenrinde *(ixcaco)* hergestellt. Die natürliche braune Baumwolle heißt *cuyuscate* und wurde, im Gegensatz zur weißen Baumwolle, für die Kleidung der gewöhnlichen Bevölkerung verwendet.

Aus den getrockneten Weibchen der Koschenille-Laus *(Dactylopius coccus cacti)*, einer schmarotzenden Schildlausart, wurde der leuchtend **rote** Farbstoff Karminsäure gewonnen. Die rote Farbe wurde eines der wichtigsten Exportprodukte des spanischen Kolonialreiches. Weniger stark und lichtecht war das Rot einer verwandten Art des *Palo de Brasil (Haematolxylum brasiletto)*, das aber billiger war als die Zucht der Koschenille. Heute kommen die roten Baumwollstoffe aus Manchester, sie heißen *crea*. Sie bleichen nicht aus, wie die Cortes der Indígenas aus Nebaj, Tamahú und Tactic zeigen. Fast nur noch als Lebensmittelfarbstoff wird die in Guatemala weit verbreitete Achote *(Bixa orellana)* verwandt, die auch als Annottastrauch bekannt ist. Zu Mayazeiten lieferte die Achote ein schönes **Orange** für die Textilfärberei.

Auch Indigo *(Indigofera suffruticosa)* gehörte zu den bedeutendsten Ausfuhrartikeln während der Kolonialzeit. Der **blaue** Farbstoff wurde aus den Blättern dieser Pflanze mittels Vergärung und Oxidation extrahiert. Gewöhnlich kam Indigo als trockener „Kuchen" aus El Salvador und wurde zum Färben wieder in Wasser aufgelöst. Noch heute wird das pflanzliche Färbemittel *sacatinta* benutzt, um Baumwolle hellblau zu färben. *Palo amarillo* nennen die Maya den Baum, aus dem sie das **Gelb,** die Farbe des Maises, gewannen. Aller Wahrscheinlichkeit nach handelt es sich um eine Pflanze, die zur Familie der Maulbeerbäume gehört *(Maclura tinctoria)*. **Grün**, wie die Farbe der Quetzalfedern, war eine Mischung aus Indigo und dem „Gelben Baum".

Später als alle anderen Farben taucht **Violett** auf. Man gewann es aus den Sekreten bestimmter Mollusken, vor allem der Purpurschnecke *(Purpura patula pansa)*. Entsprechend ihrer Herkunft aus dem pazifischen oder atlantischen Ozean roch dieser Farbstoff immer ein wenig nach Fisch.

Da Farbstoffe nicht nur zum Einfärben von Textilien verwendet wurden, sondern auch zum Färben von Federn und Leder oder zur Verzierung des Körpers und somit zum Teil rituelle Bedeutung erlangten, waren Färbemittel wertvolle Handelsgüter.

Schon lange haben die synthetischen Fasern und Farbstoffe den Markt erobert und werden aufgrund ihres günstigeren Preises angenommen. Auch die Trachten selbst scheinen nicht mehr nur der Tradition, sondern auch der Mode unterworfen. Dennoch ist die indianische Tracht immer noch und in manchen Gegenden wieder verstärkt das Symbol einer erstarkenden ethnischen Identität.

ses, die Fledermaus, auf der Jacke der Männer aus Sololá.

Viele der Symbole, die in die indianischen Trachten eingewebt werden, sind den Indígenas heute unbekannt. Eine Folge davon ist die Verfremdung der Muster und ihre größere Anfälligkeit für Modetrends. Die Zeiten, als eine Indígena mit dem Verkauf ihres Huipil ihre Seele verkaufte, sind vorbei. In Touristenzentren wie Chichicastenango ist die indianische Tracht zur Marktware geworden und wird bewusst eingesetzt, um die reichen Touristen zum Kauf der Webwaren zu bewegen.

Noch etwas wird keinem Guatemala-Reisenden entgehen: die Durchsetzung einer **Einheitstracht** bei den Frauen und der Einzug westlich geprägter Kleidung minderer Qualität bei den Männern. So ist die Beibehaltung der traditionellen Männertracht einer ganzen Region wie in den Dörfern rund um den Atitlán-See bereits die Ausnahme im guatemaltekischen Hochland.

Die Gründe für diesen bedauerlichen Zustand liegen zu einem großen Teil sicherlich im allgemeinen Kultur- und Identitätsverlust der Indígenas. Denn auch an ihnen sind die Neuerungen des 20. Jahrhunderts nicht spurlos vorübergegangen, die u.a. das ästhetische Empfinden in der Kleiderfrage nachhaltig beeinflusst haben. In vielen Fällen ist es Ausdruck der Ladinisierung.

Das Tragen einer Tracht wird für viele Indígenas nach eigener Aussage immer häufiger zu einer Geldfrage. Die kunstvoll gefärbten Baumwollstoffe sind sehr teuer. Die Touristen tragen nicht wenig dazu bei, dass die Preise einen Stand erreichen, der für die einheimische Bevölkerung nicht mehr bezahlbar ist.

Ernährung

Grundnahrungsmittel aller Indígenas sind **Mais** und **schwarze Bohnen** *(frijoles)*. Mais wird in Form von Tortillas (Fladen) oder *tamales* (Knödel) zubereitet. Letztere werden in Maisblätter gewickelt. Brot kommt zwar immer mehr in Mode, ist aber hauptsächlich an traditionelle Feiertage gebunden. Erweitert wird der Speiseplan durch Kartoffeln oder Reis. Beliebt sind auch Nudeln. *Paches* bestehen aus Kartoffelmasse mit ein wenig Hühnerfleisch und werden in Bananen- oder Xateblätter gewickelt. Da jede Bauernfamilie eine Anzahl Hühner besitzt, gehören Eier zum festen Bestandteil der Ernährung.

Frisches **Gemüse** ist so wenig alltäglich wie Fleisch. Ein kleiner Haus- oder Gemüsegarten hat keine Tradition unter den guatemaltekischen Maya. So sind die Familien beim Einkauf von Gemüse auf den Markt angewiesen. Zusammen mit dem Mais werden in vielen Gegenden Kürbisse (*ayote*) angebaut. Auch die großen, weißen Saubohnen (*habas*) kommen vom eigenen Acker. Meist ist das Gemüse ein Bestandteil der Suppen. Kochbananen (*platanos*) werden auf dem Markt ge-

Die Küche bei den Indígenas

KULTUR

kauft. Sie sind größer als Obst-Bananen und billiger.

Die **Getränke** bereiten die Indígenas selbst zu. Beliebt ist der *atole*, den es in vielen Geschmacksrichtungen gibt. Die häufigsten *atoles* sind aus Mais oder Reis, wobei in vielen Fällen einfach das dickflüssige Restwasser vom Mais- oder Reiskochen stark gesüßt wird. Ähnlich ist *pinol*, bei dem geröstetes Maismehl mit Wasser, Zucker und Kakao aufgekocht wird. Die Zubereitung von Kräutertees ist eine Spezialität der Campesinos. Der Kaffee dagegen ist meist eine mit *panela* (Rohzucker) stark gesüßte braune Brühe, die, je nach Wohlstand der Familie, oft nur aus aufgekochten Kaffeeschalen besteht.

Literatur

Von den alten Überlieferungen der Indígenas ist wenig übriggeblieben. Doch gibt es einige Texte, die von der Mayabevölkerung nach der Eroberung geschrieben worden sind und von der Geschichte ihres Volkes erzählen.

Das berühmteste unter allen entdeckten Dokumenten ist das **Popol Vuh,** das Buch des Rates, in dem sich Mythos und Geschichte durchdringen. Es wurde in der Quiché-Sprache verfasst und besteht aus drei Teilen. Der erste Teil erzählt von der Erschaffung des Menschen, der zweite von den Abenteuern der Halbgötter Hunahpú und Ixbalanqué, und der dritte Teil schildert die Gründung des Quiché- und Cakchiquel-Stammes, ihre Kämp-

Der Mais

Alten Maya-Mythen zufolge wurde der Mensch aus Mais erschaffen. Diese Schöpfung glückte den Göttern jedoch nicht beim ersten Mal. Der Popol Vuh berichtet von zwei gescheiterten Versuchen. Danach war der erste Mensch aus Lehm. Da er zu weich war und ohne Kraft, den Kopf nicht rückwärts wenden konnte und sich im Wasser auflöste, versuchten es die Götter mit Wesen aus Holz. „Aber sie hatten keine Seele, keinen Verstand, sie erinnerten sich nicht des Schöpfers und Formers. Ziellos gingen sie herum und auf allen vieren liefen sie." Eine Katastrophe brach kurz darauf über sie herein „und man sagt, die Nachkommen jener seien die Affen, die heute in den Wäldern leben. An ihnen kann man jene erkennen, denen Schöpfer und Former das Fleisch aus Holz machten. Darum gleicht der Affe dem Menschen, als Erinnerung an eine Menschenschöpfung, an Menschen, die nichts waren als Puppen aus Holz."

Nach langen Beratungen gelangten die Götter zu der Einsicht, dass einzig der Mais als Lebensstoff die Schöpfung vollenden könne. Vier Tiere, die Wildkatze, der Coyote, der Papagei und der Rabe zeigten ihnen den Weg nach Paxil, wo sie den gelben und den weißen Mais finden sollten. Aus Maiskolben, Maisbrei und Wasser formten sie „gute und schöne Menschen". Deren Weisheit jedoch war so groß, dass sich die Götter gezwungen sahen, ihnen einen Schleier über die Augen zu werfen. So weit die Legende der Erschaffung des Menschen aus dem Popol Vuh, jenem alten Buch des Quiché, das uns Einblick in die Mythologie und Geschichte dieses Stammes vermittelt.

Der Mais ist heilig. Er war die Ernährungsgrundlage der Maya, und er ist es bis heute geblieben. Die Maya verehrten den Mais als göttliches Wesen, und seine Aussaat war von streng geregelten Riten begleitet. Das Maiskorn in der Erde gleicht einem Kind im Mutterleib, und die Phasen des Pflanzenwachstums entsprechen der Entwicklung des Menschen. Die vielen Darstellungen zum Thema „Mais" in der Maya-Kunst beweisen die außergewöhnliche Bedeutung, die ihm innerhalb der religiösen und alltäglichen Welt zukommt. Insgesamt 114 Mal wird der Maisgott in den drei überlieferten Codices erwähnt und steht damit nach dem Regengott und dem Schöpfergott an dritter Stelle. Die Personifikation der Maispflanze mit einem Gott erklärt auch, weshalb in *Miguel Asturias'* Roman „Die Maismänner" der Kampf gegen die so genannten „Maiceros" aufgenommen wird: Die Herabwürdigung der heiligen Pflanze zum Handelsobjekt durch die Maiceros verletzt die magisch-religiöse Wesenheit des Maises und zerstört außerdem den kostbaren Wald, den die Geschäftemacher dafür roden müssen.

Der Mais der Maya war ein Wildgrasgewächs, das vermutlich aus dem wilden mexikanischen Gras *Teosinte* hervorgegangen ist, das noch ungeschützte Körner anstatt eines Kolbens in eingekapselten Früchten trug. Die geringe Größe der im Tehuacántal (Puebla) gefundenen Kolben lassen auf hirsegroße Maiskörner schließen. Erst mit dem Übergang von der Sammelwirtschaft zum geregelten Feldbau um 3000 v. Chr. bemühte man sich um die Züchtung von Kulturpflanzen. Erste Erfolge erzielten die Maya durch die Kreuzung von *Zea mays* und *Tripsacum,* einer mit der Zea-Familie verwandten Grasart. Schon um die Zeit 200–700 n. Chr. erreichten die Maiskolben die vier- bis fünffache Größe (8–10 cm). Vor allem im Westen Guatemalas boten die geographischen Gegebenheiten beste Voraussetzungen für die Züchtung vom Mais. Es ist kein Zufall, dass die mythische Heimat des Maises gerade hier ist.

Neben dem Bohnenanbau war der Maisanbau Wegbereiter für die zivilisatorische Entwicklung der Maya. Wie in anderen Ländern ermöglichte erst die kontinuierliche Produktion eines lagerungsfähigen Grundnahrungsmittels über den Subsistenzbedarf hinaus die Entstehung einer Hochkultur. Nach alter Tradition steht der Mais auch heute noch mit Bohnen und Kürbissen auf einem Feld. Der Mais dient den Bohnen als Kletterstange, während diese als Leguminose die Maisstaude mit Stickstoff und Mineralstoffen versorgt. Die Kürbisse mildern mit ihren großen Blättern die erosive Kraft des Regens und stellen viel Biomasse zur Einarbeitung in den Boden bereit.

Je nach Bodenbeschaffenheit geschieht die Aussaat des Maises mit einem Pflanzstock, wie ihn schon die Maya benutzten. In eine kleine Furche werden fünf bis sieben Maiskörner zusammen mit Bohnen gelegt. Von Zeit zu Zeit werden die heranwachsenden Stauden „verhüllt", d. h. man häuft am Fuß der Pflanze Erde zum Schutz gegen den Wind auf und intensiviert die Düngung. Bei den Maya symbolisierte dieser kleine Hügel einen Altar oder eine Pyramide, der als Sockel für den Gegenstand der Verehrung, den Mais, diente. Mitte August werden die reifen Maiskolben auf der *milpa* (Feld) umgeknickt und die Stauden stehengelassen. Dies hat den Vorteil, dass kein Wasser in die reife Frucht eindringen kann, eine bessere Durchlüftung gewährleistet ist und das Korn vor Vögeln und Ungeziefer besser geschützt wird als im Maisspeicher.

Im Petén ermöglichen die fast ganzjährigen Niederschläge den Bauern jährlich eine zweite Maisernte vom selben Feld. Wenn es sich ein Bauer leisten kann, von der Regierung angebotenes Ackerland im Tiefland zu erwerben, nutzt er den Vorteil der Doppelernte, um mit dem Ertrag seine Familie im Hochland durchzubringen.

Die einseitige Ernährung der Maya mag verwundern. Doch man weiß heute, dass der Mais wichtige Aminosäuren enthält. Um die fehlenden zu ersetzen, wird der Mais mit Bohnen gegessen, und um die chemisch gebundenen zu lösen, werden die Maiskörner in Kalkwasser eingeweicht. Die Alkalilösung erschließt dadurch die Aminosäure, die zum Aufbau lebenswichtiger Proteine benötigt wird. Die Maya nennen das Einlegen des Maises in Kalkwasser *Nixtamal*. Die eingeweichten Körner werden entweder von Hand auf einem steinernen Mahltisch *(metate)* gemahlen, oder die Hausfrauen gehen damit zu einer Mühle, die es in jedem größeren Dorf gibt.

Es ist geradezu paradox, dass das Agrarland Guatemala mit einem so weit verbreiteten Grundnahrungsmittel wie Mais ausgerechnet dieses Produkt jährlich in großen Mengen importieren muss. Die Orientierung auf eine gewinnbringende Agrarexportproduktion (Kaffee, Bananen, Zuckerrohr etc.) und die Ausbreitung des Großgrundbesitzes verwies den Maisanbau sukzessive von günstigen Standorten auf schlechtere Böden. Dort ist ein Anbau katastrophal. Die Weitständigkeit der Stauden an den Hängen begünstigt Bodenabspülung und Erosion. Landknappheit verhindert außerdem die Einhaltung einer Brache. „Mais macht den Boden arm und niemanden reich", heißt es in den „Maismännern" und bringt damit ein Kernproblem zum Ausdruck, das für die guatemaltekischen Hochlandbauern alltägliche Realität geworden ist. Der Mais wird jedoch mit der schwarzen Bohne *(frijol)* immer die Ernährungsgrundlage der Maya bleiben.

Maisgott

fe und Herrscherhäuser sowie ihr Ende. Das Manuskript dieser kosmologischen Sagen- und Legendensammlung wurde von dem Dominikaner *Francisco Ximénez* Ende des 17. Jahrhunderts in Chichicastenango entdeckt. Er kopierte und übersetzte die Schrift ins Spanische, die erstmals 1857 von dem Österreicher *Carl Scherzer* publiziert wurde. Scherzer stieß zufällig auf die Übersetzung von *Ximénez*, die lose einer Reihe von Grammatiken beigegeben war, an denen sich der Spanier aufgrund seiner hervorragenden Sprachkenntnisse versucht hatte. Erst in der französischen Ausgabe des *Abbé Brasseur de Bourbourg* von 1861 erregte das Popol Vuh Aufsehen als eine der großen Schriften der Menschheit. Jedoch ist vom Inhalt des Popol Vuh im Alltagswissen der Indígenas sehr wenig bekannt.

Ein weiterer Text, der mit dem Popol Vuh in enger Verbindung steht, ist das ebenfalls in Quiché-Sprache verfasste **Titulo de los Señores de Totonicapán.** Als Autor tritt *Diego Reynoso* auf, ein Maya von hohem Rang, der die Zerstörung der Quiché-Hauptstadt Utatlán miterlebte. Das Titulo wird von der Wissenschaft heute als die „Kurzform des Popol Vuh" interpretiert. Es wurde um 1554 geschrieben und ist knapp 200 Jahre später von einem Indígenapfarrer übersetzt worden.

In der Cakchiquel-Sprache verfasst sind die **Anales de los Cakchiqueles,** die auch *Memorial de Sololá* genannt werden. Auch sie erzählen die Geschichte des Stammes und ihrer Herrscherfamilien und berichten von den letzten Jahren vor der Eroberung durch die Spanier.

1862 veröffentlichte der oben erwähnte *Abbé Bourbourg* das Tanzdrama **Rabinal Achí,** das einzige seiner Art in der Literatur der Indígenas. Der Franzose hatte das mündlich überlieferte Stück niedergeschrieben, das von der Unterwerfung eines Quiché-Häuptlings handelt. Vor seiner Hinrichtung tanzt der Häuptling dabei in Jaguarverkleidung vor seinem Bezwinger. Das Stück soll jedoch schon vor *Bourbourgs* Aufzeichnungen nicht mehr aufgeführt worden sein.

Ein fünftes Dokument verdient Erwähnung: Das **Chilam-Balam** ist eine Sammlung von mehreren Erzählungen bzw. Büchern, die die Chronik von 1400 Jahren Maya-Geschichte umfassen. Die Sammlung wurde in Yucatán gefunden und wird gemeinhin als die Kollektion der Wahrsagebücher des Jaguarpriesters bezeichnet. *Chilam Balam* war Prophet und hatte Verbindung zu den Göttern, als deren Sprachrohr er fungierte. Seine schrecklichste Prophezeihung stellte die der Unterwerfung des Maya-Volkes dar, die mit der Ankunft der Spanier Wirklichkeit wurde.

Musik, Tänze, Fiestas

Höhepunkt des Jahres im Leben eines Dorfes ist der **Tag des Schutzheiligen,** der mit einer mehrtägigen Fiesta *(Fiesta titular)* begangen wird. Hauptattraktion sind dabei die verschiedenen Tänze. Was wir heute allerdings an musikalischen Darbietungen im kulturellen Leben der Indígenas erleben, ist außerordentlich stark von der Kolonialzeit beeinflusst. Bei Musik und Tanz handelt es sich um eine Mischung von einheimisch-kolonialzeitlich-moderner Interpretation von Stücken, deren Ursprung kaum mehr zu erfassen ist. Reine indigene Musik gibt es praktisch nicht mehr. Bei den Tänzen werden dem *Baile de la Culebra* (Schlangentanz), dem *Baile de los Gracejos* (Tanz der Anmut) und dem *Danza del Venado* (Hirschtanz) vorkolumbischer Charakter zugeschrieben. Die beiden ersten werden allerdings sehr selten aufgeführt.

Vor der Ankunft der Spanier 1523 wurde in religiös-mythischen Zusammenhängen getanzt. Obwohl die Missionare beim Anblick der heidnischen Huldigungen an die Götter erschauderten, erkannten sie darin gleichzeitig ein gutes Mittel zur Christianisierung. So schrieben sie selbst Tanzstücke, die die Maya aus didaktischen Gründen selbst aufführen mussten.

Große Aufmerksamkeit schenkt man in Guatemala den **Kostümen, Perücken und Masken.** Dafür gibt es speziell eingerichtete Kostümverleihhäuser, so genannte *morerías,* deren Gebühren sehr hoch sind. Doch den *Cofradías* (Laienbruderschaften), den traditionellen Ausrichtern einer Fiesta, ist nichts zu teuer, wenn es um die Ausstattung der Tänzer geht. Sie sind ebenso für die Einübung der Tänze verantwortlich, die bereits Monate vorher beginnen. Die Tänzer, ausnahmslos Männer, müssen kräftig gebaut sein, um die anstrengenden Tage durchzustehen. Denn nicht nur das ständige Sich-im-Kreis-Drehen unter schweren Kostümen und engen Masken kostet Kraft, sondern auch der Konsum von unglaublichen Mengen an Alkohol, der heute teilweise zur Choreographie gehört.

Der bekannteste aller **Tänze** ist der *Baile de la Conquista* (Eroberungstanz). Nach den Berichten eines Dominikanermönchs vergab der erste Bischof Guatemalas, *Francisco Marroquín,* anlässlich seines Geburtstages den Auftrag, ein Stück zu schreiben, das man unter freiem Himmel auf der Plaza in San Juan del Obispo (bei Antigua) aufführen sollte. Darin wurde die Niederschlagung der Quichés unter *Tecún Umán* durch *Pedro de Alvarado* nachgespielt. Die Konquistadoren treten dabei mit rosafarbener Haut und langen Goldlocken auf. Im Laufe der Jahre wurde das Stück umgeschrieben und verändert. Gewöhnlich spielt zum Eroberungstanz nur eine *chirimía* (Flöte) und ein *tambor* (Trommel), doch das wird nicht mehr so streng genommen. Das Schönste am *Baile de la Conquista* sind zweifellos die aufwendigen Kostüme, die den Reiz des Tanzes ausmachen. Eine nachvollziehbare Spielhandlung oder das Rezitieren von Texten scheint zweitrangig zu sein. Für die Kinder, Frauen und Männer des Dorfes und der Umgegend ist die Fiesta mit ihrem ganzen Trubel ohnehin viel aufregender als die Geschichte der Helden *Tecún Umán* und *Pedro de Alvarado,* von denen die wenigsten eine Vorstellung haben.

KULTUR

Der *Danza del Venado*, der Hirschtanz, wird in verschiedenen Versionen aufgeführt. Der Hirsch als Personifikation des Kriegsgottes wird bereits im Popol Vuh erwähnt. Der Tanz symbolisiert die Jagd des Menschen auf das Wild und wurde als „Jagdtanz" von den Maya zelebriert. Die heutige Spielhandlung zielt darauf, den Hirsch zu jagen und ihn am Ende dem Schutzpatron des Dorfes zu opfern. Eine gute Aufführung des Hirschtanzes bietet die Stadt Coatepeque im Dept. Quetzaltenango Mitte März.

Neben den erwähnten gibt es noch eine ganze Reihe weiterer Tänze. Der *Baile de los Toros* oder *Danza del Torito* (Tanz der Stiere) und der *Baile de Diablos* (Teufelstanz) ist ebenso ein beliebter Tanz wie der *Baile de los Moros* (Mohrentanz), der als Grundlage den Kampf zwischen Spaniern und Arabern hat. In die Reihe der zeitgenössischen Tänze muss zweifellos der *Baile de las Disfrazes* aufgenommen werden. Es handelt sich hierbei um die Präsentation bekannter und weniger bekannter Comicfiguren wie etwa Batman, Mickey Mouse, Snoopy und dergleichen mehr. Man darf über den Import amerikanischer Comic-Helden in die indianischen Dörfer geteilter Meinung sein, sie haben jedenfalls nicht nur bei Kindern einen großen Erfolg.

Unter den **Musikinstrumenten,** die eng mit Guatemala und seiner Musiktradition verbunden sind, ist zweifellos die *Marimba* an erster Stelle zu erwähnen. Begleitet werden Marimbaklänge auf Fiestas oft von einer *Chirimía*, einer Holzflöte und dem *Tambor*, einer einfachen Trommel. Die aus Schilfrohr gefertigte *Tzijolaj* mit drei oder vier Grifflöchern und die *Okarina*, eine aus Ton gebrannte Pfeife in Form einer tierähnlichen Gestalt, gehören ebenfalls zu den indianischen Flöten. Prähispanischen Ursprungs ist das *Tun*, ein Holzschlaginstrument, das aus einem ausgehöhlten Baumstamm geschnitzt wird und deswegen die Form eines Zylinders besitzt. In diesen wurden zwei parallelverlaufende Schlitze eingeschnitten und das Mittelstück noch einmal dazu quer geteilt (Buchstabe H). Beim Anschlagen mit kleinen Klöppeln erinnert der Klang des Tun an eine Marimba. Auch die *Adufa* gehört zu den Schlaginstrumenten vorkolumbischen Ursprungs; es war (ist) vor allem bei den Quiché sehr beliebt. Dabei wird eine Hirschhaut zwischen zwei Holzgestelle gespannt und erhält die Form und Größe einer Tasche. Andere Klänge entlocken die Musiker der Tritonmuschel, genannt *Caracol*, die auch bei den Garífunas an der Karibikküste verwendet wird. Diese machen damit eine Musik, die sich *El Anuncio* (Ankündigung) nennt, weil mit den Muschelklängen die Rückkehr der Fischer angekündigt wurde. Die Indígenas dagegen sollen das Caracol nur im Krieg benutzt haben. In Livingston spielen die Schwazren noch immer das *Ayotl*, ein Schildkrötenpanzer, der mit einem Knochen geschlagen wird. Von den Spaniern übernommen haben die Indígenas die Gitarre, Violine, die *Matraca* (Rätsche), das *Tambor* (große Trommel) und die Harfe.

Die Marimba

Die Marimba stammt zwar nicht aus Guatemala, sie ist aber zweifellos *das* guatemaltekische Musikinstrument. Wenn Indígenas und Ladinos eines gemeinsam haben, dann die Vorliebe für die Marimba. Sie ist trotz des massiven Einflusses der USA auf die gesamte Kultur des Landes nicht zu verdrängen, auch wenn sich die einheimischen Rhythmen im Laufe der Zeit mit westlichen, insbesondere spanischen vermischt haben und professionelle Marimba-Bands heute schon das Repertoire internationaler Standardstücke im Programm haben.

Die Marimba wurde von Sklaven aus Afrika im 17. Jahrhundert über die Westindischen Inseln nach Guatemala gebracht. Schon zur Einweihung der nach einem Erdbeben (1651) rekonstruierten Kathedrale von Antigua spielte 1680 eine Marimba, und 50 Jahre später war das Instrument in ganz Guatemala populär. Als Resonanzkörper wirken ausgehöhlte Kalebassen (*Crecentia alata*) unter den Klangblättchen, die Tecomates genannt werden, heute aber größtenteils durch klangvollere Hölzer ersetzt werden. Gespielt wird mit zwei Kautschukklöppeln in jeder Hand, ähnlich dem Marimbaphon bei uns.

Während die Marimba lange Zeit nur von einem Spieler gespielt wurde, erschien Ende des Jahrhunderts die „doppelte" Marimba oder „Cuache". Heute werden bis zu drei oder vier große Marimbas gleichzeitig gespielt, wobei an jeder Marimba durchschnittlich vier Männer stehen. Es gibt Hunderte von Marimba-Gruppen in Guatemala, und noch immer gilt der Besuch einer der berühmten Marimba-Schulen im Land als etwas Besonderes.

Bei indianischen Fiestas, Tanzveranstaltungen, offiziellen Anlässen, in gediegenen Hotels und Restaurants, kurz, dort, wo sich Guatemala zeigt und zeigen will, ist die Marimba dabei. Und wie vor 300 Jahren ist das Instrument eine Domäne der Männer. Man wird nie eine marimbaspielende Frau sehen.

KULTUR

Wie die **Musik** der Indígenas vor der Eroberung der Spanier geklungen haben mag, ist heute nicht mehr recht nachzuvollziehen. Der berühmteste Forscher altindianischer Musiktradition, *Jesus Castillo*, vertrat die Meinung, dass die Flötenklänge der Hirtenmelodien aus der Natur entnommen wurden. Er glaubte in einem Vogel namens *Zenzontle*, dem „Vogel der vierhundert Stimmen", einen Schlüssel für die Musik der Indígenas gefunden zu haben. Dabei handelt es sich um den *Minus polyglottus*, eine Drosselart.

Die beste Adresse für Interessenten von indianischen Musikinstrumenten ist zweifellos das Instrumentenmuseum „Casa K'ojom" in Jocotenango bei Antigua, das sehr sehenswert ist.

Costumbres

Der Begriff *costumbre*, den man am einfachsten mit **Brauch** übersetzt, ist eines der wichtigsten Wörter innerhalb der indigenen Kultur. Die Maya bezeichnen damit ihre altüberlieferten, heidnischen Riten und christlichen Bräuche, ebenso wie ihre alltäglichen Gewohnheiten oder Verhaltensmuster, deren Sinn und Zweck nicht in Frage gestellt werden: „Es costumbre".

Für die Verrichtung ritueller Handlungen, Gebete oder Beschwörungen sind in Guatemala die **Brujos** und **Chuch-Cajaues** zuständig. Sie stellen als „Zauberer" und „Seher" die Verbindung zwischen Menschen und Göttern her. Der wichtigste aller Götter ist Dios Mundo, der Weltengott, der häufig bei derartigen Zeremonien angerufen wird. Auch Frauen können diese Aufgabe übernehmen. Bei allen „heidnischen" *costumbres* sind bestimmte Utensilien erforderlich. Für die Herstellung des Weihrauchs verbrennen die *brujos* Kopal, das Harz des Kopalbaums *(Protium copal)*, in besonderen Gefäßen. Kopal wird auch *Pom* genannt. Auf den Märkten des Hochlands kann man das gelbe Harz, nach Reinheit sortiert, kaufen. Nie fehlen bunte Kerzen, Süßigkeiten und ein kräftiger Schnaps bei den *costumbres*.

Noch immer gibt es eine Vielzahl von **Opferplätzen** im guatemaltekischen Hochland. Entweder beten die Maya dort alleine zu ihrem Dios Mundo oder bestellen sich einen *brujo* oder eine *bruja*. Diese veranstalten dann eine so genannte *quemada*, individuell und mit den notwendigen Beigaben. Dabei kann es sich sowohl um die Bitte nach einer guten Ernte oder um die Genesung von einer Krankheit handeln wie um die Verfluchung des gehassten Nachbarn.

Costumbre in Guatemala ist auch das Abrennen von *cohetes* (**Knallkörpern**). Überhaupt erfreut sich alles unbändiger Beliebtheit, was laut ist und Krach macht. Einen tieferen religiösen Sinn haben die Knaller nach jeder Messe. Sie sollen die Gebete schneller gen Himmel befördern. Weder still noch heilig sind daher vor allem die Nächte während der Weihnachtsfeiertage, die in manchen Dörfern ihren Höhepunkt mit dem nächtlichen Feuerzauber erreichen.

Der Opferplatz
Pascual Abaj bei Chichicastenango

Kunsthandwerk

Das zentrale, westliche und nordwestliche Hochland sind die Hauptproduktionsgebiete des guatemaltekischen Kunsthandwerks. Gleichzeitig ist diese Region geprägt von einer Minifundienwirtschaft und Lebensraum der Indígenas. Alle drei Faktoren stehen in Abhängigkeit zueinander. So ergänzte das Kunsthandwerk das bescheidene Einkommen der Familien oder machte es in vielen Fällen sogar zum Haupterwerb. Produziert wird hauptsächlich in Familienbetrieben, die sich zum Teil bereits zu kleineren Manufakturen erweitert haben. Die Vermarktung geschieht entweder direkt, wobei die Indígenas oftmals lange Wege bis zu den Märkten des Landes auf sich nehmen oder indirekt über Zwischenhändler.

Das Kunsthandwerk aus Guatemala genießt einen guten Ruf. Was die Herstellung der kunstvollen, **indianischen Webarbeiten** betrifft, gibt es nichts Vergleichbares auf dem amerikanischen Kontinent. Schon bei den Maya war das Weberhandwerk Bestandteil der Hochkultur. Stelen zeigen hoch gestellte Persönlichkeiten in prächtigen Gewändern. *Pedro de Alvarado* soll beeindruckt gewesen sein von den schönen Textilarbeiten, die ihm als Tributzahlung angeboten wurden. Die indianischen Muster bzw. Trachten von heute sind natürlich neueren Datums und haben sich im Laufe der Zeit immer wieder gewandelt.

Gewebt wird im gesamten Hochland. Die Frauen und Mädchen benützen traditionell einen Körperwebstuhl. Die Weberei wird dabei am oberen Ende mit einem Halteseil an einen Baum oder Pfosten gebunden. Gespannt wird das Webgerät durch das eigene Körpergewicht, indem das Endholz mit einem Gurt verbunden wird, den sich die knienden Frauen um die Hüften legen. Die Breite des Hüftwebgerätes erlaubt nur das Weben relativ schmaler Bahnen. Bei der Herstellung eines *corte* oder *tzute* beispielsweise entstehen deshalb Nahtstellen *(bandas),* die jedoch als dekoratives Element zur Tracht gehören. Die Männer weben auf großen Fußwebstühlen – von den Spaniern eingeführt – und sind so in der Lage, breite und längere Bahnen herzustellen. Die Ausarbeitung eines Huipiles mit seinen vielen Symbolen, Figuren und Mustern war aber seit jeher Frauenarbeit in Guatemala.

Zu einer ausgesprochenen Perfektion der Webkunst brachten es die Frauen aus dem Quiché. Der Markt von Chichicastenango ist landesweit der bunteste und bietet dem Besucher eine unüberschaubare Fülle an Textilien zum Kauf. Nicht weniger kunstvoll sind die Arbeiten aus San Antonio Aguas Calientes bei Antigua, San Juan Sacatepéquez, San Ildefonso Ixtahuacán oder vom Atitlán-See.

Die hoch gelegene und kalte Region von Totonicapán ist das Zentrum der **Wollherstellung.** Das kleine Städtchen Momostenango im Dept. Quetzaltenango ist berühmt für seine derben Decken, Ponchos und anderen Arbeiten, die als „Momostecas" bekannt sind. Aus Baumwolle sind die bunten, weichen Teppiche mit geometrischen Mustern.

Auch das **Keramikhandwerk** lässt sich bis zur Mayazeit zurückverfolgen. Die Herstellung der Gebrauchstöpferwaren ist wie das Weben von Huipiles Frauenarbeit. Die einfachen Terrakotta-Krüge, Schüsseln, Teller und Weihrauchgefäße werden wie die *comales,* jene flachen Pfannen, die zur Zubereitung von Tortillas benötigt werden, ohne Drehscheibe geformt, auf offenem Feuer gebrannt und mit einer durchsichtigen Glasur bestrichen. In den Haushalt der Indígenafamilien hat allerdings auch das pflegeleichtere Plastikgeschirr Einzug gehalten. So sind die typisch gestreiften Wasserkrüge heute echt Plastik.

In Antigua, Chinautla, San Luis Jilotepeque, Rabinal und San Miguel Totonicapán wird eine spezielle Keramik hergestellt, die sich von der beschriebenen *Alfarería* unterscheidet. Hier handelt es sich um kleine Tonfiguren, die Dekorationszwecken dienen, wie die Engel und Tauben aus Chinautla. Antigua ist das Zentrum der **Glasurkeramik,** die wie die handbemalten Stücke der Mayolica-Keramik ihre Technik der Kolonialzeit verdankt.

Wo Schilfgewächse, Palmen und Ähnliches vorhanden sind, werden Körbe, Matten und Hüte geflochten. In Guatemala gibt es sämtliche Arten von *canastas* (Körbe) in allen Größen. Am Atitlán-See werden grobe *petates* (Matten) aus Schilf hergestellt, aus

Iztapa am Pazifik kommen **Flechtarbeiten** aus Palmwedeln.

Ein beliebtes Souvenir ist Kunsthandwerk aus Holz. In Chichicastenango ist die Auswahl an geschnitzten Masken und Figuren am größten. Auf glasierte Holzfrüchte in Schalen trifft man in ganz Guatemala. Sie kommen aus Jocotenango bei Antigua. Berühmt sind Möbel aus Nahualá, Holzspielzeug aus Totonicapán und Musikinstrumente aus Huehuetenango.

Cofradías

Die *Cofradías* in Guatemala entstanden mit der Eroberung durch die Spanier. Als fester Bestandteil der indigenen Gemeinschaft hat sich ihre Tradition bis heute erhalten.

Die *Cofradías* sind **Laienbruderschaften,** die zunächst die Verbreitung der christlichen Lehre unterstützen sollten. Ihren Wurzeln verweisen in den arabischen Raum und die spanische Halbinsel während der Zeit der maurischen Besiedlung. Sie sind zentrales Element der dörflichen Hierarchie und Ordnung in vielen Comunidades (dörflichen Gesellschaften) bis heute. Denn es gelang ihnen, die ursprünglich orthodox-katholische Institution so mit den Elementen der Maya-Kosmologie zu verbinden, dass daraus ein weitgehend authentischer indigener Traditionszusammenhang wurde. Ihre Aufgaben sind vielfältig. So sind sie für die Instandhaltung der Kirche verantwortlich, bewahren die religiösen Utensilien auf und kümmern sich um die Statue ihres jeweiligen Heiligen, dessen Namen sie tragen. Außerdem übernehmen sie soziale und humanitäre Aufgaben in der Gemeinschaft, wie den Beistand bei Krankheit und Tod, oder werden als Schlichter bei Streitigkeiten und Konflikten eingesetzt. Von großer Bedeutung ist die Organisation bei Prozessionen und bei der Fiesta.

Die Struktur einer *Cofradía* ist streng hierarchisiert. Jeder Posten wird alljährlich durch eine geheime Wahl vergeben. Den Vorsitz hat der so genannte *Cofrade principal,* der ein hohes Ansehen in der Gemeinschaft genießt und die Auswahl der Neumitglieder bestimmt. Auch Frauen *(Capitanas)* sind in den *Cofradías* organisiert. Die Bedeutung der *Cofradías* ist heute nicht mehr nur rein religiös zu sehen. Vielerorts arbeiten sie eng mit der politischen Verwaltung der Gemeinde zusammen, so dass *Alcaldía* und *Cofradía* gemeinsam das Leben bestimmen.

Besondere Aufmerksamkeit schenken die *Cofradías* überlieferten Traditionen. Viele Tänze, Trachten oder Prozessionen wären ohne sie längst verschwunden. So ist das Anlegen der Festtracht während der Fiesta einer der Höhepunkte des Festes. Berühmt sind die schwarzen Jacken und bunt gezackten *tzutes* (Kopfbedeckung) der *Cofrades* aus Chichicastenango, wo es über 14 Bruderschaften gibt, deren Rangfolge sich aus der Rangfolge der Schutzheiligen ergibt.

Aufbruch und Selbstbewusstsein

Obwohl die Indígenas in Guatemala rund 50 % der Gesamtbevölkerung ausmachen, werden ihre Interessen von den Politikern seit jeher unzureichend wahrgenommen. Die Ereignisse während der Militärdiktaturen der 1970er und 80er Jahre, bei dem sie sich einem gnadenlosen Ausrottungsfeldzug gegenüber sahen, stärkten die Überzeugung, sich aus eigener Kraft gegen die Unterdrückung zu organisieren und als legale Interessensvertretungen an die Öffentlichkeit zu gehen.

Heute gibt es in Guatemala verschiedene **Maya-Organisationen,** die für die Anerkennung und die Respektierung indigener Lebensweise und Kultur kämpfen, für Gleichberechtigung, Gleichbehandlung und Wiedergutmachung.

Im Kapitel über „Revolutionäre Basisbewegungen" sind die größten und wichtigsten von ihnen beschrieben. Noch ergibt sich daraus ein sehr heterogenes Bild, da sich die Bewegung in vielen Gruppen und Komitees zersplittert. Das mag damit zu tun haben, dass sich seit dem Jubiläumsjahr 1992 (500 Jahre Conquista) und der Verleihung des Friedensnobelpreises an *Rigoberta Menchú Tum* im selben Jahr sowie mit dem Abschluss der Friedensverträge und der Festschreibung weitreichender Rechte für die indigene Bevölkerung ein Diskurs in Gang kam, der neue Akzente in die **indigene Aufbruchsbewegung** setzte. War der „Widerstand" bis dahin fast ausschließlich sozial- und systemkritisch akzentuiert, unterstützt durch den bewaffneten Kampf der Guerilla gegen den Unterdrückerstaat, besinnen sich die Maya-Gruppierungen heute zunehmend auf eine ethnische Argumentation. Man wird sich zunehmend seiner Mayavergangenheit und -kultur bewusst. Es geht um die Anerkennung als „Volk". Kenner der Szene sprechen von einem „Paradigmenwechsel", der sich aus dem Wechsel vom Volkswiderstand zur Mayabewegung ergibt. Damit ist genau der Punkt getroffen, der das heutige Selbstbewusstsein charakterisiert: vom Indígena zum Maya. Die **ethnische Frage** ist somit in den Mittelpunkt der Auseinandersetzungen gerückt, und sie wird die Bewegung in Zukunft entscheidend prägen. Nicht zuletzt wird die Umsetzung des Teilabkommens im Friedensvertrag über die „Identität und die Rechte der indigenen Bevölkerung" hierzu einen festverankerten Rückhalt bieten, denn die Vereinbarungen über kulturelle Autonomie, regionale Selbstverwaltung und institutionelle Beteiligung in Politik und Verwaltung sind weitreichend. Dennoch wird es wichtig bleiben, die systemkritische Sicht nicht aus den Augen zu verlieren. Ökonomische Misere und kulturelle Entwurzelung gehen in Guatemala Hand in Hand. Einen intellektuellen Führer hat die Bewegung in dem Publizisten und Cakchiquel-Maya *Dr. Demetrio Cojtí Cuxil* gefunden, dessen Beiträge als Diskussionsgrundlage das oben genannte Teilabkommen entscheidend mitgetragen haben.

Die ladinische Kultur

Einen völlig anderen geistigen und sozialen Hintergrund besitzt die Kultur der Ladinos. Mit der Eroberung und

Besiedlung des Maya-Landes durch die Spanier 1523 begann in Guatemala die Epoche der kolonialen Kunst und Architektur, die etwa drei Jahrhunderte umfasst. Malerei, Bildhauerei, Literatur und Dichtung waren religiös geprägt. In den Barockkirchen Guatemalas finden sich u.a. Altäre, Aufsätze, Kruzifixe und Skulpturen von *Miguel de Aguirre, Quirio Cataño, Pedro de Mendoza, Mateo de Zuñiga* und *Alfonso de Paz*. Unter den Malern ragen *Tomás de Merlo, Juan de Correa* und *Antonio Ramírez Montúfar* hervor.

Die **Architektur** dieser Zeit zeichnet sich durch ihre Pracht- und Prunkbauten aus. Schwere Säulen, kunstvoll gestaltete Arkaden und Fassadenzier sind die hervorstechendsten Merkmale der kolonialen Architektur, wie sie Antigua am eindrücklichsten vermittelt (*Churriguerismus*). Um die Wende des 19. Jahrhunderts dominiert der nicht weniger monumentale Neoklassizismus mit seiner Vorliebe für Symmetrie und Rechtwinkligkeit. Der Parque Central von Quetzaltenango ist eines der schönsten Beispiele für diese Stilrichtung in Guatemala.

Der Jesuit *Rafael Landívar* (1731–1793), nach dem die katholische Universität in Guatemala benannt ist, besang in lateinischen Versen die Landschaft und die Maya Guatemalas und Mexikos. Sein Werk „Rusticatio Mexicana" wurde ein Klassiker der frühen **mestizischen Dichtung.** Unter den Literaten war *José Milla* (1822–1882) der meistgelesene Romancier zu Beginn des 20. Jahrhunderts. Sein Thema war die Kolonialzeit und damit die Suche nach den eigenen Wurzeln. Er schuf in seinem Roman *Un viaje al otro mundo* („Reise in die andere Welt") jene Figur, nach der sich die Guatemalteken nennen: *Juan Chapín*. Über die spanisch-kolonialzeitliche Geschichte hinaus gelangte *Ramón A. Salazar* (1852–1914) in seinen Büchern. Während seiner Aufenthalte in Deutschland machte er Bekanntschaft mit der deutschen Romantik. Später übersetzte er zahlreiche Klassiker der deutschen Dichtung wie *Lessing, Goethe* und *Chamisso*. Ihnen folgten der Lyriker *Maximo Soto-Hall* (1871–1944) und der Prosaist *Enrique Gómez Carrillo* (1873–1927). Zusammen mit *Rubén Darío* aus Nicaragua war *Gómez Carillo* der Wegbereiter der hispanoamerikanischen Moderne, die mit *Miguel Ángel Asturias, Augusto Monterroso, Otto Raúl González* und dem Kunstkritiker *Luis Cardoza y Aragón* in Guatemala ihre herausragendsten Vertreter besaß. Mit *Augusto Monterosso* zählen diese modernen Klassiker noch heute zu den meistgelesenen Autoren.

Trotz der Atmosphäre von Unterdrückung und Zensur existierte auch in Guatemala eine Bohème, die besonders die Generation der 1930er Jahre prägte. Einer der bedeutendsten Intellektuellenzirkel nannte sich *Los Tepeus*. Zu dieser Zeit gelangten mit *Carlos Wyld Ospina* zum ersten Mal sozialkritische Töne an die Öffentlichkeit. Als Begründer der metaphorischen *Novela criolla* (kreolische Erzählkunst) trat *Flavio Herrera* (1895–1968) in Erscheinung und verhalf ihr zum internationalen Durchbruch. Nach dem

Sturz *Ubicos* 1944 und mit der neuen Freiheit unter der Arevalo/Arbenz-Regierung entstanden Zirkel, Kollektive, Akademien, Clubs und Ateliers. Es war die Zeit der progressiven, demokratischen Künstlerbewegung.

Während die Malerei keine Nachwuchssorgen hat, steht es um die guatemaltekische **Literatur** eher schlecht. Schriftsteller und Dichter bemängeln das geringe Interesse an nationaler Literatur bei Verlagen, Buchhändlern und Lesern. Dennoch gibt es seit 1971 eine Art Buchmesse, bei der bis zu 40.000 Titel ausgestellt werden.

In der **Malerei und Bildhauerei** des 20. Jahrhunderts waren *Carlos Mérida, Rodolfo Galeotti Torres* und *Humberto Garavito* zukunftsweisend für die jüngere Generation. Besonders die Malerei zählt heute zu den anspruchsvollsten Kunstrichtungen in Guatemala. Alle Namen hier aufzuzählen, würde den Rahmen des Annehmbaren sprengen. Zu den derzeit besten und beliebtesten Künstlern gehören *David Ordoñez, Elmar Rojas, Rolando Pisquiy, Alfredo García, Rolando Sanchéz, Ingrid Klussman, Ana María de Maldonado, Isabel Ruíz* und viele, viele andere mehr. Ein Bummel durch die Galerien der Hauptstadt gehört zu den erfreulichsten Entdeckungen Guatemalas. Nicht unerwähnt bleiben darf in diesem Zusammenhang die Reihe der indianischen „Volkskünstler", die besonders in Comalapa und am Atitlán-See eine lange Tradition haben. Die „naiven" Bilder von *Andrés Curruchiche* (1891–1969), *Rafael González y González* (1907–1996) oder *Juan Sisay*, der 1989 ermordet wurde, erzählen vom Alltag, den *costumbres* und der Tradition der Indígenas.

Das erste Theater Zentralamerikas gab es 1794 in Guatemala Ciudad. Mit dem **Nationaltheater** verfügt Guatemala zwar über ein modernes Kulturgebäude in seiner Zwei-Millionen-Metropole, doch gehören Schauspiel, Konzerte oder klassisches Ballett nicht zu den beliebtesten Abendunterhaltungen. Das klassische Ballett Guatemalas stand zu seinem 50. Geburtstag 1998 kurz vor der Pleite. Seine Zukunft ist noch immer nicht gesichert, da die finanziellen Zuwendungen völlig unzureichend sind. Die guatemaltekischen Theaterkünstler sind es gewohnt, vor halbleeren Sälen zu spielen. Die Gründe für die Dauerkrise des Theaters sind vielfältig, scheinen aber die jüngste Konsequenz aus der jahrzehntelangen politischen Repression, die das kulturelle Leben in Guatemala beeinflusste, zu sein.

1977 wurde das *Teatro Vivo* gegründet. Die Mitglieder dieses engagierten Volkstheaters spielten u.a. auf Straßen, Plätzen, Schulen und Arbeitervierteln. Ihre Stücke handelten von der guatemaltekischen Realität und dem Alltag der Unterdrückten. Nach drei Jahren geriet das Teatro Vivo politisch derart unter Druck, dass sich die Gruppe gezwungen sah, ins Exil zu gehen. Heute spielt das Teatro Vivo seine Stücke nicht nur in Nord- und Südamerika, Kanada und Europa, sondern auch wieder in Guatemala. Auch bei uns waren *Carmen Samayoa* und ihre Compañeros in den letzten Jahren einige Male zu Gast und haben mit ihrem Witz, Charme und ihrer bemerkenswerten Dramaturgie das Publikum im Nu erobert.

Erfreulicherweise etabliert sich u. a. in der Hauptstadt eine Art **subkulturelle Kunstszene,** die während des Festivals Octubre Azul 2000 hervorragende Veranstaltungen und Performances bot.

Alltagskultur

Die Film- und TV-Szene wird nahezu vollständig von ausländischen Produktionen beherrscht. Größter Beliebtheit erfreuen sich amerikanische Actionfilme und Seifenopern *(telenovelas)* mit viel Herz und Schmerz, schönen Frauen und starken Männern. Helden sind gefragt in Guatemala. Ob lässig in Jeans und Cowboystiefeln, seriös in Nadelstreifen oder unschlagbar im grünen Kampfanzug, es wird gekämpft, gelitten, geprügelt, geschossen, getötet. Als ob der Alltag in Guatemala nicht ausreichen würde ...

Muss sich der **Macho** (*macho* = männlich) für Familie und Vaterland aufopfern, erschöpft sich die Attraktivität der Frau bereits in der Wohlgeformtheit ihrer Proportionen. Es ist keine Übertreibung zu behaupten, dass die Ladinos viel Zeit mit **Miss-Wahlen** verbringen. Jede Stadt wählt ihre schönste Señorita, sogar die Telefongesellschaft kürt alljährlich eine *Miss Telgua,* desgleichen die großen Banken und Firmen. Höhepunkt ist die Wahl aller Wahlen zur Miss Guatemala im Nationaltheater – vor ausverkauften Männerrängen, versteht sich.

Wie die Politik ist auch der **Sport** Männersache. Volkssport Nummer eins ist *futbol,* eines der wenigen Dinge, die Ladinos und Indígenas gemeinsam haben. Neben amerikanischem *beisbol* ist bei den Ladinos das Jogging und Tourenradfahren in Mode gekommen. In Ermangelung ausgedehnter Parkanlagen in den Städten absolvieren z. B. die Läufer zwischen hupenden Autoschlangen und qualmenden Bussen ihr tägliches Pensum. Besonders fragwürdig ist dieses Training in der Hauptstadt, wo Smogtage keine Seltenheit sind.

Nicht weniger ungesund ist die **Fast-Food-Kultur,** deren Triumphzug im Lande für keinen Besucher Guatemalas zu übersehen ist. McDonald's,

Miguel Ángel Asturias

Am 19.10.1899 wird *Miguel Ángel Asturias* in Guatemala Ciudad geboren, zu einer Zeit, als im Land eine der längsten und grausamsten Diktaturen beginnt. Sein Vater ist Rechtsanwalt, seine Mutter Lehrerin indianischer Abstammung. Als sein Vater Schwierigkeiten mit dem Regime Estrada Cabreras bekommt und aus dem Staatsdienst entlassen wird, übersiedelt die Familie 1903 nach Salamá im Departement Alta Verapaz, wo *Miguel* mit der Welt der Indígenas in Berührung kommt. Vier Jahre später kehrt die Familie in die Hauptstadt zurück, um den Sohn zur Schule zu schicken.

In Guatemala ist zu dieser Zeit das Werk von *José Milla* (1822–1882) das meistgelesene. Um Identitätsfindung geht es dem Guatemalteken *Ramón A. Salazar* in seinen Büchern. In Kuba schreiben *José Martí*, in Uruguay *Enrique Roda* und in Nicaragua *Ruben Darío* für eine Aufwertung des Lateinamerikanischen.

Auf dem Gymnasium beginnt die politische Bildung des jungen *Asturias*. Die mexikanische Revolution von 1910, der zunehmende Einfluss amerikanischer Interessen auf dem Kontinent und der Erste Weltkrieg in Europa sind Ereignisse, die tiefe Spuren im Bewusstsein der Intellektuellen und Künstler hinterlassen. *Asturias,* der seit 1916 an der Medizinischen Fakultät der Universität San Carlos immatrikuliert ist, ein Jahr später aber das Studium der Jurisprudenz aufnimmt, beginnt zu schreiben. Es sind zunächst literarische Kleinformen; Kurznovellen, Gelegenheitsgedichte und Ähnliches, und noch weit entfernt von einer eigenen Bildersprache.

Sein politisches Engagement in oppositionellen Gruppen und Verbänden wird wichtiger als die akademische Ausbildung. Beides kommt zum Ausdruck in der Diplomarbeit *Asturias,* die „Das soziale Problem des Indio" zum Thema hat und die er als einen Beitrag zur „guatemaltekischen Soziologie" auffasst. Er untersucht darin den Zusammenhang von geschichtlicher Vergangenheit und gegenwärtiger Lebenssituation der indigenen Bevölkerung auf dem Land. Obwohl er selbst den Rassismus als Stütze der ökonomischen Ausbeutung erkennt, bleibt er bei seiner Untersuchung der „Psyche des Indianers" nicht frei von rassistischen Klischees, die er später als Irrtümer der Studienzeit bewertet. 1923 wird für *Asturias* die Situation im Land immer gefährlicher. Nach der Veröffentlichung eines politischen Artikels schicken ihn seine Eltern ins europäische Ausland. Er gelangt über London nach Paris und nimmt an der Sorbonne ein Studium der Ethnologie auf.

Paris ist in den 1920er Jahren neben Berlin geistiges und kulturelles Zentrum künstlerischer Umbruchbewegungen. Die Surrealisten und Avantgardisten beherrschen neben vielen anderen modernen Glaubensbekenntnissen die Kunstszene. Schon lange gehört Paris unter den lateinamerikanischen Künstlern zu einer wichtigen Station auf der Suche nach der Moderne, der vor allem *Ruben Darío* mit dem „modernismo" seit Ende des 19. Jahrhundert in eine neue Richtung verhalf. Hier trifft *Miguel Asturias Pablo Picasso, Miguel de Unamuno, André Breton, Luis Buñuel, Cesar Vallejo,* seinen Landsmann *Luis Cardoza y Aragón* und viele andere.

Der *modernismo* ist die Antwort auf die politischen Erfahrungen der lateinamerikanischen Länder, die zu einer immer tiefgreifenderen Entfremdung von der eigenen Kultur und Sprache führten. Die Künstler reagieren mit Antiimperialismus und Kosmopolitismus, die Voraussetzung sein sollen für die Entdeckung der eigenen Welt. Damit verbunden ist die Erneuerung des künstlerischen Stils, der Sprache und Metrik. Bei den französischen Surrealisten finden die Lateinamerikaner entsprechende Muster und Vorbilder. Auch auf die Texte von *Asturias* üben sie einen großen Einfluss aus. Deren Forderung nach völliger Übereinstimmung von Kunst und Leben folgt *Asturias* jedoch nicht.

1925 wird er von *Professor Raynaud* gebeten, die französische Version des "Popol Vuh" ins Spanische zu übertragen. Die Beschäftigung mit dem Heiligen Buch der Maya-Quiché ist der Anstoß zu einer erneuten Arbeit mit der Welt und den Mythen der guatemaltekischen Indígenas. Zwei Jahre später entstehen die "Legenden aus Guatemala", und *Asturias* findet damit zu seinem eigentlichen Stoff: die Geschichte und Geschichten seines Landes.

Die "Legenden", an denen *Asturias* fünf Jahre lang arbeitet, sind keine Sammlung überlieferter Texte, sondern eine selbstständige Schöpfung, bei der er vorgegebenes Material verändert. Die Darstellung von Geschichte, Brauchtum und Mythologie wird durch eine neue Erzählhaltung und die Verwendung unterschiedlichster Stilmittel zu einem Nebeneinander suggestiver Bilder und fantastischer Kurzszenen. Die "Legenden" machen *Asturias* bekannt.

Miguel Ángel Asturias gilt neben *Alejo Carpentier* als Mitbegründer des "magischen Realismus", der als echt lateinamerikanisch empfunden wird und besonders in den 1940er Jahren die Literatur beeinflusst. Das Spiel mit mehreren Realitäten, die Gleichberechtigung des Imaginären neben der Wirklichkeit und eine musikalische Sprache, die dem Mythos, dem Übersinnlichen und Unbewussten nahezukommen versucht, sind die hervorstechendsten Merkmale. In dieser Tradition stehen heute die großen lateinamerikanischen Schriftsteller wie *Gabriel García Márquez, Isabel Allende* und andere zeitgenössische Schriftsteller Lateinamerikas.

Seine zweite großartige Arbeit, die er bereits in den 1920er Jahren begonnen hatte, kann erst 1946 in einem mexikanischen Verlag erscheinen. Der Roman "Der Herr Präsident" beschreibt die bedrohliche Gegenwart unter dem Diktator *Estrada Cabrera,* die *Asturias* in seiner Kindheit erlebt hatte. Er zeigt eine Gesellschaft, die durch die Zerstörungswut und Machtgelüste eines Einzelnen in einen Zustand des Absterbens geführt wird. Das System Cabreras ist der Mythos des Todes. In Südamerika wurde dieses Buch in Zeiten eines drohenden Putsches diskret aus den Schaufenstern genommen.

1933 kehrt *Asturias* nach Guatemala zurück und verdient sich als Universitätsdozent und Journalist seinen Unterhalt. Während dieser Zeit lebt er sehr zurückgezogen und schreibt nur wenig. Erst nach der Oktoberrevolution 1944 und der Ausrufung der Demokratie geht er wieder an die Öffentlichkeit.

Als Kulturattaché arbeitet er zwei Jahre in Mexiko, dann in Buenos Aires und El Salvador. In Buenos Aires hilft *Asturias* seinem Freund *Pablo Neruda* aus einer gefährlichen Situation, als nach einer Kritik an der Regierung Videlas ein Haftbefehl gegen *Neruda* vorliegt und dieser Chile verlassen muss. Weil die beiden außer einer Freundschaft eine gewisse physiognomische Ähnlichkeit verbindet, leiht *Asturias Neruda* seinen Pass, mit dem er sicher Europa erreicht. Diese herrliche Szene ist in *Pablo Nerudas* Memoiren nachzulesen.

1950 veröffentlicht *Asturias* „Die Maismenschen", wo er sein Konzept des „Magischen Realismus" noch dichter, noch sinnlicher umsetzt. Alles kommt zur Sprache: Maya, Mythen, Guerillakampf, soziale Ungerechtigkeit, Traum, Liebe, Verzweiflung, Verwandlung, Geister. Der Text ist bereits das Thema, und *Asturias* sagt selbst, dass es sich hier „um eine Welt handelt, die nicht erklärt werden kann". Fast gleichzeitig erscheint der erste Teil der so genannten „Bananen-Trilogie". „Sturm" eröffnet die Geschichte mit der Schilderung des hereinbrechenden US-Imperialismus in Guatemala und dessen Werkzeug, die United Fruit Company. Der zweite Teil „Der grüne Papst" erscheint 1954, „Die Augen der Begrabenen" als Schluss 1960. Die Bewältigung dieses umfangreichen Stoffes ist nur möglich mit Hilfe realistischer Darstellungstechniken. So kommt es zu einem eigenartigen Phänomen: Während innerhalb der lateinamerikanischen Literatur in den 1950er Jahren durch die Erzählungen *Jorge Borges* experimentelle Tendenzen zum Durchbruch kommen, sieht sich der berühmteste guatemaltekische Schriftsteller gezwungen, aufgrund der Fülle von Fakten in seiner Trilogie Elemente der traditionellen Realismus wieder aufzunehmen.

Die 1950er und 60er Jahre gehören zu den bewegtesten innerhalb der lateinamerikanischen Literatur. Die kubanische Revolution dringt auch in die hinterste Dichterstube und fordert zur Stellungnahme heraus. Gleichzeitig kommt es zum vielzitierten „boom" lateinamerikanischer Literatur, die von Romanciers wie *Julio Cortázar*, *Mario Vargas Llosa*, *Carlos Fuentes* und *Gabriel García Márquez* ausgelöst wird. Ausgeschlossen vom Boom sind noch *Miguel Asturias* und Lyriker wie *Pablo Neruda*, *Octavio Paz* oder *Ernesto Cardenal*.

Nach der Zerschlagung der Demokratie in Guatemala 1954 lebt *Asturias* zwölf Jahre im Exil. Paris, Rom und Genua sind seine Stationen. In „Weekend in Guatemala" verarbeitet er wie viele andere Schriftsteller die Tragödie des gewaltsamen Putsches. Von seinem Exil aus unternimmt er Reisen nach Prag, Moskau, China, Indien und Kuba. Er schreibt Artikel für Zeitungen und Zeitschriften. 1959 erhält er ein Touristenvisum für Guatemala und hält vor Studenten der Juristischen Fakultät einen Vortrag über das Thema „Der soziale Protest im lateinamerikanischen Roman".

Seine Publikationen werden ausschließlich im Ausland verlegt, bis 1966 *Méndez Montenegro* die Macht in Guatemala übernimmt. Unter der neuen Zivilregierung wird er zum Botschafter in Paris ernannt und erhält im gleichen Jahr den Moskauer Lenin-Preis. Ein Jahr darauf wird ihm der Literaturnobelpreis verliehen. Sein diplomatischer Dienst und die Annahme des Nobelpreises werden besonders von den jungen Autoren Guatemalas scharf kritisiert. In der Tat weitet sich trotz der zivilen Regierung die Repression unter *Montenegro* aus. Verfolgung, Terror, Folter und Mord gehören nach wie vor zum Alltag Guatemalas. Mit dem Ende der Amtszeit Montenegros tritt auch *Asturias* von seiner diplomatischen Mission zurück. Er wird sich erst drei Jahre später zum Vorwurf der Unterstützung eines Terrorregimes äußern.

In seinen letzten Werken („Lida Sals Spiegel", „Eine gewisse Mulattin", „Der böse Schächer", „Don Nino oder die Geographie der Träume") bleibt *Asturias* seiner Literaturkonzeption treu und verbindet die Darstellung der historischen Aktualität mit der Eigenexistenz des Wortes und der Sprache. Anfang der 1970er Jahre hält er sich viel in Europa auf und hält Vorträge über die lateinamerikanische Literatur. 1973 erkrankt er an Krebs. Am 9.Juni 1974 stirbt *Miguel Ángel Asturias* schließlich nach einem dreiwöchigen Krankenhausaufenthalt in Madrid. Sein Leichnam wird mit einem Flugzeug des mexikanischen Präsidenten, das dieser zu Ehren des großen Dichters zur Verfügung stellt, nach Paris überführt, wo er auf dem Friedhof Père-Lachaise begraben wird.

Pizza Hut, Pollo Campero, Naïs, Pizza Grizzly und Burger-Shops sind nur eine kleine Auswahl eines riesigen Ketchup-Imperiums, das jeden Tag Hunderttausende von Guatemalteken bedient. Den größten Gewinn machen diverse US-Firmen. Absolut marktbeherrschend auf dem Softdrinksektor sind Coca-Cola und Pepsi. Man bekommt es noch im hintersten Winkel des Landes. Wer eine Coca bestellt und zur Antwort bekommt: „No tenemos" (Haben wir nicht), sollte es mit der Order einer Pepsi versuchen. Meist klappt es.

Die Beispiele aus der Alltagskultur zeigen, wie extrem stark sich die Lebenswelt der Ladinos „gringoisiert" hat, d. h. welchen Stellenwert **nordamerikanisches „Kulturgut"** in Guatemala besitzt. Die Guatemalteken selbst machen kein Geheimnis daraus, wie anfällig sie für alles Ausländische sind, das ihrer Ansicht nach besser ist. Nach den Gründen dieser Haltung gefragt, gehen sie weit zurück in der Geschichte und erzählen von jener sagenhaften Azteken-Prinzessin und Dolmetscherin *Malinche,* die ihr Volk an die weißen Eroberer verriet, nachdem sie sich in *Hernán Cortés* verliebt hatte. Seit dieser Zeit hat auch dieses Phänomen einen Namen: *Malinchismo.* Aber abgesehen davon, dass *Malinche* eine Indígena war und es damals noch gar keine Ladinos gab, ist dieses Gleichnis zwar treffend, doch wenig schmeichelhaft. Es bestätigt zumindest, was Kenner des Landes immer wieder behaupten, dass nämlich den Guatemalteken ein **Nationalismus** abgeht, der sie stark genug macht, ihre eigenen Werte zu verteidigen. Die Frage, wer zusammen mit wem welche Werte verteidigen sollte, ist berechtigt. Denn die viel beschworene *Gran Familia* aus Ladinos und Indígenas ist eine Erfindung. Ihre kulturellen Gemeinsamkeiten beschränken sich auf Äußerlichkeiten (Marimba, Tortillas und Fußball), gesellschaftlich dominieren die Ladinos, sozial herrscht ein krasses Privilegiengefälle, und politisch sind die Indígenas noch so gut wie ohne Stimme. Womit wir wieder am Anfang wären bei der Feststellung, dass es *die* guatemaltekische Kultur nicht gibt, ebenso wenig wie *den* Guatemalteken.

Kirche

Wie in fast allen lateinamerikanischen Ländern stellt die katholische Kirche in Guatemala einen **wesentlichen Faktor** im politischen Leben dar. Ihre offizielle Rolle war lange Zeit die einer konservativen Institution, die an der Aufrechterhaltung bestehender Machtverhältnisse und eigener Privilegien interessiert war. Ihr politisch-ideologischer Einfluss auf breite Teile der Bevölkerung ist auch heute noch enorm, wenn man bedenkt, dass rund 60 % der Guatemalteken dem katholischen Glauben angehören. Tendenz fallend.

Noch während der demokratischen Staatsführung unter *Arévalo/Arbenz* trat die katholische Kirche entschieden gegen die eingeleiteten Sozialreformen auf und unterstützte die von den USA initiierte Antikommunismuskampagne, die 1954 zum gewaltsamen Sturz der nationalfortschrittlichen Regierung führte. Als Dank erhielt sie von der neuen Militärregierung einen Teil der 1871 während der liberalen Ära vom Staat eingezogenen Ländereien zurück, wurde wieder als juristische Person anerkannt und durfte erneut soziale und erzieherische Aufgaben übernehmen.

Besonders der damalige Erzbischof von Guatemala, *Mariano Rossel y Arellano*, war einer der heftigsten Verfechter im Kampf gegen den internationalen Kommunismus. Sein Einfluss auf einen großen Teil der Offiziere trug entscheidend zum Sturz der Arbenz-Regierung bei. Bereits im April 1945 veröffentlichte *Rossel* einen Hirtenbrief, eine scharfe antikommunistische Hetzschrift, die Irritation im Volk auslöste. Ebenso beunruhigend war die Ernennung des *Christus von Esquipulas* zum Oberkommandierenden der Söldnertruppe und die Erhöhung *Castillo Armas* zum Volkshelden und Befreier von Unglauben und Ketzerei.

In den 1950er Jahren wurden verstärkt Priester und Ordensleute aus den USA und Europa geholt, die den Antikommunismus in der Bevölkerung verankern sollten. Zwischen 1952 und 1959 stieg die Zahl der Missionare um 132 Prozent, so dass der ausländische Klerus in Guatemala bald in der Überzahl war. Die meisten dieser Priester waren auf dem Land tätig, während die einheimischen es vorzogen, in den Städten zu bleiben. Viele der ausländischen Priester kamen völlig unvorbereitet ins Land. Sie beherrschten weder die Sprache der Indianer, noch kannten sie ihre Sitten und Bräuche. Die gesamte Indígena-Kultur war ihnen fremd.

In den darauffolgenden Jahren kam es zu entscheidenden Veränderungen innerhalb der unteren Kirchenkreise. Die unerfahrenen Missionare waren schockiert über das Ausmaß der Armut, des Elends und der Ungerechtigkeit. *Pater Raúl* berichtete in einem Interview: „Mit der Zeit wurde auch uns jungen Priestern klar, dass diese Bedingungen unerträglich sind, dass man sie ändern muss. Wir begriffen, dass es nicht nur darum gehen kann, die Messe zu lesen, sondern dass es notwendig ist, das Leben dieser Menschen zu verändern." (*Horst-Eckart Gross,* Guatemala, Bericht über einen verdeckten Krieg). Damit war die Konfrontation mit dem Militär vorprogrammiert, für das Begriffe wie Menschenrechte und soziale Gerechtigkeit nur subversive Propaganda bedeuteten.

Eine Vorreiterrolle für die **Solidarität** zwischen der Kirche und den Armen spielten der Priester *Thomas Melville* und die Nonne *Marian Peter,* beide aus den USA und Mitglieder des Maryknoll-Ordens. Mit der Begründung, sie hätten Beziehungen zur Guerilla unterhalten (was durchaus der Wahrheit entspricht), wurden sie 1967 des Landes verwiesen. *Thomas Melville*

Ehrwürdige Cofrades

schrieb später das Buch *Tierra y Poder en Guatemala* (Land und Macht in Guatemala), das die Zeit der 1950er und 60er Jahre beschreibt. Ihnen folgten die Jesuiten der *Comunidad de la Zona 5* und viele andere Priester, deren Engagement im sozialen Bereich für sie zunehmend lebensbedrohlicher wurde.

Die opportunistische Haltung des Papstes und des Erzbischofs *Mario Casariegos* (ein Opus-Dei-Schüler) lösten gegen Ende der 1960er Jahre erste kritische Stellungnahmen der guatemaltekischen Bischöfe aus. Gleichzeitig verschärfte sich die Auseinandersetzung zwischen Kirche und Regierung. Auf das Erstarken der Guerilla durch die große Beteiligung der indianischen Landbevölkerung in den darauffolgenden Jahren antwortete die Armee mit Massakern und Ausrottungsfeldzügen, vor allem in den Provinzen El Quiché, Huehuetenango und Alta Verapaz.

Das Erdbeben vom 4. Februar 1976, das 23.000 Tote forderte, stellte einen markanten Einschnitt in der allgemeinen Haltung des Klerus dar. Die katastrophalen Folgen der Zerstörung ließen gleichzeitig die Verarmung und Verelendung großer Teile der Bevölkerung sichtbar werden. Aufrufe zur Einheit und Solidarität gingen einher mit einem Reflexionsprozess, der nach den Ursachen der herrschenden Ungerechtigkeit und Gewalt fragte. So kam es im Juli 1976 zu einer gemeinsamen Erklärung, die von allen Bischöfen mit Ausnahme *Casariegos* unterschrieben wurde. Die Bischöfe verurteilten in ihrem Dokument „Vereint in Hoffnung" die bestehende Gesellschaftsordnung, die soziale Spannungen und Unfrieden hervorbringt sowie Angst und Unsicherheit gegenüber dem Staat auslöst. Sie forderten die Beseitigung der Ursachen von Armut, Not und Rechtlosigkeit und erklärten ihre Absicht, gewaltfrei an der Seite des Volkes und ihrer Organisationen für einen geistigen und materiellen Wiederaufbau Guatemalas zu kämpfen.

Natürlich konnte man vom katholischen Klerus kein revolutionäres Manifest erwarten, das neue Produktionsbedingungen und die Abschaffung des Privateigentums verlangte. Auch trat die Kirche anschließend keineswegs so geschlossen auf, wie es die Erklärung vermuten lässt. Doch fand sie große Beachtung und wurde vom Volk mit Hoffnung, vom Machtapparat und der Oligarchie mit Argwohn und Aggression aufgenommen.

Ein halbes Jahr darauf wurde erstmalig ein Priester, der Amerikaner *Guillermo Woods,* umgebracht, der wie *Melville* Mitglied des Maryknoll-Ordens war. Unter den späteren Opfern fanden sich Guatemalteken, Spanier, Belgier, Italiener, Phillipinen und Amerikaner. Andere wiederum, wie der Bischof von El Quiché, *Juan Gerardi,* von dessen grausamen Tod weiter unten die Rede sein wird, flüchteten vor den Morddrohungen ins Exil. Der deutsche Priester *Carlos Stetter* wurde des Landes verwiesen und wurde Bischof in Bolivien. Die Welle der Gewalt richtete sich jedoch auch gegen Katecheten, von denen unzählige entführt, gefoltert und ermordet wurden. 1981 erregte der Fall des Jesuitenpaters *Luis Eduardo Pellecer* großes Aufsehen in der Bevölkerung. Er arbeitete mit Jugend- und Selbsthilfegruppen in der Hauptstadt zusammen und setzte sich für die Flüchtlinge aus El Salvador ein. Im Juni 1981 wurde er vom Militär auf offener Straße zusammengeschlagen und entführt. 113 Tage später zwangen sie den bekannten Priester – zuvor gefoltert und unter Drogen gesetzt – vor laufenden Kameras seine Zugehörigkeit zur Guerilla zu gestehen, von der Arbeit im Untergrund zu berichten und seinen „Fehltritt" zu bereuen. Die Brutalität der Militärs kannte keine Grenzen.

1980 wurde in Costa Rica unter der Mitarbeit Juan Gerardis die „Guatemaltekische Kirche im Exil" gegründet, in der sich ausgewiesene und vom Tode bedrohte Missionare und Katecheten organisierten. Die enge Zusammenarbeit mit allen Teilen der Volksbewegung und die Radikalität ihrer Forderungen verdeutlicht die Hinwendung zur **„Theologie der Befreiung".**

Nach dem Tod von *Erzbischof Mario Casariegos* 1983 übernahm *Próspero Penados del Barrio* das Amt und scheint, wenigstens bis heute, eine bessere Figur zu machen als sein Vorgänger. Jener hatte sich gerühmt, noch niemals mit einer Regierung in Konflikt geraten zu sein. *Penados* war 17 Jahre lang als Geistlicher in San

Marcos tätig und kennt die Verhältnisse auf dem Land. Eine ungeheure Wirkung erzielte sein im März 1988 veröffentlichter Hirtenbrief *Clamor por la tierra* (Schrei nach Land), der den Erzbischof zur Zielscheibe diverser Unternehmerverbände und Agroindustriellen in Guatemala machte. Ihm wurde marxistische Infiltration vorgeworfen, und er bekam Morddrohungen ins Haus.

Mit den Bischöfen *Rodolfo Quezada Toruño*, Vorsitzender der Nationalen Versöhnungskommission, und dem zurückgekehrten Bischof *Juan Gerardi* trat *Penados* für aktive Friedensgespräche mit allen politisch, gesellschaftlich und sozial relevanten Gruppen ein. Für die katholische Kirche in Guatemala wird das soziopolitische Engagement zunehmend zu einer Überlebensfrage. Denn seit dem Erdbeben 1976 und mit dem Putsch von *Rios Montt* 1982 erhielt die „Evangelikale Bewegung" in Guatemala einen enormen Auftrieb.

Ein einschneidendes Erlebnis für die katholische Kirche, das internationale Aufmerksamkeit erregte, ereignete sich am 27. April 1998. Am Abend dieses Tages wurden dem 75jährigen Weihbischof **Juan Gerardi** vor seinem Haus mit elf Schlägen eines Betonblocks der Schädel und das Gesicht zertrümmert. *Gerardi* war einer der prominentesten Fürsprecher der indigenen Bevölkerung. Sein Tod löste im ganzen Land lähmendes Entsetzen aus. Die Zusammenhänge und der Zeitpunkt ließen sofort auf ein militärisches Mordkommando schließen, da der Bericht des erzbischöflichen Menschenrechtsbüros über die begangenen Menschenrechtsverletzungen REMHI die Armee für über 80 % der Menschenrechtsverletzungen verantwortlich macht.

Gerardi wurde mit einer großen Trauermesse in der Kathedrale von Guatemala beigesetzt, an der weder der Präsident noch die Minister seines Kabinetts teilnahmen.

Die Ermittlungen zum Tod *Gerardis* wurden so dilettantisch und unprofessionell wie nur irgend möglich aufgenommen. Die Spurensicherung, die Verhaftungen und die Exhumierung des Leichnams waren schlechtes absurdes Theater. Höhepunkt der Farce während der Recherchen war die Verhaftung des altersschwachen, hüftkranken und fast zahnlosen (Haus-) Schäferhundes Baloo, der *Gerardi* totgebissen haben soll, woraufhin man die Leiche exhumierte und nach Bissspuren untersuchte. In der Hauptstadt kursierten seinerzeit Aufkleber mit der Forderung: „Freiheit für Baloo!" Bis heute gibt es viele Gerüchte aber keine Beweise, viele Tatmotive, aber keine Täter.

Die evangelikale Bewegung

Eine schier unüberschaubare Flut von evangelikalen Kirchen, die in Guatemala als **Sekten** bezeichnet werden, überschwemmt das Land bis in die kleinsten Dörfer. Massiv traten sie 1976 als Hilfstruppen für die Erdbebenopfer auf und verbanden Aufbauarbeit mit Missionierung. Während dieser Zeit drangen sie bis in die hintersten Winkel des Landes vor, die ohne Pfarrer oder geistlichen Beistand waren. Geradezu gefördert wurde das Eindringen der modernen Prediger, als der religiöse Fanatiker und El Verbo-Anhängers (Pfingstbewegung) *Rios Montt* die Macht übernahm. Abgesehen von einer durchgehenden Präsenz einiger **Lutheraner, Methodisten** und **Nazarener** im Land wurden die ersten Missionierungsversuche bereits 1969 gemacht, als *Nelson Rockefeller* im Anschluss an seine Lateinamerika-Reise *Nixon* empfahl, die konservativen Sekten in Guatemala zu stärken. Die katholische Kirche, so war seine Auffassung, könne aufgrund ihres sozialen Engagements nicht mehr zu den Verbündeten Nordamerikas zählen. Heute haben die evangelikalen Kirchen einen Anteil von 35 % in Guatemala und setzen sich in religiöse Konkurrenz zur katholischen Kirche. In mehr als 10.000 Kirchen werden Abend für Abend eindringliche und lautstarke Messen gelesen.

Die von der katholischen Kirche gemiedenen Bereiche, z. B. Familienplanung, sind kein Thema bei den Sekten. Von ihren Seelenfänger-Methoden kann sich jeder Guatemala-Reisende selbst überzeugen, da sie im wahrsten Wortsinn unüberhörbar agieren. So brechen die rhetorisch und psychologisch geschulten Heilsbringer mit modernster Elektronik in die relativ reizarme Umwelt der Indígenas ein, potenzieren ihre flotten Rhythmen, pathetischen Ansprachen und ekstatischen Anrufungen durch Verstärker und Lautsprecher und vermitteln ihnen durch einen Kollektivrausch ein Gefühl der Zusammengehörigkeit. Dabei zerstören sie die kulturelle Identität der Indígenas, spalten die indianischen *comunidades*, missachten die natürliche Spiritualität der religiösen Mayakultur. Magie und übernatürliche Kräfte sind des Satans und somit verachtenswert. Besonders die neopfingstlichen Kirchen, in denen u.a. die reichen Schichten Guatemalas vertreten sind, üben einen großen politischen Einfluss aus. Sie fordern Gehorsam gegenüber Autoritäten und lehnen eine multikulturelle Gesellschaft ab. Sie setzen sich damit in bewussten Gegensatz zum Guatemala der Zukunft. Nicht weniger Erfolg haben die Sekten in den Städten unter der Ladino-Bevölkerung. Umso mehr scheint die Zugehörigkeit zur Evangelikalenbewegung zu einer sozialen Imagefrage zu werden, je engagierter sich die katholische Kirche zu einer Fürsprecherin der unterdrückten Schichten entwickelt. Einen besonders großen Zulauf verzeichnet die *Iglesia de Jesucristo de los Sanctos de los Ultimos Días,* die bereits 150.000 Anhänger hat und sich für die Erneuerer der „Urkirche" ausgeben.

In vielen indianischen Dörfern gibt es bereits zehn und mehr Sekten. Jede von ihnen besitzt einen *Templo*. Besonders erfolgreich betätigen sie sich in den Dörfern um den Atitlán-See, wie in San Andrés Semetabaj, San Antonio Palopó oder San Pedro La Laguna. Aber auch andernorts lassen sie nicht nach in ihrem Bemühen, die Bevölkerung zu evangelisieren.

Die Maya

Die Siedlungsgeschichte der Maya

Nach der heute anerkanntesten Theorie kamen die ersten Menschen Amerikas während der letzten großen Eiszeit von Sibirien über die Beringstraße nach Alaska. In den folgenden Jahrtausenden begannen sie den gesamten Kontinent zu bevölkern. Es waren kleine Gruppen von Nomaden, die unter dem freien Himmel oder in Höhlen lebten. In Folge des nach und nach aufkommenden Maisanbaus konnten sich diese Menschen langfristig an einem Ort niederlassen. Erste Anzeichen für kleine Dörfer und Gemeinschaften datieren auf etwa 2000 v. Chr. Hier setzt die Mayaforschung die **Vor- oder Präklassik** an, die von 2000 v. Chr. bis 250 n. Chr. dauert. Darauf folgt von 250 bis 900 n. Chr. die Klassik, in der mittlerweile sämtliche Facetten der Kultur ausgebildet sind. Nach dem bis heute noch rätselhaften kulturellen Kollaps im 9. Jahrhundert n. Chr. beginnt die **Postklassik,** welche eine Art Überleben unter veränderten kulturellen Bedingungen darstellt. Sie endet mit der Ankunft der spanischen Konquistadoren.

Schon zum Ende der Vorklassik gab es einige große **Stadtstaaten.** Beispielsweise war El Mirador im Petén zu einer blühenden Metropole herangewachsen, die ausgedehnte Handelsbeziehungen unterhielt. Hier hatten die Maya bereits große Plätze mit Tempeln, Pyramiden, Palästen und Ballspielplätzen angelegt. Man weiß nicht viel über diese Zeit, da es noch keine Schrift gab, mit der das Leben dokumentiert werden konnte. Nur die zahlreichen Stuckmasken, -köpfe und -figuren verweisen auf die große Macht, die die gottgleichen Könige innehatten. Erst um die Zeitenwende mehren sich Zeugnisse einer frühen Schriftkultur, die uns, eingeritzt in Stein, Jade und Knochen, erste fassbare Daten liefern. Durch die Analyse und zeitliche Einordnung der verschiedenen Formen von Keramik, Vergleiche zwischen den zeitlich unterschiedlichen Architekturformen und die Entschlüsselung der Hieroglyphenschrift, die für die jeweiligen Herrscher zum Medium der Selbstdarstellung schlechthin wurde, konnten in den letzten Jahren beträchtliche Fortschritte in der Mayaforschung erzielt werden.

Tikal, Calakmul, Palenque, Copán, Caracol und viele weitere Städte wurden zu großen **Metropolen** der klassischen Zeit. Einflussreiche Herrscherdynastien wurden gegründet, Kriege geführt, konkurrierende Stadtstaaten unterworfen, es wurde expandiert, inthronisiert, unterjocht, und nicht anders als in der europäischen Geschichte waren aufgrund der ausgeklügelten Heiratspolitik irgendwann einmal viele mächtige Herrscherhäuser miteinander verwandt. Um 680 n. Chr. beherrschten Tikal und Calakmul als gegnerische Pole das politische Bild. Warum jedoch rund 100 Jahre später das System kollabierte, ist bis heute nicht geklärt. Es mögen viele Faktoren zusammengekommen sein: Der Bevölkerungsdruck war zu groß geworden, die ökologische Belastung des Regenwaldes durch intensive Bearbeitung war an ihre Grenzen gekommen, und das politische Gleichgewicht war durch viele Kriege aus den Fugen geraten. Jedenfalls begann eine große Migrationswelle aus dem Tiefland in Richtung Yucatán, wo man sich hauptsächlich den Stadtstaaten der Puuc-Region mit dem Hauptzentrum Uxmal anschloss.

Mit dem kulturellen Kollaps verschwand auch die Benutzung der Schrift. Obwohl unserer Zeit sehr viel näher, ist die Erforschung der Vorgänge in der Postklassik dadurch sehr viel schwieriger als die der Klassik. Klar ist nur, dass die eindrucksvollen Stadtstaaten von Uxmal, Chichen Itza, Mayapan und Tulum auf der Yucatan-Halbinsel erst mit dem Zusammenbruch der Stadtstaaten des südlichen Tieflandes zu großer Macht fanden. Hier gibt es verschiedenste Theorien über ihre Beziehungen untereinander. Je weiter die Forschungen in den archäologischen Projekten führen, desto mehr mögen wir in Zukunft über die Rätsel der Mayakultur erfahren.

Der Kalender und Mythologie der Maya

Kein anderes Volk im präkolumbischen Amerika hat jemals eine Schriftkultur und ein Zahlensystem entwickelt, das in seiner Vollendung dem der Tieflandmaya vergleichbar wäre.

Die bedeutendste geistige Schöpfung der Maya war die Erfindung des **Kalenders.** Ihn zu entwickeln war nur möglich mit Hilfe der Mathematik und Astronomie. In beiden Bereichen hatten sich die Maya hervorragende Kenntnisse erworben. Sie scheinen fasziniert gewesen zu sein von der Idee, die Zeit zu messen, Abschnitte zu datieren und Vorausberechnungen anzustellen. Die Bedeutung der Kalender – es waren mehrere Systeme, die miteinander verzahnt waren – liegt in ihrer Funktion, die religiösen, wirtschaftlichen und sozialen Vorgänge im Leben der Maya zu bestimmen. Die Geheimnisse der Kalender waren kein Allgemeingut, sondern geistiger Besitz einer kleinen Oberschicht, die ihr in Stein gemeißeltes Wissen von Generation zu Generation weitergab. Die Fähigkeit, die Kalender zu befragen und auszudeuten, verlieh der Maya-Priesterkaste über Jahrhunderte hinweg die Herrschaft über das Volk.

Die Kalender der Maya sind untrennbar mit ihrer Mythologie, ihrer Religion und ihren kosmischen Symbolen verbunden wie auch mit der Regelung der überlebenswichtigen Abläufe in der Landwirtschaft. Die Welt der Maya lässt sich am besten über ein Studium ihrer Kalender begreifen. Hierbei stellt sich nämlich heraus, dass die geistige und materielle Welt der Maya ein exakt errechnetes Konstrukt darstellt, in dem Zeit und Raum miteinander verschmelzen.

Pyramide in Tikal

DIE MAYA 171

Die Menschen

DIE MAYA

Voraussetzung für die Entwicklung eines Kalenderwesens war die Entwicklung eines Zahlensystems. Die Mathematik der Maya basierte auf dem Prinzip des Stellenwertes der Zahlen. Sie bedienten sich dazu eines *Vigesimalsystems* (Zwanzigersystem), dessen konkretes Vorbild aller Wahrscheinlichkeit nach Finger und Zehen waren. Noch vor den Arabern und Indern führten die Maya die Null in ihre Mathematik ein, so dass ihnen die historische Priorität dieser Erfindung zukommt. Durch eine einfache Strich-Punkt-Notation stellten sie die Zahlen von 1 bis 19 dar. Die Zahlen 1 bis 4 erhielten entsprechend viele Punkte, die 5 wurde durch einen Balken symbolisiert, und das Zeichen für Null ähnelt einer geschlossenen Muschel.

Man nimmt an, dass diese **Darstellung** auf den Gebrauch kleiner Stöcke, Steine und Muscheln zurückgeht, die auf den Boden gelegt wurden. In der klassischen Zeit bevorzugten die Maya jedoch die Zahlendarstellung durch Götterköpfe oder -figuren. Die tiefere Bedeutung dieser Schreibweise liegt darin, dass Zahlen bei den Maya keine abstrakten mathematischen Einheiten waren, sondern Götter, die die Last der Zeit zu tragen hatten und das Schicksal der Menschen beeinflussten. Im Zusammenhang damit steht auch das Prinzip, ganze Zeitabschnitte und Kalendereinheiten zu personifizieren und mit Göttergestalten zu identifizieren. Ein Beweis dafür, wie nahe die Mythologie, der Kalender und die Mathematik beieinanderliegen.

DIE MAYA

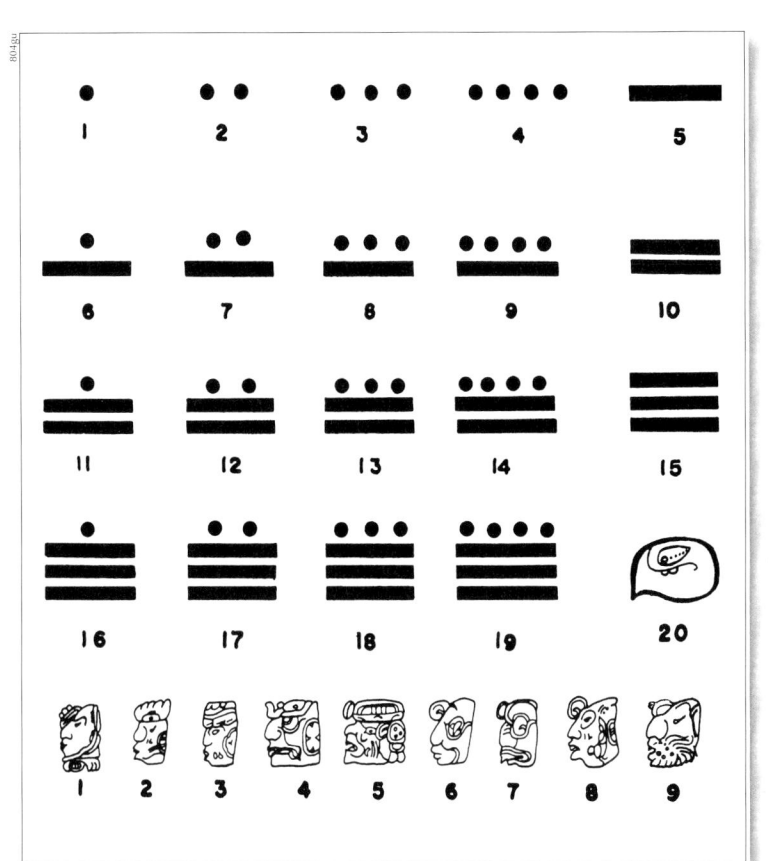

•	••	•••	••••	▬▬▬
1	2	3	4	5

(Zahlen 1–20 mit Punkten und Strichen sowie Kopfglyphen für 1–9)

Die beiden Maya-Kalendersysteme Tzolkin (ganz links) und Haab (links) greifen wie Zahnräder ineinander.

Die Zahlen der Maya

Die **Schreibweise der Zahlen** während des Klassikums beruhte auf der Verwendung von dreizehn verschiedenen Profildarstellungen, wobei die Zahlen 14 bis 19 die Götterköpfe (Kopfzeichen) der Zahlen 4 bis 9 mit einer Variante, nämlich einem knöchernen Unterkiefer, wiederholen. Die

Null ist durch eine Hand im Kopfzeichen gekennzeichnet.

Es gibt fundamentale Ziffern innerhalb der kalendarischen Systeme, die heilig waren und in der Mathematik, Architektur, Astronomie, Mythologie usw. immer wieder auftauchen. Die Zahlen 4, 9, 13, 20 und 52 sind solche **heiligen Zahlen.**

Die Zahl 4 ist der Inbegriff des kosmischen Ideogramms. Sie beschreibt die Eckpunkte des Universums, das sich die Maya als ein riesiges Viereck vorstellten. Denn so heißt es im Popol Vuh: „Und als die Linien und Parallelen des Himmels und der Erde gezogen waren, hatte sich alles vollendet, und es war gut gemessen und viereckig."

Die vier Ecken des Universums werden von vier Himmelsträgern *(bacabs)* getragen, oft ist noch von vier Vögeln und Bäumen die Rede. Sie sind die Gottheiten der vier Weltgegenden: des Roten Ostens, des Weißen Nordens, des Schwarzen Westens und des Gelben Südens. Verbindet man die Mittelpunkte der Geraden dieses Quadrates miteinander, wird das Universum durch das „kosmische Kreuz" in vier gleich große Teile zerlegt. Die Ecken, an denen die vier kosmischen Gottheiten residieren, symbolisieren die äußersten Punkte des sichtbaren Horizontes und deuten die beiden Solstitialpunkte mit ihren Gegenübern an. Diese Sonnwendpunkte begrenzen das Weltall und sind gleichbedeutend mit „Gipfeln", über die die Sonnengötter nie hinaus können. Das Kreuz als heiliges Symbol war den Nachkommen der Maya also schon lange vor der Conquista bekannt. Die Zahl 4 entspricht dem Sonnengott, der in den Codices *Ahau Kin* genannt wird.

Die Zahlen 9 und 13 finden ihren Bezug ebenfalls im Weltenanfang. So wurde die Erde laut Popol Vuh von 13 Himmeln und 9 Unterwelten erschaffen, die sich als Schichten übereinanderlegten und von je einem Gott besetzt waren. Der dreizehnschichtige Himmel war das männliche Prinzip, dessen fruchtbare Wasser in die neunschichtige Unterwelt, dem weiblichen Pendant der Schöpfung, eindrangen. Zu den „Herren der Nacht", die die Unterwelt oder *Xibalbá* (Ort des Schreckens) regierten, kehrte der Mensch nach seinem Tode zurück. Die Zahl 13 spielt außerdem eine entscheidende Rolle beim Erstellen des „Ritualkalenders" und taucht in den kompliziertesten astronomischen Berechnungen auf.

Die Zahl 20 ist ebenfalls eine Konstante in der Mathematik der Kalender. Zwanzig Tagesgötter gibt es bei den Maya, und ihr Zahlensystem basiert ebenfalls auf der Zahl 20.

Die Maya besaßen **drei Kalender.** Ihre Zyklen waren miteinander gekoppelt und griffen wie ungleich große Zahnräder ineinander.

Das Sonnenjahr *(haab)* mit seinen 365 Tagen teilten die Maya in 18 Monate *(uinal)* zu je 20 Tagen *(kin)* ein. Um auf die erforderlichen 365 Tage eines Normaljahres zu kommen, hängten die Maya einen Kurzmonat an, den sie „Tage ohne Namen" *(uayeb)* nannten. Diese fünf überschüssigen Tage galten als schutzlos und waren

Unglückstage. Die Glyphe dieses Kurzmonats zeigt zwei dunkle, tote Papageien. Die Maya verbrachten die glücklosen Tage am Ende des Jahres mit Fasten, Beten und Trauern.

Viel bedeutender und wegen seiner Nützlichkeit heute noch im Gebrauch war der so genannte **Tzolkin.** Seine Aufgabe bestand u. a. in der Regelung der Feldbestellungsarbeiten. Er war somit ein **Agrarkalender,** in gewisser Weise vergleichbar mit einer Sammlung von Bauernregeln. Die Maya errechneten ihn aus 20 Wochen zu je 13 Tagen. Die Zahl 13 als Symbol des Himmels multipliziert mit der Zahl 20, dem Symbol des Menschen, das von der Addition der zehn Finger und zehn Zehen herrührt (Vigesimalsystem), ergab einen 260 Tage-Zyklus, der die Ernährung und Gesundheit des Volkes sichern sollte. Die Regen spendenden Götter des Himmels und der arbeitende Mensch auf dem Feld konnten also nur in „Zusammenarbeit" das Leben erhalten.

Als Agrarkalender begann der *Tzolkin* bei den Maya Mitte Februar mit dem Abstecken der neuen *milpa* (Maisfeld) und den Rodungsarbeiten. Er endete im Oktober mit dem Beginn der Haupternte. Der 260 Tage umfassenden Anbauperiode folgten 100 Tage der Ernte und der Festlichkeiten, sowie die restlichen fünf glücklosen Tage.

Der *Tzolkin,* auch „Zähler der Tage" genannt, besaß außer seiner wichtigen Funktion als Landwirtschaftskalender prophetischen Charakter und diente wahrsagerischen Zwecken. 13 Ziffern kombiniert mit 20 Tageszeichen (Tagesgöttern) gaben jedem Tag dieses Ritualkalenders einen anderen Namen und stellten ihn unter den Schutz und das Zeichen eines Gottes. Der erste Tag des *Tzolkin* hieß *1 Imix,* der zweite *2 Ik* der dritte *3 Akbal* usw. Wenn jede der dreizehn Zahlen mit einem der zwanzig Tageszeichen zusammengekommen war, d.h. wenn alle Möglichkeiten der Zahl/Zeichen-Kombination erschöpft waren, begann ein neues 260 Tage-Jahr, ein neuer *Tzolkin*. Dieser Kalender verbindet in seiner doppelten Funktion als Ritual- und Agrarkalender das kosmische Leben mit dem menschlichen und ist der ureigene Ausdruck der Religion und Weltsicht der Mayawelt.

Als **Ritualkalender** bestimmte er glückliche, unglückliche und neutrale Tage. Er legte die zeremoniellen Daten fest und regelte das private Leben jedes Einzelnen. Durch die Verbindung von Tageszeichen und magischen Ziffern mit Göttern, Farben und Richtungen wurde er zum mythischen Lebenshilfekatalog, der den Maya die Aufgehobenheit innerhalb einer harmonischen Weltordnung verhieß. Der zyklische Charakter der Kalender entspricht der mythologischen Vorstellung von der Rückkehr zur Urschöpfung und ihres Neubeginns. In der kreisförmigen Struktur aller Kalender wiederholt sich also die mythische Zeit. Die innere Geschlossenheit des *Tzolkin* wie seine Aussagekraft sind der Grund, warum sich dieser Kalender auf dem zentralamerikanischen Kontinent unter den Stämmen schnell ausbreitete und bis heute seine An-

DIE MAYA

wendung bei den indianischen Bauern findet.

Die Maya setzten die beiden beschriebenen Kalendersysteme des 365 Tage-Normaljahres und den 260 Tage-*Tzolkin* nun so zusammen, dass sie wie ein großes und ein kleines Zahnrad gegeneinanderliefen. Nach 52 Umdrehungen des größeren 365 Tage-Rades (*haab*) trafen sich der erste Tag des Sonnenjahres und der *Tzolkin* wieder. Bis dahin waren 18.980 Tage verstrichen oder 52 Jahre. Erst nach dieser Zeit wiederholten sich die aus den zwei Kalendern gekoppelten Tagesnamen wie *1 Imix 0 Pop, 1 Ahau 18 Kayab* oder *4 Ahau 8 Cumhú*. Der *Tzolkin* musste 73 Umdrehungen bewältigen, um mit dem *haab* wieder an die Ausgangssituation zu gelangen. 52 und 73 Tage entsprechen dem Reifeprozess der ersten und zweiten Milpa. Der Mais als Grundlage der Existenz und des Lebens wurde so in eine höhere Potenz gehoben.

Die Zahl 52 wurde durch die Kalenderrunde zu einer **magischen Ziffer.** Nach Ablauf der 52 Jahre endete für die Maya eine Epoche. Das Ende der Kalenderrunde wurde gefürchtet und beschwor die Gefahr einer alles vernichtenden Katastrophe herauf. Zeugnisse aus der Kolonialzeit berichten von der Angst der Maya vor dem drohenden Weltuntergang. Die Katastrophenstimmung ließ erst nach, wenn das „Neue Feuer" verkündete, dass die Götter einen weiteren Lebenszyklus gewährt haben. So konnte für jeden eine neue Zeit und ein neues Leben beginnen.

Eine der Schlussriten war das Zerschmettern von Tongeschirr und die Erneuerung der Zeremonialgeräte. Eine interessante Parallele hierzu ist heute noch im westlichen Hochland zu beobachten, wenn die Maya-Quiché in Momostenango nach Ablauf eines *Tzolkin* ihr Geschirr zerbrechen und die Scherben zum Altar bringen.

Für sich genommen waren beide Kalenderzyklen zu kurz, um eine Chronologie zu erstellen, bei der durch die Wiederholung der Datennamen alle 52 Jahre Verwechslungen ausgeschlossen werden konnten. Ein dritter Kalender sollte dies verhindern.

Die so genannte **Lange Zählung** der Maya ist eine ebenso einfache wie geniale Erfindung. Dabei ging es ihnen um die Zählung aller Tage seit einem fixierten „Nullpunkt", der das legendäre Datum 13. August 3114 v. Chr. trägt und als mythischer Ausgangspunkt der Mayaexistenz interpretiert wird. Es ist der Tag, an dem alle großen Kalenderzyklen die Zahl 13 anzeigen. An diesem Tag wurde der Himmel erschaffen. Mit der Methode der Langen Zählung war es den Maya also möglich, eine absolute Chronologie zu erstellen. Die Zeiteinteilungen wurden durch einfache Begriffe benannt:

Tag *kin*		= 1 Tag
Monat *uinal*	= 20 *kin*	= 20 Tage
Jahr *tun* (Rundjahr)	= 18 *uinal*	= 360 Tage
Periode *katun*	= 20 *tun*	= 7200 Tage
Periode *baktun*	= 20 *katun*	= 144.000 Tage

Weitere Einheiten wie die des *pictun* und *calabtun* erlaubten Rechnungen

DIE MAYA

astronomischer Art, die bis zu 400 Millionen Jahre in die Vergangenheit zurückreichen.

Von besonderer Bedeutung war die Einheit des **katun** (20 x 360 Tage). Denn nach Ablauf eines *katun* wurden Stelen errichtet, die nicht nur Meilensteine der Zeit, sondern auch öffentliche Kalender bzw. Geschichtsbücher waren, auf denen Ereignisse wie Geburts-, Heirats- und Thronbesteigungsdaten, sowie militärische Siege und sonstige Ereignisse festgehalten wurden. Im Klassikum (300–900 n. Chr.) wurde der zeitliche Abstand verkürzt.

Natürlich hatte die Lange Zählung eine magische Beziehung zu den anderen Kalendern. Neben der Schaffung einer Chronologie garantierte die Lange Zählung den Weiterbestand der Welt, welcher durch die alle 52 Jahre **wiederkehrende Katastrophe** gefährdet schien. Sie vermittelte dem Maya die Idee der Unendlichkeit und führte in der Konsequenz zu einer neuen Betrachtungsweise über Leben und Tod.

Durch eine Reihe parallel laufender Berechnungen, die sich aus der Beobachtung von Sonne, Mond, Saturn, Jupiter und Venus ergaben, vervollkommneten die Maya ihre kalendarischen Systeme, so dass die Bestimmung der Jahreslänge exakter war als die des Gregorianischen Kalenders.

Die Entzifferung der Maya-Kalender verdanken wir dem Dresdner Bibliothekar *Ernst Förstemann* (1822–1906). Doch die **Erforschung** ist längst nicht abgeschlossen. Zu viele Geheimnisse stecken noch in diesen mythisch-religiösen Systemen, die durch ihre Verbindung von Astronomie, Astrologie, Metaphysik, Architektur und Kunst zu komplexen Weltanschauungsgebäuden von unvergleichlicher Art wurden. Nicht zu unrecht werden die Maya die „Griechen der Neuen Welt" genannt.

Landwirtschaft

Nach heutigem Erkenntnisstand schätzt man die Bevölkerungszahl der Maya im Klassikum (300–900 n. Chr.) auf 19 bis 20 Millionen Menschen. Ihr Lebensraum war das tropische Tiefland von Yucatán, Belize und Petén. Heute leben in diesem Raum vergleichsweise wenige Menschen. Feuchtheißes Klima, geringe Humusanreicherung aufgrund der tropischen Laterit- und Rendzinaböden und eine fast undurchdringliche Vegetation scheinen keine guten Voraussetzungen für eine landwirtschaftliche Nutzung zu bieten. Umso verwunderlicher und rätselhafter ist es, wie dieses 20 Millionen-Volk unter denselben klimatischen Bedingungen 1000 Jahre überleben konnte.

Möglich war dies nur auf der Grundlage einer ökologisch angepassten Wirtschaftsweise, wie sie heute kaum mehr vorstellbar ist. Die Landwirtschaft der Maya basierte auf dem Brandrodungsfeldbau im Rahmen einer Landwechselwirtschaft. Diese Wirtschaftsform *(shifting cultivation)*, die in allen tropischen Waldländern der Welt verbreitet ist, setzt große verfügbare Flächen voraus und ist sehr arbeitsintensiv. Die agrare Tätigkeit beginnt damit, dass ein Stück Wald gerodet wird. Das abgetrocknete Material wird kurz vor der Regenzeit verbrannt, was den Eintrag von pflanzlichen Aufbaustoffen in den Boden bewirkt. Das Stück Wald wird nun für zwei oder drei Jahre bepflanzt. Danach wird es für mehrere Jahre der Wiederbewaldung zu überlassen, bevor es erneut unter Kultur genommen werden kann.

Der tropische Regenwald ist ein äußerst empfindliches Ökosystem. Nach Entfernung der Vegetationsdecke sind die Böden erosionsanfällig, und der Ackerbau führt durch die Mineralisierung des Humus rasch zu einer Verringerung der Bodenfruchtbarkeit. Die Üppigkeit der Vegetation täuscht über die tatsächliche Bodenqualität hinweg. Die durch Verwitterung und Verwesung aufbereiteten Nährstoffe werden sofort wieder in den natürlichen Kreislauf eingebracht. Eine Humusanreicherung ist kaum gegeben.

Die Maya wussten um die unterschiedliche Bodenbeschaffenheit ihres Lebensraumes. Auf dem wasserlöslichen Kalkuntergrund im südlichen Yucatán und nördlichen Petén konnte sich der Boden schnell regenerieren. Die einst besiedelten Gebiete sind nach neueren Erkenntnissen Standorte mit relativ tiefgründigen Karbonatböden, die die Nutzung als Ackerböden erlaubten. Wegen der jahrelangen Brachzeiten waren nie mehr als ein Viertel der landwirtschaftlichen Nutzflächen bebaut. Eine festgelegte Rotation der *Milpas* (Maisfelder) sicherte die Erhaltung der Tragfähigkeit und damit die jährlichen Ernten. Die Agrarlandschaft war in Blockfluren aufgeteilt. Eine Milpa hatte gewöhnlich die Größe von 2–4 *manzanas* (1–2,5 ha). Durch den Wechsel von bebauten und wiederbewaldeten Flächen war das Tiefland zu keiner Zeit eine offene Kulturlandschaft. Der Wald lieferte den Maya Holz, Früchte, Wurzeln und Heilkräuter. Die Nutzbäume wurden von den Maya geschont, und Tiere jagten sie nur nach Bedarf.

Rodung und Aussaat wurden wie heute teilweise noch üblich in Kollektivarbeit durchgeführt. Der mythisch-religiöse Charakter dieser Arbeiten erklärt sich aus den im Agrarkalender (*Tzolkin*) festgelegten Riten.

Abgesehen von Abgaben an Adel und Priester konnte jeder Bauer frei über seine Erträge verfügen. Grund und Boden, dessen Eigentümer die Götter waren und es den Bauern nur zur Nutzung überließen, wurde durch Realteilung weitervererbt. Bei der Teilung der Parzellen blieben die Töchter allerdings ausgeschlossen.

Die klimatischen und bodengeographischen Bedingungen im Petén erlaubten den Bauern zwei Maisernten pro Jahr vom selben Feld sowie mehrere Bohnenernten. Neben den in Landwechselwirtschaft produzierten Grundnahrungsmitteln Mais, Bohnen, Maniok und Kürbis kultivierten die Maya den Gartenbau. Jede Großfamilie besaß ein kleines Küchengärtchen, das das ganze Jahr über genutzt wurde. Tomaten, Chili, Bataten und eine Reihe verschiedener Blattgemüsesorten sowie Tabak, Sisalagave und Baumwolle waren die herausragenden

Spezialkulturen der Maya. Die Tradition des Hausgartens ist bei den Indígenas des Hochlandes nahezu erloschen.

Mindestens genauso wichtig war die Pflege und Anlage von **Baumkulturen.** Wildwachsende Frucht- und Nutzbäume wurden während der Rodungsarbeiten ohnehin geschont. Zusätzlich pflanzten die Maya sie in ihre Hausgärten, wo sie zum einen als Schattenspender dienten und zum anderen in der Nähe des Siedlungsplatzes waren. Der wohl bedeutendste Fruchtbaum war der **Brotnussbaum,** den die Maya *ramón* nannten. Die Kerne der Brotnuss dienten als Maisersatz und sind im Spätklassikum sogar zu einem Hauptnahrungsmittel geworden. Außerdem pflanzten sie Papaya, Avocado, Zapote, Guayava und Mamey. Eine Besonderheit stellte der Kakao dar. Er wurde im guatemaltekischen Maya-Land um das regenreiche Gebiet des Izabalsees und des nördlichen Petén-Itzá-Sees angebaut. Der Kakao (maya: *chacou haa* = „heiß geröstet") wurde wegen seiner Haltbarkeit und eingeschränkten Verbreitung zum Exportprodukt und Zahlungsmittel zugleich. Den Maya ist es zu verdanken, dass der Kakao wie die Papaya heute zu den Kulturpflanzen gehören. Noch heute fällt die große Anzahl Fruchtbäume in der Nähe von Zeremonialzentren auf.

Schaut man von den Tempeln Tikals oder Uaxactúns auf die sich scheinbar grenzenlos ausbreitenden Wälder, kann man sich kaum vorstellen, dass hier vor über 1000 Jahren ein Volk eine Hochkultur entwickelte. Dass außer den steinernen Hinterlassenschaften so gut wie keine Spuren einstiger Besiedlung existieren, hängt nicht zuletzt mit der eingangs erwähnten angepassten Landnutzung zusammen, die das ökologische Gleichgewicht des Lebensraumes bewahrte.

Durch die Bearbeitung des Bodens mit einem Pflanzstock blieb das natürliche Bodengefüge erhalten. Die Unkrautbekämpfung geschah meist von Hand, und stehengelassene Bäume auf der Milpa verhinderten Erosion und Bodenabspülung. Wo Hangneigungen die Gefahr des Bodenabtrags beschleunigten, verhinderten die Ma-

Noch heute benutzen die Bauern den Pflanzstock bei der Ausbringung der Saat

ya dies durch Terrassierung. In Tikal fanden Forscher Hochackerfluren und Hochbeete, die durch ihre Lage so mit Wasser und Nährstoffen versorgt wurden. Das Fehlen von Haustieren und Viehherden hatte den Vorteil, dass die Maya keine Weideflächen ausweisen mussten, die in so vielen Zonen der Landwechselwirtschaft die Versteppung und Zerstörung der Böden zur Folge haben. Hinzu kommt der respektvolle Umgang mit der Natur schlechthin, in der sie den Willen der Götter ausgedrückt sahen. Eine Zerstörung der göttlichen Schöpfung war für sie schlichtweg undenkbar.

Die Maya sind wahrscheinlich das letzte zivilisierte Kulturvolk gewesen, deren Lebenswelt nach dem Untergang nicht über das Ausmaß der hinterlassenen Umweltschäden erforscht werden muss.

Die Maya-Schrift

Die Mayaforschung begann mit der Erforschung der Schrift, und es sah lange so aus, als ob die Maya nicht nur das am weitesten entwickelte Schriftsystem des präkolumbischen Amerika besaßen, sondern auch das am schwersten entzifferbare überhaupt. Doch seit den 1950er Jahren konnte eine kleine Gruppe von Fachleuten enorme Schritte bei der Entschlüsselung der in Stein gehauenen und auf Rindenpapier oder Keramik gemalten Glyphen erzielen. Geschnitzte oder geritzte Texte und Inschriften finden sich auch auf Gegenständen aus in Jade, Knochen, Obsidian, Holz und Muscheln. Für die Maya war die Schrift göttlichen Ursprungs.

Die Mayaschrift ist eine **Wort-Silben-Schrift.** Das ermöglichte den Schreibern ein Wort entweder als Bild (z. B. in Form einer Vollfigur-Glyphe) oder als Verknüpfung von phonetischen Silbenzeichen (syllabisch) zu schreiben. Es gibt Fälle, wo beide Variationen kombiniert wurden. Da viele Schriftzeichen noch nicht entziffert sind, lässt sich das Verhältnis von logographischen Zeichen zu Silbenzeichen nicht genau bestimmen. Es sieht jedoch so aus, als hätte man lange Zeit die Bedeutung der phonetischen Schreibweise unterschätzt.

Die Mayaschrift hat **800 bekannte Zeichen,** von denen rund die Hälfte als entschlüsselt gelten. Sie sind gewöhnlich aus einem quadratischen Hauptzeichen und einem oval bis rechteckigen Kleinzeichen (Affix) zusammengesetzt. Geschrieben und gelesen werden sie paarweise von links nach rechts, in Kolumnen von oben nach unten. Sehr schön kann man das an den Stelen von Quiriguá nachvollziehen.

Die **Entzifferung** der Glyphen stößt auf viele Hemmnisse. Eine Eigenart der Schrift ist, dass verschiedene Zeichen dieselbe Bedeutung haben können, ähnlich unseren Synonymen. Der Gleichklang von Wörtern mit unterschiedlicher Bedeutung bot den Schreibern außerdem Gelegenheit zu Wortspielen, was die Entschlüsselung natürlich erschwert. Umgekehrt kennt man häufig die Bedeutung einer Glyphe, jedoch nicht ihre sprachliche Umsetzung. Eine andere Schwierigkeit ergibt sich aus dem Kürzelcharakter der Mitteilungen, die das Verständnis der Texte nicht gerade erleichtert. Den Inschriften liegen also nicht immer ganze Sätze zugrunde, sondern sie beschränken sich oft nur auf Stichworte. Anders ist es nicht zu erklären, dass die einzigartige Hieroglyphentreppe von Copán (Honduras) mit ihren 2500 Einzelzeichen die Geschichte von 200 Jahren erzählt.

Die Entzifferung und Interpretation der Mayaglyphen ergaben vor allem Informationen über den Adel. Verzeichnet und beschrieben sind Hochzeits-, Thronbesteigungs-, Geburts- und Begräbnisdaten, Hinweise bezüglich der herrschenden Territorialpolitik sowie rituelle Bräuche der Elite. Den historischen Charakter der Inschriften entdeckte *Tatiana Proskouriakoff* (1909–1985), was heute als Paradigmenwechsel gewertet wird. Besonders durch die Entdeckung von Wappen- oder Emblemglyphen erhielt man Aufschluss über wichtige dynastische Beziehungen zwischen den Zeremonialzentren. Die Forschung beschäftigt sich gerade damit, die genaue Funktion politischer Einheiten für die Mayakultur zu klären.

Bereits kurz nach der Eroberung begannen spanische Missionare mit der Entzifferung der Mayahieroglypen. Der bekannteste unter ihnen war *Bischof Fray Diego de Landa,* der 1549 nach Yucatán kam und 1566 die berühmte Abhandlung *Relación de las cosas de Yucatán* („Bericht über die Angelegenheiten von Yucatán") schrieb. Vier Jahre zuvor hatte er 5000 „Götzenbilder" und 27 Maya-Handschriften verbrennen lassen. Von den wertvollen Handschriften blieben nur drei so genannte *Codices* (Kopien von älteren Originalen) verschont. *Landa* verfolgte den indianischen Volksglauben mit unnachsichtiger Strenge und Härte.

Wegen des Autodafés und seinen Folterungen an den Maya wurde er nach Spanien zurückbeordert, wo er sich gegen die Anklagen verteidigen musste, die gegen ihn erhoben wurden. Die *Relaciónes,* Berichte über Ruinenstätten, Sozialstruktur, Lebenswei-

Ein Mayaherrscher im Ornament (Aguateca, Petén)

se, Agrarwirtschaft, Kalender, Schrift, Bräuche u. v. a. waren als Rechtfertigungsschrift gedacht und sollten die Grundlage seiner Verteidigung sein. Als man diese Schrift drei Jahrhunderte später in Madrid wiederentdeckte, wurde sie zu einem wichtigen Dokument in der Mayaforschung.

Landa glaubte bei der Maya-Schrift noch an ein Alphabet und interpretierte die einzelnen Glyphen als Buchstaben. Heute weiß man, dass mehr als 150 der 800 bekannten Zeichen eine phonetisch-syllabische Funktion haben, die zum größten Teil eine Konsonant-Vokal-Struktur haben (-be, -tza, -ka, -ch'o usw.). Trotzdem wurde das **Landa-Alphabet** zur Grundlage für den ersten Durchbruch in der Entschlüsselung des Maya-Schriftsystems. Erst der junge russische Forscher *Jurij Knorosow* (1922–1999) erkannte, dass das vermeintliche Alphabet in Wirklichkeit eine Silbenliste ist. Seine in den 1950er Jahren entwickelte Theorie der Konsonant-Vokal-Silben-Struktur gilt heute als allgemein anerkannt. Dabei hatte er bis zu diesem Zeitpunkt nicht eine einzige Mayaruine oder Stele jemals selber gesehen. Die Entzifferung der Schrift und die Entschlüsselung des Kalenders bilden das Grundgerüst für alle weiteren Erkenntnisse der Welt und Umwelt der Maya.

Die Maya-Forschung ist eine sehr lebendige Disziplin. Denn mit zunehmender Entzifferung gelangen die Wissenschaftler zu immer neuen Einsichten über die Geschichte und den Untergang dieser mesoamerikanischen Hochkultur.

Die Menschen

Reisen in Guatemala

Reisen in Guatemala

Reiseziele

Da Guatemala nur etwa so groß ist wie Süddeutschland, liegen die Sehenswürdigkeiten und Reiseziele nicht so weit auseinander wie beispielsweise in Mexiko oder in vielen südamerikanischen Ländern. Das bedeutet, man kann in relativ kurzer Zeit viel sehen. Und da Guatemala ein Land der Vielfalt und Kontraste ist, wird jeder Ausflug, jede kleine Rundreise oder Weiterreise dem Besucher zugleich ein neues Portrait der unterschiedlichen Gesichter Guatemalas zeigen. Der Wechsel von Klimazonen und Naturräumen ist dabei ebenso reizvoll wie der Wechsel der Kulturen und Bevölkerungsgruppen.

Eines der Hauptreiseziele in Guatemala ist das **Hochland** mit seinen kleinen Dörfern, Märkten und Fiestas. Hauptattraktion ist zweifellos die Mayabevölkerung, deren bunte Trachten, religiös-heidnische Bräuche und einfache Lebensweise den modernen Mitteleuropäer faszinieren. Am bekanntesten ist wohl das kleine Quiché-Städtchen **Chichicastenango,** dessen farbenprächtiger Donnerstags- und Sonntagsmarkt von Touristen geradezu überschwemmt wird. **Antigua,** die ehemalige Hauptstadt Guatemalas am Fuß des Vulkans Agua, ist das Aushängeschild des Landes und von der UNESCO zum „Erbe der Menschheit" erklärt worden. Das koloniale Ambiente Antiguas wird bestimmt durch gewaltige Renaissancebauten, reich verzierte Kirchenfassaden und Klosterruinen. Nicht weit von Antigua befindet sich der tiefblaue, von Vulkanen umgebene **Atitlán-See**, dessen Schönheit vielfach beschrieben worden ist. Im gesamten Hochland verstreut finden sich die kulturhistorischen Reste indianischer Festungen, die beim Eintreffen der Spanier Anfang des 16. Jahrhunderts erobert und zerstört wurden.

Wer sich für die Kulturzentren der erloschenen Mayazivilisation interessiert, für deren Tempelstädte, Kunst und Mythologie, der wird eine Reise ins heiße **Tiefland des Petén** unternehmen. Unter den zahlreichen ausgegrabenen Mayastätten ist Tikal das eindrucksvollste Beispiel aus der Zeit der klassischen Hochkultur von Beginn des 4. Jahrhunderts an. Tikal besitzt die höchsten Pyramiden des alten Mayalandes und wurde 1979 von der UNESCO zur „Weltkultur- und Naturstätte" erklärt. Nicht weniger reizvoll ist die Flora und Fauna des Petén-Regenwaldes. Auch für Nicht-Botaniker oder -zoologen ist die Artenvielfalt der Tier- und Pflanzenwelt ein Erlebnis.

Eine Region ganz anderer Art ist die schmale **Karibikküste** Guatemalas im Osten. Hier leben die Garífunas oder Black Caribs, die wie die Indígenas im Westlichen Hochland ihre Kultur weitestgehend bewahrt haben. Musik, Tänze, Sprache und Temperament der Kariben in Puerto Barrios und Lívingston prägen das afro-karibische Ambiente an der Bahía de Amatique. Ein Naturerlebnis ist eine Bootsfahrt über den Río Dulce, der sich ruhig und gemächlich durch den Dschungel schlängelt. Noch im selben Departement befinden sich in **Quiriguá** die größten Stelen des Mayalandes.

Liebhaber des feuchten Nebelwaldes und diejenigen, die sich für die bizarren Formen und eindrucksvollen Erscheinungen des tropischen Karstes interessieren, werden in den **Verapaces** (Alta und Baja Verapaz) Höhlen, Quellen, Wasserfälle, türkisgrüne Flüsse, Wildwasserstrecken, kesselförmige Löcher (Dolinen), Kegelkarstlandschaften und vieles andere mehr entdecken. In den Wäldern des Alta Verapaz lebt der Quetzal, der Symbolvogel Guatemalas, den man aber nur mit viel Glück und Geduld zu Gesicht bekommt. Die größte Stadt in den Verapaces ist Cobán, deren Menschen durch die Besiedlung deutscher Kaffeepflanzer im vorigen Jahrhundert nicht selten immer noch gute Beziehungen zu Alemania pflegen.

Guatemala bietet die Möglichkeit zu **Vulkanbesteigungen** mit unterschiedlichen Schwierigkeitsgraden. Die beliebtesten sind der Tajumulco (4220 m, Dept. San Marcos), der Pacaya (2550 m, Dept. Guatemala), Acatenango (3976 m, Dept. Sacatepéquez/Chimaltenango), Santa María (3772 m, Dept. Quetzaltenango), Agua (3766 m, Dept. Sacatepéquez) und San Pedro (3020 m, Dept. Sololá). Grundsätzliche Voraussetzungen sind die Gewöhnung an die Höhe und eine gute Kondition. Außerdem: nie alleine gehen!

Weniger attraktiv als in anderen Ländern Zentralamerikas sind die Badeorte und Strände in Guatemala. Die **Pazifikküste** bietet zwar einen fast 300 km langen Strand; dessen Sand ist jedoch aufgrund seiner vulkanischen Herkunft schwarz gefärbt. Das Klima ist extrem heiß und die Einrichtungen für einen Aufenthalt sind in Relation zur Länge der Küste bescheiden. Die wenigen Bademöglichkeiten werden im Reiseteil beschrieben. Um einen Badeplatz an der weißen, palmenbestandenen Karibikküste zu finden, ist es notwendig, sich mit dem Boot ein wenig von den Dörfern und Orten zu entfernen. An den Seen Guatemalas wie dem kühlen **Atitlán-See** oder dem warmen **Izabal-See** findet man dagegen leichter eine schöne Stelle zum Schwimmen.

Für Abenteurer besteht die Möglichkeit an **Wildwasserfahrten** teilzunehmen, die von einigen Reisebüros und Tour Operators (z. B. Panamundo) organisiert werden. Besonders beliebt ist der Río Cahabón (Dept. Alta Verapaz), Río Usumacinta (Dept. El Petén) und Río Motagua (Dept. Zacapa/Izabal).

Dies ist natürlich nur ein kleiner, sozusagen der beliebteste und am meisten besuchte Ausschnitt des Landes. Denn Guatemala ist natürlich viel mehr als Antigua, Atitlán-See, Chichicastenango und Tikal. Wer sich abseits der „Trampelpfade" bewegen will, sollte wissen, dass Abstecher ins Hinterland oder sonst wohin nur dann zu einem Erlebnis werden, wenn man die Landessprache einigermaßen beherrscht. Man wird häufig auf die Auskunft der Bevölkerung angewiesen sein, nicht selten auch auf ihre Gastfreundschaft und Hilfe.

Reiserouten

Westliches Hochland

Reisebeginn: von Quetzaltenango
Dauer: ca. 4–5 Tage
Route: Quetzaltenango – Colomba – Coatepeque – Tilapa – Pajapita – El Tumbador – San Rafael – San Marcos – zurück nach Quetzaltenango

Die Fahrt führt vom Hochland steil hinab ins pazifische Tiefland durch die **Boca Costa,** den Kaffeegürtel Guatemalas. Innerhalb von nur kurzer Zeit wechselt Klima und Vegetation. Nach Coatepeque beginnt die weite Ebene des Pazifiktieflandes mit seinen ausgedehnten Zuckerrohrfeldern, Bananenplantagen und Viehweiden. Die kleine Siedlung Tilapa bietet einen Strand mit Bademöglichkeit in den hohen Wellen des Pazifiks. Die steilste asphaltierte Straße Guatemalas windet sich vorbei am Vulkan Tajumulco von El Tumbador zurück ins Hochland nach San Marcos durch Kaffeeplantagen. Ausblicke bis an die Küste sind bei gutem Wetter möglich.

El Quiché – Alta und Baja Verapaz

Reisebeginn: von Guatemala Ciudad, Atitlán-See oder Quetzaltenango
Dauer: ca. 8–10 Tage
Route: Chichicastenango – Santa Cruz del Quiche – Utatlán – Nebaj – Chajul – San Juan Cotzal – Uspantán – Cobán – Biotopo del Quetzal – Salamá – zurück nach Guatemala Ciudad oder weiter von El Rancho an die Karibik

In **Chichicastenango** wird donnerstags und sonntags ein bunter Markt abgehalten, zu dem Indígenas aus der gesamten Region kommen. Nahe der Departementshauptstadt **Santa Cruz del Quiché** befindet sich die letzte Festung der Maya-Quiché, **Utatlán,** die 1524 von den Spaniern zerstört wurde.

Im Hinterland des Quiché, versteckt in den Bergen, liegt das Ixil-Dreieck, das die Dörfer Nebaj, Chajul und San Juan Cotzal einschließt. Die Ixil-Sprache wird nur noch hier gesprochen. Die Region war Anfang der 1980er Jahre ein Zentrum der Guerilla-Bewegung. Über Cunén und Uspantán führt die Tour weiter durch die indianische Hochlandwelt hinein in den **Alta Verapaz,** eine Region, die ausgedehnte Nebelwälder besitzt und vom tropischen Karst geprägt ist. Cobán ist die Hauptstadt des Departementes und Zentrum des Kaffeeanbaugebietes, das zu Beginn des 19. Jahrhunderts von Deutschen besiedelt wurde. Südlich von Cobán bei Purulhá befindet sich das Naturschutzgebiet des **Quetzal.** Im *Biotopo Mario Dary Rivera* begegnet man einer üppigen Nebelwaldvegetation. Inmitten der Sierra de Chuacús, einer zerklüfteten, kargen Hochlandregion, liegt **Salamá,** die kleine Departementshauptstadt des Baja Verapaz mit seiner prächtigen kolonialen Kirche.

Die Tour ist empfehlenswert für all diejenigen, die lange und anstrengende Busfahrten nicht scheuen, die etwas vom indianischen Hinterland Guatemalas sehen wollen und sich von Bergen, Tälern und Wäldern beeindrucken lassen. Eine Besonderheit dieser Tour sind der Wechsel der Landschaften und die großartigen Ausblicke über die Weite der guatemaltekischen Bergwelt.

Petén

Reisebeginn: von Guatemala Ciudad, Cobán
Dauer: ca. 8-10 Tage
Route: Cobán - Chisec (evt. über Sebol) Sayaxché - Ceibal - Altar de Los Sacrificios Flores - Tikal - Poptún - zurück in die Hauptstadt oder weiter über Modesto Méndez an den Izabal-See oder die Karibik

Die Tour von **Cobán** nach **Sayaxché** ist in jedem Fall erlebnisreich, ganz gleich, ob man über Chisec oder über Sebol/Raxrujá fährt. Um Sayaxché befinden sich u. a. die frühklassischen Mayastätten El Ceibal und Altar de Los Sacrificios. Zu letzterer gelangt man nur mit dem Boot über den Río de La Pasión.

Das kleine Insel-Städtchen Flores auf dem **Petén-Itza-See** ist der Ausgangspunkt für einen Ausflug nach **Tikal,** dem wichtigsten Zentrum der klassischen Mayakultur. Nicht nur die Pyramiden und Tempel sind hier sehenswert, auch die Flora und Fauna des immergrünen Regenwaldes des Petén ist ein Erlebnis. Gute Busverbindungen gibt es von Flores nach **Modesto Méndez.** Ein Halt auf der Finca Ixobel in Poptún lohnt sich wegen der schönen Umgebung und den Exkursionsmöglichkeiten, die diese Unterkunft anbietet.

Karibik und Izabal-See

Reisebeginn: von Guatemala Ciudad
Dauer: ca. 6-8 Tage
Route: Guatemala Ciudad - Quiriguá - Puerto Barrios - Santo Tomás de Castilla - Lívingston - Siete Altares - Río Dulce - Biotopo Chocón Machacas - Castillo San Felipe de Lara - zurück nach Guatemala Ciudad oder weiter in den Petén über Modesto Méndez und Poptún

Die Ziele dieser Tour sind gut zu erreichen. **Quiriguá** besitzt die schönsten Stelen der Mayawelt und liegt heute inmitten der ehemaligen Bananenplantagen der United Fruit Company. Puerto Barrios war lange Zeit der wichtigste Atlantikhafen Guatemalas und wurde in seiner Bedeutung von der neuen Anlage in Santo Tomás abgelöst. Die Karibikküste ist die Heimat der schwarzen Guatemalteken. Von Lívingston aus gibt es die Möglichkeit, mit dem Boot Ausflüge an der Küste entlang zu unternehmen. Siete Altares ist ein Wasserfall, der in Kaskaden direkt ins Meer fließt. Der Río Dulce schlängelt sich gemächlich durch hoch aufragende Steilwände, die von dichter Regenwaldvegetation bewachsen sind. Das *Biotopo Chocón Machacas* wurde zum Schutz der Rundschwanzseekuh *(manatí)* eingerichtet, von der es nur noch wenige Exemplare geben soll. Ein kleiner Rundgang durch das Naturschutzgebiet ist ausgewiesen. Das Castillo San Felipe, eine kleine Burg am Beginn des Río Dulce, wurde einst zum Schutz vor Piraten errichtet. Der Izabal-See ist der größte See Guatemalas; er besitzt weite unbesiedelte Ufer.

Costa Sur

Reisebeginn: von Guatemala Ciudad
Dauer: ca. 5 Tage
Route: Guatemala Ciudad – Escuintla – Taxisco – La Avellana – Monterrico – Canal de Chiquimulilla – Iztapa – Puerto San José – Escuintla – Guatemala Ciudad

Die Tour bis nach Monterrico lässt sich von der Hauptstadt aus an einem Tag bewältigen. **Monterrico** liegt inmitten eines Naturschutzgebietes und bietet die Möglichkeit für einen Badeaufenthalt am schwarzen Pazifikstrand. Eine Bootsfahrt über den Chiquimulilla-Kanal bis **Iztapa** führt durch Mangrovenwälder und eine wechselvolle Pflanzenwelt. Puerto San José war einst Endstation der Zugverbindung von der Hauptstadt an den Pazifik. Die Überreste der alten Hafenanlage sind noch vorhanden. Heute wird die Schifffahrt über den nahegelegenen Hafen Puerto Quetzal abgewickelt.

Reisen mit dem Bus – Yo manejo, Dios me guia

Der Bus ist *das* Transportmittel Guatemalas schlechthin. Für die Mehrheit der guatemaltekischen Bevölkerung ist er auch das einzige Fortbewegungsmittel. Entsprechend weit verzweigt ist das Liniennetz der Busse, die ihre Fracht (Menschen, Tiere, Waren) auf z.T. grob geschotterten Straßen bis in die hintersten Winkel des Landes oder hoch hinauf in die Berge bringen.

Straßennetz und Kreuzungen

Drei große Straßen durchziehen das Land: Die **Panamericana CA 1** führt von Mexiko kommend (La Mesilla) durch das Hochland von Guatemala über die Städte Huehuetenango, Quetzaltenango, Guatemala Ciudad durch den Osten des Landes *(Oriente)* zur salvadorianischen Grenze (San Cristóbal Frontera). Die **Carretera al Pacifico CA 2** verbindet, ebenfalls von Mexiko (Ciudad Hidalgo) kommend, die südlichen Küstenstädte Guatemalas bis zur Grenze El Salvadors (Ciudad Pedro de Alvarado). Somit beschreibt sie wie die Panamericana eine Richtung von Nordwesten nach Südosten, nur südlicher. Die dritte große Verbindung ist die **Carretera al Atlantico CA 9**, die den Pazifik (Puerto San José) über die Hauptstadt durch das große Motaguatal mit dem Atlantik (Puerto Barrios) verbindet und eine

Reisen mit dem Bus

Richtung von Süden nach Nordosten beschreibt. Diese Strecke war die wichtigste Eisenbahnlinie des Landes.

Zwei weitere wichtige Straßen führen praktisch parallel in das nördliche Petén-Tiefland (Tikal). Dabei ist die CA 5 die westliche Variante über Cobán und Sayaxché nach Flores, während die CA 13 als östliche Variante vom Izabal-See (Karibik = Atlantik) über Poptún nach Flores führt. Beide Verbindungen haben im Straßenbauplan der Regierung oberste Priorität, denn noch sind sie nicht durchgehend asphaltiert.

Wer Bus fährt, muss umsteigen. Wichtig sind daher folgende **Kreuzungen,** die alle auf der CA 1 und CA 2 liegen:

- **Los Encuentros (CA 1)** liegt nördlich des Atitlán-Sees im Zentralen Hochland. Von hier geht es praktisch in alle vier (touristischen) Himmelsrichtungen weiter: im S an den Atitlán-See, im N nach Chichicastenango, im W nach Quetzaltenango, im O nach Guatemala Ciudad; die wichtigste Kreuzung in Guatemala!
- **Cuatro Caminos (CA 1)** liegt nordöstlich von Quetzaltenango im Westlichen Hochland. Von hier aus sind wichtige Hochlandstädte zu erreichen: im S nach Quetzaltenango und Retalhuleu (Küste), im N nach Momostenango, San Francisco El Alto, Huehuetenango, im NW nach Totonicapán, im SW nach Panajachel (Atitlán-See), Chichicastenango und Guatemala-Ciudad;
- **El Rancho (CA 9)** liegt knapp 100 km nordöstlich der Hauptstadt am Oberlauf des Río Motagua im Dept. El Progreso. Von hier aus geht es im N nach Cobán (Verapaz), im SW nach Guatemala Ciudad, im NO nach Puerto Barrios (Karibik);
- **Río Hondo (CA 9)** befindet sich 50 km weiter. Die Verbindungen nach Guatemala Ciudad (SW) und nach Puerto Barrios (NO) sind daher dieselben, hier jedoch ist der Umsteigepunkt Richtung S nach Chiquimula und weiter an die Grenzen von Honduras (Anguiatú, Agua Caliente, El Florido = Copán);
- **La Ruidosa/Morales (CA 9)** liegt 50 km vor der Atlantikküste (Puerto Barrios) am Unterlauf des Río Motagua. Die Verbindungen nach Guatemala Ciudad (SW) und Puerto Barrios (NO) sind immer noch dieselben. Hier bietet sich die Weiterfahrt Richtung N in den Petén (Flores, Tikal) über die CA 13 an.

An diesen Kreuzungen kommt man immer irgendwie und irgendwann weiter. Sie sind wichtige Verkehrsknotenpunkte, an denen sich (v. a. auf der Panamericana) große Märkte etabliert haben. Einige **weitere kleinere Kreuzungen** sind:

an der Südküste: El Zarco auf der CA 2 (Carretera al Pacifico) bei San Sebastian Cuyotenango. Von hier aus im S nach Retalhuleu, Champerico, im W nach Coatepeque, Grenze von Mexiko (Tecún Umán/Ciudad Hidalgo), im N nach Quetzaltenango ins Westliche Hochland, im O nach Escuintla, Grenze von El Salvador (Ciudad Pedro de Alvarado);

im Dept. Baja Verapaz: La Cumbre bietet die Möglichkeit im W nach Salamá und Rabinal umzusteigen, im N geht es weiter nach Cobán, im S zur Kreuzung El Rancho auf der CA 9;

im Dept. Petén: El Cruce am Petén-Itza-See bei El Remate. Im N nach Tikal, im W nach Flores, im O nach Belize (Melchor de Mencos);

im Dept. Izabal: Río Dulce-Brücke auf der CA 13, die vom Izabal-See (S) nach Flores (N) führt. Von hier aus kann man mit dem Boot über den Golfete und den Río Dulce nach Lívingston an die Karibikküste fahren.

Straßenzustand

Nachdem die letzten Jahrzehnte der Straßenbau fast nur mit der Ausbesserung des von Schlaglöchern permanent durchsiebten Belages beschäftigt war, wurde Ende der 1990er Jahre unter der neoliberalen Regierung ein beispielloses Programm begonnen und in die Tat umgesetzt. Die wichtigsten Verkehrsverbindungen wurden instand gesetzt und mit Rand- und Mittelstreifen sowie Katzenaugen versehen, ein (kurzes) Stück Autobahn gebaut, viel befahrene Straßen im Hinterland asphaltiert, Verkehrs- und Straßenschilder aller Art eingeführt, Erdstraßen geschottert u. v. a. m. Damit sind viele der wichtigen Verbindungen im Land in kürzerer Zeit zu absolvieren. Dennoch bleiben Guatemala bis auf viele Jahre hinaus noch weite holperige Schotterstrecken erhalten, auf denen Busse und Autos nur langsam voran- und kaum aneinander vorbeikommen (s. dazu auch „Verkehr" unter „Praktische Tipps von A–Z").

Das Bussystem: Pullmans und Camionetas

Es gibt zweierlei Möglichkeiten, mit dem Bus zu reisen: Die großen **Pullman-Busse** unterscheiden sich von den normalen **Camionetas** durch ihren größeren Komfort mit Einzelsitzen, ihren um ca. ein Drittel bis die Hälfte teureren Fahrpreis, ihren ausgeschriebenen Fahrplan und ihre Schnelligkeit. Daneben gibt es bereits ausgesprochene „Spezialbusse" mit Klimaanlage, Fernsehen usw. Pullman-Busse bedienen die asphaltierten Hauptstrecken des Landes. Bei längeren Fahrten ist es daher ratsam, einen dieser Busse zu nehmen und sich einen Tag vorher um Abfahrtszeit und Ticket zu kümmern, da sie fast immer bis auf den letzten Platz besetzt sind.

Wer kürzere Strecken fährt oder sich ins Hinterland begibt, wird auf die Camioneta angewiesen sein. Sie gehört zu Guatemala wie die Lehmziegelhäuser zum Hochland. Sie fahren in den letzten noch befahrbaren Winkel des Landes, und es gibt eine unüberschaubare Anzahl an Unternehmen. Die Fahrt mit den bunten Camionetas ist billiger und langsamer, da sie sämtliche am Straßenrand wartenden Passagiere einsammeln. Kapazitätsprobleme kennt die Camioneta nicht. In diesen Bus passen so viele Menschen, wie hineinwollen. Sie rumpelt mit Mensch und Tier plus zentnerschwerer Last auf dem Dach meist völlig überladen durchs Land. Ohrenbetäubende Musik aus krachenden Lautsprechern verhindert, dass die dösende und müde Fahrgastgesellschaft, die sich auf den schmalen Sitzbänken zusammenquetscht, in Schlaf versinkt. Stoische Campesinos, halb bewusstlose Babys in enggeschnürten Tragetüchern auf dem Rücken ihrer Mütter, ein rabiater Busfahrer, der sich bei seiner Ehre von keinem Kollegen überholen lassen will, ein heruntergerissener *ayudante* (Gehilfe des Fahrers), eine atemberaubende Luft und dazwischen hochaufgeschossene blonde Gringos, die entsetzt die Augen aufreißen, wenn schon wieder jemand zusteigt – das ist Guatemala live in der Camioneta! Man benötigt eine gehörige Portion Humor, Gottvertrauen und eine gute Wirbelsäule, um solche Fahrten durchzuhalten – aber sie gehören einfach dazu, auch wenn es mitunter sehr anstregend ist.

Das **Fahrtziel** steht bei den Camionetas oberhalb der meist bunt geschmückten Windschutzscheibe. Auf den **Terminales** (Busbahnhöfen) werden die Ziele außerdem von den Ayudantes ausgerufen („Guateee, Guateee, Guatemalaaa!"). Oft ist nur die **landesübliche Abkürzung für viele Orte** zu lesen oder zu hören, wie z.B. Momos für Momostenango, Reu für Retalhuleu, Toto für Totonicapán, Huehue für Huehuetenango, Chichi für Chichicastenango und der alte Quichéname Xela für Quetzaltenango.

Terminales (Busbahnhöfe) in der Hauptstadt: Wohin? Wann? Wie lange?

Während die meisten Camionetas ihren Abfahrtsort am örtlichen Terminal haben, der vielerorts gleichzeitig der Markt ist, haben die Pullman-Busse (mit „P" gekennzeichnet) fast immer eigene Busbahnhöfe mit Wartehallen. Auf der folgenden Seite befindet sich eine Liste mit den wichtigsten Abfahrtsorten der Hauptstadt, sortiert nach Fahrtrichtungen. Der große Terminal/Markt befindet sich noch in Zone 4, wo man sich zum richtigen Bus durchfragen muss. Es gibt meist mehr Busse als angegeben. Aus dem Plan, den Terminal in die Zone 12 zu verlegen, wurde nichts.

Busse an die Grenzen

Es gibt vier offizielle (Land)-Grenzübergänge nach El Salvador, zwei nach Honduras, drei nach Mexiko und einen nach Belize. Daneben kann man mit dem Schiff/Boot auch nach Honduras, Mexiko und Belize einreisen. Grundsätzlich sollte man sich am Tag des Grenzübertritts früh auf den Weg machen, sofern man noch eine Strecke vor sich hat, um vor 18 Uhr an den Grenzübergängen anzukommen und noch einen Anschluss zu bekommen. Außerdem braucht der Bus meist länger als angegeben. Die erwähnten Busterminales beziehen sich auf die Hauptstadt. Aber je näher man sich der Grenze befindet, desto einfacher ist es, den richtigen Bus zu finden.

Honduras
- **direkt:** *Hedman Alas,* 2. Av. 8–73, Z 10, Tel. 22 62 50 72. Luxusbus, einmal täglich nach Copan Ruinas, San Pedro Sula sowie Tegucigalpa.
- **über El Florido:** Chiquimula – Florido 1,5 Std., neue Straße.
- **über Entre Rios:** Bus nach Puerto Barrios, bei Km 280 an Kreuzung Entre Rios aussteigen, Colectivo auf guter Asphaltstraße bis an die Grenze. Straßenzustand auf Hondurasseite nicht so gut. Besser früh hinfahren, damit man am selben Tag bis nach Omoa kommt.

El Salvador
- **direkt nach San Salvador:** ab Hauptstadt *Comfort Lines* mit Büro im Hotel Gran Plaza Las Américas, Av. Las Américas 9–08, Z 13, Tel. 23 61 25 16, 23 32 67 02; *Pulmantur* mit Büro im Hotel Radisson Suites Villa Magna, 1. Av. 12–46, Z 10, Tel. 23 32 97 32, 23 32 97 97; *Tica Bus* 11. Calle 2–72, Z 9, Tel. 23 31 42 79, 12.30 Uhr; *Transportes Internacionales Centroaméricana,* 16. Calle 7–75, Z 1, Tel. 22 32 02 35, 22 32 34 32. Die internationalen Busse nehmen meist den Grenzübergang San Cristóbal Frontera über Santa Ana nach San Salvador.
- **über Anguiatú:** Bus nach Esquipulas nehmen (z.B. *Rutas Orientales*) und vor Esquipu-

Amatitlán: ab 20. Calle/2. Av., Z 1, gelbe Busse, 30 Min., 7-19 Uhr halbstündlich
Antigua: ab 18. Calle zw. 4. und 5. Av, Z 1 auf der Plaza Bolívar; 1,5 Std., 6-19 Uhr halbstündlich
Biotopo del Quetzal: *Transportes Escobar Monja Blanca* (P), 8. Av. 15-16, Z 1. Bus nach Cobán, der in Purulhá am Biotopo auf Wunsch hält. 3,5 Std., 5-18 Uhr stündlich
Champerico: *Rápidos del Sur* (P), 20. Calle 8-55, Z 1, bis Retalhuleu, 2.30-18 Uhr
Chichicastenango: *Veloz Quichelense* (P), *Transportes Masheñita,* Terminal Z 4, stündlich bis 18 Uhr, *Reina de Utatlán,* Terminal Z 4 oder jeder Bus nach Quetzaltenango mit Umsteigen in Cuatro Caminos, 3 Std.
Chiquimula: *Rápidos del Sur* (P), 18. Calle/ L8 9. Av.; *Rutas Orientales* (P), 19. Calle 8-18, Z 1, 3 Std., 4.30-19 Uhr, halbstündlich. Weiter nach Honduras (Copán) mit Camioneta
Cobán: *Transportes Escobar Monja Blanca* (P), 8. Av. 15-16, Z 1, 4,5 Std., 5-18 Uhr, halbstündlich.
Copán: *Rutas Orientales* (P), s. Chiquimula.
Escuintla: *Transportes Esmeralda,* 8. Av. 38-41, Z 3, 2 Std., von 5-20 Uhr. Zusteigemöglichkeiten am Trébol, Av. Bolívar raus
Esquipulas: *Rutas Orientales* (P), 19. Calle 8-18, Z 1, 4.30-19 Uhr, halbstündlich
Flores: *Fuente del Norte* (P), 17. Calle 8-74, Z 1, 8 Std., 3-20.30 Uhr, stündlich, über Poptún; *La Petenera,* 16. Calle 10-00, Z 1, 18.30 Uhr Nachtbus der Linie Dorada; Tikal (Maya) Express 17. Calle 9-36, Z 1
Huehuetenango: *Zaculeu Futura* (P), 20. Calle 0-35, Z 1, beinahe stündlich bis 15 Uhr; *Transportes Los Halcones* (P), 7. Av. 15-27, Z 1, 7 und 14 Uhr; *Transportes Velasquez,* 20. Calle 1-37, Z 1, 8-17 Uhr stündl.
Itzapa: *Transportes La Esperanza,* 2. Calle 3-25, Z 9, von 5-18 Uhr, halbstündlich, oder zuerst nach Esciuntla und dann umsteigen
Jalapa: *Melva Nacional Terminal,* Z 4, *Unidos Jalapanecos,* 22. Calle 1-20, Z 1, von 4.30-16 Uhr, stündlich
Jutiapa: *Rutas Esmeralda, Rutas Miatlán,* Terminal Z 4
La Democracia: *Transportes Chatía Gomerana,* Muelle Central, Terminal Z 4, 6-17 Uhr

Lívingston: s. Puerto Barrios, von dort mit dem Boot nach Lívingston
Monterrico: *Transportes Cubanita,* Muelle Central, Z 4, 3 Std., 10.30, 12.30, 14.30 Uhr bis La Avellana, von dort mit dem Boot nach Monterrico
Panajachel (Atitlán-See): *Transportes Rébuli,* 21. Calle 1-34, Z 1, 3 Std., 7-16 Uhr stündlich oder mit jedem Pullman Richtung Westliches Hochland und umsteigen
Poptún: *Fuente del Norte* (P), s. Flores oder mit *Litegua* (P) Richtung Puerto Barrios bis La Ruidosa und umsteigen
Puerto Barrios: - *Transportes Litegua (P),* 15. Calle 10-14, Z 1, 5 Std., 5-17 Uhr mit Spezialbussen zu bestimmten Zeiten, sonst stündlich
Quetzaltenango: - *Transportes Alamo,* 21. Calle 1-14, Z 1, *Transportes Galgos,* 7. Av. 19-44, Z 1, *Líneas Américas,* 2. Av. 18-47, Z 1, alle (P), 4 Std., alle im ca. 2-3-Stunden-Abstand von 5-19 Uhr, z.T. Spezialbusse.
Quiriguá: *Transportes Litegua* (P), s. Puerto Barrios, in Los Amates bzw. an der Kreuzung nach Quiriguá aussteigen
Rabinal: *Dulce María,* 17. Calle 11-32, Z 1, 5.30-18.30 Uhr halbstündlich, *Orquídea, Chinita* Terminal Z 4
Retalhuleu: *Rápidos del Sur* (P), 20. Calle 8-55, Z 1, *Transportes Fortaleza,* 19. Calle 8-70, Z 1, 3 Std., weiter an die Grenze Tecún Umán, Mexiko
Río Dulce: *Transportes Litegua,* s. Puerto Barrios mit Umsteigen in La Ruidosa, *Fuente del Norte* s. Flores
Salamá: s. Rabinal
San Marcos: *Marquensita* (P), 1. Av. 21-31, Z 1, 4,5 Std., 4.30-17 Uhr stündlich, Route übers Hochland; *Rápidos del Sur* (P), 20. Calle 8-55, Z 1, Route über die Küste; *Transportes Galgos* (s. Quetzaltenango), *Transportes Tacaná,* 2. Av. 20-42, Z 1, 5-16.30 stündlich
Santa Cruz del Quiché: s. Chichicastenango
Santa Elena: s. Flores
Sololá: s. Panajachel
Todos Santos Cuchumatán: s. Huehuetenango, dort umsteigen
Zacapa: *Rutas Orientales,* 19. Calle 8-18, Z 1, 5-18 Uhr, halbstündlich

las an der Kreuzung Padre Miguel auf einen Minibus an die Grenze warten. Fahren über Concepción Las Minas nach Anguiatú mehrmals täglich.
- **über San Cristóbal Frontera:** Bus nach Jalapa (z. B. *Unidos Jalapanecos*), von hier weiter über Ascunción Mita an die Grenze. Grenze wird vor allem von LKW und internationalen Bussen genommen.
- **über Valle Nuevo:** mit *Melva Internacional*, Via 6, 3-04, Z 4, Tel. 23 31 08 74, von 5-16 Uhr stündlich direkt nach San Salvador.
- **über Pedro de Alvarado:** Bus nach Escuintla (z.B. *Transportes Esmeralda*), von dort nach Taxisco und ab hier Bus an die Grenze, die an der Brücke über den Río Paz liegt. In Pedro de Alvarado gibt es einfache Übernachtungsmöglichkeiten.

Mexiko

- **über La Mesilla:** *Transportes Velasquez* 20. Calle 1-37, Z 1 (auch Bus nach Huehuetenango). Von der Grenze aus fahren Pick-ups bis Ciudad Cuauhtémoc (Mexiko), wo es Busse nach Comitán und San Cristóbal gibt. La Mesilla ist ein relativ unkomplizierter Übergang. 7 Std. von der Hauptstadt aus.
- **über Tecún Umán:** mit *Rápidos del Sur, Fortaleza del Sur* (s. Retalhuleu), *Rutas Lima*, 8. Calle 3-63, Z 1, oder von Quetzaltenango aus über Coatepeque nach Tecún Umán. Nachbargrenzort ist Ciudad Hidalgo, die der Río Suchiate trennt. Busse nach Tapachula von hier mehrmals täglich. 5 Std. von der Hauptstadt aus. Beschreibung der Grenze s. Reiseteil.
- **über El Carmen/Talisman:** mit *Transportes Galgos* z. Av. 19-44, Z1, Tel. 22 32 36 61, 7.30 u. 13.30 Uhr. Entweder Fahrt über Quetzaltenango-Coatepeque-Grenze (Küste), oder jeden anderen Bus nehmen über Quetzaltenango-San Marcos-Malacatán-Grenze (Hochland). 5-6 Std. von der Capital aus. *Linea Dorada* nach Tapachula, 16. Calle 10-03, Z1, Tel. 22 20 79 90, 7 u. 16 Uhr.
- **über El Naranjo und den Río San Pedro** nach La Palma (Petén): mit dem Bus von Santa Elena nach El Naranjo (mind. 5 anstrengende Std.) 5x täglich. Von hier aus 4 Std. mit dem Boot über den Fluss bis La Palma, wo Minibusse nach Tenosique warten. Sehr abenteuerlich.
- **über Bethel und den Río Usumacinta nach Frontera Echeverria/Corozal (Petén):** mit einem Bus Richtung La Libertad - Sayaxché bis an die Kreuzung El Subín. Von hier aus bis zur Kooperative Bethel. Danach kurze Zeit mit dem Boot flussabwärts bis Frontera Corozal, wo Minibusse und Camionetas nach Palenque auf Touristen warten.

Belize

- **über Melchor de Mencos:** von Santa Elena aus Bus mehrmals täglich nach Melchor de Mencos, 3-4 Std. Zusteigemöglichkeit auch von El Cruce (bei El Remate) aus. In Benque Viejo (Belize) gibt es genug Möglichkeiten, weiterzukommen.
- **über den Atlantik:** von Lívingston aus nach Punta Gorda Di und Fr 7 Uhr, ca. 100 Q. Ebenso von Puerto Barrios aus.

Anmerkungen zum Busfahren

In den Camionetas wird während der Fahrt kassiert, und es werden keine Fahrscheine ausgegeben. Dabei arbeitet sich der *ayudante* durch die eng gequetschten Fahrgäste allmählich nach hinten – für einen die körperliche Distanz wahrenden Mitteleuropäer eine zunächst befremdliche Angelegenheit. In der Hand hält er dabei stets ein dickes Bündel abgegriffener Quetzalscheine. Ein guter *ayudante* verliert nie den Überblick. Stets weiß er, wer später zugestiegen ist, wer wann aussteigen will. Er hat außerdem die Aufgabe, als *gritón* („Schreihals") das Fahrtziel laut auszurufen, dem Fahrer bei seinen Überholmanövern zu helfen und das Gepäck der Passagiere in Rekordzeit aufs Dach zu hieven. Von den Touristen verlangt der *ayudante* gerne einen

REISEN MIT DEM BUS

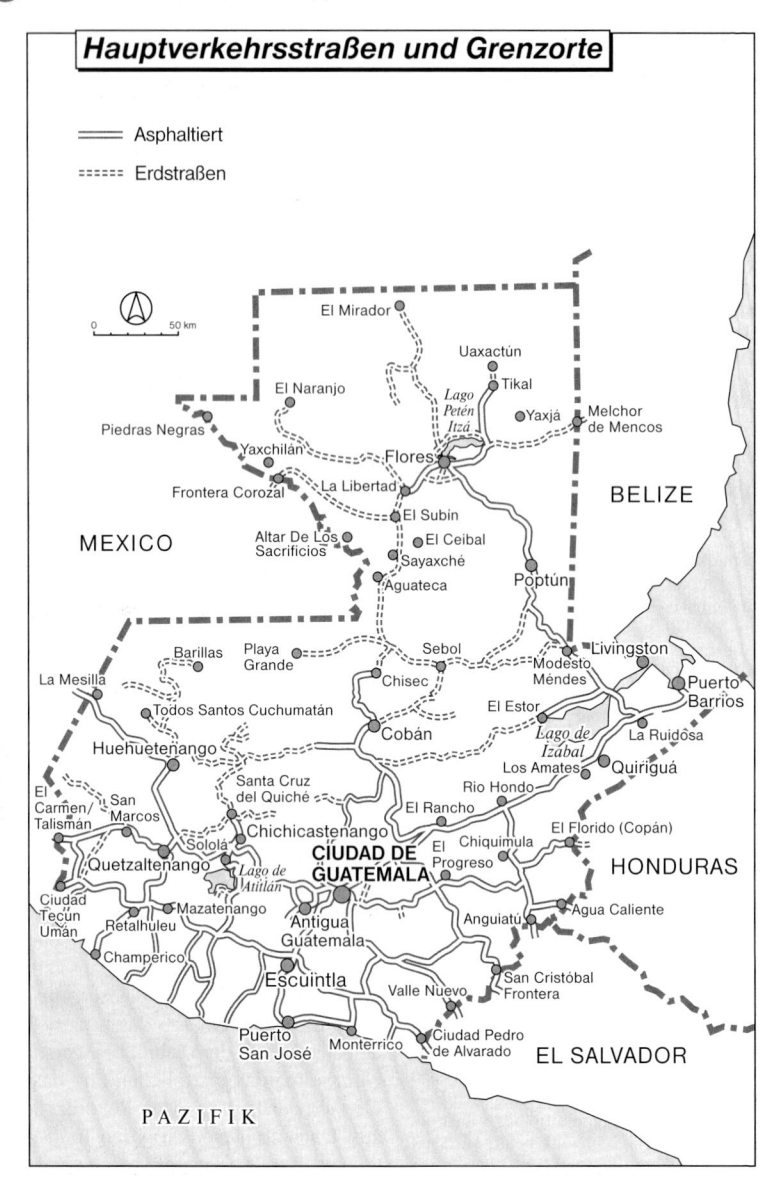

Hauptverkehrsstraßen und Grenzorte

— Asphaltiert
----- Erdstraßen

Entfernungen

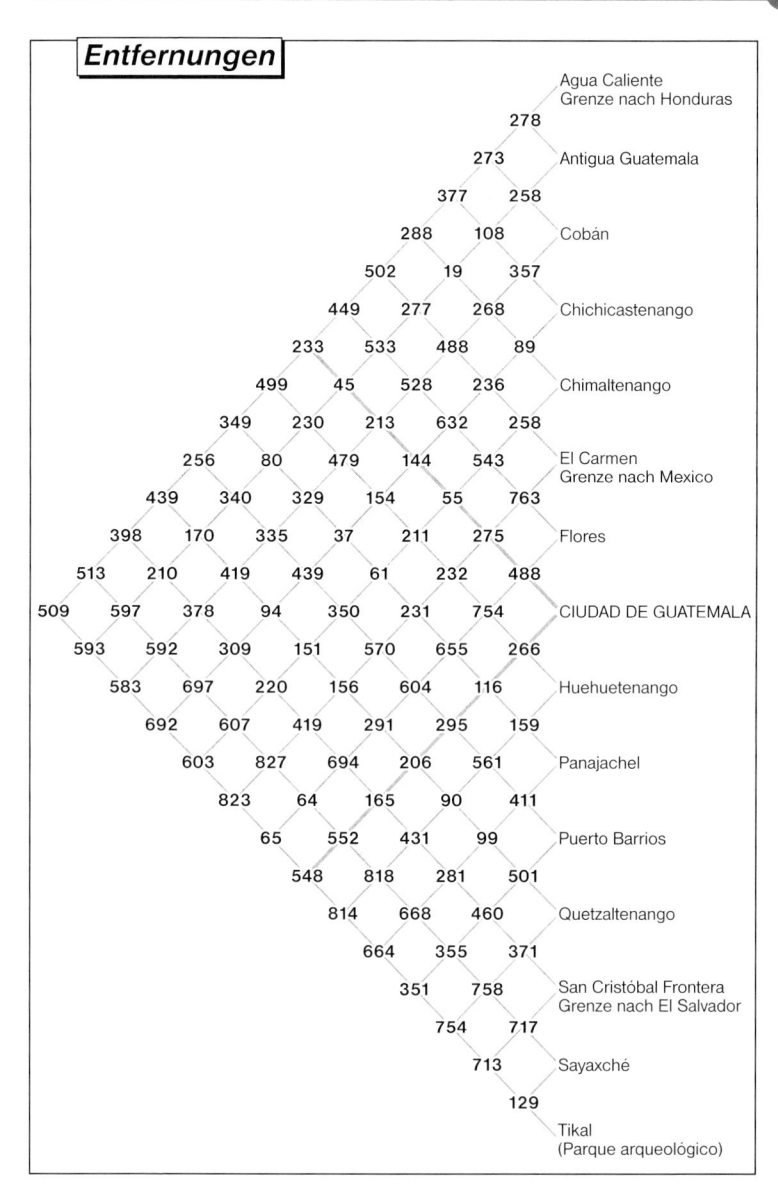

```
                                                                Agua Caliente
                                                                Grenze nach Honduras
                                                    278
                                                273         Antigua Guatemala
                                            377     258
                                        288     108         Cobán
                                    502     19      357
                                449     277     268         Chichicastenango
                            233     533     488     89
                        499     45      528     236         Chimaltenango
                    349     230     213     632     258
                256     80      479     144     543         El Carmen
                                                            Grenze nach Mexico
            439     340     329     154     55      763
        398     170     335     37      211     275         Flores
    513     210     419     439     61      232     488
509     597     378     94      350     231     754         CIUDAD DE GUATEMALA
    593     592     309     151     570     655     266
        583     697     220     156     604     116         Huehuetenango
            692     607     419     291     295     159
                603     827     694     206     561         Panajachel
                    823     64      165     90      411
                        65      552     431     99          Puerto Barrios
                            548     818     281     501
                                814     668     460         Quetzaltenango
                                    664     355     371
                                        351     758         San Cristóbal Frontera
                                                            Grenze nach El Salvador
                                            754     717
                                                713         Sayaxché
                                                    129
                                                            Tikal
                                                            (Parque arqueológico)
```

Reisen in Guatemala

höheren **Fahrpreis.** Man tut gut daran, sich beim Nachbarn vorab zu erkundigen oder zu beobachten, was die anderen Mitreisenden bezahlen. Hilfreich dabei ist, vor Antritt der Busfahrt genügend kleine Scheine bereit zu halten. Bei Fahrten mit den Pullman-Bussen besorgt man sich in der Regel vorher das Ticket, es sei denn, man steigt zu. Wer nur einen Teil der Strecke mitfährt, muss unter Umständen den Passagieren mit Endziel den Vortritt beim Sitzplatz lassen.

An Kreuzungen, Umsteigepunkten, aber auch bei temporären Baustellenstaus versorgen Guatemalteken ihre Landsleute mit **Essen und Trinken.** Männer, Frauen und Kinder umzingeln bei einem Halt den Bus und dürfen mit der Erlaubnis des Fahrers sogar einsteigen. Frauen bieten dampfende Tamales, Chuchitos, Patches an, ja ganze Menüs werden aus den Körben gezaubert. Männer verkaufen gekühlte *gaseosas* (Erfrischungsgetränke), es gibt Obst, Nüsse, Eis, Gebäck, Knabbereien und vieles andere mehr. Während einer solchen Fahrt gewinnt man durchaus einen Einblick in die einheimische (vorwiegend indigene) Küche. Das Geschäft lohnt sich, denn die Guatemalteken essen gerne und viel – besonders im Bus. Der Abfall ist schnell entsorgt. Einfach hinaus damit!

Die Erziehungsmaßnahmen der Regierung: „No sea un coche!" (Sei kein Schwein!) zeigen offensichtlich nicht viel Wirkung.

Wenn die Chapínes nicht essen, schlafen sie. Besonders den Indígenas in den Camionetas fällt nach ein paar Minuten der Kopf auf die Schultern des Nachbarn. Sie sind müde, und wer weiß schon, wie lange sie von ihrem Dorf bis zur Straße unterwegs waren und auf den Bus gewartet haben? Denn **Warten** gehört in Guatemala ebenso zum Busfahren wie das **Umsteigen.**

Es gilt auf jeden Fall: Nicht nur der Fahrplan eines Pullman-Unternehmens sollte beim Busfahren von hier nach dort im Vordergrund stehen, sondern vor allem auch die **Spontaneität,** in den nächstbesten Bus einzusteigen, der in die gewünschte Richtung fährt. In Guatemala kommt man immer irgendwie weiter!

Alternativen zur Camioneta

In den letzten Jahren haben sich mehr und mehr Unternehmen etabliert, die **Shuttle-Service** anbieten. Dabei werden besonders die Verbindungen Guatemala Ciudad – Antigua – Panajachel – Chichicastenago bedient. Hilfreich ist dieser Service bei der Ankunft auf dem Flughafen der Hauptstadt, oder auch dann, wenn man es eilig oder einfach keine Lust auf den Bus hat. In den genannten Orten sind die Büros nicht mehr zu übersehen. Meist bieten sie auch mehrtägige Touren zu Sehenswürdigkeiten an. Die Preise sind relativ ausgeglichen, der Service und die Verlässlichkeit allerdings von Unternehmen zu Unternehmen unterschiedlich. Auch die guten Hotels in der Hauptstadt haben heute alle Anschluss an einen Shuttle-Service.

Ein Imbiss unterwegs –
kein Problem in Guatemala

200 REGIONEN UND ORTE

Regionen und Orte

La Capital – Guatemala Ciudad

Der offizielle Werbeprospekt des guatemaltekischen Fremdenverkehrsbüros INGUAT verheißt dem Besucher „eine moderne Metropole, die von einer faszinierenden Vergangenheit auf dem Wege in eine viel versprechende Zukunft" ist. Was dazwischen liegt – die Gegenwart – lässt auf den ersten Blick weder das Erste erahnen noch das Letzte erwarten.

Ankunft

Wie fast alle Hauptstädte der „Dritten Welt" nimmt auch die Hauptstadt Guatemalas eine herausragende Stellung innerhalb des Landes ein. Die Capital, wie sie die Guatemalteken nennen, ist der Wasserkopf eines Landes, das zentralistisch regiert und gesteuert wird. Hier befinden sich Reichtum und Armut in unmittelbarer Nachbarschaft. Keine andere Stadt in Guatemala erlebt einen so ungehemmten Zuzug Landflüchtiger, der zu einem Größenwachstum der Stadt führt, mit der die notwendigen infrastrukturellen Maßnahmen kaum Schritt halten. Schätzungen zufolge ist die Zwei-Millionen-Grenze bereits erreicht.

Die Hauptstadt steht dennoch hoch im Kurs. Eine kaufkräftige städtische Bevölkerung wirkt als immerwährende Anziehungskraft für Handel und Dienstleistungen. Eine Standortfrage also für das große und kleine Business, doch nur der macht gute Geschäfte, der sich in den Netzen der Hauptstadt zurechtfindet und die **wirtschaftliche Dauerkrise** des Landes übersteht. Das Heer der Arbeits- und Wohnsitzlosen beweist die Schwierigkeit einer Existenzgründung, an der heute nicht mehr nur Zuwanderer scheitern. Auch für den kleinen Mittelständler wird es immer problematischer, seinen Lebensstandard zu halten, während sich der Abstand zur nächsthöheren Schicht vergrößert.

La Capital – **Korruptionsschmiede** des Landes. Millionenbeträge verschwinden, und keiner weiß wohin. Regierung, Polizei, Militär und Unternehmer sitzen hier beieinander. Die Zeitungen berichten von zahllosen Raubüberfällen in der Stadt, in den besseren Wohnvierteln der Innenstadt werden die Wachen verstärkt. Die Angst um Hab und Gut führt zu Selbstschutzmaßnahmen. Der Revolver unter dem Jackett oder die Schrotflinte im Haus ersetzen die Polizei, die ohnehin im Ernstfall zu spät kommt, wenn sie überhaupt kommt.

Der Alltag in der Hauptstadt ist für unsere Begriffe unerträglich. Hunderte von ratternden und hupenden Bussen quälen sich durch die engen Straßen und hinterlassen in eintächtiger Konkurrenz mit dem gewöhnlichen Autoverkehr schwarze Wolkenberge aus Staub, Dreck und Ruß. An Tagen der Windstille legen sie sich bleiern über die Stadt. Inmitten dieses täglichen Verkehrschaos bewegen sich die *vendedores ambulantes* und verkaufen Obst, Kekse, Zeitungen etc. an Autofahrer oder stehen mit ihren Buden an den Kreuzungen. Der Job ist nicht ganz ungefährlich, da alles, was sich auf zwei Beinen bewegt, zum Freiwild degradiert wird. Vierbeiner haben eine äußerst geringe Lebenserwartung, was das Fehlen von streunenden Hunden erklärt, die sonst zum Erscheinungsbild Guatemalas gehören.

Ein Besucher wird nicht länger als nötig in der Capital bleiben wollen, obwohl sich gerade hier auf engstem Raum konzentriert, was die Problematik Guatemalas prägt: soziale Spannungen innerhalb einer Klassengesellschaft höchsten Grades, politische Inkompetenz in Regierung, Verwaltung und Wirtschaft sowie kulturelle Ungleichzeitigkeiten, die auftreten, wenn über eine in Unterentwicklung gehaltene Metropole die Modernisierung und Gringoisierung (Amerikanisierung) hereinbricht. Siehe auch „Ankunft" im Kapitel „Praktische Reisetipps A–Z".

Stadtgeschichte

Das Dilemma begann, als die Spanier nach der Zerstörung von „Santiago de Los Caballeros" – dem heutigen Antigua – in das 45 km westlich gelegene *Valle de las vacas* (Tal der Kühe) zogen, um dort auf einem breiten Plateau in 1500 m Höhe den bis dato vierten und letzten Versuch einer **Hauptstadtgründung** zu starten. In keinem anderen Land Zentralamerikas hatten die Conquistadoren derartige Probleme mit der Standortsuche nach einem geeigneten Platz für die Errichtung eines Zentrums.

1524, kurz nach der Ankunft der Spanier, ließ sich *Pedro de Alvarado* in Iximché nieder, das für drei Jahre die erste Hauptstadt Guatemalas wurde.

Die Ruinen dieser einstigen Cakchiquel-Festung sind heute in der Nähe des Dorfes Tecpán zu besichtigen. Die zweite Hauptstadt im nahe gelegenen Almolonga-Tal wurde 1541 von den Wassermassen und Schuttströmen des Vulkans Agua zerstört. Klima, Verkehrslage und landwirtschaftliche Nutzungsmöglichkeiten hatten sich aber als so günstig erwiesen, dass man nur ins benachbarte Panchoy-Tal umzog und hier in einem dritten Versuch eine der schönsten und prunkvollsten Städte innerhalb des kolonialspanischen Reiches gründete. Für mehr als 200 Jahre blieb Antigua ein Beispiel an kolonialer Baukunst, kirchlicher Machtentfaltung sowie ergebener Königstreue. Am 29. Juli 1773 legte ein **Erdbeben** die ganze Pracht in Trümmer.

Die erneute Verlegung der Hauptstadt erfolgte auf jenes Hochplateau, das von tiefen Erosionsschluchten *(barrancos)* umgeben ist und als *Nueva Guatemala de la Asunción* offiziell seit 1776 existiert. Der Standort war nicht schlecht gewählt, die naturräumlichen Gegebenheiten vielversprechend. Die Stadt liegt inmitten zerschnittener Bergländer aus tertiären Vulkaniten, so dass der Eindruck eines Beckens entsteht. In einem geologischen Graben gelegen, der senkrecht die Nordost-Südwest gerichtete Streichung der Sierra Madre durchbricht, bildet die Stadt einen natürlichen Durchgangsraum, der den Altantik mit dem Pazifik verbindet und markiert gleichzeitig die Wasserscheide zwischen den beiden Abdachungen. Die tiefen *barrancos* sind zerschnittene Bims-Tuff-Decken, also vulkanisches Lockermaterial, das durch Erosion fortgespült wurde. Heute hat sich die Stadt so weit ausgedehnt, dass einzelne Stadtviertel durch Barrancos getrennt werden und große Umwege nötig sind.

Guatemala ist die am **höchsten gelegene Hauptstadt Zentralamerikas.** Ihre Lage in der gemäßigten Klimazone *(tierra templada)* der wechselfeuchten Tropen bedingt eine jährliche Durchschnittstemperatur von 17 bis 21°C. In der Tat ein angenehm warmes Plätzchen, verglichen mit den heißen Regionen der Küste und der Kälte des Hochlands. Die günstige siedlungs- und verkehrsgeographische Lage erkannten vor den Spaniern schon die Maya, wie die Ruinenfelder von Kaminaljuyú, einem religiösen Zentrum der frühen klassischen Periode, beweisen.

Stadtentwicklung

Die unverhältnismäßige Größe und Bedeutung der guatemaltekischen Capital im Vergleich zu den übrigen Städten des Landes hat ihre Wurzeln in der zentralen Funktion, die ihr von Beginn an von den Spaniern zugeteilt wurde. Einen „Dienst am Umland" gibt es auch heute nur unzureichend. Die Capital dient in erster Linie sich selber. Der guatemaltekische *Capitaleño* lebt in ihr und von ihr und durch sie.

Ansatzpunkt für Guatemala Ciudad war eine kleine Indianersiedlung namens Ermita, die 1773 ca. 1600 Einwohner hatte (heute das Viertel La

Parroquia Zone 6). Das Konzept der Stadtplaner war rein an funktionalen Gesichtspunkten orientiert, mit der Plaza als Zentrum und den sich ungeachtet der topographischen Gegebenheiten rechtwinklig schneidenden Straßenzügen, die das typische Schachbrettmuster ergeben. 1782 hatte die Capital bereits 13.000 Einwohner. Um den Bedarf an Nahrungsmitteln zu sichern, vergab die Stadt Gemeindeland zur Bebauung, blieb aber Eigentümer des Bodens. Damals lebten rund 13 % Indígenas in der Hauptstadt. Mit der **Bevölkerungszunahme** differenzierte sich jedoch mehr und mehr die soziale Struktur der Stadt. Ende des 19. Jh. war die Bevölkerung auf 70.000 Einwohner angestiegen. Die Probleme wuchsen mit, nicht zuletzt deshalb, weil die Entwicklung der städtischen Lebensformen hinter dem Bevölkerungswachstum hinterherhinkte und infrastrukturelle Maßnahmen nur schleppend in Angriff genommen wurden.

Im Gegensatz zu anderen kolonialen Hauptstädten galt die Capital immer als unschöne Stadt mit groben Kopfsteinpflasterstraßen und wenig prunkvollen Gebäuden und Alleen. Vieles hat sich bis heute nicht geändert, doch muss man der Gerechtigkeit halber sagen, dass sich die Capitaleños einer Naturgewalt gegenübersehen, die Zweckmäßigkeit vor Schonheit setzt: Erdbeben. 1830, 1917, 1918 und 1976 führten die *terremotos* zu katastrophalen Zerstörungen. Nach 1918 durften nur noch ein- bis zweistöckige Häuser gebaut werden, was die niedrige Bauweise der Altstadt erklärt.

Heute ist die Capital eine Millionenstadt. Prognosen zur Bevölkerungsentwicklung lassen Schlimmes für die nächste Zukunft befürchten. Von diesen zwei Millionen Menschen (inoffizielle Schätzung) gehören ca. 5 % zur Oberschicht, jeweils 15 % zur oberen und unteren Mittelschicht und 65 % zur Unterschicht, von denen etwa die Hälfte unter dem Existenzminimum lebt. Die jährliche Zuwanderungsrate liegt bei 80.000–100.000 Menschen, die vor allem von den über 300 meist illegalen Hüttenvierteln aufgefangen werden. Die ältesten wie die Colonia Abril, La Limonada oder El Mezcital liegen heute durch die rasche Ausdehnung des Stadtgebietes in der Nähe der Altstadt.

Die Struktur der Hauptstadt

Anfang der 1950er Jahre wurde die Gliederung des Stadtgebietes nach Zonen eingeführt. Dieses System wurde allgemein akzeptiert und auf alle größeren Städte und Ortschaften des Landes übertragen. Die Zonen sind nicht selten auch Grenzen zwischen sozialen Schichten. Die Hauptstadt besitzt heute **21 Zonen** unterschiedlicher Größe, die sich wie eine Schnecke um das Zentrum legen und von den Barrancos zum Teil zerschnitten werden. Man kann sich den Grundriss mit etwas Fantasie wie eine Krake mit auseinandergespreizten Fangarmen vorstellen, auf deren Körperteile die Stadt gebaut ist.

Die **Straßen** der Hauptstadt sind eingeteilt in Avenidas und Calles. Dabei verlaufen die Avenidas von Süden nach Norden, während die Calles die Avenidas von Westen nach Osten rechtwinklig schneiden. Die Blöcke, die sich dadurch ergeben, heißen Cuadras. Die Namensgebung der Straßen wurde 1955 aufgegeben.

Um eine **Adresse** zu finden, ist es vor allem wichtig, die Zone zu wissen, da sich die Straßennummern in jeder Zone von neuem wiederholen; z. B.: Hotel Colonial, 7. Avenida 14–19, Zona 1. Das Hotel befindet sich auf der 7. Avenida der Zone 1 zwischen 14. und 15. Calle, Hausnummer 19. Oder: Hotel Chalet Suizo, 14. Calle 6–82, Zona 1. Das Hotel befindet sich in der 14. Calle der Zone 1 zwischen 6. und 7. Avenida, Hausnummer 82. Das häufig gebrauchte Suffix a nach den Nummern (4a Calle, 7a Avenida) ist gleichbedeutend mit unserem Punkt (4. Calle, 7. Avenida), den wir nach Ordungszahlen setzen. In Guatemala wird diese Schreibweise nicht einheitlich gehandhabt. Ich verwende im Folgenden stets die europäische Schreibweise. Eine Ausnahme ist allerdings das Suffix von Groß-„A" (14. Calle „A"). Dies bezeichnet eine kleine Parallelstraße (oft Sackgasse) zur großen mit derselben Nummer. In einigen Fällen gibt es noch Straßennamen wie „Avenida La Reforma", „Calle Martí", „Boulevard Raul Aguilar Batres" usw. Dabei handelt es sich meist um große oder wichtige Straßen.

Als grobe **Orientierungshilfe** sollte man sich den Verlauf von ein paar großen Avenidas merken, die sich durch den gesamten Innenstadtkern ziehen. Die 6. Avenida bringt den Innenstadtverkehr aus dem Zentrum heraus Richtung Flughafen. Die 7. Avenida verläuft dagegen in umgekehrter Richtung und bringt als Einbahnstraße den Verkehr in die Altstadt. Die 8. Avenida ist wieder stadtauswärts orientiert. Die 10. Avenida dagegen verläuft ab Zone 4, wo sie als „Avenida La Reforma" existiert, in beide Richtungen und ist die Grenze zwischen Zone 9 und 10. Die Karte in der hinteren Umschlagklappe verdeutlicht das Grundgerüst der wichtigsten Verkehrsadern der Hauptstadt.

Zone 1

Die Zone 1 ist das **alte Kerngebiet** und Geschäftszentrum der Stadt, das den Parque Central mit **Nationalpalast, Kathedrale** und **Zentralmarkt** einschließt. Hauptgeschäftsachse ist die 6. Avenida, die innerhalb des Rechtecks zwischen 5. und 10. Avenida sowie 8. und 18. Calle das Herz der Zone 1 bildet. Hotels, Restaurants, Banken, Schulen, Kinos und Geschäfte drängen sich hier in dichter Bebauung, die zusammen mit dem Bus- und Autoverkehr, den Straßenverkäufern, Geldwechslern und Passanten eine bunte und lärmende Szenerie abgeben. Charakteristisch für die Zone 1 ist

Blick in die 12. Calle:
links das Postgebäude

La Capital

ihre niedrige Bauweise und geringe Modernisierung, die sie zu einem Geschäfts- und Einkaufszentrum zweiter Klasse degradiert. Die Besserverdienenden bevorzugen die international geprägten Einkaufsviertel der Zonen 9 und 10. Auch für viele Touristen besitzt die „Zona uno" nur eine begrenzte Attraktivität. Sie ist zu laut, zu dreckig, zu unsicher.

Im Norden der Zone 1 befindet sich der **Parque Central,** durch den die 6. Avenida verläuft und ihn praktisch in zwei Teile zerlegt. Der östliche davon ist die Plaza Mayor oder Plaza de Armas. In seiner Mitte brennt seit der Unterzeichnung des Friedensvertrages im Dezember 1996 ein „ewiges Licht zu Ehren der anonymen Helden des Friedens". Der westliche Teil ist der Parque Centenario mit seiner Akustikmuschel. Beide Plätze waren früher mit vielen Bäumen und Grünflächen parkähnlich gestaltet. Auf dem Parque Centenario stand einst der Real Palacio de los Capitanes Generales (Königl. Palast der Generalkapitäne), und anstelle des Nationalpalastes erhob sich auf der Plaza Mayor der Palacio del Ayuntamiento (Stadtverwaltung). Beide Kolonialgebäude fielen dem Erdbeben 1917 zum Opfer. Dem Real Palacio folgte kurz darauf der Palacio del Centenario, der aufgrund seiner provisorischen Bauweise im Volksmund „Pappschachtelpalast" genannt wurde. Im Jahre 1925 brannte er nach einem Kurzschluss vollständig aus.

GUATEMALA CIUDAD

Heute begrenzt die nördliche Seite des Parques der **Palacio Nacional (Nationalpalast),** der unter der Regierung *Jorge Ubicos* 1943 eingeweiht wurde, kurz vor seinem Sturz durch die Revolutionäre des Oktobers 1944. Der Nationalpalast ist eine Mischung aus spanisch-islamischem Mudéjar-Stil mit gotischen und klassischen Elementen. Er wirkt prächtig, monumental und luxuriös, besitzt vier Haupteingänge, fünf Stockwerke, 718 Türen und 386 Fenster aus feinstem Mahagoni, Marmorfußböden, Säulengänge, Türme und zahlreiche Innenhöfe (Patios). Fast 2,5 Mio. Quetzales kostete die Errichtung des Palastes damals. Die künstlerische Ausgestaltung übernahmen *Rodolfo Galeotti Torres,* Guatemalas berühmtester Bildhauer, der Maler *Alfredo Gálvez Suárez,* der die Wände gestaltete, und der Fensterkünstler *Julio Urruela Vásquez*. Der Nationalpalast ist ein Beispiel an Pflege und Sorgfalt, wie es kaum einem anderen Gebäude in Guatemala zuteil wird. Von der Sala de Recepción (Empfangshalle) aus werden alle Distanzen im Land berechnet (Km 0). Die Fenster zeigen Szenen aus der Kolonialepoche. Die Sala de Banquetes (Bankettsaal) besitzt eine herrliche Kassettendecke. Der ganze Palast steckt voller kunstvoller Details. Über 50 Jahre hinweg war der Nationalpalast Schauplatz politischer Entscheidungen und Intrigen, hier gingen Bomben hoch, hier wurde gefoltert, und in den Büros kam hin und wieder ein Präsident oder Politiker durch einen Mordanschlag ums Leben. Eines der wichtigsten Ereignisse aber war die Unterzeichnung des Friedensvertrages am 29. Dezember 1996. Zur Erinnerung wurde am zweiten Jahrestag eine 1,80 m hohe Skulptur des guatemaltekischen Künstlers *Luis Carlos* im Hauptpatio eingeweiht. Die beiden nach oben gerichteten Hände symbolisieren Versöhnung, den Blick in die Zukunft und die Einheit des Volkes. Jeden Morgen um 11 Uhr wird das Denkmal mit einer frischen weißen Rose geschmückt. Am 22. Juni 1998 ist der Nationalpalast offiziell zum **Museum** erklärt worden. Die Regierung ist in die Zone 4 umgezogen. Führungen durch die Dauerausstellungen (zeitgen. Kunst, Fotografie, Bürgerkriegsgeschichte) sind ab fünf Pers. möglich. Geöffnet Mo–So 9–11.45 u. 14–16.45 Uhr. Eintritt frei, Pass muss abgegeben werden.

Die Ostseite des Parques wird von der großen **Catedral Metropolitana** eingenommen, Bauzeit 1782–1815. Zwei mächtige Glockentürme beherrschen den Eingang. Im Inneren der Kathedrale befinden sich Bildnisse, Figuren und Altäre der besten Künstler des Landes. Viele dieser Kunstschätze wurden nach der Zerstörung Antiguas in die neue Hauptstadt gebracht. Die deutsche Orgel aus dem Jahre 1937 soll die beste in ganz Zentralamerika sein. Der fünfzehnte Erzbischof Guatemalas, *Mariano Rossell Arellano* (1894-1964), liegt hier begraben. Er trug mit

Nationalpalast

GUATEMALA CIUDAD

seiner klerikalen Hetzkampagne wesentlich zum Sturz der demokratischen Regierung von 1945–54 bei. Der Eingang zu den Katakomben liegt auf der 8. Avenida, die an Feiertagen geöffnet sind. Die Kathedrale ist geöffnet Mo–Sa 7–12 u. 15–18 Uhr, So 7–20 Uhr.

Neben der Kathedrale steht der ebenfalls im kolonialen Baustil errichtete **Palacio Episcopal** (Erzbischöflicher Palast), der einen großen Innenhof besitzt.

Gegenüber vom Nationalpalast entlang der 8. Calle erstreckt sich das **Portal del Comercio** mit seinem schönen Arkadengang und vielen Läden und Ständen. Es ist ein architektonisches Juwel, das hoffentlich in nächster Zukunft renoviert wird. Das Innere ist leider etwas heruntergekommen, hat aber trotzdem sehr viel Atmosphäre. Hier hatte *Miguel Ángel Asturias* sein Stammlokal. Heute gehen die Künstler hier ins Café Las 100 Puertas.

Die Westseite des Parques, also gegenüber der Kathedrale am Parque Centenario, steht das moderne Gebäude der **Biblioteca Nacional**, das auf seiner Rückseite das **Archivo General de Centro América** beherbergt. Das 1846 gegründete Archiv ist eines der bedeutendsten Zentralamerikas und enthält die gesamte Dokumentati-

Catedral Metropolitana

on der Kolonialepoche, einschließlich des Originalmanuskriptes des spanischen Historikers *Bernal Díaz del Castillo* aus dem Jahre 1560 über die Geschichte der Conquista sowie die Unabhängigkeitserklärung von 1821. Nur etwa ein Fünftel der gesamten Papiere sind bisher klassifiziert und für Studien zugänglich. Diese einzigartigen und wertvollen Dokumente sind in einem erbärmlichen Zustand. Unachtsamkeit, Inkompetenz und Geldmangel haben dazu geführt, dass ein beträchtlicher Teil dieser unwiederbringlichen Manuskripte verloren, verkauft oder zerstört worden sind. „Das Problem ist auch", so der Direktor der Bibliothek, „dass man weder den Wert erkennt, den die Einrichtung hier hat, noch, dass sich die allgemeine Auffassung geändert hat, hier gäbe es nichts weiter als alte Papiere."

Hinter der Kathedrale liegt seit 1982 der **Mercado Central** (zwischen 8. und 9. Av. und 6. und 8. Calle), nachdem das alte Gebäude beim Erdbeben 1976 zerstört wurde. Heute ist er dreistöckig in die Tiefe. Hier gibt es die größte Auswahl an guatemaltekischen Souvenirs (ab 9 Uhr), einen großen Lebensmittelmarkt und viele *comedores*, die über die Mittagszeit von den Arbeitern und Angestellten der Hauptstadt aufgesucht werden. Wer Guatemala erleben will, muss hier einmal gegessen haben! Von 6–18 Uhr geöffnet, So 9–12 Uhr.

Östlich des Parque Central befindet sich die **Iglesia La Merced** (11. Avenida 5. Calle), die nach 30 Jahren Bauzeit 1813 eingeweiht wurde. Sie wurde im neoklassizistischen Stil errichtet und besticht durch ihren barocken Innenraum. Die kolonialen Altäre, Gemälde und Statuen wurden zum großen Teil von Antigua hierher gebracht. Keine andere Kirche in Guatemala weist eine solche Fülle an kolonialen Kunstschätzen auf wie die Merced. Die Kuppel der Kirche ist mosaikartig gestaltet und zeigt die Löwen des Mercedianerordens. Geöffnet von 6–12.30 Uhr und 15–19 Uhr.

Von der **Iglesia Cerrito del Carmen** (12. Avenida 2. Calle, auch Ermita del Carmen genannt) auf dem gleichnamigen Hügel nord-östlich des Parque Central hat man einen schönen Blick über den nördlichen Teil der Stadt und auf die Vulkane. Die erste Kapelle stammt aus dem Jahre 1620, musste aber wegen etlicher Erdbeben neu konstruiert werden. Hier fand die erste Messe der neugegründeten Hauptstadt am 2. Januar 1776 statt. Heute steht sie inmitten eines gepflegten Parkes. Sie enthält einen goldenen Altar und einen extravaganten, mit Spiegeleinsätzen verzierten Beichtstuhl. Im April 2001 wurde zum Entsetzen der Hauptstädter die Skulptur der Virgen del Carmen aus dem Jahr 1584 gestohlen, die seit 1620 den Altar schmückte. Vor der kleinen Kirche steht ein runder Glockenturm. Cerrito del Carmen gehört zu den Lieblingskirchen der Capitaleños; sie ist aber leider kaum mehr geöffnet, nicht zuletzt aufgrund der hohen Kriminalität in diesem Viertel. Legenden und Erzählungen ranken sich um die kleine Kirche. Mo–Sa 6–12 und 15–18 Uhr.

Am Fuße des Hügels lag einst die kleine Siedlung La Ermita, die Urzelle der Hauptstadt. Östlich des Cerro del Carmen beginnt das **Candelaria-Viertel,** wo 1899 *Miguel Ángel Asturias* in der 13. Av. Norte Nr. 13 geboren wurde. Ein Denkmal auf der Kreuzung Av. San Jose, 3. Calle erinnert an den guatemaltekischen Literaturnobelpreisträger. Mehr über ihn s. Exkurs im Kapitel „Kultur".

Südlich des Parque Central liegt das dichte Zentrum der Zone 1, das einige Sehenswürdigkeiten zu bieten hat. Aus den 1940er Jahren stammt das prächtige Gebäude der alten **Post** (7. Avenida, 12. Calle) mit seinen schmiedeeisernen Geländern und Mahagoniholzdecken. Ein Bogen überspannt die 12. Calle. Vom zweiten Stock aus hatte man früher eine gute Sicht auf das Treiben in den Straßen. Mo–Fr 9.30– 17.30, Sa 9–13 Uhr.

Die 7. Avenida ist die Straße des **Schwarzmarktes,** wo *haladores* (Geldwechsler) die begehrten „dolares, dolares!" zu einem günstigen Kurs in Quetzales umtauschen. Das Geschäft läuft unter den Augen der Polizei ab. An jeder Ecke stehen die für Guatemala typischen *vendedores ambulantes* mit ihren kleinen mobilen Buden, wo sie Tacos, Hot Dogs, Zigaretten und natürlich *dulces* (Süßigkeiten) verkaufen. Der Zuckerkonsum Guatemalas ist um ein Vielfaches höher als bei uns, was die Unmenge der zugelassenen und nicht zugelassenen Zahnärzte im Land erklärt.

Die 6. Avenida *(La Sexta)* ist die laute, hektische Hauptgeschäftsstraße der Zone 1. Zwischen der 14. und 15. Calle befindet sich der Parque Enrique Gómez Carrillo, den die Capitaleños schlicht **Parque Concordia** nennen. Hier hatten die Losverkäufer und Schuhputzer ihren festen Standort. Am Abend trat oft eine Clowngruppe auf, oder Wunderheiler priesen ihre Wässerchen an. Zu Zeiten der Franziskaner (s. u.) war hier der Friedhof des Konvents gelegen. Heute hat die Stadt diesen herrlichen Platz einem Tiefgaragenbau geopfert.

An der Ecke der 14. Calle steht der festungsähnliche Bau des Polizeihauptquartiers, ein ehemaliger Franziskanerkonvent.

In der **Iglesia San Francisco** an der Ecke 13. Calle/6. Av. befindet sich das kleine Museo Fray Francisco Vásquez mit Gemälden aus dem 18. und 19. Jahrhundert. Die Kirche wurde zwischen 1830 im neoklassizistischen Stil erbaut und 1851 nach einem Erdbeben wieder aufgebaut. Sie beherbergt u.a. eine Skulptur aus der Estremadura, der spanischen Heimat fast aller Eroberer. Sie besitzt die Form eines Kreuzes mit 88 m Länge und 20 m Breite. Ihre Kuppel ist 39 m hoch und von vielen Plätzen der Stadt aus zu sehen. Am 8. Dezember wird ihre Virgen de Concepción durch die Straßen getragen. Geöffnet Mo–Fr 9–12 u. 14.30–17 Uhr.

Ein anderes Bild bietet die 5. Avenida *(La Quinta)*. Von den Schaufenstern der Geschäfte ist wegen der **Textilhändler,** die ihre mit Plastikplanen überdachten Tische dicht an dicht auf den Bürgersteig reihen, nicht mehr viel zu sehen. Wie in der ganzen Stadt bauen die Händler jeden Abend ihre Verkaufsstände ab und jeden Morgen wieder auf. Sie sind ein Teil des großen „informellen Sektors", zu dem Schuhputzer, Autowäscher und -wächter, *vendedores ambulantes* und viele andere Kleingewerbler gehören, ohne die die Stadt nicht überleben könnte.

Die 18. Calle, die sich zwischen der 5. und 10. Avenida platzartig erweitert, ist chaotisch wegen der vielen Händler, dreckig und laut wegen der Busse und gefürchtet wegen der kleinkriminellen Umtriebe. Trotzdem ist die Stimmung hier während der Zeit um 18 Uhr immer besonders reizvoll, wenn der Arbeitstag für die Händler vorbei ist und für die nächsten zwei Stunden eine Art **Straßennachtleben** beginnt, wie es das eben nur auf der 18. Calle gibt. Von der *dieciocho Calle* fahren Hunderte von Bussen in die verschiedensten Richtungen.

An der Ecke zur 9. Avenida befindet sich der Bahnhof. Das große Gebäude hatte einen eigentümlich karibischen Charakter. Obwohl schon viele Jahre vernachlässigt, machte ein Brand 1996 dem Bahnhof den Garaus. Der Personentransport ist ohnehin seit vielen Jahren eingestellt.

Etwas weiter oben zwischen der 6. und 7. Avenida steht der eintürmige **Templo del Calvario** (eigentlich Nuestra Señora de los Remedios). Früher stand hier auf einem aufgeschütteten Hügel das architektonische Juwel einer Calvario-Kapelle mit 44 Treppen und einer herrlichen Fassade, an die sich alte Capitaleños mit Wehmut erinnern. Bis 1935 war hier ein Kolonialmuseum untergebracht. Dahinter soll ein Bad namens Laguneta del Soldado gewesen sein, wo die Soldaten des spanischen Forts San José gebadet haben und – so erzählt man – ertrunken sind. Die Kapelle musste 1947 der Verbreiterung der 18. Calle weichen. 1979 war die heutige Kirche Schauplatz einer Aufsehen erregenden Besetzung durch 60 Campesinos, die gegen die unterlassene Lohnauszahlung ihres *finqueros* protestierten. Die Polizei brach mit Gewalt eine der Türen auf, verhaftete die Bauern und nebelte die 18. Calle mit Tränengas ein.

In der 9. Avenida befindet sich zwischen 9. und 10. Calle der **Nationalkongress** mit Parlament und Plenarsaal. 113 Abgeordnete aller Parteien beraten hier. Die Sitzungen sind öffentlich. Di u. Mi ab 9 Uhr. Besuchereingang 8. Av. 9–41.

Nicht weit davon erstreckt sich das große Kolonialgebäude der **alten San-Carlos-Universität** (9. Av. 9–79). Der Campus wurde später in die Zone 12 verlegt. Die Universität war eines der ersten Gebäude, das man nach der Verlegung der Hauptstadt errichtete. Hier fanden die politischen Studentenversammlungen von 1944 statt, die zum Sturz der Ubico-Diktatur beitrugen. Heute finden im **Museum** Kulturveranstaltungen und Konzerte statt. Jeden letzten So im Monat Marimba-Konzert! Mo–Sa 9.30–17 Uhr, So geschl. Führungen 11 u. 15 Uhr, vorher reservieren. Eintritt 8 Q.

Ecke 9. Calle liegt das **Museo Nacional de Historia,** das Exponate aus der Kolonialzeit und die Geschichte des 19. Jahrhunderts in Guatemala präsentiert. Geöffnet Di-Fr 9-17 Uhr, Sa u. So geschlossen.

Südlich der 18. Calle beginnt mit dem **Centro Cívico** ein modernes Viertel, das neben Büros, Ämtern und Ministerien die *Banco de Guatemala* einschließt. Es entstand 1954 und erhielt mit dem Tourismusbüro in den 1970er Jahren sein heutiges Erscheinungsbild. Zwischen der Bank und dem Justizpalast befindet sich die **Municipalidad** (Stadtverwaltung) mit kunstvollen Reliefs an den Außenwänden und Gemälden berühmter Künstler wie *Carlos Mérida* und *Dagoberto Vásquez* im Innern. Thema der Darstellungen ist die Eroberung und die Zerstörung der Maya-Kultur.

Neben der Banco de Guatemala erhebt sich das Hochhaus von **INGUAT** *(Instituto Guatemalteco de Turismo).* Hier erhält der Besucher die Touristenlandkarte und kann Informationen einholen. Im ersten Stock befindet sich die *Migración* für Aufenthaltsverlängerungen.

Oberhalb der 6. Avenida liegt das **Teatro Nacional,** das nach dem guatemaltekischen Literaturnobelpreisträger *Miguel Angel Asturias* benannt ist (Centro Cultural M. A. Asturias). Das architektonisch eigenwillige Gebäude von *Efraín Recinos* besitzt die Form eines Schiffes in Blau und Weiß und wurde 1978 eingeweiht. Im Park wurde aus den Resten der ehemaligen Festung *San José* eine **Freilichtbühne** konstruiert, außerdem befindet sich in diesem Komplex der Opern- und Ballettsaal, die Kammerbühne, die staatliche Kunstschule und ein kleines Waffenmuseum. Zu Fuß gelangt man über die 7. Avenida hinauf zum Centro Cultural. Die Gegend um das Centro Cívico ist laut und geschäftig, kein Platz zum Ausruhen und Schauen.

In dem blauen flachen Gebäude unterhalb des Theaters sind die **Markthallen** der Stadt untergebracht, vor denen täglich Blumenverkäuferinnen aus San Juan Sacatepéquez sitzen. Sie sind das Lieblingsmotiv der Malerin *Ingrid Klusman,* die die **Galería de Arte El Túnel** (16. Calle 5-30) leitet. Die Galerie ist einen Besuch wert. Mo-Fr 9-12.30 u. 15-18.30, Sa 9-12 Uhr. Auch in Z 10.

Unterkunft (Zone 1)

Zimmer in einfachen Hotels mit Toilette und Dusche sind teurer als ohne. Die angegebene Preise gelten für Einzelzimmer und Doppelzimmer bzw. Dreibettzimmer.

- **Hotel Ritz Continental,** 6. Av. „A" 10-13, Tel. 22 38 16 71-5. Luxusklasse mit komfortablen Zimmern, gutem Service, Pool, Restaurant und Bar. 50/55 US$.
- **Hotel del Centro,** 13. Calle 4-55, Tel. 22 38 15 19. Modern, guter Service. 313/367 Q.
- **Hotel Pan American,** 9. Calle 5-63, Tel. 22 32 68 07, Internet: www.hotelpanamerican.com. Alteingesessenes Hotel, modernisiert, den Bedürfnissen der Ausländer angepasst. Komfortabel, aber nicht luxuriös. 430/478/518 Q.

Straßenszene in Zone 1

- **Posada Belén,** 13. Calle „A" 10-30, Tel. 22 53 45 30, Internet: www.posadabelen.com, www.guatemalaweb.com. Ruhig in einer Nebenstraße gelegen. Kolonialer Stil, hübsch restauriert, mit schönen Zimmern. 36/42/48 US$.
- **Chalet Suizo,** 14. Calle 6-82, Tel. 22 51 37 86. Die altbekannte Travellerabsteige gegenüber der Polizei hat sich einen bürgerlichen Anstrich verliehen. Immer noch empfehlenswert. Man sollte jedoch kein Zimmer zur 6. Avenida raus nehmen. EZ 100, 175 Q, DZ 150, 225 Q.
- **Hotel Centenario,** 6. Calle 5-33, Tel. 22 38 03 81, beim Parque Central. 130/180/240 Q.
- **Hotel Colonial,** 7. Av. 14-19, Tel. 22 38 12 08, Internet: www.hotelcolonial.net. Mittelklasse. In der Nähe des Parque La Concordia. Kolonialstil mit Patio. Die Zimmer sind qualitativ unterschiedlich. Mit Frühstück. 165/225/260 Q.
- **Hotel Casa del Lito,** 10. Calle 1-35, Tel. 22 32 55 65. Kleines, empfehlenswertes Hotel. 100/130/150 Q.
- **Hotel Spring,** 8. Av. 12-65, Tel. 22 30 28 58, E-Mail: hotelspring@hotmail.com. 50 Jahre altes, beliebtes Hotel, einfach, aber nett. Unterschiedliche Zimmerpreise. 96-215 Q.
- **Hotel Posada Oslo** 8. Av. 14-60, Tel. 22 32 08 28. 80-120 Q.
- **Hotel Ajau,** 8. Av. 15-62, Tel. 22 32 04 88, E-Mail: hotelajau@hotmail.com. Sauber, einfach. 100/115/130 Q.
- **Hotel y Restaurant Jovita,** 1. Av. 12-16. 35/60/85 Q.
- **Hotel Fenix,** 7. Av. 15-81, Tel. 22 51 66 25. Eines der älteren Hotels hier, aber günstig und sauber. 70 Q.
- **Hotel Lessing House,** 12. Calle 4-35, Tel. 22 38 188 1. Klein, aber gut. 84/120 Q.
- **Pension Meza,** 10. Calle 10-17, Tel. 22 32 31 77. Travellerabsteige. Etwas heruntergekommen und dunkle Zimmer, trotzdem beliebt, weil sich hier die Szene trifft. 25-55 Q. Daneben Oswaldoshouse (Essen). San Diego Anexo 15. Calle 7-14, Tel. 22 32 88 45. 36-43 Q (nur bedingt zu empfehlen).

GUATEMALA CIUDAD

Restaurants und Kneipen

- **Los Cebollines,** 6. Av. 9-75. Mexikanische Tacos, exzellente Liquados, herrlicher Avocadosalat. Auch 12. Calle 6-36, Z 9 an der Plazuela España.
- **El Mesón de Don Quijote,** 11. Calle 5-27. Spanisches Essen. Freitags Musik und Tanz, gute Stimmung.
- **La Bodeguita,** 12. Calle 3-55 Av., Live-Musik, Dichterlesungen, für Nachtschwärmer. Eine Institution. Eintritt 30 Q.
- **Restaurant Altuna,** 5. Av. 12-31. Restaurant in kolonialem Stil, gutbürgerliche Küche, sehr sauber und preisgünstig. Spezialität: Taube und Stierhoden gebraten. Auch Z 10.
- **Restaurant Arrin Cúan,** 5. Av. 3-27, guatemaltekische Spezialitäten.
- **Europa Bar,** 11. Calle 5-16, loc. 201. Travellertreff, Infobörse, Essen. Mo-Sa geöffnet.
- **Mesquita,** 6. Av. „A" 14-68. Spanische Kneipe, preisgünstig.
- **Rey Sol,** 8. Calle 5-36, am Parque. Vegetarisch für 20-30 Q.
- **El Tuxtepito,** 6. Calle zw. 3. u. 4. Av., Szenekneipe. Hier verkehrten *Asturias* und *Che Guevara*.
- Daneben **Cafe Imery** mit Patio (selten!) zum Kuchengenießen. Günstige Mittagsmenüs.
- **Las 100 Puertas,** 9. Calle zw. 6. u. 7. Av. Paisage Aycincena, gegenüber vom Nationalpalast. Kubanisch angehauchte, vielbesuchte Szenekneipe. Mo-Sa ab 16.30 Uhr.

Quer über den Patio:

- **El Tiempo Pub-Café,** hat viel vom Ambiente früherer Zeiten behalten. Di-Sa ab 19 Uhr.
- **El Encuentro,** 6. Av. zw. 12. u. 13. Calle, Cine Capitol, local 229. Schwulenbar, Mo-Sa ab 16.30 Uhr.
- **Tzijolaj,** 11. Calle 4-53. Junge Kneipe mit lockerer Atmosphäre, gute Musik. Mo-Sa ab 10 Uhr.

Zone 2

Die Zone 2 ist die Verlängerung der Zone 1 in nördlicher Richtung und verwandelt sich oberhalb der permanent verstopften, 2,25 km langen Calle Martí in ein aufgelockertes Villenviertel. Für die meisten Touristen ist der Stadtrundgang beim Nationalpalast beendet, doch ist die Zone 2 ein umtriebiges Viertel mit einigen Sehenswürdigkeiten. Bis zum Erdbeben von 1917 war es sogar das Wohnviertel der besten und reichsten Familien, die jedoch nach dem verheerenden Ereignis in den Süden der Stadt, an die Avenida La Reforma umsiedelten.

Am Ende der Avenida Simeón Cañas (Verlängerung der 6. Avenida) befindet sich im **Minerva-Park** die **Mapa en Relieve,** eine 1809 m² große Reliefkarte Guatemalas mit fünffach überhöhter Vertikale, durch die Gebirgszüge und Vulkanketten überdeutlich zu erkennen sind. Besser als Landkarten es je zeigen könnten, veranschaulicht das Relief die Besonderheiten der Topographie Guatemalas. 1903 erhielt der Quetzalteco *Francisco Vela* (1859-1909) von Präsident *Manuel Estrada Cabrera* den Auftrag, zum alljährlichen Minerva-Fest einen Teil des Parkes zu gestalten. Mit einem Maulesel und zu Fuß durchquerte er das Land, vermaß, rechnete und zeichnete. Eine Fotodokumentation in einem kleinen Museum zeigt ein paar verblasste Momentaufnahmen aus dieser Zeit. Das Relief wurde 1999 unter der Leitung von INGUAT einer vollständigen Renovierung unterzogen. Außerdem sind 85 Bäume gepflanzt worden, die jeweils an einen guatemaltekischen Musiker erinnern. Geöffnet 9-17 Uhr, Eintritt 2 US$.

Der Minerva-Park ist auch als *Hipódromo del Norte* bekannt, weil hier seinerzeit Pferderennen veranstaltet wurden. Hier stand einst ein großer Minerva-Tempel, die unter *Estrada Cabrera* (1898–1920) im ganzen Land wie Pilze aus dem Boden schossen. Er war beseelt vom Geist der hellenistischen Kultur und zwang an jedem letzten Oktobersonntag des Jahres Schüler und Lehrer zu einem Marsch durch die Innenstadt. Dieser endete mit pompösen Feierlichkeiten, Ansprachen und Lobeshymnen auf den wohltätigen Diktator unter jenen Tempeln, die als griechische Säulentempel in allen größeren Städten des Landes heute noch nutzlos herumstehen. 1953 ließ die Regierung den hiesigen Minerva-Tempel sprengen.

Der Park, ein beliebtes Freizeit- und Familienausflugsziel, ist die Endstation der Busse mit der Aufschrift „Hipódromo del Norte". Eine Zusteigemöglichkeit gibt es auf der 5. Avenida und am Parque Central.

Zone 3

Die Zone 3 liegt westlich der Altstadt und ist als äußerer Innenstadtbezirk seit je her Ausbreitungsgebiet der Mittelschicht gewesen. Im Laufe der Zeit erfolgte eine soziale Abwertung der Zone durch die Entwicklung von Armenvierteln. Hier befindet sich heute die Müllhalde der Hauptstadt. Wer einmal die Gelegenheit hat, die Stadt von oben zu betrachten, dem wird auffallen, dass sich von der Zone 3 die Rauchwolken eines nie endenden Schwelbrandes nach Osten schieben. Die Capital produziert jeden Tag fast 1000 Tonnen Müll, der unsortiert in einen *barranco* geworfen wird. Hier leben die *guajeros* mitten auf der Halde und suchen nach Verwert- und Verscherbelbarem. Recycling à la „Dritte Welt". Ihre Hütten aus Wellblech und Pappe sind immer wieder das Opfer von erbarmungslosen Räumkommandos der Stadtverwaltung. Die Müllentsorgung in der Hauptstadt wird zu einem großen Teil mit deutschen Müllwagen organisiert. Am wenigsten Arbeit macht die Leerung öffentlicher Mülleimer. Die Zwei-Millionen-Stadt hält gerade mal 198 Abfallbehälter für den alltäglichen Dreck bereit.

Da mag es wie eine Ironie des Schicksals anmuten, dass sich neben dem Müllplatz der große **Cementerio General** (Hauptfriedhof) befindet. Er ist eine Attraktion ganz besonderer Art und übertrifft den Parque Central um ein Vielfaches an Größe. Hier gibt es Gräber aller in Guatemala lebenden Nationen. Hier sind Präsidenten, Politiker, Fabrikanten und Künstler beerdigt. Je reicher die Familie, desto ausgefallener das Grab. Diejenigen, die schon zu Lebzeiten weniger begütert waren, liegen schubladenartig übereinander bestattet in meterlangen Mauern, die Schrankwänden gleichen. Der individuelle Blumenschmuck eines jeden Grabes, die Buntheit und die Vielfalt ihrer Erscheinung ist ein Erlebnis. Ein Besuch lohnt sich! Auf der 18. Calle Bus Richtung Cementerio General suchen oder zu Fuß (ca. 20 min.) die 20. oder 21. Calle immer Richtung Zone 3. Achtung! Kein ungefährliches Viertel.

Zone 4

Zwischen der Altstadt und den „besseren" Vierteln der Zone 9 und 10 im Süden nimmt die kleine Zone 4 mit ihrem ausgefallenen Grundriss eine Sonderstellung ein. Es scheint, als habe sie eine Drehung um 45° vollzogen und, um ihre Besonderheit herauszustreichen, die Straßen *vias* und *rutas* genannt. Die Zone 4 ist das alte Finanzviertel der Hauptstadt und Sitz der Regierung. Ein Teil dieser Zone ist durch die systematische Aufschüttung eines *barrancos* entstanden. Hauptachse ist die Sexta (6. Avenida), die sich von Nord nach Süd durch die Zonen 2, 1, 4 und 9 zieht.

Die Zone 4 ist tagsüber ein modernes Geschäftsviertel, nach Einbruch der Dunkelheit aber beginnt hier das Leben in den Nachtclubs, Striplokalen und diversen anderen Etablissements. Die Hauptstadt besitzt über 200 Bordelle, von denen die Mehrheit nicht genehmigt ist.

Das **Centro Comercial** ist ein großer Bürokomplex mit einem modernen Einkaufszentrum. Dasselbe gilt für die Komplexe El Triángulo und El Patio auf der 7. Avenida, wo man einige nette Cafés und Restaurants findet. In der Via 6 wurde die erste kleine Fußgängerzone Guatemalas eingerichtet, genannt „4 Grado Norte". Donnerstag- bis samstagabends sind die Kneipen dort eine Alternative zur Zone 10.

Blick über die Zone 4

Nicht weit davon, in der Ruta 6, Vía 8, steht die wohl ausgefallenste Kirche der Hauptstadt: die **Capilla Yurrita** (eigentlich Nuestra Señora de las Angustias). Von einer Familie 1928 als privates Gotteshaus angelegt, ist sie eine Mixtur verschiedenster Stile und heute der Öffentlichkeit zugänglich. In den privaten Wohnräumen soll es spuken, erzählt man sich. Das Kreuz auf ihrer Turmspitze steht seit dem letzten Erdbeben gefährlich schief.

Genaugenommen schon in Zone 10 am Kreisverkehr mit Obelisk und am Beginn der Avenida La Reforma (10. Avenida 1. Calle) liegt der Eingang zum **Museo de Historia Natural y Jardín Botánico** (Museum und Botanischer Garten). Der Garten ist eine grüne Insel inmitten der Großstadt. Es ist erholsam, unter den Fruchtbäumen, Palmen und Exoten zu schlendern, die man auf der Reise durch Guatemala antreffen wird. Garten und Museum geöffnet Mo–Fr 8–15 Uhr, Eintritt 3 Q.

Mehrere Blocks groß zwischen 6. und 9. Calle und ständig erfüllt von ankommenden oder abreisenden Händlern, Pendlern und Touristen liegt der **Terminal** in der Südwestecke der Zone 4. Busbahnhof und Markt sind wichtige Dreh- und Angelpunkte, was die Verbindung der Hauptstadt mit dem Rest des Landes betrifft. Von hier aus fahren Camionetas in alle Richtungen (Ausnahme: Erster-Klasse-Pullman-Busse, die eigene Terminals haben. Die Einheimischen warnen vor dem großen Terminal, der für unser Empfinden das Chaos schlechthin ist. Aufpassen und bei Dunkelheit meiden!

Unterkunft/ Essen und Trinken (Zone 4)

- **Hotel Conquistador Ramada,** Vía 5, 4-68. Tel. 23 32 02 88. Luxusklasse der Ramada-Kette. 55/55/73 US$ mit Frühstück.
- **Hotel Plaza,** Vía 7, 6-16. Tel. 23 31 61 73, Internet: www.hotelplazaguatemala.com. Mittelklasse, modern. 370/409/448 Q.
- **Hotel Venecia,** 4. Av. „A" 6-90. Tel. 23 31 69 91. 75-100 Q.
- **Hotel Don Pepe,** Vía 3, 3-20, Tel. 23 34 11 12. 60 Q.
- **Pizzeria Vesuvio,** 6. Av. 6-42. Original neapolitanische Pizza aus dem Holzofen. Schließt um 22 Uhr. Länger geöffnete Zweigstelle in der 20. Calle, Z 10.
- **Gran Comal,** 6. Av. Ruta 6. Guatemaltekisch im Hüttenstil, offener Kamin, abends Livemusik mit Reggaeband aus Lívingston. Mo geschlossen.
- **Ribera del Río,** 9. Av. 2-13, spanische Fischspezialitäten.
- Die Zone 4 ist die Zone der **Nachtclubs.**
- **4 Gradas Norte,** die erste **Fußgängerzone** in Guatemala.

Zone 5

Die etwas heruntergekommene Zone 5 ist ein Kleinbürgerviertel mit kleinen Lebensmittelläden, Werkstätten und Dienstleistungsbetrieben. Hier leben Handwerker, Arbeiter und Angestellte der mittleren und unteren Einkommensgruppe. Dem Touristen bietet die Zone nicht sehr viel.

Erwähnenswert ist ein großes Gelände mit Stadion, Arena, Schwimmbecken und Tennisplätzen, das die Guatemalteken ein wenig überheblich **Ciudad Olímpica** (Olympische Stadt) nennen. Der Sport besitzt in Guatemala einen sehr hohen Stellenwert, so dass *futbol*- und *beísbol*-Ergebnisse manch politisches Ereignis in den Schatten stellen können.

Unterhalb der 13. Avenida im *barranco* des Río Barranquilla liegt eines der ältesten Slumviertel der Capital, La Limonada. Sie zählt durch die Hilfsmaßnahmen der Regierung und privater Inititativen schon zu den privilegierteren Hüttenvierteln mit einigen befestigten Straßen, Strom- und Trinkwasserversorgung.

Zone 7

90 % der ursprünglichen Fläche vom einst 5 km² großen „Hügel des Todes", der präkolumbischen Mayastätte **Kaminaljuyú** aus dem Frühklassikum, ist heute überbaut. Auf den 13 Ballspielplätzen, 200 Pyramiden und Tempeln befinden sich heute die Wohn-

Die Maras

Nach Ansicht vieler Politiker, Kirchenleute und Journalisten sind sie das Ergebnis des wachsenden Einflusses nordamerikanischer Kultur in Mittelamerika. Die Evangelistenbewegung in Guatemala sieht in ihnen gar die Verkörperung des Antichristen, made in USA, der gekommen ist, die guatemaltekische Gesellschaft mit Sex, Drogen, Prostitution und Satanismus zu verunreinigen. Die ihnen zur Last gelegten Verbrechen reichen vom Handtaschenraub bis hin zum Menschenhandel und Mord.

Die Rede ist von den „Maras", Kinder- und Jugendbanden, die sich in der Hauptstadt zu Gruppen organisiert haben und sich so schillernde Namen geben wie „Angeles Infernales" (Teuflische Engel), „Las Brujas" (Zauberinnen), „Las Cobras" (Kobras) oder „Miau, Miau". Ihre Mitgliederzahl schwankt zwischen 40 und 100, der größte Teil ist zwischen 12 und 15 Jahre alt, und sie kommen fast ausschließlich aus zerrütteten Familien der städtischen Unterklasse. Der guatemaltekischen Polizei sind diese Straßenkinder ein Dorn im Auge. Inzwischen ist offiziell bestätigt, dass Polizeikräfte an zahlreichen Kindermorden auf den Straßen Guatemalas beteiligt waren.

Die Maras entstanden 1985 während der von Studenten initiierten Streiks und Demonstrationen gegen die Fahrpreiserhöhungen der Busgesellschaften. Sie haben die einstigen Jugendbanden der *pandillas callejeras* ersetzt, die unter der Militärherrschaft von *Rios Montt* fast vollständig von der Straße verschwunden sind.

Für die jungen Mitglieder ist die Gruppe Familienersatz und ein Ort, wo sie Solidarität und Respekt erfahren. Je unfähiger sich die verantwortlichen Politiker bei der Lösung sozialer Probleme in der Capital erweisen, desto mehr Kinder und Jugendliche suchen Kontakt zu den Maras, die sich gerne als *rebeldes* bezeichnen. Ihre Philosophie ist denkbar einfach und läuft auf eine selbstorganisierte Umverteilung von Geld und Gut hinaus. Es gibt Spezialisten im Taschenaufschlitzen, Scheibenzerschneiden und Autoknacken. Sie verkaufen Pässe, Drogen und heiße Ware, für die es offiziell-inoffizielle Märkte in der Hauptstadt gibt. Dabei verdienen die Maras mehr als das Zehnfache dessen, was sie als Zeitungsverkäufer, Autowäscher oder Handlanger bekämen. Die Gewalt, die sie bei ihren Raubzügen anwenden, ist Abbild der politischen Kultur des Landes und ein Ausdruck der allgemeinen Militarisierung der Bevölkerung. Heute werden die Maras von „interessierten Kreisen" allerdings auch zur Anstiftung von Unruhe und Unsicherheit in den Hauptstadtstraßen engagiert. Es sind jene, denen die Politik nicht rechts genug sein kann. Es ist nicht mehr zu verkennen, dass ein großer Teil der Maras heute schlichtweg kriminell ist.

Die „Reviere" der Maras befinden sich vor allem in der Zone 1. Besonders auf der 18. Calle sollte man auf seine Taschen etwas mehr Acht geben.

häuser der guatemaltekischen Mittelschicht, die sich bis an die **Ausgrabungsstelle** vorschieben und eine ausgedehnte Freilegung dieses wichtigen Zeremonialzentrums verhindern. Die Architektur der Pyramiden und die Art der ausgegrabenen Keramikfunde haben ergeben, dass Kaminaljuyú in enger Verbindung mit Teotihuacán in Mexiko stand. Man spricht sogar von einem Außenposten während der Blütezeit um 400 n.Chr., da ein reger Austausch von Handelswaren zwischen beiden Stätten nachgewiesen wurde. Die erste Skizze von Kaminaljuyú fertigte 1882 *Alfred Maudslay* an, der z.T. 20 m hohe Erhebungen kartierte. In den 1920er Jahren klassifizierte das Washingtoner Carnegie-Institut die Konstruktionen. Zu erkennen sind heute nur noch mit vulkanischem Gestein verkleidete Lehmziegel *(adobes)*, die Teil der mehrmals überbauten Pyramiden waren. Sämtliche Fundstücke befinden sich im Museum für Archäologie und Ethnologie in der Zone 13. Kaminaljuyú ist täglich geöffnet von 8–16 Uhr; Eintritt 25 Q. Der Bus fährt ab 4. Avenida, 16. Calle hierher.

Zone 9

Zusammen mit dem westlichen Teil der Nachbarzone 10 spricht man hier vom „Reformagebiet", da die alte Prachtstraße Avenida La Reforma beide Zonen miteinander verbindet. Bereits in den 1920er Jahren hat sich hier ein Villengebiet der besser gestellten Schichten etabliert. Eine aufgelockertere Bauweise und ein internationaleres Ambiente sind die Hauptmerkmale der Zone 9. Hier gibt es große Hotels, gute Restaurants und interessante Museen.

Der **Torre del Reformador** überspannt die 7. Avenida an der Kreuzung 2. Calle. Ihn hat *Ubico* in den 1930er

Torre del Reformador

Jahren zu Ehren des liberalen Reformators von 1871, *Justo Rufino Barrios,* aufstellen lassen.

Weiter südlich befindet sich das neuerrichtete **Museo Paiz de Arte Contemporáneo**, 7. Av. 8-35, ein Museum für zeitgenössische Kunst, das die Werke der besten Maler und Bildhauer Guatemalas ausstellt. Die Kulturvereinigung *Paiz* prämiert alljährlich während der *Bienale de Arte Paiz* die besten Arbeiten mit den begehrten *Glifos* in Gold, Silber und Bronze. Geöffnet Di-Sa 9-17, So 9-14 Uhr.

Die 7. Avenida mündet auf Höhe der 12. Calle in die runde **Plazuela España** ein, in deren Mitte ein über 200 Jahre alter Brunnen steht. Er wurde anlässlich der Krönung *Karls III. von Spanien* im Jahr 1789 auf dem Parque Central aufgestellt. Damals zierten sein Denkmal und die spanische Flagge den turmähnlichen Brunnen. Man sagt, dass die Statue des Königs aus einem Stein gehauen war und die Arbeiter acht Tage brauchten, um sie mit zehn Ochsengespannen in die Hauptstadt zu bringen. Nach der Unabhängigkeit 1821 entledigte sich das guatemaltekische Volk dieser Statue. 1933 ließ *Ubico* den Brunnen auf die Plazuela verlegen. Es war eine Zeit, als unter dem Brunnen die Marimba-, Gitarren- und Trompetenklänge zu hören waren und man die Musik der *Mariachis* für eine Serenade unter dem Balkon der Angebeteten mieten konnte. Heute sind *Mariachis* selten geworden. Eine große Auswahl an Souvenirs und Kunsthandwerk gibt es zwischen 6. und 7. Av. auf der 14. Calle.

Zone 10

Die Capitaleños nennen die Zone 10 *Zona viva,* da es hier am Abend in den Restaurants, Bars und Discotheken lebendig wird, im Gegensatz zur Altstadt, wo sich nach Einbruch der Dunkelheit die Straßen entvölkern. **Geschäfts- und Verwaltungsgebäude,** Botschaften (unübersehbar die Amerikanische Botschaft Ecke 7. Calle), Hotels und Wohnhäuser der Oberschicht prägen das Viertel östlich der Reforma. Die Mieten für eine Wohnung in der *Zona viva* sind astronomisch hoch und müssen in Dollar bezahlt werden. Die Zonen 9 und 10 sind ein klassisches Beispiel für den Prozess der Suburbanisierung, d. h. die Entwicklung eines Geschäfts- und Wohnzentrums außerhalb des Kerngebietes. Diese setzte in der Capital bereits Ende des 19. Jahrhunderts mit der Abwanderung reicher Landbesitzer und Unternehmer an den Stadtrand ein.

Von Zone 4 bis Zone 13 zieht sich die 2,5 km lange ehemalige Prachtstraße **Avenida La Reforma** heute sechsspurig durch das Reformaviertel. Nach französischem Vorbild ließ *José María Reyna Barrios* eine Allee anlegen, die er mit Kasernen, Denkmälern und Statuen versah. Sein Traum war, aus der Hauptstadt ein kleines Paris zu machen. Nur wenig ist von seiner Idee geblieben, und heute ist die Reforma die Achse eines wirtschaftlichen und touristischen Zentrums.

Im Neubau von 1993, der auch in seiner Architektur versucht, seinem Ziel der Darstellung indigener Kultur gerecht zu werden, befindet sich das **Museo Ixchel (del Traje Indígena)** (6. Calle Final, Zona Campus Univ. Francisco Marroquín), das eine einzigartige Sammlung Maya-Trachten aus Guatemala besitzt. Das Museum, das seinen Namen der Mayagöttin der Weber verdankt, besteht seit 1973 und hat sich zur Aufgabe gemacht, die Kultur der Indígenas zu erforschen, auszustellen und zu bewahren. Hier kann der Besucher viel über Webtechniken, Materialien, Farben und Symbole der verschiedenen Trachten erfahren.

Unter anderem gibt es immer wieder wechselnde Ausstellungen von folkloristischen Malern und Malerinnen. Die Bilder von *Carmen de Pettersen* und *Andrés Curruchiche* sind bereits fester Bestandteil des Museums. Mo–Fr 9–17.50 und Sa 9–13 Uhr. So geschlossen. Eintritt 20 Q.

Eines der sehenswertesten Museen ist das **Museo Popol Vuh** auf demselben Gelände. 1978 übergab die Familie *Castillo* ihre Maya- und Kolonialkunstsammlung der Francisco-Marroquin-Universität. Die Räume des Museums enthalten außer Keramiken, Skulpturen und Zeremonialgeräten auch Masken, Kostüme und Schmuckstücke aus allen Teilen Guatemalas. Besonders die spätklassischen Urnen aus dem Ixîl (Dept. El Quiché) und die Weihrauchgefäße vom Grunde des Amatitlán-Sees sind sehenswert. Wer womöglich nie in den Genuss kommt, eine indianische Fiesta des Hochlandes mitzuerleben, kann hier die traditionellen Kostüme des *Baile de La Conquista* (Eroberungstanz) bewundern. Die Bibliothek des Museums enthält ca. 2000 Bände aus den Bereichen Archäologie, Geschichte, Anthropologie, Kunst und Folklore. Außerdem organisiert das Museum **Exkursionen zu Mayastätten.** Geöffnet Mo–Fr 9–17 Uhr, Sa 9–13 Uhr, So geschlossen. Eintritt 20 Q.

Eine Galerie in der Zone 10 ist besonders empfehlenswert: Die **Plástica Contemporáneo** (14. Calle 5-08) verkauft Bilder zeitgenössischer Künstler, von denen viele bereits internationale Anerkennung erworben haben, wie zum Beispiel *Rolando Pisquiy, Alfredo García, Efraín Recinos, Doniel Espinoza* oder *Rolando Sanchez*.

Souvenirs gibt es im **El Pueblito** (1. Av. 13. Calle, ggü. Holiday Inn), einem Arrangement von kleinen Läden in gartenähnlicher Umgebung. Recht nett für einen gemütlichen Bummel und eine Tasse Kaffee.

Überhaupt ist die Zone 10 empfehlenswert, für alle, die dem Dreck und Lärm der Zone 1 entfliehen und einfach mal in Ruhe ein bisschen spazierengehen wollen.

Unterkunft (Zone 9 und 10)

- **Camino Real Westin,** 14. Calle 0–20, Z 10, Tel. 23 33 30 00, Internet: www.caminoreal.com.gt. Die Bar und das Café Viena sind auch für Nicht-Hotelgäste geöffnet. 116 US$.
- **El Dorado Marriott,** 7. Av. 15–45, Z 9, Tel. 23 31 77 77, Internet: www.marriott.com. Luxusklasse, alles perfekt. 104/104/146 US$.
- **Guatemala Fiesta (Holiday Inn),** 1. Av. 13–22, Z 10, Tel. 23 32 25 55, E-Mail: holidayinn@guate.net. Hier kann nur feiern, wer das Geld dazu hat. 104/104/116 US$.
- **Radisson Villa Magna,** 1. Av. 12–45, Z 10, Tel. 23 34 74 71, Internet: www.radisson.com. Luxusklasse. 95/100/115 US$.

GUATEMALA CIUDAD

- **Cortijon Reforma,** Av. La Reforma 2-18, Z 9, Tel. 23 32 07 12. Es ist das „billigste" in der Luxusklasse. 67/85/93 US$.
- **Villa Española,** 2. Calle 7-51, Z 9. Tel. 23 32 25 15, Internet: www.hotelvillaespanola.com. Kleine Zimmer im Kolonialstil. 45/50/65 US$ inkl. Frühstück.
- **Posada de los Próceres,** 18. Calle 14-53, Z 10, Tel. 23 85 43 02, E-Mail: posadazv@gua.net. 40/50/60 US$.
- **Mr. Tony Bed & Breakfast,** 4. Calle 4-27, Z 10. Tel. 23 34 11 88. Klein, einfach, aber gemütlich. 25/35/40 US$.
- **Stofella,** 2. Av. 12-28, Z 10, Tel. 23 38 56 00, Internet: www.stofella.com. Günstig für die Lage. 61/67/73 US$.
- **Mayastic,** 5. Av. 11-23, Z 9. Tel. 23 31 08 24. Klein, einfach. 153/177/202 Q.
- **Hotel Posada Entre Lunas,** 6. Av. 16-24, Z 10. 72/84 US$.

Essen und Trinken

Das Reforma-Viertel bietet zweifellos die beste Unterhaltung für den Abend.

- **La Tertulia,** Av. Reforma 10-31, Z 10. Viergängiges Mittagessen, günstig. Große Speisekarte, gutbürgerlich.
- **Siriaco's,** 1. Av. 12-12, Z 10. Bar und Restaurant. Intellektuelle Atmosphäre und französisches Essen. Etwas teurer.
- **La Estancia,** Av. La Reforma 6-89, Z 10. Ein Klassiker, beliebt bei den Einheimischen.
- **Kloster,** 13. Calle 2-75, Z 10 u. Ecke 6. Av./6. Calle, Z 9. Hier gibt es ein ausgezeichnetes schweizerisches Käsefondue in rustikaler Umgebung.
- Im **Café Zürich,** 6. Av. 12-52, Z 10, gibt es ein gutes Frühstück, herrlichen Kaffee und Kuchen. Auch im Mol-Einkaufszentrum 12. Calle 1-28, Z 9.
- Auch sehr gut und schweizerischer Prägung ist das **Café Los Alpes,** 10. Calle 1-09, Z 10. Günstiges Mittagessen.
- **Bar El Establo,** Av. La Reforma 10-31, Z 10. Die beliebte Bar gehört einem Sylter und ist eine Institution.
- **Shakespeare's Pub,** 13. Calle 1-51, Z 10. Gute Bar mit Livemusik am Wochenende.
- **Esperanto,** 11. Calle 3-36, Z 10.
- **Casa Comal,** 1. Av. 10-41, Z 10. Musikkneipe.
- Besonders empfehlenswert ist das japanische Restaurant **Teppanyaki.** Das Essen wird direkt auf einer im Tisch eingelassenen Herdplatte gekocht. Den gleichen Parkplatz teilen sich noch zwei andere Restaurants, **Puerto Barrios,** ein Fischspezialitätenlokal, und **Gauchos,** Fleisch vom Holzkohlengrill. Alle drei Lokale 7. Av. 10-65, Zone 9.
- **Tre Fratelli,** 2. Av. 13-25, Z 10. Szene-Italiener.
- **Casa Chapín,** 1. Av. 13-50, Z 10. Guatemaltekische Spezialitäten.
- **Montano Steak House,** 12. Calle 3-15, Z 10. Wohl die besten Steaks des Viertels.

Zone 13

Mit der Zone 13 im Süden der Stadt machen alle diejenigen zuerst Bekanntschaft, die mit dem Flugzeug nach Guatemala kommen. Der einzige große internationale Flughafen des Landes, La Aurora, wurde in den frühen 1960er Jahren unter *Peralta Azurdia* gebaut und besitzt insgesamt vier Stockwerke zur Abwicklung aller notwenigen Vorgänge der Passagier- und Zollabfertigung. Man findet sich hier problemlos zurecht. Kopfzerbrechen bereitete den Capitaleños die geplante Erweiterung des Flughafens. Für den Ausbau der Start- und Landepisten sah man das benachbarte Gelände des Hipódromo Nacional vor. Eine Erweiterung in diese Richtung hätte den Flughafen noch näher an die Stadt gerückt. Inzwischen denkt man an einen Flughafenneubau im Pazifiktiefland oder zwischen der Hauptstadt und Escuintla nach. Achtung! Ankommende Reisende verlassen das Gebäude zum unteren Ausgang, wo die Taxis und Shuttles stehen. Die Bushaltestelle liegt gegenüber des oberen Ausgangs auf der anderen Seite des Gebäudes.

In unmittelbarer Nähe des Flughafens liegt der staatliche **Mercado Nacional de Artesanía** (11. Av., 6. Calle). Trotz der schönen Webwaren und anderem Kunsthandwerk wirkt der Markt künstlich und ist darum wenig besucht. Geöffnet Mo–So 9.30–18 Uhr. Origineller und umtriebiger ist der Mercado Central hinter der Kathedrale in Zone 1.

Ein schönes Relikt aus der Kolonialzeit ist das Aquädukt **La Culebra** am Ende der 6. und 7. Avenida oberhalb des Boulevard Liberación, auch Diagonal 12 genannt. Der Architekt *Bernardo Ramírez* nutzte seinerzeit den Verlauf eines präkolumbischen Hügels für die Anlage dieser mehrere Kilometer langen Wasserleitung. Nur dort, wo es im Gefälle Hindernisse gab, konstruierte er Bögen im perfekten Halbrund, das der Anlage streckenweise Brückencharaker verleiht. Die Culebra ist etwas renoviert worden; sie wird abends beleuchtet.

Inmitten eines der größten Verkehrsknotenpunkte der Stadt (7. Av./Boulevard Liberación) steht das **Monumento Tecún Umán,** eine überlebensgroße Statue des letzten Quiché-Häuptlings. Sie markiert den nördlichen Punkt des **Parque Zoológico La Aurora.** Seit der Renovierung des aus den 1920er Jahren stammenden Zoos verzeichnet er noch größeren Zulauf und trifft mit seinen Restaurants und Spielplätzen ganz den guatemaltekischen Geschmack. Der Eingang befindet sich am Beginn der 11. Av. Richtung Flughafen. Zoo und Freizeitpark sind besonders am Wochenende sehr überlaufen. Geöffnet von Di–So 9–17 Uhr. Mo geschlossen. Eintritt 8 Q.

Ein Muss für archäologisch Interessierte ist das **Museo Nacional de Arqueología y Etnologia** in der 7. Av. zwischen 5. und 6. Calle (Gebäude 5). Fundstücke der Mayazeit aus ganz Guatemala sind hier ausgestellt, daneben Stelen, Textilien, Instrumente und Jadeschmuck. Sehr schön lässt sich die Entwicklung der Töpferkunst bei den Maya nachvollziehen. Zu den beeindruckendsten Ausstellungsstücken gehört ein gigantisches Modell von Tikal, wie es zur Blütezeit dort ausgesehen haben muss.

Nebenan befindet sich das **Museo Nacional de Arte Moderno** (Gebäude 6), das Bilder und Skulpturen aus dem 20. Jahrhundert ausstellt. Zu den wertvollsten Stücken gehören die Werke von *Carlos Mérida,* der auch die Wand an der Banco de Guatemala *(Centro Cívico)* entworfen hat.

Im **Museo Nacional de Historia Natural** (Gebäude 4) gibt es außer ein paar ausgestopften Tieren und aufgespießten Schmetterlingen nicht viel zu sehen. Nach den zwei vorangegangenen Museen lohnt sich der Besuch kaum. Öffnungszeiten von allen drei Museen Di–Fr 9–16, Sa–So 9–12 Uhr und 13.30–16 Uhr. Mo geschlossen. Eintritt zw. 20 u. 30 Q.

Neu ist das **Museo de los Niños de Guatemala** (5. Calle 10-00), ein Museum für größere Kinder mit pädagogischem Anspruch. Di–Fr 8–12 Uhr. Eintritt 35 Q.

Die Verlängerung der Av. La Reforma nach Süden heißt ab Zone 13 Avenida Las Américas. Sie beginnt hinter dem Parque Independencia, auf dem das große **Monumento a los Próceres de la Independencia** steht, zum Gedenken an die Helden der Unabhängigkeitsbewegung. Die Av. Las Américas ist eine **Denkmalstraße** in Erinnerung an die gemeinsamen Unabhängigkeitskämpfe der mittel- und südamerikanischen Länder. Sogar *Christoph Kolumbus* ist mit einem Denkmal vertreten, das 1896 auf dem Parque Central feierlich enthüllt und später hierher verlegt wurde.

In der Avenida Las Américas 5-76 befindet sich das **Instituto Geográfico Militar.** Der Name deutet bereits an, wer noch immer die Oberaufsicht über das Kartenmaterial Guatemalas besitzt. Hier sind detaillierte topographische Karten nach Angabe von Gründen erhältlich. Eine große Landkarte wird aber auch an alle Touristen verkauft. Mo–Fr 8–16 Uhr.

Unterkunft

- **Aeropuerto Guest House,** 15. Calle „A" 7-32, Tel. 23 32 30 86. 25/35 US$.
- **Hotel Hincapie,** Av. Hincapie 18-77, Tel. 23 32 77 71. 25/35 US$ inkl. Frühstück.
- **Dos Lunas Guest House,** 21. Calle 10-92, Tel. 23 34 52 64, E-Mail: doslunas@itelgua.com. 10-25 US$ inkl. Frühstück. Gratistransport zum Flughafen.
- **Hotel Hermano Pedro,** 6. Av. 20-53, Z 13, Tel. 23 60 48 62, E-Mail: hermanopedro11@hotmail.com. 10-20 US$. Gratistransport zum Flughafen.
- **B&B Mi Casa,** 5. Av. „A" 13-51, Z 9, Tel. 23 39 22 47, Internet: www.hotelmicasa.com. 35/45/55 US$. Gratistransport zum Flughafen.

Garküchen in der Hauptstadt

A–Z

Ankunft

- Wer nicht in Guatemala Ciudad übernachten will, kann gleich vom Flughafen aus einen Shuttle nach Antigua nehmen. Kommt man nach 18 Uhr an, sollte dieser reserviert werden, siehe „Touren" im Kapitel „Antigua A–Z". Taxis haben fixe Tarife, diese sind am Taxistand ausgeschrieben. In die Stadt ca. 10 US$, nach Antigua ca. 25 US$.

Ärzte

- Die Botschaft gibt Auskunft über Ärzte, Tel. 23 64 67 00. *Dr. Manuel Cáceres* spricht Deutsch, 6. Av. 8-92, Z 9, Tel. 23 32 15 05, 24-Std.-Nummer 22 03 05 25.

 Hospital Herera Llerandi, 6. Av. 8-71, Z 10, Tel. 23 34 59 59.

Apotheken

- Gibt es an allen Ecken und Enden.

Autovermietung

- s. „Praktische Reisetipps A–Z".

Banken

- Am Flughafen gibt es zwei Banken, Höhe Abflugschalter, geöffnet 9–7 Uhr.
- In der Zone 1 gibt es genügend Banken, auch entlang der Avenida Reforma in Zone 9 und 10. Größere Hotels wechseln auch Dollars.

Bibliothek

- am Parque Central. Wie überall hierzulande, darf man das Buch aber nur dort lesen, nicht ausleihen.

Buchläden

- Ausländische Zeitungen und Zeitschriften in den Hotels *Camino Real* und *Marriot*. Englischsprachige Bücher beim IGA (*Instituto Guatemalteco Americano),* Ruta 1, Vial 4, Z 4. Libreria El Pensativo, 7. Av. 13–01, Z 9 im Centro Cultural La Cúpula. In der Zone 1 gibt es die herrlichsten Antiquariate. Beste Buchhandlung der Stadt ist die *Libreria Marquense,* 8. Av. 19-55, Z 1. Fremdsprachige Bücher und große Auswahl mit Café im *Sophos,* Av. Reforma 14. Calle, Z 10, gegenüber Camino Real.

Busse

- Die 800 neuen Busse sind auf 21 Sektoren verteilt und fahren verschiedene Ziele an. Doch auch sie ergeben mit den restlichen 2000 Bussen kein übersichtliches System. Ein Fahrplan widerspricht dem guatemaltekischen Alltag. So bleibt nichts anderes übrig, als das zu tun, was jeder Guatemalteke auch tut, muss er sich auf eine ihm fremde Linie begeben: Fragen! Um nicht ganz unsystematisch und planlos vorzugehen, sollte man sich immerhin schon mal auf der richtigen Avenida (stadteinwärts, stadtauswärts) dort, wo die anderen auch stehen, platzieren. Große Haltestellen sind 10. Av./14. Calle, Z 1, die 18. Calle, Z 1, Centro Cívico auf der 7. Av. Zone 1/4, die 7. Av., Z 9 stadteinwärts und die Av. La Reforma Z 9 und 10 in beide Richtungen. Dann sollte man die ungefähre Richtung wissen: Aeropuerto (Zone 13), Hipódromo del Norte (Zone 2), Terminal (Zone 4), Kaminaljuyú (Zone 7), USAC-Universität (Zone 12) usw. und auf die entsprechende Beschilderung an den Bussen achten. Die Schaffner rufen Richtung und Ziel aus. Die Stationen in der Hauptstadt sind so knapp hintereinander gelegen und der Fahrpreis ist so gering (1–1,25 Q), dass man schnell abgesprungen ist, sollte man sich für den falschen Bus entschieden haben. Auch im Bus gilt: Fragen! Denn die, die drin sitzen, wissen meist, wo es hingeht. Und sollte das Busfahren zu viel Nerven und Zeit kosten, bleibt immer noch eins: ein Taxi nehmen.

 Die Adressen der Camioneta- und Pullmann-Busbahnhöfe im Kapitel „Reisen mit dem Bus".

GUATEMALA CIUDAD

Disco
- In der Zone 10 rund um die großen Hotels.

Fiesta
- 14.-17. August, *Virgen de la Asunción*.
- 7. Dez. *Quema del Diablo* um 18 Uhr. Jedes Haus treibt seinen Teufel mit einem Feuerchen vor der Tür aus, begleitet von einem ohrenbetäubenden Feuerwerk.
- Osterwoche, Prozessionen.

Fluggesellschaften
- siehe Kapitel „Praktische Tipps A–Z". Alle anderen im Telefonbuch unter *Líneas Aéreas*.
- **Inlandflüge** nach Tikal mit *Aviateca* und *Tikal-Jets* tgl. 7 Uhr, zurück 16 Uhr. Tickets gibt es in jedem Reisebüro. Sonstige Inlandflüge mit *Inter*.

Fracht
- *DHL* u.a., 12. Calle 5–12, Z 10, Tel. 23 79 11 11.
- *United Parcel Service*, 14. Calle 4–29, Z 9. Tel. 23 39 01 16.

Galerien
- *Sombol Selectum*, Av. Reforma 14-14, Z 9.
- *Arte Inversion*, 18. Calle 14–53, Z 10.
- *Plastica Contemporánea* 14. Calle 5-08 in Z 10.
- *El Túnel*, Z 1.
- *Galería El Dzunún* 3. Av. 12–33, Z 9, stellt Arbeiten von *David Ordóñez* aus.

Gesundheit
- *El Delfin* 3. Calle „A" 3–53, Z 10. Tel. 23 31 49 24.
- *Fuente de Salud Siloe* 26. Calle 11–70, Z 12. Tel. 24 76 27 66.

Kommunikation
- Siehe auch „Praktische Tipps A–Z".
- Internetcafés wechseln ständig, am besten fragen. Viele gibt es in der Hauptstadt allerdings nicht, am besten wissen Schüler Bescheid, da sie gute Kunden sind.

Kunsthandwerk
- *Mercado Central*, Z 1, hinter der Kathedrale. Neuer *Mercado de Artesanía*, Z 13, neben dem Zoo nahe Flughafen.

Öko
- *Nutrishop* 5. Calle 0-46, Z 1, Frühstück, vegetarisches Mittagessen sowie Sauna und Massage. Tel. 22 32 14 75.

Post
- 7. Av. 12. Calle, Z 1; Av. Reforma 14. Calle, Z 9.

Reisebüros
- *Expedición Panamundo* 6. Av. A 14-75, Z 9, Tel. 23 31 76 88, sprechen auch Deutsch
- *Maya Expeditions*, 15. Calle „A" 14–07, Z 10, Tel. 23 63 49 55
- *Servicios Turisticos del Petén* (STP) – Villas de Guatemala, 2. Av. 7–78, Z 10, Tel. 23 34 18 18.
  Weitere Büros in den Gelben Seiten unter „Agencias de Viajes".

Taxis
- Gibt es mittlerweile überall, leider immer mehr illegale. Vorsicht, es kommt immer öfter zu Delikten, bei denen Taxis involviert sind. Am besten *Taxis Amarillos* anrufen, Tel. 23 32 15 15, oder Taxis mit festem Standplatz benutzen; *Taxis Rotativos*, Tel. 1-801-111-11 11.

Theater

- Für aktuelle Programme siehe Prensa Libre. Nationaltheater Miguel Angel Asturias, Centro Civivo, Z 4.

Tourismusinformation

- *INGUAT:* 7. Av. 1-17, Z 4, b. Centro Cívico, Tel. 1-801-46 48 281 (801-INGUAT1).

Vulkanbesteigung

- Siehe unter San Vicente Pacaya und Touren Antigua.

Wäscherei

- *El Siglo* 7. Av. 3-50, Z 4. 16 Q für Waschen und Trocknen. Auch *Lava-Centro Sevimatic* 12. Calle 0-93, Z 9.

Verkehrsverbindungen (Pullman-Busse)

Verzeichnis mit Fahrplan und Fahrtdauer siehe Kapitel „Reisen mit dem Bus".

Bei INGUAT 7. Av. 1-17, Z 4, bekommt man eine Liste der meistbefahrenen Buslinien mit Adressen und Abfahrtszeiten zu sehenswerten Reisezielen in Guatemala. In der Regel haben die Erster Klasse-Pullmanbusse einen eigenen Terminal. An Terminal Zone 4 fahren die billigeren Camionetas ab.

Die wichtigsten Busse bzw. Abfahrtsplätze nach Zielorten:

- **Antigua** 18. Calle, zw. 4. und 5. Av. auf der kleinen Plaza Bolívar, Z 1. Letzter Bus gegen 19 Uhr.
- **Occidente** (Westl. Hochland, Atitlán-See, Chichicastenango, Quetzaltenango): *Galgos* 7. Av. 19-44, Z 1; *Rutas Lima* 8. Calle 3-63, Z 1. *Alamo* 21. Calle/Av. Santa Elena, Z 1.
- **Huehuetenango** Zaculeu Futura, 20. Calle 0-35, Z 1.
- **Cobán:** *Escobar-Monja Blanca* 8. Av. 15-16, Z 1.
- **Puerto Barrios** *Litegua* 15. Calle 10-42, Z 1.
- **Küste** (Retalhuleu, Mazatenango, Champerico): *Rapidos del Sur* 20. Calle 8-55, Z 1.
- **Oriente** (Esquipulas, Honduras): *Rutas Orientales* 19. Calle 8-18, Z 1.
- **Petén:** *Fuente del Norte* 17. Calle 17-01, Z 1.

Verbindungen auch in den Kapiteln der einzelnen Reiseziele nachschlagen.

Die südliche Umgebung von Guatemala Ciudad

Amatitlán-See

Die südliche Ausfallstraße der Hauptstadt Richtung Escuintla ist eine der größten Industriestraßen des Landes. Hier haben beispielsweise die berüchtigten, meist koreanischen *maquiladoras* (Lohnveredelungsbetriebe) ihren Standort.

Auf der Strecke Hauptstadt – Escuintla gibt es auf 25 km Länge das erste Stück Autobahn in der guatemaltekischen Geschichte. Sie kostet eine kleine Gebühr und führt genau an den Vulkanen Pacaya, Agua, Fuego und Acatenango vorbei.

Nur 30 km südlich der Hauptstadt liegt der von Hügeln umgebene Amatitlán-See. Er ist **Naherholungsgebiet**, Ausflugsziel und nicht selten Zweitwohnsitz der Ciudadeños, die besonders am Wochenende die Ufer, Parks und Freizeiteinrichtungen des Sees bevölkern.

Der Amatitlán-See besitzt die Form einer Acht, da eine künstliche Aufschüttung, die den Ort Amatitlán mit Villa Canales durch eine Eisenbahnlinie verbindet, den See in zwei *Lagunas* teilt. Der See liegt auf 1190 m Höhe, ist 15 km lang und etwa 35 m tief. Auf dem Grund fanden Taucher Bruchstücke von indianischem Geschirr sowie Tonfiguren, die aus vorkolonialer

Umgebung von Guatemala Ciudad

Zeit stammen. Die Umgebung war vor der Eroberung von den Pocomam besiedelt. Die Forschungen sind bis dato jedoch nur sehr oberflächlich geführt worden, doch glaubt man zu wissen, dass es enge Handelsbeziehungen zwischen der Bevölkerung am Amatitlán-See und jener der Südküste in der frühen klassischen Epoche (200–600 n. Chr.) gegeben hat. Die Route verlief entlang der Eisenbahnlinie zwischen den Vulkanen Pacaya und Agua nach Escuintla.

Während der Kolonialzeit wurde an den Ufern des Sees jener berühmte scharlachrote Farbstoff hergestellt, den man durch die Züchtung der Koschenille-Laus gewann und der seinerzeit eines der wichtigsten Exportprodukte des kolonialen Guatemalas war. Heute befinden sich vor allem Kaffeefincas, Zuckerrohrfelder und Bananenplantagen rund um den See.

Der schönste Blick über den See und in die Hochtäler bietet sich vom **Parque Naciones Unidos** aus. Hier wurden Sport- und Campingplätze eingerichtet. Die Plaza Guatemala zeigt historische und gegenwärtige Bauformen en miniature, etwa die Nachbildung der Tempel von Tikal, die Plaza Colonial von Antigua oder einen Marktplatz der Südküste. Auch der **Botanische Garten** ist recht gepflegt und nett angelegt.

Den Parque Naciones Unidas erreicht man von Guatemala Ciudad kommend entweder über die Abzweigung von der Hauptstraße bei Km 19.9 oder vom **Parque Las Ninfas** am Seeufer aus.

Mitte der 1970er Jahre wurden am Nordwestufer des Sees unter der Regierung von *Kjell Laugerud* (1974–1978) die Freizeit- und Naherholungsmöglichkeiten am See ausgebaut. Der **Vergnügungspark Las Ninfas** zieht sich mit vielen Comedores und Verkaufsbuden, die die typischen *cajetas* (bemalte Holzschachteln) verkaufen, am Ufer entlang. Mit dem *Teleférico de Amatitlán*, einem Kabinenlift österreichischer Herkunft (Firma Doppelmayr), kann man seit 1998 leider nicht mehr das steile Nordwestufer zum Parque hinauffahren. Es gibt allerdings Gerüchte ...

Doch gleich, von welchem Hügel oder Aussichtspunkt der Besucher auf den See blickt, gut zu erkennen ist seine eigenwillige Form und das große Seebecken, wo Verlandung nun fruchtbaren Ackerboden gebildet hat. Die mächtigen Kegel des Agua und Pacaya geben bei schönem Wetter ein herrliches Panorama ab.

Wie bei vielen Seen der Küstenkordillere treten auch am Amatitlán-See **heiße Quellen** zutage, deren Schüttung vom Wasserspiegelstand abhängt, der in den letzten Jahren erheblich schwankte.

Der leichte Wind erlaubt Wassersport das ganze Jahr hindurch. Doch hat die Zahl der Sportler aus gutem Grund abgenommen. Was man auf den ersten Blick nicht sogleich erkennt, ist die immense **Wasserverschmutzung** des Amatitlán-Sees. Sie

Mautstation an der Autobahn

Umgebung von Guatemala Ciudad

Amatitlán-See

hat so erschreckende Ausmaße angenommen, dass sich ein *Manejo Sustenable de la Cuenca y del Lago Amatitlán (AMSA)* seit einigen Jahren um die Verbesserung der Wasserqualität kümmert. Es ist nicht einmal übertrieben, von einer Kloake zu sprechen, die ihre Anwohner gefährdet. Die Hauptursachen der Vergiftung sind die Einleitung der Abwässer von Hauptstadt und Uferdörfer, Industrien und Kaffeefincas, außerdem die Einschwemmung chemischen Düngers, der alljährlich während der Regenzeit von den gerodeten Hängen in den See fließt. 67% der nationalen Industrie befindet sich im Amatitlán-Becken. Die Aufschüttung mit Boden und Sedimenten ist derart hoch, dass die Tiefe des Sees im Jahr 2020 nur noch einen Meter betragen wird. Es ist höchst fraglich, ob der See überhaupt noch gerettet werden kann.

Amatitlán

Amatitlán selbst feiert alljährlich am 2. und 3. Mai seine **große Fiesta,** zu der viele Pilger aus dem ganzen Land kommen, um den *Jesús de Atocha,* das Jesuskind von Atocha, zu sehen. Das Hauptereignis der Fiesta ist eine nächtliche Prozession auf dem Wasser. Die Legende erzählt, dass in jener Nacht das Jesuskind einst am Nordufer des Sees in einer Felsnische sitzend gesehen wurde. Zu dieser Stelle, die heute *La silla del niño* („Kindersitz") heißt, fahren die Boote mit Fackeln hinaus und kehren erst am Morgen wieder zurück. Das Jesuskind ist in der 1635 von Dominikanern erbauten Kirche zu besichtigen.

Eine andere Legende erzählt von *Llorana,* der weinenden Frau, die des Nachts klagend am Ufer entlangirrt und ihr Kind sucht, das sie aus Verzweiflung ertränkt hat.

Weniger berühmt ist **Francisco Javier Arana** (1905–1949), dem auf der Plaza von Amatitlán ein Denkmal gewidmet ist. *Arana* gehörte 1945 zusammen mit *Jorge Toriello* und *Jacóbo Arbenz* dem revolutionären Triumvirat an, das für den Zeitraum von neun Jahren die erste Demokratie in Guatemala errichte. Während der Nachfolgerwahlen 1949 unter *Juan José Arévalo,* bei der *Arana* gute Chancen eingeräumt wurden, kam er hier auf mysteriöse Weise ums Leben.

Sonntags ist **Markt** auf der Plaza von Amatitlán, dessen Name von den Amatlebäumen herrührt, aus deren Rinde früher Papier hergestellt wurde.

Amatitlán ist ein heruntergerissenes und verkommenes Städtchen, in dem Drogenhandel, Kriminalität und Korruption blühen.

Unterkunft/ Verkehrsverbindungen

- **Hotel und Restaurant Los Arcos y Anexo Rocarena,** Tel. 66 33 35 22; direkt am See, mit Pool und Thermalbad. DZ 350 Q inkl. Frühstück; empfehlenswert. Daneben gibt es aber auch einfachere Hospedajes.

- **Busse** fahren von der Hauptstadt nach Amatitlán vom Terminal der Zone 4 aus und ab 20. Calle 2. Av., Z 1. Von der Plaza Amatitláns fahren Busse zurück in die Hauptstadt. Von hier aus existieren gute Möglichkeiten, weiter an die Küste über die CA 9 nach Retaluheu, Mazatenango, Escuintla usw. zu fahren. Bis zur Esso-Tankstelle *(gasolinera)* gehen und die Busse anhalten, die halbstündlich vorbeikommen.

San Vicente Pacaya

Im Süden des Amatitlán-Sees liegt das kleine Dorf San Vicente Pacaya am Fuß des gleichnamigen Vulkans. Der **Pacaya** (2550 m) gehört zu den aktiven Vulkanen Guatemalas. Sein Feuerspeien ist gelegentlich sogar von der Hauptstadt aus zu sehen. Ein Bus vom Terminal in Zone 4 fährt bis San Vicente Pacaya. Der Aufstieg auf den Vulkan ist leicht zu bewältigen und beginnt beim Aldea San Francisco de Sales, nahe der Laguna de Calderas und dauert gut eine Stunde bis zur *meseta.* Der letzte Teil des Aufstiegs führt durch Lavasand bis zum alten Krater (Führer z. B. bei *Expedición Panamundo,* 6. Av. 14–75, Z 9, Tel. 23 31 75 88, oder von Antigua aus). Die Touristenpolizei ist hier präsent; Telefon am Parkeingang (Nummer 55 17 42 29); Pferde 60 Q einfach, 75 Q hin und zurück.

- Private **Übernachtungsmöglichkeiten** gibt es in San Francisco. Auf jeden Fall warme Kleidung mitnehmen.

Die meisten Vulkanbesteigungen werden von Antigua aus organisiert. Die kleine Erdstraße zum Pacaya ist ausgeschildert (Parque Nacional).

Palín

An der alten Eisenbahnlinie nach San José liegt Palín genau zwischen den Vulkanen Pacaya und Agua. Berühmter als die Produktion von Möbeln und Marimbas ist Palíns Marktplatz, der von einer über **100 Jahre alten Ceiba** eingenommen wird. Diese war ein heiliger und geschützter Baum bei den Maya; sie findet sich häufig als Schattenspender auf den Plazas der Dörfer in Guatemala. Busse nach Escuintla fahren durch Palín auf der alten Straße.

Villa Nueva, Villa Canales

Zwischen der Hauptstadt und dem Amatitlán-See liegen die beiden Dörfer Villa Nueva und Villa Canales. Sie erlangten ihre historische Bedeutung dadurch, dass auf ihrem Boden entscheidende Schlachten in der Geschichte Guatemalas ausgetragen wurden. Die letzte moderne Schlacht provozierte die ehemalige Guerilla. Die Sprengung eines Strommasten legte im Mai 1990 das ganze Land für kurze Zeit lahm.

Chinautla

Chinautla ein paar Kilometer nördlich der Hauptstadt, ist vor allem wegen seiner hellen Töpferwaren bekannt. Um die Weihnachtszeit werden hier kleine Tonfiguren hergestellt, die die Form einer Taube oder eines Engels haben.

Um nach Chinautla zu kommen, muss man in der Zone 6 am nördlichen Stadtrand der Capital auf dem Markt in der Calle Martí einen Bus nehmen.

Das zentrale Hochland

Zwischen Guatemala Ciudad und Chimaltenango

Ein Blick auf die Karte zeigt, dass das Gebiet zwischen dem Dreieck Guatemala Ciudad, Chimaltenango und Antigua dicht besiedelt ist; ein Dorf reiht sich ans nächste. Jenseits des Hauptstadt-Tales beginnt eine zerklüftete Hügellandschaft mit fruchtbaren Böden, wo ausreichende Niederschläge eine ganzjährige Bewirtschaftung ermöglichen. Produziert werden hauptsächlich Marktfrüchte für die nahe gelegene Zweimillionen-Metropole und für den Export.

Auffällig ist die Häufung der Sacatepéquez-Orte in dieser Region, die von Cakchiqueles besiedelt ist. Sie sind um 1000 n. Chr. hier eingewandert und haben die ansässigen Pipil verdrängt, von denen der Name Sacatepéquez („Grashügel") stammt.

Santiago Sacatepéquez

Aufgrund der guten Produktionsbedingungen gibt es hier mehrere große **Kooperativen,** von denen viele vom Ausland unterstützt und beraten werden. In Santiago Sacatepéquez wurde 1979 auf schweizerische Initiative hin eine Kooperative gegründet, die sich auf den Anbau von Rosenkohl, Blumenkohl und Erbsen spezialisiert hat und Entwicklungshilfegelder bezieht.

Abgesehen davon ist Santiago Sacatepéquez jeden 1. November *(Todos Santos)* Ziel vieler Besucher, wenn das

Die Ceiba spendet Schatten auf Guatemalas Plätzen

Festival de Barriletes Gigantes

traditionelle **Drachensteigen** *(Festival de Barriletes Gigantes)* stattfindet.

Die runden Drachen besitzen ein Bambusgerüst, um das Seidenpapier gewickelt ist. Vor allem die Kinder sind ganz aus dem Häuschen, wenn Dutzende dieser bunten Drachen in die Luft steigen und ein herrliches Bild abgeben.

Der Legende nach irrten die Seelen der Verstorbenen unruhig im Dorf umher. Besonders an Allerheiligen fanden sie aufgrund böser Einflüsse keine Ruhe. Von den beunruhigten Dorfbewohnern befragt, gab ihnen ein Maya-Priester den Rat, durch den Lärm von Papierdrachen die bösen Geister zu verscheuchen. Eine andere Geschichte interpretiert die Drachen als bunte Leuchtpunkte im Himmel, die den Seelen der Verstorbenen zeigen, wo sie gelebt haben und ihnen den Weg zu den lebenden Angehörigen deuten.

San Juan Sacatepéquez

San Juan gilt als die heimliche Hauptstadt der Indígenas von Sacatepéquez. Rund um die große Plaza Cataluña, die die Spanier dem Dorf nach dem großen Erdbeben 1976 spendeten, findet täglich ein großer bunter Markt statt.

Die **Blumenzucht** in San Juan Sacatepéquez wurde 1910 von dem Nordamerikaner *Strombo* eingeführt und hat sich heute unter modernsten Bedingungen etabliert. Angebaut wird auf terrassierten Hängen und in Gewächshäusern, wo Lichtmanipulationen das Wachstum beschleunigen. Die Frauen von San Juan sieht man häufig in der Hauptstadt auf den Märkten in einem Meer von Blumen sitzen. Sie sind leicht an ihren gelb-lila Huipiles zu erkennen.

Am 24. Juni feiert das Dorf seine große Fiesta mit der Krönung der *Reína Indígena*.

Mixco Viejo

60 km von der Hauptstadt entfernt, der Straße nach San Juan Richtung Norden folgend, stößt man in der nordöstlichsten Ecke des Dept. Chimaltenango auf die **Ruinen** der letzten Festung und ehemaligen Hauptstadt der Pocomam-Indianer. Wie alle größeren Hochlandstätten wird auch Mixco Viejo zum späten Nachklassikum gerechnet (1200–1520), zu einer Epoche, als die Hochkulturplätze wie Tikal oder Copán längst aufgegeben waren.

Die Spanier unter *Pedro de Alvarado* erreichten Mixco Viejo 1525. Sie fanden eine Festung in unvergleichlich schöner Spornlage 160 m über dem Río Chinautla. Diese war nur über einen schmalen Engpass zugänglich. Trotz der Hilfe aus Chinautla gelang es den Pocomam aber nicht, dem Ansturm der Spanier standzuhalten, als diese den „Tunnel" entdeckten, der

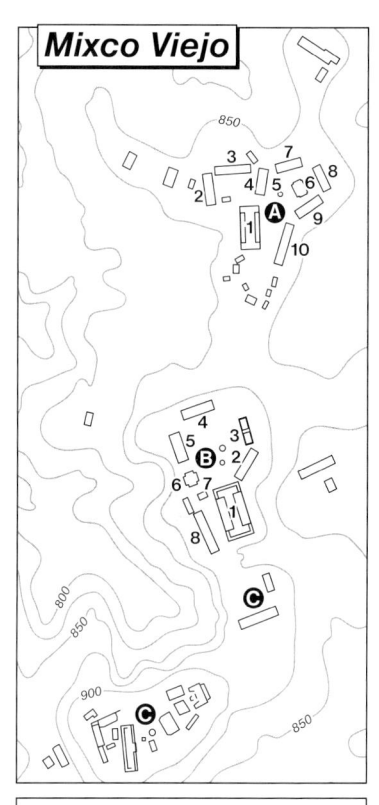

Gruppe A
1 Ballspielplatz
2-4 Plattformen
5 Kleiner Altar
6 Pyramide
7-10 Plattformen

Gruppe B
1 Ballspielplatz
2 Plattform
3 Doppelpyramide
4-5 Plattformen
6 Pyramide
7 Altar
8 Plattform

die Versorgung der Belagerten gesichert hatte und in der Wirklichkeit nur eine äußerst enge Schlucht war.

Die Überlebenden des darauffolgenden Massakers siedelte *Alvarado* in Mixco an, heute Wohnvorort der Hauptstadt, wo immer noch Pocomam gesprochen wird.

Wie in Iximché begannen die **Ausgrabungen** in Mixco Viejo erst Mitte des 20. Jahrhunderts. Auch hier waren es wieder Ausländer, dieses Mal Franzosen, die untersuchten, kartierten, ausgruben und restaurierten.

Eine wichtige Basisarbeit hierzu leistete bereits Ende des 19. Jahrhunderts der Deutsche *Karl Sapper,* der Mixco auf seiner Reise durch Guatemala eine Woche lang vermessen hatte.

Mixco Viejo besteht aus drei Hauptgruppen und mehreren Nebengruppen, von denen die Gruppen A–C Pyramiden und andere Gebäude sowie einen Ballspielplatz und einen Altar aufwiesen. Sie waren aus Gneisen und Graniten gebaut und zeigten deutliche Einflüsse der Tolteken und Azteken. Man fand heraus, dass Mixco Viejo während seiner kurzen Lebensdauer vielfach überbaut, erweitert und verändert wurde. Zum Teil sind ältere **Bauphasen** zu erkennen. Eigenartigerweise wurden keine Gräber unter der Anlage gefunden; die Archäologen

Die Ruinen von
Mixco Viejo im Zentralen Hochland

nehmen an, dass die Pocomam ihre Toten verbrannten, was keine gängige Praxis der Hochlandmaya war.

Wie das nahe gelegene Iximché wirkt Mixco Viejo heute etwas steril, da die kunstvollen Stuckarbeiten an den Mauern und die Bemalung der Wände zum großen Teil verschwunden sind. Außerdem wurden mit Skulpturen versehene Gebäude- oder Bauteile aus Gründen der Konservierung ins Archäologische Museum nach Guatemala Ciudad gebracht. Doch macht die schöne Umgebung und der Ausblick über das guatemaltekische Bergland diesen Mangel wett. Ein Modell in Mixco Viejo zeigt, wie man sich die Pocomam-Hauptstadt vorzustellen hat, als hier noch Priester ihre Zeremonien abhielten. Beinahe so schlimm wie die Zerstörung durch die Spanier wirkte sich das Erdbeben 1976, das auch die Dörfer im Umkreis in Schutt und Asche legte, auf die Ruinen aus.

Verkehrsverbindungen

Nach Mixco Viejo bestehen Verbindungen **von der Hauptstadt** aus mit Bus *Sairita*, 2. Calle, Ecke 2. Av., Z 9 (nur zweimal täglich) oder mit Bus *La Fortuna* ab Terminal, Z 4. Unbedingt vorher vergewissern, wann die Abfahrtszeiten (Richtung Pachalum) sind und ob es möglich ist, am selben Tag zurückzukommen. Es ist in Guatemala allerdings immer ein Risiko, sich auf die Information eines *ayudante* (Beifahrer, Schaffner und Gepäckträger der Busse) zu verlassen. Der Bus fährt bis Km 60; dann zu Fuß einen Kilometer zu den Ruinen gehen. Wer Campingausrüstung hat, kann hier auch übernachten. Und wie immer bei Ausflügen in abgelegene archäologische Stätten reichlich zu trinken mitnehmen!

Chimaltenango

Die Topographie des Departements Chimaltenango reicht von wald- und ackerbestandenen Hügeln bis zu ausgedehnten Ebenen mit Intensivwirtschaft. So beginnt kurz hinter Chimaltenango ein großes Gemüse- und Blumenanbaugebiet, das sich über fünf Kilometer links und rechts der Panamericana erstreckt. Zu Beginn der 1980er Jahre standen hier noch *milpas* (Maisfelder), heute hat der Anbau von Exportprodukten wie Brokkoli und anderes Gemüse die herkömmlich kleinbäuerliche Agrarstruktur verändert. Die riesigen Flächen werden dabei zum Teil von Hand bearbeitet.

Das Departement Chimaltenango wurde während des letzten großen Erdbebens 1976 am härtesten getroffen. Einige Dörfer wurden komplett zerstört, wie San Martín Jilotepeque, Tecpán oder auch Chimaltenango selber. Am Ende wurden fast 14.000 Tote beklagt, was 6,8 % der Bevölkerung entsprach, und 90% Sachschaden.

Eine andere Katastrophe in der Region ereignete sich im November 1988, als im abgelegenen Aldea El Aguacate, 4 km südöstlich von San Andrés Itzapa, 22 Campesinos ermordet wurden. Bis heute ist trotz aufgeregter Meldungen in der Presse und aufgebauschter Untersuchungskommissionen nicht eindeutig erwiesen, wer die Mörder waren. Die Überlebenden des Massakers bekamen vom damaligen Präsidenten *Cerezo* höchstpersönlich Unterkünfte in der Hauptstadt zugewie-

Umgebung von Chimaltenango

sen, die mit finanzieller Hilfe der deutschen Regierung gebaut wurden.

Chimaltenango (Cabecera) hat sich durch seine Lage an der Hauptverkehrsachse des Landes (CA 1) nachhaltig verändert. Inzwischen besitzt die Stadt **zwei Zentren.** Den alten Ortskern mit Plaza und kolonialer Kirche sowie ein Dienstleistungs- und Kleingewerbezentrum entlang der Hauptstraße, das sich zu einer kleinen Industriegasse entwickelt hat. Hier kommen Camionetas an, hier steigt man um und wartet. Es geht alles etwas chaotisch zu, nicht zuletzt wegen der vielen LKWs, deren Fahrer auf dem Weg vom Atlantik ins Hochland in Chimaltenango eine Nachtrast einlegen. Das Dorf wirkt entlang der Straße total abgerissen. Nirgendwo in Guatemala gibt es so viele heruntergekommene Nachtbars und Prostituierte.

Chimaltenango wurde 1526 von *Pedro de Portocarrero,* dem ersten Ehemann der Tochter *Pedro de Alvarados,* gegründet. „Chimal" bedeutet soviel wie „Wappen", was mit einem früheren Militärplatz im Dorf zusammenhängt. Der Ort war lange als möglicher Hauptstadtsitz im Gespräch. Denn Iximché, das Zentrum des einstigen Cakchiquel-Reiches und erste Niederlassung der Spanier, befindet sich nur 30 km entfernt.

Chimaltenango besitzt nicht viel Reizvolles. Die nennenswerten Kuriositäten der Stadt sind ihr **Brunnen,** der die Wasserscheide zwischen der atlantischen und pazifischen Abdachung markiert, und die einzige **Mennoniten-Niederlassung** im Lande.

Was die **Übernachtung** betrifft, sollte man das nahe gelegene Antigua aufsuchen. Selbst wenn der letzte Bus gegen 17 Uhr die Kreuzung nach Antigua passiert haben sollte, fahren immer noch Mikrobusse oder Pick-ups.

Verkehrsverbindungen

Nach Chimaltenango: Grundsätzlich alle Busse, die ins Westliche Hochland fahren. Von der Hauptstadt aus an der Ecke Avenida Bolívar und 20. Calle, Z 1, mehrmals am Tag, oder mit *Galgos* 7. Av. 19–50, Z 1. Von Antigua aus ab Terminal.

Von Chimaltenango: Hier kommen praktisch alle Busse von der Hauptstadt durch, die weiter ins Westliche Hochland fahren (Panajachel, Chichicastenango, Quetzaltenango, Huehuetenango etc.). Am besten in die nächstbeste Camioneta steigen, die in die gewünschte Richtung fährt.

Die Umgebung von Chimaltenango

Wer von Chimaltenango nach Antigua fährt, kommt durch Parramos. Es heißt, hier sollen die besten *frijoles* von Guatemala wachsen.

Zum Leben der Guatemalteken gehört der sonntägliche Familienausflug. Im **Balneario Los Aposentos** geht's darum am Wochenende rund. Dann flüchten die Schwäne auf dem kleinen Teich vor den Ruder- und Tretbooten und dem Geschrei der Kinder. Wenigstens von den Resten des ausgedehnten Picknicks haben sie etwas. Eintritt 5 Q.

El Tejar

Nicht zu übersehen sind die aufgeschichteten **Ziegel** an der Panamericana vor den Öfen von El Tejar, die hier gebrannt werden. Nach dem Untergang von Ciudad Vieja wurde El Tejar wegen des reichen Tonvorkommens zum Zentrum der Ziegelherstellung ernannt, das für den Aufbau Antiguas produzieren sollte.

San Andrés Itzapa

Das Dorf zwischen Chimaltenango und Antigua entstand rund 100 Jahre nach der Gründung Antiguas und war lange wegen seines berühmten Pferdemarktes Ziel vieler Händler.

Eine Besonderheit ist der Besuch bei San Simón, einer „Heiligenfigur", die Indígenas und Ladinos des Dorfes gleichermaßen verehren. San Simón ist personifizierte Mischung aus heidnischer Götterverehrung und christlicher Heiligenanbetung. Äußerst sonderbar wirkt die eher moderne Erscheinung San Simons. Wer keine Gelegenheit hat, sich den schönsten aller guatemaltekischen San Simons in Zunil bei Quetzaltenango anzuschauen, sollte sich den von San Andrés nicht entgehen lassen.

Comalapa

Der Name Comalapa leitet sich von *Comal* ab. So bezeichnet man in Guatemala die leicht konvex gewölbten Ton- oder Eisenpfannen, auf denen Tortillas gebacken werden.

Die **naive Malerei** aus Comalapa wird in allen Touristenzentren Guatemalas verkauft. In der Hauptstadt sind sie im Museo Ixchel ausgestellt. In Chimaltenango gibt es kurz vor dem Ortsausgang eine eigens dafür eingerichtete Galerie. Die Ölbilder zeigen typische Szenen aus der Welt der Indígenas. Kleine „Galerien" befinden sich in der Calle Principal im Ort.

Die **Huipiles** von Comalapa zählen mit ihren eingewebten geometrischen Mustern oder Stilisierungen von Tieren und Pflanzen zu den buntesten Guatemalas. Die Tracht der Männer dagegen besteht nur aus weißen Hosen und Hemden.

Nicht nur der Malerei wegen hat dieses Dorf eine besondere Bedeutung in Guatemala. Hier wurde auch der Komponist und Musiker *Rafael Alvarez Ovalle* (1858–1964) geboren. Er ist Schöpfer der guatemaltekischen **Nationalhymne,** die 1896 dem damaligen Diktator *José Maria Reyna Barrios* sozusagen „unter allen Einsendungen" am besten gefiel und offiziell seit 1897 existiert.

●Busse von der Hauptstadt ab 20. Calle/1. Av., Z 1.

Patzicía

Im kleinen Dorf Patzicía formulierte 1871 die liberale Partei ihr Programm, die *Acta de Patzicía*. Bekannter wurde das Dorf durch den **Aufstand 1944,** als die Indígenas eine gerechtere Landverteilung forderten. Patzicía liegt auf der kleinen Straße, die direkt an den Atitlán-See führt.

Iximché

Die in den 1960er Jahren rekonstruierte Anlage der ehemaligen **Cakchiquel-Hauptstadt** liegt etwa eine Stunde Fußweg von Tecpán entfernt und ist über eine Asphaltstraße zu erreichen. Der Weg ist ausgeschildert. Ähnlich wie in Zaculeu die Mam-Indianer, haben auch die Cakchiqueles ihr Zentrum strategisch günstig auf einem von *barrancos* umgebenen Plateau errichtet, das sie vor Baubeginn geebnet haben und von dem aus man heute eine herrliche Sicht ins Land hat.

Iximché wurde 1470 gegründet, nachdem die Cakchiqueles von den Quiché aus der Nähe des heutigen Santa Cruz del Quiché vertrieben worden sind. Es ist die jüngste Festung im Hochland und die erste, die die Spanier 1524 erreichten, wo sie auf das Herzlichste empfangen wurden. Die mexikanischen Tlascaltecen-Söldner gaben der Anlage den Namen Tecpán. In den blonden Halbgöttern aus Spanien fanden die Indígenas starke Helfer im Kampf gegen die *Quiché* und *Tzutuhiles*. Als die Spanier ihre Tributforderungen jedoch zu weit trieben, begannen zwischen den ungleichen Verbündeten Auseinandersetzungen, woraufhin die Eroberer es vorzogen, sich eine eigene Hauptstadt zu bauen, selbstverständlich erst, nachdem sie Iximché niedergebrannt und die Häuptlinge umgebracht hatten.

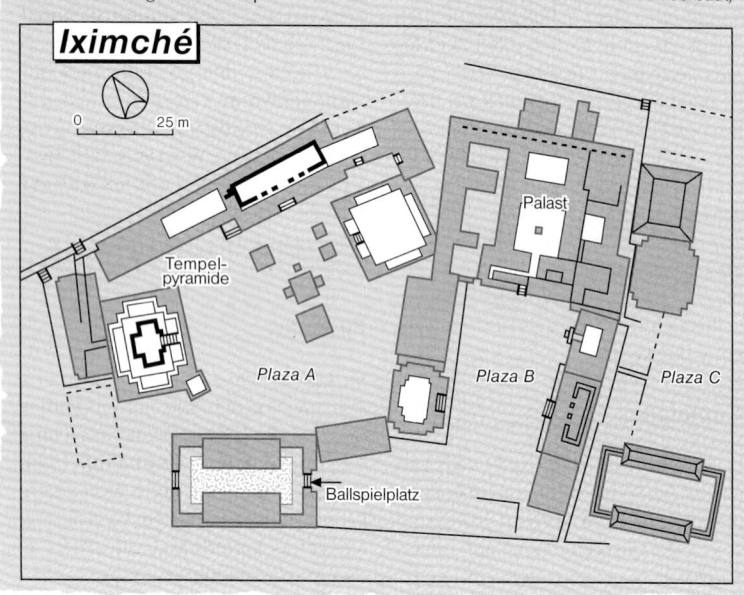

Heute erkennt man noch die aus Steinen und Mörtel bestehenden Fundamente von mehreren Plazas, Tempelpyramiden, Ballspielplätzen und Opferstätten sowie das Fundament des einst 500 m² großen Palastes. Die Anlage war alles andere als weitläufig. Dicht gedrängt standen die Gebäude, deren Mauern zum Teil mit farbigen Zeichnungen dekoriert waren. Auf den runden Altären wurden wahrscheinlich Herzopfer dargebracht, bei denen den Opfern mit einer Obsidianspitze die Brust aufgeschnitten wurde. Die Tempelpyramiden sind wie die von Tikal mehrfach überbaut, was als Folge des Herrscherwechsels interpretiert wird. Die Form der Ballspielplätze besitzt die klassische Rechteckform mit schrägen Seitenwänden. Durch die gesamte Anlage soll ein nord-süd-gerichteter Graben die Häuser der Vornehmen von denen des einfacheren Volkes getrennt haben. Das gemeine Volk, wie die Bauern, wohnte ohnehin stets außerhalb in den Wäldern.

1980, kurz nach dem **Massaker in der Spanischen Botschaft**, versammelten sich in Iximché Vertreter aller indianischen Sprachgruppen, um der Demokratischen Front gegen Repression (FCDR) eine Erklärung zu übergeben, die diese in viele Länder der Erde weiterleitete. Die Indígenas dokumentierten und zeigten darin „vier Jahrhunderte Diskriminierung, Verleugnung, Unterdrückung, Ausbeutung und Massaker an Indígenas, durchgeführt von ausländischen Eindringlingen und ihren barbarischen und verbrecherischen Nachkommen." Die Weltöffentlichkeit reagierte allerdings erst, als die Gräueltaten des Militärs beim besten Willen nicht mehr zu vertuschen waren und der Krieg gegen die indianische Bevölkerung bereits über 100.000 Tote gefordert hatte.

1988 wurde das **Centro de Visitantes** (Besucherzentrum) fertiggestellt, das eine vorbildliche Ausstellung über die Ausgrabungsarbeiten, die Geschichte der Stätte und zahlreiche Fundstücke zeigt. Ein Modell verdeutlicht das ursprüngliche Ausmaß und Aussehen von Iximché. Die Ausstellung wird von den Angestellten auf Anfrage geöffnet.

Wie viele andere Festungen im Hochland ist auch Iximché wegen seiner Ruhe und schönen Lage ein Platz zum Ausruhen, Sitzenbleiben und Nachdenken. **Übernachtung** ist nur mit vorheriger Erlaubnis des *Instituto de Antropológica Historia de Guatemala* in der Hauptstadt möglich (7. Av. 8-92, Z 9, Departamento Monumentos Prehispánicos y Coloniales). Sanitäre Anlagen und Picknickplätze sind vorhanden. Iximché ist jeden Tag von 8–17 Uhr geöffnet. Eintritt 30 Q.

Patzún

Ein paar Kilometer hinter Patzicía liegt Patzún. Während der ersten Juniwoche findet in dem 28 km von Chimaltenango entfernten Dorf die alljährliche **Corpus-Christi-Verehrung** statt. Es gibt Blumenteppiche, Tore aus Palmwedeln und bunte Prozessionen. Man muss einmal bei einer solchen Prozession dabei gewesen sein, um zu sehen, wie sinnlich die Guatemalteken ihre Heiligen verehren.

Tecpán

Auf halber Strecke von Chimaltenango nach Los Encuentros liegt Tecpán, das von Franziskanern gegründet wurde. Seit dieser Zeit hat sich das Dorf zu einem wichtigen **Marktzentrum** entwickelt. Neben dem traditionellen Anbau von Mais und *frijoles* hat sich der Weizen durchgesetzt. Es gibt daher in Tecpán mehr Mühlen als anderswo.

Obwohl in den Städten und von den Ladinos viel Brot gegessen wird, ist der Weizenanbau aufgrund der billigeren Importe aus den USA nicht unproblematisch für die Bauern. In der Regel ist es so, dass der Indígena den Weizen produziert, der Ladino aber die Mühle besitzt. Ein Umstand, der die gesamte Vermarktungs- und Zwischenhandelsstruktur Guatemalas kennzeichnet. Neben dem Weizenanbau ist das **Korbflechthandwerk** hier in Tecpán zu einem wichtigen Erwerbszweig geworden.

Nicht weit von Tecpán liegt die ehemalige Cakchiquel-Hauptstadt Iximché. Es heißt, bei der Karfreitagsprozession von Tecpán nach Iximché hört man die Glocken unter der Erde läuten ...

• Eine einfache **Übernachtungsmöglichkeit** gibt es im *Hotel Iximché* an der Plaza oder *Posada de Doña Ester*.

Santa Apolonia

Nur ein paar Kilometer von Tecpán entfernt liegt das kleine Dorf Santa Apolonia, von dem angenommen wird, dass es eines der Hauptzentren für die Herstellung vorkolonialer Keramik war. Campesinos des *Aldeas Xekoyil* fanden eine behauene Stele aus Vulkangestein.

Antigua

Das Departement Sacatepéquez ist mit seinen 465 km² das kleinste in Guatemala und befindet sich zum größten Teil auf den Hochflächen der Sierra Madre. Der Name Sacatepéquez bedeutet „Hügel des Grases". Das milde Frühlingsklima und der gute Boden in dieser Region begünstigen den Anbau von Gemüse, Blumen und Kaffee, so dass Sacatepéquez trotz seiner geringen Größe wirtschaftlich von Bedeutung ist.

Im Panchoytal am Fuß des **Vulkans Agua** liegt die Hauptstadt des Departements: Antigua Guatemala, ehemals Hauptstadt des Königreiches Guatemala und für über 200 Jahre, bis 1773, wirtschaftliches, geistiges und kulturelles Zentrum des Subkontinents. Damals hieß Antigua noch *Muy Noble y Muy Leal Ciudad de Santiago de Los Caballeros de Goathemala*. Ein Titel, den ihr 1566 *König Philip II. von Spanien* verlieh. *Santiago*, der Bezwinger der Heiden, wurde zum Schutzheiligen der Stadt erklärt.

Antigua hat sich viel von der Atmosphäre aus dieser Zeit erhalten. Kolonial, geschichtsträchtig, konserviert, museal – kurz, ein **lebendiges Kulturdenkmal,** 1965 vom Panamerikanischen Institut für Geographie und Geschichte zum „Denkmal Amerikas" und 1979 von der UNESCO zum „Erbe der Menschheit" erklärt. In Guatemala ist Antigua einzigartig. Keine andere Stadt hat die kolonialen Charakteristika in dieser Dichte bewahren können. Antigua hat „Ambiente".

ANTIGUA

Rechtwinklig sich schneidende Straßenzüge, der nach Nord/Süd und Ost/West ausgerichtete Schachbrettgrundriss und die quadratische Plaza als Mittelpunkt der Stadtanlage sind unverwechselbare städtebauliche Elemente der Renaissancezeit. Einstöckige Patiohäuser mit sparsamer Fassadenzier reihen sich entlang der Avenidas und Calles. Kunstvoll geschmiedete Eisengitter vor den Außenfenstern und mächtige hölzerne Einfahrtstore geben kaum einmal einen Blick frei in das Innere der Privathäuser. Doch dahinter verbergen sich oft die schönsten Gärten, Galerien und Balkone.

Die Stadt war eine Stadt der Kirchen, Klöster, Konvente und Kapellen. „In dieser Stadt der Kirchen fühlt man ein dringendes Bedürfnis zu sündigen", schrieb *Asturias* in seinen „Legenden aus Guatemala". Über 50 solcher Bauwerke zählte Antigua.

Heute, nach dem verheerenden Erdbeben 1773, liegen die meisten in Ruinen verstreut über die ganze Stadt. Doch selbst in ihrem zerstörten Zustand erahnt der Besucher die Größe, Macht und Herrschaft, die von den Orden jener Zeit ausging, in der der spanische König katholischer war als der Papst.

Gehörten früher Mönche, Nonnen und Heilige zum Stadtbild Antiguas, so sind es heute die **Touristen** – nicht weniger auffällig in ihrem Erscheinungsbild. Auf einer Reise durch Guatemala ist Antigua ein Muss. Neben Panajachel am Atitlán-See hat sich Antigua zu einem Zweitwohnsitz von Travellern aus aller Welt entwickelt. Ein Umstand, der die einen zum Bleiben, die anderen zur Flucht bewegt. Es scheint, dass die einheimische Bevölkerung ganz gut damit zurechtkommt. Man hat sich auf die Bedürfnisse und Konsumwünsche der Ausländer eingestellt. Hotels, Kneipen, Restaurants, Kinos, Discos und Sprachschulen sorgen dafür. Wer sich zwecks Spanischunterricht länger als drei, vier Wochen in der Stadt aufhält, gehört bereits zur „Szene", die natürlich Englisch spricht.

Antigua ist klein, gepflegt und überschaubar. Ein richtiges Vorzeigestädtchen. Ladinos, Indígenas und Touristen leben in beschaulicher Eintracht. Die einen kaufen, die anderen verkaufen, und das alles vor dem Hintergrund einer kolonialzeitlichen Kulisse, die perfekt restauriert und konserviert wurde, doch wenig von der guatemaltekischen Realität besitzt.

In den letzten Jahren haben in diesem 31.000 Einwohner-Städtchen viele gediegene und teure Bars, Restaurants und Hotels aufgemacht. Nirgendwo in Guatemala kann man so gepflegt ausgehen wie hier. Antigua besitzt internationalen Standard.

Die **Geschichte Antiguas** begann im März 1543. Nach der Zerstörung von Ciudad Vieja im Almolongatal 6 km südlich von Antigua verlegten die Spanier ihre Hauptstadt hier ins Panchoytal, umgeben von Bergen, Hügeln und den Vulkanen Agua, Fuego und Acatenango, die auch heute noch über die Stadt hinausragen. Der Aufbau ging rasch vor sich. Plaza, Kathedrale, Palacio, Bürgerhäuser und die ersten Klöster standen bereits Ende des 16. Jahrhunderts und ergaben zusammen ein koloniales Ensemble, das Santiago inmitten des bäuerlich geprägten Mayagebiets der Cakchiqueles für zwei Jahrhunderte zur schönsten Hauptstadt der „Neuen Welt" machte. Durch die Einrichtung der Universität San Carlos de Borromeo 1670, die Aufstellung der ersten Druckerpresse in Guatemala 1660 und die Gründung von Klosterschulen entwickelte sich Santiago zum geistigen, kulturellen und klerikalen Zentrum Mittelamerikas. Es konnte mit den zwei anderen kolonialen Hauptstädten dieser Zeit, Mexiko und Lima, durchaus konkurrieren.

In Santiago lebten im 18. Jahrhundert 70–80.000 Menschen. Noch immer wurden Kirchen und Klöster gebaut, ein neuer Orden gegründet und die Stadtkasse beträchtlich belastet. Intrigen und Korruption beherrschten das Leben der geistlichen und weltlichen Elite der Stadt, die sich in einem Dauerstreit befand. Im erbitterten Machtkampf um Geld, Einfluss und Besitz heiligte der Zweck jedes Mittel.

Wie viele Mönche, Nonnen, Novizen und Geistliche mögen das verheerende **Erdbeben** am 29. Juli 1773 als Strafe Gottes empfunden haben, als Strafe für ihren luxuriösen Lebensstil, ihre moralische Verderbtheit und ihre Ignoranz und Verachtung gegenüber Armut und Elend, für das sie die Verantwortung trugen? Santiago befand sich auf dem Höhepunkt seiner über 200-jährigen Geschichte. In nur wenigen Minuten verwandelten die „Götter der Unterwelt" die Stadt damals in einen einzigen Trümmerhaufen. Es war nicht das erste Mal, dass die Stadt erschüttert wurde. Die stärksten Beben erlebte Santiago in den Jahren 1583, 1689 und 1717. Aber geologische Erwägungen waren nicht die Stärke der Spanier bei der Standortwahl gewesen. Denn sonst hätten sie erkennen müssen, dass eine Stadt über einem relativ hoch gelegenen Grundwasserspiegel bei Zerrungsvorgängen während eines Bebens auf mehr als unsicherem Boden steht. Steht man aber vor den mächtigen Trümmern der alten Kathedrale oder inmitten der wuchtigen Säulen-, Mauer- und Bogenreste des **Recolección-Klosters,** dann beschleicht einen leicht das Gefühl, dass diesem Erdbeben sowieso nichts widerstanden hätte. Man kann sich leicht beim Spaziergang durch die Klosterruinen die entsetzten Gesichter der Dominikaner, Franziskaner, Karmeliterinnen oder Clarissinnen vorstellen, als sie beim Einsetzen des Bebens weinend und schreiend auf die Straße flüchteten und unter dem donnernden Getöse zusammenbrechender Mauern ihrem Untergang tatenlos zusehen mussten.

Denn dieses „Erdbeben von Santa Marta" 1773 bedeutete das Ende der kirchlichen Macht kolonialer Prägung in Guatemala. Der Wiederaufbau Santiagos wurde verboten, die Hauptstadt hastig verlegt, die Klöster geschlossen

Plaza Major mit Ayuntamiento (Verwaltung) zu früheren Zeiten

074gu Foto: bh

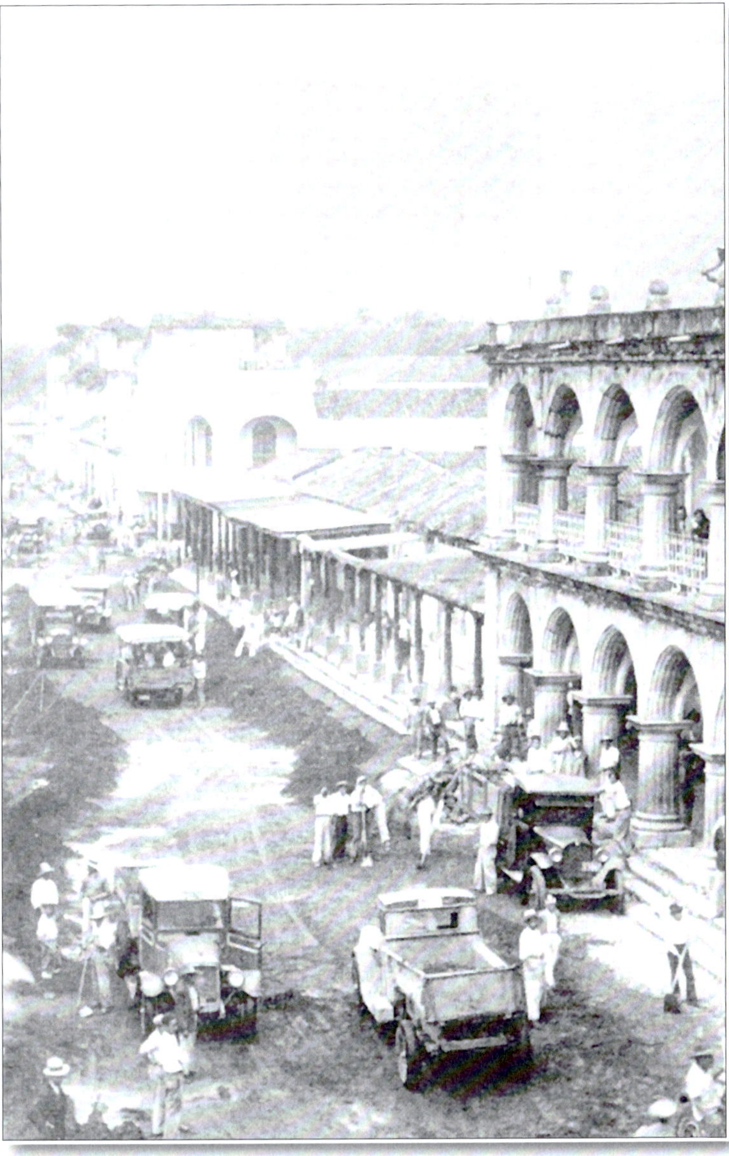

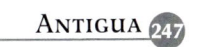

und die Mönche vertrieben. 1871, rund 100 Jahre später, wurde der noch verbliebene Besitz der Kirche säkularisiert. Was von der einstigen Pracht blieb, ist dieses schmucke koloniale Städtchen, dessen Pflege und Erhaltung sich mehrere Gruppen und Organisationen in Guatemala angenommen haben.

Antigua (1530 m) besitzt mit seinen angenehmen Tages- und Nachttemperaturen (durchschnittlich 23°C/14°C) ein wunderbares Klima. Wenn im Sommer unter strahlend blauem Himmel die farbintensiven Blüten der Bougainvilleen-Sträucher über die weißgetünchten Mauern hängen, dann weiß man, warum Antigua zu den reizvollsten Plätzen Guatemalas zählt.

Einer der Höhepunkte des Kirchenjahres sind die **Osterprozessionen** in der Karwoche, die Touristen aus aller Welt anlocken. Die Straßen werden nach spanischem Vorbild mit kunstvollen Blüten- und Sägespanteppichen verziert, und die Menschen drängen sich dicht am Straßenrand, um die farbenfrohe Prozession zu verfolgen. Dann ist in Antigua kein noch so kleines Zimmer mehr frei.

Sehenswertes

Sich in Antigua zurechtzufinden, ist kein Problem. Die Stadt ist übersichtlich, **Stadtpläne** verteilt das Tourismusbüro, oder sie liegen in den Cafés und Hotels aus. Literatur gibt es in den Buchläden, und wer sich länger in Antigua aufhält, bleibt sowieso nicht allein. Ob im Hotel, in den Kneipen oder Cafés, überall trifft man auf Touristen, die schon ein bisschen länger da sind und sich auskennen.

Mittelpunkt einer jeden kolonialen Stadt ist die **Plaza Real**. Die von Antigua wurde 1541 von *Juan Bautista Antonelli*, einem spanischen Ingenieur und Baumeister, angelegt. Ungepflastert bis 1704, staubig während der Trockenzeit, schlammig während der Regenzeit, diente die Plaza lange Zeit Stierkämpfen, Militärparaden, Hinrichtungen, dem Austausch von Neuigkeiten und später Märkten. Heute wird sie **Plaza Mayor** oder **Parque Central** genannt. Der Brunnen Fuente de las Sirenas ist ein Werk von *Diego de Porres*, der sich vom Neptunbrunnen in Bologna hat inspirieren lassen. 1739 wurde der verführerische Brunnen aufgestellt. Heute ist die Plaza Antiguas ein kleiner Park mit Bänken, Bäumen und leuchtenden Bougainvilleen. Schattig zum Sitzen, Lesen oder Leutebeobachten.

Die Ostseite der Plaza wird von der **Catedral Metropolitana** (Kathedrale) und dem ehemaligen **Palast des Erzbischofs** eingenommen. An letzteres Gebäude erinnert nicht mehr viel, da es durch die Jahrhunderte hindurch verändert, erweitert und zu Privaträumen, Büros etc. umfunktioniert wurde. Die erste Kathedrale Antiguas aus dem Jahr 1545 unter *Bischof Francisco Marroquín* war ein Bau aus den Resten der zerstörten Kirche von Ciudad Vieja und besaß ein Holzdach. Nach dem ersten großen Erdbeben 1583 begann man noch einmal von vorne und setzte in elfjähriger Arbeit eine Kathedrale an die Plaza, die mit fünf Kirchenschiffen, 70 Fenstern und vollgepackt mit Kunstschätzen zu den grandiosesten Bauwerken seiner Zeit gehörte. Durch sieben große Portale betrat man die Kirche. Sieben Kapellen befanden sich auf jeder Seite. Mauern, Säulen und Bögen waren verziert mit barocken Engeln und Heiligen, in zwei quadratischen Glockentürmen hingen insgesamt zehn Bronzeglocken. Der hochgestellte Altar war aus Silber, Elfenbein und wertvollem Holz gearbeitet. Die besten Maler, Bildhauer und Künstler Spaniens wurden angeheuert. Der Kirche war nichts zu teuer, um Antigua zu zeigen, wer in der Stadt das Sagen hatte. Heute liegen in den Grüften der Kathedrale die Überreste von *Alvarado* und seiner *Doña Beatriz.*

Die gesamte Südseite der Plaza nimmt der weitläufige, zweistöckige **Palacio de Los Capitanes Generales** (Generalspalast) ein. Das Gebäude war Regierungssitz der Vertreter des spanischen Königs mit Ämtern, Behörden und Büros, außerdem waren das Militär und das Gericht hier untergebracht. Der erste große Renaissance-Bau von 1558 brach 1717 bei einem Erdbeben zusammen. Es dauerte fast 50 Jahre, bis die Säulen der beiden übereinanderliegenden Arkadengänge, die aus einem Stück gehauen sein sollen, die Bögen und die Fassade wieder restauriert wurden. Was heute steht, ist das Ergebnis des Wiederaufbaus nach 1773. Das Gebäude wird nun von der Verwaltung des Dept. Sacatepéquez, der Polizei und dem Tourismusbüro belegt. Vom zweiten Stock aus hat man eine schöne Sicht über die Plaza.

Gegenüber, an der Nordseite der Plaza, befindet sich das **Ayuntamiento** oder **Real Cabildo,** seit 1743 Verwaltungssitz der Stadt. Über den früheren baulichen Zustand weiß man nur sehr wenig. Es hat mit seinen massiven Mauern, seinem doppelstöckigen Arkadengang und den starken Säulen dem Erdbeben von 1773 erstaunlich gut stand gehalten, so dass man es erst ein Jahrhundert später restaurierte.

Heute ist das Ayuntamiento wegen seiner zwei Museen interessant. Das **Museo de Santiago** (Museo de Armas) stellt koloniale Keramikkunst *(Mayolica)* aus, daneben Uniformen, Silberschmuck, Möbel, Gemälde und Waffen. Im Patio befindet sich das ehemalige Gefängnis, das bis 1955 „in Betrieb" war. Die Waffensammlung zeigt einen Vergleich zwischen den indianischen Waffen wie Schlagstöcke *(macanas),* Steinäxten *(hachas)* oder Pfeile *(flechas)* und denen, die die Spanier beim Überfall auf Guatemala benützten. Eine Marimba aus dem 17. Jahrhundert befindet sich auch in dem kleinen Museum (Di-Fr 9-16 Uhr, Sa/So 9-12 und 14-16 Uhr).

Im **Museo del Libro Antiguo** (Buchmuseum) daneben steht die erste Druckerpresse Guatemalas aus dem Jahr 1660 und die dritte ihrer Art in Lateinamerika. Antigua besaß zwischen 1660 und 1773 mehrere *talleres de imprenta* (Buchdruckereien), was bei den vielen Klöstern verständlich ist. Jeder wollte sein bisschen Wahrheit ge-

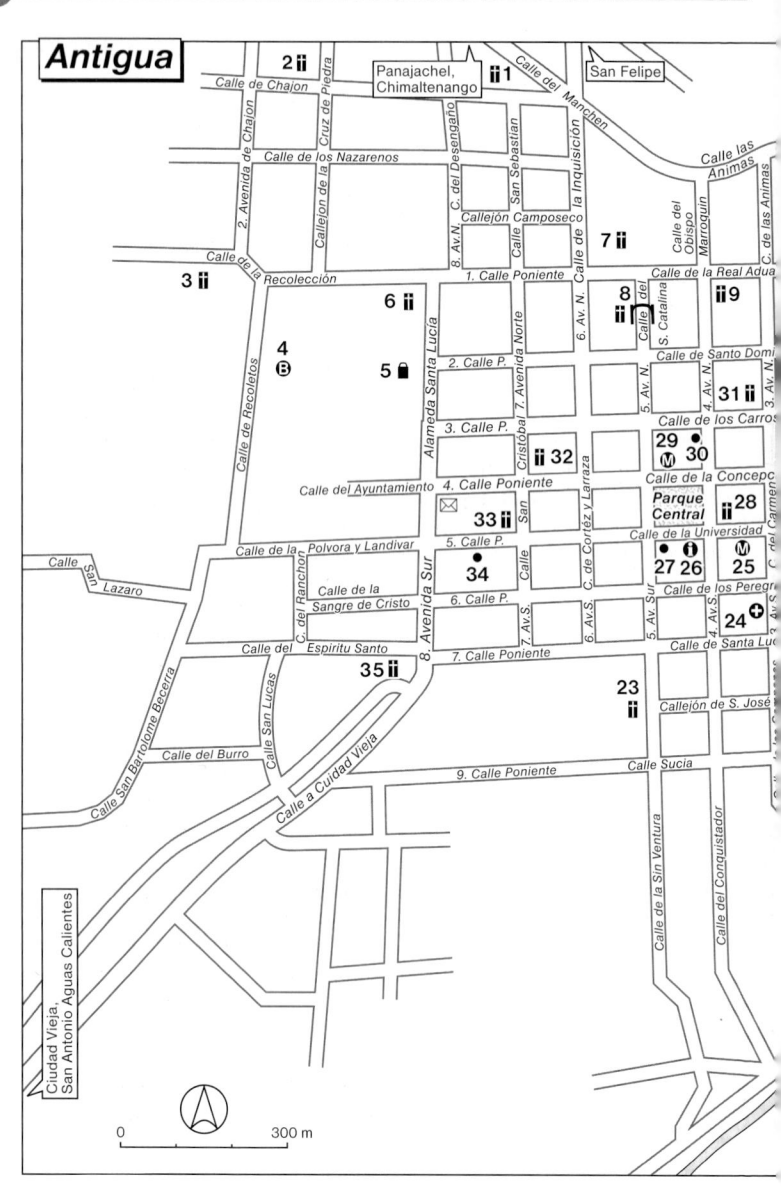

Antigua

Map of Antigua showing streets including Calle de Chajon, Calle de los Nazarenos, Calle de la Recolección, 1.–7. Calle Poniente, Calle del Ayuntamiento, Calle de la Pólvora y Landívar, Calle de la Sangre de Cristo, Calle del Espíritu Santo, 9. Calle Poniente, Calle San Bartolomé Becerra, Calle del Burro, Calle a Ciudad Vieja, Calle de Recoletos, Alameda Santa Lucía, 8. Avenida Sur, 7. Avenida Sur, 6. Avenida Sur, 5. Avenida Sur, 4. Avenida Sur, 3. Avenida Sur, 6. Av. N., 5. Av. N., 4. Av. N., 3. Av. N., Calle del Desengaño, Calle San Sebastián, Calle de la Inquisición, Calle del Manchén, Calle las Ánimas, Calle del Obispo Marroquín, Calle de las Ánimas, Calle de la Real Aduana, Calle de Santo Domingo, Calle de los Carros, Calle de la Concepción, Calle de la Universidad, C. del Carmen, Calle de los Peregrinos, Calle de Santa Lucía, Callejón de S. José, Calle Sucia, Calle de la Sin Ventura, Calle del Conquistador. Numbered points of interest: 1, 2, 3, 4, 5, 6, 7, 8, 9, 23, 24, 25, 26, 27, 28, 29, 30, 31, 32, 33, 34, 35. Parque Central marked. Scale: 0–300 m. Directions to Panajachel/Chimaltenango (N), San Felipe (NE), Ciudad Vieja/San Antonio Aguas Calientes (SW).

ANTIGUA

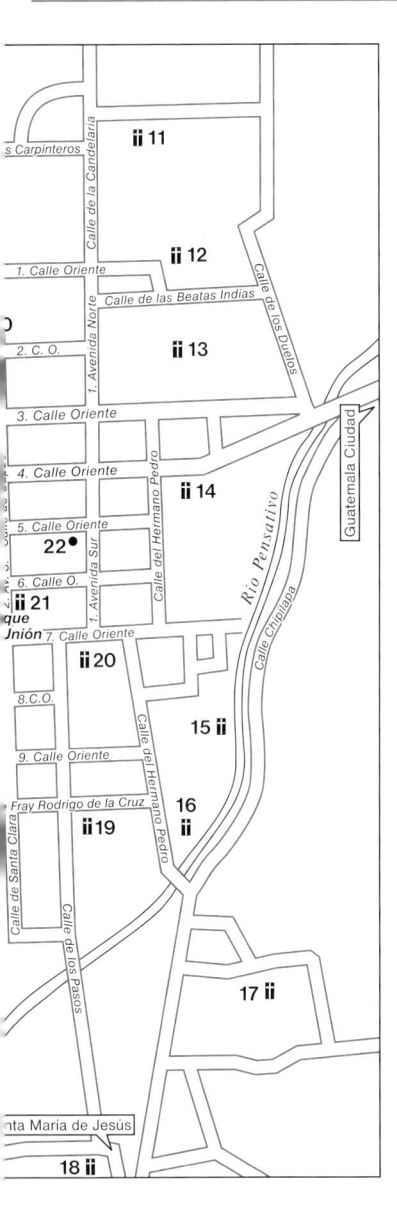

1. Iglesia de San Sebastián
2. Iglesia de Santiago
3. Iglesia y Convento de la Recolección
4. Terminal (Busbahnhof)
5. Markt
6. Colegio de San Jerónimo
7. La Merced
8. Santa Catalina mit Bogen von Santa Catalina
9. Convento de Santa Teresa
10. Las Capuchinas
11. Candelaria
12. Iglesia de Santa Rosa
13. Iglesia de Santo Domingo
14. Convento de Nuestra Señora de la Concepción
15. Iglesia de Belén, Convento de Belén
16. Convento de Guadelupe
17. Santa Ana
18. El Calvario
19. Escuela de Cristo
20. Iglesia de San Francisco
21. Iglesia y Convento de Santa Clara
22. Casa Popenoe
23. Iglesia de San José
24. Hospital de San Pedro
25. Universität San Carlos und Museo Colonial
26. INGUAT Tourist-Information
27. Nationalpolizei
28. Catedral de Santiago
29. Museo de Santiago, Museo del Libro Antiguo
30. Tourismuspolizei
31. Iglesia El Carmen
32. Convento de la Compañía de Jesús
33. Iglesia de San Agustin, Convento de San Agustin
34. Proyecto Cultural El Sitio
35. Iglesia de Santa Lucía

Das zentrale Hochland

druckt und verewigt sehen. So stammt das erste Buch Guatemalas von *Bischof Payo de Rivera* und war ein in geschraubtem Latein verfasstes Traktätchen über die unbefleckte Empfängnis Marias. Außerdem wurde in unregelmäßiger Folge eine Art Amtsblatt mit den neuesten Verordnungen herausgegeben, die *Gazeta de Goathemala*. Im Museum befinden sich noch alte Druckplatten und Bücher. Der Eintritt für beide Museen ist gering.

Den westlichen Teil der Plaza bestimmen ebenfalls Arkadengänge, unter denen Souvenirs und *tipicas* verkauft werden. Hier befinden sich Kneipen, Buchläden und Cafés. Das berühmteste Haus ist das des *Conde de Gomero,* der Anfang des 17. Jh. Gouverneur von Guatemala war. Heute beherbergt die Casa del Conde eine Buchhandlung und das beliebteste Café der Stadt.

In der 5. Calle Oriente befindet sich die ehemalige **Universität San Carlos de Borromeo,** die – nach Mexiko und Lima – die dritte Amerikas war. Als *Bischof Marroquín* 1559 beim spanischen König um die Mittel für die Einrichtung einer Universität nachfragte, konnte noch niemand ahnen, dass es 120 Jahre dauern würde, bis die Streitigkeiten zwischen König, Opposition und Orden beigelegt waren und der Lehrbetrieb 1681 mit 70 Studenten und päpstlichem Segen beginnen konnte. Die Fächer umfassten Theologie, Philosophie, Recht, Medizin und auch die Indianersprache Cakchiquel. Den Indígenas war der Besuch der Uni verboten, wenn es sich nicht gerade um Söhne hoch stehender Kaziken handelte. Für diese gab es ein eigens eingerichtetes Seminar.

Das Gebäude ist im Mudéjarstil mit üppigem Stuck und kunstvollen Bogengängen errichtet. Der Patio mit seinem großem Brunnen ist ein idealer Platz zum Ausruhen nach dem Besuch des **Museo Colonial,** das Statuen und Gemälde aus dem 17. und 18. Jh. ausstellt. In einem nachempfundenen Hörsaal verteidigt ein Student während eines Examens seine Thesen gegen Angriffe. Ein Prüfungsverfahren, wie es seinerzeit üblich war. Das Museum ist geöffnet Di-Fr 9-16, Sa/So 9-12 und 14-16 Uhr und kostet 25 Q Eintritt.

Zwei Blöcke hinter der Kathedrale zwischen 1. und 2. Avenida an der Calle de la Universidad liegt die **Casa Bernal Díaz del Castillo.** *Bernal Díaz* kam als Soldat mit *Hernán Cortés* und *Pedro de Alvarado* in die „Neue Welt". Berühmt wurde er durch seine Bücher über die Geschichte der Conquista, die er 1552 in Antigua zu schreiben begann.

Gegenüber steht die **Casa Popenoe,** eines der ältesten und besterhaltenen Häuser der Stadt aus dem Jahre 1640. Das amerikanische Ehepaar *Popenoe* restaurierte das Haus vollkommen, als sie es 1929 erwarben. Heute stellt es kostbare Möbel aus der Kolonialzeit aus und beherbergt eine interessante Küche aus dieser Zeit. Geöffnet außer sonntags 14-16 Uhr; Eintritt 10 Q.

Einer der vielen kolonial geprägten Brunnen der Stadt

ANTIGUA

Das zentrale Hochland

Die koloniale Stadt

Die Gründung von Städten in der Neuen Welt war Pflicht eines jeden Konquistadors und Ausgangspunkt für Besitzergreifung, Machterhaltung und Verwaltung des eroberten Gebietes. Dabei orientierten sich die Spanier bei der Standortwahl nicht selten an schon vorhandenen Indianersiedlungen, denen sie das per königlichem Dekret (1521) verordnete Schachbrettmuster aufprägten.

Die Plaza Real war und ist das Zentrum eines der Renaissance gemäßen geometrisch angelegten Stadtgrundrisses mit quadratischen Blöcken *(Cuadras)* und sich rechtwinklig schneidenden Straßenzügen *(Avenidas und Calles)*. Zweifellos spiegelt sich hier das antike Vorbild der römischen Villa wieder. Neben den zahlreichen Funktionen der Plaza als Waffenplatz *(Plaza de armas)*, Festplatz, Hinrichtungsstätte, Stierkampfarena, Treffpunkt oder Markt hatte die freie Plaza auch symbolische Bedeutung als Stellvertreterin des nicht anwesenden Königs. Kathedrale, Regierungspalast, Stadtverwaltung und die Häuser reicher Bürgerfamilien stehen traditionell an der Plaza. Unverkennbar ist der so genannte Mudéjar-Stil, der sich innerhalb der spanischen Baukunst des 15. und 16. Jahrhunderts aus der Verschmelzung maurisch-arabischer und christlicher Stilelemente ergab.

Sobald man die Plaza mit ihren Prachtbauten verlässt, kehrt sich das Außen nach Innen. Die Straßenzüge wirken eintönig, die vergitterten Fenster und schweren Tore nicht gerade einladend. Doch hinter den weiß getünchten Mauern der ein- bis zweigeschossigen Bürgerhäuser verbirgt sich in aller Regel ein paradiesischer Patio (Innenhof), wo sich das Leben unter bewusster Abschottung gegen die Außenwelt abspielt. Früher waren die Häuser aus Adobe gebaut. Das sind mit Stroh durchmischte Lehmziegel, wie sie die Indígenas des Hochlands noch heute herstellen.

Die spanische Kultur war von Beginn an städtisch, so dass die Bevölkerung immer auf die Versorgung mit Lebensmitteln durch die indianischen Bauern des nahen Umlandes angewiesen war. Das erste Buenos Aires beispielsweise musste wegen dieses Mangels einst aufgegeben und verlegt werden.

Die Spanier waren Ackerbürger. Sie besaßen *Encomiendas* und lebten vom Tribut „ihrer" Indianer. Sie wohnten in der Stadt, die für sie einziger Überlebensort war in dieser unerschlossenen Wildnis der neuen Heimat.

An den Folgen dieses Lebensstils krankt der zentral- und südamerikanische Kontinent noch heute. Die Städte sind Kopf und Bauch der Länder. Nicht von ungefähr nennen die Guatemalteken ihre Hauptstadt „La Capital", denn danach kommt erstmal lange, lange nichts. Das Spannungsgefälle, das sich aus der engen Nachbarschaft von urbanisiertem Kernraum und ländlichem Entwicklungsraum ergab, konnte bis heute nicht überwunden werden, während die Metropolen zu unüberschaubaren Monstern heranwachsen.

Im nahe gelegenen Jocotenango befindet sich das **Musikinstrumentmuseum** Casa K'ojom. Es zeigt indianische Instrumente aus der Zeit vor und nach der Conquista, wie z. B. *Ayotl* (Schildkrötenpanzer), Marimbas, *Tun* (Holzschlaginstrument) etc. Zu diesem Komplex, der sich *La Azotea-Centro Cultural* nennt (Tel. 78 32 08 09), gehört noch der **Rincón de Sacatepéquez,** der Trachten und die berühmten großen Papierdrachen ausstellt (s.

auch Kap. „Santiago Sacatepéquez") und das **Museo del Café,** das dem Besucher in einem Beneficio die Verarbeitung des Kaffees veranschaulicht. Das Museum ist sehr liebevoll und aufmerksam dekoriert. Mo–Fr 8.30–16 Uhr, Sa 9–14 Uhr. Eintritt 25 Q inkl. Führungen und Filme. Tel. 78 32 07 96. Sehr empfehlenswert. Vom Parque aus gegenüber der Kathedrale Richtung Friedhof die kleine Straße nehmen. Gute fünf Min. Fußweg: Calle del Cemeterio Final.

Kirchen, Klöster, Orden

Die Klöster kosten je nach „Attraktivität" zwischen 3 und 30 Q Eintritt.

La Recolección

Nur wenige Monate vor dem schweren Erdbeben 1717 wurde auf dem benachbarten Terrain der Mönche von San Jerónimo der Komplex des Recolección-Klosters eingeweiht. Der Wiederaufbau wurde noch schöner und größer, und der Orden wuchs zu einem der mächtigsten der Stadt heran. Gründer war der Franziskanermönch *Antonio Margil de Jesús*, der aufgrund seiner Erfolge bei der Christianisierung der Indianer um 1700 die Erlaubnis erhielt, Kloster und Konvent zu bauen.

Der Konvent besaß zwei Stockwerke. Diese beherbergten Bibliothek, Archiv, Studierstuben, Musikzimmer, Apotheke und Krankenzimmer. Der Reichtum des Ordens zeigte sich in der Ausschmückung der Kirche, die voll von wertvollen Gemälden, Statuen und Bildnissen war. Ein flämischer Altaraufsatz soll die Krönung der Kunstschätze gewesen sein. In einem der Patios befindet sich ein steinernes Schwimmbecken in Form eines Schiffes, das aus dem Material des Kreuzganges gebaut wurde. Es ist allerdings neueren Datums (1908) und beweist, wie lange die Ruinen säkularen Zwecken gedient haben.

Der letzte große Bogen am Eingang dieses prächtigen Klosters fiel dem Erdbeben 1976 zum Opfer. Das Ambiente hier hatte schon immer Maler, Dichter und Fotografen beflügelt. Tatsächlich gehört ein Spaziergang durch die riesigen Mauer,- Säulen- und Bogenreste des Recolección-Kloster zu den Besonderheiten Antiguas. Eintritt 30 Q.

Das Kapuzinerkloster (Las Capuchinas)

200 Jahre nach Gründung des Kapuzinerordens 1525, ein Zweig des Franziskanerordens, kamen fünf Nonnen aus Madrid nach Antigua, um hier die fünfte und letzte Schwesternschaft der Stadt zu gründen. Sie erhielten die Erlaubnis zum Bau, weil sie beim Eintritt ins Ordenleben keine Mitgift verlangten und darum auch mittellose Frauen aufnehmen konnten. Das Leben der Kapuzinerinnen war stark reglementiert. So durften die Nonnen keinen sichtbaren Kontakt zur Außenwelt haben.

Das Kapuzinerkloster ist das architektonisch eigenwilligste Gebäude unter allen Klöstern Antiguas und mit einem für damalige Verhältnisse unglaublichen Luxus ausgestattet. Bauherr war der Stadtarchitekt *Diego de Porres*, der den Bau mit Bädern, Toiletten und einem Abwassersystem im Jahre 1736 fertigstellte. Einzigartig ist der Turm des Klosters, der „Turm der Zurückgezogenheit" genannt wurde und von dessen rundem Patio aus 18 gleich große Zellen abgehen. Ob die Nonnen wirklich so zurückgezogen lebten, ist eine andere Frage. Denn später wurden unterirdische Gänge entdeckt, die zum benachbarten Konvent der Herren führten, und auf dem Friedhof der Schwestern fand man Knochen Neugeborener.

Im Erdgeschoss steht die *pila,* das Waschbecken des Klosters. Die 25 Kapuzinerinnen hatten den Ruf, besonders gut Wäsche zu waschen. Hier ist auch der Kreuzgang erhalten, der von mächtigen Säulen gestützt wird, wie überhaupt das größte Kloster Antiguas einen äußerst massiven und wuchtigen Eindruck macht. Zum 400-jährigen Geburtstag der Stadt 1943 begann man mit der Renovierung und Rekonstruierung des Kapuziner-

Antigua

klosters. Heute befindet sich hier das Büro des *Consejo Nacional para la protección de la Antigua Guatemala*.

Sehenswert sind die Modelle der Plazes von Antigua aus dem Jahr 1700 und der Hauptstadt von 1917/18, die die Studenten der Universität San Carlos herstellten. Eintritt 30 Q.

Nuestra Senora de la Merced

Noch mit der Erlaubnis des ersten Bischofs von Guatemala, *Francisco Marroquín*, versuchten die Mercedianer, die vor allem in Peru tätig waren, unter großen Schwierigkeiten Kirche und Kloster in Antigua zu errichten. Den Plänen und Konstruktionsanordnungen des Architekten *Juan de Díos Estrada* von 1749 ist es zu verdanken, dass La Merced das 1773er Erdbeben relativ gut überstand.

Heute besitzt die Stadt mit dieser Kirche einen der schönsten späten Barockbauten.

Die üppige Fassadenzier ist ein Beispiel des Churriguerismus-Stils (benannt nach dem spanischen Bildhauer *José Churriguera* 1650–1723), der sich durch überwuchernden, ornamentreichen Stuck aus Blumen und Weinranken auszeichnet. Die wertvollen Kunstgegenstände, wie der „Jesús Nazareno" von *Mateo de Zuñiga*, stehen heute in der neuen La Merced der Hauptstadt, wohin sie nach dem großen Erdbeben gebracht wurden.

Im Patio des Klosters befindet sich der ehemals farbenprächtige, berühmte „Brunnen der Fische", in dem die Mönche einst eine kleine Fischzucht betrieben hatten. Seine Basis nimmt fast den gesamten Innenhof ein. Vom zweiten Stock aus hat man einen fantastischen Blick auf die Vulkane Antiguas.

Vor der Kirche ist ein Steinkreuz aufgestellt, dessen eingemeißelte Daten das Alter erkennen lassen. Der Brunnen gehörte einst

Meisterwerk des Churriguerismus: La Merced

Koloniale Brunnen in den Klöstern

zum Kloster San Francisco, und die Büste von *Bartolomé de Las Casas* erinnert an den tapferen Verteidiger der Indianer. Eintritt 3 Q.

Santa Clara

Der Klarissinnen-Orden gehörte zu den reichsten in Antigua. Die Nonnen kamen 1699 aus Puebla (Mexiko) nach Guatemala und konnten sich durch die Mitgift vieler reicher Ordens-Frauen aus der Stadt ein recht bequemes Leben machen. Die Klarissinnen waren wegen ihrer vorzüglichen Küche und den knusprigen Mürbeteigpastetchen berühmter als wegen der Einhaltung ihrer Gelübde der Keuschheit, der Armut und des Gehorsams. Die 45 Damen stritten sich gerne, so dass sich selbst der Erzbischof eines Tages gezwungen sah, einzugreifen. Es ergab sich nämlich, dass sich die Nonnen auf keine neue Äbtissin einigen konnten, woraufhin er – wahrscheinlich weil ihm das Gezänk auf die Nerven ging – kurzerhand die Klosterköchin *Beata Berengaria* zur neuen Chefin erkor, die zwanzig Jahre lang nur über ihre Kochtöpfe bestimmt hatte. Ihr Portrait hängt in einem der Ausstellungsräume des Museo Colonial.

In der Kirche hing seinerzeit das berühmte Gemälde „Christus am Kreuz" von *Alvarez de Toledo,* außerdem stand hier eine wertvolle Statue der Santa Clara des Meisters *Zuñiga.*

Das Erdbeben 1773 bedeutete auch für die Klarissinnen das Ende. Ein Teil des Konvents wurde privatisiert. Vom Kloster steht heute noch ein zweistöckiger Arkadengang und der Brunnen im Patio. Eintritt 30 Q.

San Jerónimo

Die Mercedianer hatten mit dem Bau der Klosterschule und Kirche von San Jerónimo großes Pech. Fünf Jahre nach Abschluss der Arbeiten 1757 kam die Stadtverwaltung dahinter, dass niemals eine Baugenehmigung vorgelegen hatte, woraufhin der spanische König den Abriss der Gebäude und die Konfiszierung des Eigentums anordnete. Man beließ es jedoch bei einer Zweckentfremdung und nutzte die Räumlichkeiten als Lagerräume, Beamtenwohnungen und Pferdeställe.

Die Klosterschule übertraf während ihrer kurzen Lebensdauer bei weitem die Bedeutung der Kirche. Von den Resten sind noch Treppen, Latrinen und die Anordnung der Zimmer erhalten. Besonders gut hat die ehemalige Schulküche überlebt. Auch der achteckige Brunnen im Patio stammt noch aus Originalzeiten. Eintritt 30 Q.

San Francisco

Die Franziskaner kamen 1530 nach Guatemala und errichteten hier eines ihrer größten Klöster des Königreiches. Die Schule wurde zum Zentrum von Priestern, Gelehrten und Künstlern. Die Kirche muss im Gegensatz zu heute luxuriös ausgestattet gewesen sein. So zählte eine Holzdecke mit Schnitzereien zu den Kostbarkeiten des Raumes. Außer der Fassade ist jedoch nicht mehr viel übrig von der einstigen Pracht, weswegen die schmucklose Art der Innenrenovierung noch immer ein Streitpunkt in Antigua darstellt. In den Ruinen des ehemaligen Klosters erkennt man noch die kunstvolle Deckenbemalung und kann sich vorstellen, wie bunt Wände und Säulen gewesen sein müssen. Interessant sind die Abbildungen von Priestern und Skeletten, die noch sichtbar sind, wie auch der habsburgische doppelköpfige Adler über der Mauer am Eingang zur Ruine.

Besonders wegen eines Mannes gehören Kirche und Kloster von San Francisco in der Calle de Chipilapa zu den meistbesuchten Antiguas: *Pedro de San José de Betancur*, kurz **Hermano Pedro**. 1626 auf den Kanarischen Inseln geboren, kam er 1651 nach Guatemala, wo er in das Colegio der Franziskaner aufgenommen wurde. Er zog sich jedoch bald aus dem beengenden Klosterleben zurück und begann, draußen Arme und Kranke zu pflegen. Als Mitglied des „Dritten Ordens" baute er später das erste Hospital (Belén) sowie die erste Schule des Königreiches Guatemala, wo er vor allem Indianerkindern Lesen und Schreiben beibrachte. Zusammen mit einem Freund gründete er den Orden der Bethlehemiter. Im Alter von nur 41 Jahren starb *Hermano Pedro* 1667. Hundert Jahre später wurde er von *Papst Clemens XVI.* heilig gesprochen. Sein Grab ist zur Wallfahrtstätte geworden. Es befindet sich seit 1817 in der Kapelle des Dritten Ordens der San Francisco Kirche, geschmückt mit Blumen, Kerzen und Hunderten von gerahmten Danksagungen. Ein Mausoleum wurde fertiggestellt und bewegt die Gemüter der Antigueños, die mit der Verlegung des heiligen Leichnams nicht einverstanden waren. Eintritt 3 Q.

Santa Catalina (Der Bogen)

Eines der Wahrzeichen Antiguas gehört zu dem 1609 von vier Concepción-Nonnen gegründeten Konvent Santa Catalina Virgen y Martír. Der 1833 restaurierte Bogen überspannt heute noch die 5. Avenida Norte, der den Nonnen seinerzeit erlaubte, die Straße zu überqueren, ohne gesehen zu werden.

Ähnlich wie im Concepción-Kloster lebten im Kloster von Santa Catalina Ende des 17. Jahrhunderts über hundert Nonnen. Lange Jahre herrschte eine sehr große Rivalität zwischen den beiden Schwesternschaften, die die besten Schulen unterhielten. Es wird erzählt, dass man *Elvira de San Francisco*, als sie Äbtissin in Santa Catalina wurde, sechs Jahre lang den Zutritt ins Concepción-Kloster verweigerte. In Antigua, so scheint es, war der Teufel los.

Die Kirche stammt aus dem Jahr 1647 und trug das Wappen der Spanier. Die beiden gegenüberliegenden Gebäude in der 5. Avenida sind heute Privatwohnungen. Nur der schöne gelbe Bogen erinnert an die Catalinen.

Concepción

Eine Äbtissin und drei Nonnen aus Mexiko gründeten im Jahre 1578 den **ersten Frauenorden** in Antigua. Kirche, Konvent und Kloster zeigen heute noch die einst großzügige Konstruktion über zwei Blöcke und lassen die Macht des Ordens erahnen, dessen Reichtum und Ruf alle anderen Schwesternschaften Zentralamerikas übertraf. Dazu trugen vor allem Frauen aus den reichen Familien Antiguas bei.

Die berühmteste unter ihnen war die schöne *Juana de Maldonado y Paz*, die zu Beginn des 17. Jahrhunderts hier einen derart ausschweifenden Stil lebte, dass sie sogar im Reisebericht des irischen Dominikanermönchs und Abenteurers *Thomas Gage* ironische Erwähnung fand. Ihrer Schönheit und ihrem musischen Talent verfiel sogar der Bischof, der sie ungeachtet der Proteste älterer Nonnen und dem Aufruhr in der Stadt zur Äbtissin ernennen wollte. *Gage* berichtet von regelrechten Bedrohungen, als die Bürger Antiguas mit Schwertern vor die Tore des Concepción-Klosters traten, um dem Skandal ein Ende zu bereiten.

Juana wurde nicht Äbtissin, aber ihr Lebensstandard hinter den heiligen Mauern war ohnehin nicht mehr zu übertreffen. Sie besaß einen Garten, eine eigene Kapelle mit den wertvollsten Gold- und Silberarbeiten, eine Galerie mit Bildern der besten italienischen Maler, heiße Bäder und ein halbes Dutzend schwarzer Bediensteter. Einige der Räume haben sogar die großen Erdbeben von 1717, 1751 und 1773 halbwegs überstanden.

Es gäbe noch eine Reihe weiterer Ruinen, Kirchen, Gebäude und Begebenheiten in Antigua, die einer ausführlichen Erwähnung wert wären, wie z.B., dass sich im ehemaligen Karmeliterinnen-Kloster Santa Teresa heute das **Männergefängnis** von Antigua befindet, dass den Augustinern jedesmal nach Bauabschluss die Decke auf den Kopf fiel und sie 1773 frustriert Antigua verließen. Ebenso, dass die Kirche von Santo Domingo die erste Uhr des Königreiches zierte oder dass im **Hospital San Pedro** 400 Alte, Kranke, Behinderte, Waisenkinder und Pflegebedürftige unter der Leitung eines Dominikanermönchs untergebracht sind oder dass das Hotel Casa Santo Domingo zu den schönsten Hotels Zentralamerikas gehört.

Unterkunft

Antigua hat einmalig schöne Hotels. Kolonial, geschmackvoll, wenn auch ein wenig teurer als andernorts. Es ist aber ein Genuss, sich gerade hier etwas Besonderes zu gönnen.

● **Hotel Casa Santo Domingo,** 3. Calle Oriente 28, Tel. 78 32 01 40, Internet: www.casasantodomingo.com.gt. Das Hotel ist ein Beispiel für sensible und professionelle Restaurierung kolonialer Strukturen. Ein Besuch (Essen, Kaffee, Drink etc.) lohnt sich. 144/144/162 US$.

● **Posada de Don Rodrigo,** 5. Av. Norte 19, Tel. 78 32 02 91, Internet: www.hotelposadadonrodrigo.com. Restauriertes Haus im Kolonialstil in der alten Casa de Los Leones. Garten, Einrichtung und Marimba-Musik sind aufeinander abgestimmt. 73/83/93 US$.

● **Hotel Aurora,** 4. Calle Oriente 16, Tel. 78 32 02 17, Internet: www.hotelauroraantigua.com. Empfehlenswert, im Kolonialstil. 48/55/72 US$ inkl. Frühstück.

● **Convento Santa Catalina,** 5. Av. Norte 28, Tel. 78323080, mit Restaurant u. Patio. Wunderschöne große Zimmer, mit Badewanne (!), Ambiente eines alten Konvents. 65/75/85 US$.

● **Posada San Sebastian,** 3. Av. Norte 4, Tel. 78 32 26 21. Einmalig schöne Zimmer inmitten von Antiquitäten. 45/60/70 US$. Billiger in der 2. Av. Sur Nr. 36; dort 15/22 US$ inkl. Frühstück.

● **Hotel Centro Colonial,** 4. Calle Poniente 22, Tel. 78 32 16 41. Wunderschöner Patio, schöne Atmosphäre. 35/45/55 US$.

● **Hotel Asjemenou,** 5. Av. Norte 31, Tel. 78 32 26 70, E-Mail: asjemenou1@yahoo.com. Empfehlenswert. 26/35/40 US$. Ohne Dusche billiger.

● **Casa Santa Lucía 1–4,** 6. Av. Norte 43 „A", Tel. 78 32 13 86. 5. Nahe Marktplatz und Terminal. Kleine Zimmer, aber empfehlenswert. 100/150/200 Q.

● **Posada Landívar,** 5. Calle Poniente 23, Tel. 78 32 29 62, E-Mail: posada_landivar@hotmail.com. 100/200/250 Q.

● **San Vicente,** 6. Av. Sur 6, Tel. 78 32 33 11. Neben Las Rosas, freundlich, zentral. 120/160/225 Q.

ANTIGUA

- **Posada La Quinta,** 5. Calle Poniente 19, nahe Terminal. 60/100/120 Q.
- **Posada Doña Clara,** 5. Av. Norte 16, Tel. 78 32 05 49. Einfach, nahe Parque. 75/150/225 Q.
- **Tienda Pati,** 8 Av. Norte 23. 80/100/120 Q.
- **Casa Ruiz,** 2. Calle Poniente 25, Tel. 78 32 39 13. Billige Unterkunft. Ebenso in der 6. Av. Norte 43 „A". 25/37/50 Q, und Alameda de Santa Lucía zw. 1. und 2. Calle.
- **Hotel Antigua,** 8. Calle Oriente 1, Tel. 78 32 03 31, Internet: www.portahoteles.com. 100/110/120 US$ inkl. Frühstück.
- **Hotel Santa Clara,** 2. Av. Sur 20, Tel. 78 32 42 91. Ein wunderschönes Hotel, sehr gepflegt und geschmackvoll. Gute Wahl. 170/240/280 Q.
- **Hotel Casa de León,** 7. Av. Norte 34, Tel. 78 32 44 13. Einfache Hospedaje, freundlich. 35/40, 55/75, 95 Q.
- **Posada de Don Valentino,** 5. Calle Poniente 28, Tel. 78 32 03 84. Gute einfache Mittelklasse, sauber. 15/20/25 US$.
- **Hotel Backpacker's Place,** 4. Calle Poniente 27, Tel. 78 32 77 43. Beliebtes Travellerhotel mit zehn Zimmern in Marktnähe. 75/90/120 Q
- **Hotel La Jóven América,** 5. Calle Poniente 11, Tel. 78 32 47 03. Kleines, schönes Hotel mit drei DZ. 30–40 US$ inkl. Frühstück.
- **Hotel El Descanso,** 5. Av. Norte 9, Tel. 78 32 01 42. Gute Mittelklasse, sauber, freundlich. 12/24/36 US$.
- **Posada Juma Ocag,** Calz. Santa Lucía Norte 13 zw. 3. u. 4. Calle. DZ 80–100 Q. Traveller-Treff.
- **Casa Santa Lucía #3,** 6. Av. Norte 44, mit Spanischschule unter einem Dach, sauber, freundlich. 100/150/200 Q.
- **Hotel Sky,** 1. Av. Sur 15 bei Ruine San Francisco, Tel. 78 32 33 83, Internet: www.guatemalaventures.com. Auch Travel und Communication Center. 96/120/150 Q.
- **Posada El Refugio,** 5. Calle Poniente 30. Sehr alter Travellertreff. Für geringe Ansprüche. 30–50 Q p.P.
- **Jardín Bavaria,** 7. Av. Norte 49. Klaus hat einfache (Mehrbett-)Zimmer errichtet für Traveller mit kleinerem Geldbeutel. Sauber und familiär. EZ 50 Q, DZ 60 Q, sonst 24 Q pro Pers.
- **Casa Florencia,** 7. Av. Norte 100, Tel. 78 32 02 61, E-Mail: casaflorencia@earthlink.net. Vom oberen Stockwerk Vulkan-Blick; klein und fein. 250/290/330 Q.
- **Los Nazareños,** Callejón Camposeco, Tel. 78 32 32 01, E-Mail: hotelnazarenos@yahoo.com. Ruhig gelegen. 15/20/30 US$.
- **Doña Olga,** Callejón Camposeco, Tel. 52 94 98 35, E-Mail: hotelolga@yahoo.com. Etwas dunkel. 100/150 Q.
- **Hotel Crystal,** neben Torbogen Sta. Catalina, DZ 15 US$, sauber, empfehlenswert.

Wer sich für länger in Antigua einmieten möchte, erkundigt sich im Touristenbüro am Parque Central oder am Schwarzen Brett bei Doña Luisa, im Wiener, im Café Condesa etc.

Essen und Trinken

Es gibt ein Riesenangebot an Restaurants und Kneipen; an dieser Stelle kann nur eine Auswahl vorgestellt werden. Dabei finden sich die „Klassiker" ebenso wie Lokale, die vielleicht schon bald wieder schließen.

- **Welten,** 4. Calle Oriente 21. **Meson Panza Verde,** 5. Av. Sur 19, **Casa Santo Domingo,** 3. Calle Oriente 28 A, **El Sereno,** 4. Av. Sur 9 und **La Fonda de la Calle Real,** 5. Av. Norte 5 und 12. Calle Poniente 7 sind die besten Speiserestaurants in Antigua. Sonst gut auch **Las Campanas,** 3. Av. Norte 3.
- **Das El Capuchino,** 6. Av. Norte 10, kocht italienisch.
- **Doña Luisa** (Pastelería y Panadería de Doña Luisa Xicontenactl), 4. Calle Oriente Nr. 12, ist das berühmteste Café in Antigua und seit über 20 Jahren Treff und Informationsbörse. Hier gibt es gutes Frühstück und einen guten Kuchen. Nach amerikanischem Brauch wird nur die erste Tasse Kaffee bezahlt.

Luisa war eine Indianerprinzessin aus Tlaxcala, Mexico, Anfang des 16. Jahrhunderts. Sie wurde von ihrem Vater zusammen mit Gold und Arbeitskräften an *Pedro de Alvarado* als Geschenk übergeben, um den Frieden in der Region zu sichern. Aus der Verbindung des Eroberers von Guatemala und *Doña Luisa* gingen die Kinder *Leonor* und *Pedro* hervor. *Leonor* war die erste Ladina Guatemalas.

- Das **Café Condesa** am Parque löst allmählich Doña Luisa als beliebtestes Café ab. Das Condesa besitzt mehrere Patios und ein koloniales Ambiente. Leckeres Buffet.
- Im **Fridas**, 5. Av. Norte 29, gibt's Mexikanisches. Etwas teuer inzwischen.
- Einen guten Cappuccino gibt es im **Café Opera**, 6. Av. Norte 17.
- Eng wird es jeden Abend im Treff der Szene, im **Macondo**, 5. Av. Norte 28.
- Ein paar Häuser weiter ist das **Quesos Y Vino**, das sich aufgrund seiner guten Qualität etabliert hat. Gegenüber am Bogen das **Gaia-Café** probieren.
- **Las Catalinas,** neben dem Torbogen; schöner Patio, empfehlenswert.
- **La Casbah**, 5. Av. Norte 30. Disco in den Ruinen von Santa Catalina.
- **La Chimenea**, 7. Av. Norte/2. Calle. Das Bier ist billig, die Stimmung locker. Am Wochenende Disco.
- **Las Antorchas**, 3. Av. Sur 1. Gehobene Speisekarte (und Preise), schönes Ambiente mit Patio und Galerie.
- **Casa Catalana**, 4. Calle Oriente 39. Spanische Küche, wer Lust auf Paella hat.
- **Wiener**, Alameda de Santa Lucía 8 unter den Arkaden. Bei *Lobo* gibt es gutes Essen, gute Preise, eine freundliche Bedienung, nettes Ambiente und jederzeit Insider-Auskünfte, evtl. auch Tourenangebote.
- **Jardín Bavaria**, 7. Av. Norte 49. *Klaus* hat eine nette Kneipe, empfehlenswerte Küche und einen langen Tresen. Gute Atmosphäre. Siehe auch unter Hospedajes.
- **Cafeteria Alemana Charlotte**, Callejón de los Nazarenos 9 zw. 6. u. 7. Av. Norte. Hier gibt's (nicht nur) deutsches Frühstück inkl. klassischer Musik und aktueller Nachrichten. Außerdem Bücher An- und Verkauf. Das Café hat einen neuen Besitzer: *Patrick Lihner*, ein Schweizer, der einen Schwerpunkt auf Pralinen, Schokolade und exquisite Kuchen legen will.
- **Café Flor**, 4. Av. Sur 1 beim Parque um die Ecke. Immer noch beliebter Thai-Food-Travellertreff. Weitere „Asiaten": **Beijing**, 5. Calle/6. Av.; **La India Misterios**, 3. Av. Sur 4; **Café Masala**, 6. Av. Norte 14.
- **La Escudilla**, 4. Av. Norte 4. Beliebtes und günstiges Restaurant. Im gleichen Patio auch **Helas**, griech. Spezialitäten, **Paris** und **Riki's Bar**, beliebteste Bar Antiguas.
- **El Patio**, 7. Av. Norte 3. Sehr hübscher Patio, nett zum Sitzen und Plaudern.
- **Fernando's Kaffee**, 7. Av. Norte/Callejón Camposeco (bei Merced mit gutem, günstigen Frühstück). *Fernando* ist Kaffeezubereitungsspezialist und hat das wohl beste Eis der Stadt.
- **The Rainbow Café**, 7. Av. Sur 8. Beliebtes Cafe zum Lesen, Plaudern, Lernen
- **Dantes**, 1. Calle Poniente 6. Livemusik.
- **Onys**, 7. Av. Norte 2, neben San Augustin. Doppelstöckige Bar mit Restaurant.
- **El Peroleto**, Alameda Sta. Lucía 34. Das beste *ceviche* (Garnelencocktail)
- **El Punto**, 7. Av. Norte 8 „A"; wohl der beste Italiener vor Ort.
- **I Pavesi**, 3. Av. Norte 1 „B", hinter der Kathedrale. Guter Italiener.
- **Travel Menu**, 6. Calle Poniente 14 „A". Hauptsächlich vegetarische Küche.
- **La Cueva de Urquizù**, 2. Calle Oriente 9 „D". Lokales Buffet für 40 Q.

Verkehrsverbindungen

Zwischen Antigua, Guatemala, Panajachel und Chichicastenango verkehren beinahe stündlich Shuttles, die man in jeder Agentur buchen kann.

- **Nach Antigua:** Von Guatemala 18. Calle zw. 4. und 5. Av., alle 30. Min., 5 Q. 1 Std. Fahrt.
- **Von Antigua:** Busterminal hinter dem Markt an der Santa Lucía. Alle 30 Minuten nach Guatemala, außerdem nach Chimaltenango (Umsteigen ins Hochland nach Panajachel, Chichicastenango, Quetzaltenango, Huehuetenango) und über die neue Straße nach Escuintla.
- **Nach Panajachel:** *Rebuli* hat einen Pullmann-Direktbus täglich um 7 Uhr vor der Bodegona (Supermarkt) hinter der Post.
- **Nach Copán/Honduras:** *Monarcas Travel* (siehe Touren) oder *Hedman Alas* mit Luxusbus über die Hauptstadt. Abfahrt Antigua 4 Uhr, Ankunft Copán 13 Uhr; 41 US$. Büro im Hotel *Posada de Don Rodrigo* in der 5. Av. Norte 17.

ANTIGUA

A-Z

Antigua ist mit ca. 350.000 Besuchern pro Jahr (vor Panajachel mit 300.000) der meistbesuchte Ort Guatemalas. Dementsprechend ist die Stadt auf Tourismus ausgerichtet. Informationsbroschüren liegen überall aus, es wimmelt von Agenturen, die Ausflüge verschiedenster Art anbieten. Einige Infos bietet auch das englische Monatsmagazin „Revue", das in vielen Restaurants und Agenturen gratis ausliegt.

Antiguatouren

● Vor der Kathedrale findet man stets lokale Guides, die Touren anbieten. Allerdings besuchen sie gerne auch Jadeläden und andere Shops, die Provision lässt grüßen. Besser fährt man mit *Elizabeth Bell Tours*, im Casa Santo Domingo, Tel. 78 32 01 40. Täglich, 18 US$/Pers.

Apotheken

● In Parquenähe gibt es die meisten Apotheken. Einige bieten bis zu 12 % Rabatt an, darauf achten!

Ärzte

● Bei Notfällen am besten direkt ins Hospital: *Casa de Salud Santa Lucia*, Alameda Sta. Lucia 7, Tel. 78 32 31 22; *Hospital Privado Hermano Pedro*, Av. del Desengaño 12 „A", Tel. 78 32 64 19.

Autovermietung

● *Tabarini*, 6. Av. Sur 22, Tel. 78 32 81 07; *Ceiba Rentals*, 6. Calle Poniente 6 „D", Tel. 78 32 41 68 (auch Motos); *Dollar*, 6. Calle Oriente 8, Tel. 72 19 68 48; *Ahorrent*, 6. Calle Poniente 29 „A", Tel. 78 32 09 68.

Banken

● Um den Parque Central befinden sich alle Banken. *Credomatic* unter den Arkaden gibt Bargeld auf Kreditkarten und hat zwei Geldautomaten.

Bibliotheken

● *CIRMA (Cebtro de Investiganiónes Regionales de Mesoamérica)*, 5. Av. Oriente 5.

Buchläden

● *Un Poco de Todo* und *La Casa del Conde* am Parque unter den Arkaden, *El Pensativo* unter dem Arco und *Hamlin & White* bei *Doña Luisa* (Zeitschriften), *Rainbow Café* für Second Hand Books.

Einkaufen

● *Mercado de Artesanias;* hier gibt es alles, was Guatemala an Souvenirs zu bieten hat, beim Busterminal hinter Campero. *Nim Pot* unter dem Arco ist auch für Nicht-Käufer ein Besuch wert; *Casa de Artes*, 4. Calle Oriente 20, *Casa de los Gigantes*, 7. Calle Oriente 18.

Export

● *DHL*, Ecke 6. Calle Poniente/6. Av. Sur, Tel. 78 32 37 18.

Fahrrad

● *Mayan Bike Tours*, Internet: www.mayanbike.com, 1. Av. Sur 15 nahe San Francisco.
● *Oldtown Outfitters*, Ecke 5. Calle Poniente/6 Av. Sur.

Fiesta

● Zu **Ostern** erlebt Antigua alljährlich einen Ansturm von Besuchern, die den berühmten Prozessionen beiwohnen wollen. Zu dieser Zeit sollte die Unterkunft unbedingt reserviert werden, die Preise steigen bis zu 50 %. Die Straßen werden geschmückt mit Teppichen aus gefärbten Sägespänen, über die die von bis zu 80 Personen getragenen Altäre gehen. Von Gründonnerstag bis Ostersonntag sind bis zu einem Dutzend Prozessionen zu beobachten, alle großen Kirchen organisieren eine eigene.
● Am 25. Juli feiert Antigua außerdem den heiligen **Santiago.**

Galerien

- *La Antigua Galería,* 4. Calle Oriente 15, Internet: www.artintheamericas.com. *B.M. Johnston* unterhält die schönste Galerie Antiguas, hingehen! *Galería La Fuente,* 4. Calle 14; *Arte y Folkore,* No. 10, *El Sereno,* 4. Av. Norte 16; *El Sitio,* 5. Calle Poniente 15.

Gesundheit

- *Daniels Beauty Salon,* 1. Calle Poniente 31, bietet auch Massagen, Tel. 78 32 15 29
- *Mayan Spa,* Relax, Beauty and Health, Calzada Sta. Lucía 20, Tel. 78 32 35 37.

Kaffeetouren

- *Finca Los Nietos,* Touren Mo–Fr von 8–11, Tel. 78 31 54 38, 7 km außerhalb Antigua nahe San Antonio Aguas Calientes.
- *Museo del Café,* Jocotenango, 8.30–15 Uhr, Tel. 78 32 08 09, 25 Q (inkl. Musikmuseum), Shuttle v. Parque jede volle Std. 5 Q.
- *Fernando's Café,* 7. Calle Oriente 11, Laden und Workshops mit dem Besitzer.
- *Filadelfia Coffee Estate,* 9–14 Uhr, Tel. 52 19 92 91, in San Felipe 2 km von Antigua.

Kino

- 6. Av. Sur nahe Parque.

Kommunikation

- *Telgua,* 6. Av. Sur nahe Parque; viele Internetcafés bieten internationale Anrufe an. Zu empfehlen: *Internet-Café Travel Center* unter dem Arco.

Kunsthandwerk

- *Mercado de Artesanias* beim Busterminal hinter Campero. Es gibt viele Jadeateliers. Jadeite findet sich nur in Russland, Myanmar und Guatemala, und nur hier findet man schwarze Jade. Im *Imperio Jade Maya* spricht man Deutsch und erzählt gerne mehr über den Stein. Aufpassen, auf der Straße werden häufig gefälschte Jade-Schmuckstücke angeboten!

Markt

- Hinter dem Busterminal, täglich.

Post

- An der Alameda Sta. Lucia gegenüber dem Busterminal.

Reiten

- *Finca La Azotea,* Jocotenango, Tel. 76 19 75 93; *Hotel San Jorge,* 4. Av. Sur 13; *Rolando Perez,* Col. El Panorama, Tel. 78 32 28 09.

Schwimmen

- *Hotel Villa de Marques,* im Stadtteil San Bartolo, in Richtung Ciudad Vieja. Hotel Antigua; 25 Q, kleiner Pool.

Sprachschulen

- Es gibt um die 40 Sprachschulen in Antigua. *Probigua* ist die einzige Non-Profit-Schule, dessen Gewinne an soziale Projekte in der Umgebung gehen. Tel. 78 32 08 60, bei der Merced-Kirche.

Tanzen

- *Global Dance,* 1. Calle Poniente 7; *Salsa Dance Academy,* 6. Calle Poniente 41; *Ritmo Latino,* 3. Av. Sur 4. Viele Sprachschulen bieten auch Tanzunterricht an.

Taxis

- Vor der Kathedrale; „Tuc-Tucs" zirkulieren im Zentrum, sind etwas billiger. Immer vorher den Fahrpreis absprechen!

Touren

Agenturen gehen z. T. so schnell ein, wie sie aufmachen. Einige renommierte, die auch verschiedenen Service anbieten:
- *Sin Fronteras,* 5. Av. Norte 15, Internet: www.sinfront.com, Tel. 78 32 10 17.
- *Atitlán,* 1. Calle Poniente 9, Internet: www.turisticosatitlan.com, Tel. 78 32 85 81.

- *Turansa,* im Hotel Villa Antigua, Internet: www.turansa.com, Tel. 78 32 29 28.
- *Horizontes Travel,* 6. Av. Sur 10, Internet: www.horizguate.com, Tel. 78 32 15 30.
- *Monarcas Shuttle* (nach Copán/Honduras), 6. Av. Norte 60 „A", Tel. 78 32 43 05.
- *Atitrans,* 6. Av. Sur 8, Tel. 78 32 06 44.

Tourismusinformation

- *INGUAT,* am Parque an der Ecke nahe Kathedrale unter den Arkaden, geöffnet Mo-Fr 8-17 Uhr.

Trachten

- In der *Casa del Tejido Antiguo* (Museum), 1. Calle Poniente 51, kann man schöne Ausstellungsstücke bewundern. In *Nim Po't* in der 5. Av. Norte 29 am Bogen kann man alle Trachten aus dem ganzen Land kaufen. Der riesige Raum wirkt wie ein Museum, und nirgendwo in ganz Guatemala hat man diese Fülle an farbenfrohen Trachten an einem Platz. Die Huipiles und Cortes sind gebraucht und mit ihrem Herkunftsort gekennzeichnet. Hier kann man fünftägige Web-Workshops buchen.

Vulkanbesteigungen

Grundsätzlich gilt: Nie alleine gehen! Immer früh morgens losgehen! Fast alle Reisebüros bieten Touren an.
- **Agua:** 3766 m, 5 Std. Aufstieg ab Santa María de Jesus (2050 m). Busse gehen vom Terminal jede Stunde. Der Agua besitzt die klassische Form eines Stratovulkanes mit flach auslaufenden Hängen am Fuß, aber steilen Flanken im Gipfelbereich. Sein Krater hat einen Durchmesser von 150 m und eine maximale Tiefe von 130 m. Lava und Asche legen sich wie Zwiebelschalen übereinander. Oben befindet sich eine Radio-Station.
- **Acatenango:** Zentralgipfel 3976 m (Süd), Yepocapa-Gipfel 3800 m (Nord), 6 Std. Aufstieg ab La Soledad. Es fahren nur zwei Busse täglich (morgens und nachmittags). Es gibt im Notfall einfachste Übernachtungsmöglichkeit bei Privatpersonen in La Soledad. Zwischen Acatenango und Fuego gibt es eine kleine Hütte, die einem Fass gleicht. Hier kann nur bleiben, wer warme Kleidung und Schlafsack dabei hat. Die kalten Winde auf dem dritthöchsten Vulkan Guatemalas sind gefürchtet. Aufstieg nur während der Trockenzeit empfehlenswert.
- **Fuego:** 3763 m, aktiver Vulkan, 10 Std. Aufstieg ab Alotenango (1388 m). Der Aufstieg ist beschwerlich, trocken und lang. Besser man steigt auf den Acatenango und wandert von dort aus eine knappe Stunde bis zum Gipfel des Fuego. Der Fuego gehört zu den gefährlichsten Vulkanen Guatemalas. Schon *Alvarado* konnte 1524 eine Eruption beobachten. Die Ausbrüche verändern laufend die Form des Kraters.
- **Pacaya-Touren:** lassen sich ebenfalls gut von Antigua aus organisieren. Vorsicht! Der Pacaya gehört zu den Vulkanen, auf denen am häufigsten Überfälle stattfinden.

Wäschereien

- *Lav. Summer,* 5. Av. Sur 24, 6. Calle Poniente 14 „A" und 7. Av. Norte 78 „B". 10 Jahren Erfahrung im Waschen von Touristenwäsche. Mo-Fr 7.30-18 Uhr, Sa bis 15 Uhr.
- *Euroclean,* 6. Calle Poniente 49, auch Trockenreinigung und Münzwaschautomaten.

Zahnarzt

- *Dr. Leonel Rodriguez,* 4. Av. Norte 1, Tel. 78 32 04 31.
- *Dr. Saul Ovalle Porras,* 2. Av. Norte 3, Tel. 78 32 02 75.
- *Dr. Gustavo A. Parada,* 5. Calle Poniente 26, Tel. 78 32 47 32, Mo-Fr 16-20 Uhr, Sa 9-12 Uhr.

Die Umgebung von Antigua

Ähnlich wie der Atitlán-See besitzt Antigua ein Umland mit intensiver landwirtschaftlicher Nutzung. Kleinräumige Parzellen wechseln mit ausgedehnten Kaffeeplantagen. Wer zur Kaffeeblüte im Mai/Juni im Land ist, sollte einmal die weißen Blüten zwischen den Fingern zerreiben und daran riechen! Das milde Hochlandklima und der fruchtbare vulkanische Boden haben dazu geführt, dass das Dept. Sacatepéquez, wie eingangs erwähnt, zu den landwirtschaflich bedeutendsten Regionen gehört. Vom **Aussichtspunkt Cerro de La Cruz,** einem kleinen Hügel an der Nordgrenze der Stadt, hat man einen herrlichen Ausblick. Das Panorama findet sich auf vielen Postkarten abgebildet. Auf dem Cerro steht ein großes Steinkreuz.

San Felipe de Jesús

San Felipe de Jesús ist heute ein nördlicher Stadtteil von Antigua und bekannt für seine **Silberwerkstatt** La Antigüeña. Hier kann man den Handwerkern zusehen und günstigen Silberschmuck kaufen.

Nach der Überlieferung wurde das Dorf 1670 von Überlebenden aus San Juan El Perdido (Escuintla) gegründet, die eine Pockenepidemie und Fledermausplage überstanden hatten. Sie sollen den Christo Sepultado („begrabener Christus") mitgebracht haben, dem man heute noch Wunder zuschreibt und der während der Fastenzeit Ziel vieler Pilger ist.

Die **gotische Kirche** ist nach dem Vorbild der Kathedrale von Barcelona erbaut und wirkt eigenartig fremd inmitten des kolonialen Ambiente von Antigua. Das Innere der Kirche ist schmucklos und kahl. Auf der kleinen Plaza von San Felipe wird ein **Andenkenmarkt** abgehalten, auf dem es die in Guatemala beliebten glasierten Früchte und andere Arbeiten aus Holz gibt. Wer zu Fuß gehen will, muss die 6. Avenida Norte raus. Busse und Mikrobusse fahren vom Terminal ab.

Jocotenango

Von San Felipe ist es nur ein halbstündiger Spaziergang durch schattige Kaffeepflanzungen nach Jocotenango. Der kleine Vorort Antiguas besitzt eine schöne Plaza mit einem achteckigen Brunnen und einer verhältnismäßig großen Kirche, deren Fassade gespickt ist mit gedrehten Säulen, Verzierungen und Figuren. Der Name des Dorfes kommt von jocote, einer pflaumenähnlichen Frucht, die auf großen, dicken Bäumen wächst. Hier gibt es Holzfrüchte günstig zu kaufen.

Sehenswert ist der Mariposario, das Schmetterlingshaus, das 26 Arten beherbergt. Besonders um die Mittagszeit bei warmer Sonne flattern die Schmetterlinge in der 25 x 50 m großen und mit Netzen überspannten Anlage, in der außerdem Medizinalkräuter und Fruchtbäume zu sehen sind. Busse fahren regelmäßig vom Terminal nach Jocotenango (10 Min. Fahrt) zum Parque. Von hier Richtung Friedhof gehen und danach rechts die Erdstraße entlang (ausgeschildert). Ca. 15 Min. Fußweg. Geöffnet von Mo–So 9–17 Uhr, Eintritt 4 US$. Führungen.

Santa Maria de Jesús

In der entgegengesetzten Richtung liegt Santa María de Jesús, der Ausgangspunkt für die **Besteigung des Agua.** Wie auch in den anderen Dörfern rund um Antigua leben hier Cakchiquel-Indígenas. Männer und Frauen tragen noch Tracht, die an Touristen in Antigua verkauft wird. Der Grundton der Huipiles und Hemden ist rot, die Frauen tragen oft bunte Bänder im Haar.

Die Fiesta vom 1. bis zum 5. Januar ist eine gute Gelegenheit, die unterschiedlichen Ausführungen und Muster der Trachten zu studieren, die sich im Laufe der Zeit ändern und gewissen Modetrends unterworfen sind.

Übernachtung im *Hospedaje y Comedor El Oasis* an der Hauptstraße.

Von Santa Maria über **San Juan del Obispo** ist es ein zweistündiger Spaziergang zurück nach Antigua. In San Juan ließ *Francisco Marroquín* den ersten **Erzbischofpalast** bauen. Eine Besichtigung des rekonstruierten Palastes, der kolonialen Kirche, der kleinen Kapelle und der antiken Kunstschätze aus dem 16. Jahrhundert in beiden Gebäuden ist leider nur selten möglich. Das Anwesen wird heute von Nonnen unterhalten. Das Dorf bietet eine schöne Sicht ins Tal, auf Antigua und die Vulkane.

Ciudad Vieja

Liegt knappe 6 km südwestlich von Antigua am Fuß des Agua und bietet in der *Hospedaje Shigualita* eine **Übernachtungsmöglichkeit.**

Nicht mehr viel erinnert daran, dass Ciudad Vieja im Tal von Almolonga einst Hauptstadt war. Sie wurde am 22. November 1527 vom Bruder *Pedro de Alvarados, Jorge,* gegründet. Die Indígenas nannten diesen Ort Balbuxyá, was soviel bedeutet wie „Wasser, das aus der Quelle sprudelt". Denn das Tal ist fruchtbar und wasserreich. Die Arbeiten für Plaza, Kathedrale und Palast dauerten zehn Jahre. In der Kathedrale wurde die heilige Jungfrau Maria verehrt, die als *Chapetona* bekannt wurde. So nannte man die weißen, adligen Damen aus der Neuen Welt.

Als Ende September 1541 die Erde bebte, war *Alvarado* bereits zwei Monate tot. Doch erst Anfang des verhängnisvollen Monats kam die Nachricht in die Hauptstadt. *Alvarados* junge Frau *Beatriz de la Cuerva* (*Alvarados* war insgesamt dreimal verheiratet) ordnete neun Tage allgemeine Trauer an. Um die 22-Jährige ranken sich die tollsten Geschichten. Es heißt, sie habe alle Wände des dreistöckigen Palastes schwarz streichen lassen und schwarze Gardinen aufgezogen. Am neunten Tag ernannte sie sich zum neuen Capitán General von Guatemala und wurde somit die erste Frau, die ein Regierungsamt auf dem amerikanischen Kontinent innehatte. Nicht für lange. Es wird behauptet, dass der Untergang Ciudad Viejas die Rache Gottes für die übertriebene Trauer von *Doña Beatriz* gewesen ist. Im Gegensatz zum großen Erdbeben von 1773, das später Antigua in Trümmer legte, sind in Ciudad Vieja Hunderte von Menschen umgekommen. Auch *Beatriz* war darunter. Vom Palast stehen nur noch Ruinen. Die Auffassung, Schuttlawinen und Wassermassen des Agua hätten Ciudad Vieja zerstört, wird heute allerdings in Fachkreisen angezweifelt.

San Antonio Aguas Calientes

Dies ist eines der berühmtesten Webdörfer in Guatemala. Viele Touristen kaufen hier **indianische Textilien,** die die Frauen auf dem Markt herstellen. Der Huipil von San Antonio ist dicht mit doppelseitig gewebten Mustern geschmückt. Der Corte ist längsgestreift und in den Farben grün, lila und blau gehalten. Man sagt, dass die Frauen von San Antonio jeden Huipil des Landes nachweben können. Aber das kann man glauben oder auch nicht. Einige der Frauen geben Touristen auf Wunsch Webunterricht. Nach *Carmelo* und *Zoila Guarán, Rafaela Godínez* oder *Felipa López* fragen. Hier werden auch Stoffpuppen sowie Papierdrachen und Holzmasken hergestellt. Neben der Kirche gibt es einen Kunsthandwerkmarkt.

Busbahnhof in Antigua

079gu Foto: bh

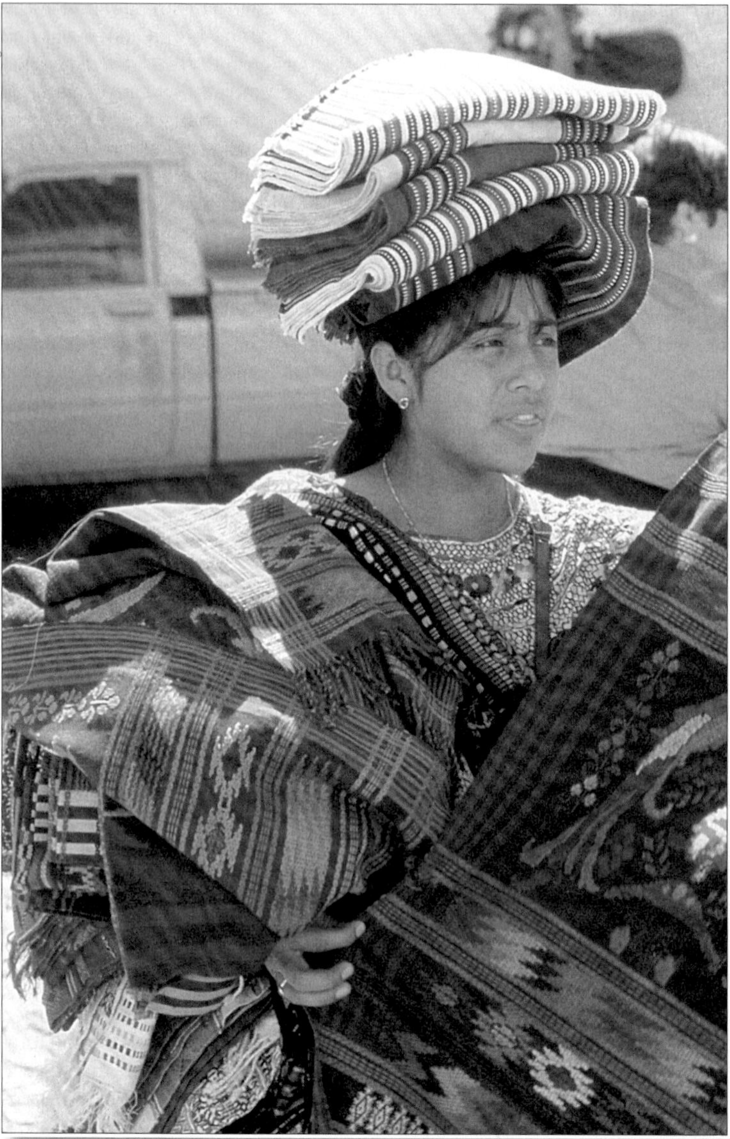

Atitlán-See

Die Lage des Atitlán-Sees könnte malerischer und schöner nicht sein. Umgeben von Bergen, Höhen und Vulkanen liegt der See auf 1560 m über NN. Die Durchschnittstemperaturen liegen bei angenehmen 19 °C, vergleichbar mit Antigua und der Hauptstadt. Der See ist blau, kalt und tief. Am Morgen ist die Wasseroberfläche ein Spiegel, der erst gegen Mittag durch die auflandigen Winde von der Küste her gebrochen wird. Die drei klassischen **Vulkane** Tolimán, Atitlán, und San Pedro wirken gegen den wolkenlosen Himmel wie gemalt, und die weißen Indígenadörfer rund um den See sehen aus, als ob sie nur der Verschönerung der Ufer wegen existieren.

Es mag übertrieben klingen, aber hier an einem der schönsten Seen der Welt, dessen Wasser „glitzert wie die Fläche geschmolzenen Silbers" *(John L. Stephens)*, mag es einem schon passieren, dass man „wirklich etwas zuviel des Guten" *(Aldous Huxley)* dieser Landschaft abbekommt und ins Schwärmen gerät. Denn kein See in Mittelamerika besitzt dieses Ensemble an Naturschönheiten im Einklang mit der Kulturlandschaft wie der Atitlán-See. Man könnte hier vergessen, was so rundherum vorgeht, besonders, wenn man in Panajachel, dem „Gringotenango" hängenbleibt.

Entstehung: Seine Entstehung verdankt der Atitlán-See der vulkanischen Tätigkeit entlang der Küstenkordillere, die Guatemala in NW-SO-Richtung durchzieht. Das Seebecken, heute 130 km^2 groß, ist ein Einbruchkessel, der sich durch Abdämmung allmählich mit Wasser gefüllt hat. Obwohl der See keinen oberirdischen Abfluss hat, sinkt der Wasserspiegel seit Jahren. Eine Folge des Absinkens einerseits ist das Versiegen von heißen Quellen am Uferbereich und die notwendige Maßnahme einiger Hotels am See, ihre Bootsstege regelmäßig vorzuverlegen. Andererseits gewinnen die Gemüsebauern der Uferdörfer fruchtbaren Ackerboden, den sie terrassieren und in so genannte *tablones* einteilen. Das war nicht immer so. Noch in den 1950er Jahren mussten viele Dörfer ihre Kirche wegen Überschwemmungsgefahr hangaufwärts verlegen.

Besiedlung: Die Umgebung des Sees war lange vor der Conquista bereits besiedelt, wie archäologische Funde und Ruinen beweisen (Museum in Panajachel). Die Tzutuhiles am südlichen Ufer besaßen Ländereien, die sich bis an die Küste erstreckten. Die gegenüberliegende Seite am Nordufer wird von den Cakchiqueles bewohnt, den einstigen Verbündeten der Spanier gegen die Tzutuhiles. Es gibt eine schöne Legende vom Cakchiquel-Prinzen *Utzil*, der sich in die Tochter des Tzutuhilkönigs *Ajan Paron* verliebt

Guatemaltekische Típicas

hatte. Beide konnten natürlich zusammen nicht kommen, und so liegen ihre Leichen noch immer auf dem tiefen Grunde des Atitlán-Sees. Heute existiert keine offene Feindschaft mehr zwischen den Volksgruppen. Trotzdem wird man kaum einmal einen Tzutuhil aus Santiago Atitlán auf dem Markt von Sololá sehen und umgekehrt. Man bleibt unter sich, schon deshalb, weil eine Verständigung der verschiedenen Sprachen wegen nicht möglich ist.

Erwerb: Heute gibt es 14 kleinere und größere Dörfer um den See herum. Viele davon tragen den Namen eines Apostels wie San Pedro, San Lucas, San Antonio usw., aber es sind nicht, wie oft angenommen wird, die 12 Apostel, die sich in den Namen widerspiegeln. Erwerbsgrundlage der Bevölkerung ist der Anbau von Gemüse, vor allem Zwiebeln und Knoblauch neben Mais und *frijoles*. Die Kaffeepflanzungen an den Hängen, ebenso die Fincas, die im großen Stil Avocados, Papayas, Erdbeeren und andere Früchte anbauen, sind nicht in der Hand von Indígenas, sie gehören den Ladinos oder reichen Ausländern. Der Fischfang am See spielte noch nie eine große Rolle. Zusätzlich geschmälert wurde er noch, als man in den 1940er Jahren einen Raubfisch einsetzte, der zum Feind der angestammten Population wurde.

Dagegen ist das Handwerk gut entwickelt. Die Indígenas flechten aus dem Schilfrohr des Sees so genannte *petates* (Matten aus *tule,* der im Wasser wächst), bauen *cayucos* (Einbäume), und durch den Tourismus ist das **Web- und Schneiderhandwerk** zu einer wichtigen Einkommensquelle geworden. Dabei hat sich jedoch das Design der Textilien, abgesehen von den traditionellen Mustern, vollkommen auf westlichen Geschmack eingestellt.

Tourismus: Der Tourismus am Atitlán-See hat seit Mitte der 1980er Jahre wieder zugenommen. Besonders konzentriert tritt er in Panajachel auf, das wie in Antigua die „Gefahr" für viele Traveller in sich birgt, es sich dort bequem zu machen und den Rest Guatemalas zu vergessen. Die so genannten Aussteiger, darunter viele Amerikaner und Deutsche, steigen hier voll ins Geschäft ein und betreiben Kneipen oder Bars für Touristen. Diese sehen den Tourismus in Panajachel verständlicherweise mit anderen Augen. So gibt es ihrer Ansicht nach wenige Orte auf der Welt, an denen rund ums Jahr so viele junge Leute unterschiedlicher Nationalität so friedlich und gutgelaunt zusammenkommen, sich kennen lernen, zusammenwohnen usw. So gesehen besitzt das oft vielgeschmähte, aber gern aufgesuchte Panajachel sogar friedensstiftende Wirkung ...

Am Wochenende bevölkern die Guatemalteken aus der Hauptstadt den See. Viele von ihnen besitzen hier ein Haus oder eine Wohnung und sind begeisterte Motorbootfahrer. Oft kann man beobachten, wie Motorboote mit halbnackten Mädels als Galionsfiguren den Indígenas rücksichtslos durch ihre Fischernetze rasen. Es ist dringend von dieser Art Wassersport

Atitlán-See mit dem Vulkan San Pedro

abzuraten! Am schönsten ist der See ohne Motorboote, Segler oder Surfer.

Außerdem kann der alltägliche Nachmittagswind *Xocomil* selbst für den geübtesten Segler und Surfer zum Verhängnis werden. Jeder Guatemalteke am See weiß um die Gefährlichkeit des *Xocomil,* der sich aus vielen Winden ohne Richtung zusammensetzt und auf der Wasseroberfläche starke Wirbel verursacht. So sind besonders die Lanchafahrten am Nachmittag sehr turbulent. Nach jedem Unglück mit in- und ausländischen Touristen essen die Indígenas tagelang keine Fische und Krebse, da sie glauben, die Tiere ernährten sich von den Leichen der Ertrunkenen. Tatsächlich tauchte vor vielen Jahren von 28 ertrunkenen guatemaltekischen Studenten aus der Hauptstadt nicht einer wieder auf ...

Natur- und Umweltschutz: Die Natur rund um den See ist trotz der scheinbaren Idylle gefährdet. 1955 wurde der Atitlán-See als **Nationalpark und Schutzgebiet** ausgewiesen. Selbst wenn das in Guatemala nicht allzu viel zu bedeuten hat, so ist doch die Sensibilität für das Verschwinden seltener Tiere und Pflanzen gewachsen. Besonders große Sorgen macht man sich um die Existenz der **Poc-Ente** *(Pidylimbus gigas),* die es nur hier geben soll. Auch die geschmeidigen

Atitlán-See

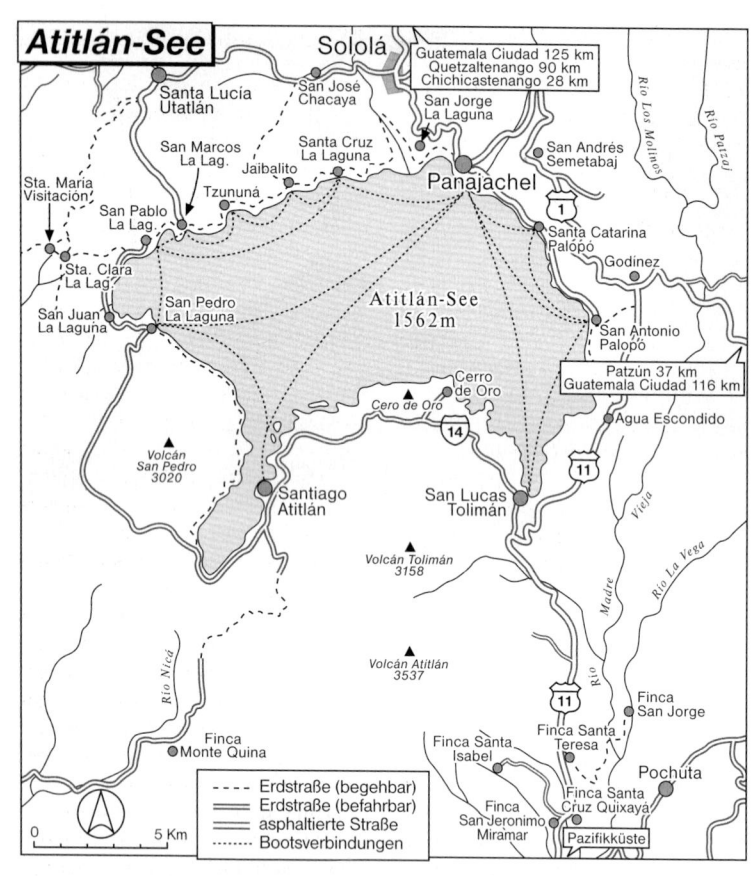

gatos del monte (**Bergkatzen**) sieht man nur mit viel Glück. Dagegen scheinen die urzeitlichen Echsen auch noch das nächste Jahrtausend zu überleben. Herrlich sind die großen bunten Schmetterlinge und Libellen. Weniger hübsch und dazu noch giftig sind Skorpione. Also, Achtung beim Barfußlaufen! Ein Biss verursacht Lähmungen, ist aber nicht tödlich.

Die natürliche Vegetation rund um den See ist besonders an den Hängen durch Rodung gefährdet. Während der Trockenzeit (November bis Mai) wirkt die Umgebung daher eher dürr. Das ändert sich erst mit dem Einsetzen des Regens, wenn auch die verschwenderischen Bougainvilleen und Hibiskussträucher in den Gärten wieder blühen.

Über die Wasserqualität des Sees gibt es keine verlässlichen Daten. Er wirkt sauber und klar. Trotzdem ist der Eintrag von chemischem Dünger, den der Regen von den Hängen spült, nicht zu unterschätzen. Bisher blieb der See jedoch vom Schicksal des Amatitlán-Sees verschont, der bereits vor vielen Jahren umkippte.

In den letzten Jahren wurde die Asphaltierung der Straßen um den See stark vorangetrieben. Der Zugang zu den Nachbardörfern ist nun weniger staubig, und natürlich verringern sich dadurch auch die zeitlichen Distanzen. So wird sicherlich der Tourismus in Santa Catarina und San Antonio in den nächsten Jahren zunehmen.

Wer besondere Fotos vom See machen will, muss frühmorgens um 6 Uhr hinunter an die Promenade. Dann wirken die Vulkane zum Greifen nahe und man meint, den letzten Baum auf den Gipfeln erkennen zu können. Zwei Stunden später wird die Luft schon wieder leicht trüb, und die scharfen Konturen verschwinden mit der heller werdenden Sonne. Nicht weniger schön und allabendlich von mehr Leuten bewundert als der morgendliche Sonnenaufgang ist der Sonnenuntergang am See. Stimmungsvoll und romantisch präsentiert sich der Atitlán-See in seinen schönsten Rot-Orange-Tönen (vorausgesetzt, man hat nicht das Pech, an den wenigen nebligen, verregneten, bewölkten und kalten Tagen am See zu sein). Kult ist es inzwischen, den Sonnenuntergang im *Sunset-Café* in Panajachel bei einem Drink zu erleben.

Sololá

Die **Straße nach Sololá** – von der CA 1 kommend – führt durch eine mit Maisfeldern bestandene Hügellandschaft, deren lehmiger Boden die Herstellung von Lehmziegeln erlaubt. Wie aufgestellte Dominosteine stehen sie im Sommer in der Sonne zum Trocknen. Die kurvenreiche Straße ist neu asphaltiert, aber der guatemaltekische Belag erweist sich in der Regel als nicht besonders widerstandsfähig.

Kurz vor Sololá passiert der Bus das ehemalige Hauptquartier der *Zona Militar* des Departements. Ein groteskes Bild bot sich hier jahrelang, und keiner der hier Lebenden wird dies je vergessen: Das Pförtnerhäuschen bestand aus zwei riesigen Militärstiefeln, denen ein Camouflagehelm aufgepflanzt war. Die Spielzeugkulisse bezeugte zum einen die geistige Befindlichkeit eines großen Teils dieser „gefährlichen Kinder", zum anderen diente sie sicherlich der Verharmlosung ihrer Präsenz für Einheimische und Touristen. Dass genau das Gegenteil lange der Fall war, dafür sorgte das Militär selbst: Im Dezember 1990 ermordeten Soldaten aus Sololá 13 Campesinos aus Santiago Atitlán, die zusammen mit anderen einen Demonstrationszug vor das Hauptquartier organisiert hatten.

Heute befindet sich hier die landwirtschaftliche Fakultät der **Universidad del Valle.** Die Bewohner von Sololá wollten unter keinen Umständen mehr Uniformierte in ihrer Nähe.

Den **Ortseingang von Sololá** schmückte früher ein Chirimía- und

Tamborspielerdenkmal. Beide Instrumente, Flöte und Trommel, gehören wie die Marimba zu den Nationalinstrumenten Guatemalas. Es fiel leider Straßenbaumaßnahmen zum Opfer.

Die Stadt wurde am 30. Oktober 1547 von *Juan Rogel* in der Nähe der präkolumbischen Siedlung Tzoloyá gegründet, was soviel wie „Holunderwasser" bedeutet. Einwanderer aus Quetzaltenango und Totonicapán nannten sie noch lange Zeit „Tecpan-Atitlán". Heute leben 12% der Einwohner des Departements in Sololá, das sich zu einem wichtigen Markt für das Westliche Hochland entwickelt hat. Wie in Chichicastenango gibt es auch hier einen Indígena- und einen Ladinobürgermeister, die ihren Sitz in zwei getrennten Büros haben. Im gesamten Departement leben laut Statistik nur 9% Ladinos.

Dienstags und freitags findet ein **Markt** statt, zu dem auch die Zwischenhändler kommen, um den Bauern ihre Produkte abzunehmen. Dann wird verhandelt und gefeilscht, die Gewinne macht in jedem Fall der Zwischenhändler. Der neue Parque wirkt aber nicht nur nach den Markttagen wie ein großer Müllhaufen. Der Markt selbst ist ein in Rot und Blau getauchtes Bild. Die gestreiften Huipiles der Frauen und die buntgewebten Hosen der Männer bestimmen die Szene. Die braunen **Trachtenjäckchen** der Männer besitzen wie viele ihrer Art in Guatemala den Schnitt einer spanischen Offiziersjacke – ein Überbleibsel aus der Kolonialzeit. Die aufgestickte Fledermaus auf dem Rücken zeigt das Symbol des Cakchiquelstammes und seines ehemaligen Herrscherhauses.

Während der **Fiesta** vom 11.–17. August hat man Gelegenheit, alte, wertvolle Trachten zu sehen, wenn die *Cofradías* (Laienbruderschaften) des Ortes bei den Prozessionen durch die Straßen ziehen.

Die **Kirche Nuestra Señora de la Asunción** ist schon von weitem hoch oben über den Dächern zu sehen. Sie fällt durch ihre naivbunten Fenster auf, die man selten an einer kolonialen Kirche findet. Sehenswert sind die Silberarbeiten im Innern der Kirche. Das steinerne Taufbecken sieht aus wie eine Steinmetzarbeit aus der Mayazeit. Schemenhaft ist ein Kopf mit breitem Mund und Schlitzaugen zu erkennen.

An der Westseite der Plaza steht der **Torre Centroaméricana de Sololá**, der die Einheit der fünf lateinamerikanischen Länder beschwören sollte. Derartige Bauwerke sind unter der Regierungszeit *Estrada Cabreras* (1897-1921) entstanden, der eine Vorliebe für Denkmäler, Tempel und Türme hatte.

Unterkunft

● **Hotel Belén,** 30 Q. Einfach.

Panajachel

Nach Panajachel, dem 500 m tiefer gelegenen touristischen Zentrum des Atitlán-Sees, geht es noch einmal eine enge Serpentinenstraße hinunter. Der Bau der drei Hotel-Hochhäuser in einer Bucht westlich von Panajachel wurde 1979 eingestellt. Heute sind in einem der inzwischen fertiggestellten Häuser (genannt „Riviera de Atitlán") Apartments für 80–90.000 US$ zu erwerben.

In Panajachel trifft sich die Touristen-, Traveller-, und Aussteigerszene aus allen Ecken der Welt. Von dem ehemaligen Mayadorf ist nicht mehr viel übrig. Den Ortskern bestimmen Hotels, Restaurants, Bars und Verkaufsstände. Die lange Hauptstraße zum See (Avenida Santander) säumen Schneiderwerkstätten, in denen auf alten Pfaff-Nähmaschinen tagtäglich Hemden, Röcke, Taschen, Mützen und vieles andere mehr genäht werden. Auf hohen Holzgerüsten hängen gebrauchte und neue Huipiles, Teppiche, Decken, Tücher – kurz, Tausenderlei Gewobenes, Genähtes, Gesticktes. Alles zusammen ergibt ein umwerfend buntes Bild aus leuchtenden Farben, Formen und Mustern. Selbst wenn man sich darüber im Klaren ist, dass dieser Ausverkauf an Altem und Neuem mit dem ursprünglich indianischen Handwerk nur noch wenig zu tun hat, ist es schwer, sich diesem Farbenreiz zu entziehen. Nicht zuletzt, wenn man das Ton-in-Ton-Design europäischer Mode gewöhnt ist. In *Päna*, wie Panajachel von den Amerikanern genannt wird, decken sich „Alternativtouristen" mit billigen Textilien und Schmuck ein, die sie en gros zu Hause auf Flohmärkten oder in Boutiquen mit einer ansehnlichen Gewinnspanne wiederverkaufen.

Panajachel liegt am Ende eines gefällereichen Flusses, der im Laufe der Zeit durch Sedimentation die Uferlinie immer weiter seewärts geschoben hat. Das dadurch entstandene Delta mit seiner klassischen Dreiecksform nennen die Indígenas *Tzanjuyú* („Bergnase"). Es wurde zu einem historischen Ort, nachdem hier die Entscheidungsschlacht zwischen *Alvarado* und den Tzutuhiles stattfand. Das luxuriöse Hotel an dieser Stelle trägt diesen Namen.

Panajachel ist nach Santiago Atitlán mit ca. 11.000 Einwohnern das größte Dorf am See und so gut wie mit jeder anderen Siedlung über eine Straße oder den Seeweg verbunden. Daher eignet sich Panajachel gut als Aus-

ATITLÁN-SEE

Panajachel

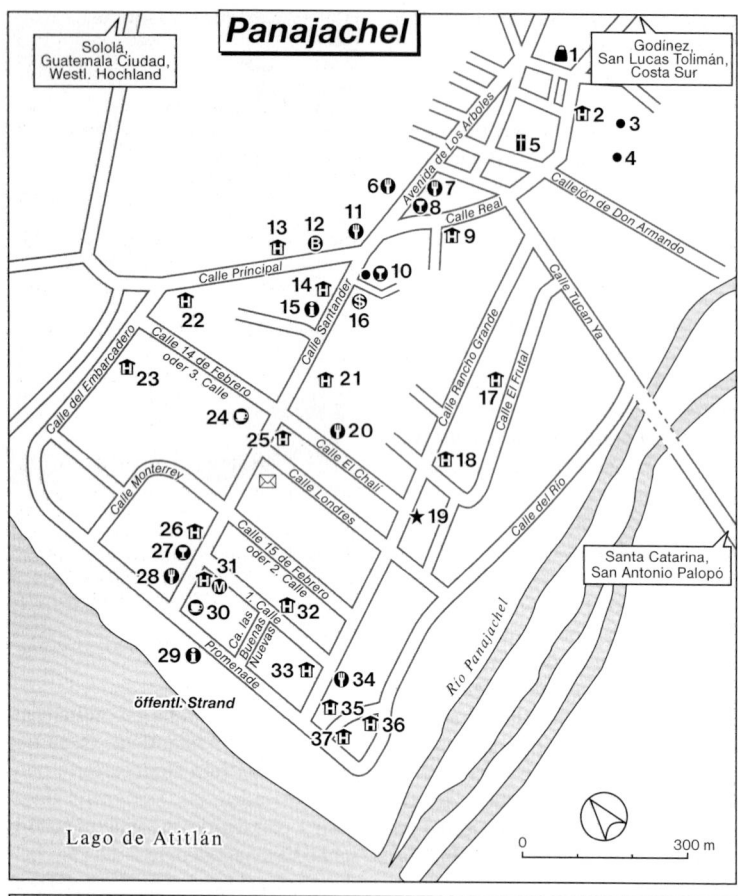

(map with numbered locations)

Sololá, Guatemala Ciudad, Westl. Hochland

Godinez, San Lucas Tolimán, Costa Sur

Santa Catarina, San Antonio Palopó

öffentl. Strand

Lago de Atitlán

0   300 m

🔒	1	Markt	Ⓑ 12	Busabfahrt	🏠 25	Mario's Rooms
🏠	2	Las Casitas	🏠 13	Fonda del Sol	🏠 26	Hotel de Los 2 Volcanes
●	3	Municipalidad	🏠 14	Primavera	❶ 27	El Bistro
●	4	Polizei	❶ 15	INGUAT Touristeninformation	❶ 28	Deli Jasmin
ⓘ	5	Kirche	Ⓢ 16	Banco Agrícola	❶ 29	INGUAT (Touri. Info)
❶	6	El Chapiteau	🏠 17	Tzanjuyú	❶ 30	Café Sunset
❶	7	Al Chisme	🏠 18	Rancho Grande	🏠Ⓜ31	Don Rodrigo + Lacustre
❶	8	Circus Bar	★ 19	Galerie „La Galeria" (Nan Cuz)	🏠 32	Bungalows El Aguacatal
🏠	9	Grand Villa	❶ 20	The Last Resort	🏠 33	Portahotel del Lago
●	10	Rincón Sai (DHL, Reiseanbieter)	🏠 21	Hotel Nimbo	❶ 34	El Cisne
			🏠 22	Hotel Cacique Inn	🏠 35	Bungalows El Rosario
❶		Bar „Up and Down"	🏠 23	Hotel Nimbo	🏠 36	Hotel Kamol Bey
❶	11	Casablanca	Ⓞ 24	Green Earth (Internet-Café)	🏠 37	Playa Linda

gangspunkt für Ausflüge in die Umgebung. Trotz der vielen Touristen hat es seine Überschaubarkeit und Kleinräumlichkeit erhalten. Es ist nicht schwer, sich hier zurechtzufinden. Und wie in Antigua bekommt man die aktuellste Information von denen, die schon länger da sind.

Unterkunft

In Panajachel gibt es nicht weniger als 80 registrierte Unterkünfte aller Preisklassen. Inzwischen sind fast alle Zimmer sauber und ordentlich. Wer nicht das Richtige für sich findet, kann bei INGUAT auf der Santander, Centro Comercial San Rafael, die Hotelliste einsehen.

- **Portahotel del Lago,** Calle Rancho/Playa Publica, Tel. 77 62 15 55, Internet: www.portahoteles.com. Luxusklasse. 97/134/177 US$.
- **Hotel Tzanjuyú,** mit Privatstrand, Tel. 77 62 13 18. 225/270/300 Q.
- **Bungalows El Aguacatal,** Calle Buenas Nuevas, Tel. 77 62 14 82. Für vier Personen 450 Q. Empfehlenswert.
- **Hotel Rancho Grande Inn,** Calle Rancho Grande, Tel. 77 62 15 54, Internet: www.ranchograndeinn.com. 50/60/95 Q. Sehr gutes Frühstück.
- **Hotel Playa Linda** an der Promenade, Tel. 77 62 00 97, Internet: www.hotelplayalinda.com. Eines der schönsten Hotels am See. Sehr unterschiedliche Zimmer und Preise, 40–45 US$.
- **Müller's Guest House,** Calle Rancho Grande, Tel. 77 62 24 42. Unterschiedliche Zimmer/Preise; schöne Bungalowanlage. 200/300/400 Q.
- **Posada de los Volcanes,** Calle Santander, Nähe Post, Tel. 77 62 23 67, Internet: www.posadadelosvolcanes.com. 200/244/ 320 Q. Neu und geschmackvoll.
- **Hotel Primavera,** Calle Santander, Tel. 77 62 20 52. Beliebtes Hotel. 160/240/320 Q.
- **Hotel Grand Villa,** Calle Real, Tel. 77 62 11 68, E-Mail: hotelgrandvilla@hotmail.com. Neuer Besitzer, wird ausgebaut. 80/150/200 Q.
- **Hotel Chalet Cristinita,** Calle El Frutal, Tel. 77 62 11 84. Etwas abgelegen, einfach und gut. 60/120/180 Q.
- **Hotel Fonda del Sol,** Calle Principal, Tel. 77 62 11 62. Seit vielen Jahren gleichbleibende Qualität. 80/150/240 Q.
- **Hospedaje Contemporaneo,** Playa Publica, Calle Ramos, Tel. 77 62 22 14. Zehn Zimmer mit Privatbad und TV, empfehlenswert. 60/100/140 Q.
- **Hospedaje Ramos,** Playa Publica, Calle Ramos. Neu renoviert. 60/100/140 Q.
- **Hospedaje Casa Loma,** Calle Rancho Grande, Tel. 77 62 14 47. Netter Garten, Zimmer mit Gemeinschaftsbad günstiger. 50/100/150 Q.
- **Bungalows El Rosario** am See, DZ 22 US$.
- **Mario's Rooms,** Santander, Tel. 77 62 13 13. Noch immer beliebter Travellertreff. Zimmer auf der Galerie nehmen. 85/100/100 Q.
- **Hospedaje Santander,** Calle de 14 de Febrero, Tel. 77 62 13 04. Ruhig mit Garten. Gemeinschaftsbad/Privatbad 37/70, 60/80, 90/135 Q.
- **Hospedaje Don Vicente,** 1. Av. 3–54, Zone 2, 20/30/40 Q.
- **Hotel Las Casitas** in der Nähe des Marktes, Tel. 77 62 12 24, Internet: www.hotellascasitas.net. 125/250/310 Q inkl. Frühstück.
- **Posada Kamol Bey,** Calle Ramos, Playa Publica, Tel. 77 62 02 15. Bungalows mit zwei Zimmern und Küche. 150/200/240 Q.
- **Hotel Nimbo,** Calle Principal, Tel. 77 62 14 39. Sauber, am Dorfeingang gegenüber der Feuerwehr. 75/125/150 Q.
- **Hotel Cacique Inn,** am Dorfeingang hinter Quetzaltankstelle, Tel. 77 62 12 05. Gediegenes Hotel mit Garten/Pool. 40/50/60 US$.

Essen und Trinken

- Bestes Frühstück im **El Bistro** und **Deli Jasmin,** beide Calle Santander Richtung See.
- **Chez Alex,** Calle Santander. Deutscher Besitzer. Nobel.
- Ebenfalls auf der Santander **Pana Rock-Café** (Treff) und Internet-Café. Im Oberge-

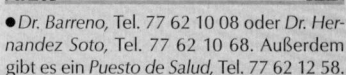

A–Z

Apotheke
- Oberes Ende Calle Santander und 200 m weiter unten.

Ärzte
- *Dr. Barreno*, Tel. 77 62 10 08 oder *Dr. Hernandez Soto*, Tel. 77 62 10 68. Außerdem gibt es ein *Puesto de Salud*, Tel. 77 62 12 58.

Banken
- Mehrere Banken am oberen Ende Calle Santander; *Banco Industrila* (Visa, Automat) in der Mitte.

Boote
- Gibt es mehr als genug; sobald man sich dem Strand nähert wird man darauf angesprochen. Preis festlegen, bei Privatboot bezahlt man pro Dorf (Stopp).

Buchhandlung
- *The Lago Bookstore* am unteren Ende der Santander.

Camping
- Privat: *Hotel Vision Azul*, öffentlich hinter dem Fluss, beides nicht zu empfehlen, eher beim *Hotel Tzanyuju*.

Disco/Livemusik
- Livemusik fast jeden Abend im *Sunset Café* sowie in der *Circus Bar*, am Wochenende im *El Chiste*; Discos an der Ecke Calle Principal/Calle de los Arboles.

Export
- *Gallery Bookstore*, Centro Comercial El Pueblito, Calle de los Arboles, im 1. Stock.
- *DHL* im Rincón SAI.
- *America Export* auf der Santander.

Fiesta
- Tag des heiligen Franziskus von Assisi, am 4. Oktober.

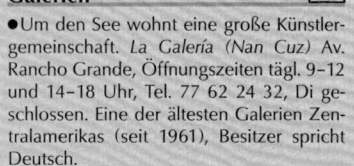

Galerien
- Um den See wohnt eine große Künstlergemeinschaft. *La Galería (Nan Cuz)* Av. Rancho Grande, Öffnungszeiten tägl. 9–12 und 14–18 Uhr, Tel. 77 62 24 32, Di geschlossen. Eine der ältesten Galerien Zentralamerikas (seit 1961), Besitzer spricht Deutsch.
- *Museo de Pintura Raúl Vazquez*, Calle Real, geöffnet Di–Sa 9–17 Uhr, an der Ausfahrtstraße Richtung Godinez, vor der Brücke.

Gesundheit
- *Masaje Medinal*, Gerald Katt (spricht Deutsch), Anéxo Socrátes, Calle Principal, Tel. 77 62 12 31; *Jennifer Martin*, Tel. 77 62 22 23.

Kommunikation
- *Telgua* auf der Santander; viele Internetcafés.

Kunsthandwerk
- Nicht zu übersehen. Wer große Mengen kaufen möchte: *Topaca-Exportaciones* neben Hotel Fonda del Sol.

Markt
- Täglich nahe der Kirche, Haupttag Sonntag.

Museum
- *Museo Lacustre Arqueología Maya Subacuatica*, im Hotel *Posada de Don Rodrigo*. Keramikfundstücke aus dem See sowie Erklärungen über dessen Geologie. Öffnungszeiten: So–Fr 8–16, Sa 8–17 Uhr, Eintritt 35 Q.

Motorräder

- Maco gegenüber Hotel Regis, Calle Santander.

Naturpark

- Nim'ya de Atitlán, beim Hotel Atitlán. Schmetterlingspark, 40 Q. Kaffeeanbau, Kräutergarten.

Post

- Im unteren Drittel der Santander 2-79.

Sauna

- In großen Hotels wie Posada Don Rodrigo und Portahotel del Lago.

Schwimmen

- Im See am Morgen, wenn noch kein Wind geht. Abgegrenztes Schwimmbad vor der Promenade.

Sprachschulen

- Jardín de América, Calle 14 de Febrero (50 m hinter Banco Industrial), Tel. 77 62 26 37, Internet: www.jardindeamerica.com.
- Jabel Tinamit, Callejón Capulín gegenüber Hotel Primavera, Tel. 77 62 02 38, Internet: www.jabeltinamit.com.

Taxis

- Calle Santander, „Tuc-Tucs" zirkulieren überall.

Touren

- Kleine Tourenanbieter und Shuttleservices sind wie Pilze aus dem Boden geschossen. Auf der gesamten Santander reiht sich ein Anbieter an den anderen. Es werden Vulkantouren, Ausritte und Radtouren etc. angeboten.

Tourismusbüro

- Neues INGUAT-Büro, Calle Santander.

Vulkanbesteigungen

Generell eine Sicherheitsfrage. Überfälle besonders auf dem San Pedro.

- **Atitlán** 3537 m, 8 Std. Aufstieg. Es gibt drei Aufstiegsmöglichkeiten. Die beste von San Lucas Tolimán aus.
- **Tolimán** 3158 m, 8 Std. Aufstieg, der Vulkan besitzt zwei Gipfel. Aufstieg von San Lucas Tolimán aus. Schätzungsweise 2 km Luftlinie Distanz zum Gipfel des Atitlán. Beide Vulkane zusammen sind beinahe nicht in einer Wanderung zu schaffen. Der Aufstieg ist nur mit einem Führer und bester Kondition empfehlenswert.
- Dasselbe gilt für den **San Pedro** 3020 m, 4 Std. Aufstieg von San Pedro aus. Schlechte Wege durch Fincas, Milpas und Wald, aber noch am besten von allen 3 Vulkanen zu bewältigen.
- **Cerro de Oro** 1600 m, Aufstieg 1 Std.

Wäschereien

- Entlang der Santander gibt es einige Anbieter.

ATITLÁN-SEE

schoss **Pana Arte,** günstiges Essen, man trifft viele Traveller.
- Empfehlenswert ist die **Circus Bar,** Avenida de Los Arboles, eine Institution in Pana, Livemusik. In der Nähe **Al Chisme,** guter Kaffee.
- **Café Sunset** auf der Promenade ist Treffpunkt beim Sonnenuntergang. Ein Muss.
- **Café Casablanca,** Calle Principal, gibt sich nobel, gute Atmosphäre. Hier (teure) Piña Colada als „piña en su piña".
- **The Last Resort** ist die beliebteste Gringobar mit *chicken, fried eggs* und *hamburgers.*
- **Café Bombay,** Calle Santander, vegetarisch.
- **Guajimbo's,** Calle Santander, gute Sandwiches.
- **Chinitas,** Calle Santander, Asien-Küche. Im selben Patio auch **Mama Luna** und **El Patio.**
- Disco im **El Chapiteau, Porque No, Socrates** u.a.

Auf der neuen Promenade haben sich mehr als 25 Restaurants und Kneipen angesiedelt, den Rest gilt es selber zu entdecken. Die Calle Principal/Av. de Los Arboles ist die *Zona Viva* und damit die Discomeile.

Verkehrsverbindungen

- **Nach Sololá/Panajachel:** Von der Hauptstadt *Rebuli* ab 20. Calle 3-42 Z 1. Zweimal täglich auch bis San Antonio (vormittags und nachmittags). Sonst beliebigen Bus Richtung Westliches Hochland (*Galgos, Rutas Lima*) nehmen und nach Los Encuentros umsteigen. Der *ayudante* weiß genau, wann er die „Gringos" rauslassen muss. Es kann praktisch nichts schiefgehen.
- **Von Panajachel:** Busabfahrt vor dem *Mayan Palace*. Tägl. nach Guatemala Ciudad.
- **Nach Antigua:** täglich. Nach genauen Abfahrtszeiten vor Ort im Hotel, am Bus, bei INGUAT erkundigen. Weiter ins Westl. Hochland (Chichicastenango, Quetzaltenango oder Huehuetenango) eventuell auf der Panamericana umsteigen.
- **An die Küste:** Bus über San Andrés Semetabaj, in Godínez eventuell Richtung Cocales umsteigen. In den Verapaz, an die Karibik oder in den Petén über die Hauptstadt. Alle Abfahrtszeiten bei INGUAT. Letzter Bus geht offiziell 14.30 Uhr in die Hauptstadt bzw. Richtung Antigua.

Verkehrsverbindungen von Panajachel nach:
- **Guatemala:** 5, 5.30, 6.30, 7, 9.30, 11.30, 12.45, 13.45, 14.30 (3 Std.)
- **Antigua:** 10.45 (2,5-3 Std.)
- **Chichicastenango:** Do u. So 6.45, 7.15, 7.45, 8.15, 9.30, 10.30, 12.30, 14, 15, 16, 17 (1,5 Std.)
- **Quetzaltenango:** 5.30, 6.15, 6.45, 7.30, 9.30, 11.30, 14 (2,5 Std.)
- **San Andrés/Godínez:** 6, 8, 10, 12, 14 (20 bzw. 40 Min.)
- **Sololá:** alle halbe Std. von 6-18.30 (30 Min.)
- **Santa Catarina/San Antonio:** Ecke Calle Principal u. Calle Santa Catarina. 9.15 (Microbus), jede weitere Std.

Angaben unter Vorbehalt, da sich die Abfahrtszeiten oft ändern.

- **Shuttles:** In den letzten Jahren sind die Shuttle-Services zu einem einträglichen Geschäft für kleine und große Unternehmer geworden. Auf der Calle Santander gibt es ein Büro nach dem anderen und der Preisdruck ist so groß, dass sich die Preise kaum voneinander unterscheiden. So werden (ca.) verlangt: nach Guate 20 US$, Antigua 10 US$, Chichi 10 US$. Um 16 Uhr geht der letzte Shuttle nach Antigua (u. Hauptstadt).
- **Boote:** Nach *San Pedro:* 7-17 Uhr alle 30 Min., zurück 7-17.30 alle 30 Min. Nach *Santiago:* 6-16.30 Uhr, ca. 8 x täglich, zurück ebenso.

Lancha publica 10 Q einfach, ca. 1 Std. Fahrt. Die kleinen Lanchas fahren, wenn genug Passagiere zusammenkommen. Es werden auch Seerundfahrten angeboten. Auskünfte erteilt INGUAT an der Promenade.
- **Fahrradtour um den See:** Es ist streckenweise möglich, mit dem Rad am Seeufer entlang zu fahren. Von Panajachel bis kurz hinter San Antonio (8 km) wird die Straße gerade entlang des Ufers asphaltiert. Dann wird der Weg steinig, steil und eng. Man wird das Fahrrad tragen und schieben müssen. Von San Lucas Tolimán bis Santiago Atitlán ist die Straße wieder asphaltiert. Der Vulkan San Pe-

dro ist nur südwärts (also hintenrum) in einem Umweg zu umfahren. Es empfiehlt sich daher, von Santiago nach San Pedro La Laguna eine Lancha zu nehmen. Von dort aus ist der Weg noch bis San Marcos befahrbar, dann muss man hier ebenfalls eine Lancha nach Panajachel zurück nehmen.

Wer sich diese Tour vornimmt, sollte sehr zeitig aufstehen und damit rechnen, nicht am selben Tag zurückzukommen. Am Nachmittag bewölkt sich der Himmel am Atitlán-See, es könnte neblig und feucht werden. Für Geübte: Tour über San Andrés Semetabaj nach Godínez mit herrlicher Aussicht. Die Fahrräder in Panajachel werden zwar als Mountain-Bikes verliehen, sie sind aber oftmals nicht besser als gewöhnliche Dreigang-Räder.

Rund um den Atitlán-See

San Andrés Semetabaj

Die Straße von Panajachel nach San Andrés Semetabaj ist ein Teil der alten Verbindung der Hauptstadt mit dem Atitlán-See. Der Weg führt steil hinauf in das kleine Dorf, das nur selten von Touristen besucht wird. Man hat von der Straße aus einen herrlichen Blick auf den See und die Lage Panajachels am Ausgang des engen und steilwandigen Tales, auf dessen fruchtbaren Auen sich ein Gemüsebeet an das andere reiht.

Die **koloniale Ruine** von San Andrés Semetabaj, die Ähnlichkeit mit den Klosterruinen Antiguas hat, lässt vermuten, dass dieses kleine Dorf eines der Hauptzentren franziskanischer Missionare im 16. und 17. Jahrhundert war. Heute sucht man vergeblich nach der katholischen Kirche an der großen Plaza. Sie befindet sich weit außerhalb des Dorfes. Die Sekten haben den fehlenden Pfarrer ersetzt, und auch das luxuriöse Priesterseminar am Eingang des Dorfes hat durch sein Inseldasein so gut wie keinen Einfluss auf das religiöse Leben des Dorfes. San Andrés ist nur ein Beispiel für viele Dörfer am See, die inzwischen sechs, sieben oder mehr Sekten aufweisen. Der Besuch von San Andrés lohnt sich dienstags, wenn **Markt** ist.

Der Straße weiter Richtung Godínez folgend, passiert man den **Aussichtspunkt** Mirador Mario Méndez Montenegro, von dem aus bei schönem Wetter ein Gesamtüberblick auf den See möglich ist. Ein ausgezeichneter Platz, um Bilderbuchfotos vom Atitlán-See zu machen.

Santa Catarina Palopó

Die Frauen aus Santa Catarina Palopó am Ostufer des Sees sind unverwechselbar mit ihren schweren türkisblauen Huipiles und gleichfarbigen breiten Haarbändern. Die Männer tragen wadenlange Hosen mit bestickten Rändern, dazu Konfektionshemden jeglichen Musters.

Santa Catarina liegt eine gute Stunde Fußweg von Panajachel entfernt. Die Straße ist inzwischen asphaltiert. Es ist aber auch von San Andrés Semetabaj über einen kleinen, steilen Pfad zu erreichen. Das Dorf ist sehr dicht mit Adobehütten bebaut, die Gassen sind eng und ziehen sich wie in San

Antonio den Hang hinauf. Die Catarinecos leben vom Gemüseanbau, flechten *petates*, stabile Strohmatten unterschiedlichster Größe, und betreiben etwas Fischfang. Es heißt, die Bewohner von Santa Catarina besäßen als einzige das Fischfangrecht für den gesamten See, während die anderen Dörfer sich Lizenzen erwerben müssten. Das alte Märchen, die Catarinecos wären auch die einzigen Indígenas am See, die schwimmen könnten, stimmt jedoch nicht.

Santa Catarina feiert vom 24.-26. November seine Fiesta zu Ehren der Virgen Santa Catarina de Alejandría.

Unterkunft

- Das Luxushotel **Villa Santa Catarina** gehört einem großen Tourismusunternehmen; Tel. 77 76 12 91, Internet: www.villasdeguatemala.com, 61/69/73 US$.
- Das Hotel **Bella Vista** liegt zwischen Santa Catarina und San Antonio; Tel. 77 62 15 66, Bungalowanlage 336/384 Q.

San Antonio Palolpó

Die asphaltierte Straße von Panajachel über Santa Catarina endet 6 km weiter in San Antonio Palolpó, dem wohl am schönsten gelegenen Cakchiqueldorf am See. Die Frauen tragen zum blauen Corte einen roten oder blauen Huipil mit Streifen und ein blaues Band mit Silber- und Goldfäden im Haar. Beliebt sind silber- und goldfarbene Ketten, die in Panajachel für viel Geld an Touristen verkauft werden. Die Tracht der Männer besteht aus dem derben dunklen *rodillera* (Teppichrock), den sie mit einem Ledergürtel zusammenhalten. Die Hemden sind wie bei den Frauen rotgestreift. Zur **Fiesta** am 14. Juni binden sich die Männer ihre *tzutes* um den Kopf, der sonst nicht mehr zur Alltagstracht gehört.

Wie ihre Nachbarn sind auch die Antoneros Gemüse-, vor allem Zwiebelbauern und flechten Schilfrohrmatten, die sie in Sololá oder Panajachel auf dem Markt verkaufen. Der Handel mit Webwaren ist Sache der Frauen und Mädchen. Sie stürmen den Besuchern schon vor dem Dorfeingang entgegen und halten ihnen Tücher, Huipiles und *fajas* unter die Nase.

Seit dem Einzug der **Sekten** im beschaulichen San Antonio ist es dort allerdings mit der Ruhe vorbei. Bis spät in die Nacht kann man über Lautsprecher ekstatische Messen und Gesänge hören.

Ein Überbleibsel aus der traditionellen Religion ist der **Blanco Barranco**, eine Höhle, die sich in der Felswand über dem Dorf befindet, und in der auch heute noch Indígenas Opfer bringen und die Götter beschwören.

Es gibt einen **Bus** von Panajachel nach San Antonio um 9.15 Uhr, der am Beginn der Calle Principal an der Abzweigung nach Santa Catarina abfährt. Sonst eine Pick-up-Gelegenheit nehmen.

Das kleine Dorf **Agua Escondida** an der Straße nach San Lucas oberhalb San Antonios ist eine späte Gründung von 1895. Es waren vor allem Ladinos aus Tecpán, die sich hier ansiedelten. Im Laufe der Jahrzehnte hat sich das Leben und die Kultur von Ladinos und Indígenas hier sehr stark vermischt.

Unterkunft

- **Hotel Terrazas del Lago;** von einem Polen betrieben, obere Preisklasse, in traumhaft schöner Lage. Hier kann man Kanus und Ruderboote mieten. 150/240/270 Q.

San Lucas Tolimán

Die Lage dieses Ortes am Südufer des Sees stellt die natürliche Verbindung von Küste und Atitlán See her. Schon immer unterhielt das Dorf daher einen regen Handel mit Produkten der Küste, was auch das Leben der Bewohner prägt. Denn gleich hinter San Lucas beginnt der breite Kaffeegürtel Guatemalas und somit die Boca Costa mit ihren fruchtbaren Böden.

Die kleine Bucht am Fuß der über 3000 m hohen **Vulkane** Tolimán und Atitlán, die man von hier aus **besteigen** kann, erlaubte dem Dorf nur eine Ausdehnung nach Süden, so dass San Lucas größer ist, als man es vom gegenüberliegenden Ufer aus vermutet. Der Name Tolimán soll vom Anführer der toltekischen Soldaten, *Tolman,* herrühren.

Unterkunft/ Verkehrsverbindungen

Ein schmaler Fußweg führt von San Antonio nach San Lucas, wo man nächtigen kann:
- **Hotel Toliman,** am Ufer, Tel. 77 22 00 33, Internet: www.atitlanhotel.com. 307/390–470/547 Q inkl. Frühstück.
- **Brisas del Lago,** 6. Av., Tel. 77 22 00 28. Direkt am See. 70/140/210 Q.
- **Villa Real Internacional,** 7. Av. 1–84
- **Pension Pos. de Guadalupe,** Nähe Parque. Sehr einfach. 20/40/60 Q.
- Von San Lucas fahren Busse nach Santiago Atitlán.

Cerro de Oro

Zwischen San Lucas Tolimán und Santiago Atitlán liegt das kleine Cakchiquel-Dorf Cerro de Oro. Die meisten Indígenas waren Einwanderer aus Patzicía. Die Tracht zeigt heute noch bei den Älteren Elemente aus beiden Dörfern. Das Dorf trägt denselben Namen wie der kleine Vulkanstumpf, an dessen Fuß es liegt. Ob bei diesem „Goldhügel" wirklich einmal Gold gefunden, versteckt oder vergraben wurde, weiß niemand. Der Name kommt von der goldenen Farbe, die der Cerro annimmt, wenn die Sonne daraufscheint. Sehenswert ist die **Kirche** des Dorfes mit ihren bemalten Wänden, die Christus in Trachtenhosen zeigt.

Santiago Atitlán

Von Panajachel aus fahren jeden Tag Boote nach Santiago Atitlán, dem größten und bedeutendsten **Tzutuhildorf** am See. Das auf fruchtbaren Lavaterrassen gelegene Dorf ist der Kreuzungspunkt alter Handelsrouten, die das Hochland mit der Küste verbinden. Den Atitecos wird nachgesagt, sie seien die besten Händler am See und die professionellsten „Seefahrer". Gemüsebau, die Herstellung von Matten und *cayucos* (Einbäume) und etwas Fischfang gehören zum Haupterwerb der Bevölkerung.

Santiago Atitlán wurde von Franziskanern gegründet. Nicht weit vom heutigen Dorf lag die präkolumbische Hauptstadt der *Tzutuhiles*, von der nichts mehr zu sehen ist. Die Größe der kolonialen Kirche von 1566 beweist die Bedeutung Santiagos als ehemalige Missionierungsstation. Altar und Kruzifix stammen von *Miguel de Aguirre*. Ein Besuch lohnt sich schon allein wegen der in Tracht gekleideten Heiligenfiguren. Rechts vom Eingang befindet sich die Gedenktafel an *Stanley Francisco Rother,* der 1981 vom Militär umgebracht wurde.

Das religiöse Leben spielt in Santiago Atitlán eine besonders große Rolle. Während der **Osterfeierlichkeiten** spielen die Atitecos, ähnlich wie in Antigua und in der Hauptstadt, die Kreuzigungsgeschichte nach. Prozessionen, Messen und viel Weihrauch bestimmen diese Tage. In Santiago erzählt man sich, dass der heilige Johannes und die Jungfrau Maria in einer Nacht zum Karfreitag ein zartes Verhältnis miteinander angefangen hätten. Dass so etwas passieren konnte, war die Schuld der *Cofradía,* die es mit der Aufsichtspflicht in dieser Nacht nicht so genau genommen hatte. Seitdem müssen die beiden Statuen alljährlich jene Schicksalsnacht in zwei getrennten Zellen des Dorfgefängnisses verbringen und werden erst am Morgen entlassen.

Es gibt noch eine dritte Figur in Santiago, die eine außergewöhnliche Rolle während der Feiertage spielt: **Maximón.** Neben dem aus Zunil ist das Exemplar aus Santiago der berühmteste „Komische Heilige" in Guatemala. Eine Zigarre rauchend, mit Hut und vielleicht sogar Sonnenbrille, wird diese vogelscheuchenähnliche Holzpuppe zusammen mit seinen katholischen

Kollegen Ostern durch die Straßen getragen. Die Kirche hat den Kampf gegen diese moderne Ausgabe der Götter aufgegeben. Führer bringen einen zu ihm. Eintritt 2 Q, Foto 10 Q. Es lohnt sich aber nur, wenn man ihn einfach mal gesehen haben will.

Eine Attraktion ist auch die **Tracht** der Indígenas aus Santiago Atitlán. Der weiße Huipil mit seinen roten Streifen und den filigran aufgestickten Vögeln oder Mustern wird zu den schönsten in Guatemala gezählt. Das Pendant dazu sind die wadenlangen Hosen der Männer. Die Frauen und Mädchen bestechen jedoch vor allem durch ihre *tocoyales,* den Haarschmuck. Sie wickeln sich ein langes rotes Band so lange um den Kopf, bis sich der berühmte „Heiligenschein" ergibt. Der letzte Meter des gewebten Bandes ist mit bunten geometrischen Mustern verziert. Auf der 25 Centavo-Münze, dem *Choca,* ist der *tocoyal* einer Indígena aus Santiago Atitlán verewigt. Leider kommt er aus der Mode.

Infos/Unterkunft/Verkehrsverbindungen

- Es gibt eine kleine **Infostelle** hinter der Muelle den Berg hoch.
- **Hotel Bambu** links von der Anlegestelle (45/54/59 US$); **Hospedaje Chi-Nim-Ya** (50–70 Q); **Pension Rosita** (einfach); **Posada Santiago** (Bungalows 38/50/60 US$); amerikanische Besitzer; **Hotel Tzutuhil Atitlán** (50–70 Q).
- **Busse** vom Westlichen Hochland oder der Hauptstadt aus fahren über die Küste (Mazatenango, Patutul, San Lucas Tolimán). Von Quetzaltenango aus gibt es vormittags eine Camioneta nach Santiago. Ansonsten den üblichen Weg über Panajachel, dann mit der Lancha übersetzen.

San Pedro La Laguna

Von Panajachel aus ist **San Pedro La Laguna** mehrere Male am Tag mit der Lancha zu erreichen. Von Santiago Atitlán führt eine holperige Erdstraße hinter dem Vulkan San Pedro in das Dorf, die aber in naher Zukunft ebenfalls asphaltiert werden soll. Dieses dicht besiedelte, enge Tzutuhildorf mit seinen verwinkelten Straßen am Westufer des Sees entwickelte sich in den letzten Jahren zu einem zweiten **Travellertreff** neben Panajachel.

Die Pedraños sind gute Händler und besitzen viel Land. So gründeten um 1850 Indígenas aus San Pedro an der Küste den Ort Cutzan, den sie wie eine Kolonie behandelten. Die Hausformen, Trachten und die Sprache sind identisch. Der Handel zwischen den beiden Dörfern ergänzte sich. Es gingen Avocados und Agaven an die Küste, während von dort Baumwolle, Reis und Früchte an den See kamen.

Den Pedraños schreibt man zu, sie hätten die *Jaspe* in die Dörfer des Sees gebracht, jene Färbe- und Webtechnik, die die guatemaltekischen Stoffe so unverwechselbar macht. Auf ihren Händlergeist und relativen Wohlstand ist ganz sicher auch die überdurchschnittlich hohe Präsenz verschiedenster Sekten zurückzuführen. Berühmt sind die **Maler** aus San Pedro La Laguna und Santiago, deren naive Malerei in ganz Guatemala verkauft wird.

Die Frauen von San Pedro tragen keine originalen huipiles mehr. Es haben sich billigere Blusen aus Synthetikstoffen durchgesetzt. Die Indígenas bevorzugen Stoffe mit großen Blumenmustern und Blusen mit Puffärmeln.

San Pedro ist in den letzten Jahren zum Drogenumschlagplatz verkommen, der vor allem von Kanadiern bevölkert wird. Anders als Panajachel ist dieses Dorf kaputt und es bleibt zu hoffen, dass die „Szene" nicht auch noch in das nächste Dorf abwandert. Kein Dorf am See ist dermaßen verschmutzt wie San Pedro. Auf den kleinen Kaffeeäckern und den staubigen Dorfwegen türmt sich der Müll. Es scheint niemanden zu interessieren.

Unterkunft/Touren

● In San Pedro lässt es sich fast ausnahmslos preiswert übernachten, dafür ist es auch relativ bescheiden. Die EZ kosten 25–50 Q. Das **Mansion del Lago** an der Anlegestelle ist zu empfehlen (Tel. 58 11 81 72, 60/75/125 Q). Neu und sauber ist das **Hotel Villa Sol** (Tel. 23 34 03 27, Internet: www.atitlanonline.com/hotelvillasol; schöne Terrasse, 35–70 Q).
● **Bigfoot Agencia de Viaje** organisiert Touren aller Art; Tel. 77 21 82 03.

San Juan La Laguna liegt nur 2 km von San Pedro entfernt. In der Nähe gibt es den bekannten Strand Cristalinas am Fuß des Cerro Cristalina. Schöne Webarbeiten kann man im „Los Artesanos" kaufen.

Die Lanchas von Panajachel nach San Pedro halten nicht immer auch in San Juan. Wer hierher einen Ausflug machen möchte, sollte besser nach San Pedro zurückgehen und dort ein Boot zurück nach Panajachel nehmen.

Ein paar Hundert Meter höher auf einer kleinen Ebene zwischen San Juan und San Pablo liegen die beiden Dörfer **Santa Clara La Laguna** und **Santa Maria Visitación**. Die Siedlungen sind sehr abgelegen und so gut wie unberührt vom Tourismus.

San Pablo La Laguna

ist vom Ufer aus gar nicht zu sehen. Neben dem Gemüsebau ist hier das **Seilereihandwerk** (Agavefasern) ausgeprägt. Aus den Seilen werden Hängematten, Taschen oder Netze geflochten. Hier beginnt die Sprachgrenze zwischen den Tzutuhiles und Cakchiqueles.

Die *milpa* zieht sich wie andernorts weit den Hang hinauf. Kahlgerodet, Wind und Wetter ausgesetzt, schwemmt hier während jeder Regenzeit fruchtbarer Humus und giftiger Chemiedünger in den See.

● **Übernachtung** im *Hotel Valle Azul* und *Hospedaje Bisente*.

San Marcos La Laguna

Die ersten Siedler kamen 1666 von der Küste herauf, von wo eine Fledermausplage sie vertrieben hatte. Allein bis 1930 erlebte das Dorf eine fünfmalige Verlegung aufgrund von Überschwemmungen. In den 1950er Jahren rückte man das letzte Mal nach oben. Wie die Bewohner aus San Pablo stellen die Marqueños Seile aus Agavenfasern her, flechten Matten und betreiben Gemüsebau und Landwirtschaft.

Die Straße führt weiter nach **Tzununá**, wo die besten Zitronen und Orangen der Region wachsen sollen.

San Marcos entwickelt sich zusehends und ist ein Geheimtipp unter den Seekennern. Man kann hier wie in Santa Cruz ruhige und entspannte Tage verbringen.

Unterkunft

● **Posada Schumann,** am Seeufer, Tel. 55 10 70 76, Internet: www.posadaschumann.com. Klein und fein, Garten mit Seeblick. 20/30/35 US$.
● **La Paz,** Tel. 57 02 91 68. Mit vegetarischem Restaurant, Yoga-Klassen und Massageservice; 50/90/130 Q.
● **Los Pirámides Meditation Center,** Tel. 52 05 71 51, Internet: www.laspiramides.com.gt. 90 US$ die Woche.
● **Hotel Paco Real,** Tel. 59 18 72 15; 45/80/120 US$.

Santa Cruz La Laguna

Das Dorf, die erste Anlegestelle der Boote von Panajachel nach San Pedro, liegt geschützt vor Hochwasser auf einem Hügel. Wem der Rummel in Panajachel zu viel wird, der kann sich hier in der Hospedaje *Arca de Noé* einquartieren (Tel. 55 15 37 12, Bungalows 240 Q), die von Amerikanern geführt wird und sehr empfehlenswert ist. Der Travellertreff *La Iguana Perdida* bietet Zimmer, Hütten, Baumhäuser (Tel. 77 62 26 21, 35–60 Q) und Tauchkurse; vier Tage Schnorcheln, 150 US$, ein Tauchgang 35 US$. Die Besitzerin des *Hotels Posada Abaj* spricht Deutsch. Man sollte sich allerdings etwas zu lesen mitnehmen. Die Abende in Santa Cruz können lang werden.

Eine Alternative zu Santa Cruz sind das *Hotel La Casa del Mundo* (Tel. 52 18 53 32, 120/180/200 Q) und das Hotel *Vulcano Lodge* (Tel. 54 10 22 37, ab 60 Q) in El Jaibalito. Boot von Pana nehmen und sich in El Jaibalito absetzen lassen. Reservierungen für beide! Linienlanchas kommen morgens von 8–10 Uhr stündlich vorbei.

San Jorge La Laguna

Das letzte Dorf vor Panajachel auf dem Umrundungsgang um den See. Es ist mehr an die Straße Sololá – Panajachel gebunden als ans Ufer, nachdem die Fluten des Sees die Bewohner einst zwangen, ihre Häuser nach oben zu verlegen. Gegründet wurde San Jorge von Erdbebenflüchtigen aus Antigua im Jahre 1773. In der Nähe des Dorfes geht der **San-Buenaventura-Wasserfall** nieder, der vor allem während der Regenzeit beeindruckend ist. San Jorge ist neben Santiago Atitlán der zweite Ort am See, der einen San Simón besitzt *(Maximón)*.

Die ehemalige Kaffee-Finca *San Buenaventura* wurde in ein kleines **Naturreservat** umgewandelt. Hier gibt es ein Schmetterlings- und Vogelreservat, außerdem einen Orchideengarten. Informationen über das *Hotel Atitlán*, 1 km westlich des Zentrums von Panajachel am Strand. Siehe auch Panajachel A–Z unter Stichwort „Naturpark".

Wer den See und einige der Dörfer bei einer **Seerundfahrt** kennen lernen möchte, erkundige sich bei INGUAT in Panajachel oder den ansässigen Lancheros.

Das westliche Hochland

Vom Atitlán-See nach Quetzaltenango

Vom Atitlán-See kommend gibt es in Los Encuentros, der wichtigsten und größten Kreuzung des Hochlandes, die Möglichkeit, weiter Richtung Westen zu reisen. Nach Antigua und Panajachel steht bei den meisten Touristen Chichicastenango auf dem Programm, womit das beliebteste „Trampeldreieck" von Guatemala vollendet wäre. Wir bleiben zunächst auf der Panamericana und nehmen den Bus nach Quetzaltenango.

Die Fahrt ist sehr kurvenreich und steil mit vielen Aussichten in die besiedelten Täler und Becken. Während der Trockenzeit ist das Hochland ein braun gefärbter Mosaikteppich, der sich erst im Juni allmählich wieder in eine grüne Landschaft verwandelt. Die Landwirtschaft zieht sich bis auf die bewaldeten Hügel- und Bergspitzen hinauf. Ein Zeichen, dass die Bevölkerungsdichte hier höher ist als anderswo und es für die Bauern immer schwerer wird, mit dem Ertrag ihrer Äcker auszukommen.

Nahualá

Der Ort kündigt sich durch eine Reihe von Straßenhändlern an, die Schnitzarbeiten wie Kinderspielzeug, Masken oder Möbel aus Kiefernholz anbieten, wie sie für das Dorf typisch sind. Nur wenige Touristen unterbrechen hier ihre Fahrt.

Nahualá gehört zwar noch zum Dept. Sololá, doch sprechen die Indígenas hier bereits Quiché. Die **Tracht der Männer** mit ihren *rodilleras* erinnert an die aus San Antonio Palolpó am Atitlán-See. Die Nahualeños tragen dazu ein rotgestreiftes Hemd mit orange besticktem Kragen und häufig einen *tzut* auf dem Kopf. Die Tracht der Frauen besteht aus einem blauen Corte und einem weißen, gelben oder orangefarbenen Huipil, der ebenfalls reich bestickt ist.

Die Männer von Nahualá sind gute Handwerker. Außer Schreinern und Schnitzern gibt es Steinmetze, die *metates* herstellen, Granitsteine zum Zermahlen von Maiskörnern. Die Marimbas aus Nahualá genießen ebenfalls einen guten Ruf in Guatemala. Außerdem stricken die Männer die typischen Wolltaschen, die, wie alles andere aus Nahualá, häufig am Straßenrand zum Verkauf angeboten werden.

Nahualá ist ein außergewöhnliches Dorf. Nicht nur, dass im vorletzten Jahrhundert über viele Jahre hinweg keine Fremden oder Ladinos das Dorf betreten durften, es war auch verboten, im Dorf Alkohol auszuschenken. Weil der Staat seinerzeit das Schnapsmonopol besaß, musste Nahualá lange eine Steuer für nicht getrunkenen Alkohol abführen!

Die Fassade der **Dorfkirche** ist ein Stilgemisch aus barocken Fenstern und Säulen sowie klassizistischen Kapitelen und Stuckelementen neueren Datums. Die Nahualeños sind eigentlich tief katholisch (wenngleich auch hier das Sektenwesen um sich greift). Es heißt, sie hätten noch lange Zeit den Zehnten an die Kirche bezahlt. Ein Ergebnis der langen Abschottung. **Markttag** ist Sonntag; eine Fiesta findet am 25.11. statt.

●Es gibt eine bescheidene **Übernachtungsmöglichkeit.**

Santa Catarina Ixtahuacán

Ein paar Kilometer weiter gibt es einen kleinen Abzweig nach Santa Catarina Ixtahuacán. Es ist das Schwesterdorf von Nahualá mit denselben Trachten und *costumbres*. Trotzdem gibt es eine alte Rivalität zwischen beiden Dörfern. In Santa Catarina fand 1839 ein Mayaaufstand statt, der in die Geschichte einging. Nach dem Hurrikan „Mitch" 1998 wurde mit Hilfe der GTZ (Beratungsunternehmen für Entwicklungszusammenarbeit) ein Teil des Dorfes jenseits der Panamericana verlegt. Es ist heute unter dem Namen Nueva S. C. Ixtahuacán bekannt und umfasst 550 Häuser.

Cuatro Caminos (Kreuzung)

Noch einmal so weit wie von Los Encuentros nach Nahualá (30 km) ist es von dort zu einer zweiten wichtigen Kreuzung im Hochland, nach Cuatro Caminos. Bis dahin quält sich der Bus in das zerklüftete Hochland hinauf. Auf dieser Fahrt kann man gut die mächtigen **Sandsteinhorizonte** mit ihrer geringen Humusschicht studieren, die wie Steilwände an der Straße aufragen. Die Mächtigkeit des Sandsteins ist das Ergebnis enormer Sedimentablagerungen, die besonders nach Vulkanausbrüchen einsetzten.

Zu Jahresanfang kann man am Straßenrand die Herstellung von Strohmatten beobachten. Leider wird ein großer Teil des gesammelten Weizenstrohs trotzdem verbrannt, denn noch immer ist Kompostierung bei den guatemaltekischen Bauern nahezu unbekannt und noch keine Alternative zum deutschen Chemiedünger.

Bunt und einladend wirken die kleinen Stände mit Obst und Gemüse, das gewaschen, poliert und zu kunstvollen Pyramiden gestapelt ist. Zum Alltag auf der Straße gehören auch die *chuchos* (Hunde), die ihre Nase stoisch und oft gefährlich weit den vorbeikrachenden Camionetas entgegenstrecken. Mit der Zeit stellt man fest, dass immer dieselben Hunde an derselben Stelle liegen. Jeder hat hier also in gebührendem Abstand zum anderen sein Revier.

Kurz vor Cuatro Caminos steigt die CA 1 zu ihrem höchsten Punkt auf 3000 m an, der bezeichnenderweise **Alaska** genannt wird. Noch Anfang der 1990er Jahre war Alaska eine brachliegende hochmoorähnliche Gegend mit extrem viel Nebel, *páramo* genannt. Heute ist es eine Hochfläche, auf der Mais und Kartoffeln angebaut werden, da im Laufe der Zeit die Kleinbauern sogar noch diese extremen Standorte besetzten, um ein wenig Ackerbau zu betreiben. Nur noch an vereinzelten Stellen wächst das charakteristische Büschelgras *pajón*, das die Hochlagen des Altiplano auszeichnet und als Deckmaterial für Dächer verwendet wird.

In **Cuatro Caminos,** einer Kreuzung mit Tankstelle, Comedores, Verkaufsständen und fliegenden Händlern, gibt es eine **Umsteigemöglichkeit** nach Totonicapán, Momostenango, Huehuetenango, Quetzaltenango oder Guatemala Ciudad. Von hier nach Quetzaltenango sind es nur noch 10 km. Dorthin gibt es auch immer Mitfahrgelegenheiten mit Pick-ups.

Quetzaltenango

Quetzaltenango erscheint auf den ersten Blick nicht sehr attraktiv. In der zweitgrößten Stadt des Landes gibt es keine Touristenszene wie in Panajachel, das Stadtbild ist nicht einheitlich kolonial wie in Antigua, der Markt eher auf die Bedürfnisse der Bevölkerung ausgerichtet, und die Temperaturen auf 2330 m sind auch nicht mehr so frühlingshaft wie am Atitlán-See.

Von *Xelajú,* wie die Quetzaltecos ihre Stadt immer noch nennen, muss man etwas mehr wissen, als die einheimischen Tourismusprospekte verraten. Der Blick auf die Fassade genügt nicht, um die Besonderheiten, Einzigartigkeiten und Reize der Stadt zu erkennen.

Quetzaltenango liegt genau 200 km von der Hauptstadt entfernt in einer der größten Talebenen der Sierra Madre. Die Stadt hat ca. 160.000 Einwohner. Von fast allen Punkten Quetzaltenangos aus blickt man auf den **Vulkan Santa María,** dessen perfekter Kegel die Stadt um gut 1500 m überragt. Die Lage *Xelas* (sprich: Schela) als

Quetzaltenango

ZONE 7
ZONE 3
ZONE 1

- Parque Benito Juárez (Democracia/Markt)
- San Marcos
- Stadion Tecún Un
- Universität Rafael Landívar
- Hospital Privado
- Hospital General
- Brauerei
- Calzada Sinforoso Aguilar
- San Marcos
- Zentralfriedhof
- Parque Centroamérica
- Aussichtspunkt La Pedrera
- Hospital San Rafael

Ⓑ	1	Terminal Minerva
■		Markt
▲		Templo de Minerva
★		Parque Zoológico Minerva
Ⓑ	2	Bushaltestelle
■	3	Centro Comercial Mont Blanc
☕	4	Café Berna
Ⓑ	5	Transportes Alamo
■	6	Centro Comercial Delco
Ⓑ	7	Busstation Galgos
■	8	Vrisa Bookshop
•	9	Teatro Municipal
🛏	10	Modelo
🛏	11	Anexo Hotel Modelo
✉	12	Post
☕	13	Blue Angel Video Café
☕	14	Café/Teatro Casa Verde
🛏	15	Rio Azul
■	16	Centro Comercial El Portal, La Taqueria
☕	17	Café Baviera
☕	18	Pasaje Enriquez, Bar/Salon Tecún
$	19	Occidente Banco
▲	20	Templete
🛏	21	Pensión Bonifaz
★	22	Edificio Rivera
•	23	Municipalidad/Palacio Municipal, Banco Industrial,
⛪	24	Kathedrale Espiritú Santo, Taxis
■	25	Centro Comercial
Ⓜ	26	Casa de la Cultura, Museo de Historia Natural
ℹ	27	INGUAT Tourist Office
Ⓜ	28	Museo del Ferrocarril de los Altos
🛏	29	Kiktem-Ja
Ⓑ	30	Busse nach Almolonga und Zunil
🛏	31	Altense
🛏	32	Casa Mañen
☕	33	La Luna

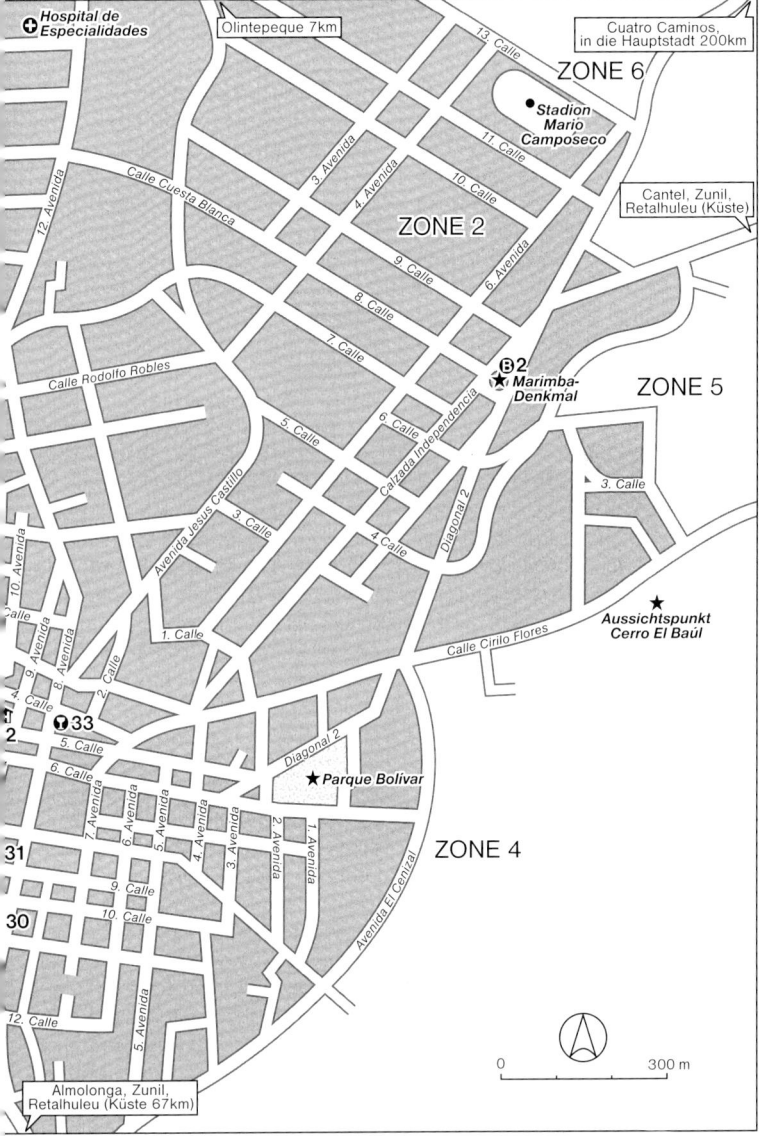

Farbkarte S. XIX QUETZALTENANGO 293

Durchgangsstation für den Handel von der Küste ins Hochland und von Westen nach Osten ließ die Stadt im 19. Jahrhundert zu einer mächtigen Metropole und zu einer ernst zu nehmenden Rivalin der Hauptstadt werden.

Als die Zentralamerikanische Föderation (1823–1838) bereits am Auseinanderbrechen war, erklärten sich die Los Altos, bestehend aus den Departementen Sololá, Totonicapán und Quetzaltenango, zum unabhängigen *Sexto Estado* (Sechsten Staat). Die Machtübernahme der Konservativen unter *Rafael Carrera* (1839–1871) bereitete 1840 der Unabhängigkeit des Hochlands ein abruptes Ende.

Doch etwas von diesem Traum ist noch lebendig. Es gibt nicht wenig Quetzaltecos, die noch heute vom *Sexto Estado de Los Altos* reden, als hätte es nie eine Niederschlagung der Freiheitsbestrebungen gegeben. Daher mag auch die Ansicht kommen, die Quetzaltecos wären die eigensinnigsten und hochnäsigsten aller Guatemalteken. In Wahrheit sind sie liebenswürdig und aufgeschlossen, aber stolz auf ihre Vergangenheit.

Die **Geschichte der Stadt** begann mit den Mam-Indígenas, die jenen Platz ihres Königreiches *Culajá* nannten, was soviel wie „Wasserschlucht" bedeutet. Nach der Eroberung durch die Quiché im 14. Jahrhundert, die bis zur Ankunft der Spanier hier ihren Herrschaftsbereich etablierten, hieß die Stadt Xelajú, („Unter der Herrschaft der Zehn"), da das Königreich der Quiché in zehn Sektionen eingeteilt war.

Bei Quetzaltenango (Olintepeque) fand denn auch die Entscheidungsschlacht zwischen *Pedro de Alvarado* und Quichéhäuptling *Tecún Umán* statt, von dem es heißt, er wäre mit 8000 Soldaten gegen den blonden Konquistador angetreten. Der Ausgang ist bekannt. Doch bevor *Tecún Umán* auf dem Schlachtfeld starb, flog ein Quetzal vorüber und setzte sich auf die blutenden Wunden des tödlich verletzten Helden. Seit dieser Zeit besitzt der Quetzal eine rote Brust ...

Mexikanische Söldner nannten die von den Spaniern eroberte und am 15. Mai 1524 offiziell gegründete Stadt „Quetzaltenango", was „in den Mauern des Quetzals" bedeutet.

Seine Blütezeit erlebte Xela zur Zeit des regen Kaffeehandels im späten 19. Jahrhundert. Neben Italienern und Spaniern waren es vor allem die Deutschen, die als Kaffeefinqueros, Händler, Brauereibesitzer, Fabrikanten, Hoteliers usw. zu Reichtum und Einfluss gelangten. Die Stadt besaß sogar eine eigene Eisenbahnlinie, die *Ferrocarril de Los Altos,* an die manche Quetzaltecos mit Wehmut zurückdenken. Sie war die erste elektrische Eisenbahn der Welt, die in dieser Höhe fuhr. Die deutsche AEG (Elektrik) und Krupp (Konstruktion) stellte sie in zehn Jahren fertig; 1930 konnte sie eingeweiht werden. Ein Unwetter zerstörte im September 1933 Schienen und zwei Brücken derart, dass der damalige Diktator *Ubico* dies zum Anlass nahm, den Wiederaufbau zu untersagen, um somit der quetzaltekischen „Separationsbewegung" einen empfindlichen

QUETZALTENANGO

Das westliche Hochland

Stoß zu versetzen. Er ließ die Brücken abreißen. Übriggeblieben sind etliche Laternenpfosten aus den alten Schienen und der Tunnel hinter Zunil Richtung Küste. Eine ausführliche Dokumentation sowie Zeugnisse und Relikte aus dieser Zeit stellt das **Eisenbahnmuseum** am Parque Central aus.

Die europäische Vergangenheit Xelas zeigt sich noch heute in der klassizistischen Architektur vieler Gebäude, die die Stadt so unverwechselbar und einzigartig macht und ihr etwas von Größe verleiht, die der Hauptstadt des Landes fehlt.

Parque Centroamérica (Parque Central)

Das geistige und kulturelle Ambiente Quetzaltenangos war schon immer ein besonders fruchtbares. Denn keine andere Stadt Guatemalas brachte neben Politikern, Wissenschaftlern und Ärzten eine so große Zahl von hervorragenden Schriftstellern, Dichtern, Komponisten, Musikern und Malern hervor. In unzähligen Versen und Liedern ist dem „Stern des Westens" *(La Estrella del Occidente)* Xelajú ein Denkmal gesetzt worden. Am berühmtesten ist die in ganz Guatemala bekannte und vielgesungene Hymne *La Luna de Xelajú.*

Den dunkelsten Tag seiner Geschichte erlebte Quetzaltenango am 24. Oktober 1902 beim **Vulkanausbruch** des Santa María. Während des darauffolgenden Erdbebens kam die Stadt derart zu Schaden, dass sie sich in der Folgezeit nie richtig davon erholte und durch die allmähliche Abwanderung kapitalkräftiger Investoren in die Hauptstadt zu immer größerer Bedeutungslosigkeit herabsank.

Quetzaltenango ist **heute** eine Stadt mit einem kleinbäuerlich geprägten Umland im Westen, Norden und Osten, das in der Hauptsache Mais, Bohnen, Weizen, Gemüse und Obst produziert. Im Süden beginnt auf den fruchtbaren Vulkanböden der Kordillere Großgrundbesitz mit Kaffee-, Zuckerrohr- und Bananenanbau. Neben einem regen Handel besitzt Quetzaltenango eine kleine Industrie, vor allem in den Bereichen Nahrungsmittel, Textil, Leder, Glas, Holz und Baustoffe. Dazu kommt ein ausgeprägter Handwerks- und Dienstleistungssektor, das Hotel- und Gaststättengewerbe sowie jede Menge Hausangestellte, Lehrer, Ärzte, Juristen und Beamte.

Nirgendwo in Guatemala findet man eine solch überdurchschnittlich hohe Beteiligung von Indígenas am wirtschaftlichen Leben, was Quetzaltenango im Vergleich zu anderen Städten eine „gesündere" Sozialstruktur verleiht. Eine niedrigere Kriminalitätsrate und weniger Obdachlose sind eine positive Folgeerscheinung.

Einzigartig sind die vielgerühmten Quetzaltecas, die zu ihrer wunderschönen **Tracht** hochhackige Schuhe und modische Frisuren tragen. Sie sind stolz und selbstbewusst und verwandeln an Festtagen die Straße in einen Laufsteg, wenn sie mit ihrem weiten schwarzen Corte, der zwei typische gelbe handbestickte Streifen aufweist, und dem gelben Huipil bewundernde Blicke auf sich ziehen. Dagegen ist die Tracht der Männer vollständig verloren gegangen.

Sehenswertes

Wie alle von den Spaniern gegründeten Städte, besitzt auch Xela die planmäßig angelegte Struktur eines Schachbrettgrundrisses. Zentrum und Mittelpunkt ist die rechteckige *Plaza* in der Zone 1, die die Quetzaltecos auch **Parque Centroamérica** nennen. Unter dem Schatten der Bäume sitzen immer Leute und lesen Zeitung, lassen sich ihre Schuhe putzen oder treffen sich auf ein Plauderstündchen. Die Plaza einer Stadt (in Guatemala ist es oft einfach der Parque) ist ihr Geschichtsbuch. Hier wurde aufmarschiert, geehrt, rebelliert, gefeiert und gestorben. Bis in die 1920er Jahre hinein stand am Platz des heutigen **Barrios-Denkmals** der Torre Centroamérica, von dem Fotos in der *Occidente Banco* und im Museum ausgestellt sind. Heute ist der Parque von Quetzaltenango ein eher beschauliches Plätzchen. An jedem ersten Sonntag des Monats findet hier ein hübscher Kunsthandwerkmarkt statt.

An der östlichen Seite der Plaza steht die **Kathedrale Espíritu Santo,** die durch mehrere Erdbeben so stark zerstört wurde, dass nur noch die koloniale Fassade steht. Sie ist eines der wenigen kolonialen Zeugnisse der Stadt. Die neue Catedral de la Dióce-

Kathedrale Espíritu Santo

sis de Los Altos setzte man direkt dahinter. Die Baumeister verwendeten Material aus nahegelegenen Steinbrüchen, die Türen sind aus Mahagonibäumen des Petén, und die Fenster sollen aus Mexiko kommen. Das Innere der Kathedrale ist vergleichsweise nüchtern, doch das Licht, das durch die vielen Kuppeln fällt, gibt dem Raum eine großartige Atmosphäre. Rechts neben der Kirche befinden sich Büro, Sekretariat und Archiv des Bischofs von Quetzaltenango.

Ebenfalls an der Ostseite des Parques steht der prunkvolle **Palacio Municipal** mit seinen zehn neoklassizistischen Säulen und filigran geschnitzten korinthischen Kapitelen. Sehenswert ist der Patio dieser Gemeindeverwaltung im Inneren des Palacios. An ihn schließt sich das **Edificio Rivera** an, das eine Bank, Büros und Läden beherbergt. Etwas zurückversetzt an der schmaleren Nordseite befindet sich das älteste und teuerste Hotel der Stadt, die **Pensión Bonifaz.** Das gelbe Gebäude war einst eine Finca und gehört mit seiner kolonialen Architektur noch heute zu den schönsten der Stadt. Das gepflegte Café des *Bonifaz* ist auch für Nichtgäste geöffnet.

Die Front der Nordseite nimmt die **Occidente Banco** ein. Dieses ebenfalls im neoklassizistischen Stil errichtete Gebäude ergibt zusammen mit dem Palacio Municipal, dem runden säulenbestandenen Templete, der Pasaje Enriquez auf der Westseite und der Casa de la Cultura gegenüber ein Bild, das der Plaza Quetzaltenangos jenen unverwechselbar würdigen und großbürgerlichen Ausdruck verleiht.

Die **Pasaje Enriquez** mit ihren Erkern, Balkonen und Adlern an der Fassade drückte lange besonders eindrucksvoll den „Charme des Verfalls" aus, der Guatemala an so vielen Stellen prägt. Das Gebäude mit Wandbemalungen, Fresken, Fliesen und schmiedeeisernen Gittern wurde um 1900 von zwei Italienern erbaut. Die italienischen Architekten haben Xela besonders in der Zeit von 1880–1930 ihren Stempel aufgedrückt. Heute stehen noch immer viele der Räume leer, die Farben verblassen, das Innere füllt sich allmählich. Besonders skurril wirkt die halbseitige Renovierung der Pasaje. Für die andere Hälfte wird sich hoffentlich ein anderer Käufer finden. Die *Tecún Bar* in der Pasaje hat sich als Travellertreff etabliert.

In der **Casa de la Cultura de Occidente,** die die schmale Südseite des Parques einnimmt, befindet sich das **Tourismusbüro** von *INGUAT,* die Kulturvereinigung der Stadt, das Museum und die Bibliothek. Das Museum zeigt im ersten Stock Bilder, Dokumente und Relikte aus der Stadtgeschichte, im oberen Stockwerk befindet sich eine Art Naturkundemuseum mit einer schulmeisterlichen Sammlung von Pflanzen, Kräutern, ausgestopften Tieren, Mineralien, Keramik und vieles mehr. Die Krönung dieses Panoptikums ist ein ausgestopfter Quetzal hinter Glas.

Etwas abgelegen und versteckt an der Seite der Casa de la Cultura liegt die wenig genutzte **Plazuela del Marimbista,** ein liebenswertes Plätzchen in Form eines kleinen Amphitheaters mit Bühne, Steintreppen und Marmorfigürchen. Gegenüber erhebt sich das dreistöckige **Centro Comercial** mit Markt, Geschäften und Souvenirläden.

Nur einen Steinwurf von der Casa de la Cultura entfernt (Gebäude 12. Avenida Ecke 7. Calle), befindet sich das **Museo del Ferrocarril de los Altos** (Eisenbahnmuseum, Eingang 7. Calle), das ein wichtiges Stück Stadtgeschichte repräsentiert. Das Gebäude selbst war früher ein Konvent, ein Colegio und zuletzt ein Waisenhaus unter der Leitung von *Schwester Encarnación Rosal,* die Straßenkinder aufnahm und unterrichtete. Das Museum hält sich nicht immer an seine Öffnungszeiten. Vorbeigehen.

Während die 12. Avenida als Calle de San Nicolas den Anfang der bebauten Stadt um 1525 markiert, ist die 4. Calle die Achse des Laden- und Geschäftsviertels des Zentrums, in der sich auch die **Post** befindet (Ecke 15. Av.). Im Patio spielt hin und wieder Samstagabends eine Marimbagruppe zum Tanz unter freiem Himmel auf.

Auf dem Gebiet der modernen guatemaltekischen **Malerei** ist Xela führend. Einige der besten Maler des Landes wie *Rolando Pisquiy, Alfredo García, Rolando Sánchez* und *Rolando Aguilar* sind Quetzaltecos und leben hier. Die **Kunstschule Humberto Garavito** (2. Av. 0–13, Z 1) genießt daher einen guten Ruf in Guatemala.

Weniger aktiv sind die Theatermacher der Stadt. Das neoklassizistische **Teatro Municipal** (zw. 14. Av. und 14. Av. „A") glänzt mehr durch seine Architektur und exponierte Lage, als durch reizvolle Spielpläne und abendfüllende Programme.

Seit Xela immer mehr ausländische Sprachschüler beherbergt und die Studentenstadt dahingehend komplettiert, haben auch die Kneipen und Cafés in der Zone 1 zugenommen.

Der Hauptmarkt Xelas liegt am Rande der Zone 3 am Ende der 4. Calle. Hier stößt man wieder einmal auf einen dieser nichtsnutzigen **Minervatempel** aus der Zeit *Estrada Cabreras,* der dem Viertel den Namen gibt. Jeder Stadtbus mit der Aufschrift „Minerva" fährt zum Markt. Der Park mit Kinderspielplatz und Zoo (nur wenige Tiere) wird am Wochenende viel von Familien besucht.

Hinter dem Markt liegt der große **Busterminal.** Von hier aus fahren Busse in alle Richtungen. Wie fast überall in Guatemala, wird man von den Ayudantes nach seinem Reiseziel gefragt und zum entsprechenden Bus gebracht. Trotzdem sollte man sich noch einmal bei den bereits wartenden Fahrgästen erkundigen, ob man im

---

Pasaje Enriquez

100 Jahre guatemaltekische „Bierkultur"

1882 brauten die Brüder *Castillo* zusammen mit einem Kompangon das erste Bier in Guatemala. Auf zweirädrigen Karren wurde die bräunliche Flüssigkeit in den Städten und Dörfern verkauft. Der Zuspruch war jedoch nicht gerade überwältigend, so dass die beiden Brüder *Mariano* und *Rafael*, inzwischen Alleinbesitzer der Brauerei Centro Americana, 1895 den deutschen Bierbrauer *Wilhelm Spitz* nach Guatemala holten. Erst jetzt bekam das Gebräu Geschmack und Format. 1896 wurde es in Flaschen abgefüllt, und weil das erste Etikett bereits einen Hahn zeigte, nannte man es 1914 kurzerhand „Gallo". Die Erfolgsgeschichte eines Imperiums hatte begonnen.

Parallel dazu brauten die deutschen Gebrüder *Häussler* (*Cervecería Alemana*) um 1890 in Quetzaltenango ebenfalls ein Bier. Ihr Braumeister *Gustav Kiene* gründete fünf Jahre später unter dem Namen *Cervecería Nacional* eine eigene Brauerei, die er zusammen mit seinem Bruder zu einem florierenden Unternehmen machte, das außerdem Wurst, Kühleis und erfolgreiche Erfrischungsgetränke herstellte. Die schweren Maschinen für die Bierherstellung kamen aus Deutschland und den USA und mussten vom Pazifikhafen Champerico auf die Eisenbahn nach Retalhuleu verladen werden, von wo aus sie mit Mulas bis Xela transportiert wurden. Die letzte Maschine arbeitete bis 1968.

Die *Kiene*-Brüder und ihr Brautechniker *Wolff* gaben ihren Biersorten die verschiedensten Namen und schmückten die Flaschen mit wunderbaren Etiketten (heute noch zu sehen im Stadtmuseum von Quetzaltenango). Neben dem *Doble* gab es das *Sol*, das *El Coyote* der 1930er Jahre (abgeleitet von Otto „Wolff"), ein Pilsener, das *Utz Pin Pin* („Sehr, sehr gut") und einige Festbiere wie das *Tecún* zu Ostern und das *Nochebuena* zu Heiligabend. Am langlebigsten aber war das Bockbier, das unter dem Namen *Cabro* bis heute verkauft wird.

1929 erwarb die Familie *Castillo* die *Cervecería Nacional*. Dies war sozusagen das Ende der guatemaltekischen Bierkultur, denn seit jener Zeit trinkt die Nation (mit einigen sehr wenigen Ausnahmen) eine Biermarke: *Gallo*. Sie ist kaum zu schlagen. Prost!

Bier (Castillo)-Museum: Guatemala Ciudad, Finca Zapote, Zone 2.

richtigen Bus sitzt. Hinter dem Busterminal an der Ausfahrtsstraße nach San Marcos liegt das große **Einkaufszentrum** La Pradera mit u.a. fünf Kinos.

Zentraler liegt der Markt beim **Parque Benito Juarez** im Democracia-Viertel der Zone 3. Hier ist immer etwas los. Wer nur in Antigua, Panajachel oder Chichicastenango war, erlebt hier vielleicht erstmalig einen Markt ohne Touristenschnickschnack, auf dem es alles, was der Guatemalteke im Alltag benötigt, gibt.

Gegenüber dem Parque Benito Juarez steht die **Kirche San Nicolás.** Anders als die meisten Kirchen des Hochlands ist sie im gotischen Stil erbaut.

Auf der anderen Seite des Parques in der 16. Av. befindet sich das **Alternativas,** in dem Kunsthandwerksarbeit verkauft wird. Außerdem gibt es einen Post-, Fax-, Kurier-, E-Mail- und Frachtservice. Man kann sich auch Zeitschriften ausleihen. Vom **Café Berna** nebenan im ersten Stock hat man einen schönen Blick auf den kleinen Parque; es ist übrigens eines der wenigen Nichtrauchercafés in Guatemala.

Die Zone 5 hinter dem **Monumento à la Marimba** am Platz Rotonda ist die *Zona roja* Quetzaltenangos. Viel zu sehen gibt es allerdings nicht im *El Oeste*, einem der beiden Nacht- und Stripteaselokale Xelas.

Im Vergleich zu anderen Städten ähnlicher Größenordnung wie Escuintla hat Quetzaltenango einen liebenswert provinziellen Charme.

Einen herrlichen Blick auf die Stadt kann man vom **Cerro El Baúl** aus genießen. Für den Spaziergang auf den kleinen Berg sollte man sich allerdings etwas Zeit nehmen. Bus zur Colonia La Molina, Zone 5, nehmen, von dort aus gibt es einen Fußweg. Leider häufen sich auf dem Baúl die Überfälle.

Ebenfalls lohnenswert ist ein Spaziergang zum **Calvario** und dem Zentralfriedhof in der Zone 1 westlich des Parque Centroamérica. Hier erinnert eine Tafel an die „Märtyrer" der Hochland-Unabhängigkeitsbewegung.

Es muss einem also nicht langweilig werden in Quetzaltenango, zumal sich Xela allmählich zu einer echten Alternative in Sachen Sprachschulen entwickelt hat. Wer sich außerdem ein wenig für Architektur begeistert und einen Sinn für Details hat, der wird noch vieles auf seinen Streifzügen durch die Stadt entdecken. Auch die Umgebung ist in Tagesausflügen leicht zu erkunden. Die Busverbindungen sind aufgrund der Zentralität Xelas gut. Es ist also kein Problem Bauerndörfer, Märkte, Fiestas, Kirchen, Opferplätze und heiße Quellen zu besuchen.

Unterkunft

- **Pensión Bonifaz,** 4. Calle 10–50, Z 1, Tel. 77 65 11 11, E-Mail: penbonifaz@hotmail.com. Luxusklasse. „Erstes Hotel am Platze". 55/66/76 US$
- **Hotel Modelo,** 14. Av. „A" 2–31, Z 1, Tel. 77 61 25 29. Gutbürgerliche Mittelklasse. 262/292/323 Q.
- **Hotel Casa Mañen,** 9. Av. 4–11, Z 1, Tel. 77 63 07 86, Internet: www.comseeit.com. Sehr schönes Hotel. 390/448/585 Q inkl. Frühstück.
- **Anexo Hotel Modelo,** 14. Av. „A" 3–22, Z 1, Tel. 77 61 26 06. Ruhiger Innenhof. 195/220/244 Q.

A–Z

Ganz Quetzaltenango im Internet unter:
www.xelapages.com

Ärzte

- *Oscar de León*, 9. Calle 10–41, Z 1, Hospital San Rafael, Tel. 77 61 44 14.
- *Dr. Francisco Alvarado Lima*, 14. Av. „A" 0–61, Z 1, Tel. 77 61 68 83.
- Zahnarzt *Dr. Wellington Barrios*, 21. Av. 0–24, Z 3, Tel. 77 65 39 27.
- In **Notfällen:** *Hospital Privado*, Calle Rodolfo Robles 23–51, Z 1, Tel. 77 61 43 81. *Clinica de Especialidades*, 6. Calle 12–28, Z 3, Tel. 77 63 61 67.

Banken

- Mehrere Banken rings um den Parque Centroamérica und beim Democracia Markt, Z 3. Bargeld auf Kreditkarten bei *Creomatic*, Centro Montblanc, 1. Stock.

Bibliothek

- *Casa de la Cultura*, Eingang 7. Calle.

Buchhandlungen

- *Librería Frida Kahlo*, 1. Calle 8–61, Z 3.
- *El Libro Abierto*, 15. Av. „A" 1–56, Z 1. Schwesterladen von North & South, einige deutsche Bücher.
- *VRISA*, 15. Av. 3–64, Z 1, Büchertausch.
- *North & South Bookstore & Internetcafé*, 8. Calle und 15. Av. 13–77, Z 1; neue schöne Buchhandlung, viel über Guatemala und die Maya.

Fahrräder

- *VRISA Bicicletas*, 15. Av. 3–64, Z 1, Tel. 77613237.

Fiesta

- vom 12.–18. September große *Feria* im Rahmen der Unabhängigkeitsfeiern mit Umzügen, Tänzen, Musik, Rummel und Miss-Wahlen. An Ostern Prozessionen.

Fracht

- *Alfa Internacional*, 15. Av. 3–51, Tel. 77 63 21 02,
- *DHL*, 12. Av. „C" 35, Z 1, Tel. 77 63 12 09.

Kino

- *Centro Comercial La Pradera* (Hyperpaiz), hinter Terminal Z 3 . Komplex mit fünf Kinos. Videocafé im *Blue Angel*.

Kommunikation

- *Alternativas*, 16. Av. 3–35, Z 3. Post, Fax, Internet.
- *Mayacommunications*, in der *Tecún Bar*, Pasaje Enríquez.

Ansonsten viele Internetcafés im Zentrum.

Kunsthandwerk

- jeden ersten Sonntag im Monat kleiner Markt auf dem Parque Centroamérica. *Centro Comercial* und *Momosteca* in Z 1; *Alternativas*, Parque Benito Juárez, Z 3. *Ixmucane*, 13. Av. 7–38, Z 1.

Markt

- täglich La Democracia, Parque Benito Juárez, und Centro Comercial bei der Kathedrale.

Mietwagen

- *Tabarini*, 9. Calle 9–21, Z 1, Tel. 77 63 04 18.
- *XelaRent*, 8. Calle 19–26, Z 1, Tel. 77 61 34 60.
- *Guate Rent*, in der Pension Enrique am Parque, Tel. 77 15 57 57.

Museen

- *Casa de la Cultura* mit Museum zu Stadtgeschichte und Naturkunde am Parque.

Mo–Fr 8–12, 14–18 Uhr, Eintritt 6 Q. Eisenbahnmuseum gegenüber, Mo–Fr 8–12, 14–17 Uhr, Eintritt 6 Q.

Post

● 4. Calle/15. Av., Z 1.

Reisebüro/Tagestouren

● *Xela sin Limites,* 12. Av. „C" 35, Z 1, Tel. 77 61 60 43, E-Mail: jdiehl@itelgua.com.
● *Adrenalina Tours,* Pasaje Enriquez, Tel. 77 61 45 09, Internet: www.adrenalinatours.xelalinea.com
● *GBRC Bird Watching,* 7. Calle 15-18, Z 1, Tel. 77 67 73 39, Internet: www.xelapages.com/gbrc.
● *Mountaintours,* Diagonal 13 15-53, Z 1, Tel 77 61 59 93, E-Mail: www.mountaintours@4t.com.
● *Viajes SAB,* 1. Calle 12-35, Z 1, Tel. 77 63 06 37.

Sprachschulen

Es gibt viele, fast alle offerieren Volunteerarbeit in Projekten und bieten Nachmittagsaktivitäten wie Tanz etc. an. Siehe im Internet unter www.xelapages.com oder im INGUAT-Büro.
● *Escuela para Todos,* 12. Av. 1-78, Z 3, Tel. 77 65 07 15, Internet: www.spanishschool.biz.
● *Sakribal,* 6. Calle 7-42, Z 1, Tel. 77 63 07 17, Internet: www.sakribal.com.

Tanzschulen

● *Latin Rhythm Dance School,* 15. Av. „A" 2-33, Z 1, Tel. 77 65 31 79.
● Im *Centro Las Calas,* 14. Av. „A".

Taxis

● Parque Centroamérica, La Democracia Z 3 und Terminal; *Taxis Rotativas,* Tel. 77 61 50 01.

Tourismusinformation

● *INGUAT* in der Casa de la Cultura am Parque, 9–17 Uhr.

Vulkanbesteigungen

● **Santa María, 3772 m,** Aufstieg 4–5 Stunden. Aufstieg beginnt in Llano del Pinal. Bus ab Terminal oder an der Ecke 20. Av./Calzada Sinforosso Aguilar. Nach der ersten Hälfte führt der Weg steil nach oben und ist sehr anstrengend. Blick auf die Ebene Xelas, die Höhenzüge des Hochlands und die Gipfel von Cerro Quemado und Siete Orejas. Oben ein unbeschreiblicher Rundumblick und Einsicht in den rauchenden Krater des kleinen Santiaguitos an der abgebrochenen Südflanke des Santa María. Er entstand als aktiver Teil des Santa María beim Ausbruch 1902. Einer der gefährlichsten Vulkane Guatemalas. Von einer Besteigung des Santiaguitos rate ich dringend ab, einem Gas- und Ascheausbruch kann man nicht mehr entkommen. Die Nächte auf dem Santa María sind hundekalt, die Winde eisig.

Im Moment bietet hier niemand mehr Besteigungen an. Die Gefahr von Überfällen hat auch in Xela seit ein paar Jahren zugenommen. Die Situation kann sich wieder ändern. Infobretter in Schulen, Kneipen und Internet-Cafés studieren.

● *Quetzaltrekkers,* Internet: www.quetzaltrekkers.com, Tel. 77 61 58 85
● In der *Casa Argentina,* Tel. 77 61 24 70.
● *Adrenalina Tours* und *Mountaintours.*

Wäscherei

● *MiniMax,* 14. Av. „C" 47, Z 1, beim Theatro Municipal.
● *Lavanderia Rapi Servicio,* 7. Calle 13-25, Z 1.
● *Lavanderia El Centro,* 15. Av. 3-21.
● *Tikal,* Diagonal 13, Nähe 15. Av./7. Calle.

QUETZALTENANGO

- **Hotel Kiktem-Ja,** 13. Av. 7-18, Z 1, Tel. 77 61 43 04. Kolonialstil. Zimmer mit Kamin. Parkplatz. 125/150/180 Q.
- **Hotel Casa del Viajero,** 8. Av. 9-17, Z 1, Tel. 77 61 45 94. Sehr kleine Zimmer mit sehr vielen Betten. 65/110/150 Q.
- **La Posada de Don Robert,** 14. Av. 8-37, Z 3, nahe der Altamo-Busstation, Tel. 77 67 46 17. 95/165/225 Q.
- **Hotel Altense,** 9. Calle 8-48., Z 1, Tel. 77 61 28 11. Bei Travellern sehr beliebt. Billig, einfach, aber sauber. 75/120/180 Q.
- **Rio Azul,** 2. Calle 12-15, Z 1, Tel. 77 63 06 54, Internet: www.xelapages.com/rioazul. 90/115/135 Q.
- **Pensión Enriquez,** 12. Av. 4-40, Z 1, Tel. 77 65 22 96. Große Terrasse. 60 Q p.P.
- **Hotel El Centro,** 10. Calle 11-69, Z 1, Tel. 77 65 10 88. 102/160/240 Q.
- **Hotel Los Olivos,** 13. Av. 3-32, Z 1, Tel. 77 65 34 69. Preiswertes Restaurant. 130/170/200 Q.
- In der Nähe mehrere billige Hospedajes wie **Pensión Andina** 8. Av. 6-07, Z 1, Tel. 77 61 40 12. Einfach, aber nett; Warmwasserbeschränkung. 50/80/110 Q.
- **El Puente Guesthouse,** 15. Av. 6-75, Z 1. Alle Zimmer mit Gemeinschaftsbad, Küchenbenutzung. 35 Q p. P.
- **Casa Argentina,** Diagonal 12 8-37, Z 1, Tel. 77 61 24 70. Treff für Langzeit-Traveller, Heim der Quetzaltrekkers. 30/50, Schlafsaal 20 Q.

Essen und Trinken

- **La Casa Verde** (Greenhouse) 12. Av. 1-40, Z 1, Kulturtreff, Livemusik. Billiges Mittagessen.
- **Las Alforjas,** 14. Av./5. Calle. Fr und Sa Livemarimba von 12-16 Uhr.
- Traveller frühstücken im **Baviera's** in der 5. Calle 13-14, Z 1. Nettes Café. Internet.
- Kuchen und Kaffee macht *Christoph* im **Café Berna,** 16. Av. 3-25 am Parque, Z 3 und 12. Av. 0-36, Z 1.
- Hausgemachte Schokolade im **La Luna,** 8. Av. 4-11, Z 1. Altes koloniales Haus, eine Institution hier. Mo-Fr 9.30-21 Uhr, Sa/So 16-21 Uhr.
- **Casa Babylon,** 5. Calle 12-24, Z 1. Salate und Crêpes.
- **Zodiaco,** 13. Av. 7-60, Z 1. Mo-Sa 10-24 Uhr. Livemusik von Mi-Sa. Treff während der Happy Hour 17-19 Uhr.
- **La Taquiera,** 13. Av. 5-38, Z 1. Im El Portal. Netter Patio, gute Tacos. Direkt um die Ecke: **La Luna.**
- **Café Colonial,** 13. Av. 6-20, Z 1. Günstiges Frühstücks- und Mittagsbuffet.
- **Café Los Balcones,** 7. Calle 10-67, Z 1 am Parque neben Kathedrale. Nett.
- **Taberna de Don Rodrigo,** 14. Av. beim Theater. Beliebtes Lokal der Quetzaltecos. Immer voll. Wurst aus deutscher Produktion.
- **Videocafé Blue Angel** 7. Calle 15-22, Z 1. Abends Filme, gute Salate.
- **Tecún Bar** in der Pasaje Enriquez am Parque Central. Cafe für Nachtschwärmer.
- Über 50 Sorten Kaffee (wohl der beste der Stadt!) im **Bazar del Café,** Centro Comercial im Supermarkt Paiz, 3. Stock.
- **Las Calas,** 14. Av. „A" 3-21, Z 1. Restaurant mit Kultur.
- **Oaklands,** Restaurant mit Livemusik und Tanz, Do-Sa. Cuesta Blanca, unterhalb vom Hotel.
- **Chalet Viejo,** Diagonal 11 „D" 12-73, Z 1 in der Nähe vom Friedhof. Nur hier gibt es geräucherten Fisch. Empfehlenswert.
- Gegen 18 Uhr essen Indígenas auf dem **Democracia-Markt.** Dann gibt es dort warme Suppen, Frijoles, Tortillas und Fleisch.
- Wer eine **Discothek** sucht, kann ins **Cuba,** Centro Comercial Plaza Alpino, 4. Calle und 24. Av. Z 3 oder ins **Music Center,** Centro Comercial Delco, 14. Av. und 2. Calle, Z 3 (sehr beliebt). Auch **Stage** Av. Las Americas, Z 3 im Supercom Delco.

Verkehrsverbindungen

(Guate-Xela ca. 4 Std.)

- **Nach Quetzaltenango:** *Galgos,* 7. Av. 19-44, Z 1. Tel. 72 38 48 68, 5.30/8.30/11/12.30/17/19 Uhr; *Alamo,* 21. Calle 0-14, Z 1, Tel. 72 51 48 38, 6.15/8/10/12.30/15/17.30 Uhr; *Lineas Américas* 2. Av. 18-47, Z 1, Tel. 72 32 14 32, 5/9.15/11.30/15.15/16.30/18/19.30 Uhr.

Auf dem Santa María

- Von Quetzaltenango: nach **Antigua** umsteigen in Chimaltenango, ca. 3 Std. An den **Atitlán-See** nach Panajachel umsteigen in Los Encuentros, ca. 1,5 Std. Nach **Guatemala Ciudad:** *Galgos,* Calle Rodolfo Robler zw. 17 u. 18. Av, Z 1, Tel. 77 61 22 48, 4/8.30/10/ 12.30/15.30/16.30 Uhr; *Alamo* 14. Av. 5–15, Z 3, Tel. 77 67 45 82, 4.30/6.30/8/10.15/ 12.45/14.30 Uhr; *Líneas Américas,* 7. Av. 3–33, Z 2 (nahe Rotonda Marimba) 5.15/ 9.30/11/13/14/15.30/20 Uhr.

Alle anderen Busse fahren vom Terminal am Minerva-Park ab, der verlegt und übersichtlicher gestaltet werden soll. Haltestelle auch 4. Calle 12. Av., Z 3, z.B. Panajachel direkt, und Rotonda (Marimba-Denkmal) Z 2, außer Richtung San Marcos und Huehuetenango. Busse nach Almolonga, Zunil und Totonicapán am Terminal 2. Calle/6. Av., Z 2.

Die Umgebung von Quetzaltenango

Landschaftlich ist die Region von Quetzaltenango durch weitverzweigte und tiefe Täler geprägt. Ausgedehnte Flächenspülungen führten zu Bereichen mit treppenartigen Bildungen und Hochebenen. Die mächtigen Sandsteinhorizonte im Untergrund haben saure Böden gebildet. Eigentlich wäre für diese Böden eine längere Regenerationsphase nach jeder Anbauperiode nötig. Doch mit steigender Bevölkerungszahl im Hochland fiel jede Form der Brache weg, so dass Landknappheit und Bodenverarmung die herausragendsten Probleme des

Altiplano (Hochland) sind. Erschwerend kommt hinzu, dass der ausgeprägte Wechsel von Trocken- und Regenzeiten ohne Bewässerung nur eine Ernte pro Jahr erlaubt. Der vermehrte Brennholzeinschlag hinterlässt irreparable Schäden, und der Maisanbau fördert die Bodenerosion.

Richtung Norden

Salcajá

9 km vor Quetzaltenango im fruchtbaren Samalátal liegt Salcajá. Die Geschichte des Städtchens beginnt 1524, im Jahr der Ankunft *Alvarados* in Guatemala. Salcajá soll die erste Gründung der Konquistadoren gewesen sein. Entsprechend alt ist die **Kirche San Jacinto,** die einst das berühmte und verehrte Gemälde „La Conquistadora" beherbergte. Später wurde es in die Kathedrale Quetzaltenangos gebracht; hier verschwand es.

Die Salcajeños sind Meister der **Färbe- und Webkunst.** Bei schönem Wetter kann man meterlange Baumwollfäden auf Holzvorrichtungen aufgespannt sehen, die von Männern so geknüpft und zusammengebunden werden, dass sich nach dem Färbebad die typische Jaspe ergibt. Die unterschiedliche Musterung der Stoffe wird durch das Weben auf Fußwebstühlen vervollkommnet. Die Weber erklären gerne ihr Handwerk, wenn sie darauf angesprochen werden. Im **El Comercio** kann man Stoffe und Cortes aus allen Regionen des Landes kaufen.

Auch auf einem anderen Gebiet sind die Salcajeños unschlagbar. Den roten *Caldo de Frutas,* eine Art Rumtopf und sehr süß, sowie den gelben *Rompopo*, ein Likör aus Eiern und Milch, kennt jeder in Guatemala. Die Rezepte werden streng gehütet.

Seit 1993 gibt es in Salcajá das *Aldea Infantil*, das der Deutsche *Rudolf Walter* gegründet hat. Hier bekommen 170 Kinder, die wegen unterschiedlicher Delikte vom Jugendgericht hierher gebracht wurden, eine schulische und berufliche Ausbildung.

San Andrés Xecul

An der Kreuzung 2 km außerhalb Salcajás führt die Straße scharf links nach **San Andrés Xecul,** das bereits zum Departement Totonicapán gehört, wie auch die nachfolgenden Ausflugsziele. Das kleine Quiché-Dorf besitzt die bunteste **Kirchenfassade** Guatemalas mit verspielten Figuren und den Farben des lokalen Huipil. Die kleine Kirche stammt aus der Mitte des 16. Jahrhunderts und findet sich als beliebtes Motiv auf Postkarten und in Touristenbroschüren wieder. San Andrés Xecul soll eine Schule für *Brujos* (Schamanen) besitzen, zu deren Aufnahmebedingungen Vorkenntnisse in der Kunst der Maya-Beschwörungen und Empfehlungen gehören. Zurück nach Xela führt ein Fußweg über San Jose Chiqullajá und Olintepeque.

Verkehrsverbindungen

●**Bus** nach San Andrés ab 4. Calle 12. Av., Z 3 in Xela. 1 Std. Fahrtdauer, alle 2 Std.

Olintepeque

Die Legende erzählt, dass die Schlacht zwischen *Alvarado* und *Tecún Umán* bei Olintepeque stattgefunden haben soll, am Fluss Xequijel, dem „Fluss des Blutes", der sich nach der Niederlage der Quiché von deren Blut verfärbte.

In das kleine Dorf bei Quetzaltenango pilgern Indígenas und Ladinos von weit her. In einem kleinen *templo* neben der Kirche wird **San Pascual** verehrt, eine in Samt und Seide gekleidete Puppe in einem Glasschrein. Befremdlich wirkt sein kleiner Totenschädel, dem eine goldene Krone aufsitzt. Enthusiastisch wird *San Pascual* von den *Cofrades* (Laienbrüdern) als *Rey* (König) angerufen. Er hilft gegen Kopfschmerzen, bestraft den untreuen Ehemann, verspricht baldigen Geldsegen oder verflucht den verhassten Nachbarn.

San Cristóbal Totonicapán

Samaláaufwärts liegt San Cristóbal Totonicapán, dessen alter Name *Pahula* lautete. Die Franziskaner gründeten hier Konvent und Kirche, die durch Erdbeben 1698 zerstört wurden. Nur noch Teile davon sind in den neuen Bau integriert worden, der 1711 eingeweiht wurde. Das Innere der **Kirche** enthält Gold- und Silberarbeiten, Holzstatuen aus der Renaissancezeit, Gemälde und Altaraufsätze, die jedoch nicht für die jeweiligen Nischen vorgesehen waren. Den schönsten Aufsatz zeigt die *Nuestra Señora de las Mercedes*. Der heutige **Konvent** ist zum Teil zweistöckig mit Arkadengängen und einem Patio. Wer Glück hat, wird zur Besichtigung eingeladen.

Von 1925-1928 war der spätere Erzbischof von Guatemala, *Mariano Rossell y Avellano,* Pfarrer in San Cristóbal. Er war einer der heftigsten Verfechter des Antikommunismus in den Jahren von 1945-1954 und trug wesentlich zum Sturz der jungen Demokratie bei.

San Cristóbal ist ein wichtiges Zentrum für die Herstellung von **Töpferwaren.** Hier werden Trachten und Masken für Folkloretänze hergestellt und verliehen. Die Chronisten erzählen, dass die Missionare ihre liebe Not mit den Indianern San Cristóbals hatten, die weder ihre Tänze noch den Konsum von reichlich *aguardiente* (Feuerwasser) aufgeben wollten. Eine **Fiesta** findet vom 22.-27. Juli statt, Passionsspiele am Gründonnerstag. Wie in Totonicapán gibt es auch in San Cristóbal die berühmten *morerías,* die die aufwendigen Kostüme und Masken für die Fiesta-Tänze fertigen und verleihen.

Das **Samalátal** verengt sich hinter San Cristóbal schluchtartig. Zahlreiche Wasserfälle zeigen Gefällsstufen an. Imposant ist der steile Talschluss des Samalá, auf dessen Kante ein kleines *aldea* liegt. In den Felsnischen der Steilhänge befinden sich indianische Opferstätten, wie **Las Nueve Sillas,** wo immer noch so genannte *quemadas* abgehalten werden.

Unterkunft

● Im **Nuevo Hotel Reforma** und in der **Pensión Reforma,** Kreuzung Cuatro Caminos.

San Francisco El Alto

liegt noch 200 m höher als Quetzaltenango und bietet von der Plaza einen fantastischen Blick ins umliegende Hochland. Der **Markt** am Vormittag ist einer der größten des Landes, und seine Bedeutung entspricht der Lage San Franciscos als Kreuzungspunkt alter Handelswege. Vor allem freitags werden Busse mit Touristen heraufgekarrt, die sich mühsam durch das Gedränge schieben.

San Fransisco ist bekannt durch seinen Handel mit Stoffen für Konfektionsschneiderei. In den Läden sucht man vergeblich nach den typischen Mustern Guatemalas. Der Großteil der Stoffe sind Importe aus den USA, Taiwan, China, Europa und Panamá.

Ein Schmuckstück ist die **Franziskanerkirche** des Dorfes, wohl eine der schönsten Guatemalas. Der Hauptaltar besitzt elf barocke Holzfiguren. Die sechs großen Seitenaltäre sind vom Ruß der Kerzen geschwärzt. Im Chor sind Teile einstiger Deckenbemalung freigelegt worden, die einen Eindruck vom ursprünglichen Aussehen vermitteln. Links oben erkennt man den doppelköpfigen Adler aus der Zeit, als das spanische Königshaus mit dem habsburgischen liiert war. Die Lage der Kirche entspricht der alten Ausrichtung, nach der das Portal stets nach Westen gerichtet war und der Altar nach Osten, wo Christus gen Himmel gefahren ist und von wo er wieder herabsteigen wird.

Unterkunft

- **Hospedaje Los Arcos,** hinter dem Viehmarkt an der Ausfahrtsstraße. Einfach. 25 Q p. P.
- **Hotel Vista Hermoas,** 3. Calle 2-64, Tel. 77 38 40 10. Einfach. 50/100 Q.
- **Hotel Velazquez,** 4. Calle 1-53, Tel. 77 38 40 03. Einfach.

Momostenango

Über San Francisco El Alto erreicht man das kleine Dorf Momostenango. Es liegt eingebettet in einem Talkessel auf 2205 m Höhe. Der Weg führt durch Kiefernwälder, über kahle Hochflächen und an Weizen- und Maisfeldern vorbei. Nicht weit hinter San

Der Hauptaltar der
Kirche von San Fransisco El Alto

Francisco beginnt ein Gebiet mit steppenartiger Vegetation *(páramo),* aus deren harten Büschelgräsern Besen und Dächer hergestellt werden.

Schafherden sind das Kapital vieler Bauern dieser Region. Die rauen Schafwolldecken mit ihren typischen Mustern und Farben werden in ganz Guatemala verkauft. Daneben ist Momostenango Zentrum für die Herstellung gewebter **Baumwollteppiche**. Auf den Märkten in Panajachel und Chichicastenango gibt es eine unübersehbare Auswahl davon. In Momo ist sonntags Markt.

Momostenango ist eines der wenigen Dörfer Guatemalas, wo alte Überlieferungen aus vorkolonialer Zeit lebendig sind und bestimmte Tage im Jahr nach alter **Mayatradition** begangen werden. So zelebrieren die Momostecos jedes Jahr den ersten Tag des 260-tägigen Landwirtschaftskalenders *tzolkin,* an dem Tausende von Indígenas aus der gesamten Gegend zusammenkommen. Am „Tag der acht Affen" *(Guaxaquip-Bats)* werden auf nahe gelegenen Hügeln Weihrauchopfer dargebracht, Gebete an die Götter gesandt, und nach der Überlieferung wird altes Tongeschirr zerbrochen, um den Neubeginn zu unterstreichen. Der *tzolkin* beginnt Mitte Februar mit dem Abstecken der neuen *milpa*. Auch über das restliche Jahr hinweg werden die Götter durch Gebete und Opfer milde gestimmt.

Einen Spaziergang vom Dorf entfernt befinden sich die **Los Riscos**, eine pyramidenähnliche Ansammlung bizarrer rosafarbener Sandsteinsäulen, die durch Erosion entstanden sind. Im Grunde genommen ist diese Erscheinung – hier als Touristenattraktion ausgewiesen – in weniger kunstvoller Form im gesamten Hochland zu beobachten. Es handelt sich dabei um die Folgen katastrophaler Rodungsarbeit, die zur Verkarstung ganzer Landstriche geführt hat.

Infos

● In Momo gibt es eine **Bank** und die **Spanisch-Schule Patitze** (1. Calle 4–33, Z 1, Tel. 77 36 51 59, Internet: www.patitze.20m.com). Infos in der Tienda La Amistad, Barrio Santa Ana. **Markt** ist Mi und So.
● **Übernachtungsmöglichkeit:** Hotel Estiver/Ixcel, 1. Calle 4–15, Z 4, Tel. 77 36 50 36; wohl das beste Hotel vor Ort.
● Letzter **Bus** zurück nach San Francisco El Alto gegen 15.30 Uhr. Ca 1 Std. Fahrt. Von Xela aus Direktbus alle 2 Std. nach Momo ab Minerva-Tempel.

Santa María Chiquimula

Zwei große **Fiestas** veranstaltet das abgelegene Händlerdorf Santa María Chiquimula: Vom 12.–15. Januar zu Ehren des Christus von Esquipulas und am 8. September zu Ehren der *Virgen de la Natividad*. Jedes Jahr spielen hier auf der großen Plaza vor der Kirche und dem ehemaligen Konvent vier zehn bis 12 Mann starke Salsagruppen gleichzeitig auf. Vor den Bühnen werden verschiedene Tänze aus der Kolonialzeit aufgeführt. Die meisten Zuschauer zieht allerdings der allseits beliebte *Baile de Disfraces* mit Batman, Mickey Mouse und vielen anderen amerikanischen Comicstars an. Ein unglaublicher Lärm dröhnt aus den

Richtung Norden

Lautsprecherboxen. In den Gesichtern der Indígenas, die das ganze Jahr über in einer eher bescheidenen Reizwelt leben, steht eine Mischung aus Neugierde und Verständnislosigkeit geschrieben.

Die Fiesta in Santa María kann einen von der folkloristischen Auffassung kurieren, es handle sich bei diesen Tänzen, wie dem berühmten *Baile de la Conquista,* um Ursprünglichkeit oder Verarbeitung der Kolonialgeschichte. Die *Cofradías,* traditionelle Ausrichter der Fiesta, „verarbeiten" höchstens ihre gefüllten Kassen nach einem solchen Spektakel.

Die **Bevölkerung in den Aldeas** des Municipios gehört zu den ärmsten Guatemalas. Das Departement Totonicapán weist die höchste Kindersterblichkeitsrate des Landes auf, die Analphabetenquote ist extrem hoch.

Totonicapán

Von Cuatro Caminos aus in östliche Richtung gelangt man nach ca. 20 km nach Totonicapán.

Für die Quiché war „Chui-Me-Kenha" die zweitwichtigste Stadt nach Utatlán. Die Spanier siedelten hier mexikanische Tlascalán-Söldner an und gaben der Stadt ihren heutigen Namen, der „über den fließenden Wassern" bedeutet. Die Sage erzählt, die Schwester *Tecún Umáns, María,* sei nach dem Tod ihres Bruders in die Berge geflüchtet und habe das verlorene Land verflucht, weswegen es heute so unwirtlich ist.

Während der Kolonialzeit wurde hier Silber abgebaut. 1820 gab es einen legendären Indianeraufstand unter der Führung von *Atanasio Tzul,* den die Quiché sogar zum König krönten.

Heute ist er einer der Helden des Occidente, die für die Autonomie ihrer Region und gegen die Ausbeutung durch die Spanier gekämpft haben.

Die erste Kirche Totonicapáns wurde noch von *Bischof Francisco Marroquin* (1545) geweiht. 1878 fiel sie einem Erdbeben und einem Brand zum Opfer.

Das **neoklassizistische Theater** auf derselben Plaza – Totonicapán besitzt zwei – stammt aus dem Jahre 1924. Am Ende der 3. Calle befindet sich der *Tanque de Los Dragónes,* ein **Brunnen und Waschplatz** aus dem 19. Jh., aus dessen Drachenköpfen Wasser fließt.

Die Totonicapánecos sind hervorragende Töpfer, Holzschnitzer und Weber. Außerdem sind die Indígenas der gesamten Region ausgesprochen musikalisch, weshalb die **Fiestas** in dieser Gegend besonders aufwendig veranstaltet werden. Hier findet am 29. September die größte Fiesta des Departements statt. Die Kostümverleiher *(morerías)* von „Toto" sind wegen ihrer umfangreichen Auswahl an Kostümen und Masken die bekanntesten Guatemalas. Auch die *Marimbas* aus Totonicapán haben einen guten Ruf. *Jesús Castillo,* der berühmte Interpret altindianischer Musik, fand hier die ältesten Lieder und Kompositionen.

In einem kleinen *aldea* bei Totonicapán wird während der Osterfeiern einer der seltensten Tänze aufgeführt. Bei dem **Danza de Los Xacalcojes**

Baile de la Conquista bei der
Fiesta in San Rafael Independencia

geht es um die Wiederauferstehung Christi. Das staatliche Tourismusbüro INGUAT veranstaltet in Zusammenarbeit mit der *Casa de la Cultura* von Totonicapán (8. Av. 2–17, Z 1, Tel. 77 66 15 75) jedes Jahr ein **Festival der traditionellen Tänze.** Hier kann man auch nach Besichtigungsmöglichkeiten für verschiedene Handwerksbetriebe fragen. Es gibt ein empfehlenswertes Programm für Besucher.

Unterkunft/ Verkehrsverbindungen

- **Hotel Totonicapan,** 8. Av. 8–15, Z 4, Tel. 77 66 44 58–60, Internet: www.hoteltotonicapan.com. Gegenüber der Muni, neu und modern, mit Privatbad/TV. 140/212/256 Q.
- **Hospedaje San Miguel,** 3. Calle 7–49, Z 1, Tel. 77 66 14 52, E-Mail: nsanmiguel@totonicapan.zzn.com. 60/120 Q (Privatbad), 30/60 Q (Gemeinschaftsbad).
- **Pension Blanquita,** 13. Av./4. Calle. Sehr einfach. 15 Q p.P.
- **Busse** nach Quetzaltenango fahren mehrmals am Tag, der letzte gegen 19.30 Uhr. Microbusse vom Parque z. Terminal 0,50 Q.

Richtung Süden und Westen

Cantel

Zehn Kilometer von Quetzaltenango samaláabwärts liegt Cantel. Der Name steht in Guatemala für die Herstellung von Gläsern und Textilien unterschiedlichster Art. Die erste Spinnereifabrik wurde 1876 gegründet. Ein wichtiger Produktionszweig der großen Fabrik ist die Herstellung der *manta,* das ist der weiße **Baumwollstoff,** aus dem

Indígenafrauen ihre Huipiles fertigen, indem sie ihn mit buntem Garn besticken. Die Handtücher aus Cantel werden sogar exportiert. Am Parque Centroamérica in Xela gibt es eine Verkaufsstelle, bei der man günstig seine Ausrüstung erneuern kann. Es heißt, dass die Gewerkschaft der Arbeiter von Cantel eine Keimzelle der Revolution von 1945 war. Seit 1976 existiert die Glasbläserkooperative COPAVIC. Heute sind hier 50 Personen beschäftigt, die aus Altglas Handarbeit herstellen, die u.a. in Deutschland im Dritte-Welt-Versand erhältlich ist (TEAM, Bohmte). Cantel, dessen Name von *cantil*, einer giftigen Viper, abgeleitet ist, wirkt verschlafen und nicht besonders anziehend.

Verkehrsverbindungen

- **Busse** fahren mehrere Male am Tag an der Ecke 4. Calle/12. Av. Z 3 in Xela ab.

Zunil

Kurz hinter Cantel liegt Zunil. Das Dorf liegt auf den Flussterrassen des Samalá, der das Dorf teilt. Zunil ist Zentrum des größten **Gemüseanbaugebietes** des Hochlands und auf den ersten Blick ausgesprochen hübsch. Die in Weiß strahlende Fassade der kolonialen Kirche, die bunten Grabsteine des erhöht liegenden Friedhofs, die grünen Beete, die aussehen wie ein Flickenteppich, und die in knöchellangen, rot gefärbten *telas* eingewickelten Indígenafrauen verfehlen nur selten ihre Wirkung auf Werbeprospekten, Kalenderblättern und Erinnerungsfotos.

Das ansprechende Bild verändert sich jedoch, sieht man die Kehrseite der Medaille. Zusammen mit Almolonga ist Zunil unschlagbar, was die Entsorgung des Dorfmülls entlang der Straße und des Flusses betrifft. Die Wasserqualität des Samalá in diesem Abschnitt könnte schlechter nicht sein. Trotzdem wird ein Großteil des Gemüses mit Flusswasser gegossen. Müllverwerter sind die *zopilotes*, schwarze Aasgeier mit faltigen, gebogenen Hälsen, ledernen Krallen und stechenden Augen, die nicht zu übersehen sind.

In Zunil wird, wie in Chichicastenango und Santiago Atitlán, der **San Simón** verehrt. Zunil hat den schönsten aller Exemplare. Sein Outfit besteht aus Anzug, weißem Hemd, Krawatte, dazu Lederschuhe, Hut, Sonnenbrille und dicke Zigarre. Bitten und Gebete nimmt diese Mafiosigestalt sitzenderweise entgegen, ein wenig steif im Kreuz, aber nicht ungemütlich. Das Kerzenhalbrund vor seinen Füßen verbreitet die passende mystische Stimmung, während Anrufungen und Gemurmel der *Cofrades* den Raum erfüllen. Eine Audienz bei diesem Heiligen kostet, und das nicht wenig. Der Herr will Cash sehen. Außerdem sagt er nicht Nein zu einem kleinen *drago* (Schnaps).

Wäre San Simón eine lebende Person, sie wäre Alkoholiker im Endstadium. So aber wird San Simón allabendlich die Wiedergabe des Feuerwassers anbefohlen, nämlich dann, wenn er voll ist – der Container. Denn wo andere einen Magen haben, hat er eine auswechselbare Vorrichtung.

RICHTUNG SÜDEN UND WESTEN

Das westliche Hochland

San Simón von Zunil ist für uns natürlich eine komische Sensation. Die Guatemalteken aber glauben fest an ihn, so dass man der Zeremonie trotz der Komik, die wir dabei vielleicht empfinden, mit Respekt beiwohnen sollte. Er wechselt seinen Aufenthaltsort, man muss nach ihm fragen.

Schöne *Típicas* gibt es in der Cooperativa Santa Ana.

Gut zwei Stunden (8 km) dauert der Spaziergang (oder Taxi nehmen) zu den **Schwefelquellen Fuentes Georginas** auf den Pico de Zunil. Ein Schild an der Straße vor dem Dorf weist den Weg. Von hier oben kann man die verschiedenen Terrassierungs- und Bewässerungstechniken studieren und mit viel Glück bei klarer Sicht einen Blick am Santa María vorbei auf die Küste werfen. Die durch geologischen Gesteinswechsel bedingte schluchtartige Verengung des Samalátals zeigt sich hier ebenfalls besonders schön. Austrittsstellen von Dampf oder gelbe Schwefelausblühungen im Gestein nehmen im oberen Teil der Strecke zu, ebenso der typische Geruch nach faulen Eiern. Geologisch Interessierte wird ein schöner Aufschluss mit kunstvoller Bänderung übereinanderliegender Ascheschichten begeistern.

Seit langem wird versucht, die geothermische Energie dieser Region zu nutzen. Da dies jedoch auch ein politisches Problem ist, kann es sich bei der Realisierung des Vorhabens noch um Jahrzehnte handeln.

Die heißen Schwefelquellen von Fuentes Georginas, die es seit 60 Jahren gibt, sind in Natursteinbecken gefasst. Die grüne Farbe des Wassers und die mit Farnen und Schwefel liebenden Pflanzen bewachsenen Felsen verleihen den Pools etwas Exotisches.

● Geöffnet tägl. außer Mo. Eintritt 10 Q. Restaurant, Stellplätze und Bungalows (60 Q) vorhanden. Taxi hin und zurück 40 Q. Leider ist der Fußweg zu den Quellen nicht mehr der sicherste.

Andere Bäder, wie **Los Baños** oder **Aguas Amargas** bei Almolonga, sind Badehäuser mit Kabinen, die vorzugsweise von der indianischen Bevölkerung aufgesucht werden.

Los Vahos ist eine Natursteinsauna, d. h., die heißen Dämpfe treten direkt aus dem Felsen aus, in den eine kleine Saunanische gehauen ist. Einfach, aber entspannend.

● **Anfahrt:** Bus von Xela Richtung Almolonga/Zunil nehmen (halten im südlichen Teil der Zone 1 hinter dem Marktgebäude am Parque Ecke 9. Av/10. Calle, alle 15. Min.). An der Los Vahos-Kreuzung (Busfahrer fragen) den Berg hoch (1 Std. Fußweg). Eintritt 10 Q, Getränke erhältlich.

Almolonga

Das Dorf ist wie Zunil durch den Anbau von Gemüse und Obst zu relativem Wohlstand gelangt. Die Bevölkerung hat sich in nur 20 Jahren mehr als verdoppelt, die Grundstückspreise hier sind die höchsten des Hochlandes. Die Männer haben das Transportwesen als gute Einnahmequelle entdeckt und werden von den Nachbardörfern als „Kapitalisten" bezeichnet. Den Almolongeños sagt man nach, sie würden geweihte Steinfiguren (*idolos*) vergraben oder sie im Thermalwasser versenken.

Die Einheimischen gehen jedes Jahr zu Beginn der Regenzeit in den Fluten reißender Sturzbäche unter, die sich vermischt mit Müll und Erde durch die Straßen fressen (der Ortsname bedeutet „Ort, an dem das Wasser entspringt"). Es ist völlig unverständlich, warum diese alljährliche Katastrophe durch Vorkehrungen während der Trockenzeit nicht verhindert wird.

San Juan Ostuncalco

Westlich von Xela beginnt das Sprachgebiet der Mam-Indígenas, während der Norden und Süden von den Quiché geprägt ist. Agrarisch betrachtet ist dieser Landstrich das größte Kartoffelanbaugebiet Guatemalas. Von San Juan Ostuncalco bis San Martín Sacatepéquez wird an den Hängen

Fuentes Georginas:
Die schöne Statue gibt es nicht mehr

auf lockeren, hellen Sandböden vulkanischen Ursprungs vorzugsweise die große längliche *loma* gepflanzt sowie die kleine rote *roja criolla*. Beide Sorten findet man auf den Märkten. Der helle Boden besitzt eine gute Speicherkapazität für Feuchtigkeit, so dass die Bauern mit Hilfe des entsprechenden Düngereintrags auf zwei Ernten pro Jahr kommen. Mais und Frijoles werden nur zur Subsistenz angebaut.

In San Juan Ostuncalco werden in Familienbetrieben von Hand **Korbweiden- und Holzmöbel** produziert. Häufig sind die Stücke am Straßenrand ausgestellt. Außerdem werden hier Marimbas hergestellt. San Juan Ostuncalco ist der Geburtsort des größten Komponisten, Musikers und Kenners der indianischen Folklore. *Jesus Castillo* (1877–1949) fasste seine Forschungsergebnisse in dem Buch „La música Maya-Quiché" zusammen. Sein bekanntestes Werk war die Schöpfung der Oper „Quiché-Vinak", die 1924 uraufgeführt wurde und eine alte indianische Prophezeiung vom Sturz des Königreichs der Quiché verarbeitet. Das **Grab Castillos** befindet sich auf dem Friedhof von Quetzaltenango.

Auf der Plaza von San Juan Ostuncalco befindet sich neben dem großen Theater eine kleine **Freiluftbühne,** deren Mosaikwand eine Mayaszene beschreibt. Sie stammt vom berühmtesten Bildhauer Guatemalas, *Rodolfo Galeotti Torres* (1912–1988), der übrigens in Quetzaltenango geboren wurde und den Nationalpalast der Hauptstadt wesentlich mitgestaltet hat.

Ein Maya-Gott in Nadelstreifen

In einigen Dörfern des Westlichen Hochlands verehren die Indígenas eine Gestalt, die zu den Kuriositäten Guatemalas gehört und auf den Namen **San Simón** oder *Maximón* hört. Dabei handelt es sich um eine mannsgroße Holzpuppe, die unter der Aufsicht der *Cofradía* steht und wie in Santiago Atitlán während der katholischen Osterprozessionen durch die Straßen getragen wird.

Bemerkenswert ist San Simóns Erscheinung. In Zunil trägt er einen Nadelstreifenanzug mit weißem Hemd, in Santiago sieht man ihn behängt mit bunten Tüchern in den dorftypischen gestreiften Trachtenhosen. Gewöhnlich sitzt San Simón auf einem Stuhl, umgeben von flackerndem Kerzenlicht und bunten Blumen in einem eigens dafür eingerichteten Raum. Dorthin kommen die Indígenas – zum Teil auch Ladinos – mit ihren Sorgen und Nöten, von denen er sie befreien soll. Als Vermittler tritt ein *Cofrade* auf, der San Simón anruft, während die geplagte Seele ihm zu Füßen kniet. San Simóns Lebenselixier ist hochprozentiger Schnaps, der ihm bei jeder Audienz schlückchenweise eingeflößt wird. Aber sein Magen ist nichts als ein hohler Tank.

Die Herkunft Maximóns oder San Simóns weiß niemand mit Sicherheit zu deuten. Er soll die neuzeitliche Mutation einer Maya-Gottheit namens *Mam* sein, die in enger Verbindung mit den fünf Unglückstagen *(uayeb)* des Maya-Kalenders steht. Gleichzeitig verkörpert er für viele den christlichen Judas. Sicher ist nur, dass es sich bei unserer Gestalt um ein Produkt des Synkretismus handelt, das aus der Mischung von vorkolumbischem Götterglauben und christlicher Heiligenverehrung entstanden ist.

Das westliche Hochland

Concepción Chiquirichapa

Nur 2 km entfernt liegt ein kleines Dorf mit dem wohlklingenden Namen Concepción Chiquirichapa. Lange Zeit lag „Conce", wie die Mames das Dorf kurz nennen, mit San Juan Ostuncalco in Grenzstreitigkeiten, so dass im Jahre 1769 bewaffnete Truppen im nahe gelegenen San Mateo stationiert werden mussten, um den Feindseligkeiten der zwei Schwesterngemeinden ein Ende zu bereiten.

Concepción ist seit den 1950er Jahren ein ausgesprochenes „Kartoffeldorf". Von hier wird Saatgut bis nach Nicaragua verkauft. Die Kartoffel gab den Campesinos den Spitznamen *Los Paperos* (papa = Kartoffel).

Jedes Jahr findet am 8. Dezember das **Fest der Jungfrau von Concepción** (Hl. Empfängnis) statt. Bereits am Vorabend beginnt die Fiesta mit Tänzen und viel krachenden *bombas* und *cojetes*. Beim traditionellen *La Quema del Castillo* wird die Heilige Jungfrau Maria während einer Prozession unter einem Vorhang verdeckt durchs Dorf getragen und danach unter einem Feuer- und Farbenzauber ihrer Hüllen entledigt.

San Martín Sacatepéquez

Weiter Richtung Küste erreicht man nach wenigen Kilometern San Martín Sacatepéquez, das im Volksmund San Martín Chile Verde genannt wird, weil die Bauern früher viel grüne Paprika angebaut haben. Heute überwiegt auch hier die Kartoffel.

Das Dorf liegt in einer Mulde, die sich bestens zur Besiedlung eignet. Sie erweitert sich nach Süden zu einer kleinen Hochfläche, über der oft dichter Nebel hängt. Überhaupt ist die Gegend um Concepción und San Martín ein Nebelgebiet, und man sieht oft die Hand vor Augen nicht mehr, wenn die Morgennebel von der Küste den steilen Kordillerenhang heraufziehen.

Bemerkenswert ist die **Tracht der Männer.** Sie besteht aus weißen Hosen und langen Tunikas *(capixaij)*, die mit feinen roten Streifen durchwebt sind. Die Kanten der Hosenbeine und Ärmel sind mit roten Mustern bestickt. Dazu tragen die Männer einen langen roten *faja*, der auf dem Rücken zusammengebunden wird und dessen Enden dieselbe rote Stickerei aufweisen.

Auch und besonders in San Martín haben die Indígenas ihren alten Göttern und Gebräuchen noch nicht abgeschworen. Es heißt, dass es hier einen seltenen Brauch gab, bei dem sich die Brautleute einige Wochen vor ihrer Hochzeit die Gesichter zerkratzen ließen.

An jedem 3. Mai des Jahres kommen die *brujos* aus einem großen Umkreis auf dem Gipfel des nahe gelegenen **Vulkans Chicabal,** um ihre Riten abzuhalten. Zauberer, Hexenmeister, Quacksalber und andere Magier veranstalten hier einen Zauber, bei dem reichlich Weihrauch *(copal)* und jede Menge Knallkörper die Gebete, Bitten und Beschwörungen optisch und akustisch unterlegen. Ob noch immer ein Hahn geopfert wird, dessen Blut über dem Feuer ausgegossen und der

Farbkarte S. XIX   **RICHTUNG SÜDEN UND WESTEN**   317

Das westliche Hochland

Nebel drücken von den Höhen
herunter auf San Martín Sacatepéquez

daraufhin als geheiligte Speise in Andacht verzehrt wird – wer weiß?

Die **Laguna Chicabal** (2712 m) ist eine *caldera,* d.h. ein Kraterkessel, der sich nachträglich mit Wasser gefüllt hat. Der dunkle Sandboden zeigt an, dass der Untergrund vulkanischer Herkunft ist. An der kleinen Kreuzung La Estación kurz hinter San Martín weist ein Schild am linken Straßenrand den Weg zur Laguna. Eine Wanderung hier herauf dauert ca. drei Stunden. Der Weg ist steil und führt durch den Wald, der fantastische Ausblicke in das Tal von San Martín und die Umgebung freigibt. Mit dem Auto ist der Weg während der Trockenzeit bis zur Hälfte befahrbar. Ein verwilderter Pfad führt rund um den kleinen See. 12 alte Steinkreuze stehen oder liegen in regelmäßigen Abständen am Ufer, oft versteckt oder mit Zweigen bedeckt. Das Kreuz ist ein **Mayasymbol.** Es symbolisiert die vier Himmelsrichtungen des quadratischen Universums, das durch das „kosmische Kreuz" in vier Teile zerlegt wird. Man sollte nicht versuchen, scheinbar umgefallene oder liegende Steinkreuze aufzustellen oder zu wenden. Der Fluch der Götter ist sonst gewiss.

Natürlich gibt es in solch einem Ort viele Legenden. Eine besagt, dass die Laguna in früheren Zeiten ganz woanders lag. Doch da wuschen die Frauen Wäsche, und die Hunde tranken ihr Wasser. Empört über diese Störung zog die Laguna sich hoch hinauf in die Berge zurück, an einen Ort der Stille und Abgeschiedenheit.

Der Straße folgend, fährt man in engen Serpentinen die Kordillere hinunter, die bei klarem Wetter immer wieder fantastische Ausblicke auf die Küste freigibt. Der nächste Ort Colomba zählt schon zur Boca Costa.

San Marcos

Von Quetzaltenango nach San Marcos, der *Cabecera* (Hauptstadt) des südwestlichsten Departementes Guatemalas, sind es rund 50 km. Die Straße steigt auf fast 3000 m an und führt quer durch das stark zerklüftete Hochland der **Sierra Madre.** Dichter Nebel hüllt die Gegend hier oben oft ein, es ist kalt und windig. San Marcos selbst liegt auf 2400 m, vergleichbar also mit Quetzaltenango.

Das Departement San Marcos hat durch seine Ausdehnung vom Altiplano bis zum Pazifik drei klar unterscheidbare Klimata. Durch den steilen Abfall der Kordillere folgen sie so dicht aufeinander, dass man den Temperaturanstieg intensiv spürt und den Wechsel der Vegetation und der Hausformen wie im Zeitraffer erlebt. Die *tierra fria* (kalt) von San Marcos mit kleinbäuerlicher Struktur und vorherrschender Subsistenzwirtschaft besitzt mit den beiden Vulkanen **Tacaná** (4093 m) und **Tajumulco** (4220 m) die höchsten Erhebungen Guatemalas, wobei der Tajumulco der höchste „Berg" Zentralamerikas überhaupt ist. Die *tierra templada* (gemäßigt) der Boca Costa mit feuchten Nebelwäldern, unzähligen Flüssen und einer üppigen Vegetation erlaubt den Anbau von Kaffee und ist daher durch Großgrundbesitz geprägt (z.B. die Gegend um Malacatán). Hier soll noch der **Quetzal** leben. Den Abschluss bildet die ebene Küstenregion der *tierra caliente* (heiß), mit extrem hohen Temperaturen am Pazifik. Hier befinden sich ausgedehnte Zuckerrohrfelder und ganze Wälder aus Palmen *(Palma africana),* aus deren Rispen man Öl gewinnt, sowie große Viehweiden.

Eine Fahrt mit dem Bus von San Marcos nach **Pajapita** über **El Tumbador** gehört zu den **aufregendsten Strecken** Guatemalas. Diese Straße ist die steilste und kurvenreichste Asphaltstraße des ganzen Landes und bietet bei gutem Wetter eine atemberaubende Sicht ins Küstentiefland. Zu Beginn der Regenzeit kann es allerdings sein, dass dichte Nebelschwaden von den Hängen herunterbrechen. Die Atmosphäre ist geheimnisvoll-unheimlich an solchen Tagen, und das feuchte, satte Grün, das aus dem Nebel herausschaut, wirkt wie ein undurchdringbarer Dschungel exotischer Pflanzen.

Von allen Departementen in Guatemala gehört San Marcos mit 790.000 Einwohnern zu den am dichtesten bevölkerten. Die Indígenas gehören der Mam-Sprachgruppe an. Die sozialen Unterschiede in diesem Departement sind durch das Vorhandensein eines abgelegenen, benachteiligten Hinterlandes einerseits und die Existenz von ausgedehnten Ländereien reicher Großgrundbesitzer andererseits extrem groß. Kein Wunder also, dass die Guerilla in San Marcos besonders aktiv war. Besonders um die Vulkane herum gab es immer viele Zusammenstöße. In den letzten Jahren hat sich das Departement außerdem zum zweitgrößten **Drogenanbaugebiet** nach dem Petén entwickelt. Doch anders als die Coca-Felder in Kolumbien oder Bolivien liegt hier der Anbau weniger in den Händen der Kleinbauern. Die Felder gehören zum Teil denjenigen, die vorgeben, den Kampf dagegen zu führen.

Das Tal, in dem sich die **Departementhauptstadt** San Marcos befindet, heißt Valle de Candacuchex, was „kalter Ort" bedeutet, doch ist das Tal auch unter dem Namen „Valle de Quetzalí" bekannt. So nannten es die mexikanischen Tlascalteken, die zusammen mit den Spaniern und dominikanischen Mönchen 1533 hier ankamen. Ende des 18. Jahrhunderts erlebte San Marcos einige verheerende Erdbeben, die die alte Kirche und viele andere Gebäude zerstörten.

Die Stadt an sich hat nicht sehr viel zu bieten. Die **Plaza** kann sich wegen ihres architektonischen Stilgemischs nicht mit der Schönheit anderer Plätze im Hochland messen. Die Gassen San Marcos sind steil und eng.

Das **Museo de Historia Natural** wurde 1946 von dem Wissenschaftler *Ulises Rojas Benffelt* gegründet, dessen Geburtsort San Marcos war. Von hier stammte auch Präsident *José María Reina Barrios* (1854–1898), der vor Antritt seines Amtes als guatemaltekischer Konsul in Berlin tätig war.

Sehenswert ist der **Friedhof** der Stadt und der so genannte **Palacio Maya,** in dem die Stadtverwaltung untergebracht ist. Das Gebäude befindet sich an der großen Avenida, die San Marcos mit San Pedro Sacatepéquez verbindet. Der Bau hat Ähnlichkeit mit einem Toltekentempel. Den Eingang schmücken zwei weitaufgerissene Schlangenmäuler, eine Anspielung auf den Gott der Maya, *Kukulkán,* der als gefiederte Schlange in Erscheinung trat. Die Fassade ist gespickt mit filigranen Stuckelementen und Mayaglyphen, die den Palacio zu einem der außergewöhnlichsten Gebäude im Hochland machen. Die Idee für den Bau hatte *Miguel Ydígoras Fuentes,* der von 1958–1963 Präsident Guatemalas war. 1936, bei Baubeginn, war er Departementschef von San Marcos. Die Ausarbeitung stammt von *Rodolfo Galeotti Torres.* Im Februar 1942 wurde das Kunstwerk eingeweiht.

San Marcos ist beispielgebend in mancherlei Hinsicht. 1998 hat eine Art Volkshochschule *(UAP)* eröffnet, deren erste Kurse sich mit Themen wie Menschenrechte, Volksorganisation und Mayakosmologie beschäftigten. Desweiteren entwickelt sich San Marcos zusehends zur Avantgarde der Ökologiebewegung Guatemalas. Man macht sich hier Gedanken über umweltverträgliche Müllbeseitigung, Solarenergie und Kompostierung.

Nur durch eine baumbestandene Avenida ist **San Pedro Sacatepéquez** von San Marcos getrennt. (Vorsicht! Nahe der Hauptstadt gibt es ein erstes San Pedro Sacatepéquez). Trotzdem legen die beiden Orte wert auf ihre Selbstständigkeit. Frühere Versuche, die Orte zusammenzuschließen, scheiterten. Seinen Namen erhielt das geschäftige und umtriebige Städtchen von *Pedro Sacatepéquez,* einem Indianer, dem die Spanier zum Dank für seine Dienste die Verwaltung des Gebietes übertrugen.

Als San Pedro noch auf dem alten Handelsweg nach Mexiko lag, entwickelte es sich zur größten Stadt des Departements. Auch heute ist die Bevölkerung relativ wohlhabend. Die weite Plaza mit ihren großen Gebäuden ist ein Überbleibsel aus diesen Zeiten. Es heißt, in San Pedro hängt man noch sehr an alten *costumbres.* Viel Aufwand betreiben die Einheimischen während der *Semana Santa* (Ostern), wenn Blumenteppiche die Straßen schmücken.

Hier wird viel gewoben und gesponnen. Seltenheitswert besitzen die gelben Cortes der Frauen. In die Huipiles wird Seide eingearbeitet.

Wie um Quetzaltenango gibt es auch um San Marcos und San Pedro einige **heiße Quellen.** Zu den Becken von Agua Tibia ist es ein Spaziergang. Der Weg führt über das kleine Viertel La Tenería, wenn man von San Pedro aus los geht. Die Quellen von La Castalia liegen etwas weiter entfernt und sind nur mit dem Auto oder dem Bus (Richtung Coatepeque) zu erreichen.

Unterkunft/ Verkehrsverbindungen

Obwohl San Pedro den schöneren Markt hat, empfiehlt es sich, in San Marcos zu **übernachten:**
- **Hotel Villa Astur** (ehemals Perez), 9. Calle 2-25 (große Avenida), Tel. 77 60 10 07. Wohl das beste vor Ort. 105/180/240 Q.
- **Hotel Fairmont,** 10. Calle 8-74, Z 1, Tel. 77 60 48 93. Etwas billiger, aber auch empfehlenswert. 75/120 Q.

Weiterhin gibt es, ebenso wie in San Pedro, einige günstige Hospedajes.
- **Busse nach San Marcos/San Pedro:** von der Hauptstadt aus: *Transportes Tacaná,* 2. Av. 20-42, Z 1, stündlich von 5-16.30 Uhr. Auch *Galgos,* 7. Av. 19-44, Z 1, 5.30, 10 u. 15 Uhr. Von Quetzaltenango aus ab Terminal.
- **Von San Marcos/San Pedro:** Busse in alle Richtungen vom Markt in San Marcos und vom Terminal in San Pedro. Von hier mehrmals täglich bis 16.30 Uhr Fahrten an die mexikanische Grenze nach Malacatán (Talismán Grenze). *Marquensita,* 4. Av. 9-12, Z 1.

Die Umgebung von San Marcos

Die gebirgige Region nördlich von San Marcos ist geprägt durch bescheidene Entwicklung und mäßige Infrastruktur. Die langen Busfahrten auf den Erdstraßen sind zu jeder Jahreszeit anstrengend. In den Tälern der zerklüfteten Sierra Madre, die als Vértice de Niquihuil im Nordwesten des Departements nach Guatemala eintritt, liegen kleine Dörfer und *Aldeas,* größere Städte fehlen in diesem unzugänglichen Gebiet. Dennoch gibt es Erwähnenswertes.

Tajumulco: der höchste Vulkan Zentralamerikas

San Lorenzo

In San Lorenzo wurde *Justo Rufino Barrios* (1835–1885) geboren. Er war Anführer der liberalen Revolution 1871 und leitete eine neue Ära in Guatemala ein, die die Säkularisierung der Kirchengüter, die Öffnung des Marktes für das Ausland und die Modernisierung des Landes einschloss. Das heutige Departement San Marcos gehörte zu den ersten „befreiten" Gegenden von konservativer Herrschaft. So gut wie auf jedem zweiten Marktplatz in Guatemala gibt es ein Denkmal, das an *Rufino Barrios* erinnert. Der Fünf-Quetzal-Schein Guatemalas trägt sein Konterfei.

Tajumulco

Weiter nördlich in den höheren Regionen wird viel Schafwolle produziert. Das kalte Klima in den Bergen hat Schafzucht und Weberei zu einer Erwerbsquelle werden lassen.

Das kleine Dorf **Tajumulco** liegt direkt am Fuß des gleichnamigen Vulkans. Tajumulco bedeutet soviel wie „in der hintersten Ecke". Es heißt, dass die Bewohner von Tajumulco zu den „Göttern des Windes" eine besondere

Umgebung von San Marcos

Beziehung hätten, da oft eisige und starke Winde wehen, die das Leben hier oben nicht gerade gemütlich machen. In der Nähe des Dorfes gibt es einen *sitio arqueológico*.

Die **Besteigung des höchsten Vulkans Zentralamerikas** erfolgt von Tuichán oder San Sebastian aus (hier nach Eugenio de León fragen), ca. 30 km und zwei Busstunden von San Marcos entfernt. Der Tajumulco besitzt zwei Gipfel. Der Aufstieg ist relativ einfach und in 5–6 Stunden zu bewältigen. Die Sicht aus 4220 m Höhe über Guatemala und Mexiko ist überwältigend. Vorher allerdings erkundigen, wann der letzte Bus nach San Marcos zurückfährt (ca. 15 Uhr), da die Übernachtungsmöglichkeiten in den Dörfern sehr gering sind. Am besten schließt man sich von Quetzaltenango aus einer organisierten Tour an.

Seit 1882 beschreibt der **Vulkan Tacaná** die Grenze zwischen Guatemala und Mexiko. Der zehnstündige Aufstieg auf den 4093 m hohen Gipfel beginnt in dem kleinen Dorf Sibinal. Für Individualisten empfiehlt es sich, für beide Vulkanbesteigungen (Tajumulco und Tacaná) einen Führer aus einem der nahe gelegenen Dörfer zu engagieren. Außerdem ist wärmste Kleidung nötig und ein wirksamer Schutz gegen die erbarmungslose Sonne.

Richtung Mexiko

Der Weg von San Marcos nach Malacatán führt auf einer sehr schönen Strecke durch viele kleine Dörfer am Rande der Kaffeefincas.

14 km vor der Grenze zu Mexiko liegt **Malacatán,** ein kleiner Handelsort und die letzte Übernachtungsmöglichkeit (viele Hotels) vor dem Grenzübergang **El Carmen/Talismán.** Wer hier über den Río Suchiate will, sollte sich nach Kollektivbussen umsehen.

Eine andere Möglichkeit ist der Grenzübergang **Tecún Umán/Ciudad Hidalgo** im Süden des Departaments von San Marcos. Er bietet sich an, wenn man direkt von der Hauptstadt oder von Quetzaltenango aus nach Mexiko möchte. Für beide Grenzübergänge gilt: So früh wie möglich dort sein. Auch in Tecún Umán gibt es **Übernachtungsmöglichkeiten.** Der letzte Bus nach Tapachula fährt gegen 17 Uhr!

Tecún Umán hieß vormals Ayutla, das bedeutet „Ort der Schildkröten". Hier ist die Haltestelle der Eisenbahnlinie Guatemalas, die von der Hauptstadt über den Pazifik nach Mexiko führte. Sie hat Tecún Umán zu einem wichtigen Verbindungsglied zwischen Guatemala und Mexiko gemacht.

In den letzten Jahren hat sich die Bevölkerung von Tecún Umán verdoppelt. Das Grenzstädtchen hat sich für Guatemalteken und vor allem für Honduraner zum Wartehäuschen für die Ausreise in die USA über Mexico entwickelt. 70% der Migranten haben Familienmitglieder in den Staaten. Aber jährlich wird 40.000 Guatemalteken und 25.000 Honduranern die Einreise nach Mexiko (von den Mexikanern) wegen unvollständiger Papiere verweigert. So leben ca. 20.000 Personen fest in Tecún Umán, 25.000 aber sind nur vorübergehend hier. Die Auswirkungen auf die Sozialstruktur und die Kriminalitätsrate lassen sich leicht ausmalen.

Tilapa

Nur ein paar Kilometer Strand bilden die südlichste Grenze des Departements San Marcos. Tilapa war einst ein beliebter **Badestrand.** Heute wirkt der Ort verlassen, aber der Pazifik hier hat nichts von seiner Großartigkeit verloren. Das Klima ist extrem heiß, die Wellen sind hoch und die Übernachtungsmöglichkeiten einfach.

Huehuetenango

Eine Busfahrt von Quetzaltenango nach Huehuetenango dauert ca. zwei Stunden. Das Departement (900.000 Ew.) ist das nordwestlichste des Hochlandes und das viertgrößte Guatemalas. Es besitzt ausgedehnte Landstriche weit über 3500 m Höhe mit besiedelten Tälern und Becken im zentralen Teil, während Norden und Nordwesten mit ihren dichten Wäldern bereits Tieflandcharakter haben.

Beherrschender Höhenzug des Dept. Huehuetenango sind die **Los Cuchumatanes** mit den am höchsten gelegenen Dörfern Guatemalas. Sie sind ein Teil des nichtvulkanischen Kalkgebirges Mittelamerikas und erheben sich als ausgedehntes Plateau über ihr Vorland. Geologisch handelt es sich hier um eine gewaltige gehobene Scholle, deren Inneres durch Längs- und Querbrüche zerteilt ist. Mit 3800 m erreicht sie die höchsten Erhebungen Zentralamerikas überhaupt (abgesehen von den Gipfeln der Vulkane) und ist eine wichtige **Klimascheide** im guatemaltekischen Hochland. Die Cuchumatanes ziehen sich bis in das Departement El Quiché hinein, wo sie an Höhe verlieren. Die verkarsteten Hochflächen erinnern mit ihren Dolinen (schlot- oder schüsselförmige Hohlformen mit meist rundem Grundriss) und Trockentälern oft an eine mitteleuropäische Juralandschaft. Die Cuchumatanes sind reich an Gold-, Silber,- Blei- und Zink-Lagerstätten. Während der Kolonialzeit wurden sie im großen Stil von den Spaniern ausgebeutet. Heute liegen die meisten Minen still.

Es gibt Untersuchungen, dass während der Zeit der Spanier die Bevölkerung der Cuchumatanes von 260.000 (um 1520) auf 16.000 (um 1670) abgenommen hat. Hauptursache waren die von den Konquistadoren eingeschleppten Krankheiten wie Pest, Masern oder Pocken. Heute hat die Bevölkerung wieder jenes Niveau erreicht, das sie zahlenmäßig vor den Spaniern hatte.

Das Gebiet wurde von *Gonzalo de Alvarado* 1525 erobert. Die Spanier mussten lange gegen die Maya-Mam und ihren König *Kaibil Balam* kämpfen, bis sie die Hauptstadt Zaculeu einnehmen konnten. Ursprünglich hatten die Mames ein viel größeres Gebiet unter ihrer Herrschaft, wurden aber von den Quiché in den Westen zurückgedrängt. Während der Kolonialzeit war Huehuetenango ein Teil der Provinz Totonicapán.

Der Unabhängigkeitskampf in dieser Region wurde von *Manuel Paz* angeführt, einem Mam aus San Martín Cuchumatan, der heute noch als Held verehrt wird. Bis 1840 gehörte Huehuetenango dem sich von Guatemala unabhängig erklärten *Sexto Estado de Los Altos* an.

Durch die Unzugänglichkeit der Region haben die Indígenas hier viel von ihrer Kultur bewahrt. Das Dept. Huehuetenango gehört neben Totonicapán zu den **traditionellsten Gebieten** des Landes. Hier werden noch immer über 150 Maissorten kultiviert, vielerorts Originaltracht getragen und sieben Mayasprachen gesprochen.

Allerdings stehen die beiden Departemente auch an der Spitze der am stärksten benachteiligten Gebiete Guatemalas. So ist die medizinische Versorgung in Huehuetenango extrem schlecht. Dasselbe gilt für die Bildungsmöglichkeiten, weswegen das Dept. Huehuetenango die höchste Analphabetenrate des Landes aufweist. Die hohe Geburtenrate führt wie in vielen Teilen Guatemalas zu Landknappheit und damit zu Armut und Elend.

Die *Cabecera* des gleichnamigen Departements befindet sich rund 300 km von der Hauptstadt entfernt auf 1902 m über NN. Wer von Quetzaltenango kommt, wird das mildere Klima sofort bemerken.

Huehuetenango liegt an der Panamericana und ca. 80 km vor der mexikanischen Grenze. Ursprünglich hieß Huehuetenango *Xinabajul,* was auf Mam „Mensch in einem Tal" bedeutet, und wurde später von mexikanischen Söldnern *Ahuehuetlenango* genannt, was von *ahuehuetl* („Gummibaum") stammt.

Die Lage der Stadt in einem intramontanen Becken am Fuß der Cuchumatanes erinnert an die mitteleuropäischen Alpen. Sie ist wichtigstes Handelszentrum der Region.

Der **Markt** wird von den Indígenas aus dem gesamten Departement besucht, die oft von abgelegenen Gegenden kommen, um hier ihre Ware zu verkaufen. Auch die Vermarktung des Kaffees, der im Nordosten angebaut wird, verläuft über „Huehue", wie die Stadt kurz genannt wird.

Neben der traditionellen Weberei genießt der Instrumentenbau einen guten Ruf im Land. So gehören die **Gitarrenbauer** von Huehuetenango zu den besten ihres Faches.

Auf der Südseite des **Parque Central** steht die neoklassizistische **Kathedrale** der Stadt. Sie wurde 1874 fertiggestellt und besitzt drei Schiffe. Die Fassade unterscheidet sich durch die Konstruktion ihrer Glockentürme und Säulen von den herkömmlichen Kirchen Guatemalas. Mehrere Erdbeben haben der Kathedrale aber im Laufe ihrer Geschichte großen Schaden zugefügt. 1976 war sie zu 80 % zerstört. Keine Rettung gab es beim Brand des Hauptaltares 1956 für die Schutzheilige der Stadt, *Virgen de Concepción.* Der Altar wurde renoviert, die Jungfrau ersetzt.

Huehuetenango

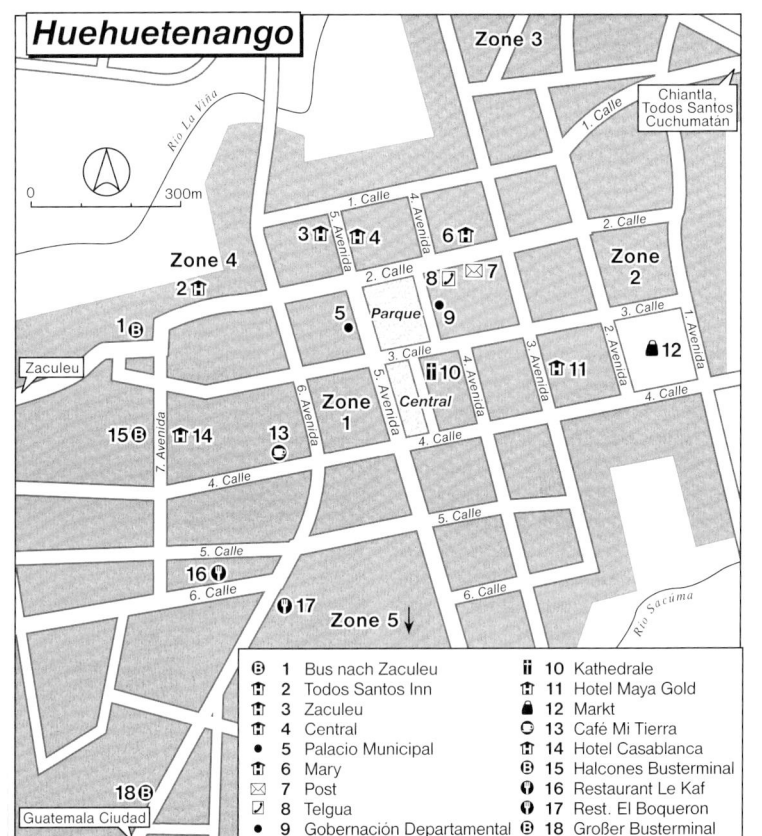

⑧ 1	Bus nach Zaculeu	ⓘ 10	Kathedrale
⛨ 2	Todos Santos Inn	⛨ 11	Hotel Maya Gold
⛨ 3	Zaculeu	▲ 12	Markt
⛨ 4	Central	○ 13	Café Mi Tierra
• 5	Palacio Municipal	⛨ 14	Hotel Casablanca
⛨ 6	Mary	⑧ 15	Halcones Busterminal
✉ 7	Post	❶ 16	Restaurant Le Kaf
☐ 8	Telgua	❶ 17	Rest. El Boqueron
• 9	Gobernación Departamental	⑧ 18	Großer Busterminal

Der **Palacio Municipal** liegt auf der gegenüberliegenden Seite und nimmt fast die ganze Länge des Parque ein. Der langgestreckte Bau mit seinem kolonialen Arkadengang hat in der Mitte die *Concha Acústica* aufsitzen, eine „akustische Muschel", in der zu bestimmten Anlässen eine Marimbagruppe etwas zum Besten gibt. Das Gebäude wurde 1843 gebaut, jedoch später verändert.

Neben der Kathedrale befindet sich das zweistöckige Gebäude der **Gobernación Departamental** aus dem Jahre 1885, das die Verwaltung beherbergt. Der **Torre** (Turm) trägt auf allen vier Seiten eine Uhr. Von ihm aus hat man einen schönen Blick über den ganzen Parque. Hier steht ein kleines Relief von *Guillermo Rendón,* ähnlich dem großen in der Hauptstadt, das die Morphologie des Departements zeigt.

Im **Calvario** von Huehuetenango, das um die Jahrhundertwende gebaut wurde, wird der Gekreuzigte Christus verehrt, dessen Tag an jedem 3. Mai, am *Día de la Santa Cruz,* mit einer Fiesta begangen wird.

Am Mittwoch vor Ostern und am 31. Oktober feiert die Stadt mit Mariachis und Musik die **Serenata.** Selbst die Huehuetecos, die nicht mehr hier wohnen, kehren für diesen Abend zurück, und man trifft sich auf dem Parque, der bis in die frühen Morgenstunden dicht bevölkert ist.

Die größte Sehenswürdigkeit in Huehue sind jedoch die nahe gelegenen **Ruinen von Zaculeu.** Die Überreste der einstigen Hauptstadt der Mames wurden restauriert und wieder aufgebaut. Die Ruinen sind in einem einstündigen Spaziergang von der Stadt aus zu erreichen. Dabei folgt man der 2. Calle stadtauswärts an der Schule vorbei. Busse warten in der Regel an der Ecke 2. Calle/7. Avenida. Oder vom Parque aus Taxi nehmen.

Es gibt 22 Banken in Huehue, mehr als in Antigua; die Post liegt in der 2. Calle 3-54 neben *Telgua* (Telefon).

Verkehrsverbindungen

Nach Huehuetenango: Von der Hauptstadt aus: *Los Halcones,* 7. Av. 15-27, Z 1, Tel. 22 38 19 29; 7, 14 u. 17 Uhr. *El Cóndor,* 19. Calle 2-01 Z 1, *Zaculeu Futura,* 9. Calle 11-42, Z 1, Tel. 22 32 28 58; 6 und 15 Uhr. *Transportes Velasquez,* 20. Calle/2. Av., Z 1.

Von Quetzaltenango: *Rutas Lima,* 11. Av. 3-68, Z 1. Sonst Busse ab Terminal oder 4. Calle Ecke 12. Av., Z 3 mehrmals am Tag.

Von Huehuetenango: Der große Terminal befindet sich gegenüber vom *Hotel Cascata,* Lote 4, 4-42, Z 5 auf der langen Einfallstraße 2 km außerhalb des Zentrums. Bus „Terminal" nehmen. Es fahren Busse in alle Richtungen mehrmals am Tag, z.B. nach Todos Santos um 4, 11 und 12 Uhr (zurück 4.30-16.30 Uhr). Ca. 3 Std. Fahrt ab Terminal. Pullman-Busse in die Hauptstadt über Quetzaltenango: *Zaculeu Futura,* 3. Av. 5-25, Z 1, *Los Halcones,* 7. Av. 3-62, Z 1, ebenso *El Condor,* 5. Av. 2-01, Z 1, und *Transportes Velasquez,* 1. Av. 2-82, Z 1. Ca. 5-6 Std.

Zur mexikanischen Grenze nach La Mesilla fahren *El Condor* und Busse vom Terminal aus. Fahrtdauer ca. 2 Std. 4-18 Uhr, halbstündlich.

Unterkunft

Einige gute Hotels befinden sich auf der Einfallstraße in die Stadt in Z 5.
- **Hotel Los Cuchumatanes,** 2 km südlich vom Zentrum, Col. Brasilia, Z 7, Tel. 77 64 93 58, E-Mail: castitel@hotmail.com. Bungalowanlage außerhalb des Zentrums. 270/305/340 Q.
- **Hotel Casablanca,** 7. Av. 3-41, Z 1, Tel. 77 69 07 77. Gutes Mittelklassehotel mit empfehlenswertem Restaurant, So Frühstücksbuffet. 180/228/268 Q.
- **Hotel Zaculeu,** 5. Av. 1-14, Z 1, in der Nähe des Parque, Tel. 77 61 10 68. Zimmer im oberen Stock teurer, da neuer; grüner Patio. 130/168/200 Q.
- **Hotel Central,** 5. Av. 1-33, Z 1. Einfach, dafür zentral gelegen. 35/45 Q. Verpflegung 8-10 Q.
- **Hotel Mary,** 2. Calle 3-52, Z 1, Tel. 77 64 16 18. Einfach, sauber, zentral, gutes Preis-Leistungs-Verhältnis. 60/90/120 Q.
- **Hotel Maya Gold,** 3. Av. 3-55, Z 1, Tel. 77 64 16 22. Neueres Hotel im Zentrum neben dem Markt. 98/168/195 Q.
- **Hotel Todos Santos Inn,** 2 Calle 6-74, Z 1, Tel. 77 64 12 41. Mit Gemeinschaftsbad etwas günstiger. 45/80/120 Q.

Essen und Trinken

- **Casablanca**, 7. Av. 3-41, Z 1, gegenüber Terminal Los Halcones. Gutes Restaurant mit angemessenen Preisen, Sonntag Frühstücksbuffet für 25 Q.
- **El Boqueron**, 6. Av. zw. 5. und 6. Calle. Kleines, aber feines Restaurant mit *churrasco* und *pollo*.
- **Restaurant Le Kaf**, 6. Calle 6-40, Z 1. Pizza und *churrasco*, Do und So Marimbamusik.
- **Mi Tierra Café**, 4. Calle 6-46, Z 1. Mittagsmenüs, kleine Mahlzeiten, Internetanschluss.
- **Cafetería Doña Estercita**, 2. Calle 6-40, Z 1. Guatemaltekische Spezialitäten wie *tamales*, *chuchitos* und *paches*.
- **Schibolet**, 5. Calle 5-60, Z 1. Gemütliches Restaurant, gute Suppen und Salate.

Es gibt einige **Sprachschulen** in Huehue. Empfehlenswert: *MELA-Multiétnica Latinoamericana*, 2. Calle/8. Av., Z 4, Tel. 77 64 30 84; *Spanish Academy Xinabajul* 6. Av. 0-60, Z 1. Außerdem *Instituto Zaculeu de Español*, 4. Calle 9-25, Z 1.

Die Umgebung von Huehuetenango

Die Ruinen von Zaculeu

4 km nordwestlich von Huehuetenango liegen die Ruinen, wie jene von Iximché und Mixco Viejo, strategisch günstig auf einem Plateau, das von *barrancos* umgeben ist und als Verteidigungsstützpunkt geeignet war. Die mächtige Wand der Cuchumatanes erhebt sich wie ein Schutzwall im Hintergrund. Ihre Nähe wirkt von hier aus geheimnisvoll, unüberwindbar und dunkel. Auf der anderen Seite blickt man auf Huehuetenango und erkennt die Türme der Kathedrale.

Die restaurierte Anlage wirkt durch die glatte Zementschicht über den Bauten etwas steril und gekünstelt. Es braucht Fantasie, um sich das einstige Leben der Mames vorzustellen. Hier finden sich weder kunstvoll gearbeitete Stelen wie in Quiriguá, noch wertvolle Reliefs wie in Copán (Honduras). Die Ausgrabungs- und Restaurierungsarbeiten wurden während der Revolutionsjahre 1946-1950 von der nordamerikanischen Bananenfirma *United Fruit Company* unter der Leitung von *John Dimick* durchgeführt. Durch solche Arbeiten versuchte das Bananenimperium, sein Image in Zentralamerika und der USA zu verbessern.

Als es im 14. Jahrhundert zu Kämpfen zwischen den Quiché und Mames kam, zogen sich die letzteren hierher zurück und bauten eine Zeremonialstätte, die gleichzeitig Festung war und uneinnehmbar schien. Zaculeu, ein Begriff aus dem Quiché, bedeutet „weiße Erde" wegen der Kalkfenster im Gestein der Cuchumatanes. Die Spanier kämpften monatelang vergeblich gegen die sich in der Festung verschanzenden Mames, bis jene vor Hunger und Schwäche aufgeben mussten. Es bedeutete gleichzeitig das Ende des Mam-Reiches unter ihrem letzten Herrscher *Kaibil Balam*.

Die Anlage von Zaculeu besitzt acht Plazas unterschiedlicher Größe. Um sie herum gruppieren sich Gebäude, die Wohn- und Verwaltungszwecken dienten, sowie religiöse Tempel, die Pyramidencharakter haben. Gut ist ein kleiner Ballspielplatz mit abgeschrägten Seitenwänden und rechteckiger Form zu erkennen. Die Gebäude waren einst mit symbolträchtigen Farben bemalt. Es wurde längst nicht alles, was sich unter den bewachsenen Hügeln verbarg, freigelegt. Mit 41 Einzelbauten war Zaculeu eine dicht bebaute Stätte. Was man in den Gräbern an metallenen Objekten fand, lässt auf einen regen Handel mit Mexiko schließen. In einem kleinen **Museum** werden einige Fundstücke ausgestellt. Daneben veranschaulicht ein Sitzgrab mit Skelett die Beerdigungsgewohnheiten der Mam-Indianer in Zaculeu. Geöffnet von 8–17 Uhr. Eintritt 25 Q.

● In alle Dörfer, die im Folgenden beschrieben werden, fahren (oftmals nur 1 x täglich) **Busse** vom Terminal in Huehuetenango aus.

Chiantla

Nur 7 km nördlich von Huehuetenango liegt der Wallfahrtsort Chiantla, zu deren versilberter **Virgen de Candelaria** (besser bekannt als *Nuestra Señora de Chiantla*) Tausende von Pilgern während der Fiestazeit (28.1.–2.2. und 4.–8.9.) ins Dorf kommen. Um die Jungfrau des Künstlers *Quirio Cataño* aus dem letzten Drittel des 16. Jh. ranken sich Legenden seit der Zeit, als sie dem spanischen Silberminenbesitzer *Pedro de Armengol* das Leben gerettet haben soll und dieser ihr dafür den silbernen Umhang stiftete. Auch heute soll sie noch Heilkräfte haben.

Ballspielplatz von Zaculeu

Ruinen von Zaculeu

(Plan: Palast, Palast, Plaza 1, Plaza 4, Plaza 6, Plaza 7, Plaza 5, Tempelpyramide, Ballspielplatz, Plaza 8, Tempelpyramide, Plaza 2, Museum Eingang, Tempelpalast, Plaza 3)

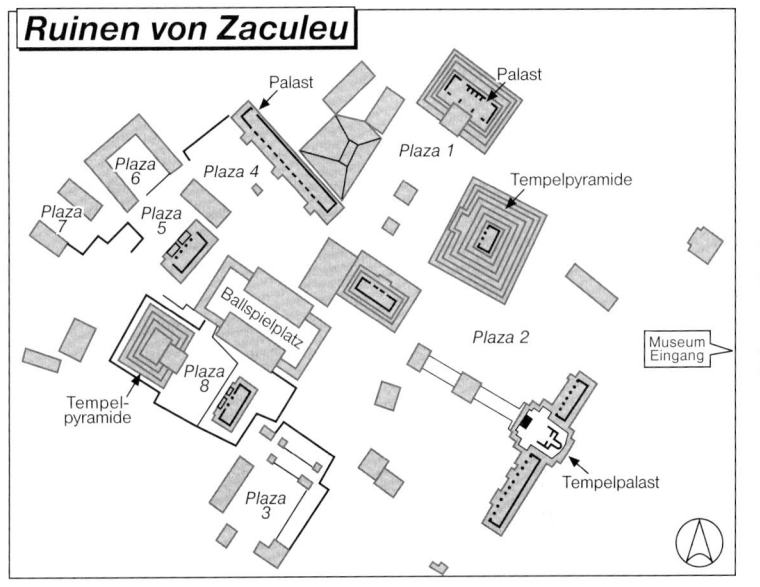

Ursprünglich lag der Ort in der Nähe des Aldeas El Pino und wurde unter dem Namen „Yantla" in das heutige Tal verlegt. Die ersten Missionare waren Dominikaner. Ihnen folgten die Mercedianer, die 1722 die Kirche von Chiantla bauten, die heute die Virgen beherbergt. Nach dem Zweiten Weltkrieg kamen Priester des Maryknoll-Ordens ins Dorf, die in Guatemala durch ihre mutige Arbeit unter den Militärregimes bekannt wurden.

Aus Chiantla kommen alljährlich die Pferde, die in Todos Santos Cuchumatán am 1. November beim traditionellen Rennen eingesetzt werden. Sie werden für viel Geld pro Tag verliehen.

12 km außerhalb Chiantlas, Richtung Norden an einem der höchsten Punkte der Straße, befindet sich der **Aussichtspunkt Juan Diéguez Olaverri,** der einen überwältigenden Ausblick auf die Hochlagen und Vulkane des Altiplano bietet. Wer mit dem Auto unterwegs ist, sollte hier halten. Auf den pyramidenähnlichen Monumenten sind Verse des Gedichtes „A Los Cuchumatanes" von *Juan Diéguez Olaverri* (1813–1866) zu lesen, der einst an einer Verschwörung gegen Diktator *Rafael Carrera* beteiligt war.

● Einfache Übernachtungsmöglichkeit.

Aguacatán

25 km östlich von Huehuetenango Richtung Sacapulas liegt Aguacatán, das seinen Namen vom „Überfluss an

Avocados" ableitet. Die Häuser des Dorfes reihen sich wie eine Kette entlang der Straße auf. Aguacatán bildet eine Sprachinsel, denn nur hier sprechen die Indígenas Aguateca. Die Frauen tragen einen blauen Corte mit weißem Huipil, der mit quergestreiften Borten verziert ist.

2 km vom Dorf entfernt befindet sich die eiskalte **Quelle des Río San Juan,** die wasserfallartig aus dem Gestein sprudelt, umgeben von Riesenfarnen und exotischer Vegetation. Wenige Hundert Meter danach bildet der junge Fluss eine kleine Insel. Dahinter vereinigen sich seine Arme zu einem kristallklaren See. Die fruchtbare Erde und der Reichtum an Wasser erlauben hier den Anbau von Zwiebeln, Knoblauch und anderem Gemüse.

Während der vorspanischen Zeit war die Gegend ein wichtiges religiöses Zentrum, wie archäologische Funde beweisen. Die **Ruinen von Chalchitán,** ein paar Kilometer nördlich von Aguacatán, wurden 1945 von *Leyard Smith* erforscht, doch entschloss man sich später zur Restaurierung von Zaculeu, da von Chalchitán bereits so viele Steine weggeschleppt wurden, dass die Struktur nur schwer hätte rekonstruiert werden können.

● **Übernachtung** im *Nuevo Amanecer,* einfach. **Reitausflüge** im Internet unter www.unicornioazul.com.

Todos Santos Cuchumatán

Der Straße von Chiantla weiter hinauf in die Berge folgend, durchquert man auf dem Weg nach Todos Santos Cuchumatán karge Hochebenen, in denen nur wenige Häuser liegen.

Obwohl Todos Santos (Allerheiligen) im hintersten Winkel der Cuchumatanes versteckt liegt, gehört das Dorf zu den berühmtesten Guatemalas. Die **Tracht der Männer** ist einzigartig und ein beliebtes Fotomotiv. Sie besteht aus rot-weiß-gestreiften Hosen, über denen die Todos Santetos eine Überhose aus dicker schwarzer Wolle mit weißen Knöpfen tragen, die vorne geschlitzt ist. Dazu ein weißes Hemd mit dünnen Streifen und bunt gewebtem Kragen. Unter ihrem Strohhut, um den sie ein Lederband wickeln, tragen viele Männer einen *tzut*. Mit dieser Tracht wirken sie manchmal wie Statisten in einem Western, die vom Reiten kommen.

In der Tat spielen Pferde keine unbedeutende Rolle während der **Fiesta** am 1. November. Dann findet nämlich das von in- und ausländischen Touristen vielbesuchte traditionelle Pferderennen statt, bei dem derjenige gewinnt, der sich nach reichlichem Alkoholgenuss nach jeder Runde am längsten auf dem Gaul halten kann. Verletzte, auch Tote, waren seit jeher die Folgen. Außer diesem Spektakel gibt es jede Menge *bailes,* wofür die *Todos Santeros* die Kostüme in San Cristóbal Totonicapán leihen. An diesem Tag bevölkern ganze Scharen von Besuchern das Dorf. An der Asphaltierung der Straße wird gearbeitet.

Die Tracht der Männer von Todos Santos ist einzigartig in Guatemala

Umgebung von Huehuetenango

Das westliche Hochland

In der Nähe des Dorfes gibt es einige **präkolumbische Zeremonialstätten** und Opferplätze, wo sich von Zeit zu Zeit *brujos* treffen, um alte Riten abzuhalten.

Infos

- **Übernachtungsmöglichkeiten:** *Casa Familiar*, obeshalb d. Parque, Tel. 77 58 32 83. Große Terrasse. 45 Q p .P. *Hotelito Todos Santos*, unterhalb *Casa Familiar*, Tel. 79 08 53 85. Neue, einfache Zimmer. 50 Q p. P.
- Inzwischen gibt es drei **Sprachschulen.** Überhaupt entwickelt sich langsam aber sicher eine kleine Touristen- und Travellerszene in Todos Santos. So wird sich mit Sicherheit die Infrastruktur des Dorfes in den nächsten Jahren verbessern.
- **Busse** fahren von Huehuetenango aus bis zur Mittagszeit hier herauf ab Terminal. Der letzte Bus geht um 13 Uhr zurück.

Aus dem flussabwärts gelegenen **San Martín Cuchumatán** stammt der Indígena *Manuel Paz*, der 1811 einer der Vorreiter der Unabhängigkeitsbewegung war und dessen Taten in Vergessenheit geraten sind.

San Juan Ixcoy

63 km nördlich der Departementshauptstadt liegt San Juan Ixcoy im Tal des gleichnamigen Flusses. Die Indígenas gehören der Volksgruppe der Chuj an und sprechen diese Sprache. Neben der Fiesta zu Ehren des Schutzpatrons San Juan Bautista vom 21.–24. Juni feiern die Indígenas jeden 17. Juli die Fiesta der *degollación* („Gemetzel"). Sie erinnern dabei an das Jahr

1898, als die Großväter in einer Nacht alle Ladinos im Dorf umbrachten und damit Rache an den Geldverleihern und Ausbeutern nahmen. Die Anstifter wurden später von Regierungstruppen bestraft.

Von hier kommen sehr gute Äpfel und Kirschen.

San Pedro Soloma

Etwas weiter nördlich, umgeben von hohen Bergen, liegt San Pedro Soloma auf 2274 m Höhe. Die Indígenas hier sprechen Kanjobal. In dieser Sprache bedeutet *soloma* „Wasserkopf".

Das Dorf hat eine lange Leidensgeschichte. 1773 legte das Erdbeben von Santa Marta den Ort in Schutt und Asche und 1884 brannte es zur Hälfte nieder. 1902 wurde es vom Erdbeben des Santa María erneut stark zerstört. Die Legende erzählt, dass das gesamte Tal einst ein großer See war, den ein Erdbeben verschlang, weswegen aber heute die Böden sehr fruchtbar sind.

Die Frauen von Soloma tragen einen langen weißen Huipil und eine weiße Kopfbedeckung, so dass manch einer schon den Eindruck hatte, das Dorf sei von lauter Nonnen bevölkert.

● Eine einfache **Übernachtungsmöglichkeit** bietet die *Hospedaje San Juan*.

Barillas

Über die Dörfer **Santa Eulalia** und **San Mateo Ixtatán** erreicht man Barillas, das durch seine Lage in einem breiten Tal auf 1400 m bereits Tieflandcharakter hat. 1888 wurde das frühere Santa Cruz Yalmox zu Ehren des Generals *Manuel Lisandro Barillas* umbenannt. Es liegt 153 km von Huehuetenango entfernt in einem Gebiet, in dem dichter **Dschungel** mit wild lebenden Tieren und einer üppigen exotischen Vegetation vorherrscht. Hier beginnt die Fincawirtschaft mit Kaffee- und Zuckerrohranbau in der Ixcán-Region, die zu den schönsten Gegenden Guatemalas zählt.

Wer von hier aus an eine Weiterreise ins Tiefland denkt, sollte Abenteuerlust mitbringen. In Barillas gibt es einfache **Übernachtungsmöglichkeiten.**

Zwischen der Straße nach Barillas und dem Seleguatal befinden sich noch weitere Orte, von denen die größten wie Jacaltenango, San Antonio Huista, Santa Ana Huista und Nentón in tiefer gelegenen Tälern liegen. Ihre Ausgänge und Flussläufe sind nach Westen, d. h. nach Mexiko gerichtet. Die Temperaturen erlauben den Anbau von Zuckerrohr, Mangos, Orangen, Papayas und Ananas. Die Region war früh besiedelt, doch die meisten Ruinen sind unerforscht und dem Verfall preisgegeben.

Das Selegua-Tal

Das beeindruckendste Tal im Departement Huehuetenango ist das des Selegua, dessen Lauf über eine lange Strecke von der Straße zur mexikanischen Grenze nach La Mesilla begleitet wird. Der Selegua entspringt an der südlichen Flanke der Cuchumatanes und folgt der Richtung dieses Höhenzuges. In seinem Verlauf hat er sich tief in das Gestein geschnitten und fließt heute durch eine Schlucht, deren Steilwände den schönsten Tonschiefer offenlegen. Die Fahrt von Huehuetenango nach La Mesilla ist ein Naturerlebnis – vorausgesetzt, man hat einen Fensterplatz links in den überfüllten Bussen. Die Fahrt dauert lange, da der Bus alle naselang hält, um Indígenas am Straßenrand aufzulesen, die sich oft in 30-Meter-Abständen einsammeln lassen.

Der nächstgrößere Ort hinter Huehuetenango entlang des Seleguas ist **San Sebastian Huehuetenango,** dessen Bewohner 1891 wegen der Überflutung ihres alten Dorfes flussabwärts in das Seitental des Esquisal umsiedeln mussten. Die 4 km entfernten Ruinen der Siedlung Toj-Joj, was in der Mamsprache soviel wie „zwischen Avocados" bedeutet, beweisen die Größe des einstigen *Pueblo Viejo*. Keine Bedeutung mehr haben die vielen Bleiminen um San Sebastian, die vor allem während der kolonialen Epoche ausgebeutet wurden.

Anders reagierten die Bewohner von **San Juan Atitán** südlich der Straße. Als das Dorf 1692 durch ein Erdbeben komplett zerstört wurde, konnten sich die Indígenas trotz des großen Schocks nicht von ihrem Boden trennen, weswegen eine geplante Umsiedlungsaktion am Ende scheiterte.

Die Tracht der Frauen von San Juan Atitán besteht aus einem weißen Huipil mit roten Mustern und einem blauen Corte. Die Männer tragen weiße Hemden, darüber den schwarzen

Nahualismus

Innerhalb des altindianischen Glaubens spielen Tiere eine ganz besondere Rolle. Sie treten nicht nur als Inkarnation verschiedener Gottheiten der indianischen Kultur auf, sondern auch als individuelle Schutzgeister jedes Einzelnen, vergleichbar mit den Schutzheiligen der Katholiken. Mit der Geburt erhält jeder Mensch den für seinen Tag bestimmten Nahual und behält ihn wie ein zweites Ich ein Leben lang. Die Seele des Menschen und sein Schicksal sind nicht zu trennen von seinem Nahual.

Seinen Ursprung hat der Nahualismus im **Ritualkalender** der Maya. Die einzelnen Tage waren Göttern geweiht, denen auch Tiere beigegeben waren. Der Neujahrstag des Tzolkin (260-Tage Ritualkalender) beispielsweise ist der Tag der „Acht Affen". Stier, Katze, Vogel, Gürteltier, neun Hunde oder drei Pferde: All das kann das Nahual eines Indígena sein. Sein Name und seine Gestalt werden streng geheim gehalten. Denn es besteht der Glaube, dass es genügt, den Nahual des anderen gefangen zu nehmen und es zu quälen, um über den Feind Krankheit oder gar den Tod zu bringen.

In der mythisch-religiösen Vorstellungswelt der Indígenas ist es nicht ausgeschlossen, dass sich der Mensch in seinen Nahual verwandeln kann. So sucht der Briefträger Nicho Aquino in Asturias Roman „Die Maismänner" in der Gestalt eines Kojoten nach seiner Frau.

Für die Spanier war der herrschende Nahualismus blanke Blasphemie. 1679 erließ *Bischof Ortega Montañez* ein Dekret, alle beigegebenen Tiere zu Füßen der Heiligenstatuen entfernen zu lassen. Der Löwe des Hieronymus, der Esel des Antonius oder der Stier des Markus übten nämlich eine vielfach größere Anziehungskraft auf die „heidnischen" Indianer aus als die Heiligen selbst.

Am lebendigsten ist der Nahualismus heute noch bei den Quiché-Maya. So wird das Neujahrsfest der „Acht Affen" zu Beginn des Agrarkalenders in Momostenago am ausgiebigsten gefeiert.

Wollumhang *(capixaij)*, der für diese kalte Gegend unerlässlich ist, und einen Strohhut mit rotem Band.

Ein kleiner Abstecher führt von Colotenango aus nach **San Gaspar Ixchil**, das auf den Terrassen eines breiten Flussbettes liegt. Die Bewohner dieses versteckten Dorfes, das durch seine herrliche Lage besticht, gehörten 1935 laut Anordnung des damaligen Diktators *Ubico* zu **Colotenango.** Sie konnten sich nie damit abfinden und kämpften bis 1947 verbissen um die Erhaltung ihrer Selbstständigkeit, die ihnen am 24. Oktober von *Juan José Arévalo* zurückgegeben wurde, was diesen Tag zu einem der wichtigsten Daten ihrer Dorfgeschichte machte.

Das nahe gelegene **San Ildefonso Ixtahuacán** am Río Helado wird von den Mames „Itzal" genannt. Der Name Ixtahuacán kommt aus dem mexikanischen Nahuatl und ist auch Teil des Namens von San Miguel (Dept. San Marcos) und Santa Catarina (Dept. Sololá). Das Dorf ging in die Geschichte ein, als im Jahr 1977 Minenarbeiter in die 300 km entfernte Hauptstadt marschierten, um bessere Löhne und anständigere Arbeitsbedingungen zu fordern. Ihr Empfang in der Capital wurde zu einer Massendemonstration und war ein Höhepunkt der Arbeitskämpfe in den 1970er Jahren.

In San Ildefonso gibt es einen seltenen **Heiratsbrauch.** Dabei drückt der Mann seiner Auserwählten irgendwann einmal eine 25-Centavo-Münze in die Hand, die sie in ihren Huipil steckt und sich dann kräftig schüttelt.

Fällt die Münze auf den Boden, ist es sein Pech. Wenn nicht, dann beginnt zwischen den Eltern der beiden das Aushandeln der Kosten für die Heirat, dessen Ablauf ebenfalls festgelegt ist und viele Kuriositäten aufweist.

Die **Tracht der Frauen** gehört zu den schönsten der Region. Der quergestreifte Corte ist rot mit gelben und blauen Bändern sowie geometrischen Mustern. Der breite Huipil hat passend zum Corte in Rot eingewebte kleine Muster, der Halsausschnitt ist bunt bestickt. Der Huipil wird lose über den Rock getragen, weswegen die Chance, dass die Heiratsmünze wieder herausfällt, relativ groß ist. Um den Kopf binden sie sich ein rotes Band, vorn zusammengeknüpft.

Um das Dorf zu besuchen, sollte man gut zu Fuß sein. Denn die Busse fahren zu sehr ungünstigen Zeiten, und es gibt keine Übernachtungsmöglichkeit in San Ildefonso Ixtahuacán. Von der Hauptstraße am Selegua sind es ca. 10 km das Heladotal entlang bis zum Dorf.

Am Ende dieser Erdstraße liegt **Cuilco**, dessen Name „farbenfroher Platz" bedeutet. Die Ruinen der ersten Siedlung (Cuilco Viejo) liegen nicht weit vom Dorf entfernt. Einen Namen machte sich das Dorf, als es sich 1871 als erstes der liberalen Revolution unter *Justo Rufino Barrios* anschloss. Sie mögen es später bitter bereut haben, als sie unter der Gewalt des Kommandanten *Benito Melgar* zu leiden hatten, der viele Indígenas zum Opfer fielen.

Zur **Fiesta** des Schutzheiligen San Andres vom 27.11.–1.12. kommen viele Mexikaner. Cuilco gehörte einst zu Mexiko, und auch noch heute sind die Beziehungen sehr eng.

Nach Mexiko (La Mesilla)

Zurück ins Seleguatal geht die Fahrt weiter Richtung mexikanische Grenze. Der letzte größere Ort vor der **Grenzstation La Mesilla** ist **La Democracia.** Hier wie dort gibt es Übernachtungsmöglichkeiten. Von La Mesilla fahren kleine Privatunternehmer die Leute nach Ciudad Cuauhtémoc, dem 4 km entfernten Grenzort auf der mexikanischen Seite (keine Übernachtung möglich). Das Büro an der Grenze ist von 8–12 und von 14–18 Uhr geöffnet. Vor Überraschungen, wie dem Bezahlen von irgendwelchen Steuern oder Gebühren, ist niemand sicher. Die Beträge halten sich jedoch zumindest für Touristen in Grenzen. Wer mit dem Auto die Grenze überqueren will, muss sich auf eine längere Kontrollprozedur einstellen. **Geldumtausch** ist an der Grenze möglich. Vorher nach dem Kurs erkundigen! Die mexikanischen **Busfahrtgesellschaften** *Cristóbal Colón* und *Transportes Tuxtla* fahren Richtung Comitán, San Cristóbal und Mexiko City. Letzter Bus nach Comitán gegen 17.30 Uhr. Wer in Comitán spät ankommt, der kann fürs erste die einfache *Casa de Huespedes,* Calle Central Benito Juarez Nr. 4, direkt am Zocalo) aufsuchen. Von Huehuetenango bis La Mesilla benötigt der Bus mindestens 2 Stunden.

100gu Foto: bh

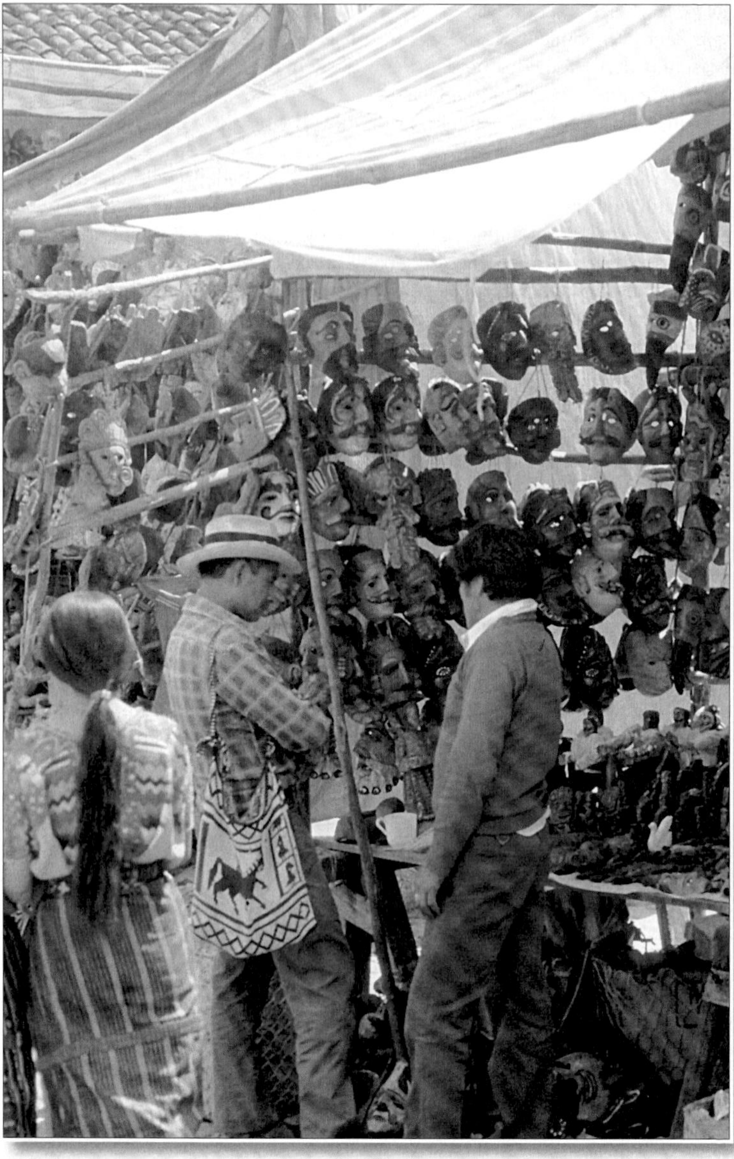

El Quiché

Das **Departement El Quiché** gehört zu den größten des guatemaltekischen Hochlandes und zieht sich vom warmen Tiefland an der mexikanischen Grenze weit in den Süden bis nördlich des Atitlán-Sees. In weiten Teilen herrscht ein gemäßigtes, in den Höhenlagen der Cuchumatanes bis 3000 m Höhe ein kaltes **Klima.** Charakteristisch ist auch hier die Taldichte, die das Ergebnis der Zerstückelung durch zahlreiche geologische Brüche ist. Viele dieser Täler sind aufgrund der bescheidenen Verkehrswege schwer zugänglich und untereinander nur durch Fußwege verbunden.

Die **Bevölkerung** lebt entsprechend zurückgezogen, ist ihren Traditionen verhaftet, und manchmal scheint es, als würde die Zeit hier stillstehen. Abgeschlossenheit im westlichen Hochland Guatemalas bedeutet allerdings immer auch Benachteiligung. So gehört das Dept. El Quiché mit Totonicapán und Huehuetenango zu den Regionen mit der ärmsten Bevölkerung. Einer Statistik aus den 1990er Jahren zufolge waren weit mehr als die Hälfte der Indígenas Analphabeten, die Gesundheitsversorgung entsprach mit 15.000 Menschen pro Arzt nicht einmal den minimalsten Anforderungen. Die Verhältnisse haben sich bis heute nicht wesentlich verbessert.

Im ganzen Departement wird **Quiché** gesprochen, die größte Sprachgruppe in Guatemala. Diese ist nach Süden über den Atitlán-See bis an die pazifische Küste hinunter verbreitet. Schon als die Spanier 1523 nach Guatemala kamen, waren die Quiché ne-

Die schönsten Masken gibt es auf dem Markt von Chichicastenango

ben den Cakchiqueles die größte ethnische Gruppe. Sie drangen im 11. Jahrhundert, von Norden kommend, ins zentrale Hochland vor, wo sie sich wie ein Keil zwischen die dort lebenden Völker drängten. Der Name Quiché bedeutet „Waldland"; er wurde von den mexikanischen Söldnern aus *Alvarados* Heer in das aztekische Wort „Cuauhtlemallan" übersetzt, woraus später „Guatemala" entstand. Im Laufe der Zeit vergrößerten die Quiché ihr Territorium durch kriegerische Auseinandersetzungen mit den geplagten Nachbarn.

Zweifellos gehören sie auch heute noch zu den rebellischsten Charakteren innerhalb der indigenen Bevölkerung Guatemalas. Die Guerilla rekrutierte sich in den 1970er und 80er Jahren zu einem großen Teil aus Maya-Quiché, revolutionäre Basisbewegungen wie das *Comité de Unidad Campesina* CUC (Komitee der Bauerneinheit) nahmen hier ihren Anfang. Nicht ohne Grund. Denn große Teile des Quiché, besonders im fruchtbaren Norden, werden vom Großgrundbesitz beherrscht. Landraub oder Vertreibung gehörten nicht selten zu den Maßnahmen der Aneignung von Grund und Boden. Und wie viele Indígenas im Hochland, muss auch ein großer Prozentsatz der Quiché-Bevölkerung alljährlich zur Ernte auf die Fincas, wo die Arbeits- und Lebensbedingungen für Lohnarbeiter unmenschlich waren und es teilweise noch sind.

Die Folgen der Unterstützung von Untergrundbewegungen bekam keine andere ethnische Gruppe so brutal zu spüren wie die Quiché. In den späten 1970er und frühen 80er Jahren reagierten die Militärdiktaturen mit regelrechten Genoziden, die Teile des Quiché in ein Schlachtfeld verwandelten. Ganze Dörfer wurden niedergebrannt, Äcker zu Wüsten gemacht und die Einwohner unterschiedslos niedergemetzelt. Wer mit dem Leben davonkam, flüchtete in die Wälder oder über die Grenze nach Mexiko. Später entstanden dann in den ausgewiesenen „Konfliktzonen" die ersten so genannten „Modelldörfer" *(aldeas modelo)*, künstliche Dorfgemeinschaften, die unter strenger Kontrolle des Militärs standen. Sie gibt es außerdem in Alta und Baja Verapaz, Huehuetenango und im Petén.

Die Situation im Quiché hat sich seit den Friedensverträgen (1996) etwas beruhigt. Doch es gibt außer dem Petén kein Departement in Guatemala, das vom Militär so sorgfältig im Auge behalten wird wie der Quiché. Was dies bedeutet, wissen die Indígenas. Wer also durch den Quiché reist auf der Suche nach den Spuren der frühen 1980er Jahre, wird „nur" eine scheinbar intakte Indígena-Welt finden (so fern man in diesem Zusammenhang von intakt reden kann), hin und wieder militärische Kontrollpunkte und ein agrarisch intensiv genutztes Hochland. Alles andere bleibt dem Touristen verborgen.

Neben der Landwirtschaft basiert die **Wirtschaft** des Departements auf der Herstellung von Textilien. Die Webarbeiten aus dem Quiché gehören zu den schönsten und begehrtes-

Typisches Hochlandtal
im Departement El Quiché

ten des Landes. Chichicastenango, das „Mekka des Tourismus", lebt vom Verkauf der Handarbeiten an In- und Ausländer, die vor allem an den Markttagen den Ort überbevölkern und Souvenirs einkaufen. In der Hauptsaison sieht man hier deshalb mehr Touristen als Indígenas, trotzdem gehört „Chichi" mit seinen 50.000 Einwohnern genauso wie Antigua oder Panajachel zu den sehenswertesten Plätzen Guatemalas und ist ein Muss auf der Reise durchs Land.

Von der Kreuzung Los Encuentros nach Chichicastenango

Gleichgültig von welcher Richtung aus man **Chichicastenango** ansteuert (außer natürlich von Santa Cruz del Quiché kommend), die Busfahrt geht immer über Los Encuentros (knappe Stunde), der großen Kreuzung auf der Panamericana nördlich des Atitlán Sees. Wer von Quetzaltenango oder gar San Marcos nach Chichicastenango fährt, wird bald nach Los Encuentros einen Klimaunterschied feststellen. Die Temperaturen werden etwas milder, und die Vegetation scheint um ein paar Wochen voraus. Auch der Menschentypus ist ein anderer als weiter westlich. Die Quiché-Frauen sind kleiner und zarter als die Mam-Indígenas. Ihre Huipiles sind bunter, die Farben leuchtender.

Wer mit dem Auto unterwegs ist, hat die Gelegenheit am **Aussichtspunkt** Mirador Santo Tomás einen kurzen Stopp einzulegen und den Blick auf das entfernte Chichicastenango zu genießen. Das kleine Städtchen liegt in einem breiten fruchtbaren Becken, im Hintergrund tauchen die Chuchumatanes auf, und soweit das Auge reicht, nur Hügel, Täler, Wälder und verstreute Siedlungen. Guatemala ist ein Land der Aussichten. Bei gutem Wetter zeigt es sich hier oben von einer seiner atemberaubendsten Seiten. Leider sind die Busfahrten oft so anstrengend und der Sitzplatz alles andere als gemütlich, weswegen einem in den überfüllten Camionetas die Schau-Lust an der Landschaft schon bald vergehen kann.

Vor Chichicastenango geht es in engen Haarnadelkurven hinunter zum Flussbett des Río Grande oder Motagua. Viele Flüsse Guatemalas haben zwei Namen, wobei dieser oft zwischen Unter- und Oberlauf wechselt. Die extrem steile Straße ist asphaltiert, trotzdem ist die Fahrt noch immer ein kleines Abenteuer. Draußen verändert sich die Vegetation im Zeitraffer vom trockenen Kiefernwald bis hin zu dichtem Dschungel, der oft in Nebel gehüllt und immer feucht ist. Der Río Grande hat hier eine enorme Erosionsarbeit geleistet, die nur aufgrund seines starken Gefälles möglich war, und sich dabei 200 m tief ins Gestein eingearbeitet. Die alte Mühle auf der Talsohle nutzte einst die Wasserkraft des Flusses. Über gleich steile Serpentinen quält sich der Bus wieder heraus aus der Schlucht. Der Zugang nach Chichicastenango und ins Quiché war also nie sehr leicht, denn eine Brücke über das tiefe Tal des Río Grande gibt es nicht.

Chichicastenango

Der Ort liegt 145 km von der Hauptstadt entfernt auf einer Höhe von 2080 m. Obwohl Chichicastenango nicht die *cabecera* des Departementes ist, überragt es an wirtschaftlicher und kultureller Bedeutung Santa Cruz del Quiché bei weitem. Von den Einwohnern sind nur eine Minderheit Indígenas, doch kommen diese regelmäßig von den *aldeas* nach Chichi, um dort auf den Markt oder in die Kirche zu gehen. Ihre soziale Bedeutung wird unterstrichen durch die Existenz eines Maya-Bürgermeisters, der sich zusammen mit den vielen *Cofradías* (Laienbruderschaften) des Ortes um die Belange der Indígenabevölkerung kümmert. Wie in Sololá teilen sie sich die Verantwortung mit einem Ladino-Bürgermeister.

Lange bevor die Quiché das Gebiet besiedelten, waren hier die Cakchiqueles ansässig, die sich nach Iximché zurückzogen, als es zu Auseinandersetzungen mit den feindlichen Nachbarn kam. Denn die beiden Zentren der Stämme, Chuvlá und Utatlán, lagen nur etwa 20 km auseinander. Chichicastenango wurde von den Flüchtlingen aus Utatlán, der ehemaligen Hauptstadt der Quiché, gegründet, nachdem 1524 *Pedro de Alvarado* „K'umarcaaj", wie sie ihre Festung selbst nannten, zerstört hatte. Der Name Chichicastenango ist mexikanischer Herkunft und rührt von der grünen Nesselpflanze her, der *Chichicaste*, aus der man aromatischen Tee zubereiten kann. Die Quiché nennen ihren Ort „Tziguán Tinamit", was soviel wie „zwischen *barrancos*" heißt. Die Einwohner von Santo Tomás Chichicastenango, so der vollständige Name des Städtchens, werden als „Maxeños" bezeichnet. Namensgeber war dabei die zweite Silbe des Schutzheiligen Tomás.

Chichicastenango ist eine Stadt der Magier und Mythen, *Cofradías* und *costumbres*. Eines der wichtigsten Dokumente der frühen Maya-Kultur, das **Popol Vuh,** wurde Ende des 17. Jahrhunderts von dem jungen spanischen Pfarrer *Francisco Ximénez* im Archiv des Dominikanerklosters gefunden. Der sensible *Ximénez,* von der indigenen Kultur und Sprache begeistert, machte sich an die Übersetzung des Textes und erschloss damit der Nachwelt eine Quelle von unschätzbarem Wert, die einen genauen Einblick in das Denken und die Vorstellung der Maya von ihrer Welt erlaubt.

Der Besuch Chichis ist ein Muss, doch man sollte seine Ankunft für einen Donnerstag oder Sonntag planen, wenn großer **Markt** ist.

Sehenswertes

An den ehemaligen Konvent auf der Ostseite der **Plaza** ist die bedeutendste Kirche von Chichicastenango angeschlossen: **Santo Tomás** wurde 1540 von den Dominikanern auf den Stufen eines alten Mayatempels erbaut. Um die in ihrem heidnischen Glauben verhafteten Maya überhaupt in die katholische Kirche zu bringen, ließen sich die Missionare auf diesen schmerzlichen Kompromiss ein und hatten Erfolg. Auf den 18 holprigen Treppen wird wie zu vorkolumbischer Zeit Kopalharz verbrannt und den Göttern geopfert, Kerzen angezündet und Gebete gesprochen. Immer raucht oder qualmt es auf den kleinen Altaren, *brujos* murmeln geheimnisvolle Litaneien, und Indígenafrauen sitzen auf den untersten Stufen in einem Meer von Blumen, die als Opfergaben verbrannt oder in der Kirche verstreut werden.

Die *costumbres* auf der Treppe von Santo Tomás gehören zu der publikumswirksamsten Szenerie in Guatemala. Kein Buch, kein Prospekt, kein Fotoalbum ohne eine Aufnahme Weihrauch schwenkender Indígenas vor der weißgetünchten kolonialen Kirche als Kulisse. Es mag ein wenig von dem Zauber nehmen, wenn man weiß, dass ein Teil der Indígenas an den Markttagen vom staatlichen Tourismusbüro INGUAT für ihre Zeremonien bezahlt werden, um den Touristen das zu bieten, was sie erwarten.

Der Innenraum der Kirche, den man von der Seite des Schiffes betreten sollte, macht auf den ersten Blick ei-

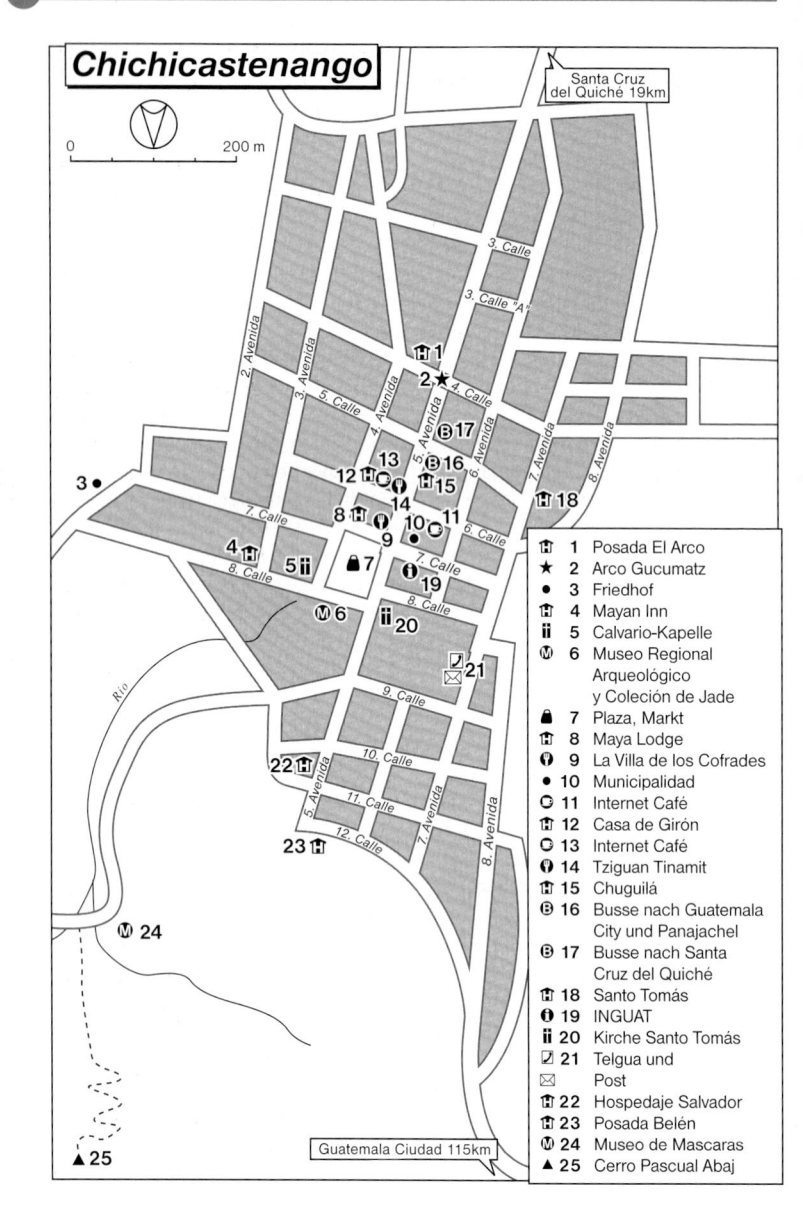

Chichicastenango

Chichicastenango

0 — 200 m

Santa Cruz del Quiché 19km

Guatemala Ciudad 115km

1 Posada El Arco
2 Arco Gucumatz
3 Friedhof
4 Mayan Inn
5 Calvario-Kapelle
6 Museo Regional Arqueológico y Coleción de Jade
7 Plaza, Markt
8 Maya Lodge
9 La Villa de los Cofrades
10 Municipalidad
11 Internet Café
12 Casa de Girón
13 Internet Café
14 Tziguan Tinamit
15 Chuguilá
16 Busse nach Guatemala City und Panajachel
17 Busse nach Santa Cruz del Quiché
18 Santo Tomás
19 INGUAT
20 Kirche Santo Tomás
21 Telgua und Post
22 Hospedaje Salvador
23 Posada Belén
24 Museo de Mascaras
25 Cerro Pascual Abaj

nen düsteren und sehr geheimnisvollen Eindruck. Die Gemälde des Hauptaltars und der Seitenaltäre sind geschwärzt vom Weihrauch und Ruß der Kerzen. Es sieht aus, als hätte vor kurzem ein Brand stattgefunden, und die Restauration wäre niemandem wichtig. In den Nischen und im Eingangsbereich sitzen Indígenas, zünden kleine dünne Kerzen an und streuen Kiefernnadeln, Rosenblätter und vieles andere mehr auf den Boden. Dabei hat jede Opfergabe und jede Blütenfarbe ihre ureigene Bedeutung. Kerzen und Opfergaben werden ständig mit Schnaps oder Weihwasser besprenkelt. Für die Indígenas ist eins so wichtig wie das andere. Alles, Farben, Laute und Gerüche gehören zu den indianischen *costumbres* in Guatemala, die stets sehr sinnlich und gefühlsbetont vollzogen werden.

Den Ablauf der Zeremonie bestimmen meist die so genannten *chuchcajaus,* die die Verbindung des Irdischen zum Göttlichen herstellen. Sie besitzen die Macht, sich bei den Göttern Gehör zu verschaffen. Dass die Indígenas von Chichicastenango ihre *costumbres* auch in die Kirche hineinverlegen, beweist, wie eng hier indigene Tradition und katholischer Volksglaube beieinanderliegen. In der Kirche herrscht Fotografierverbot!

Der **Markt** breitet sich weit über die Plaza hinaus aus. Hier gibt es einfach alles, was man von einem guatemaltekischen Markt erwartet. Stoffe, Decken, Teppiche, Huipiles, Taschen, Schmuck, Keramik, Masken, Gürtel usw. Dicht an dicht stehen die mit Planen überdachten Stände. Die Händler wissen, was sie von den Touristen verlangen können, und veranschlagen zunächst einmal Preise, die als Aufforderung zum Gegenangebot verstanden werden sollen. Diese Art des Kaufens und Verkaufens ist in Guatemala allgemein üblich. Unter den Holzfiguren und Masken kommt einer kleinen Reiterfigur besondere Bedeutung zu. Der *Tsijoláj* ist der Schutzheilige der Raketenhersteller und wird als Götterbote verehrt. Zu dem kleinen Reiter gehörte einst ein Äffchen. Doch als die Maya *Alvarados* schnelle Pferde durch Kugelhagel und Flammen preschen sahen, ersetzten sie den Affen durch das Pferd, das von nun an Symbol des Feuergottes war. Die Raketen (*cohetes*), die nach jeder großen Messe in Guatemala abgebrannt werden, sollen die Gebete schneller in den Himmel tragen. Noch Ende des 18. Jahrhunderts brachte es den damaligen Erzbischof schier an den Rand der Verzweiflung, als die Maya den Heiligen Jakob zu Pferde verehrten wie ihren *Tsijoláj,* das Pferd mit Blumen bestreuten und es in Kopal-Weihrauch hüllten.

Nicht weniger bunt geht es hier während des Hauptages der **Fiesta** am 21. Dezember zu, wenn die *Cofradías* (Laienbruderschaften) Chichicastenangos den **Tag des Santo Tomás** mit Prozessionen, Musik, Tänzen und Knallern feiern. Die Männer tragen dann schwarze kniellange Hosen und kurze Jacken aus Wolle mit roten Stickereien und einen bunten *tzut* auf dem Kopf. In die aufgeschlitzten Seiten der Hosen sind Sonnensymbole eingenäht. Die Sonne steht für schöpferische Kräfte und ist Symbol des Mannes, während der Mond, dessen Zyklus das Leben der Frau bestimmt, das weibliche Pendant dazu bildet. Die farbenkräftige Zickzackweberei auf manchen Jacken entspricht dem Muster der Huipiles der Frauen, die dazu einen längsgestreiften blauen Corte tragen, dessen Stoffbahnen mit einer auffallend breiten Naht verbunden sind. Die Trachten aus Chichi sind außerdem voller Symbole, die etwas über den sozialen und gesellschaftlichen Stand der Trägerin verraten.

Außer den *bailes* (Tänzen) gehörten die so genannten *voladores* zum Programm der Fiesta. Dabei ließen sich vier „fliegende Männer" von einem 30 m hohen Mast (ähnlich unseren Maibäumen) herab, die ein Seil um den Körper geschlungen hatten, das sich abwickelte, während die Flieger 13 Mal um den Stamm kreisten. Die Zahl 13 ist das Symbol des Himmels und die Anzahl der Wochentage im mythischen Kalender *tzolkin*. Multipliziert mit 4 ergibt sie 52 – die Anzahl der Jahre einer Kalenderrunde – und kündigt das Ende einer Epoche bei den Maya an. Der *Palo Volador* („fliegender Mast") entstand etwa um 500

Treppe zur Kirche Santo Tomás

n.Chr. und war ein Fruchtbarkeitstanz zu Ehren des Gottes *Xipe Totec* in Veracruz (Mexiko). Die *voladores* verkörperten die toten Krieger und Geopferten, die bei ihrer Wiedergeburt als Vögel zur Erde schwebten. Der waghalsige Flug der *voladores* ist wegen seiner Gefährlichkeit in vielen Gegenden Mexikos bereits verboten. Auch in Guatemala gibt es ihn kaum noch.

Auf dem Weg von der Kirche Santo Tomás zum gegenüberliegenden Calvario gelangt man auf der Südseite der Plaza zum kleinen **Museo Regional Arqueológico y Coleción de Jade** (im Gebäude der Municipalidad). Es stellt die Jadesammlung von Pater *Ildefonso Rossbach* aus, der bis zu seinem Tod in den 1940er Jahren hier lebte. Zu sehen sind außerdem Keramikstücke, Weihrauchgefäße und anderes mehr. Mo–Mi 8–12 und 14–17 Uhr.

Die kleine **Capilla del Calvario** steht der Santo Tomás-Kirche direkt gegenüber. Auch auf ihren Stufen werden Opfergaben dargebracht. Der Innenraum ist klein, aber belebt. Meist ist er mit bunten Girlanden geschmückt. Im großen Glasschrein liegt ein begrabener Christus, wie die Guatemalteken ihn lieben: blass, blutend und tot.

Zu jedem Calvario in Guatemala gehört der **Friedhof** des Ortes. Der von Chichi liegt nicht weit dahinter. Da die Friedhöfe in Guatemala meist etwas erhöht liegen, damit die Toten näher am Himmel sind, hat man von dort aus oft eine sehr schöne Sicht über das Dorf oder die Stadt. Der Friedhof von Chichi gehört zu den „lebendigsten" des Landes, sowohl die bauliche als auch die farbliche Gestaltung betreffend. Die Atmosphäre scheint immer etwas von Totem und Lebendigem zugleich zu haben. An bestimmten Tagen im katholischen Kalenderjahr finden hier regelrechte Familientreffs statt, bei der Essen und Getränke mitgebracht werden und ein Teil davon auf dem Grab des Verstorbenen geopfert wird, damit er auf seiner langen Reise nicht verhungern möge (besonders um Allerheiligen).

Richtung Santa Cruz del Quiché überspannt die 5. Avenida der große **Arco Cucumatz** die Hauptausfallstraße, ein 1932 erbauter Bogen, den die „Gefiederte Schlange" *Cucumatz* in ihrer ganzen Spannweite und mit weit aufgerissenem Maul schmückt. Diese gar nicht liebliche Gestalt war der höchste Gott der Tolteken. Sein toltekischer Name *Quetzalcoatl* wurde von den yucatekischen Maya in *Kukulcán* oder *Cucumatz* übersetzt. Er war Gott der Priesterschaft und Fruchtbarkeit. Bei den Maya symbolisieren die Federn den Himmel (und den Wind), die Schlange die Erde. Rechts und links sind Mayadarstellungen in den Stein gemeißelt. Der Blick durch den Bogen oder von oben auf ihm stehend geht weit ins Hinterland hinein.

Eine halbe Stunde Fußweg dauert der Spaziergang auf den Hügel La Democracia, wo sich der berühmteste **Opferplatz** der Region befindet: **Pascual Abaj.** Das *Idolo* ist ein schmaler Steinkopf, umgeben von Bruchstücken behauener Steine, die ein Halbrund bilden, wo zu Ehren des Gottes *Turkaj Kopal* verbrannt wird und Tiere geopfert werden. *Turkaj* ist zuständig für den Regen und eine gute Maisernte. Vor allem an Markttagen finden hier für die Touristen „bestellte" Zeremonien statt, die den Weg nicht lohnen. Besser, sich alleine auf den Weg machen und mit Respekt und Zurückhaltung der Zeremonie zuschauen. Auf dem Weg nach Pascual Abaj (5. Avenida in südl. Richtung an der Kirche vorbei) gibt es schöne Aussichten auf Chichicastenango.

Chichicastenango ist trotz des großen Touristenaufkommens an den Markttagen einen Ausflug wert. Chichi hat sich zum Glück noch nicht in einen westlichen Aussteigerort verwandelt.

Unterkunft

- **Mayan Inn,** 8. Calle hinter Calvario-Kap., Tel. 77 56 11 76, Internet: www.mayainn.com.gt. Altes Haus im Kolonialstil, Zimmer ohne Schlüssel, dafür gibt es einen Pförtner. 79/91/109 US$.
- **Santo Tomás,** 7. Av., neben Shell-Tankstelle, Tel. 77 56 12 69, E-Mail: hst@itelgua.com. Im Kolonialstil. Schöner Patio, Sonntagsbuffet. 81/96/130 US$.
- **Casa del Rey,** Km 144 am Ortseingang, Tel. 77 56 10 53, Internet: www.hotelvillagrande.com. Ehemals Villa-Kette am Dorfeingang, gehobene Klasse. 48/55/85 US$.
- **Pensión Chuguilá,** 5. Av. 5–24, Tel. 77 56 11 34. Vor allem von Gruppen geschätzt. 20/30/40 US$.
- **Maya Lodge,** 6. Calle 4–08, Tel. 77 56 11 67. Direkt am Platz, etwas teurer. 200/248/312 Q.
- **Posada El Arco,** 4. Calle 4–36, Tel. 77 56 12 55. 60/80/100 Q.
- **Hotel Posada Belén,** 12. Calle 5–25, Tel. 77 56 12 44. Klein, sauber und freundlich. Zimmer mit Balkon. 40 Q p.P.
- **Hotel Casa de Girón,** 6. Calle 4–52, Tel. 77 56 11 56. Großer Innenhof, zweckmäßig eingerichtete Zimmer. 50/100/140 Q.
- **El Salvador,** 10. Calle 4–47; 35 Q p.P.
- **Hospedaje San Jerónimo,** 5. Av./10. Calle, Tel. 77 56 12 04. Sieben Zimmer mit Privatbad, teils TV. 75/100/150 Q.
- **Chalet House,** 3. Calle 7–44, Tel. 77 56 13 60. Neu, sauber, freundlich. Acht Doppelzimmer; 125 Q.

Achtung: am Wochenende werden die **Hotelpreise oft erhöht**.

Essen und Trinken

Wie immer ist das Essen in den **großen Hotels** ganz gut. Hier kann man auch mal einen Kaffee in gediegen-kolonialer Atmosphäre genießen und es sich bequem machen.

In den **Mittelklasse-Hotels** gibt es günstigeres Essen. Ansonsten ist Chichi so klein, dass es kein Problem ist, irgendwo ein einfaches Mittagessen mit Huhn oder Fleisch und Reis oder *frijoles* zu bekommen, z. B.:

- **Casa San Juan - Comida y Arte,** 4. Av./6. Calle am Markt. Sehr nett.
- **Las Brasas,** 6. Calle 4-52, 2. Stock, im Patio vom Hotel Girón. Steakhouse.
- **Tu Café,** 5. Av. 6-44, Frühstück.
- **Tziguan Tinamit,** 5. Av./6. Calle.
- **La Villa de Los Cofrades** am Markt und Local 11, Centro Comercial Santo Tomás.
- **Antojitos Tzocomá,** 5. Av. hinter Hotel *Pascual Abaj*.
- **La Fonda de Tzijolaj** im 2. Stock des Centro Comercial Municipal an der Plaza.

Verkehrsverbindungen/Infos

- **Nach Chichicastenango:** von der Hauptstadt aus ab 1. Av./20. Calle Zone 1 stündlich oder *Veloz Quichélense, Transportes Masheñita* und *Reina de Utatlán* ab Terminal Z 4, donnerstags und sonntags jede Stunde, sonst alle zwei Stunden. Oder jeden anderen Bus Richtung Hochland bis Los Encuentros und dort umsteigen. An den Markttagen Donnerstag und Sonntag sind die Busse nach Chichi zum Teil gnadenlos überfüllt. Es empfiehlt sich, einen Tag vorher hinzufahren.
- **Von Chichicastenango:** zurück nach Los Encuentros, auf Anschlussbus nach Quetzaltenango, Panajachel, Antigua oder in jede andere gewünschte Richtung warten. Nach Santa Cruz del Quiché mit *Veloz Quichélense* weiterfahren, mehrmals am Tag bis 18 Uhr. Direkt nach Nebaj: *Veloz de las Clavelinas* nur Mittwoch und Samstag. Sonst einfach mal bis Santa Cruz und von dort aus weitersehen. Trotzdem vorher erkundigen! Abfahrt Richtung Sta. Cruz am Arco.
- **Shuttle-Service** und **Travel Agency:** *Chichi Turkaj-Tours,* 5. Calle 4-42, Z 1, Tel. 77 56 21 11.
- **Tourismusinfo:** *INGUAT,* 7. Calle 5-43, Z 1.
- **Internetzugang:** 6. Calle.
- In Chichi gibt es eine **Bank,** eine **Post** und **Telgua.**

Arco Cucumatz:
der Bogen der „Gefiederten Schlange"

Santa Cruz del Quiché

Santa Cruz ist die Hauptstadt des Departements El Quiché und liegt nur knapp 20 km nördlich von Chichicastenango. Kurz vor der Stadt liegt die kleine **Laguna de Lemoa.** Autofahrer können hier eine schöne Rast einlegen. Während Chichi ganz auf den Tourismus und das Marktgeschehen eingestellt ist, wirkt die Atmosphäre in Santa Cruz viel ruhiger und gelassener. Doch schon am Ortseingang weist das frühere riesige Militärhauptquartier Nr. 20 eindrücklich darauf hin, in welchem Departement der Reisende sich befindet. Es erinnert daran, dass der Quiché nie ein ruhiges, friedliches Gebiet war. Heute wird über eine sinnvollere Nutzung nachgedacht. Santa Cruz ist wichtiger Kreuzungspunkt der Straßen in das Quiché-Hinterland und Standort der ehemaligen Quiché-Hauptstadt Utatlán.

Auf der **Plaza** (Parque) von Santa Cruz steht ein **Tecún Umán-Denkmal,** das an den legendären letzten Quiché-König erinnert, der im Kampf gegen *Pedro de Alvarado* 1524 bei Quetzaltenango unterlag. Die Stadthalle und ein überdachter Markt wurden neu gebaut. Die Mittel für derartige Projekte stehen den Gemeinden Guatemalas seit 1989 zur Verfügung, als die Regierung beschloss, 8 % des nationalen Steueraufkommens zur freien Verfügung an die Kommunen zu vergeben. Man kann darin einen kleinen Schritt zur Dezentralisierung und De-

SANTA CRUZ DEL QUICHÉ

mokratisierung des Verwaltungsapparates der Hauptstadt sehen. Ob die Plaza von Santa Cruz durch die neuen Gebäude schöner wird, steht dahin.

Die mächtige, weiße koloniale **Kathedrale** und der **Konvent,** die im Sonnenlicht fast grell erscheinen, wurden von Dominikanern erbaut, die die Steine dazu aus dem nahegelegenen Utatlán benutzten. Davor steht ein altes Steinkreuz, das Ähnlichkeit mit dem in Antigua vor der La Merced-Kirche hat. Wahrscheinlich standen diese Kreuze einst in der Kirche.

Die **Municipalidad** besitzt einen dreistöckigen Turm, von dem aus früher ein schöner Blick über die Plaza möglich war. Die „0". Avenida ist der Eingang in den **Mercado,** der sich hinter der Kathedrale befindet. Es ist ein einfacher, alltäglicher Markt, der nicht so sehr auf die Souvenirwünsche der Touristen ausgerichtet ist, sondern die Grundbedürfnisse der hiesigen Bevölkerung befriedigt. Die Preise hier sind im Gegensatz zu Chichicastenango dem guatemaltekischen Durchschnitt angeglichen.

Infos

Wer auf der Weiterreise in das **Ixil**-Dreieck hier **übernachten** muss, für den gibt es folgende Möglichkeiten:
- **Hotel Rey Quiché,** 8. Calle 0–39, Z 5, Tel. 77 55 21 32. Wohl das beste Hotel hier. 85/150/210 Q.

Die Straße von Chichicastenango nach Santa Cruz del Quiché

- **Hotel Maya Quiché,** 3. Av. 4-19, Z 1, Tel. 77 55 16 67. Freundliches Personal. 60/110/150 Q.
- **Hotel San Pascual,** 7. Calle 0-43, Z 1, Tel. 77 55 11 07. Günstiger mit Gemeinschaftsbad. EZ 75, DZ 122 Q.
- Gutes **Essen** gibt es im *Dennis*, die Cafeteria hinterdem Mercado, *La Cabañita Café* (Frühstück), *El Torrito Steak House*, *La Casona* und *Café Kail*.
- In Santa Cruz gibt es eine **Bank,** eine **Post** und **Telgua.**
- Die **Busse** fahren hauptsächlich von der Plaza ab. Die Fahrt nach Nebaj dauert mindestens 5-6 beschwerliche Stunden, doch gehört die Strecke durch das Tal des Río Chixoy über Sacapulas (hier macht der Bus immer eine Pause) zu den aufregendsten Guatemalas. Busse fahren mehrmals täglich nach Nebaj. Nach Cotzal um 9 Uhr und am Nachmittag über Nebaj. Es gibt **keine Übernachtungsmöglichkeit** in Cotzal!
- Wer einen **Ausflug** ins **abgelegene Hinterland** unternehmen möchte, fährt nach San Andrés Sajcabaja in die *Posada San Rafael* zur Familie *Mendez*. Tel 77 55 18 34, 1,5 Std. von Chichicastenango über Sta. Cruz entfernt. Ruhig, entspannend, herrliche Natur.

Die Umgebung von Santa Cruz del Quiché

Utatlán (K'umarkaaj)

Von der aus dem 13. Jahrhundert stammenden **Quiché-Festung** Utatlán, 4 km westlich der Stadt gelegen, ist nur noch wenig erhalten. *Pedro de Alvarado* ließ sie total zerstören, nachdem er einen Mordplan gegen sich aufgedeckt hatte. Wie so oft liegt die Ruinenstätte auf einem Plateau, das durch die umliegenden Täler schwer einzunehmen war. Die ersten, die später Utatlán besuchten, waren *John L. Stephens* und *Frederick Catherwood* im Jahre 1840. Die beiden waren Pioniere der Erforschung von Mayastätten in Guatemala. Sie kartierten hier einen quadratischen Opferplatz und einige Pyramiden und Plazas, die einst mit Stuck überzogen und bunt bemalt gewesen sein müssen. Noch immer liegt das meiste unter bewachsenen Grashügeln verborgen, so dass man sich nur über ein Modell am Eingang der Stätte eine ungefähre Vorstellung vom Aussehen der Anlage machen kann. Alten Quellen zufolge aber muss der Palast von Utatlán an Reichtum und Pracht mit jenem Montezumas in Mexiko vergleichbar gewesen sein. Eine interessante Entdeckung ist der Tunnel zu einem Grab an der Westseite der Anlage. Eine Lampe wäre von Nutzen. Von Santa Cruz die 4. Av. Z 1, dann 10. Calle rechts hinunter. Die Stätte ist geöffnet von 7-18 Uhr. Ein kleines Museum am Eingang bietet weitere Informationen. Bei Bedarf nach Führern fragen. Eintritt 10 Q.

San Antonio Ilotenango

Hinter Utatlán, weiter Richtung Westen, liegt San Antonio Ilotenango, das sich in einer der abgelegenen Gegenden des Quiché befindet und das stellvertretend für viele andere Dörfer des Departements stehen kann. Die Bevölkerung besteht fast nur aus Indígenas, die sich der traditionellen Landwirtschaft widmen.

Das Dorf scheint trotz Straßenverbindung von der Außenwelt abgeschnitten, und das Leben hier geht seinen gewohnten Gang. Das *Municipio* leidet enorm unter der Abholzung seiner Wälder, doch Holz ist die einzige Feuerungsmöglichkeit in den Dörfern. Auch was noch nicht gefällt ist, besitzt nur noch ganz oben Äste. Das Bild von derart beschädigten Kiefern ist leider alltäglich.

Zacualpa

Einen Ausflug ist das Dorf Zacualpa östlich von Santa Cruz wert. Der Name Zacualpa bedeutet „alte Stadt". Denn bei den Ruinen einer alten Verteidigungsanlage wurden präkolumbische Funde wie Obsidianspitzen, Jadeschmuck, Keramik und andere Kunstgegenstände ausgegraben. Vieles davon stammt aus den Ländern Costa Rica, Panama oder Peru, was auf einen enormen Einfluss von außen und weitreichende Handelsbeziehungen schließen lässt.

●**Busse** nach Zacualpa fahren regelmäßig von Santa Cruz aus. Man sollte wie immer den frühesten Bus nehmen, um wieder nach Santa Cruz zurückzukommen.

Joyabaj

Ein paar Kilometer weiter erreicht man das kleine Dorf Joyabaj. Der Ort liegt an der alten Handelsstraße vom zentralen Hochland nach Mexiko und ist berühmt wegen der kunstvoll gewebten Huipiles der Frauen und seiner Fiesta. So wird bis heute der Schlangentanz *(baile de la culebra)* mit einer echten Schlange aufgeführt. Auch der Hirschtanz *(baile del venado)* gehört zu den beliebtesten Tänzen während einer Fiesta. Er stellt das Verhältnis von Mensch und (erlegtem) Tier dar. Wer zwischen dem 9. und 15. August im Quiché ist, sollte einen Ausflug nach Joyabaj machen.

●Eine sehr einfache **Übernachtungsmöglichkeit** gibt es in der *Pensión Mejía* in der Nähe der Kirche. Im Ort werden auch Führungen in die Umgebung angeboten.

Von Santa Cruz del Quiché nach Nebaj

Hinter Santa Cruz beginnt die Asphaltstraße ins nördliche Quiché und in das Triángulo Ixil (Ixil-Dreieck). Seit den weltweit Aufsehen erregenden Vorgängen in den 1970er und 80er Jahren, als das Militär seinen Feldzug gegen Guerilla und Bevölkerung startete, ist auch das touristische Interesse an dieser Gegend enorm gestiegen. Abgesehen davon ist aber das kleine Dreieck „am Ende der Welt" auch vom natur- und kulturräumlichen Aspekt her sehenswert. Jade- und Keramikfunde lassen auf eine frühe Besiedlung schließen. Die **Busfahrt** ist nach der Asphaltierung der Straße angenehmer, und die Strecke ist immer noch atemberaubend schön und dauert bis Sacapulas ca. eine gute Stunde.

Kurz nach Santa Cruz beginnen Obstplantagen, die Landschaft ist hügelig und wirkt durch ihren Wechsel von Wald und offener Kulturlandschaft fast lieblich. Bei gutem Wetter gibt der Weg weite Ausblicke auf die entfernte Sierra Madre im Westen frei. Nach 8 km ist **San Pedro Jocopilas** erreicht, ein stilles Dörfchen, wo eine Kirchenruine an die Zeiten erinnert, als hier spanische Missionare zugange waren. Sie ragt über das Dorf hinaus.

Die Besiedlung in dieser Region ist eher spärlich im Gegensatz zu den Gebieten des weiter westlich gelegenen Hochlandes. Die Trockenzeit ist extrem staubig, da der Quiché hier im Regenschatten der Sierra Madre und der Cuchumatanes liegt. Ausgedehnte Steinäcker, wie man sie auch in den wasserarmen Kalkgegenden Mitteleuropas findet, erschweren die landwirtschaftliche Arbeit der Campesinos in dieser Gegend. Aufgrund der klimatischen Bedingungen wachsen Agaven und Kakteen. Die Agaven werden abgehackt, und aus ihren Fasern fertigen die Indígenas Seile und Ähnliches. Die roten Früchte der Kakteen (tunas) schmecken sehr süß und fruchtig, aber es ist eine Kunst, sie zu essen, ohne sich zu verletzen.

Je näher Nebaj rückt, desto zerfurchter wird das Relief. Die Cuchumatanes nähern sich in der ihnen eigentümlichen Art als mächtige, starre Wand. Vor **Sacapulas** taucht der Bus auf engen Serpentinen hinab in das Tal des Río Negro oder Chixoy. Sein Verlauf bildet weiter östlich die Grenze zwischen dem Departement El Quiché und Alta Verapaz. Während der Trockenzeit liegen breite Kiesbänke offen. Dann ist dieser große Fluss zum Teil nur mehr ein Rinnsal. Die Flussauen am Río Chixoy sind während dieser Zeit fruchtbare Oasen inmitten braungefärbter, vegetationsloser Hänge. Der Höhenunterschied zu Santa Cruz beträgt fast 900 m. Kein Wunder also, dass hier Palmen und Zitrusfrüchte wachsen.

Sacapulas

Der indianische Name für Sacapulas ist *Tuhal,* was so viel wie „Dampfbäder" bedeutet, da es nahe des Dorfes heiße Quellen gibt (östlich der Brücke „Agua caliente"). Sacapulas wurde 1537 in der Nähe der präkolumbischen Siedlung Chuitinamit gegründet, von der nur noch Reste vorhanden sind. Zu Berühmtheit gelangte das Dorf durch *Fray Bartolomé de Las Casas,* der hier im 16. Jahrhundert lebte. Der erste Bau der Brücke stammte von ihm und trägt heute noch seinen Namen. Von hier aus begann *Las Casas* sein Werk der friedlichen Missionierung der Indígenas.

Salzlagerstätten am Ufer des Río Chixoy erlaubten schon während der Kolonialzeit den Abbau von Salz. Es wurde als runder Laib verkauft und galt bis spät ins 19. Jahrhundert hinein als Zahlungsmittel. Das Salz war fast gleichwertig mit dem Silber, aus dem die Einwohner Schmuck herstellten.

In der **Kirche** Santo Domingo, die 1553 erbaut wurde und zu der steile Stufen hinaufführen, befanden sich filigrane Arbeiten aus echtem Silber.

Die Mitte der kleinen Plaza schmücken zwei außergewöhnlich schöne Exemplare der Ceiba, die Schatten in der heißen Sonne von Sacapulas spenden und unter denen Do und So der Markt stattfindet.

Triángulo Ixil

Das Triángulo Ixil befindet sich zwischen den Osthängen der Cuchumatanes und den Westhängen der Sierra de Chamá. Die Ixil leben in einem Raum vergleichbar mit der Fläche des Saarlandes und siedelten hier schon vor der Conquista. Die gesamte Region ist voller archäologischer Relikte. Ein Großteil der wertvollen Fundstücke ist im Archäologischen Museum der Hauptstadt ausgestellt. Das Gebiet wurde 1530 von den Spaniern erobert und im Zuge der Etablierung eines Dominikanerkonvents in Sacapulas von dort aus missioniert. Lange blieben die Indígenas unter sich. Erst Ende des 19. Jahrhunderts kamen die ersten Ladinos in die Gegend, um sich hier niederzulassen. Die Randlage und der geringe Einfluss von außen sind der Grund, warum die Ixil noch sehr traditionell leben, ihre *costumbres* pflegen und die Akkulturation weniger vorangeschritten ist als anderswo. Auch die **Ixil-Sprache** ist noch lebendig, die als die älteste Abspaltung des Mam gilt. Die Ixil sind es seit jeher gewohnt, ihr Land autonom und selbstständig zu bebauen.

Das änderte sich mit dem Einzug reicher Finqueros, die in den tiefer liegenden Gebieten riesige Kaffeeplantagen aufbauten, sich dabei häufig das Land durch Erpressung und Raub stahlen und die Maya auf ihrem eigenen Land zu Lohnarbeitern der untersten Klasse machten.

Als sich in den 1970er Jahren die **Guerilla** in ihrem zweiten Anlauf zu etablieren begann, war die aktive und passive Unterstützung der Ixil im Kampf gegen die Großgrundbesitzer enorm. Man schätzt, dass Ende der 70er Jahre 60 % der Campesinos bei der Guerilla waren. Das Militär schlug zurück. Es antwortete mit Massenerschießungen nach Aufständen, Verschleppung, Vertreibung, Folter und Mord. Hunderte von Dörfern und *aldeas* fielen den Zerstörungsfeldzügen des Militärs zum Opfer. Die Einwohner flüchteten oder organisierten sich in den „geheimen Widerstandsdörfern".

Anfang der 1980er Jahre entstanden auf der Asche ehemaliger Siedlungen die ersten **„Modelldörfer"** mit der logistischen Hilfe der US-Amerikaner und Israelis. Sinn und Zweck war es, die Bevölkerung zu kasernieren und sie sich selbst kontrollieren zu lassen. Dazu wurden die Männer zum „freiwilligen" Dienst in zivilen Selbstverteidigungspatrouillen *(Patrullas de Autodefensa Civil/PAC)* gezwungen und mussten sämtliche Vorkommnisse in der Gegend umgehend melden. Die Bevölkerung musste beim Bau neuer Zufahrtswege für Militärfahrzeuge mitarbeiten, sie wurde gezwungen, auf ihren Böden Agrarexportprodukte anzubauen und musste sich einem politischen „Umerziehungsprogramm" unterwerfen.

So gibt es vor Nebaj Felder mit Intensivkulturen, und die Straße ins Dorf gehörte früher zu den besten Hochlandpisten in Guatemala. Die Gebäude öffentlicher Einrichtungen sind unverhältnismäßig groß, dazu gibt es eine Reihe neuer Schulen. Wer also in dieser Gegend ein bisschen die Augen offenhält und sensibel ist für die Unterschiede zu anderen Hochlandregionen, dem wird sicherlich das eine oder andere auffallen.

Im **Konvent** neben der Kirche hatte sich bis vor wenigen Jahren das Militär einquartiert, das sich in dieser unruhigen Gegend als Dauergast empfahl. Heute ist hier die Freiwillige Feuerwehr des Ortes untergebracht.

● In Sacapulas gibt es eine einfache **Übernachtungsmöglichkeit.** Von hier aus gehen **Busse** in den Verapaz nach Cobán, eventuell mit Übernachtung in Cunén oder Uspantán. Der Bus nach Huehuetenango fährt entlang der Cuchumatanes über Aguacatán. Von Nebaj aus gibt es keine Weiterreisemöglichkeit. Wer zuerst nach Nebaj will und von dort aus in den Verapaz, sollte sich bereits in Sacapulas erkundigen, wann der Bus die Kreuzung Ixil/Cobán passiert. Sie liegt ca. 25 km vor Nebaj. Man muss hierher zurück.

Unter Umständen muss man an dieser Kreuzung sehr lange warten, bis ein Bus vorbeikommt. Pick-ups anhalten!

Ins Ixil-Dreieck

Hinter Sacapulas führt die Straße den steilen Talhang auf der anderen Seite wieder hinauf.

Der Blick, der sich nach nur kurzer Zeit in das Tal bietet, zeigt eines der unvergesslichen Bilder Guatemalas. Unschwer ist die Lage von Sacapulas auf einer Flussterrasse zu erkennen, wo der Río Chixoy, von einer weiten Ebene kommend, die er mit weit ausgreifenden Mäandern durchschlängelt, in ein tiefes V-Tal eintritt. Sanft fallen die Hänge zum Flussbett hinab, bis sich im Hintergrund erneut ein Höhenzug hinter den anderen staffelt und diese stufenweise verblassen. Im Vordergrund schmiegt sich die rötliche Spur der Erdstraße an den Hang, der dramatisch steil über dem Tal hängt. Die Strecke nimmt nun Hochgebirgscharakter an und wird zum Abenteuer. Die Straße ist holprig, man wird durchgeschüttelt, und die Busse sind rappelvoll.

Etwa 10 km nach Sacapulas kommt eine Kreuzung. Rechts geht es nach Cunén, Uspantán und weiter in den Verapaz, geradeaus geht es hinein in das Ixil-Dreieck. Nur ein paar Meter hinter der Kreuzung bietet sich wieder eines der beeindruckenden Schauspiele, die die Natur Guatemalas bietet. Plötzlich wird die Gegend grün und feucht, Nebel hängt in den Gipfeln der Cuchumatanes, die wie eine Barriere zum Greifen nahe vor einem stehen. Nach der langen staubigen Straße und der Trockenheit der Landschaft kommt dieser Wechsel überraschend. Selten ist das Phänomen einer **Klimagrenze** so unmittelbar zu erleben. Hier beginnt der Nebelwald, der viel Ähnlichkeit mit dem im Verapaz hat. Nach 15 km taucht Nebaj in einer kleinen Talmulde auf, das zusammen mit Chajul und San Juan Cotzal jenes Dreieck bildet, wo die Ixil (sprich: *Ischil*) leben. Die **Ixil-Sprache** wird nur hier gesprochen und konnte sich durch die Abgeschlossenheit der Region bis heute erhalten.

Nebaj

Die **Plaza** Nebajs ist nicht besonders aufregend. Die **Kirche** ist neueren Datums, von der alten steht nur noch die Fassade. Ein Rätsel ist und bleibt der deutsche Gartenzwerg auf dem Brunnen des Platzes. Lebhafter geht es hier Ostern zu, wenn die Einwohner bereits Mitte März mit den Vorbereitungen beginnen und Buden rund um die Plaza aufstellen. Ebenso während der wöchentlichen **Markttage** Donnerstag und Sonntag. Das überdachte Marktgebäude liegt einen Block östlich der Kirche.

Die **Tracht der Frauen** aus Nebaj ist eines der touristischen Aushängeschilder Guatemalas. 1975 präsentierte sich die „Miss Guatemala" (selbstverständlich eine Ladina) im roten Corte und weißen Huipil von Nebaj. In die weiße *manta* sind bunte Rauten, Zacken, Vögel, Pferde und andere Figuren einseitig sichtbar eingewebt. Die Zahl der Farben ist auf zehn beschränkt. Das einen halben Meter breite und 3–4 m lange Haarband ist gestreift und wird als gedrehter Kranz so um den Kopf geschlungen, dass die dicken Quasten nach hinten hängen. Häufig sieht man auch Huipiles, die vorne und hinten jeweils zwei Quetzal-Vögel schmücken. Sie sind wirklich umwerfend schön! Wer einen Huipil kaufen will, hat keine Probleme, denn schon vor dem Dorfeingang stürzen junge Mädchen auf die Touristen zu und lassen sie nicht mehr aus den Augen, bis sie sich zum Kauf entschließen. Die Webarbeiten aus Nebaj werden im ganzen Land verkauft. In Antigua bietet eine Boutique nur Textilien aus dem Ixil an. Die Männer haben wie vielerorts den Schnitt des spanischen Offiziersjäckchen in ihre Tracht übernommen. Es heißt, die rote Wolle dafür sei „made in Germany".

Den schönsten Blick auf Nebaj hat man vom **alten Friedhof** aus. An einer kleinen überdachten Stelle brennen Kerzen und Kopalharzstückchen. Der Platz gleicht einem Opferplatz und hat eine mystische Atmosphäre.

Gut zwei Stunden Fußweg entfernt liegt das Dorf **Acul**, das 1983 als eines der ersten unter *Mejia Victores* in Form eines „Modelldorfes" wieder aufgebaut wurde.

Unterkunft/ Verkehrsverbindungen

- **Hotel Villa Nebaj,** Tel. 77 56 00 05 o. 77 55 81 15. 98/150/225 Q.
- **Hotel Turzanza,** Parque Central, Tel. 77 55 84 87, 77 15 78 03. 55/110 Q.
- **Hotel Ixil Y Anexo Ixil,** Tel. 77 56 00 36. 20–50 Q.
- **Hotel Ileb'al Ten'am,** Ortsausgang Richtung Chajul, Tel. 77 55 88 39. 55/95/105 Q.
- **Posada de San Antonio,** Tel. 53 05 62 42, 52 04 65 46. 80 Q.
- **Busse** nach Sacapulas und Santa Cruz zurück fahren mitten in der Nacht oder im Morgengrauen.
- Unter der Internetadresse **www.nebaj.org** gibt es viele lokale Infos.

Chajul und San Juan Cotzal

Chajul ist bekannt durch seinen **Christus von Golgatha,** der das Dorf zu einem Wallfahrtsort gemacht hat. Anfang der 1980er Jahre stellte das Militär dem Christus in Kampfanzüge gekleidete Puppen zur Seite. Diese geschmacklose Aktion erregte Aufsehen und zeigte, dass das Heer nicht einmal mehr vor den christlichen Heiligtümern der Dörfer Respekt hat.

Anders als in Nebaj, das mit den Touristen lebt, gibt es in Chajul und Cotzal aufgrund der fehlenden Infrastruktur keinen Fremdenverkehr. Die

Bekanntheit verdanken die beiden von der landschaftlichen Schönheit des Quiché umgebenen Dörfer ihrer schrecklichen jüngsten Vergangenheit, als das Militär hier sinnlos Menschen umbrachte. Es dürfte keine Familie geben, die nicht irgendwelche Opfer zu beklagen hätte.

Unterkunft/ Verkehrsverbindungen

- **Übernachtungsmöglichkeiten** (alle sehr einfach): in Cotzal *El Maguey*, Tel. 77 65 61 99, 25 Q; *Don Polo*, 30 Q. In Chajul: *Christina*, 20 Q; *Sulce Sueño*, 15 Q.
- **Busse** von Nebaj nach Chajul 10, 12, 15 und 17 Uhr, zurück 9, 11, 14 und 16 Uhr. Busse von Nebaj nach Cotzal 12, 14, 16, 17 und 19 Uhr, zurück 7, 9.30 und 10.30 Uhr. Von Cotzal nach Chajul dagegen kommt man nur zu Fuß. Ansonsten einen Pick-up anhalten.

Cunén

Wer vom Ixil-Dreieck in den Verapaz weiter möchte, muss zur oben erwähnten Kreuzung zurück und einen Pick-up oder den Bus von Santa Cruz/Sacapulas nach Cunén abpassen. Das Dorf liegt herrlich gelegen auf 1765 m, eine kleine Serpentinenstraße führt in das warme, fruchtbare Tal hinunter. Wegen der zahlreichen **archäologischen Funde** wurde das Dorf 1931 zum *Monumento Nacional Precolumbino* ernannt. Der Ortsname bedeutet in der Übersetzung „Platz der Tränen des Jesuskindes". Vielleicht hängt es mit dem ausgedehnten Anbau von Zwiebeln und Knoblauch in Cunén zusammen ... Wer im April reist, der riecht förmlich die Würze, die von den Feldern ausgeht, wo der gute Boden und die Bewässerung eine zweimalige Ernte im Jahr erlauben.

Die Frauen von Cunén tragen hier bereits die hübschen, kurzgeschnittenen Huipiles mit Spitzen, die für den Verapaz typisch sind.

Vom 30.1.–3.2. feiert man die **Fiesta** der *Virgen de Candelaria* mit dem *Baile de los Tantuques,* den es nur hier gibt. Mit Gewehren und dunklen Masken spielen die Männer Jagdszenen und werden nur von einer alten Trommel *(tun)* begleitet.

- Einfache und billige **Übernachtungsmöglichkeiten** gibt es in der *Pensión* oder privat.

Uspantán

In Uspantán sprechen die Indígenas Uspanteko, ein Nebenzweig des Quiché. Die Uspantecos sind die kleinste Sprachgruppe in Guatemala. Aus dem kleinen *aldea* Chimel bei Uspantán stammt die Friedensnobelpreisträgerin 1992 *Rigoberta Menchú,* die während der *Violencia* fast ihre gesamte Familie verlor und die heute mit Hilfe ihrer Stiftung für die politische Gleichbehandlung des Maya-Volkes eintritt. Uspantán war ein Zentrum der Gewalttätigkeiten von Seiten des Militärs und ein Stützpunkt der Guerilla.

Schon gegen die Spanier wehrten sich die Uspantecos hartnäckig. Im 19. Jahrhundert kamen dann Einwanderer aus Santa María Chiquimula (Dept. Totonicapán), die vom Präsidenten *Rufino Barrios* Land für ihre Schafherden zugeteilt bekamen. Trotzdem haben die Uspantecos ihre Sprache, Bräuche und Traditionen erhalten.

Rigoberta Menchú Túm

Es ist kein Zufall, dass genau 500 Jahre nach der Entdeckung des amerikanischen Kontinents eine lateinamerikanische Indígena mit dem Friedensnobelpreis ausgezeichnet wurde. 1992 wurde *Rigoberta Menchú* weltbekannt und richtete das Augenmerk der Weltöffentlichkeit auf Guatemala.

1959 in dem kleinen Aldea Chimel (Dept. Quiché), nur wenige Fußstunden von Uspantán entfernt, geboren, übernahm *Rigoberta Menchú* schon früh soziale Aufgaben innerhalb der Gemeinschaft des Dorfes. Es war die Zeit, als Großgrundbesitzer mit Hilfe der verbündeten Militärs begannen, den Indígenas das Land streitig zu machen, das sie rechtmäßig erworben und urbar gemacht hatten. Rigobertas Vater *Civente* gründete daraufhin 1977 die erste Bauerngewerkschaft Guatemalas *CUC*, der *Rigoberta* 1979 beitrat. In den folgenden Jahren entbrannte in weiten Teilen des Hochlandes ein erbitterter Kampf des Militärstaates gegen die Indianer Guatemalas.

Rigoberta Menchú verlor einen großen Teil ihrer Familie. Ihr Vater verbrannte mit 38 anderen Bauern bei der friedlichen Besetzung der spanischen Botschaft am 31.1.1980. Ihre Mutter *Juana Túm* wurde vergewaltigt und zu Tode gefoltert. Ihr Bruder wurde vom Militär mit Benzin übergossen und öffentlich hingerichtet.

1981 gelang *Rigoberta* die Flucht ins Exil nach Mexiko. Dort begann sie einen beispiellosen Aufklärungskampf für ihr unterdrücktes Volk. 1983 gründete sie mit anderen Exilguatemaltekinnen die Vereinigte Guatemaltekische Opposition *RUOG*. 1987 nahm sie am Nationalen Dialog Guatemalas teil und erhielt neben vielen internationalen Auszeichnungen 1990 den UNESCO-Preis für „Erziehung zum Frieden".

Mit der Verleihung des Friedensnobelpreises an *Rigoberta Menchú* ging zum zweiten Mal ein Nobelpreis nach Guatemala. Als jüngste Preisträgerin in der Geschichte der Auszeichnung ist *Rigoberta* doch bereits, so das Komitee, „ein starkes Symbol für Frieden und Versöhnung über ethnische, kulturelle und soziale Grenzen in ihrem eigenen Land, auf dem amerikanischen Kontinent und in der übrigen Welt hinweg".

An der Preisverleihung nahm außer einem guatemaltekischen Sozialdemokraten kein Politiker des Landes teil. Dem damaligen Präsidenten Serrano Elias gefror das Lächeln im Gesicht, als er ihr nach der erlaubten Heimkehr zum Preis „gratulierte".

Heute ist *Rigoberta Menchú* eine Institution, die sich mit ihrer Stiftung für die Bürgerrechte der Mayabevölkerung einsetzt und aus der guatemaltekischen Basisbewegung nicht mehr wegzudenken ist.

Unterkunft/Verkehrsverbindungen

- **Übernachtungsmöglichkeiten** gibt es in der *Pensión Galindo* oder im *Hospedaje El Viajero*.
- Die **Busfahrt in den Verapaz** ist eine der langen, holprigen Hochlandstrecken mit weiten Aussichten in die Täler und Becken. Die Ausläufer der Cuchumatanes werden im Alta Verapaz von der Sierra de Chamá abgelöst, die sich als Teil des großen Kettengebirges Guatemalas von Westen nach Osten erstreckt. Die Fahrt nach Cobán mit dem Bus (um 3 Uhr morgens) dauert ca. 6 Std.

Alta und Baja Verapaz

Die beiden **Departemente Alta** und **Baja Verapaz** liegen im Herzen Guatemalas und stellen die naturräumliche Verbindung zwischen dem kalten Hochland im Westen und der heißen Karibik im Osten des Landes her. Im Norden der Region taucht das kuppige Relief gegen die ebene Kalktafel des Petén-Tieflandes ab. Die Klimata sind entsprechend unterschiedlich, doch überwiegt im zentralen Teil ein feuchtwarmes Klima mit viel Nebel und Regen. Man sagt, dass es im Alta Verapaz 13 Monate im Jahr regnet. Die Niederschläge gehen oft als äußerst feine Nieselregen nieder, die hier *Chipi Chipi* genannt werden.

Da die Verapaces im Vergleich zum Zentralen und Westlichen Hochland einen anderen **Landschaftstypus** darstellen, lohnt es sich, kurz auf die Unterschiede und Hintergründe einzugehen. Im Erdmittelalter wurden weite Teile des heutigen Alta Verapaz von Norden her überflutet, wobei mächtige Kalkschichten zur Ablagerung kamen. Die Sierra de Chamá setzt im Alta Verapaz die Cuchumatanes als Teil des Kalkkettengebirges fort, das sich von Chiapas bis an die Karibik erstreckt. Sie ist geprägt durch die typischen Merkmale einer tropischen **Karstlandschaft** mit riesigen Trichterdolinen, Höhlen, Kegeln, Schlucklöchern, Wasserfällen, Sintertreppen u. v. a. m. Ausreichende Niederschläge und hohe Temperaturen über Tausende von Jahren hinweg haben außerdem einen dichten Nebelwald-Dschungel mit Orchideen, Bromelien, Farnen und Baumriesen entstehen lassen, die wie die roten Böden zum Bild der feuchten Tropen gehören. Hätten in Mitteleuropa vor zwei Millionen Jahren nicht die Eiszeiten eingesetzt, dann hätte beispielsweise die Schwäbische Alb in Südwestdeutschland heute vielleicht Ähnlichkeit mit dem Alta Verapaz. Doch die schöne Alb ist nur eine ganz bescheidene Karst-Ausgabe gegen den Formenschatz der Verapaces. Wer sich also für die naturräumlichen Schönheiten einer solchen Landschaft begeistert, der findet hier ein unerschöpfliches Reservoir vor. Am besten erforscht man die Gegenden durch ausgedehnte Wanderungen. Noch ist der Verapaz eine Region mit schwacher Infrastruktur und dünn besiedelten Finca-Ländereien.

Den **Namen** Verapaz („echter Friede") erhielten die zwei Departemente aufgrund der friedlichen Missionierung durch den Dominikanermönch *Fray Bartolomé de Las Casas*. Er bekam vom spanischen König fünf Jahre Zeit, um die Kekchí- und Pocomam-Maya dieser Region ohne die sonst übliche Waffengewalt vom christlichen Glauben zu überzeugen. *Las Casas* übersetzte die Bibel in die Sprache der ansässigen Indígenas, lernte deren Kultur kennen und verband so geschickt wie sensibel den heidnischen Götterglauben mit der neuen Lehre vom Christentum (Synkretismus).

Die Verapaces sind Hauptproduzenten von Kaffee, Kardamom, Kakao und Achiote, einem natürlichen roten Nahrungsmittelfarbstoff. In dieser Region steht man praktisch immer auf irgendeiner Finca, deren Besitzer sich das Land und dessen Ressourcen teilen. Angefangen hat der **Großgrundbesitz** mit den Deutschen, die ab Mitte des 19. Jahrhunderts in den Verapaz einwanderten, sich ein Areal absteckten und mit der Kultivierung von Kaffee begannen. Inzwischen besitzt alles, was Rang und Namen in Guatemala hat, eine, meist mehrere Kaffee- oder Kardamomfincas. Der Norden von Alta Verapaz gehört zur *Franja Transversal del Norte* und ist durch dubiose Erschließungsprojekte von Seiten der guatemaltekischen Regierung und durch die widerrechtliche Aneignung großer Gebiete durch reiche Militärs, Politiker und andere einflussreiche Kreise ins Gerede gekommen.

Zum Verständnis: Ende der 1960er Jahre wurde ein „Entwicklungsprogramm" für den Norden der Departemente Huehuetenango, El Quiché, Alta Verapaz und Izabal ins Leben gerufen, das die ökonomische Erschließung eines ca. 6000 km² breiten Querstreifens dünnbesiedelten Landes vorsah. Als kurze Zeit später Erdöl-, Kupfer- und Nickelvorkommen entdeckt wurden, begann eine beispiellose Vertreibung der kurz vorher umgesiedelten Kleinbauern aus dem Hochland. Besonders die Familie des damaligen Präsidenten *Lucas García* (1978–1982) verfolgten hier rücksichtslos ihre privaten Interessen.

So kam es zu zahlreichen Konflikten in den darauf folgenden Jahren. Das erste Massaker am 29. Mai 1978 in Panzós war das erste öffentlich begangene und sollte wegweisend für das Vorgehen der Militärs werden. Erst 20 Jahre später begann der Prozess gegen die Verantwortlichen des bis dahin völlig straffreien Verbrechens. In der Bevölkerung heißt der nördliche Querstreifen „Zone der Generäle".

Baja Verapaz

Von Guatemala Ciudad durch den Baja in den Alta Verapaz

Schneller als eine Anreise durch das Dept. El Quiché in die Verapaces ist eine Busreise direkt von der Hauptstadt aus. Die Fahrt führt über die CA 9 zunächst parallel zur alten Eisenbahnlinie durch die nur spärlich besiedelte, heiße und trockene Gegend von El Progreso (nähere Beschreibung siehe „Von Guatemala Ciudad nach Puerto Barrios"). Bei Km 84 gabelt sich die Straße an der **Kreuzung El Rancho,** wo sie den großen Río Motagua überquert und wieder ansteigt. Langsam verändert die Landschaft ihr Aussehen. Die Vegetation wird üppiger, die Luft kühler. Kilometerweit reicht der Blick in die zerfurchten und zerklüfteten Regionen von El Progreso, die von hier oben v. a. während der Trockenzeit den Anschein erwecken, als wären sie nach dem Schlag des letzten Baumes für immer verlassen worden. Rund 50 km weiter nördlich passiert der Bus die **Kreuzung La Cumbre** (der Gipfel). Die Gegend wirkt voral-

107gu Foto: bh

Rückkehr und Wiederansiedlung der Flüchtlinge

(von Heike Burba)

Am 5. Oktober 1995 herrscht in der Rückkehrgemeinde Xamán in der Provinz Alta Verapaz ein reges Treiben. Der einjährige Geburtstag der neuen Siedlung rückt näher. Es ist ein besonderes Datum für etwa 500 Flüchtlinge, die aus Mexiko hierher gelangten, um gemeinschaftlich einen Neubeginn zu starten. Nach dem verheißungsvollen Ankunftstag in Guatemala ist auch ihre Gemeinde benannt: *Aurora 8 de Octubre 1994*.

Die Bewohnerinnen von „Sonnenaufgang 8. Oktober 1994" sind mit den Vorbereitungen zu den Feierlichkeiten beschäftigt, als plötzlich eine Militärpatrouille mit 26 schwer bewaffneten Männern das Gelände betritt und schließlich ohne ersichtlichen Grund in die versammelte Menge schießt. Das Resultat: elf Tote und zahlreiche Verletzte.

Vertreibung und Exil

Die beginnenden 1980er Jahre markieren den Höhepunkt einer Welle von Gewalt, die die guatemaltekische Bevölkerung erschütterte. Mit der erklärten Absicht, der Guerilla ihre Basis zu entziehen, drang die Armee in die Regionen der Maya-Gemeinden vor. Diese als „Politik der verbrannten Erde" bekannten Vernichtungsfeldzüge hinterließen ein trauriges Bild. 440 Dörfer wurden niedergebrannt, fast 200.000 GuatemaltekInnen mussten während des Militärterrors ihr Leben lassen.

Über eine Million Menschen waren gezwungen, entweder das Land zu verlassen, in der Hauptstadt unterzutauchen oder sich in unzulänglichen Regionen des Landes zu verstecken. Aus ihnen gingen später verschiedene Flüchtlings- und Vertriebenengruppen hervor. Darunter ist der Anteil derjenigen am größten, die gezwungen waren, außer Landes zu fliehen.

Schon bald organisierten sich die Flüchtlinge und gewannen eine breite Öffentlichkeit. Dem ersten politischen Vertretungsorgan der Flüchtlinge (CCPP) gelang es schließlich nach jahrelangen Verhandlungen, am 8. Oktober 1992 ein Abkommen mit der guatemaltekischen Regierung zu unterzeichnen, in dem die Minimalforderungen der Flüchtlinge festgeschrieben waren. Neben der Anerkennung von verfassungsmäßigen Persönlichkeitsrechten wurden hier u. a. die Bedingungen der Rückkehr wie Freiwilligkeit, Organisations-, Bewegungs- und Versammlungsfreiheit sowie die Anwesenheit internationaler Begleitung festgelegt und die Inbesitznahme des alten Landes garantiert.

Rückkehr und was dann?

Mit diesem Vertrag hatten sich die Flüchtlinge das Recht erkämpft, nach mehr als zehn Jahren Exil den Weg zurück in die Heimat anzutreten. Und als im Januar 1993 die Buskarawane aus Mexiko nach Guatemala rollte und unter großem nationalen und internationalen Jubel die 2500 Menschen des ersten organisierten Rückkehrblocks eintrafen, da konnte sich niemand vorstellen, dass am 7. Januar 1999, der offiziellen Beendigung der Flüchtlingsrückkehr, insgesamt 40.500 Guatemalteken aus dem Exil heimgekehrt waren. Dies ist umso bemerkenswerter angesichts der Bedingungen, unter denen sich die Wiederansiedlung vollzog.

Rückkehr und Wiederansiedlung der Flüchtlinge

Ein Großteil der Rückkehrgemeinden befand sich zunächst innerhalb stark militarisierter Zonen, wo die Präsenz von Armee oder Zivilpatrouillen bei den Ankömmlingen für Verunsicherung sorgte und den Anbau der Landparzellen verzögerte. Auch mussten viele der Zurückgekehrten die Erfahrung machen, dass ihr Land durch neue Siedler besetzt war, denen infolge staatlicher Wiederansiedlungsprojekte unter militärischer Kontrolle die Parzellen zugeteilt wurden. Die in diesen Fällen vertraglich zugesicherte Bereitstellung von Ersatzland ließ auf sich warten. Zudem war die Versorgungslage in den Gemeinden nach der Ankunft teilweise katastrophal. Mangelhafte Unterbringungsmöglichkeiten, unregelmäßige Nahrungsmittellieferungen, der stagnierende Straßenbau und ähnliche unzureichende Maßnahmen, die im Verantwortungsbereich der staatliche Flüchtlingskommission (CEAR) lagen, trugen nicht gerade dazu bei, die Glaubwürdigkeit in Erfüllung des Abkommens vom Oktober 1992 zu erhöhen. Vielmehr zeichnete sich ab, dass es der Regierung an politischem Willen mangelte, den Rückkehrprozess zu fördern.

Dennoch wollten sich die Flüchtlinge trotz aller Unwägbarkeiten in der Durchführung der Rückkehr nicht behindern lassen, und die erfolgreichen Aktionen der Gemeinden, die z. B. den Abzug der Militärstützpunkte in wiederbesiedelten Kooperativengebieten durchsetzten, besaßen Signalwirkung.

Die entwurzelte Bevölkerung

Die Erfahrung der Flüchtlinge haben, neben einem veränderten politischem Klima, beispielsweise die „Zivilen Dörfer im Widerstand" (CPR) dazu bewogen, ins Licht der Öffentlichkeit zu treten und von der Regierung ihre Anerkennung als Zivilbevölkerung zu verlangen. Die etwa 25.000 Menschen, die in drei verschiedenen Regionen Guatemalas die Undurchdringlichkeit des Berglandes und des Regenwaldes nutzten, um sich vor der Armee zu verstecken, entwickelten ihr Gemeinwesen im Anschluss an die Flucht in völliger Verborgenheit. Während 1993 die Flüchtlinge ihre ersten Erfolge feierten, wurden die CPR noch immer militärisch verfolgt und als Arm der Guerilla politisch diffamiert. Dank ihrer Beharrlichkeit und einer gewachsenen nationalen und internationalen Unterstützung genießen sie heute Anerkennung als Teil der Zivilgesellschaft. Das „Abkommen zur Wiederansiedlung der im internen, bewaffneten Konflikt entwurzelten Bevölkerung", welches nach der endgültigen Unterzeichnung des Friedensvertrages in Kraft getreten ist, stellt auch für die vielen internen Vertriebenen einen Hoffnungsschimmer dar. Denn in ihm werden alle Flüchtlinge und Vertriebene vom Staat erstmalig als Kriegsopfer anerkannt und können deswegen mit einer Entschädigung für die Vertreibung von ihrem Land rechnen. Und Land gibt es bekannterweise genug – wenn die politischen Voraussetzungen in Guatemala den Zugriff und eine gerechte Verteilung ermöglichen.

Doch genau diese Kräfteverhältnisse sind noch nicht ausgelotet – so jedenfalls lehrt es die bittere Erfahrung vom 5. Oktober 1995. Das Massaker an der Zivilbevölkerung von *Aurora 8 de Octubre* wird in die Geschichte Guatemals eingehen als das hoffentlich letzte Beispiel für die Strategie machtbesessener Militärs, die bereit sind, Mord an der Zivilbevölkerung als politisches Mittel einzusetzen, um fortschrittlichen Bewegungen im gesellschaftlichen Demokratisierungsprozess Einhalt zu gebieten.

Im April 1999 fand der letzte *retorno* statt. Der Rückkehrprozess war damit offiziell abgeschlossen, die Organisationen, die jahrelang die Flüchtlinge begleitet und die Geschehnisse beobachtet hatten, zogen sich zurück. Insgesamt 22.000 Guatemalteken wollen in Mexiko bleiben, von denen die Hälfte dort geboren ist und ihr „Heimatland" Guatemala noch nie gesehen haben.

penländisch mit ihren sanften Hügeln, fetten Wiesen und Mischwäldern. Kein Wunder also, dass sich die Deutschen hier sofort heimisch fühlten! In La Cumbre kann man in den Bus nach Salamá, die ca. 15 km entfernte Hauptstadt des Dept. Baja Verapaz, umsteigen. Von La Cumbre führt der Weg steil in das Salamá-Tal hinab.

Verkehrsverbindungen

- Von der Hauptstadt in den Baja Verapaz: Nach Cubulco, Rabinal und Salamá fährt die *Salamateca* ab 9. Av. 19-00, Z 1. Einfacher über El Progreso mit *Transportes Escobar Monja Blanca*, 8. Av. 15-16 Z 1, von 4-17 Uhr jede halbe Stunde bis La Cumbre, dort umsteigen.
- In den Alta Verapaz am einfachsten mit *Transportes Escobar Monja Blanca* bis Cobán.

Salamá

Die Hauptstadt des Dept. Baja Verapaz ist ein kleines, sauberes Städtchen und liegt von Hügeln umgeben in einem Becken am Fuß der Sierra de Chuacús rund 85 km von der Capital entfernt. Dominant ist Salamás große **Kolonialkirche,** deren elf geschnitzte Altäre mit Goldfarbe überzogen sind. Unter der blauen Kuppel leuchteten einst bunte Fresken. Die Kirche ist ein Nationaldenkmal Guatemalas und auf alle Fälle sehenswert. Die alte Brücke stammt aus der Zeit von *Bartolomé de las Casas.*

In Salamá gibt es regelmäßig im September eine **Orchideenausstellung.** Die Nationalblume Guatemalas, die weiße Orchidee *Monja Blanca* (Weiße Nonne), stammt aus dem Verapaz. Sie wurde 1934 als zweites Nationalsymbol neben dem Quetzal erwählt. Der Export der *Lycaste virginalis alba* ist streng verboten. Insgesamt gibt es über 750 Orchideenarten in Guatemala. Viele davon wachsen am Izabal-See und am Río Dulce.

Hier aus dem grünen Salamá-Tal sollen die besten Tomaten Guatemalas kommen. Anfang des Jahrhunderts siedelte die Familie *Asturias* für vier Jahre nach Salamá über, als der Vater von *Miguel Angel* Probleme mit dem Regime *Cabreras* bekam und seinen Job verlor. Während dieser Zeit kam der kleine *Miguel* mit der Indianerwelt in Berührung, was prägend für sein späteres Schaffen war (s. Exkurs).

Unterkunft/Infos

- **Hospedaje Juarez,** 5. Calle 8-98, Z 1, Tel. 79 40 11 14. Sehr einfach. 24/40/49 Q.
- **Hotel San Ignacio,** 4. Calle „A" 7-09, Z 1, Tel. 79 40 01 86. Einfache Zimmer; Parkplatz. 50/70/110 Q.
- **Lily's Inn Hotel,** neues Motel kurz vor dem Dorfeingang, Tel. 79 40 17 11. 100/160 Q.
- Es gibt mehrere **Comedores** rund um den Parque, auch eine **Bank.**

San Jerónimo

Kurz hinter der Kreuzung *El Rancho* liegt San Jerónimo. Sanft steigen die bewaldeten Hänge zu beiden Seiten des breiten und fruchtbaren Tales an, in dem intensiv gewirtschaftet wird. Die Dominikaner legten bald nach der Gründung des Dorfes ein Bewässerungssystem an und kultivierten Wein, der das gesamte Königreich Guatemala versorgte. Später kaufte ein Engländer das Terrain und verlegte sich auf die Herstellung von Schnaps aus Zuckerrohr, der bald so berühmt wurde wie vormals der Wein. Die Regierung unterhielt hier in San Jerónimo ein offizielles Schnapslager. Die alte Zuckerrohrmühle ist heute ein kleines Museum (tägl. außer Mo, Eintritt 2 Q).

Der schönste Blick in das Tal von San Jerónimo bietet sich ein paar Hundert Meter nach der Kreuzung La Cumbre Richtung Cobán. Wer auf den Bus nach Salamá wartet und Zeit hat, sollte sich die Aussicht von hier oben auf dieses liebliche Tal mit seinen Gemüsebeeten auf keinen Fall entgehen lassen!

Rabinal

Westlich von Salamá schlängelt sich eine steile Serpentinenstraße die Sierra de Chuacús nach Rabinal hoch. Die Gegend ist voll von **präkolumbischen Ruinen,** die aber wenig erforscht und restauriert sind, wie die kleine Festung Cerro Cahyub nordwestlich von Rabinal, die von den Pokomchí-Maya besetzt war. Heute treffen sich hier Indígenas, um ihre *costumbres* abzuhalten. Von hier aus bietet sich ein herrlicher Blick in das Tal des Río Urrám, der sich gemächlich dahinschlängelt.

Das heilende Wasser der Quelle *Los Chorros* ist in der ganzen Region berühmt. Es ist heute ein kleines *balneario* (Badeplatz). Aus Rabinal, das 1537 von *Las Casas* gegründet wurde, stammt das einzige indigene **Tanzdrama,** das vor der Conquista entstand und durch die Übersetzung von *Brasseur de Bourbourg* überliefert wurde. *Rabinal Achí* wird jedoch nicht mehr aufgeführt, aber das Dorf gilt noch heute als die Wiege der nationalen Folklore.

Berühmt sind auch die Orangen aus Rabinal und die Keramik, die mit Mayamotiven bemalt ist; man spricht von neopräkolumbischer Keramik. Beides, die *cerámica torneada* und die Orangen, gibt es sonntags während des Marktes auf der Plaza zu kaufen. Hier steht die Kolonialkirche des Dorfes, die seit dem Erdbeben 1976 ohne Dach ist. Die Gemeinde hat eine Ersatzkirche errichtet, in der sich die alte zusammengeflickte Glocke befindet, die einst beim Herabsturz zerbrach.

Unterkunft
- **Hospedaje Caballeros,** 1. Calle, 4-02, Z 3.
- **Posada San Pablo,** 3. Av. 1-50, Z 1; harte Betten, aber angenehmes Ambiente.
- **Pension Motagué** für Notfälle.

Wer mit dem Auto unterwegs ist, zurück in die Hauptstadt will und Zeit hat, dem empfehle ich eine **Tour nach El Chol** und **Granados** über die Sierra Chuacús. Die Landschaften wechseln sich ab, jede Überquerung eines Sattels bietet ein neues Bild. Die Vegetation wechselt je nach Höhenlage, und das Licht lässt die Weite des Blickes als unwirklich erscheinen. Baja Verapaz pur! Für Abenteurer bietet sich von Rabinal aus eine Busfahrt an. Diese ist jedoch sehr lang, und es ist nicht sicher, ob man noch an einem Tag direkt in die Capital zurückfahren kann.

Wer um den 25. Juli in der Gegend ist, sollte **Cubulco** besuchen, 15 km hinter Rabinal. Die Maya Achí führen an dem Tag ihres Schutzheiligen Santiago zahlreiche Tänze auf.

Der Quetzal

(Pharomachrus mocino)

In Guatemala ist der Quetzal überall anzutreffen: Auf Denkmälern, Töpferwaren, Firmenschildern, Geldscheinen, Teppichen und Textilien findet sich dieser berühmte Vogel in allen nur erdenklichen Größen, Farben und Formen. Er ist Erkennungszeichen und Legende geworden, das Symbol des Landes schlechthin. Doch lebend kann man diesen kleinen Nebelwaldbewohner nur noch selten bewundern. Seiner Schönheit und besonders seiner langen Schwanzfedern wegen wurde er in der Vergangenheit viel gejagt und getötet.

Guatemala ist die ureigene Heimat des Quetzal. Die Maya verehrten ihn als Götterboten, und in den alten Schriften wird mit ihm die höchste Steigerung des Schönen ausgedrückt. Je nach Licht schillern seine Federn grün oder blau. Die mehr als einen Meter langen Schwanzfedern des Männchens verleihen seinem Flug etwas Leichtes, fast Schwebendes. Über seine rote Brust gibt es viele Legenden. So soll er sich nach der Schlacht zwischen *Pedro de Alvarado* und den Quichés im Tal des heutigen Quetzaltenangos auf die blutende Brust des gefallenen Häuptlings *Tecún Umán* gesetzt haben, die die seine tiefrot färbte.

Es heißt, ein Quetzal kann nur in Freiheit leben. Wird er in einen Käfig gesperrt, stirbt er. Bei den Maya war es deshalb verboten, ihn in Gefangenschaft zu halten oder gar zu töten. Nur seine Schwanzfedern waren damals schon Objekt der Bewunderung und ein Zeichen der Herrschaft, mit denen sich die höchsten Würdenträger schmückten. Im Kunsthistorischen Museum in Wien ist das einzigartige Stirnband des mexikanischen Königs *Moctezuma* ausgestellt, das ganz und gar aus den Federn des Quetzals gefertigt ist. Unter den Spaniern kam ein regelrechter Handel mit den Schwanzfedern auf. Nicht selten mussten damit die Maya ihren Tribut an die Lehensherren bezahlen. Geldgier und Jagdfieber der neuen Herrscher dezimierten schon früh seinen Bestand. Nach der liberalen Revolution 1871 wurde der Quetzal als Symbol der Freiheit und Unabhängigkeit ins guatemaltekische Nationalwappen aufgenommen, wo er zwischen zwei gekreuzten Bajonetten thront, und 1924 wurde die Landeswährung nach dem Quetzal benannt.

Der Quetzal ernährt sich hauptsächlich von *aguacatillos*, einer Frucht, die zu den Lauraceen zählt, zu der auch die Avocado gehört. Von den kleineren *aguacatillos* schluckt er immer mehrere hinunter und presst in seinen Muskelmagen die großen Kerne aus der dünnen Fruchthülle heraus. Diese würgt er dann wieder hervor, meist weit vom „Mutterbaum" entfernt. Auf diese Art sorgt er für die Verbreitung dieser Baumart.

In Anpassung an das Schlucken dieser bis zu pflaumengroßen Früchte ist der Quetzal selbst der größte Vogel seiner Verwandtschaft (Insekten fressende *Trogons*) geworden. Zum Nisten reichen ihm deshalb keine Spechthöhlen, er ist auf alte morsche Bäume angewiesen, in die er sich mit seinem weichen Schnabel eine ausreichend große Höhle graben kann. Solche alten toten Bäume sind deshalb unter den Männchen heiß umkämpft. Durch Schauflüge legen sie eine Art Rangordnung fest, wobei nur Männchen mit überdurchschnittlich langen Schwanzfedern zur Fortpflanzung kommen. Die Quetzales leben in Einehe und helfen bei der Aufzucht der Jungen, was man von April bis Juni beobachten kann. Nach etwa zwei Wochen haben die Jungen ein vollständiges Feder-

Biotopo del Quetzal

Die Weiterfahrt Richtung Norden in den Alta Verapaz führt am Biotopo del Quetzal vorbei. Auffällig sind hier die extrem rot leuchtenden Laterit-Böden, die durch Oxidation der hohen Eisen- und Aluminiumanteile entstehen. Ein kleiner Teil des 4 km südlich von Purulhá ausgewiesenen Naturschutzgebietes ist zugänglich. Der Schutz der Flora und Fauna des Nebelwaldgebietes im Nordosten der Sierra Chuacús wurde 1977 von *Mario Dary Rivera,* dem ehemaligen Universitätsrektor der San-Carlos-Universität, initiiert. *Rivera* wurde 1981 ermordet.

Es gibt zwei verschieden lange, gut angelegte Pfade durch den Dschungel des Quetzal. Der kleinere Weg *(Sendero Los Helechos,* 2 km, 45 Min.) führt mitten durch das Reservat, während der große *(Sendero Los Musgos,* 3,6 km, 2 Std.) das Biotopo umrundet. Die Luft hier ist immer feucht, je nach Jahreszeit blühen Orchideen oder Bromelien. Moose, Farne und Palmenarten sind satt grün und verleihen dem Wald selbst an nebligen Tagen eine exotische Atmosphäre. Wasserfälle und ein rund 450 Jahre alter Großvaterbaum (*Xin Ua Li Che*) liegen auf dem Weg. Am Eingang des Biotopos weist eine Dokumentation mit Texten und Fotos auf das Leben in diesem Nebelwald hin. Das Biotopo zählt ca. 30.000 Besucher jährlich. An Wochenenden sind viele Leute unterwegs, so dass ein Besuch unter der Woche zu empfehlen ist. Eintritt 30 Q; Öffnungszeiten täglich von 7–16 Uhr.

kleid, bleiben aber noch einige Zeit in der Nähe des Nests, bevor sie ausfliegen. Außerhalb der Brutzeit machen sie bis zu 70 km weite Wanderungen, um genügend Fruchtnahrung zu finden.

Vor einigen Jahren noch kam der Quetzal jeden Morgen, um sich in den hohen Bäumen sein Futter zu holen. Heute macht er sich immer rarer, und man muss sehr, sehr viel Glück haben, um ihn zu sehen.

Unterkunft

- **Posada Montaña del Quetzal**, Km 156,5 nach Cobán, Tel. 78 00 04 54, Internet: www.hposadaquetzal.com; mit Pool und Restaurant, auch Bungalows. 150/269/348 Q.
- **Country Delight**, Km 166,5, Tel. 75 14 09 55, E-Mail: countrydelight@hotmail.com. Zeltmöglichkeit, schöne, einfache Anlage. 110/220/302 Q.
- **Hotel Ram Tzul**, Km 158, Tel. 73 35 18 05.

Man muss selbst sehen, wie man von hier die paar Kilometer zum Biotopo kommt, zu Fuß, mit einem Bus oder trampen.

- **Billiger** und dem Eingang zum Biotopo näher sind die kleinen Holz- und Steinhütten der damaligen San-Carlos-Studenten, die das Reservat eingerichtet haben und die zu einer Hospedaje umfunktioniert worden sind. *(Los Ranchitos del Quetzal, Km 160,5, EZ 70, DZ 100 Q und Mehrbettzimmer.)* Essen 30 Q.

Alta Verapaz

Von El Quiché in den Alta Verapaz

Wer nicht gerade vom Quiché aus in die Verapaces fährt, wird in aller Regel einen Erster-Klasse-Bus von der Hauptstadt aus nehmen und über das Departemento El Progreso zuerst in den Baja Verapaz und dann nach Cobán, die Hauptstadt des Dept. Alta Verapaz, fahren.

Ganz anders dagegen die Route von Quiché in den Alta Verapaz. Die Fahrt von Uspantán nach Cobán ist lang und anstrengend. Aber man sieht sehr viel von Guatemala auf diesen wenig befahrenen Wegen: Ananasfelder hinter Uspantán sowie Zuckerrohr- und Zitrusfruchtplantagen. Und wo gerade noch eine kleine Bananenplantage gepflanzt war, überrascht nach dem Überschreiten des nächsten Sattels plötzlich die Trockenheit der Gegend. Auf nur wenige Kilometer Distanz erzwingt der **Klimawechsel** einen völlig anderen Anbau. Die starke Reliefierung des Hochlandes bewirkt eine sehr dichte Kleinräumlichkeit von Mikroklimata. Bei El Palacio nach einem Drittel der Strecke sieht es aus, als würde es nie regnen, doch je näher der Alta Verapaz rückt, umso tropischer, feuchter und fruchtbarer wird die Gegend, bis kein Zweifel mehr besteht, dass der „Garten Eden", wie Alta Verapaz genannt wird, erreicht ist.

Cobán

Die Einfahrt ist einzigartig in Guatemala, den schon von weitem sieht man die große Kathedrale, auf die man schnurgerade zusteuert. Sie ist das Ziel aller Wege, das Zentrum des katholischen Glaubens.

Die Stadt (1371 m) wurde 1538 von *Fray Bartolomé de Las Casas* gegründet und erhielt kurz darauf von *Karl V.* den Titel einer „Ciudad Imperial" (Reichsstadt). Durch seine zentrale Lage inmitten ausgedehnter Kaffee-, Kardamom- und Zuckerrohrplantagen wurde Cobán bald eine blühende und reiche Stadt, die vor allem von Deutschen geprägt wurde. Auffällig sind heute noch die vielen deutsch klingenden Namen.

Einzigartig in Cobán ist die dreieckige **Plaza**. Die Gestaltung des kleinen Parques dahinter ist ebenso eigenwillig. Etwas befremdlich wirkt der Musikpavillon, der einer fliegenden Untertasse gleicht; von hier aus hat man aber einen schönen Blick über die Plaza.

Dahinter steht das **Denkmal** des großen Sohnes der Stadt, *Manuel Tot,* von *Galeotti Torres. Tot* war ein Kämpfer der Unabhängigkeitsbewegung Anfang des 19. Jahrhunderts. Seine Haltung verrät schon fast sein Schicksal. Niemand weiß genau, wann er an den Folgen der Folter durch die Spanier starb. Im Jahre 2077, hundert Jahre nach der Aufstellung, soll das Denkmal geöffnet werden. Wer weiß, was sich darin befindet ...

In der **Kathedrale** von Cobán zu Ehren des Santo Domingo steht eine barocke Marienstatue, die eine nicht weniger schmerzhafte, für die Cobaneros sogar peinliche Behandlung im Laufe der Jahrhunderte über sich ergehen lassen musste. Als man Mutter mit Kind Ende des 19. Jahrhunderts neu einkleiden wollte, entdeckten die Schneider, dass die beiden Holzfiguren ein siamesisches Paar waren. Was tun? Sie hieben dem Jesuskind kurzerhand Arme und Kopf ab, verdeckten die Wunden mit einem Tuch und legten der Mutter einen neuen Sohn auf die Reste des alten in den Arm. Die nächsten Kleiderwechsler 1972 verschwiegen diskret diesen „Unfall". Erst 1979 wurde die Marienfigur zu einem Restaurator gebracht, der der Mutter den ursprünglich sitzenden Sohn wieder zurückgab. Nachzulesen war diese Geschichte in der Kathedrale, wie auch ein Erlebnisbericht des amerikanischen Schriftstellers *William T. Brigham* aus dem Jahre 1883, der Cobán besuchte und fotografierte. Die Texte und Fotos wurden 1992 gestohlen. Hinter der Kathedrale von Cobán befindet sich der Markt, der jeden Tag abgehalten wird.

Die *Feria de Cobán* in der letzten Juliwoche ist eine der größten Fiestas des Landes. Das **Folklorefestival** ist Jahr für Jahr ein nationales Ereignis, bei dem Presse und Fernsehen dabei

Portal der Kathedrale von Cobán

sind. Größtes Spektakel ist die Wahl der *Reina Indígena* (Indianerkönigin), das indigene Pendant zur „Miss Guatemala". 1936 gab es die erste Indígena-Wahl. Zu einer nationalen Sache steigerte sich der Schönheitswettbewerb aber erst 1971; er steht seitdem im Kreuzfeuer der Kritik. Nicht zuletzt deshalb, weil in den Jahren der grausamen Ausrottungsfeldzüge gegen die Mayabevölkerung die Zurschaustellung von hübschen Indígena-Mädchen aus dem ganzen Land den Gipfel des Zynismus darstellte.

Sehenswert ist das **Calvario** von Cobán, eine kleine koloniale Friedhofskapelle aus dem 16. Jahrhundert. 130 steile Stufen winden sich auf den Hügel Chupanek, von dem aus man eine schöne Sicht auf die Stadt und die Umgebung hat. Die Legende erzählt, dass eines Tages bei Morgengrauen ein Indígena zwei schlafende Jaguare auf dem Hügel antraf. Wenig später fand er an derselben Stelle das Bildnis des Gekreuzigten, das er in das größte Haus des Dorfes brachte. Doch kehrte Christus immer wieder auf den Hügel zurück, bis man sich entschloss, ihm 1559 eine Kirche zu errichten. Die Jaguare, heilige Tiere bei den Maya, sind (in Stein gehauen) immer noch anwesend.

Den Aufgang zum *Calvario* begleiten kleine Altäre, die vom Ruß der Kerzen schwarz gefärbt sind und in deren Opfernischen *tamales,* Bohnen, Maisblätter, Federn und anderes liegen. Wenn die Indígenas beim Hinaufgehen mit einem Zweig gegen die Mauern des Treppenaufgangs klopfen und danach den Kopf ihres Kindes berühren, soll dieses Ritual gegen Kinderkrankheiten und Wachstumsstörungen helfen. Die Christusfigur in der Kapelle stammt von dem berühmten spanischen Bildhauer *Zuñiga.*

Einen Block vom Calvario entfernt (11 Av./3. Calle, Z 1) befindet sich der 84 ha große **Parque Nacional Las Victorias.** Er ist wunderschön angelegt, und die Wege durch das Biotop sind sehr gepflegt. Ein Spaziergang durch die kleine Tropenwelt lohnt sich. Täglich von 8–16 Uhr, 7 Q Eintritt.

An der alten Straße in der Hauptstadt befindet sich der *Vivero Verapaz,* die **Orchideengärtnerei** und **-ausstellung** des verstorbenen *Otto Mittelstaedt* und seiner Frau. Die Gärten und die Gewächshäuser beherbergen rund 700 Orchideenarten, die kleinsten davon sind nur wenige Milimeter groß. Der deutschstämmige *Otto Mittelstaedt* durfte bis zuletzt keine seiner (gezüchteten) Orchideen ins Ausland verkaufen, da der Export streng verboten ist. Zu Fuß ca. 40 Min. auf der Diagonal 4 raus aus dem Zentrum Richtung Z 2 (südwestl. Richtung). Taxi 15 Q. Mo–Sa 9–12 u. 14–17 Uhr. Eintritt 10 Q. Übernachtung möglich.

In der ersten Dezemberwoche findet in der Stadt eine große **Orchideenausstellung** statt.

Ein weiterer lohnenswerter Ausflug betrifft die **Kaffeekultur.** Die Finca Santa Margarita (3. Calle 4-12, Z 2, Tel. 79 51 30 67) der Familie *Dieseldorff* bietet einen geführten Rundgang (wenn Englisch gewünscht, vorher an-

Cobán

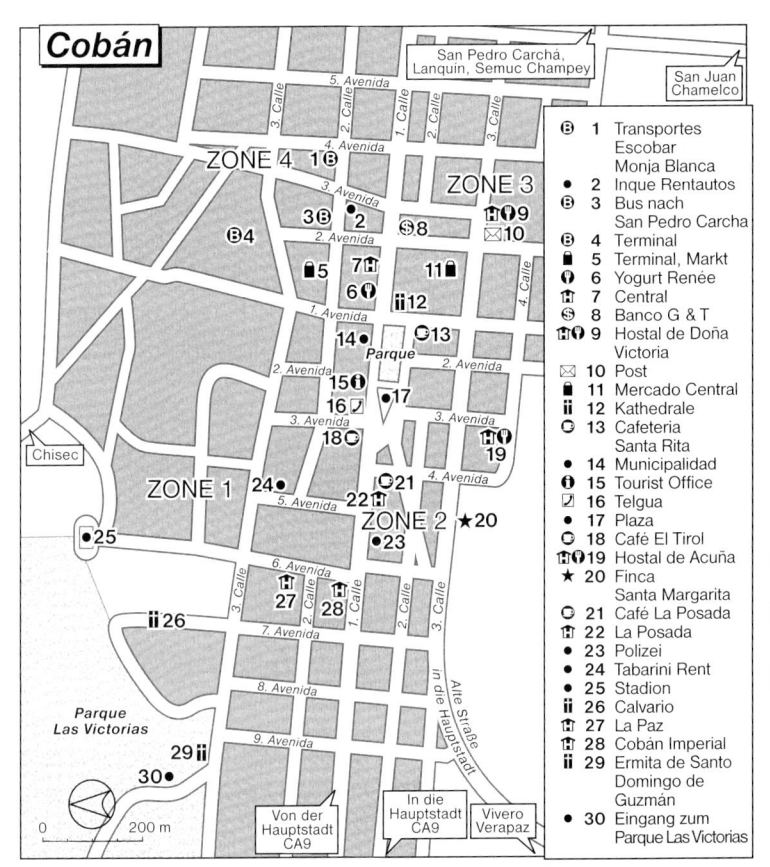

Map legend:

- B 1 Transportes Escobar Monja Blanca
- • 2 Inque Rentautos
- B 3 Bus nach San Pedro Carcha
- B 4 Terminal
- 🛒 5 Terminal, Markt
- 🍴 6 Yogurt Renée
- 🏨 7 Central
- 🏨 9 Hostal de Doña Victoria
- S 8 Banco G & T
- ✉ 10 Post
- 🛒 11 Mercado Central
- ⛪ 12 Kathedrale
- ☕ 13 Cafeteria Santa Rita
- • 14 Municipalidad
- ℹ 15 Tourist Office
- 📞 16 Telgua
- • 17 Plaza
- ☕ 18 Café El Tirol
- 🏨 19 Hostal de Acuña
- ★ 20 Finca Santa Margarita
- ☕ 21 Café La Posada
- 🏨 22 La Posada
- • 23 Polizei
- • 24 Tabarini Rent
- • 25 Stadion
- ⛪ 26 Calvario
- 🏨 27 La Paz
- 🏨 28 Cobán Imperial
- ⛪ 29 Ermita de Santo Domingo de Guzmán
- • 30 Eingang zum Parque Las Victorias

melden) durch ihre Finca an. Dabei erfährt man in kurzer Zeit alles Wissenswerte rund um Anbau, Ernte, Verarbeitung, Vertrieb und Geschichte des Kaffees in Guatemala. Mo–Fr 8–12.30 und 13.30–17, Sa 8–12.30 Uhr. 15 Q.

Auffällig ist die **Tracht** der Cobaneras. Der schwarze Faltenrock mit den hellen Streifen ist sehr weit geschnitten. Darüber tragen die Frauen einen leichten, weißen Huipil, der mit bunten Stickereien an Kragen und Ärmeln versehen ist. Er wird lässig über dem Rock hängengelassen. Meistens schmücken sie sich noch mit allerlei Silberketten. Weiter draußen auf dem Land werden die Huipiles immer kürzer und gehen grade noch bis zum Bauchnabel. Obwohl die dick gewebten Huipiles des Westlichen Hochlandes die Blusen aus dem Alta Verapaz bei weitem an Farben und Mustern übertreffen, haben auch diese ihren Reiz und wirken etwas weiblicher.

Die Aufteilung der **Stadtzonen** ist nicht wie sonst üblich zentralperipher angelegt, sondern sie treffen an der Plaza zusammen.

Unterkunft

- **La Posada,** 1. Calle 4–12, Z 2, an der Plaza, Tel. 79 52 14 95, Internet: www.laposadacoban.com. Das Hotel und Restaurant war einst eine große Finca im Kolonialstil. Die Zimmer, die sich um den schönen Patio gruppieren, sind mit antiken Möbeln eingerichtet. Man sollte darauf achten, nicht im „Anexo", einem Nebengebäude, untergebracht zu werden. Am Wochenende ist die Posada meist ausgebucht. Das Management haben heute Amerikaner übernommen. 260/345/477 Q.
- **Oxib Peck,** 1. Calle 12–11, Z 1, Tel. 79 52 10 39, E-Mail: ascondi@hotmail.com. Komfortabel. 110/176/274 Q.
- **Hotel El Recreo,** 10. Av. 5–01, Z 3, Tel. 79 51 41 60. Zimmer im 2. Stock verlangen. Von hier aus können Sie gleich ein Zimmer im **Hotel Recreo** in Lanquín reservieren! 144/190/238 Q.
- **Hotel Cobán Imperial,** 6. Av. 1–12, Z 1, Tel. 79 52 11 31. Einfach. 65/120/165 Q.
- **Hotel Central,** 1. Calle 1–74, Zone 4, Tel. 79 52 11 18. Empfehlenswert. 85/132/182 Q.
- **Hotel Monja Blanca,** 2. Calle 6–30, Z 2, Tel. 79 52 17 12. Zimmer renoviert. 50/100, 100/200, 150/300 Q.
- **Hotel La Paz,** 6. Av. 2–19, Z 1, Tel. 79 52 13 58. Einfach, aber gutes Preis-Leistungs-Verhältnis. 45/75/120 Q.
- **Hostal Doña Victoria,** 3. Calle 2–38, Z 3, Tel. 79 52 22 13, Internet: www.aventurasturisticas.com. Die einfachere Ausgabe des gleichnamigen Hotels. 136/190/240 Q.
- **Hotel Doña Victoria,** 1. Av. 5–34, Z 1, Tel. 79 52 11 43, Internet: www.aventurasturisticas.com. Zentral gelegen. 150/200/280 Q.
- **Hostal de Acuña** 4. Calle 3–17, Z 2, Tel. 79510482. Nur sieben Mehrbettzimmer, aber sehr empfehlenswert. Restaurant, Wäscherei, Tourangebote. 50 Q p.P.
- **Eco-Cabañas** im Vivero Verapaz, Tel. 79 52 11 33. Zwischen 200 und 500 Q, je nach Personenzahl, Aufenthaltsdauer und Wochentag.

Essen und Trinken

- Am besten isst man im **Hostal de Acuña** und im Restaurant der **La Posada** (s. o.), ebenso im **Hacienda Imperial** gegenüber. Gut auch in der **Hostal de Doña Victoria**. Im **El Refugio** an der Plaza gibt es recht gute Steaks. Im **El Chino** in der Z 4 kann man einen *Tepescuintle* und andere Spezialitäten probieren. Die Cafeteria **Santa Rita** am Parque (2. Calle) ist Travellertreff, ebenso das Café **La Paz** beim gleichnamigen Hotel. Einen guten Joghurt gibt es bei **Yogurt Renée** hinter der Kathedrale.
- Nicht versäumen sollte man einen Besuch im **Café Tirol,** 1. Calle 3–31, Z 1 an der Plaza. Die Karte mit über 20 verschiedenen Kaffees ist ein Erlebnis, das Ambiente kolonial. Schön die Bougainvilleen am Eingang, die einen blühenden Tunnel bilden. Lange Wartezeiten!
- **Kikoe's Tasca,** 2 Av. 4–33, Z 2, mit dt. Besitzer. Ab 17 Uhr geöffnet. Schließt bald, um 5 km vor Cobán wieder zu eröffnen.

Verkehrsverbindungen

Nach Cobán: von der Hauptstadt aus *Escobar-Monja Blanca,* 8. Av. 15–16, Z 1, von 4–17 Uhr halbstündlich, Tel. 22 51 18 78. Mit Erster Klasse-Pullman fährt es sich bequemer. Sonst fahren auch Busse auf der 13. Calle/6. Av., Z 1 ab. Eine andere Möglichkeit bietet jeder Bus Richtung Puerto Barrios/Karibik, in El Rancho umsteigen. 4–5 Std. Fahrtzeit.

Von Cobán: in die Hauptstadt zurück 2. Calle 3–77, Z 4, stündlich bis zum Nachmittag. In andere Richtungen ab Terminal in der Z 4, 3. Calle zwischen 1. u. 2. Av. Busse nach Lanquín gehen ebenfalls von hier ab. Fahrt dauert ca. 3 Std. Früh losfahren. Dort umschauen! 5/6, 11, 12.30 Uhr.

Busse nach San Pedro Carchá auf der 2. Calle zu 2. u. 3. Avenida nördl. des Parque.

A–Z

Autovermietung
- **Tabarini**, 5. Av. 2-43, Z 1, Tel. 79 52 15 04.
- **Inque Rentautos**, 3. Av. 1-18, Z 4, Tel. 79 52 11 94.

Banken
- *Occidente Banco* am Parque. *Banco G & T* hinter der Kathedrale (MasterCard). *Bancafé* (Thomas Cook, VISA), 1. Av. 2-66, Z 2. *BAM* (Thomas Cook, MasterCard), 1. Calle 2-24, Z 3. *Banco Industrial*, 1. Calle 4-36, Z 1 u.a.

Kaffee
- Frischen Kaffee gibt's auf der **Finca Santa Margarita** (Dieseldorff), 3. Calle 4-12, Z 2.

Kommunikation
- **Internet-Café** im Gebäude von Café Tirol, 1. Calle 3-13, Z 1, Tel. 79 51 40 40. *CyberCobán.com*, 3. Av. 1-11, Z 4.

Kunsthandwerk
- Den für Verapaz traditionellen Silberschmuck gibt es in der **Platería y Joyería Monja Blanca**, 4. Calle 3-12, Z 2.

Museum
- **Museo Privado de Arte Precolumbino, „Principe Maya"**, 6. Av. 4-26, Z 3, Tel. 79 52 15 41. Mo-Sa 9-18 Uhr, kleine Sammlung präkolumbischer Kunst.

Post
- In der Zone 3 hinter der Kathedrale, 2. Av./3. Calle.

Sprachschulen
- **Active Spanish (Nirma Macz)**, 3. Calle 6-12, Z 1, Tel. 79 52 14 32.
- **Instituto Cobán Internacional INCO**, 2. Calle 1-23, Z 2, Tel. 79 52 14 97.
- **Familie Chun**, Tel. 79 52 12 08, Zimmer an Spanisch-Studenten für 30 US$/Tag m. Vollpension. 5 Min. vom Parque entfernt.

Telefon
- **Telgua** befindet sich auf der Plaza gegenüber der Stadtverwaltung.

Touren
- *Marcio Acuña* (s. Hostal) organisiert ein- oder mehrtägige Ausflüge mit dem Auto, per Boot, zu Pferd usw. zu den schönsten Natursehenswürdigkeiten des Alta Verapaz. Er ist Experte und kennt hier jeden Winkel. Die Ausflüge und Touren kommen bei ausreichender Teilnehmerzahl (z. B. vier Pers.) zustande, etwa „Semuc Campey", zwei Tage mit Verpflegung für 35 US$. Tel. 79 52 15 47.

Tourismusinformation
- am Parque neben *Telgua*. Hat meist geschlossen und funktioniert seit Jahren nicht mehr richtig. Informationen im *Hostal Acuña* und *Hostal Doña Victoria*.

Ein Abenteuer der besonderen Art

1988 entdeckten deutsche Biologen in einem namenlosen Gebirgsmassiv unweit von Cobán die dichteste bisher bekannte Ansammlung von Quetzalvögeln. Das sturmartige Interesse vieler nationaler und internationaler Naturschutzverbände, das 71 km große Stück Nebelwald unter Schutz zu stellen, ließ schnell nach. Grund war die völlige Abgelegenheit des Gebietes mit mehrstündigem Aufstieg in die Berge, Kekchí-Indígenas, die Fremden gegenüber äußerst misstrauisch waren und zudem kein Spanisch sprachen. Durch die Anbaumethoden der Indígenas und die Rodungstätigkeit in den Wäldern aber war das Quetzalgebiet in Gefahr. Dem deutschen Biologen und Quetzalforscher *David Unger* und seinen UnterstützerInnen ist es nach langen Jahren gelungen, 16 der 35 Gemeinden der Region zur Zusammenarbeit mit dem **Projekt Eco-Quetzal** zu bewegen, das 1989 gegründet wurde. Es hat sich zur Aufgabe gemacht, den ansässigen Bauern umweltverträglichere Methoden des Ackerbaus zu lehren (Mulchen, Terrassierung, Diversifizierung von Anbauformen und -pflanzen). Nur so kann der jährliche Bodenverlust im Sierra-Umland durch die Erosion gestoppt werden. Über die Arbeit mit den Bauern hinaus baute das Projekt in Zusammenarbeit mit den Indígenas 13 Grundschulen, einen Schulungsbetrieb, Frauenzentren, eine Mühle, eine Apotheke, eine Bäckerei und mehrere Läden auf. Die Gemeinde Chicacnab beschloss als Erste, ihren umfangreichen Nebelwald nicht mehr zu roden, sondern ihn den Touristen zu zeigen. Seit ein paar Jahren ist es also möglich, das Projekt vor Ort zu besuchen.

Wer also das Projekt kennen lernen will, mit den Indígenas in ihren Hütten leben oder wer Quetzalvögel, Brüllaffen und den Nebelwald hören, genießen und beobachten will, der muss dafür einige Tage und beträchtliche Strapazen in Kauf nehmen (Die erste Jahreshälfte ist für die Beobachtung des Quetzal am erfolgversprechendsten). Der Aufstieg nach der 1,5-stündigen Busfahrt dauert drei Stunden, die Unterbringung und Verpflegung ist einfach. Feste Schuhe, Schlafsack, Pullover oder Regencape sind nötig.

Informationen erhält man im Projektbüro westlich des Busbahnhofes. Der Projektleiter und seine MitarbeiterInnen geben gerne Auskunft über die Tour.

● 2. Calle 14–36, Z 1, Tel./Fax 79 52 10 47, Mo–Fr 8.30–12 Uhr und 14–17 Uhr. E-Mail: Bidaspeq@guate.net.

Kleine Sprachhilfe Kekchí

Ma sa laa ch'ool?	Ist dein Herz zufrieden? (Begrüßungsformel)
Sa lin ch'ool.	Mein Herz ist froh.
Bar nakam li be Chamil?	Wo geht es nach Chamil?
Tinquaj lok'ok in qua.	Ich möchte Tortillas (=eine Mahlzeit) kaufen.
Jo nimal li qua?	Wieviel kosten die Tortillas?
Si bayak incape banusilal.	Gib mir etwas Kaffee, bitte.
Hehe	Ja
Inc'a	Nein
Ani acaba'?	Wie heißt du?
Lain lix Marii.	Ich heiße Maria.
Incuan bi'.	Auf Wiedersehen

Die Aussprache ist nicht weiter kompliziert. Die Betonung liegt auf der letzten Silbe. Den Stopplaut ' kennen wir im Deutschen auch, z. B. aus dem Wort „wo'anders". Wer versucht, etwas Kekchí zu sprechen, kommt auf jeden Fall gut an.

So sehr den Indianern und dem Projekt zu wünschen ist, dass durch einen sanften Tourismus der Wald geschützt werden kann, so ist dieser Trip doch nur etwas für Reisende, die hart im Nehmen sind. Die Belohnung ist ein Aufenthalt in einer Zone, wo der Regenwald, eine alte Mayakultur und schließlich unsere Zivilisation – vorübergehend? – vergessen haben, dass sie gegeneinander im Kampf stehen.

Die UnterstützerInnen zu Hause:
- QUETZAL, Verein zum Schutz der Nebelwälder e. V. *Dr. H. J. Schlichte*, Schapertwete 9 b, 38173 Hötzum. Der Verein ist auch im Internet erreichbar: www.vereinsnetz.de.

Im Nebelwald bei Cobán findet man viele Quetzalvögel

Weiter in den Petén über **Fray Bartolomé de Las Casas** wird die Fahrt langwierig und beschwerlich. Die wenigen **Übernachtungsmöglichkeiten** auf dem Weg nach Flores sind bis Sayaxché sehr einfach.

Nach **Sayaxché**: Colectivos, die losfahren, wenn sie voll sind; 40 Q, Straße asphaltiert. Weiter mit Colectivos nach Flores. Camionetas über Raxrujá und Chisec (anstrengend!).

Die Umgebung von Cobán

San Cristóbal Verapaz

Wer vom Quiché in den Alta Verapaz fährt, kommt 20 km vor Cobán durch San Cristóbal Verapaz. Der Name der präkolumbischen Siedlung an dieser Stelle lautete „Cak-Coj". Geblieben ist die Sprache der Pocomchí in dieser Region, während in Cobán die Kekchí leben. San Cristóbal ist ein ruhiges, liebenswertes Städtchen. Größter Arbeitgeber hier ist die Schuhfabrik am Ortseingang.

Von der Kirche aus ist die **Laguna de San Cristóbal** zu sehen, von der die Legende erzählt, dass sie 1590 entstanden sei, als sich spanische Priester und Indígenas wegen der Ausübung heidnischer *costumbres* stritten. Daraufhin gab es ein Erdbeben, die Erde öffnete sich und füllte sich allmählich mit Wasser. Der kleine See ist leider nicht mehr zum Baden geeignet.

Die **Kirche** San Cristóbals enthält wie die von San Pedro Carchá kostbare Silberarbeiten. Bemerkenswert sind die zwei Säulenreihen, die das Kirchenschiff durchziehen. Der Silberal-

DIE UMGEBUNG VON COBÁN

tar steht vor einer Holzwand, hinter der die Besucher unbeobachtet beten. Die koloniale Kirche wurde mit Hilfe der Bundesrepublik nach dem Erdbeben rekonstruiert.

Busse fahren stündlich nach San Cristóbal Verapaz von Cobán aus.

In der Nähe befindet sich das skandalumwitterte Wasserkraftwerk Chixcoy, von dem 60% der Energieversorgung des Landes abhängt. Die Anlage besitzt eine Gesamtlänge von 46 km und kostete 700 Mio. US$. Bei der Ausführung wirkte die deutsche Firma *Hoch-Tief* mit. 3500 Familien wurden umgesiedelt, 1440 ha Land überschwemmt. Vor einigen Jahren entdeckte man technische Fehler und gravierende Schäden an Tunnel und Stollen, die auf unsachgemäße Ausführung zurückzuführen waren. Korruption, Hinterziehung und Misswirtschaft prägen dieses Kraftwerk.

Ein kleiner Ausflug nach **San Juan Chamelco** lohnt sich allein wegen der kolonialen Kirche, die als die älteste der Region gilt. Um deren Glocke ranken sich eigenartige Legenden. Sie soll von dem spanienfreundlichen Kaziken *Juan Matalbatz* aufgehängt worden sein. Es heißt, viele Jahre durfte sich keine Indígena-Frau der Glocke nähern, aus Angst, sie könnte Schaden an den hellen und klaren Tönen nehmen. In der Kirche gab es ein Gemäl-

San Juan Chamelco

de von der Taufe *Matalbatz'*, das leider durch den Brand zerstört wurde.

Die **Höhle Rey Marcos** wurde erst vor kurzem zugänglich gemacht; sie ist eine der schönsten Karsthöhlen Zentralamerikas. Hier stürzen zahlreiche Wasserfälle in eine Folge von Pools, die zum Baden einladen. Eintritt 10 Q, geführte Tour weitere 10 Q. Die Anlage besitzt ein Restaurant und eine Tienda, die am Wochenende geöffnet sind. Busse oder Pick-ups von San Juan Chamelco nach Chamil nehmen. Den Fahrer bitten, am Abzweig zu der Rey-Marcos-Höhle zu halten (Puesto de Salud im Aldea Santa Cecilinda). Von hier weitere 100 m den Schildern nach Cecilinda folgen. Von Cobán aus gegenüber der Supertienda El Gallo aus Taxi möglich für 50 Q direkt.

● **Übernachtungsmöglichkeiten** bei *Jeronimo Makranskyk* (Aldea Chajaneb). Vollpension 15 US$/25 US$ inklusive Angebote. **Bus** nach Chamelco vom Terminal alle 20 Min. Fahrer nach *Don Jeronimo* fragen.

San Pedro Carchá

Die Teerstraße von Cobán nach San Pedro Carchá verläuft am Río Cobán entlang und endet hier. Der kleine Ort 5 km östlich von Cobán, ist das **Silberzentrum** des Alta Verapaz und bekannt für seinen Schmuck und seine Keramik. Aufgrund der Durchgangslage und Nähe großer Fincas war der Markt von San Pedro schon immer einer der größten und wichtigsten. Cobán und San Pedro lebten daher lange Zeit in Konkurrenz nebeneinander. In dem von Dominikanern gegründeten San Pedro ist noch etwas von der kolonialen Atmosphäre zu spüren, wenn man über die alten, wuchtigen Steinbrücken geht oder vor der großen weißen Kirche steht.

Die **Plaza** ist weitläufig, der Parque in der Mitte ein Musterbeispiel an Sauberkeit. Die Pedreños halten etwas auf sich, wie man auch an der 1950 errichteten Municipalidad erkennt.

Das am Ortseingang angekündigte **Museo Regional** ist nicht mehr als der Raum Nr. 1 in der Schule nahe der Plaza. Ausgestellt sind Schmuckstücke, Keramiken, Textilien, Fotos und allerlei regionaler Krimskrams.

Nicht weit vom Dorf befindet sich das Balneario Las Islas; ein kleiner Wasserfall mündet hier in einen Pool, der zum Baden einlädt. Eintritt 5 Q.

● Die **Busse** fahren stündlich von Cobán nach San Pedro Carcha.
● **Übernachtungsmöglichkeit** gibt es u.a. im *Hotel La Reforma,* 4. Calle 8–45 „A", Z 1, Tel. 79 51 51 36, 30/40 Q, *Hotel Central,* 7. Av. 4–17 am Parque, Tel. 79 51 52 22, 30/40 Q, neben weiteren kleinen Hospedajes.

Lanquín

Die Gegend um Lanquín ist eine eindrucksvolle Kegelkarstlandschaft, die durch ihre vielen runden Hügel, die dicht an dicht stehen, von weitem wie eine riesige grüne Buckelpiste aussieht. Die Landschaft ist das Ergebnis intensivster Lösungsvorgänge im Karbonatgestein. Leider wird auch hier in einem Umfang brandgerodet, welcher den Naturraum nachhaltig schädigt. Doch die Wiederaufforstungskampagnen werden leider nur halbherzig durchgezogen. Auf den fruchtbaren

Die Deutschen in Guatemala

Mitte des 19. Jahrhunderts begannen deutsche Einwanderer den Engländern die wirtschaftliche Vorherrschaft in Guatemala streitig zu machen. Die ersten Deutschen kamen um 1830 als Kaffeepflanzer ins Land. Der Kaffee begann das damalige Hauptausfuhrprodukt Koschenille nach dem Durchbruch synthetischer Farbstoffe abzulösen. Das Interesse war groß. 1845 gab es in Königsberg eine Auswanderungsgesellschaft für Mittelamerika. Schon 1852 wurden Freundschafts-, Handels- und Schifffahrtsverträge zwischen der guatemaltekischen Regierung und den Hansestädten abgeschlossen. 1868 gab es bereits eine „Asociación Alemana Beneficencia de Guatemala", die den Deutschen in Guatemala Hilfe in Notfällen garantierte.

1870 erfolgte während der liberalen Ära Guatemalas die größte Einwanderungswelle deutscher Pioniere, angelockt durch die Vergünstigungen, Privilegien und Garantien beim Erwerb von Grundbesitz in den dünnbesiedelten Gebieten der Verapaces und andernorts. Die berühmtesten Deutschen waren *Carl Rudolf Klee*, *Heinrich Dieseldorff*, *Franz Sarg* und *Richard Sapper*, dessen Bruder *Karl* sich als Geograph und Landeskundler einen Namen machte. Viele dieser Familien besitzen auch heute noch riesige Ländereien.

Innerhalb weniger Jahre hatten die Deutschen den Umständen entsprechend ein perfektes Handels-, Verwaltungs- und Kommunikationsnetz aufgebaut, das sie mit heimischen Waren versorgte, den Kontakt zum Mutterland aufrechterhielt und nicht zuletzt die Abnahme des Kaffees garantierte. In Hamburg lagen die Importmengen des guatemaltekischen Kaffees damals hinter dem brasilianischen an zweiter Stelle. 1897 gab es ca. 900 Deutsche in Guatemala, wovon 85% Männer waren. Sie besaßen allein im Alta Verapaz fast 1500 km^2 Land. Sie produzierten um die Jahrhundertwende ein Drittel des gesamten guatemaltekischen Kaffees (36%).

Den Ersten Weltkrieg überlebten die Deutschen in Guatemala fast unbeschadet, trotz großer Schwierigkeiten, die ihnen die Engländer bereiteten. Während des Zweiten Weltkrieges begann auf Druck der Amerikaner die große Enteignungswelle. Deutsche wurden festgenommen und die Männer in den USA interniert. Nach Kriegsende gelang es vielen, ihren überschriebenen Besitz zurückzugewinnen. Ein Teil der Fincas ist aber bis heute unter den Bauern aufgeteilt.

Spannender und aufschlussreicher als alle wissenschaftlichen Untersuchungen über das deutsche Phänomen im Alta Verapaz ist das Tagebuch von *Karl Sapper*. Am 6. April 1890 schreibt er über das sozialkulturelle Leben der Deutschen in Cobán einen kleinen Abschnitt, der zum Schmunzeln oder Kopfschütteln Anlass gibt: „... Angenehmere und reizvollere Anregung gewähren die Unterhaltungen und Gesellschaften, welche in den deutschen Familien oder im Deutschen Club stattfinden, und ich kann es mir nicht versagen, den Leser noch für einige Zeit nach dem Vereinslokale einzuladen, welches für die Deutschen Cobáns immerhin von Bedeutung ist. Man müsste in gänzlicher Unkenntnis unseres Nationalcharakters befangen sein, wenn man annehmen wollte, dass sämtliche hier ansässige Deutschen diesem Vereine angehören würden, denn Einigkeit ist noch niemals unsere Stärke gewesen. Immerhin aber hat sich der weitaus größere Teil der hiesigen Deutschen in diesem Club zusammengefunden und sich so einen gesellschaftlichen Mittelpunkt geschaffen. Der Versammlungsort ist ein einfaches Gebäude (Eigentum des Vereins) im Innern der Stadt, eine Anzahl deutscher Zeitungen und Zeitschriften liegt hier zum Lesen aus, ein Billard bietet manche angenehme Unterhaltung, und die Kegelbahn versammelt des Öfteren eine größere Zahl von Mitgliedern zu gemeinsamem Spiele; unentwegt aber sitzen fast stets etliche Herren Stunde um Stunde beim unvermeindlichen Skat. Die Fechtgeräte (Schläger und Säbel), welche an den weißgetünchten Wänden hängen, dienen nicht bloß zur Zierde, sondern auch zur Übung, und auch Gambrinus, dessen buntes Konterfei neben patriotischen Bildnissen und Emblemen die Wände schmückt, ladet nicht vergebens zum Trunke ein, obgleich der edle Gerstensaft hier ziemlich kostspielig ist (die Flasche Hackerbier kostet sechs Reales, das heißt etwa 2 Mark 40 Pfennig). Bei Festlichkeiten pflegen sich sämtliche anwesende Mitglieder des Clubs und etwa noch einige befreundete Gäste zu löblichem Tun zu versammeln und nach echter deutscher Weise mit Gesang, Geplauder und gelegentlichen musikalischen oder poetischen Vorträgen sich zu vergnügen, wobei das Trinken natürlich nicht vergessen wird und das erquickende Nass in Gefäßen verschiedener Größte, vom kleinen Viertelliter-Gläschen bis zum echten Münchener Maßkruge, in erheblicher Menge zum Munde geführt wird, was das Staunen etwa anwesender Landesangehöriger und der durchs Fenster zuschauenden Indianer in hohem Grade erweckt.

Man sieht, der Deutsche lebt hier recht behaglich in dem fremden Lande, und dies zu zeigen war der Zweck dieser Zeilen."

Böden der tiefen und steilwandigen Trichterdolinen bauen die Campesinos ihren Mais an.

Die Region ist durch eine ausgedehnte Fincawirtschaft geprägt, die Kaffee, Kardamom, Kakao, Achiote und anderes kultiviert. Die Hauptabnehmerländer für **Kardamom** sind die arabischen Staaten, wo sich seit Alters her der Glaube erhalten hat, dass dieses wertvolle Gewürz eine stimulierende Wirkung auf Körper und Geist ausübt, wenn man darin badet. Außerdem soll es die Frauen schön machen. Bei uns wird Kardamom zu Weihnachten in den Lebkuchenteig gemischt. Ein Tipp: Ein paar gemahlene Körner im Kaffee oder Tee unterstreichen wunderbar das Aroma. Kardamom ist ein Ingwergewächs und wächst als große Staude mit fingerförmigen Blättern. Sie blüht am Fuß der Pflanze und bringt kleine Kapseln hervor, in denen sich die Kerne befinden. Die Kardamomernte ist kein Vergnügen, und eigentlich steht die Größe der Pflanze in keinem Verhältnis zu den winzigen Körnchen. Kardamom ist auf dem gesamten Weltmarkt so teuer, dass er im Produktionsland Guatemala kaum erhältlich ist. Noch aber ist Guatemala der größte Kardamomproduzent der Welt, und das edle Gewächs steht auf Rang vier der Exportgüter des Landes, doch die Weltpreise sind instabil.

●**Übernachtungsmöglichkeiten** im *Hotel Recreo* (Tel. 79 83 00 56/57, 144/190/238 Q) vor Lanquín oder im Dorf selbst in der *Hospedaje La Divina Providencia*. (15–20 Q). Lanquín ist ein kleines Dörfchen mit kolonialer Kirche, etwas verschlafen, aber in schöner Lage.

HIER RUHT
FRIEDRICH SCHLEEHAUF
★ 15. 9. 1885
IM KÖNIGLICHEN SCHLOSS
ZU STUTTGART
† 9. II. 1973 IN COBÁN

Höhlen, Sinterterrassen und ein See

Der Osten des Alta Verapaz ist ein Gebiet mit smaragdgrünen Flüssen, die über Kalkterrassen fließen, aus Höhlen austreten, als Wasserfälle über Steilstufen herabstürzen, Wildwasserstrecken bilden oder gar in der Erde versickern und als sprudelnde Quellen andernorts wieder zum Vorschein kommen. Hauptfluss ist der Río Cahabón, der sich bestens für ein Rafting durch den bizarren Karst des Verapaz eignet.

Die Geologie des Alta Verapaz wurde vor allem von ausländischen Wissenschaftlern erforscht. Die erste geologische Karte der Verapaces erstellten vor gut 30 Jahren die Deutschen.

Ein unvergesslicher Ausflug ist der Besuch der **Tropfsteinhöhlen von Lanquín** und der **Kalksinterterrassen von Semuc Champey,** die das Wasser nach jeder Treppe in klaren Becken sammeln. Beide Sehenswürdigkeiten liegen ca. 70 km von Cobán entfernt. Nach Lanquín geht mehrmals täglich ein Bus (3 Std. von Cobán aus, s. dort), der nach **Cahabón** weiterfährt (8, 9, 14 Uhr). Von Cahabon kann man auch um 4 Uhr früh nach **El Estor** weiterfahren (Taxi 150–200 Q), Semuc Champey liegt etwas versteckter und erfordert einen Fußmarsch, oder man findet ein Taxi (ca. 100 Q) oder eine Mitfahrgelegenheit von Lanquín aus.

Die „Grutas de Lanquín" sind ein weit verzweigtes Höhlensystem von fast 100 km Länge. Aus einem Nebentor tritt rauschend der Río Lanquín aus und fließt dann in ein von dichter Vegetation umgebenes, türkisfarbenes Becken. Weiter im Westen mündet dieser traumhafte Fluss in den Cahabón. Der Eingang zur Höhle wirkt wie ein großer schwarzer Schlund, den man durch einen Stalaktitenvorhang betritt. Das Innere ist atemberaubend! Riesige Dome erheben sich bis zu einer Höhe von 50 m. Bizarre Tropfsteine verleihen den Hallen ein unwirkliches Aussehen, und die tiefen Löcher zwischen den Kalkblöcken verraten, dass es so weit runter wie rauf geht. Früher wurde die Höhle von den Maya zu kultischen Zwecken benutzt. Heute leben nur noch Hunderte von Fledermäusen und blinde Fische hier.

Die Begehung der Höhle ist nicht ganz ungefährlich. Die Wege sind durch den Verwitterungslehm extremglitschig, es gibt praktisch nichts zum Festhalten. Das letzte Stück Weg führt über eine abenteuerlich angebrachte Stahlleiter unter das Dach der Höhle. Das ist nur was für Schwindelfreie!

Ein Besuch der Höhle lohnt sich in jedem Fall. Eintritt 25 Q, abends geschlossen. Kleine Jungs bieten sich als Guides an, man sollte sich aber nicht nötigen lassen. In Lanquin gibt es einfache Übernachtungsmöglichkeiten.

9 km südlich von Lanquín befindet sich ebenfalls auf ca. 360 m Höhe das **Naturwunder von Semuc Champey,** eine natürliche Kalkbrücke von 300 m Länge, die vom Río Cahabón unterspült wurde. Auf ihr haben sich sechs Sinterterrassen herausgebildet, mit Be-

Kalksinterterrassen von Semuc Champey

cken, in deren klarem Wasser ein erfrischendes Bad möglich ist. Vorsicht beim Herumklettern auf den Kalkstufen! Sie sind glitschig, ihre Kanten sehr scharf! Die Vegetation rundherum ist üppig und von exotischer Schönheit.

Nach Semuc Champey fährt von Lanquín aus ein Bus (Mo, Do, So) bis zur Cahabón-Brücke, von dort aus muss man zu Fuß weitergehen. Oder gleich von Lanquín aus mit einer Mitfahrgelegenheit, da auf die Busse meist kein Verlass ist. Pick-ups verlangen bis zu 200 Q pro Fahrt! Am besten zu mehreren fahren und verhandeln! Am einfachsten lassen sich die beiden Ausflüge von Cobán aus über *Hostel de Acuña* oder *Hostel Doña Victoria* organisieren. Obwohl die Straße einigermaßen in Schuss gehalten wird, empfiehlt sich ein Vierradantrieb beim Pkw. Bei den Pools gibt es Campingmöglichkeiten. Eine Hängematte ist ein nützliches Requisit bei solchen Ausflügen. Nachts kommen oft Leute mit Fackeln über das Wasser, die nach Krebsen suchen. Also nicht gleich an einen Überfall denken! Eintritt 25 Q.

Candelaria-Höhlen

In den Höhlen der Umgebung fanden französische Forscher farblose Lebewesen und Wandmalereien. Zwischen Chisec und Raxruja bei San Antonio Las Cuevas liegt eine der großen Höhlen: **La Candelaria** an der Grenze zum Petén. (Vorsicht: Auf der Karte ITM 642 sind die Höhlen fälschlicherweise bei Sebol und Fray Bartolomé eingezeichnet.) Auch von ihr wird angenommen, dass die Maya hier ihre Zeremonien abhielten. Für sie waren Höhlen geheiligte Stätten, da sie als Domizil der Unterweltgötter galten.

La Candelaria ist ein großes, verzweigtes Höhlensystem. Während der Hauptregenzeiten sind viele der gigantischen Höhlen mit ihren riesigen Domen überflutet und daher nicht zugänglich. Von Januar bis Juni liegen sie allerdings trocken.

Die beiden größten Höhlen heißen Campo de Vasco und El Mico. Letztere hat einen Ein- und Ausgang, man kann sie in einem zweistündigen Trip durchqueren. Die Wege sind allerdings wie bei allen Karsthöhlen lehmig und daher glitschig, die Eingänge steil und nicht beleuchtet. Eine Taschenlampe und gutes Schuhwerk sind so unabdingbar für eine Exkursion.

Wer die Höhlen besuchen (Eintritt 35 Q) und ohne viel Organisationsstress hinkommen und übernachten will, der wendet sich am besten in Cobán an das *Hostal de Acuña* in der 4. Calle 3–17, Z 2, Tel. 79 51 04 82. Es organisiert Ausflüge zu La Candelaria.

Bei den Höhlen selber gibt es **Bungalows** für 50 US$ inklusive Verpflegung und Führung. Die herrliche Bungalowanlage inmitten des Urwalds wurde von dem Franzosen *Daniel Dreux* erstellt. Die Anlage ist sehr gepflegt. Wer sich von Raxrujá aus selbst auf den Weg zu den nahegelegenen Höhlen machen will (Weg ist nicht ausgeschildert), sollte auf jeden Fall vor Mittag dort sein, da es sonst mit der Verpflegung schwierig werden könnte, wenn später überraschender Besuch kommt. Schlimmstenfalls hält eine Reisegruppe die Betten belegt.

Nordwestlich, schon fast an der Grenze zu Mexiko, liegt der **Nationalpark Laguna Lachuá.** Das 15.000 ha große Gebiet mit seinem immensen Tier- und Pflanzenreichtum ist noch kaum erschlossen und für Naturinteressierte ein sehr lohnenswertes Ausflugsziel. Die 5 km^2 große abgelegene Laguna Lachuá besticht durch ihre fast kreisrunde Form und ihr blau-türkisstilles Wasser inmitten dichter exotischer Wälder. Es ist ein (noch) ein ruhiger Platz; die Ausweisung als Nationalpark wird Lachuá vor der Zerstörung bewahren.

●**Information** ebenfalls über das *Hostal de Acuña* in Cobán. Zwei Tage für 90 US$.

Vom Alta Verapaz in den Petén

Von Cobán über San Pedro Carchá und Sebol weiter nach Sayaxché

Um von Cobán in den Petén zu kommen, gibt es mehrere Möglichkeiten, die ein wenig abenteuerlich und bei brütender Hitze auch sehr beschwerlich sind. 12 km vor Lanquín passiert der Bus (oder die MFG) aus Cobán bzw. San Pedro Carcha einmal täglich am frühen Vormittag die Kreuzung **nach Sebol.** Sebol ist eigentlich eine Hacienda, hat sich aber durch seine Lage zu einem Kreuzungspunkt Petén (Norden), Izabal (Osten) und Cobán

(Süden) entwickelt. Sebol, d.h. die wenigen Holzhütten, liegen an kleinen rauschenden Wasserfällen und smaragdgrünen Flüssen, die sich hier teilen und wieder zusammenfließen. Will man einen Bus in die gewünschte Richtung erwischen, empfiehlt es sich, Geduld (und Proviant) mitzubringen.

In **Raxrujá** (nach 12 km) gibt es eine **Übernachtungsmöglichkeit** und zwei Busse täglich nach Sayaxché. Bei solchen Touren muss man spontan sein und eine MFG auf der Ladefläche eines schnelleren Pick-ups wahrnehmen.

Von Sebol aus gibt es außerdem eine 70 km lange rote Erdstraße an die Grenze von Belize nach **Modesto Mendéz**, von wo aus regelmäßig Busse in den Petén über San Luis und Poptún fahren. Zwar werden Guatemalas Straßen seit Ende der 1980er Jahre bis in den Petén hinein asphaltiert, trotzdem muss man damit rechnen, während der Regenzeit in einer Schlammpfütze steckenzubleiben. Die Gegend ist lebensfeindlich und auch für Touristen nicht ganz ungefährlich. Die Sümpfe sind Brutstätten der Stechmücken, die Sonne knallt unbarmherzig auf das flache Land, und eine Hängematte im Schatten scheint für die Menschen hier die einzige Wohltat zu sein.

8 km nördlich von Sebol liegt **Fray Bartolomé de Las Casas.** Hier lebten vor gut 50 Jahren nur Kekchí. Damals hieß der Ort Tezutlán. Das Öl aus dem nahe gelegenen Rubelsantos veränderte ihr Leben. Das Municipio wurde aufgrund eines Regierungsbeschlusses in den 1970er Jahren ausgebaut und existiert als solches erst seit 1980. Viele Übersiedler sind seit der großen Kolonisierungskampagne wegen des Klimas und der Abgeschiedenheit wieder in ihre Heimatdörfer zurückgekehrt. Fray Bartolomé ist ein künstliches Produkt und zeigt die Veränderung eines indianischen Lebensraumes durch Kapitalinteressen.

Von Cobán über Cuibil-Guits und Chisec nach Sayaxché

Die 80 km lange Strecke von Cobán nach Chisec dauert ca. fünf bis sechs Stunden. Die Straße ist anfangs asphaltiert, dann aber bis Chisec geschottert. Noch immer bedienen nur wenige Camionetas diese Strecke, deren Zustand sich in den letzten Jahren wesentlich gebessert hat. Wer über diesen Weg in den Petén will, sollte sich lieber an der Ausfallstraße nach Chisec nach einer MFG umsehen.

Auf halber Strecke kommt man durch das Dorf **Cuibil-Guits,** von wo aus es rechts nach Chisec und Sayaxché geht, der Weg linkerhand führt zu einem Flüchtlingslager bzw. einer Rückkehrergemeinde, von denen es hier in dieser heißen Gegend besonders viele gibt. Die Kaffeezone hat man in Cuibil-Guits schon lange hinter sich gelasssen, nun herrscht auf ausgedehnten Weiden Rinderzucht vor. Die Hügellandschaft wird weniger unruhig, da man allmählich in die ebene Kalktafel des Petén abtaucht. Die ehemalige Finca Cuibil-Guits ist eine kleine Besonderheit. Nach Landvergabe des Besitzers hat sich hier innerhalb von wenigen Jahren ein kleines Handelszentrum entwickelt, das durch seinen Standortvorteil rasch an Bevölkerung zunahm. So findet man hier Leute aus allen Gegenden Guatemalas.

Die Region um Chisec weist zahlreiche Seen und Höhlen auf. Die bekannteste Höhle ist Bobil Pek, die leider für Besucher gesperrt ist. Das langgestreckte Straßendorf **Chisec** liegt wie Sebol bereits mitten im (ehemaligen) Konfliktgebiet der *Franja Transversal del Norte*. Hier wird Erdöl gefördert, das mit schweren Lastwagen nach Puerto Barrios bzw. Santo Tomás gebracht wird. Die Gegend war einst ein Guerillagebiet. Das Klima in Chisec ist heiß und trocken.

● Wer eine **Übernachtungsmöglichkeit** sucht, quartiert sich am besten im *Hotel y Restaurante La Estancia* am Ende der Straße ein. Die Besitzer sind freundlich, die Unterkunft einfach. Weitere Unterkünfte im Ort.

Die **Weiterfahrt nach Sayaxché** führt entlang der hoch aufsteigenden Sierra Chinamá. Nur 30 km hinter Chisec liegen die **Höhlen von Candelaria.** Dicht dahinter passiert man die wichtige Kreuzung von San Antonio Las Cuevas, wo die Busse von Raxrujá her kommen und ebenfalls weiter nach nach Sayaxché in den Petén fahren. Hier wird die Straße durch den groben Schotter schlechter, bis sie vor Sayaxché wieder asphaltiert ist. Auf der Strecke muss man mit einer „Moscamed-Station" rechnen, bei der das Fahrzeuginnere mit einem Vernichtungsmittel gegen die Mittelmeerfliege eingesprüht wird. Alle mitgeführten Früchte müssen abgegeben werden.

Durch das Polochic-Tal an den Izabal-See

Die Fahrt durch das Polochic-Tal von Cobán bis El Estor dauert mit dem Bus etwa acht Sunden und überwindet einen Höhenunterschied von fast 1400 m. Leider gehört die Strecke zu den gefährlichsten im Land. Lange Zeit war das warme Tal als natürlicher Durchgang zum Atlantik eine Handelsroute. Die deutschen Kaffeepflanzer initiierten aufgrund der bescheidenen Infrastruktur eine Straße von Cobán nach Panzós, die 1876 fertig gestellt wurde. Mit zweirädrigen Ochsenkarren transportierten die Indígenas hier den Kaffee. Später betrieben die *Dieseldorffs*, *Sargs* und *Sappers* sogar eine Dampffahrtgesellschaft, die die Waren den Polochic hinunter bis zum Izabal-See und von dort bis Lívingston weiterleitete. Parallel dazu gab es eine Zugverbindung, die *Ferrocarril Verapaz* von Pancajché bis Panzós, die Kaffee, Bananen, Post u. v. a. m. Richtung Osten beförderte. Ein Ausbau des Streckennetzes scheiterte an der finanziellen Belastung. Heute hat die große Fernstraße CA 9 an den Atlantik das Polochic-Tal in seiner Bedeutung als Handelsweg abgelöst.

Von Cobán fährt der Bus zuerst durch Santa Cruz Verapaz, Schwesterstadt von San Cristóbal Verapaz. Die Straße **nach Tactic** führt durch ein ungewöhnlich breites und ebenes Trockental. Die Gegend mit ihren Kiefernwäldern, Viehzäunen und schwarz-

Alta und Baja Verapaz

weißen Kühen hat etwas ausgesprochen Alpenländisches an sich. Man fühlt sich fast in die Schweiz versetzt.

Tactic besitzt eine schöne koloniale Kirche mit einem interessanten goldenen Altar, die einen Besuch lohnt. Außerdem befindet sich hier eine der ganz wenigen jüdischen Synagogen in Guatemala. Mit zwei Sehenswürdigkeiten wirbt Tactic: Am Ortsausgang liegt das Balneario Cham-Che. Ein kleiner Wasserfall stürzt über mehrere Kaskaden in ein Becken, in dem man baden kann. Das Ganze ist integriert in eine Park- und Gartenanlage, die Campingmöglichkeiten bietet.

Die zweite Attraktion von Tactic ist der Pozo Vivo, ein „lebender Brunnen", der gegenüber von der Texaco-Tankstelle aus über sumpfige Wiesen zu erreichen ist. Die Legende erzählt, dass dieser Brunnen zu „sprechen" anfängt, sobald man sich ihm nähert. Tatsache ist, dass es sich hier um einen Karstbrunnen handelt, der je nach Schüttung seiner unterirdischen Quelle ein wenig zu blubbern anfängt. Meist schweigt er aber, und die Leute stehen etwas verloren vor diesem kleinen Teich. An erwähnter Tankstelle gibt es ein Buch zu kaufen, in dem Legenden und Sagen der Gegend gesammelt sind.

Unterkunft

- **Pension Central,** 3. Calle 4–10, Z 1, Tel. 79 53 92 02. Einfach. EZ 25/50, DZ 50/75 Q.
- **Hotel Villa Linda,** 4. Calle 6–27, Z 1, Tel. 79 53 92 16. Etwas besser, aber auch sehr einfach. EZ 30/50, DZ 60/100 Q.
- **Mansion La Cañada,** 2. Calle 11–08, Tel. 79 53 92 67. Neueres Haus. 75/150/225 Q.

Vor **Tamahú** beginnen bereits die Kaffee- und Bananenplantagen. Die Temperaturen hier sind spürbar wärmer, die Vegetation wird exotischer und dichter. Das kleine Dorf liegt am Eingang des langen Polochic-Tales. In der Nähe gibt es Thermalquellen.

Etwas größer ist **Tucurú.** Die Dörfer hier sind mit dem Charme derer im Westlichen Hochland nicht zu vergleichen. Wellblechdächer sind die Regel, da diese leichter zu pflegen sind und weniger Ungeziefer beherbergen als die schöneren Palmdächer. In den Nebelwäldern nördlich von Tucurú hat ein deutscher Biologe während jahrelanger Forschungen den Quetzal beobachtet und für dieses Gebiet die höchste Quetzaldichte Guatemalas festgestellt.

Die Gegend hatte unter dem Militärregime bitter zu leiden. Nördlich von Tucurú befindet sich z. B. das „Modelldorf" **Yalijux.**

Viele Familien sind von hier weggegangen. Einige, denen man Kontakte zur Guerilla unterstellte, wurden ausgewiesen. Das Leben hier ist trostlos, und die Häuser verstecken sich hinter Gartenzäunen. In Tucurú gibt es eine **Übernachtungsmöglichkeit.**

Der Río Polochic verbreitert sich rasch durch die große Zahl an Zuflüssen, die vom Süden her aus der Sierra de Las Minas kommen. Vor **Telemán** besteht die Möglichkeit, einen Abstecher nach **Senahú** zu machen (ca. 50 km hinter Tucurú). Viele der Indígenas waren Einwanderer aus San Pedro Carchá, weswegen hier Kekchí und Pocomchí gesprochen wird. In dem kleinen Dorf gibt es **Übernachtungsmöglichkeiten** im komfortabeln *Hotel Senahú* (Tel. 79 51 41 60, 70/140/180 Q), in der *Hospedaje González* am Ortseingang (alte Finca) u. a. Ausgedehnte Wanderungen durch die üppigen Wälder bieten sich an, und vielleicht ergibt sich die Gelegenheit, mit dem ein oder anderen Finquero ins Gespräch zu kommen. Busse fahren von Cobán aus direkt 2 x täglich.

Panzós liegt am Rand der großen Mündungsebene des Polochíc. Die Höhe beträgt nur noch 18 m; hier ist es trocken und heiß. Ab Panzós wurden die Exportprodukte der Fincas Ende des 19. Jahrhunderts auf Dampfer verladen und bis nach Lívingston verschifft. Hier beginnt die Gegend der Haciendas mit ihren großen Viehherden. Typisch für alle tiefer gelegenen Regionen Guatemalas sind die aus Afrika importierten weißen Zeburinder mit ihren langen Ohren und spitzen Höckern. Mit den weißen Garzas leben sie in friedlicher Gemeinschaft.

Den traurigsten Tag seiner Geschichte erlebte das Dorf am 29. Mai 1978, als Hunderte von Campesinos gegen die Vertreibung von ihrem Land protestierten. Als sie eine Petition ins Rathaus bringen wollten, eröffneten die Soldaten das Feuer auf die Menge, die sich auf der Plaza versammelt hatte. Bei dem Massaker kamen 165 Männer, Frauen und Kinder ums Leben. Das Gemetzel wirkte wie ein Fanal. Kirchenvertreter verurteilten das brutale Vorgehen in der Presse, das *Comité de Unidad Campesina* trat zum ersten Mal an die Öffentlichkeit, und in der Hauptstadt fand eine Protestdemonstration mit mehr als 60.000 Teilnehmern statt. Als *Lucas García* wenige Tage später die Macht übernahm, wurde klar, dass dies erst der Anfang einer langen Zeit der *violencia* war.

Kurz hinter Panzós beginnt das Departement Izabal. **El Estor**, die vorläufige Endstation der Polochic-Talfahrt, liegt bereits an den Ufern des größten Sees Guatemalas, dem **Izabal-See**. Der Engländer *George Skinner* und der Hannoveraner *Carl Rudolf Klee* unterhielten Ende des vorletzten Jahrhunderts hier einen Gemischtwarenladen, der „The Store" genannt wurde. Die Einheimischen verdrehten das Wort zu „Estor". Ende der 1960er Jahre erhielt eine kanadische Nickelgesellschaft die Konzession zur Ausbeutung der hiesigen Erzvorkommen. Das Unternehmen, EXMIBAL, löste eine Einwanderungswelle von Arbeitssuchenden aus. Vor allem Kekchí aus dem Verapaz kamen hierher. Die Zeiten von EXMIBAL in El Estor sind jedoch vorbei.

Unterkunft

- **Hotel Vista al Lago,** 6. Av. 1-13, Z 1, Tel. 79 49 72 05. Empfehlenswert. 61/122/183 Q.
- **Hotel Marisabela,** 1. Calle/8. Av., Tel. 79 49 72 15. Mit Seeblick teurer. EZ 120/180, DZ 156/216, TZ 210 Q.
- **Hotel Villela,** 6. Av. 2-06, Tel. 79 49 72 14. 45/90/135 Q.
- **Hotel Santa Clara,** 5. Av. 2-11, Tel. 79 49 72 44. Gleicher Inhaber wie *Hotel Central*. 37/49 Q.
- **Hotel Central,** im Parque Central, Tel. 79 49 72 44. 49/73 Q.
- **Hotel Ecológico,** Tel. 79 49 72 45. Einfach und sauber. DZ 150 Q.
- **Hotel Los Almendros,** Tel. 79 49 72 18. Am Dorfeingang. 73/122/195 Q.

Von El Estor geht es über die **neue Straße Richtung El Paraiso** zum Río Dulce, von wo aus eine Weiterreise in den Petén, an die Karibik oder zurück in die Hauptstadt (Umsteigen auf der Atlantik-Fernstraße CA 9) möglich ist. Auf der **Finca El Paraiso** gibt es einen heißen Wasserfall. Übernachtung und Aufenthalt möglich. Camionetas fahren alle zwei Stunden.

Per Schiff werden keine Passagiere mehr nach **Mariscos** übergesetzt, außer man mietet sich privat eine Lancha. Wie El Estor gehört es zum Dept. Izabal und ist der größte Ort am südlichen Ufer des Izabal-Sees. Nicht weit entfernt in **Punta Brava** befindet sich *Denny's Beach* direkt am Seeufer, das **Übernachtungen** in Bungalows anbietet. Die Besitzer bieten Touren in die Umgebung an, man kann im See schwimmen oder einfach nur entspannen. Zu erreichen ist *Denny's Beach* über Tel. 57 09 49 90 (Schlafsaal 35 Q, DZ 100 Q. Nicht immer ganz sauber, teures Essen, aber schöner Strand). Oder auf gut Glück in Mariscos eine Lancha mieten (ca. zehn Min. Fahrt).

In Mariscos selbst gibt es **Übernachtungsmöglichkeiten** in der *Hospedaje Karlinda* (120/160 Q) und *Hospedaje Marinita*.

Der Izabal-See und die Karibik

Als *Hernan Cortés* auf seiner Reise vom Petén nach Honduras am Izabal-See vorbei kam, schrieb er dem spanischen König *Karl V.* begeistert seine Eindrücke von dieser Gegend. Wer heute aus dem Hochland in das Departement Izabal kommt, wird nicht weniger beeindruckt sein von den Naturschönheiten dieser nordöstlichsten Region Guatemalas, die auch kulturell ein Kontrastprogramm zum indianisch geprägten Altiplano darstellt.

Das **Departement Izabal** ist nach dem Petén das zweitgrößte Guatemalas und das einzige, das Anteil an der Karibikküste des Landes hat.

Der **Izabal-See** ist mit 48 km Länge und 24 km Breite der größte See Guatemalas, umgeben von den Hohen der Sierra de Las Minas, der Sierra de Santa Cruz und den Montañas del Mico. Hier gibt es die einzige Burg Guatemalas, die kunstvollsten Stelen, die größten Bananenplantagen, die zweitlängste Brücke, den wichtigsten Hafen, und schwärzesten Guatemalteken; kurz: ein Departement der Superlative und einen Besuch wert.

Die Region war lange Zeit nur eine heiße, sumpfige Gegend, die während der Kolonialzeit außer wegen ihres Zugangs zum Atlantik wenig Bedeutung hatte. Der allerdings war umkämpft und die Achillesferse des kolonialen Handels. Immer im Blickfeld der Piraten und unter Beschuss, entschlossen sich die Spanier 1595 unter *José Bustamante,* an den Platz der späteren Burg einen Festungsturm zu bauen.

Die **wirtschaftliche Entwicklung** der Region setzte erst Ende des 19.

Jahrhunderts mit dem Bau der Eisenbahn unter Präsident *Justo Rufino Barrios* ein. Kurz darauf trat die *United Fruit Company* auf den Plan und baute ihre Bananenplantagen auf. Die Küste wurde zum Einwanderungsgebiet für Schwarze, Inder, Chinesen und Europäer, die bis in die Siedlungsplätze der Kekchí-Indígenas vordrangen. Nach dem Rückzug des nordamerikanischen Bananenimperiums und dem Bau der Atlantikfernstraße wurde die Landwirtschaft diversifiziert. Sie ist jedoch noch immer das Standbein des Departements, nachdem eine Industrialisierung aufgrund der erfolglosen Suche nach Öl scheiterte. Heute ist das Dept. Izabal führend in der Reisproduktion, kultiviert Zuckerrohr und Kakao und besitzt große Viehherden.

Wer von der Hauptstadt aus über die CA 9 (Atlantikfernstraße) Richtung Puerto Barrios fährt, wird einen eindrucksvollen Wechsel der **Vegetation** und der Temperaturen feststellen. Das breite, trockene Tal des Motagua, der während des Hochwassers riesige Blöcke transportiert und an seinen Uferbereichen absetzt, wird zunehmend feuchter. So stehen nach anhaltenden Regenfällen Kreuzungen und Weideflächen innerhalb weniger Tage unter Wasser. Während im Nordwesten die Sierra de Las Minas steil ansteigt, ist der Blick im Südosten frei auf die sumpfige Schwemmlandschaft des Motagua.

Die **Sierra de Las Minas,** die sich auf 130 km Länge von Dept. El Progreso bis zum Izabal erstreckt, ist einer der gefährdetsten Naturräume Guatemalas. Experten schätzen, dass mindestens 70 % aller registrierten Tierarten Guatemalas hier leben, einschließlich des Quetzal. Schon lange fordern die *Defensores de la Naturaleza*, eine private Organisation von guatemaltekischen Naturschützern, die Ausweisung der Sierra de Las Minas als *Reserva de la Biosfera*, um die unkontrollierte und ungehemmte Rodung der 600 km² großen Waldfläche zu stoppen. Sie prophezeien wüstenähnliche Landschaften in der Sierra, falls der Raubbau so weitergeht wie bisher. Mit Problemen dieser Art sieht sich nicht nur Guatemala konfrontiert. Doch Costa Rica beispielsweise hat gezeigt, dass der Schutz der Natur auch gegen den Widerstand wirtschaftlicher Interessen durchsetzbar ist.

Quiriguá

Ca. 6 km hinter **Los Amates** führt die Straße an dem kleinen Dorf Quiriguá vorbei, einem heißen Nest mit klapprigen Holzhütten und einem Bahnhof, wo man sich unwillkürlich in die Zeit der *United Fruit Company* zurückversetzt fühlt. Das ehemalige Tropen-Hospital der UFCo soll das beste in ganz Zentralamerika gewesen sein; es ist heute ein medizinisches Ausbildungszentrum. Hauptsehenswürdigkeit der Gegend ist die gleichnamige **archäologische Stätte Quiriguá**, zu der eine 3 km lange Schotterstraße führt, die einen Kilometer nördlich (Richtung Puerto Barrios) vom Dorf nach der Shell-Tankstelle von der CA 9 rechts abzweigt. Hier warten immer Taxis oder Pick-ups. Zu Fuß ist der Weg zu weit und zu staubig. Er führt durch endlos scheinende Bananenplantagen. Zwischen den Pflanzreihen sind Seilzüge installiert, auf denen die grünen Stauden aufgehängt und in Verpackungshallen gebracht werden, wo sie eine Desinfektionsbehandlung bekommen, bevor sie zum Export weiter transportiert werden.

Die Ruinen von Quiriguá liegen inmitten dieser Plantagen, direkt an den Gleisen. Es ist heiß hier, die Schwüle drückt, und die Stechmücken, so scheint es, haben sich an manchen Tagen abgesprochen, jedem Besucher den Garaus zu machen. Trotzdem kann niemand von hier weg, ohne die schönsten Stelen Zentralamerikas gesehen zu haben. Denn nicht so sehr die Tempelanlagen sind die Sehenswürdigkeit dieser Stätte, sondern die über und über mit Hieroglyphen und Reliefs bedeckten hohen Steinquader, die senkrecht in die Erde gerammt wurden und wie ein offenes Geschichtsbuch von den Ereignissen der Mayahochkultur während des 5. und 6. Jahrhunderts berichten. Quiriguá ist geöffnet von 7.30–17 Uhr. 25 Q. In einem kleinen Comedor am Eingang der Anlage gibt es etwas zu trinken.

●**Übernachtungsmöglichkeiten:** *Hotel Royal*, DZ 100 Q; für das Gebotene etwas überteuert. In Los Amates *Hotel Santa Mónica*, Tel. 79 47 36 02, an der Straße, DZ 150 Q; *Restaurante u. Posada Lisseth*, ggü. der Kirche. Empfehlenswert. DZ 50 Q.

● Am schnellsten und bequemsten erreicht man Quiriguá von der Hauptstadt aus mit dem Erster-Klasse-Bus *Litegua* (Richtung Puerto Barrios) 15. Calle 10-40, Z 1 von 6.30-17 Uhr stündlich.

Die Weiterfahrt Richtung **Puerto Barrios** verläuft weiterhin parallel der Bahnlinie. Ihr Bau sollte die Hauptstadt mit dem Atlantik verbinden. Fertiggestellt wurde sie erst 1904 mit Hilfe der „International Railways of Central America (IRCA)", einer Tochtergesellschaft der *United Fruit Company,* die dafür die Nutzungsrechte für 99 Jahre überschrieben bekam. Die hätte sie heute noch, wenn nicht 1968 Präsident *César Méndez Montenegro* die Hinfälligkeit der Konzession erklärt hätte. Heute nennt sich das völlig desolate und immer noch unterentwickelte Eisenbahnnetz Guatemalas *Ferrocarriles de Guatemala (FEGUA).* Die Konzession dafür haben 1998 die Amerikaner gekauft.

Keine Reise in Guatemala war langsamer, billiger und schöner als mit dem Zug. Allerdings konnte man sich dabei weder auf Abfahrts- noch auf Ankunftszeiten verlassen. Von der Hauptstadt nach Puerto Barrios brauchte die grüne Bummelbahn oft bis zu 24 Stunden! Aber die 300 km lange Fahrt war ein Erlebnis. Die Schaffner der Eisenbahn heißen *brequeros,* was von dem amerikanischen *brake* (Bremse) herrührt. Gebremst wurde in der Tat sehr häufig. Es konnte nämlich durchaus auch sein, dass *cusucos* auf den Gleisen standen und Reparaturen ausführten. Das Wort *cusuco* ist eines der *palabras guatemaltequismas* und bedeutet soviel wie Gürteltier. Diese rollen sich bei drohender Gefahr kugelartig zusammen und verharren reglos.

Die kleine Ortschaft **Bananera,** die mit **Morales** zusammengewachsen ist, gibt es erst seit den Zeiten der *United Fruit Company,* die hier für Angestellte der Firma ein paar Häuser amerikanischer Bauart hinstellte. Die **Kreuzung La Ruidosa** an der CA 9 ist ein wichtiger Kreuzungspunkt, wo Busse in die verschiedenen Richtungen fahren (Río Dulce/Petén/Puerto Barrios/Hauptstadt). Gute Umsteigemöglichkeiten gibt es auf dem Markt (= Terminal) von Bananera. In Morales gibt es einen Terminal des Pullman-Unternehmens *Fuente del Norte.*

Die **Montañas del Mico** im Nordwesten sind das Gebiet der Haciendas, die viel Viehzucht betreiben und Zuckerrohr anbauen.

Die Ruinen von Quiriguá

Entdeckt wurden die Ruinen von Quiriguá 1840 von *Frederick Catherwood,* dem zeichnenden Freund von *John Lloyd Stephens.* Er gab die Details auf seinen Bildern so genau wieder, dass *Stephens* sofort ihre Bedeutung erkannte und Quiriguá als Tochtergründung des 50 km entfernten Copán identifizierte. Es folgten Ausgrabungen von *Alfred P. Maudslay* von 1881-94 und *Sylvanus G. Morley* von 1915-34 im Auftrag der Washingtoner *Carnegie Institution,* die eng mit der *United Fruit Company* zusammenarbeitete. In den 1970er Jahren übernahm *William R.*

QUIRIGUÁ

Coe von der Universität Pennsylvania die Freilegung. Erst jetzt gelang es, ein komplettes Bild der alten Stätte und ihrer Umgebung zu erstellen. Quiriguá ist eine der drei Stätten in Guatemala, die von der UNESCO zum **Weltkulturerbe** erklärt wurden.

Heute befinden sich die Stelen und Zoomorphen, wie die schildkrötenähnlichen, behauenen Sandsteinblöcke genannt werden, überdacht in einer parkähnlichen Umgebung mit hohen Urwaldriesen.

Quiriguá besteht aus **drei Gruppen** (A, B, C), die der dreimaligen Verlegung des Siedlungsplatzes entsprechen, wovon die Gruppe C am Eingang der Anlage die jüngste ist und die am besten erhaltenen Monumente besitzt. Archäologen haben herausgefunden, dass alle fünf bis zehn Jahre eine Stele errichtet wurde. Jede davon wurde von den Wissenschaftlern mit einem Schild gekennzeichnet, das den Namen der Stele und drei Daten trägt.

Die **größte Stele E** mit einer Höhe von 10,60 m und einem Gewicht von 65 t trägt beispielsweise das Datum 24. Januar 771. Es bezeichnet den Tag der Aufstellung, der im mythischen Maya-Kalender *tzolkin* „13 ahau, 18 cumhú" entspricht. Seitdem sind 1.418.400 Tage seit Beginn der „Langen Zählung" verstrichen (siehe Kapitel „Maya-Kalender").

Die meisten **Stelen der Gruppe C** sind rundherum behauen und zeigen Gesichter, Figuren, Würdezeichen und Hieroglyphen. Als schönstes Werk altamerikanischer Bildhauerkunst gilt die Stele D, die einen weltlichen Würdenträger mit Zepter und Schild zeigt, der mit Quetzalfedern geschmückt ist. Die Kleidung der Persönlichkeiten ist überladen mit Ornamenten und verschmilzt mit den geheimnisvollen Zeichen und Einzelheiten der Stele. Die Gesichter, oft mit Kinnbärten versehen, gleichen sich in ihrem Ausdruck, so dass anzunehmen ist, dass die Bildhauer es nicht auf einen Wiedererkennungseffekt angelegt haben, sondern der Textteil Aufschluss über Person, Zeit und Geschichte geben soll. Man weiß nur, dass ein 15-jähriger Herrscher namens „Zweibeiniger Himmel" aus Copán die Dynastie in Quiriguá begründete. Gesichert sind bisher die Daten der Aufstellung oder Einweihung der Stelen. Das älteste Datum trägt die Stele T der Gruppe A mit 692 n.Chr., die jüngste Stele K der Gruppe C ist auf das Jahr 805 n.Chr. datiert.

Um 780 n.Chr. lösten große runde Steinblöcke die hohen, schlanken Quader ab. Einige werden als Altäre, die anderen als Zoomorphen bezeichnet, weil sie Ähnlichkeit mit stilisierten Tieren haben. Zoomorph G am Nordrand der Plaza wird als Jaguarkopf interpretiert. Zoomorph P trägt die früheste Datierung aus dem Jahr 780. Dieses mystische Wesen ist etwa drei Meter hoch und zeigt eine menschliche Gestalt zwischen dem weit aufgerissenen Maul. Auch an Zoomorph O in der Nähe des Ballspielplatzes der Gruppe C ist ein menschliches Wesen zu erkennen, das in hockender Stellung verharrt. Die Deutung der vielen anderen Zeichen und Formen bleibt der Fantasie überlassen.

Die Herrschaft der Bananen

Mit dem Eindringen der *United Fruit Company* um 1900 begann der Imperialismus der Nordamerikaner in Guatemala; er schuf eine neue Abhängigkeit mit neokolonialen Zügen. „Gesundes Investitionsklima", Arbeitskräfte und billiges Land erfüllten alle Voraussetzungen. Der Grundstein für die UFCo wurde bereits in den 70er Jahren des 19. Jahrhunderts gelegt, doch erst mit dem Ausbau der Infrastruktur in eigener Regie begann eine der Tragödien Guatemalas, die nur noch die „Herrschaft der Bananen" heißen sollte.

Um Kaffee zu exportieren, hatte *Justo Rufino Barrios* 1883 begonnen, ein Schienennetz zu verlegen und in Puerto Barrios einen Hafen bauen zu lassen. Sein Nachfolger *Estrada Cabrera* (1898–1921), wie *Barrios* ein autoritärer, liberalistischer Diktator, überließ den US-Gesellschaften die Fertigstellung der Anlagen an der Pazifik- und Atlantikküste, die sie zur Produktion und zum Vertrieb ihrer Bananen benötigten. Wenig später wurde die UFCo zum Staat im Staat. Sie genoss Steuerfreiheiten, riss das Nutzungsrecht der Eisenbahn an sich, erlangte das Monopol über das Post-, Telegrafen- und Telefonwesen, kontrollierte den gesamten Schiffsverkehr und war Eigentümer von über 100.000 Hektar Land, von dem ein großer Teil brach lag. Außerdem übernahmen sie das Monopol über die Stromversorgung des Landes, das bis dahin die Deutschen innehatten. Diese waren während des Ersten Weltkrieges unter geringen politischen Druck geraten, was jedoch zur Enteignung des Elektrizitätswerkes führte. Die UFCo erhielt den Spitznamen *El Pulpo*, „die Krake". Das State Departement in Washington bestimmte in Übereinstimmung mit den amerikanischen Unternehmen die Politik Guatemalas.

Außer mit Bananen erzielte die *United Fruit Company* mit dem Export von Ananas, Kakao, Vanille und Zucker ansehnliche Gewinne. Selbst beim Handel mit Tropenhölzern und bei der Ausbeutung von Bodenschätzen wie Zinn und Kupfer verdiente die *United Fruit Company* mit. Der mächtige Hilfsapparat, den sie sich aufgebaut hatte, zu den Büros, Hotels, Arbeitersiedlungen, Kühlhäuser, Läden, Schulen, Krankenhäuser etc. gehörten, machte dieses Millionengeschäft möglich. Ein Netz von Tochtergesellschaften mit eigenen Firmennamen konnte nicht darüber hinwegtäuschen, dass alle Fäden bei einer einzigen Firma in Boston zusammenliefen.

Die Ereignisse während und nach der Revolution (1945-1954) führten zur Entmachtung der Gesellschaft, gegen die in den USA ein Verfahren wegen des Verstoßes gegen das Antitrust-Gesetzes angestrengt wurde.

Seiner Mächtigkeit und seines Einflusses wegen nannte Miguel Asturias die UFCo den „Grünen Papst". In seinem gleichnamigen Roman (1954) schildert er die Entwicklung des Imperiums und beschreibt die Methoden zur Durchsetzung seiner Ziele. Asturias ist es gelungen, eine genaue Analyse der Monopolisten zu erstellen, der mit den Mitteln des politischen Drucks, der Steuerhinterziehung, Korruption, Spionage, Verleumdung und Gewalt über Jahre hinweg den Weg Guatemalas in Zentralamerika beeinflusste.

Heute beherrschen die guatemaltekischen Niederlassungen *Bandegua* und *Cobigua* das Bananengeschäft an der Karibik und dem Pazifik. Die einen sind mit *Del Monte* verflochten, die anderen mit *Chiquita*. *Cobigua* ist die Rechtsnachfolgerin der *United Fruit Company*. Beide Kompanien beziehen ihre Ware vornehmlich von Plantagen, die frei von Gewerkschaftsbewegungen sind, was jedoch zunehmend schwieriger wird, da der Widerstand aufgrund der schlechten Arbeitsbedingungen zunimmt.

Im Süden der Gran Plaza befindet sich die **Akropolis,** das Zentrum jeder Zeremonialstätte mit Palast, Tempeln und einem Ballspielplatz. Viel ist von den Gebäuden nicht mehr zu erkennen, nur noch Treppenaufgänge und Plattformen lassen erahnen, dass hier einst ein großer Komplex stand.

Die Gruppen A und B befinden sich ein paar Kilometer entfernt von der Hauptausgrabungsstätte. Die **Gruppe B** besteht aus drei kleinen Hügeln, die Fundamente andeuten. Nur eine rohe Plattform und die Stele S aus dem Jahre 746 wurden freigelegt.

Die 1922 entdeckte **Gruppe A** und erste Anlage Quiriguás, besitzt die älteste, bereits erwähnte Stele aus dem Jahre 692. Mit ihren knapp zwei Metern wirkt sie im Gegensatz zu denen der Gruppe C winzig.

Es gibt viele Ansätze, den Untergang der Maya-Kultur zu erklären. Eine interessante Theorie ist die der allmählich fortschreitenden Dekadenz, die sich in der Steigerung monumentaler Bauweise ausdrückt, wie es in Tikal am eindrucksvollsten zu beobachten ist. Auch die prächtigen und immer größer werdenden Stelen von Quiriguá könnten ein Anzeichen dafür sein, dass Macht und Selbstherrlichkeit an ihre Grenzen gestoßen sind. Wie stark die Bevölkerung darunter gelitten hat, ist nicht mit Bestimmtheit zu sagen. Doch darf man nie vergessen, dass wir nur die Hinterlassenschaften einer kleinen Herrscherschicht bewundern und vom Leben des Volkes „auf dem Land" nur so viel wissen, dass sie für ihre Diktatoren schuften mussten.

Puerto Barrios

Je weiter man sich Puerto Barrios nähert und die riesigen Weideflächen, Tabak- und Gemüsefelder hinter sich lässt, desto mehr Schwerlastverkehr rollt über die zweispurige CA 9. Große Raffinerieanlagen vor den Toren der Stadt verraten dem Besucher alsbald den Grund für die zahlreichen Trailer und Tanklaster, die den Bus immer wieder zu (riskanten) Überholmanövern zwingen.

Die Departementshauptstadt Puerto Barrios an der Bahía de Amatique hat eine sehr junge Geschichte, die eigentlich erst so richtig mit dem Bau der Eisenbahn beginnt. Der Name erinnert an den Initiator des Projektes, *Justo Rufino Barrios*. Als Hafen wurde der Platz jedoch schon von den Maya genutzt. 1864 wurde hier eine mit Zeichen und Darstellungen versehene Jadeplatte gefunden, die viel Ähnlichkeit mit den Reliefs von Tikal aufwies. Sie trägt das Datum 320 n. Chr. und heißt nach ihrem heutigen Ausstellungsort Leydener Platte.

Ende des 16. Jahrhunderts entdeckten die Spanier den Platz. 200 Jahre später entwickelte sich Puerto Barrios zum Umschlagplatz für den Export von Kaffee, Bananen und Chicle (Kaugummirohstoff). Zu dieser Zeit begann die große Einwanderungswelle der Schwarzen aus der Karibik, die Arbeit auf den Plantagen suchten. Tropensonne, Hafen, Seemänner, Calypso und Nachtbars – man kann sich leicht vorstellen, wie die Stimmung in Puerto Barrios gewesen sein muss.

Die kleine, stille Bucht der Bahía de Amatique erlebte 1843 eine Einwanderung belgischer Siedler. Das Klima und die Lebensbedingungen an der tropischen Küste beendeten jedoch bald den Traum von einer neuen Kolonie. Innerhalb vier Monate starben von 200 Kolonisten über 40. Heute erinnert nur noch das Viertel Maria Luisa an die Belgier, denn *Louise Marie* war der Name des ersten belgischen Schiffes, das am 9. November 1841 den Hafen von Ostende Richtung Guatemala verließ.

Bevor der Bus den Terminal erreicht, passiert er auf der Einfallstraße Calzada Rufino Barrios ein Denkmal, das einen schwarzen Bananenarbeiter *(bananero)* darstellt, der eine schwere Staude auf den Schultern trägt. Die Einwohner nennen dieses Denkmal „El Muñecon".

Hauptstraße ist noch immer *Las Champas,* wie sie von den Einheimischen genannt wird. Die 9. Calle führt zum **Hafen,** dessen Bedeutung heute die Anlage des nahegelegenen Santo Tomás de Castilla übernommen hat. Die klapprigen Holzhäuser mit Balkonen, von denen die Farbe abblättert, haben ihre besten Zeiten schon gesehen. Es herrscht eine Stimmung, als erwarteten die Leute nicht mehr viel. Man hängt herum und döst in der Hängematte. Die Kulisse wäre reif für eine Filmszene. Erst am Abend geht es auf den Straßen, in den Bars und anderen diversen Etablissements etwas lebhafter zu. Fast ganz oben befindet sich die *Migracíon,* die alle Pass- und Zollangelegenheiten regelt.

Puerto Barrios

BAHÍA DE AMATIQUE

Parque Tecún Umán

Anlegestelle

Verladeplatz

"Las Champas"

Parque

Muelle Municipal

Livingston, Punta Gorda

Río Escondido

Sportplatz

Hauptstadt

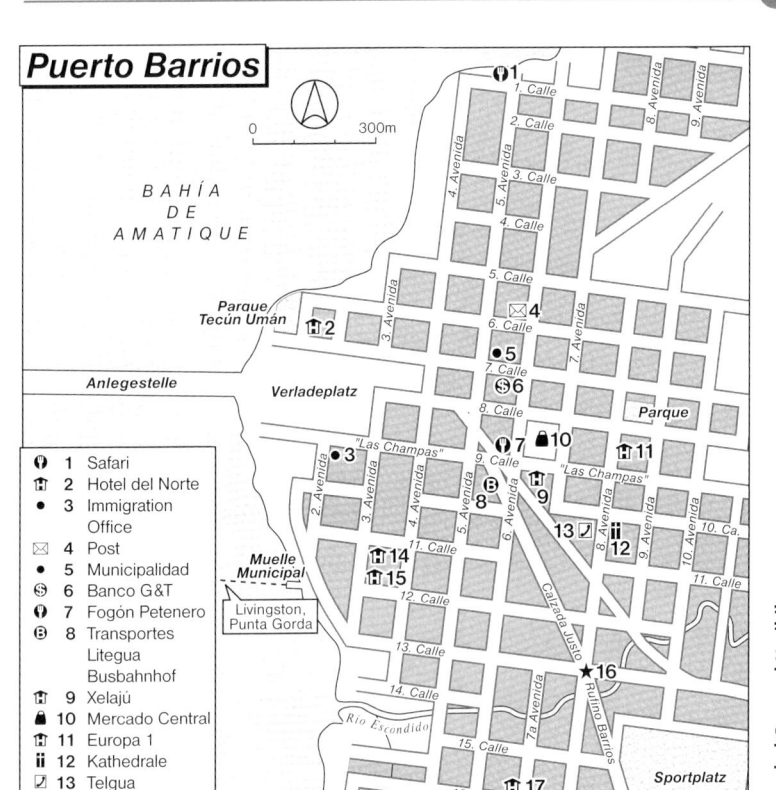

- ◐ 1 Safari
- 🏠 2 Hotel del Norte
- ● 3 Immigration Office
- ✉ 4 Post
- ● 5 Municipalidad
- Ⓢ 6 Banco G&T
- ◐ 7 Fogón Petenero
- Ⓑ 8 Transportes Litegua Busbahnhof
- 🏠 9 Xelajú
- 🔒 10 Mercado Central
- 🏠 11 Europa 1
- ⛪ 12 Kathedrale
- ☎ 13 Telgua
- 🏠 14 Miami
- 🏠 15 Europa 2
- ★ 16 El Muñecón
- 🏠 17 El Reformador

Puerto Barrios ist das andere Guatemala. Durch die Straßen zu schlendern, die sich nach jedem Regen in Schlammpisten verwandeln, am Markt eisgekühlte *liquados* schlürfen, irgendwo einen Fisch essen und die tropische Atmosphäre aufnehmen, mehr ist bei diesem feucht-heißen Klima ohnehin kaum machbar.

Nur ein paar Kilometer von Puerto Barrios entfernt liegt der moderne Hafen und die Freihandelszone *ZOLIC* von **Santo Tomás de Castilla.** Seit seiner Fertigstellung in den 1950er Jahren wird hier der gesamte atlantische Im- und Export Guatemalas abgewickelt. Um die Anlage zu besichtigen, benötigt der Besucher eine Genehmigung der *Base Naval* in Santo Tomás. Es ist nicht viel los. Der Ort wirkt so geplant wie er ist, die Straßen sind gepflastert, die Parks gepflegt. Die meisten Einwohner sind Hafenarbeiter.

Unterkunft

- **Hotel El Reformador,** 16. Calle/7. Av., Tel. 79 48 54 90. Gute Mittelklasse. 140/180 Q.
- **Hotel del Norte** am Ende der 7. Calle beim Parque Tecún Umán, Tel. 79 48 00 87. Das schöne karibische Hotel mit Blick auf das Meer existiert seit 1904 und hat sich den tropisch-kolonialen Flair erhalten. Auch wer hier nicht übernachtet, sollte die einzigartige Atmosphäre genießen und in das (etwas zu teure) Restaurant zum Essen gehen. Leider machen die Besitzer zu wenig aus diesem alten Schmuckstück. Je nach Kategorie 15–35 US$, im Sommer teurer. In der Nähe befindet sich das alte Eisenbahngelände mit den großen Bananencontainern.
- **Hotel Puerto Libre,** außerhalb der Stadt an der Abzweigung nach Santo Tomás. Teurer als das *Hotel del Norte,* aber nicht schöner, jedoch mit Pool und Klimaanlage. Restaurant. 250/300 Q.
- **Hotel Europa 1,** 8. Av./9. Calle 84, Nähe Muelle Municipal. 110/140/170 Q.
- **Hotel Miami,** 3. Av. zw. 11. u. 12. Calle, angenehm und sauber. 100/150 Q.
- Daneben befindet sich das **Hotel Europa 2,** gleiche Preisklasse.
- **Hotel Ensenada,** 4 Av. zwischen 11. und 12. Calle, Tel. 79 48 08 61. Empfehlenswert. 67/79 Q, mit Klimaanlage 100/120 Q.
- Einfachere und billigere Hospedajes in der Nähe des Marktes, wie das **Hotel Xelajú,** 8. Av. zw. 9. u. 10. Calle und **Hotel Español,** 13 Calle zw. 5. u. 6. Av.

Essen und Trinken/Infos

Gut isst man im **Restaurante Safari** am Ende der 5. Avenida mit Meeresblick, **Restaurante**

Los Delfines, Ende 9. Calle am Wasser und **Restaurante Fogón Petenero** gegenüber *Litegua* am Markt. Hier gibt es *tepescuintle*. Ansonsten ist das Angebot in Puerto Barrios so begrenzt und einfach wie im ganzen Land.

Unbedingt probieren sollte man einen *tapado*, die berühmte karibische Fischsuppe mit Krebsen und *camarones*.

- Was Kneipen anbetrifft, einfach mal einen **Bummel** durch die Nachtbars machen. Frauen sollten allerdings nicht alleine gehen!
- **Telgua**, 10. Calle/8. Av.; **Post**, 6. Calle/6. Av.; **Bank** (Lloyd's Bank u.a.) 7. Calle zw. 5. u. 7. Av.

Verkehrsverbindungen

- **Nach Puerto Barrios:** von der Hauptstadt aus mit Pullman-Bussen, *Transportes Litegua*, 15. Calle 10-30, Z 1, von 5-17 Uhr halbstündlich im (unregelmäßigen) Wechsel von Normal- und Spezialbussen (30/40 Q). Fahrtdauer mindestens fünf Stunden. Die Spezialbusse sind nicht unbedingt schneller, sondern komfortabler.

Von Puerto Barrios: Richtung Hauptstadt mit *Litegua* vom Terminal aus in 6. Av. Ecke 9. Calle ebenfalls halbstündlich im Wechsel von Normal- und Spezialbus (s.o.). Nach Chiquimula (Weiterfahrt nach Copán) fahren Busse gegenüber ab. Ins Hochland über den Verapaz mit *Litegua* und ggf. auf der CA 9 umsteigen (problemlos möglich). In den Petén mit irgendeinem Bus bis Kreuzung Bananera/La Ruidosa bei Km 245,5, dort umsteigen. Auf Pullman (*Fuente del Norte*) warten. Nach Santo Tomás Bus bei *Litegua*-Station oder Sammeltaxi nehmen.

- **Nach Lívingston:** Billige Fähren (*Lancha publica*) fahren von der Muelle Municipal am Ende der 12. Calle ab. Täglich um 10.30 und 17 Uhr (So oft 10 Uhr), Fahrzeit ca. 1,5 Std., 10 Q. Früh genug dort sein, wegen der Tickets. Privatlanchas fahren los, sobald eine bestimmte Anzahl Personen zusammen ist, 25 Q.

Das schöne karibische Hotel del Norte in Puerto Barrios

Nach Punta Gorda (Belize): Es fahren *Lanchas pichilingo (Transporte El Chato)* jeden Tag von der Muelle Municipal um 10 Uhr, 100 Q, Fahrtzeit 1 Std. Vorher unbedingt bei der Migración Ausreisestempel abholen (10 Q), ab 8 Uhr. El Chato: 1. Av., 10. u. 11. Calle, Tel. 55 05 75 44. Von Punta Gorda zurück aus Puerto Barrios gegen 16 Uhr, ebenso Privatlanchas.

Nach Honduras gibt es keinen Fährverkehr. Die Route über Land nach Puerto de Omoa vom Zentralmarkt mit Mikrobussen, 6-18 Uhr, 10 Q. Ab Grenze Pick-up und Bus. **Nicht vergessen:** Vorher Ausreisestempel und in Honduras einen Einreisestempel besorgen!

Lívingston

Lívingston, karibischer noch als Puerto Barrios, ist nur mit dem Boot zu erreichen. Anderthalb Stunden dauert die Fahrt vorbei an palmenbestandenen, weißen Stränden über die klare, türkisfarbene See (Spitzenwetter vorausgesetzt).

Die exponierte Lage des kleinen Städtchens auf einem Hügel an der Flussmündung des Río Dulce in den Golf von Honduras ist wohl auch der Grund, warum hier die **schwarze Bevölkerung** bis heute noch unter sich ist. Sie nennen sich Garífunas oder Caribes und sprechen eine Mischung aus Spanisch, Englisch und karibischen Dialekten. Die Häuser von Lívingston sind mit bunter Farbe gestrichen und stehen zum Teil auf Stelzen. Die Balkone sind groß und ausgezeichnete Logenplätze, um das Treiben auf der Straße zu beobachten. Hier ist alles

LÍVINGSTON

ein bisschen gemütlicher, langsamer und gelassener. Die Arbeit ist nicht unbedingt das wichtigste, was es zu erledigen gilt.

Die schwarzen Kariben von Lívingston stammen ursprünglich von der Karibikinsel St. Vincent (Kleine Antillen), deren Nordteil sie laut Vertrag seit 1773 als „freies" Staatsgebiet bewohnten. Die Ausbreitung der englischen Zuckerrohrplantagen führte jedoch zu Konflikten und schließlich zu Aufständen der Kariben. Die Engländer reagierten mit der Gefangennahme von 5000 Kariben, die sie 1796 auf die Insel Roatán vor der Küste von Honduras deportierten. Von dort aus flüchteten sie schließlich nach Belize und Guatemala.

1802 gründete der Haitianer *Marcos Sánchez* (offiziell wird der Name *Marcos Monteros* angegeben) den Ort, den die Einheimischen **La Buga** nennen. Von *Sanchéz* wird behauptet, er wäre ein Zauberer gewesen, der die Küste von Moskitos und *zancudos* befreit hätte. Das muss schon lange her sein ... Der Name Lívingston existiert seit 1832 in Anlehnung an den Juristen *Edward Livingston,* dessen Gesetzentwürfe für Louisiana (USA) einige Jahre adaptiert wurden.

Lívingston ist klein. Die Hauptstraße kennt man bald. Lohnenswert ist ein Besuch des örtlichen **Friedhofs,** vorbei am Hotel *African Place.* Er ist verwildert, und die alten Steinkreuze geben ein stimmungsvolles Bild ab. Das

Museo Garífuna stellt Stücke aus, die typisch für die Kultur der Black Caribs sind. Live ist die **Musik** der Garífunas (mit Schildkrötenpanzern und Trommeln) im *Ubafu* zu erleben.

Einen kleinen Strand gibt es in der entgegengesetzten Richtung von der Hauptstraße rechts ab, andere Badeplätze gibt es erst wieder vereinzelt Richtung Siete Altares.

Am 26. November begeht Guatemala seit einigen Jahren den *Día Nacional del Garífuna*. An diesem Tag ist Lívingston ein einziges Fest, und Garífuna-Gruppen aus Honduras und Belize machen die Nacht zum Tag. Die Municipalidad (Verwaltung) spendiert ein ganzes Rind, überall wird gesungen und getanzt. Am 15. Mai und 12. Dezember werden katholisch geprägte Feiertage begangen. Mit viel Glück erlebt man auch anderntags einmal einen der vielen **Tänze** der guatemaltekischen Kariben, die so schillernde Namen tragen wie *Abai Ma Hani*, ein Trauertanz, *Shumba*, der die bösen Geister vertreibt, oder den berühmten *Yancunú*, der an Weihnachten getanzt und nur von Trommeln, die mit den Taschen der Pelikane überzogen sind, begleitet wird. Die Tänzer sind dabei oft mit Masken, Papageienfedern und Muschelketten geschmückt und kostümieren sich mit kurzen Frauenkleidern. Traditionell wird viel gesungen, wie bei der *música coral* der Frauen oder dem *canto de piedra*.

Über keinen anderen Ort in Guatemala gibt es so verschiedene Meinungen wie über Lívingston. Vielen Touristen ist es zu dreckig, der Umgang der Garífunas mit den Besuchern zu kompromisslos und das Klima zu anstrengend. Abends gibt es viel Musik, jede Kneipe bietet herrliche *liquados* an, und der lässigere Umgangston ist eben Mentalitätssache.

In Lívingston gibt es zwei Banken, Telgua, Post, zwei Internetcafés, Touristeninformation und eine Sprachschule (*Escuela Tropical de Idiomas*, Tel. 79 48 15 44). Bei *Fundaeco* besteht die Möglichkeit, als „Ökovolontär" zu arbeiten; neben *Hotel Henry Berisford*, Tel. 22 72 42 68.

Unterkunft

●**Hotel Tucán Dugú,** ein Superluxushotel am Eingang von Lívingston. Reservierung von der Hauptstadt aus: Av. Reforma 13–70, Z 9, Tel. 23 34 18 18. Etwas überteuert.
●**Casa Rosada,** Tel. 79 47 03 03. Kleine Bambushütten in schöner Umgebung. 800 m links von der Anlegestelle am Fluss, mit Wäscherei. Sehr empfehlenswert. DZ 150 Q mit Frühstück.
●Daneben die **Villa Caribe,** Fax 79 47 06 14, E-Mail: villasdeguatemala@internet.net.gt. Wer mehr ausgeben will, kann sich hier (mit Air condition) wohl fühlen.
●Sehr schön ist das **Hotel Garífuna.** Etwas versteckt nahe Zentrum. Einfach. 45/75 Q.
●**Hotel Río Dulce,** altes Karibikholzhaus mit viel Atmosphäre an der Hauptstraße im Zentrum. Großer Balkon, Travellertreff. DZ 60 Q.
●**Hotel Henry Berrisford** am Fluss. Zu teuer. DZ 150 Q inkl. Frühstück.
●**Hotel Doña Alida** flussabwärts, mit Terrasse und Restaurant. 80 ohne, 160 Q mit Bad.
●**Hotel Waba** vor African Place rechts, sauber, 70/90 Q, inkl. Frühstück.
●**Rigoletto Pizzeria & Guest House** an der Anlegestelle links runter. Empfehlenswert. 80/100 Q.
●Einfach und billig: **Hotel Ríos Tropicales** auf der Hauptstraße, 50/100 Q.

- **La Marina,** 2 km entfernt. Bungalows inkl. Frühstück 60 Q. Einfach, sauber. Im *Bahía Azul* nach Tom fragen (amerikan. Besitzer). Lancha 1x am Tag umsonst nach Livingston.
- **Hotel Caribe,** nach der Anlegestelle 50 m links kleinen Weg entlang. Meist sauber; einfach und ruhig. DZ 55 Q. Telefonieren nach Europa möglich.
- **Hotel Viajero** 40/60 Q. Am Wasser.

Essen und Trinken

Das **Bahía Azul** ist Travellertreff, Informationsbörse und eine beliebte Kneipe mit Livemusik am Wochenende auf der Calle Principal. Im **Hotel Casa Rosada** und **(Hotel) Rigoletto Pizzería** gutes Essen. Beliebt sind auch **Happy Fish, El Malecón** und **McTropic**. Nicht versäumen sollte man einen Session-Abend mit improvisierter Garífuna-Musik in der **Ubafu-Bar,** die alles andere als touristisch wirkt. Gut sind auch **Uncle Bill's Bar** und **Ubouhu Garífuna**. Guter Fisch im Restaurant **Wallace Place** am Wasser.

Eine leckere **Spezialität** ist *pan de coco* (Kokosnussbrot), das oft auf der Straße verkauft wird. Ein typisches Gericht ist *tapado,* Meeresfrüchtesuppe mit Kokosnuss. Auf keinen Fall darf man sich eine eisgekühlte Kokosmilch entgehen lassen und muss alle Sorten der cremigen *liquados* einmal probiert haben.

Verkehrsverbindungen

- **Nach Livingston:** von Puerto Barrios aus mit der Fähre täglich (s. Puerto Barrios). Wer vom Petén herunterfährt, kommt im Ort Río Dulce (Brücke El Relleno/Fronteras) an: *lanchas* (Kollektivboote) fahren regelmäßig von der Anlegestelle beim Restaurant *Río Bravo* nach Lívingston. Lanchafahrer erwarten oft schon an der Bushaltestelle die Touristen und bieten Fahrten an. Pro Person ca. 70 Q, wenn acht Personen zusammenkommen. Im *Río Bravo* kann man in der Zwischenzeit etwas essen und trinken. Die *lanchas* haben alle denselben Preis, Stopps an kleinen Sehenswürdigkeiten sind inbegriffen (heiße Quelle, Isla de los Aves – kleine Insel mit Hunderten von Kormoranen, Seerosenplätzen etc.). Vom Rest. *Río Bravo* aus lassen sich auch Ausflüge organisieren. Di und Fr fährt auch eine *lancha publica* nach Livingston.
- **Von Lívingston:** zurück nach Puerto Barrios mit der Fähre (10 Q) täglich um 5 u. 14 Uhr ca. 1,5 Std. Sonst *lancha collectiva* für 25 Q oder Express. Über den Río Dulce (Fluss) nach **Río Dulce** (die beiden „Orte" El Relleno und Fronteras werden von den Einheimischen nur Río Dulce genannt!) mit einer *lancha* um 9 Uhr für 75 Q, alles andere ist sehr teuer. Grundsätzlich gilt: Je mehr Passagiere, desto günstiger die Fahrt.
- **Nach Punta Gorda (Belize):** Mo–Fr 7 Uhr. Ca. 100 Q, eine knappe Stunde Fahrtzeit.
- **Nach Puerto Omoa (Honduras):** Di und Fr 7 Uhr. Ca. 35 US$ bei sechs Personen. Ausreise ca. 75 Q, ca. 2 Std.
- **Genaue Auskünfte erteilt die *Migración* auf der Calle Principal ca. 100 m nach der Anlegestelle links. Oder im *Rest. Bahía Azul.***
- **An Ausreisestempel denken!**

Ausflüge

Ausflüge in die Umgebung (Siete Altares, Punta de Manabique, Cayos de Belize, Omoa, Finca Paraíso, Punta de Cocolí etc.) und Shuttle-Service bieten *Happy Fish Travel, Exotic Travel* im *Bahia Azul,* Büro im Hotel *Río Dulce* (gut), *Explorer Travel, Transportes Yessyca* u. a. Informieren und Vergleichen lohnt sich.

6 km nördlich von Lívingston befinden sich die **Siete Altares** („Sieben Altäre"). Dabei handelt es sich um einen Urwaldfluss, der kurz vor seiner Mündung über sieben kleine Wasserfälle ins Meer fließt. In den dazwischenliegenden Becken lässt es sich herrlich baden. Der Fußweg (je nach Jahreszeit ein bis zwei Std.) durch den Dschungel und durch einen Fluss ist

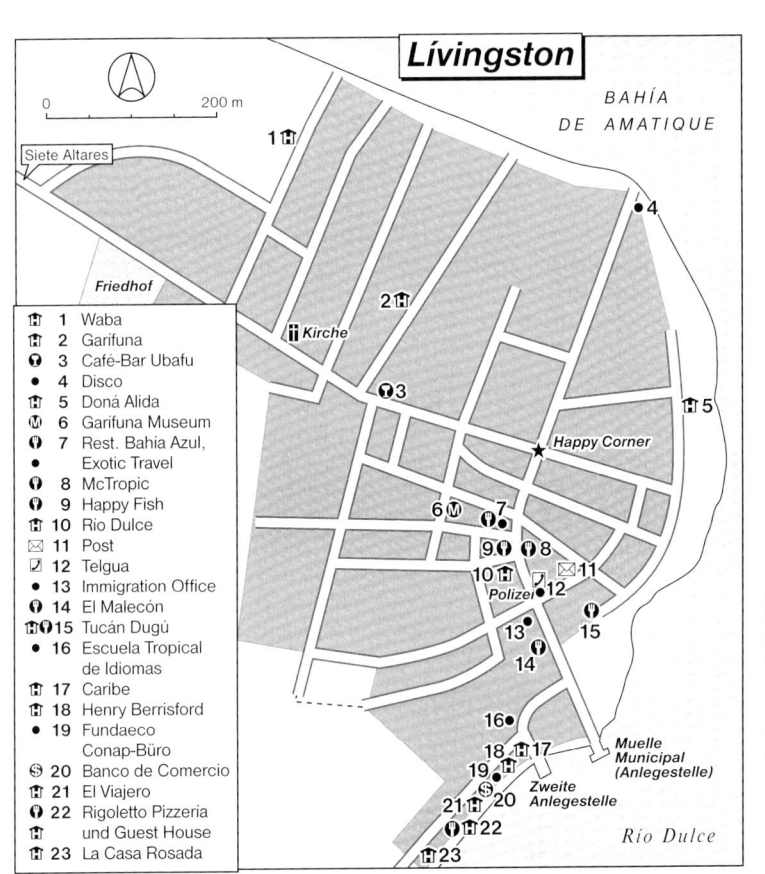

LÍVINGSTON

Lívingston (Karte)

BAHÍA DE AMATIQUE

- Siete Altares
- Friedhof
- Kirche
- Happy Corner
- Muelle Municipal (Anlegestelle)
- Zweite Anlegestelle
- Río Dulce

Legende:
- 🏨 1 Waba
- 🏨 2 Garifuna
- 🍴 3 Café-Bar Ubafu
- • 4 Disco
- 🏨 5 Doná Alida
- Ⓜ 6 Garifuna Museum
- 🍴 7 Rest. Bahia Azul, Exotic Travel
- 🍴 8 McTropic
- 🍴 9 Happy Fish
- 🏨 10 Rio Dulce
- ✉ 11 Post
- ☎ 12 Telgua
- • 13 Immigration Office
- 🍴 14 El Malecón
- 🏨🍴 15 Tucán Dugú
- • 16 Escuela Tropical de Idiomas
- 🏨 17 Caribe
- 🏨 18 Henry Berrisford
- • 19 Fundaeco Conap-Büro
- 💲 20 Banco de Comercio
- 🏨 21 El Viajero
- 🍴 22 Rigoletto Pizzeria und Guest House
- 🏨 23 La Casa Rosada

---

beschwerlich, nach Regenfällen gänzlich unpassierbar. Besser man mietet sich an der Anlegestelle eine *lancha* und lässt sich ca. 15 Min. am Strand entlang fahren. Nachmittags ist der Seegang sehr heftig, und die Fahrt wird zu einem nassen Abenteuer. **Achtung!** Die Überfälle häufen sich; mit Gruppe gehen!

Wer einen ausgedehnten Karibikbadetag einlegen möchte, kann dies am **Punta de Cocolí,** nördlich von Lívingston, tun. Auf der Fahrt entlang der Küste sieht man, wie steil und felsig der Verlauf ist. Nur hin und wieder gibt es kleine Abschnitte, an denen sich baden lässt. Cocolí ist eine kleine Bucht, ein ruhiges Plätzchen, von dem aus man bis Belize sieht. Wichtig bei den Ausflügen ist, vor Einbruch der Dunkelheit wieder in Lívingston zu sein.

Ein Muss ist eine **Bootsfahrt** flussaufwärts über den Río Dulce bis zum Castillo San Felipe. Kurz hinter Lívingston, wenn sich der letzte Pelikan verabschiedet hat, taucht das Boot in eine grüne Schlucht ein, durch die der Río Dulce gemählich und ruhig mäandert. Die steilwandigen Ufer sind zu beiden Seiten über und über bewachsen. Wo sie zurücktreten oder an Höhe abnehmen, liegen kleine Bambushütten von Fischerfamilien, die schon am frühen Morgen mit ihren Einbäumen hinausfahren und ihre Netze auswerfen. Zwischen den Stelzwurzelgerüsten der Mangrovengewächse ist eine vielfältige Fauna zu Hause. Das ratternde Motorengeräusch des Bootes vertreibt leider oft die scheuen Reptilien. Trotzdem ist die Stimmung auf dem Río Dulce großartig. Die weißen *garzas* sitzen auf dem äußersten Rand der Äste und kreuzen mit ein paar Flügelschlägen das Wasser, wenn sich eine Lancha nähert. Das bunte Geschrei der Vögel lässt nur erahnen, wie viele Arten hier leben. Nach jeder Flussbiegung eröffnet sich ein neues fantastisches Bild in üppigem Grün.

Bei der Flussfahrt sollte die Besichtigung von **Aguas Calientes,** ein Rundgang im **Biotopo Chocón Machacas** und ein Abstecher in eine der zahlreichen Lagunen inbegriffen sein. Ersteres ist eine kleine heiße Quelle, wie es sie häufig an der Karibikküste zwischen Kalkmassiv und vulkanischem Gestein gibt. Das Biotopo Chocón Machacas am Golfete, der seeartigen Erweiterung des Río Dulce, wurde zum Schutz der Süßwasserseekuh *(manatí)* eingerichtet, die hier einst lebte und wegen ihres wohlschmeckenden Fleisches heute ausgerottet ist. (Halt auch bei Isla de los Pajaros, Vogelinsel mit Kormoranen.)

Kurz vor Aguas Calientes mündet der Rio Tatin in den Rio Dulce; hier gibt es 300 Meter flussaufwärts die Möglichkeit, beim **Projecto Ak' Tenamit** (E-Mail: info@aktenamit.org) zu sehen, was mit privater und kirchlicher Unterstützung für die hier lebenden K'echi-Maya erreicht wurde. Außerdem gibt es auch ein gutes Restaurant (hier gibt es z. B. Fisch auf Maya-Art).

Auf halbem Weg davor die Finca Tatin, ein einfaches Hotel mit Schlafsaal und Bungalows (50–100 Q, auch Spanischunterricht wird für 5 US$ pro Stunde angeboten; E-Mail: fincatatin @hotmail.com).

Nach der Überquerung des Golfetes verengt sich der Río Dulce ein weiteres Mal. Schon von weitem ist die große Brücke über den Fluss zu erkennen.

Am Eingang zum Izabal-See liegt auf einer kleinen Halbinsel das **Castillo San Felipe de Lara,** eine kleine verwinkelte Burg mit vielen Auf-, Ab- und Durchgängen, die 1651 zum Schutz gegen die Piraterie aus einer bereits 1595 errichteten kleinen Anlage hervorgegangen ist und nach dem spanischen *König Philip II.* und dem Erbauer *Antonio de Lara y Mongrovejo* benannt

Castillo San Felipe de Lara

Izabal-See und Karibik

ist. Doch weder die Kanonen noch die schwere Bronzekette, die durch die Flussenge gezogen wurde, konnten das Eindringen von Piraten (darunter so berühmte wie *Sir Francis Drake*) verhindern. Die Burg musste nach Bränden und Attacken mehrere Male wieder aufgebaut werden und lag in späteren Zeiten lange als Ruine; sie wurde 1957 rekonstruiert. In einem der Räume befinden sich Relikte aus der Piratenzeit wie Anker, Ketten und Räder. Vom Dach aus sieht man in beide Richtungen (Río Dulce und Izabal-See) und kann die strategische Lage des Castillos studieren. Seine wechselvolle Geschichte und der gelungene Wiederaufbau könnten mühelos den Hintergrund und die Kulisse eines Piratenfilmes abgeben. Eintritt 15 Q. Zurzeit ist das Castillo wegen Renovierungsarbeiten geschlossen.

Der **Ort San Felipe** besteht aus nicht mehr als ein paar Hütten, die sich am Ufer des Izabal entlangziehen.

Pirates Point in Punta Manabique bietet Cabañas und Camping an. Etwas für Sonnenanbeter. Viele Moskitos! Erkundigen unter Tel. 55 94 69 50. Das Schutzgebiet beherbergt die so genannten Confra-Sümpfe, die es nur hier gibt.

Mit Captain *John Clark* und seinem traumhaften Boot kann man kleinere und größere Ausflüge unternehmen. Informationen über Aventuras Vacacionales, 1. Av. Sur 11 „B", Antigua. Tel./Fax 78 31 33 52.

Am Nordufer des Izabal-Sees, ca. 15 Bootsminuten vom Castillo entfernt, befindet sich die **Casa Guatemala**, ein Waisenhaus, das sich durch Spenden und die freiwilligen Arbeit von Travellern aus aller Welt trägt. Es besteht seit 1987, nachdem die 1976 von Kanadiern initiierte „Casa Canadá" in der Hauptstadt hierher verlegt wurde. Wer hier eine Zeit lang mitarbeiten möchte, sollte sich in der Hauptstadt an die *Amigos de los niños guatemaltecos*, 14. Calle 10–63, Z 1, Tel. 23 31 94 08, wenden oder an das *Hotel Backpackers*, s.u.

Unterkunft in Río Dulce (El Relleno) am Izabal-See

- **Hotel Riverside,** Calle Principal vor Portal del Río. Einfach, sauber, 50/75 Q.
- **Hotel Backpackers,** Tel. 79 30 51 69, DZ 150 Q, zwar nicht besonders schön, aber Essen okay. Arbeitet zugunsten der Casa Guatemala. Hier Infos.
- **Hotel Posada del Río,** rechts unter der Brücke, angenehm, 60/80 Q.
- **Brunos Hotel,** unter der Brücke links unten, viele Möglichkeiten von Schlafsaal für 40 Q über Bungalows 90 Q bis EZ 225 Q/DZ 300 Q. Blick aufs Wasser, gutes Essen, Internet, Infos. www.mayaparadise.com gibt Tipps.
- **Turicentro/Hotel Las Brisas,** Rezeption vor dem Río Bravo. 50 Q p.P.
- **Hacienda Tijax,** in den Mangroven, empfehlenswert. Büro an der Busstation mit freiem Lanchaservice. 16/21 US$; Cabana 25/36/54 US$, Bungalow 60 US$. Ausflüge, Naturbecken, Ökotourismus, gutes Essen. Tel. 79 30 55 05, Internet: www.tijax.com.
- **Hotel Viñas del Lago,** am See, Str. Richt. Castillo/El Estor, mit Rest./Pool. DZ 31 US$.
- **Denny's Beach,** am See mit herrlichem Strand; Tel. 57 09 49 90. Einfache Bungalows. Im Brunos fragen, Abholservice. Vgl. Kapitel „Polochic-Tal – Izabal-See".

Verkehrsverbindungen von Rio Dulce aus

Wer mit der Lancha ankommt, legt an der Brücke beim *Restaurant Emy* an. Dort gibt es jede Menge Infos, u. a. im Restaurant *Río Bravo:* mehrtägige Segeltörns, Ökotourismus usw.

- **nach Guatemala:** Microbusse (auch nach Antigua) bei 6 Pers. 20 US$. *Atitrans* gegenüber *Litegua*-Station vor der Brücke. Tel. 79 30 51 11 u. 54 16 99 63. Busse ab 7.30 Uhr mit *Litegua*.
- **nach Flores:** ab 6.30 Uhr jede volle Stunde mit *Fuente del Norte*. Camioneta meist voll, Pullmann-Bus 50 Q. Fahrtzeit ca. 4,5 Std. Fahren über Poptún, ca. 3 Std., 30 Q.
- **nach Lívingston:** Lancha colectiva 75 Q um 7 Uhr.

Heißer Wasserfall auf der Finca El Paraiso

124gu Foto: bh

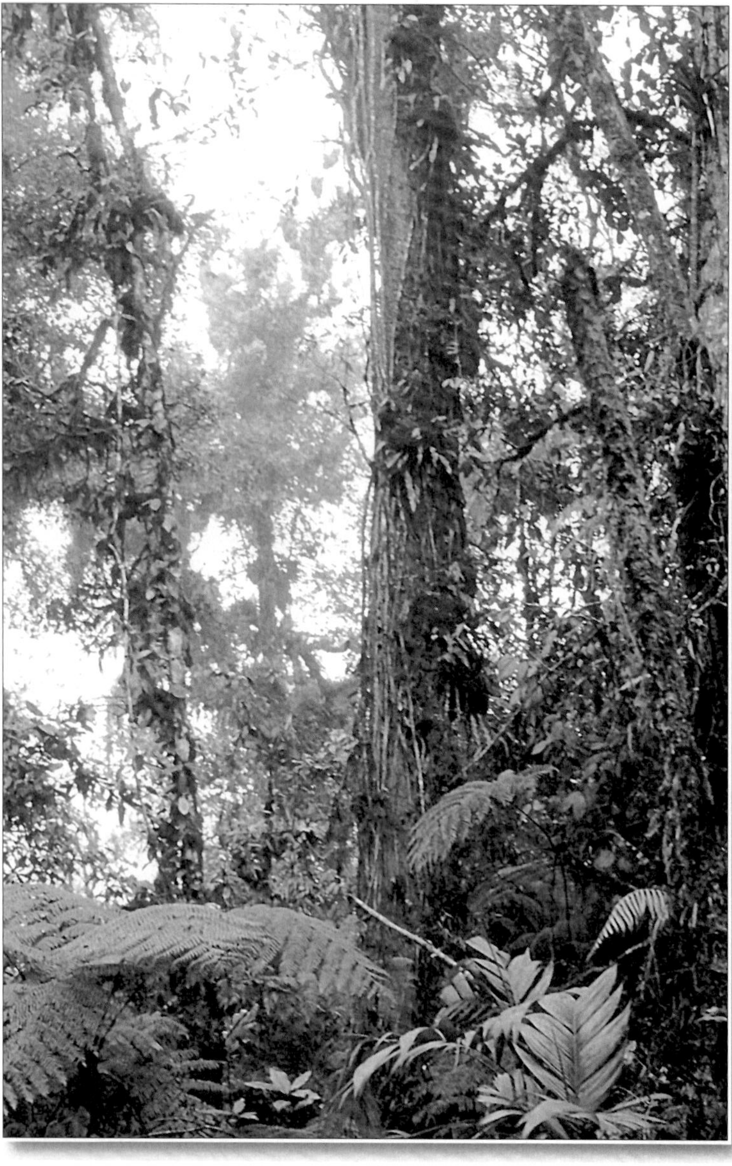

Der Petén

Mit seinen 35.800 km² nimmt das nördlichste **Departement El Petén** fast ein Drittel des gesamten Landes ein. Ein Blick auf die Karte genügt, um zu sehen, wie spärlich Straßen und Siedlungen gesät sind, und in der Tat leben hier „nur" ca. 400.000 Menschen, das sind ca. neun Menschen auf einem Quadratkilometer. Insgesamt erwirtschaftet diese große Region weniger als 2% des Bruttosozialproduktes Guatemalas.

Der Petén ist die siebtgrößte **Regenwaldreserve** der Erde und war einst Lebens- und Kulturraum der Maya. Die jahrhundertelange Besiedlung hat dem Petén nicht so geschadet, wie dies derzeit durch die ökonomische Erschließung und den unkontrollierten Zuzug von Siedlern der Fall ist.

Gesteuert wurde die Kolonisation 1958 mit der Einrichtung von FYDEP (*Empresa Nacional de Fomento y Desarollo Económico del Petén*), deren Politik eine **Bevölkerungsexplosion** im Petén um das Dreifache innerhalb von nur zehn Jahren auslöste. Ungeachtet der weltweit bekannten Tatsache, dass die Regenwälder zu den labilsten Ökosystemen der Erde gehören, lässt die Regierung es immer noch zu, dass täglich neue Siedler im Petén brandroden, weiterhin an Erdölprojekten gearbeitet und der Straßenbau intensiviert wird. Für Guatemala ist der Petén „Quelle des Reichtums". Trotz der Ausweisung des 1,8 Mio. ha großen Naturschutzgebietes **Biosfera Maya** (1990), das fast die Hälfte des nördlichen Departements einnimmt, scheint es so, als hätte die Ausbeutung

Der Petén

natürlicher Ressourcen gerade erst begonnen. Wer mit dem Bus die lange beschwerliche Reise nach Tikal antritt, kann sich selbst vom „Urwaldfraß" überzeugen.

Noch immer ist der Petén ein Problemgebiet in Guatemala. Auch hier spielt der Großgrundbesitz eine entscheidende Rolle bei der ungerechten Landverteilung, die soziale Spannungen auslöst. Die neuen Gemeinden der Rückkehrer aus den mexikanischen Flüchtlingslagern haben außerdem zu einer starken Präsenz des Militärs geführt, die ihrerseits behauptet, als „Armee des Urwaldes" den Petén vor illegalem Holzeinschlag schützen zu wollen. Hinzu kommt, dass der Petén zum größten Drogenanbaugebiet avanciert ist. Es ist kein Geheimnis, dass es hier eine große Anzahl an Landepisten für Kleinflugzeuge gibt, die dem Transport von Drogen u. a. über die Grenzen hinweg dienen. Und es ist auch kein Geheimnis, dass vor allem Militärs in den *narcotrafico* (Drogenhandel) involviert sind.

Der Name Petén bedeutet „Insel". Die kleine Insel im Petén-Itzá-See, auf der die Departementshauptstadt Flores liegt, gab der Region den Namen, die sich früher *Mayab,* „Land der Maya", nannte.

Der Untergrund des Petén wird wie die Halbinsel Yucatán in Mexiko ausschließlich aus Kalken aufgebaut. Was wie eine tischebene Tafel wirkt, ist in Wirklichkeit ein Plateau, das von ostwest streichenden Bergketten durchzogen wird, die sich im Süden bis 500 m herausheben. Das feuchtheiße **Klima** mit Durchschnittstemperaturen von 26°C und die jährlichen Regenmengen, die im Juni und September ihre Spitzenwerte erreichen, haben wie im Verapaz eine Karstlandschaft entstehen lassen, die Höhlenlabyrinthe im Untergrund formt, Kuppen und Kegel aneinanderreiht und Flüsse verschwinden lässt.

Von den 27 Seen ist der erwähnte Petén-Itzá-See mit 48 km Länge und 10 km Breite der größte.

Der immergrüne tropische **Regenwald** des Petén weist bis zu 150 verschiedene Baumarten pro Hektar auf. Urwaldriesen mit ihren exotischen Aufsitzerpflanzen (Tillandsien, Orchideen), Farnen und reicher Unterholzbewuchs machen den Wald zu einem dichten Dschungel.

Zur Tierwelt des Petén zählen Raubkatzen, Affen, Reptilien, Wildschweine, Tapire, Hirsche und unzählige Vogel- und Insektenarten. Viele der Tiere spielten als Symbolgestalten in der Religion der Maya eine bedeutende Rolle, wie der Jaguar und die Schlange.

Neben den Charakterbäumen Mahagoni und Ceiba nimmt der Chico Zapote *(Manilkara zapota)* eine besondere Stellung ein. Wegen seines extrem fäulnisresistenten Holzes benutzten ihn die Maya zum Palastbau. Außerdem ließ sich das Harz des Chico Zapote kauen und löschte den Durst. Ende des 19. Jahrhunderts begann die Ausbeutung des weißen Harzes, das bald *oro blanco* (weißes Gold) genannt wurde. Das gesamte *chicle* wurde von der amerikanischen Firma *Wrigley* aufgekauft, die damit eine kaugummikauende Revolution auslöste. Ab 1930 verlief die Versorgung der *chicleros* (Chiclesammler) und der Export von *chicle* nach Puerto Barrios zum großen Teil per Flugzeug. Auch heute noch ist die Gewinnung von durchschnittlich 10.000 Zentnern *chicle* pro Jahr der Hauptproduktionszweig des Petén.

Neben dem traditionellen Anbau von Mais und Bohnen als Grundnahrungsmittel produziert der Petén Kaffee, Kakao, Tabak, Baumwolle, Zuckerrohr, Reis, Erdnüsse und Palmöl. Ausgedehnte Viehzuchtgebiete befinden sich vor allem im Südosten des Petén um Poptún und Dolores.

Von Modesto Méndez nach Flores

Bei dem kleinen Dorf **Modesto Méndez** treffen die Departemente Izabal und Petén sowie Belize aufeinander. Die Gegend bis Dolores wird zur „Region Alta" gezählt, weil sich hier auf den südwestlichen Ausläufern der Maya Mountains die höchsten Erhebungen befinden. Die Landschaft ist noch relativ kuppig, die Straßen sind kurvig, aber das Klima ist schon heiß, und es empfiehlt sich, genügend Wasser oder Obst mit auf die Reise zu nehmen, da der Bus nach Flores je nach Jahreszeit mindestens vier Stunden unterwegs ist.

Die Busfahrt in den Petén und zurück ist anstrengend. Besser ist es, in jedem Fall einen Pullman-Bus zu nehmen, der zwar ebenfalls sehr voll sein kann, bei einem Sitzplatz aber um ein Vielfaches komfortabler ist. Inzwischen ist die Straße voll geteert und kein Vergleich mehr zu früher.

Die erste **Übernachtungsmöglichkeit** gibt es in **San Luís,** wo eine wenig befahrene Erdstraße von Sebol/Fray Bartolomé de las Casas (Alta Verapaz) in den Petén endet. Die Fahrt von hier in den Alta Verapaz ist zwar möglich, aber sehr abenteuerlich. Wer es wagen will, muss sich vor Ort erkundigen. Die leichtere Route führt von Modesto Méndez direkt nach Las Casas. San Luís existiert seit 1708 und wird von Ladinos und einigen Kekchí-Maya aus dem Verapaz bewohnt. Wer durchhält, sollte aber bis Poptún (21 km) sitzenbleiben.

Das auf halber Strecke zwischen Río Dulce und Flores gelegene **Poptún** ist eine angenehm kühle Klimainsel inmitten riesiger Kiefernwälder auf 500 m Höhe gelegen und erinnert eher an einen amerikanischen Nationalpark als an eine Tropenregion. Durch die Störung des ökologischen Gleichgewichts sind genau diese Wälder inzwischen massiv bedroht. Besonders der schädigende Käfer *Gorgojo de Pino* macht ihnen den Garaus, so dass inzwischen 70% der Kiefernwälder des Petén aufs Äußerste gefährdet sind. Und es ist noch kein Ende abzusehen. Wegen des gemäßigten Klimas und der günstigen Bedingungen für eine landwirtschaftliche Nutzung gab Präsident *Arévalo* 1945 den Anstoß zur Gründung einer *Colonia Agrícola,* die den Anfang Poptúns darstellte. Heute leben hier 15.000 Menschen.

Die Idylle wäre perfekt, gäbe es nicht ausgerechnet hier (noch!) das zentrale Ausbildungslager der gefürchteten Antiguerilla-Spezialeinheit. Ein großes Schild weist auf das *Hogar de Los Kaibiles El Infierno Poptún* hin und verrät dem Besucher, dass „hier die besten Kämpfer Amerikas ausgebildet" werden.

Für gewöhnlich übernachtet die Travellerszene auf der **Finca Ixobel** ein wenig außerhalb Poptúns in der Nähe des kleinen Flugplatzes. Den Busfahrer bitten, dort anzuhalten (noch ca. 15 Min. Fußweg)! Das amerikanische Ehepaar *Mike* und *Carol Devine* hat hier vor 25 Jahren ein traumhaftes Anwesen gekauft, an das eine kleine Subsistenzlandwirtschaft angeschlossen ist. Die Mahlzeiten werden gemeinsam eingenommen (ca. 50 Q), die Küche ist exzellent, und jeder stellt seine eigene Rechnung zusammen, man handelt auf Vertrauensbasis. Schlafen kann man in Baumhäusern, Zelten, Hängematten, Zimmern und Bungalows von 7–25 US$ pro Person je nach Wahl des Schlafplatzes. Die Finca bietet außerdem eine große Auswahl an Touren wie Reiten, Flussfahrten, Dschungeltripps, Schwimmen etc. Sie sind beliebt und versprechen einen hohen Erlebniswert. Info: Finca Ixobel, Poptún, Petén Guatemala; Tel./Fax 79 27 73 63; Internet: www.fincaixobel.conexion.com.

Auf der Finca gibt es jede Menge Information über alles, was die Weiterreise betrifft. Wer im Ort Poptún ausgestiegen ist bzw. sich dort aufhält, kann im Restaurant *Fonda Ixobel II* am Ortsanfang einen Taxiservice zur Finca bestellen. Zu Fuß wären es mindestens 45 Min. Der Weg ist besonders nach Einbruch der Dunkelheit nicht ratsam.

Vorsicht ist geboten vor *mostazias*, winzigen **Zecken,** die man sich beim Durchstreifen von Gebüsch und Unterholz massenhaft einfangen kann.

In Poptún selbst gibt es ebenfalls **Übernachtungsmöglichkeiten** falls notwendig, z.B. *Finca el Tapir,* Traveller Lodge mit Hängematten und veget. Essen. Info: 3. Calle 4–74, Z 3, Tel. 79 27 73 27. Wer während seines Aufenthaltes auf der Finca einen Arzt benötigt, sollte sich an *Dr. Lemus* in Poptún wenden. Geldwechsel ist im Ort bei mehreren Banken möglich.

Weiterfahrt nach Flores von Poptún oder Machaquilá aus mehrere Male am Tag, ca. 2,5 Std. In Poptún fahren die Busse an den unterschiedlichsten Stellen ab, passieren aber alle die Einfallstraße vor der Fonda Ixobel. Wer später zusteigt, bekommt jedoch oft nur noch einen Stehplatz. Es gibt außer Bussen nach Florés (Norden) und Río Dulce (Süden) gegen 11 Uhr vom Markt auch nach Fray Bartolomé de Las Casas, 6 Std. (Alta Verapaz). Von **Machaquilá** aus den Bus an der Straße anhalten. Nach Poptún fährt jeder Bus Richtung Flores.

In Machaquilá gibt es das Mittelklassehotel *Ecologico Villa de Los Castellanos* bei km 140, ein **„Ökohotel"** mit Bungalows, 30/40 US$.

Sehenswert ist der **Río de la Cueva,** ein dunkelgrüner Fluss, der durch eine **Tropfsteinhöhle** fließt und breite Becken bildet. Leider ist die mit Hieroglyphen und Freskenmalereien versehene **Höhle Naj Tunich,** die im 8. Jahrhundert von den Maya als Zeremonialstätte benutzt wurde, geschlossen. Alle Ausflüge sind am besten von der *Finca Ixobel* aus zu organisieren. Im März, Mai und August weisen die Höhlen die niedrigsten Wasserstände auf.

Die **weitere Busfahrt nach Flores** führt auf relativ guter Straße durch kleinere und größere Orte, die alle durch einen starken Zuzug von Siedlern gekennzeichnet sind. Die weiten abgeholzten Flächen beiderseits der Straße und jene, die man vom Bus aus nicht sieht, sowie die brandgerodeten Kegel, die wie abrasierte Kahlköpfe wirken, zeigen deutlich, wie nachhaltig dieser sensible Naturraum bereits geschädigt ist.

Die bizarre Kegelkarstlandschaft vor **Dolores** mit riesigen Trichterdolinen und tiefen, engen Trockentälern geht zunehmend in die sanft wellige Ebene des nördlichen Petén über. 40 Min. hinter Dolores fährt der Bus durch das **Aldea El Chal,** wo in den letzten Jahren eine regelrechte Bevölkerungsexplosion stattgefunden hat und das sich zu einem wichtigen Handelszentrum genau zwischen Poptún und Flores entwickelt hat. Nur wenige Kilometer weiter hält der Bus bei einer planmäßig angelegten Siedlung mit Betonhütten und Wellblechdächern. **Nueva Horizonte** ist eine von vielen Siedlungen in Guatemala, die für die Flüchtlinge errichtet worden sind. Die Einheimischen stehen reserviert, wenn nicht gar neidisch den Rückkehrern gegenüber. Sie halten sie für Eindringlinge und Fremde, die von der Regierung gute „Häuser", Ackerland und sonstige Zuwendungen bekommen haben. Sie selbst fühlen sich zurückgesetzt – schlechte Voraussetzungen für eine Integration der Anfang der 1980er Jahre vor Terror und Verfolgung geflüchteten Landsleute.

Flores

Die kleine Inselstadt **Flores** ist Departementshauptstadt und mit dem Festland durch einen Damm verbunden. Der Name hat nichts mit Blumen oder ähnlichem zu tun, sondern wurde zu Ehren des 1824 amtierenden Vizepräsidenten von Guatemala, *Cirilo Flores,* gewählt. Jenseits des Übergangs zur Insel liegen die Dörfer **Santa Elena,** auf dessen Flughafen die kleinen Maschinen aus Guatemala Ciudad landen, und **San Benito** mit zahlreichen Hotels.

An Attraktivität erreichen sie jedoch bei weitem nicht Flores, das durch seine kleinen bunten Häuser wie ein südfranzösisches Dorf wirkt und schon lange hätte ein Travellertreff werden können, wenn hierfür die richtige Infrastruktur vorhanden wäre. Kurz vor Mitternacht schließen hier aber fast alle Restaurants und Kneipen.

Lange vor der Eroberung durch die Spanier siedelten hier die **Itzá** an einem Platz namens Tayasal. Nach dem gewaltsamen Sturz Mayapáns 1441, der letzten regionalen Metropole der Maya im Norden, begaben sich die Itzá auf Wanderschaft und zogen sich in den Petén zurück, um auf der kleinen Insel Mitte des 15. Jh. ihre neue Hauptstadt zu gründen. Es gibt allerdings Vermutungen, dass sich Tayasal dort befand, wo heute das Dorf San Miguel liegt und auf der Insel nur ein Mayaaltar stand, zu dem ein unterirdischer Gang führte.

Bereits 1525 kam *Hernán Cortés* während seiner Reise nach Honduras durch Tayasal. Er ließ dort sein verwundetes Pferd stehen, das die Maya wie einen Gott verehrten, und es heißt, sie gaben ihm Gold und Silber zu fressen, worauf es elendig verhungerte. Später vergötterten sie zum Entsetzen der spanischen Mönche eine Nachbildung des Tieres und waren nur schwer von der Verwerflichkeit ihres Tuns zu überzeugen. Die Missionare zerstörten das Heiligtum und warfen es in den See, wo es heute noch liegen soll. Die rund 25.000 Itzá widerstanden den Spaniern lange. So endete ein früher Bekehrungs- und Eroberungsversuch 1621 mit der Ermordung des Missionars und seiner militärischen Gefolgschaft. 1697 wurden die Itzá dann endgültig unterworfen.

Bemerkenswert am **Petén-Itzá-See** sind die Wasserspiegelschwankungen. Eine der größten Überschwemmungen fand im Jahr 1932 statt. Nachdem von 1978–82 der Wasserspiegel kontinuierlich stieg, sich dann stabilisierte, scheint die Situation im Moment stabil (Ausnahme: die Überschwemmung von 1992). Die Gründe dafür hängen mit der undurchsichtigen Karsthydrologie des Kalktafellandes zusammen.

3 km von Santa Elena entfernt (Taxi oder zu Fuß) befinden sich die **Grutas de Actun Can** (La Cueva de la Serpiente). Von Flores kommend über den Damm immer geradeaus die 6. Avenida hinauf oder per Taxi. Viele der bizarren Erscheinungen tragen Namen wie „Elefantenfuß" oder „Schlund des Hais". Hier wurden außerdem Keramiken aus der Mayazeit gefunden. Große Sorgen macht man sich um die Zerstörung der Tropfsteinhöhle durch Touristen, die glauben, sie müssten ein Erinnerungsstück mitnehmen oder sich an den Wänden verewigen. Geöffnet 8–17 Uhr. Eintritt 10 Q.

Das langgezogene Nordufer des Sees lohnt einen Ausflug. Die Straße bietet schöne Aussichten auf den See.

Die Hügel bei **El Remate,** rund 30 km von Flores entfernt am schmalen Ostufer des Sees, sind Reste alter Zeremonialstätten. Das kleine Dorf liegt etwa auf halbem Weg nach Tikal und entwickelte sich allmählich zu einer echten Alternative zu Flores. Hier gibt es Bademöglichkeiten, Bootstouren, man kann bei Ixmucane (Schule) Spanisch lernen, es wird Kunsthandwerk aus Holz verkauft, und die Unterkünfte decken ein breites Spektrum ab.

Das 1982 ausgewiesene **Biotopo Cerro Cahui** mit seiner reichen Tier- und Pflanzenwelt am Nordwestufer des Sees bei El Remate bietet zwei schöne Ausblicke auf den See. Gavila-

Blick auf Flores vom Damm aus

ne, Entenarten, Papageien, Tucane, Krokodile, Schildkröten und der *Pavo del Petén,* eine Truthahnart, stehen hier ebenso unter Naturschutz wie die exotischen Pflanzen im Biotopo. Es liegt ca. 1,5 Std. Fußweg von El Remate entfernt. Geöffnet 6.30 Uhr bis Sonnenuntergang. Ein Microbus fährt um 11 Uhr ab Markt in Santa Elena. Eintritt 2,50 US$, ca. 3–4 Std. Aufenthalt.

Gegenüber von Flores liegt **San Andrés,** das gut mit dem Boot zu erreichen ist. Von hier stammen die Steine, die als Stelen in Uaxactún aufgestellt worden sind. Hier hat 1993 die *Eco-Escuela de Español* aufgemacht, die den Schülern außer der Sprache die Gegend, die Sehenswürdigkeiten und die Probleme des Petén näher bringen will.

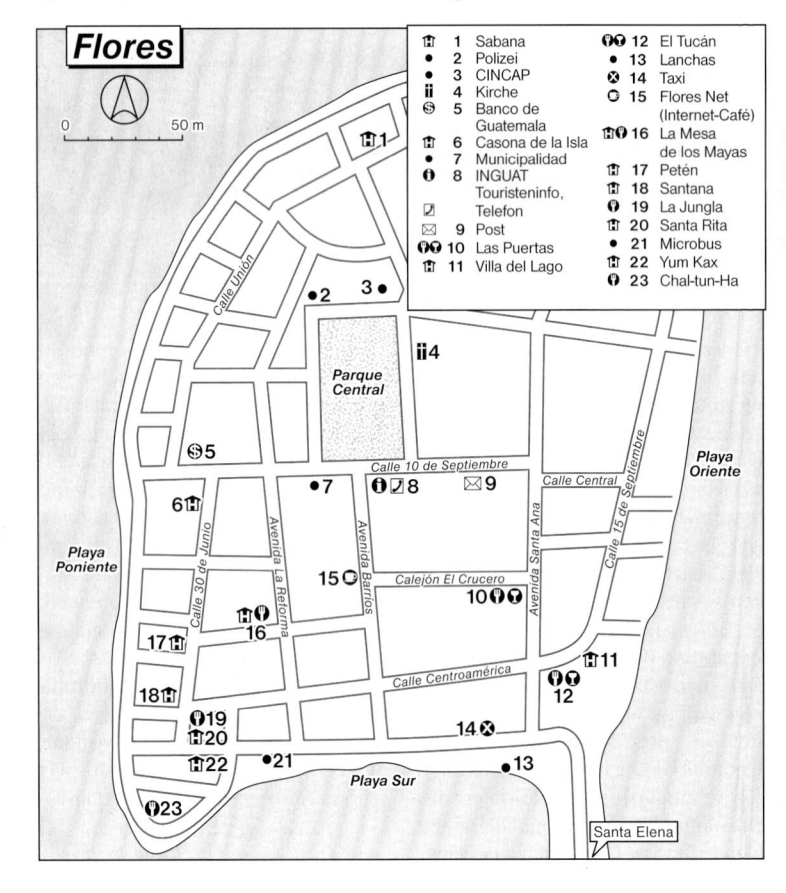

Flores

Nr.	Name
1	Sabana
2	Polizei
3	CINCAP
4	Kirche
5	Banco de Guatemala
6	Casona de la Isla
7	Municipalidad
8	INGUAT Touristeninfo, Telefon
9	Post
10	Las Puertas
11	Villa del Lago
12	El Tucán
13	Lanchas
14	Taxi
15	Flores Net (Internet-Café)
16	La Mesa de los Mayas
17	Petén
18	Santana
19	La Jungla
20	Santa Rita
21	Microbus
22	Yum Kax
23	Chal-tun-Ha

●**Infos** bei *Ecomaya*, Calle 30 de Junio, Tel. 79 26 13 63 in Flores. Ein wenig westlicher liegt das luxuriöse **Hotel Ni'tún** direkt am Ufer (Bungalows). Zwei Pers. 40 US$.

Besonders guatemaltekische Familien lieben einen Bootsausflug in den Zoo und Vergnügungspark (Eintritt 20 Q) gegenüber der kleinen **Insel Petencito,** auf der ein paar Vogelhäuser stehen. Für empfindliche Tierschützerseelen lohnt sich allerdings der Ausflug in den Zoo kaum.

Grundsätzlich sollte man sich vor Ort in einem der örtlichen Reisebüros nach Ausflugsmöglichkeiten in die Umgebung erkundigen, z. B. zur kleinen **Mayastätte Ixlú,** 28 km von Flores. Ebenso werden Touren auf den nahen Flüssen angeboten. Oder man verhandelt mit den Besitzern von privaten *lanchas* in Flores und El Remate.

Zwei- bis sechstägige Trekkingtouren durch den Dschungel bietet *Ecomaya,* Calle 30 de Junio in Flores, an, ebenso das Büro *Monkey Eco Tours* im Hotel Ni'tún in San Andrés. Ein fünftägiges Abenteuer ist der *Scarlet Macaw Trail,* der zunächst zu Pferd und dann per Boot über den Río San Pedro Richtung El Naranjo zur Mayastätte El Perú bis zum Nationalpark Laguna del Tigre führt. Geboten werden auch Ausflüge zu vielen anderen Mayastätten.

Die **Fahrt nach Tikal** ist entweder vom Hotel aus zu organisieren oder direkt bei einer Agencia, z.B. *Hotel San Juan* in Santa Elena und Flores. Am Tag vorher Ticket kaufen oder bestellen. Die Mikrobusse fahren täglich nach Tikal hin und zurück für ca. 30 Q. Wer den Sonnenaufgang in Tikal erleben will, muss also nicht in einem der teuren Unterkünfte bei Tikal übernachten. Die ersten Busse fahren morgens um 5 Uhr los stündlich bis 10 Uhr, ein oder zwei fahren noch am Nachmittag. Busse zurück gehen ab 11 Uhr stündlich bis 17 Uhr.

Unterkunft

El Remate

●**Mirador del Duende,** Bungalows in ökologischer Bauweise oder Hängematte. Schöne Sicht auf den See, gutes Essen (vegetarisch), meist sauber, 40/60 Q/Pers. Bietet ebenfalls Touren an.
●**Casa Roja,** 800 m am Seeufer entlang, Bademöglichkeit. Einfach für 50-60 Q/Pers.
●**Posada Cahui, Brunos Place** und viele andere kleine Hospedajes, ca. 50-60 Q p.P.
●**Sunbreeze Hotel,** Richtung Biotopo, 100 m vom See.
●**El Gringo Perdido,** 16-35 US$ für Bungalow mit Dusche. Über das *Gringo Perdido* und seinen Besitzer kann man geteilter Meinung sein. Camping 3 US$.
●**La Casa de Don David,** ca. 75 Q p. P. im Bungalow. Schöner Garten. Amerikanischer Besitzer. Bietet Touren auf dem Río Ixpop an.
●Für gehobene Ansprüche **La Mansión del Pájaro Serpiente,** mit Pool und Garten, 75 US$, und das **Westin Camino Real,** sehr abgelegen; ca. 70-120 US$.
●Der **Bus** von Flores nach El Remate kostet ca. 6 Q, Mikrobus 16 Q.

Flores

●**Mirador del Lago,** Calle Centro de América, hübsch und relativ neu mit eigener Mole zum See, nahe *Villa del Lago*. Sauber mit Bad und Ventilator. 70/90 Q.
●**Villa del Lago,** Calle Centro de América. Sehr schön. Verkauf von Fahrkarten, Wäscherei. 150/240 Q mit Blick auf den See. DZ ohne Bad 50 Q.
●**Canoa,** billig und einfach. Gleich nach der Brücke auf der rechten Seite. Zimmer oben mit Seeblick. 30/80 Q.

FLORES

- **Hotel El Itza Nr. 1,** relativ neu, komfortabel, Straße am See nach der Brücke, Tel. 79 26 36 66. E-Mail: inverglob@guate.net. 20/25/30 US$. Daneben **Hotel el Faisan,** sauber, 70/110/150 Q.
- **Hotel Santa Rita** neben Hacienda del Rey, Calle 30 de Junio, einfach, sauber; 50/75 Q.
- **Hotel Santana,** Calle 30 de Junio, Tel. 79 26 33 05/06. Internet: www.santanapeten.com. Mit Pool, Restaurant. Recht hübsch, Zimmer etwas klein. 32/40/54 US$.
- **Hotel Mayab** und **Reiseagentur Cahui-Maya,** Calle 30 de Junio neben dem Hotel Santana, Tel./Fax 79 26 04 94, E-Mail: Hotel mayab@internetdetelgua.com.gt. Einfache Zimmer, nett und sauber mit kleinem Privatstrand; 50/75/100 Q.
- **Hotel la Jungla,** Seitenstraße rechts nach dem Mayab und dann auf der rechten Seite. Sehr einfach. 90/125 Q.
- **Hotel Peten,** Calle 30 de Junio, Tel. 79 26 06 92, E-Mail: lacasona@gua.net. Mit Pool und Restaurant, TV. 25/30 US$.
- **Hotel La Casona de la Isla,** Calle 30 de Junio, Tel. 79 26 05 93, E-Mail: lacasona@gua.net. Mit Pool, Bar, TV, Jacuzzis und Wäscherei. 28/37/48 US$.
- **Casa Azul Guesthouse & Hotel,** Tel. 79 26 11 38, E-Mail: lacasona@gua.net. Moderner und etwas teurer als *La Casona,* aber nicht besser. 17/24/30 US$.
- **Hotel La Mesa de los Mayas,** Avenida la Reforma. Restaurant (typisch guatemaltekische Küche) und Hotel. 17/24/30 US$.
- **Hotel Sabana,** Tel. 79 26 33 23–25. E-Mail: hsabana@guate.net. Mit Pool und Restaurant (kein gutes Frühstück). Saubere helle Zimmer mit AC, Bad und TV. 25/30 US$.

Santa Elena

Von Flores läuft man mit Gepäck ca. 15 Minuten zu Fuß. Schmutzig und dreckig und wirklich nicht als Aufenthaltsort zu empfehlen. Aber hier gibt es Banken, Märkte, Busstationen, Hotels etc. *Fuente del Norte* liegt an der Ecke 4. Calle/5. Avenida. Hier fahren ab 3.30 Uhr die Busse in die Hauptstadt ab.

- Von Flores über die Brücke gleich rechts am See **Hotel Esplendido,** Luxushotel, gelbes Gebäude mit Seeterrasse. **Hotel Sac Nicte,** vom Eingang des Esplendido die Straße hinauf, auf der rechten Seite. Alles etwas schmuddelig. 60/100 Q. **Hotel Posada Santander,** 80/100 Q. Viele andere Hotels wie **Hotel Clasico Peten** auf der 4. Calle.

Essen und Trinken

- In allen größen Hotels kann man gut essen und frühstücken. Zu empfehlen ist außerdem **La Mesa de Los Mayas** mit Spezialitäten, ebenso **Tucan** und **La Jungla.** Ein Treff ist das **Las Puertas** unter argentinischer Leitung. Hier gibt es gute *panitos* und Salat. Livemusik, Szenenatmosphäre. Ähnlich im Szenelokal **La Luna** unter deutscher Leitung. Die **Cocteleria El Balcon del Cielo** am Parque gehört demselben Besitzer. Immer noch sehr nett und stimmungsvoll ist es im **Chal-tun-Ha** am Beginn des Westufers. Bester Platz, um den Sonnenuntergang zu genießen. Der deutsche Archäologe *Dieter Richter* wird in der Av. Santa Ana „D" 2 das **Café-Museo Maya** eröffnen: Infos, Bücher, Touren, Vorträge. Hingehen! Gegenüber von *Panamundo* **Restaurant La Casa del Marisco** und eine **Pizzeria.**

Infos

- Flores besitzt zwei **Internet-Cafes** (empfehlenswert das *Internet Petén* in der Calle Centro America mit Telefonservice, Geldwechsel und Kopierservice, geöffnet 7–22 Uhr), eine **Post,** eine **Bank** (Mo–Fr 8.30–14 Uhr) und ein **INGUAT-Büro,** das wie immer dann zu ist, wenn man es benötigt. **CINCAP** oberhalb des Parques informiert über den Naturraum Petén. Ausstellungen, Kulturzentrum, Veranstaltungen. Di–Sa 9–13, 14–19 Uhr, So 13–17 Uhr. Geldwechsel ist aber auch in der **Tucan-Agency** möglich und Auskunft geben die vielen kleinen Reiseveranstalter und -büros. Im **Kayukos** kann man Boote leihen, Billard und Tischtennis spielen. Taxis stehen immer vor dem Hotel Petén. In San Benito, das mit Santa Elena zusammengewachsen ist, gibt es eine 24 Std.-Service-Apotheke. Wer einen **Arzt** braucht, wendet sich an *Dr. Douglas Gutierrez,* Tel. 79 26 12 56 (priv.) bzw. 79 26 08 86 (Praxis) oder *Dr. Sonia de Baldizón,* Tel. 79 26 07 14 oder 79 26 01 80.

Verkehrsverbindungen

Nach Flores von der Hauptstadt aus: mit dem Flugzeug. Es fliegen mehrere direkte und indirekte Linien nach Flores. Die Büros von *Tikal-Jets* (Tel. 23 34 68 55), *AVIATECA* (Tel. 23 34 77 22), *Jungle Flying* (Tel. 23 31 49 95) und *Inter* (Tel. 23 61 21 44) befinden sich alle am Flughafen. In jedem normalen Reisebüro in der Hauptstadt lässt sich ebenso ein Flug buchen (z.B. bei *Expedición Panamundo* 6. Av. 14-75, Z 9, Tel. 23 31 75 88. Der Geschäftsführer *Roger Brenner* spricht Deutsch). *Tikal Jets* und *Aviateca* fliegen direkt, *Inter* über Palenque. Wer Preise vergleichen will, sollte dies direkt am Flughafen tun. Hin und zurück ca. 100-120 US$.

Mit dem Bus: *Fuente del Norte,* 17. Calle 8-74, Z 1 von 3-20 Uhr, 80 Q, 8-9 Std. *La Petenera,* 16. Calle 10-55, Z 1, mit komfortablem Bus der *Línea Dorada,* 16. Calle 10-03, Z 1, gegen 7.30 Uhr. *Líneas Máxima del Petén,* 9. Av. 17-28, Z 1, Abendbus ab 16 Uhr.

Von Flores: *San Juan Hotel Tours & Travel* in Santa Elena gleich am Damm hat ein Büro, bei dem alle Informationen für Ausflüge (Tikal, Ceibal etc.) und die Bus- oder Flug-Weiterreise (Belize, Cancun, Uaxactún, El Naranjo, Bethel, Poptún, Sayaxché etc.) zu erfragen sind. Direkte Verbindungen bestehen nach Belize City und Chetumal mit einem Spezial-

Belize

Die älteren guatemaltekischen Landkarten zeigen es deutlich: Belize ist Teil Guatemalas. Die Grenze, die kerzengerade durch den Rand des Petén verläuft, erklären die Guatemalteken als Departementsgrenze, nicht als Staatsgrenze. So war es bis 1992.

Der Konflikt zwischen Guatemala und Belize ist so alt wie die Unabhängigkeit Guatemalas. Als das Kolonialreich 1821 zusammenbrach, erhoben Mexiko und Guatemala Gebietsansprüch auf Belize. Dagegen wehrten sich die englischen Siedler und erreichten, dass Großbritannien Belize 1871 zur Kronkolonie Britisch-Honduras erklärte. 12 Jahre zuvor hatte Guatemala zwar die Grenzen des *Settlements of Belize* anerkannt, jedoch nur unter der Bedingung, dass England eine Straße von Guatemala Ciudad nach Belize-City baute. Während Mexiko 1893 auf seine territorialen Ansprüche verzichtete, bestand Guatemala weiterhin auf seiner Gebietsforderung, nicht zuletzt deshalb, weil die Engländer den Vertrag über den Bau jener Verkehrslinie zur Karibik nie erfüllt hatten. 1964 erhielt Britisch-Honduras von den Engländern das Recht auf Selbstverwaltung zugesprochen, nannte sich neun Jahre später offiziell Belize und wurde 1981 als neues Mitglied des Commonwealth endgültig in die Unabhängigkeit entlassen. Das britische Militär blieb zum Schutz im Land.

Lange pochte Guatemala auf die Einhaltung des alten Vertrages und erkannte Belize nicht als unabhängigen Staat an. Die Verbindung zum Atlantik ist für ein Exportland wie Guatemala von wirtschaftlicher Bedeutung. Der Anschluss an Guatemala wäre jedoch für die 250.000 Belizianer ein Rückschritt in militärdiktatorische Verhältnisse gewesen. An eine parlamentarische Demokratie nach britischem Vorbild gewöhnt, haben sie ihre eigenen Vorstellungen von Freiheit und Zusammenleben entwickelt. In Belize gibt es weitaus mehr Volksgruppen und Religionen als in Guatemala. Kreolen, Mestizen, Garífunas, Indígenas, Mulatten, Inder, Chinesen, Araber und Weiße bilden ein buntes Völkergemisch in diesem tropischen Küstenland, das kulturell viel engere Beziehungen zum karibischem Raum besitzt als zum Ladino- und Maya-Land Guatemala.

Natürlich ist Belize keine Friedensinsel auf dem mittelamerikanischen Kontinent. Auch hier gibt es Rassismus und Landprobleme. Besonders betroffen sind die Mopán-Indianer im Distrikt von Toledo an der Südgrenze zu Guatemala. Ihre Reservate sind durch Profitinteressen gefährdet, was eine sukzessive Zerstörung ihrer Kultur, Sprache und *costumbres* nach sich zieht.

---

bus täglich 5 und 15.30 Uhr. Hier ist auch der Terminal des *Pinita-Bus* (Camioneta), der nach Melchor de Mencos (Verbindung nach Belize) und nach Río Dulce mehrmals täglich fährt. In die Hauptstadt (über Río Dulce) fahren außerdem Pullman *Fuente del Norte*, *Línea Dorada* (20 Uhr), *Líneas Máxima* (12, 16, 20 Uhr), *Transportes Rosita* und *Transportes María Elena* in Santa Elena vom Terminal aus auf der 4. Calle Richtung San Benito. Wer nicht bis in die Hauptstadt fährt, muss im Pullman damit rechnen, keinen Sitzplatz zu bekommen, da die Guatemala-Fahrgäste Vorrang haben.

Einen Tag vorher nach den genauen Abfahrtszeiten erkundigen, da sie sich immer wieder ändern.

Wer in El Remate wohnt, sollte sich vor Ort im Hotel erkundigen, wann genau der Bus nach Melchor de Mencos/Benque Viejo del Carmen in El Cruce vorbeikommt, um nicht im entfernten Santa Elena einsteigen zu müssen. Einziger Nachteil könnte das Sitzplatzproblem sein. Detaillierte Beschreibung der Grenzfahrten/Übertritte finden sich im Kapitel „Reisen mit dem Bus".

Tikal

Die 62 km lange Straße, die Tikal von Flores trennt, war lange Zeit die beste Straße des gesamten Departementes El Petén. Heute ist die gesamte Strecke von Guatemala-Stadt bis Flores durchgehend geteert, und selbst auf dem Weg von Tikal/Flores nach Osten zur Grenze mit Belize gibt es nur noch wenige Kilometer Schotterpiste.

Die ersten Busse (Colectivos mit jeweils 12 Pers.) fahren um 5 Uhr morgens von Flores aus. Gegen 6 Uhr durchqueren sie die Schranke zum Nationalpark Tikal (früher dort zu sein nützt nichts, die bewachte Schranke wird nicht vorher gehoben). Nimmt man einen dieser frühen Busse, kann man erleben, wie der Dschungel erwacht; dies ist besonders schön am Tempel IV.

Tikal ist mit 200.000 Besuchern jährlich die meistbesuchte Sehenswürdigkeit Guatemalas, und, was der Tourist nicht weiß, die gefährdetste zugleich. Die Zerstörung der zum Teil eineinhalb Jahrtausend alten **Tempel und Pyramiden** von insgesamt elf Mayastätten hat erschreckende Ausmaße angenommen. Am schlimmsten hat es Tikal getroffen, wo das Symbol der Mayahochkultur, der Große Jaguar, Mitte der 1990er Jahre kurz vor dem Zusammenbruch stand. Hinzu kommt die Grabräuberei, die ein großes Problem für die Erforschung vor allem der in Ausgrabung befindlichen Mayastätten und somit für die gesamte Kultur darstellt. Große Aufregung herrscht nun darüber, wie diese einzigartigen Kulturdenkmäler zu retten sind. Dies scheint ein schwieriges Unterfangen, obwohl nach Aussagen von Mitarbeitern des *Instituto de Antropología e Historia (IDAEH)* jährlich 5–6 Mio Quetzales dafür ausgewiesen sind inklusive der Eintrittsgelder.

Tikal ist das größte **Zeremonialzentrum** des Maya-Landes und befindet sich inmitten der Urwälder des Petén. Heute liegt das Zentrum der archäologischen Stätte in einem 576 km² großen Nationalpark, eine Autostunde nordöstlich von Flores. Zur Zeit der Wiederentdeckung Tikals (1840) gab es keine Wege; auch die Tempel, Pyramiden und Paläste waren vollständig von Dschungel überwuchert und nur als steile Hügel erkennbar.

Die **erste offizielle Expedition** fand 1848 unter Leitung des guatemaltekischen Colonels *Modesto Méndez* statt. 1877 folgte der Schweizer Botaniker *Gustav Bernoulli,* der reich geschnitzte Türschwellen aus dem Holz des *Chico Zapote* ins Basler Museum für Völkerkunde brachte. Einen ersten Plan der Stätte legte der berühmte Forscher *Alfred P. Maudslay* an, der 1881 und 1882 Tikal besuchte. Von unschätzbarem Wert waren die detaillierten Aufzeichnungen des Deutschen *Teobert Maler* aus den Jahren 1895 und 1904, der zusammen mit *Alfred Tozzer* die erste fundierte Veröffentlichung über Tikal herausbrachte. Die groß angelegten Ausgrabungen begannen 1950, nachdem das *Carnegie Institut* in Washington die Bedeutung der Stätte geprüft und die ersten Vorarbeiten von *Sylvanus G. Morley* während der Jahre

1914–37 in Tikal und Uaxactún bereits viel versprechende Ergebnisse erbracht hatten. Zuerst unter der Leitung von *Edwin M. Shook,* der 1959 die älteste Stele aus dem Jahre 292 n.Chr. entdeckte, dann ab 1962 vom letzten großen Tikalforscher, *William R. Coe.* Er übergab die restaurierte Stätte 1969 der guatemaltekischen Regierung. Seine Beschreibung Tikals ist am Eingang zum Nationalpark erhältlich. Das Büchlein ist auf Englisch, Spanisch und Deutsch erhältlich, ein nützlicher Führer durch die große Anlage.

Der Name Tikal bedeutet „Ort, an dem Stimmen ertönen", und stammt von den am Petén-Itzá-See lebenden Maya. Tikal liegt auf einer breiten Wasserscheide und war durch seine Wasserwege gut zu erreichen, was nicht unbedeutend für seine Entwicklung als Handelszentrum des Tieflandes war. Besonders die enge kulturelle und wirtschaftliche Beziehung zu Teotihuacan, dem bedeutendsten Hochlandzentrum in Mexiko, war für Tikal von großer Wichtigkeit.

Die ersten Menschen ließen sich hier zwischen 800 und 600 v.Chr. nieder. Um 250 n.Chr., zur Frühzeit der klassischen Periode, begann Tikal an Macht und Einfluss zu gewinnen. Ihre Blütezeit erlebte die Metropole zur Spätklassik zwischen 600 und 900 n. Chr. Auf einer Fläche von 16 km² – dem Zentrum der Stätte – verzeichneten die Forscher Überreste von 3000 Bauwerken. 151 Stelen wurden gefunden, davon 32 mit Hieroglyphen. Die Architektur Tikals kennt im Petén nichts Vergleichbares. Die Ruinenstadt ist mit ihren steil aufragenden Tempelpyramiden die monumentalste Stätte der gesamten Mayawelt.

Positiv ist das Bemühen um Sauberkeit im gesamten Parque. So dürfen z.B. keine Getränkedosen verkauft werden. Ein Problem allerdings sind die zahmen *pizotes* (Nasenbären), die den Müll von den Abfallbehältern plündern und verstreuen. Die possierlichen Tierchen mit den aufgestellten Schwänzen kreuzen regelmäßig den Weg der Besucher.

Um Tikal zu besichtigen, folgt man am besten dem ausgeschilderten Rundweg, der am Wärterhäuschen rechter Hand beginnt und auf die Plaza Mayor zusteuert. Die ersten Bauwerke sind die **Komplexe Q, R und O,** die jeweils zwei identische Pyramiden aufweisen, die sich – eine im Osten, die andere im Westen – gegenüber stehen. Vor der Pyramide im Osten errichteten die Maya neun Stelen und Altäre; der Platz vor der Westpyramide blieb frei. Im Norden dieses architektonischen Gefüges befindet sich grundsätzlich ein kleiner Hof, in dem eine Stele und ein Altar zu bewundern sind. Auf diesen Steinmonumenten ist das Einweihungsdatum des Komplexes angegeben. Die Südseite wird durch ein Palastgebäude begrenzt, das neun Eingänge aufweist. Diese Komplexe werden „Zwillingspyramidenkomplexe" genannt und stellen eine einzigartige architektonische Anordnung dar, von denen sieben in Tikal gefunden

Der Große Jaguar:
das Wahrzeichen der Mayawelt

TIKAL

Der Petén

wurden, außerhalb Tikals nur eine weitere in Yaxha. Sie wurden im Spätklassikum zum Ablauf eines bestimmten Zeitzyklus (der so genannte 20-Jahres-Katun) errichtet.

Der Weg zum **Komplex R** (unter Vegetation) führt an Stelen vorbei, die wie vergessene Grabsteine herumliegen. Unter den bewachsenen Hügeln sind noch immer Gebäude begraben, und es ist nicht schwer, sich vorzustellen, wie es zu Beginn der Ausgrabungsarbeiten ausgesehen hat.

Über den Maler-Causeway gelangt man in die nördliche Zone Tikals, die auch **Gruppe H** genannt wird. Auch hier stammen die Gebäude aus dem Spätklassikum. Die Zwillingspyramiden der Komplexe P und M sind leider stark beschädigt und wären ein künftiges Restaurationsprojekt wert. Bemerkenswert sind die Räume der Tempel, die aus je vier winzigen schmalen Kammern bestehen. Unvorstellbar, dass hier jemand gewohnt haben könnte.

Vor **Komplex P** steht der Altar 8 aus dem Jahre 751, auf dem mit viel Fantasie ein auf dem Boden liegender Gefangener zu erkennen ist. Die Darstellung von Gefangenen mit Seilen um Hals und Glieder ist ein sehr beliebtes Motiv in der Maya-Kunst. Selten dagegen ist die Erscheinung der Stele 30 vor Komplex M, die völlig ohne Text, d.h. ohne Hieroglyphen auskommt.

Der lange Maudslay-Causeway führt zu **Tempel IV,** der größten Pyramide des Maya-Landes mit knapp 65 Metern Höhe. Die nördliche Zone wie dieser Weg wurden erst 1937 entdeckt.

Der Tempel IV, auch „Tempel der doppelköpfigen Schlange" genannt, ist nach Osten gerichtet, und man schätzt, dass 190.000 Kubikmeter Material zu seiner Errichtung verbaut wurden. Holztreppen führen auf den Gipfel des Tempels, der eine atemberaubende Aussicht über den Petén und die anderen Tempel von Tikal bietet. Aus den Inschriften der hölzernen Türrahmen, die sich heute in Basel befinden, geht hervor, dass der Tempel IV um 741 erbaut worden ist. Ein exaktes Datum anzugeben ist unmöglich, da die Pyramidentempel mehrmals überbaut wurden. Der Anlass hierfür war meist die Inthronisationen eines neuen Königs, der das bestehende Heiligtum vergrößerte und damit seinem Vorgänger (meist der eigene Vater) besondere Ehre erwies.

Nicht weit von Tempel IV stehen die Zwillingspyramiden des **Komplexes N** aus dem Jahr 711 n. Chr. Stele 16 zeigt eine Person in Zeremonialtracht mit einem Kopfschmuck, der aus Quetzalfedern gefertigt ist. Besonders schön ist der Hieroglyphenkreis, der die beiden abgebildeten Personen auf Altar 5 begrenzt. In deren Mitte liegen auf einem Altar ein Schädel und Knochen, die als Oberschenkelknochen interpretiert wurden.

Richtung Osten vervollständigt der Tozzer-Causeway ein Dreieck, an dessen Südspitze das große Zentrum Tikals liegt.

Zunächst aber erhebt sich auf diesem Weg **Tempel III** mit 55 m Höhe. Er zählt zum Spätklassikum, wie die Daten der Stele 24 verraten. Der Tempel ist auch bekannt als „Tempel des Jaguarpriesters" wegen einer in Zapoteholz geschnitzten Szene, die am Eingang zu den beiden Räumen gefunden wurde. Heute ist dieses kostbare Stück im **Museo Nacional** in der Hauptstadt zu besichtigen. Zu sehen ist ein mit einem Jaguarfell bekleideter korpulenter Priester, der von zwei Personen flankiert wird, die beide einen Stab halten. Der Kopfschmuck des Priesters ist überwältigend; je länger man das Bild betrachtet, desto mehr Gesichter entdeckt man in den Ornamenten.

Nicht zu übersehen sind nun die Gebäude, die zum Herz von Tikal, der **Plaza Mayor,** gehören. Der erste Anblick ist grandios. Die Plaza Mayor Tikals wird beherrscht von den sich gegenüberstehenden **Tempeln I und II,** von denen der Große Jaguar (Tempel I) mit 52 m Höhe das Wahrzeichen der gesamten Maya-Kultur ist. Aufgrund der immensen Beanspruchung durch Touristen dürfen beide nicht mehr bestiegen werden. Und in der Tat sind die Verschleißerscheinungen des Großen Jaguars (natürliche und nicht-natürliche Erosion) in den letzten 15 Jahren mit bloßem Auge sichtbar. Die gesamte Anlage des Zentralplatzes zeugt trotz formaler Strenge von einem hohen architektonischen Stilempfinden der Maya während des 7. und 8. Jahrhunderts. Hier versammelte sich die Bevölkerung zu den Götterzeremonien, die wie bei den Indígenas heute mit viel Kopal zelebriert wurden. Der große Platz war einst mit Stuck überzogen und wird im Süden von der Zentral-Akropolis, im Norden von der Nord-Akropolis begrenzt.

Der Große Jaguar besitzt neun stufenförmige Terrassen, in deren Mitte eine steile Treppe bis zum Tempel führt. Hier oben müssen die schwindelfreien Götter-Priester gestanden haben, um dem eingeschüchterten Volk zu erklären, dass sie es wieder einmal geschafft haben, die Götter der Unterwelt gnädig zu stimmen. Die drei Innenräume des Großen Jaguars sind ein besonders schönes Beispiel für die Anwendung des so genannten „Maya-Bogens", ein wichtiges Charakteristikum innerhalb der Architektur, das auch als „falsches Gewölbe" bezeichnet wird. Die spitze Form der Bögen wurde durch Schichtung von Steinblöcken erreicht. Diese Bauweise findet sich nur noch in Yucatán. Eine runde Sache war die Architektur der Maya also nicht; auch das Rad war ihnen noch unbekannt. Erstaunlicherweise erfanden sie aber noch vor den Arabern die Null ...

1958 entdeckte man unter der Pyramide das Grab einer hochgestellten Persönlichkeit mit kostbaren Beigaben. Die Entschlüsselung der Hieroglyphen ergab, dass jener Herrscher *Ah Cacaw* (Kakao) hieß. Sein Name könnte ein Indiz für seinen Reichtum sein. Denn die Kakaobohne war Handelsgut und Währung zugleich. Die Spanier vernichteten auf ihren Feldzügen durch den Kontinent viele Kakaopflanzungen, um den Maya eine ihrer Lebensgrundlagen zu zerstören. Eine Nachbildung des Grabes ist im Museum von Tikal zu besichtigen.

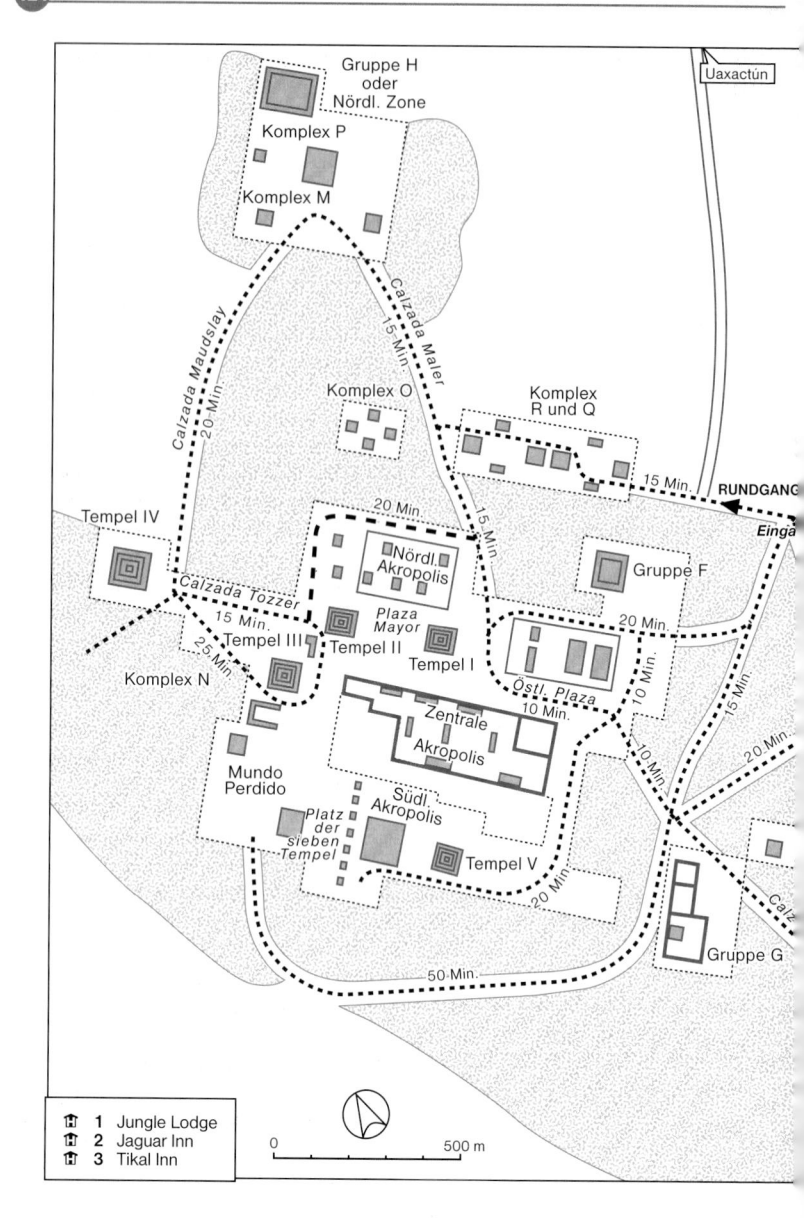

Tikal

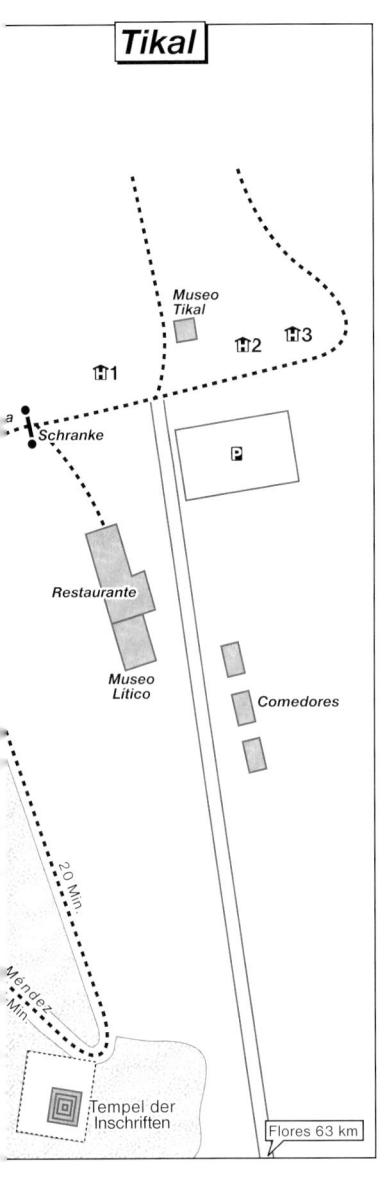

Der **Tempel II** trägt wegen seiner kunstvoll bearbeiteten Fassade auch den Namen „Tempel der Masken". Er erhebt sich 38 m über den Zentralplatz. Auch er besitzt drei Innenräume, die großartige Maya-Wandmalereien aus der klassischen Periode beinhalteten, aber zum großen Teil durch zeitgenössische Kritzeleien touristischer Verewigungsmanie zerstört sind. Die Stufen beider Tempel sind extrem steil und schmal. Auch die Besteigung des Maskentempels ist nur Schwindelfreien zu empfehlen. Der fast senkrechte Abstieg rückwärts und auf allen Vieren zählt nicht gerade zu den angenehmsten Erlebnissen. Entschädigung verspricht nur der herrliche Blick und die unvergessliche Stimmung hier oben, besonders am frühen Morgen bei Sonnenaufgang, wenn Hunderte von Tukanen, Papageien und andere Vögel die Luft mit Kreischen erfüllen und an einem vorbeifliegen, vorausgesetzt, der Nebel verzieht sich rechtzeitig.

Die **Nördliche Akropolis** ist ein Tempelkomplex auf unterschiedlichen Ebenen, der sich 13 m über das Niveau der Plaza erhebt. Auch hier wurden die Tempel mehrfach überbaut. Im Zuge der Forschungsarbeiten wurden Stelen gefunden, die, wie die Stele 31, noch heute Figuren, Gesichter, mythische Wesen und Ornamente genau erkennen lassen. Sie ist im Tikal-Museum zu besichtigen und gilt als eine der schönsten Bildhauerarbeiten des frühen Klassikums. Ferner wurden hier eindrucksvolle monumentale Stuckmasken entdeckt, die vor ihrer Überbauung die Treppenaufgänge flankierten. Die wertvollen Stuckmonumente sind heute entweder über ehemalige Forschungstunnel zu erreichen oder befinden sich geschützt unter Palmdächern. Überhaupt lohnt der Blick unter Palmdächer, da sie an archäologischen Stätten eigens errichtet werden, um etwas Wertvolles vor dem Einfluss der Witterung zu schützen.

Gegenüber der Nördlichen Akropolis liegt die **Zentralakropolis,** deren Gebäude sich grundsätzlich von den Tempeln und Pyramiden unterscheiden. Sie werden „Paläste" genannt, was auf ihre profane Funktion verweist: Hier residierte der König mit seiner Familie und anderen Zugehörigen der Adelskaste. Der gesamte Komplex besteht aus länglichen, rechtwinkligen und häufig mehrstöckigen Gebäuden, die durch ein kompliziertes System von Korridoren, Patios und Treppen miteinander verbunden waren. Südlich an die Zentralakropolis angrenzend befand sich das größte Wasserreservoir Tikals, das so genannte **„Palastreservoir",** das den Anwohnern einen einfachen und schnellen Zugang zu Wasser sicherte. Hier geht es zum Teil sehr steil hinab. Von den Dächern einiger der Paläste hat man in Richtung Norden einen schönen Blick über die Plaza Mayor und nach Süden in Richtung Tempel V.

Von der Plaza Mayor aus ist der Komplex des **„Mundo Perdido"** („Verlorene Welt") schnell zu erreichen. Zu Beginn unserer Zeitrechnung konstruiert – in der Vorklassik zwischen 100 und 200 v. Chr. –, war El Mundo Perdido der erste große Zeremonialkomplex Tikals. Die monumentalen Tempelpyramiden I, II, III, IV und V wurden erst Jahrhunderte später errichtet. Das Zentrum des Mundo Perdido bildet die **Große Pyramide,** quadratisch angelegt mit jeweils einer Treppe pro Seite. Die Westtreppe, eindeutig der Hauptaufgang, ist von kunstvoll gefertigten Masken flankiert. Von der Spitze der Großen Pyramide aus kann man gut beobachten, dass Tempel IV, II und I auf einer West-Ost-Achse liegen. Im Osten der Großen Pyramide sieht man auf den Platz der sieben Tempel, der von sieben nebeneinander aufgereihten Tempeln dominiert wird. Der mittlere und größte ist bekannt durch seinen Fries, in dem ein Totenschädel und gekreuzte Knochen dargestellt sind. Von hier aus geht man entlang der Südakropolis, die bislang nicht freigelegt worden ist, zu **Tempel V.** Er war Gegenstand des jüngsten großen Projektes in Tikal, leider kein gutes Beispiel denkmalpflegerischer Arbeit. Bei der Rekonstruktion ist sehr viel Zement benutzt worden, und die Treppe scheint überdimensioniert.

Nun könnte man noch über die Calzada Méndez zum **Tempel der Inschriften** wandern, doch ist dieser Komplex etwas abgelegen, und wenn es in der Vergangenheit Überfälle gegeben hat, dann hier. Am besten, man geht der Zentralakropolis vorbei über die Ost-Plaza zurück zum Ausgang.

Über die Welt der Maya sind unzählige Bücher geschrieben worden, und es ist fast vollständig gelungen, die Historie zu interpretieren. Obwohl die Besiedlung Tikals lange nicht so weit zurückliegt wie die von Athen oder Rom in der Alten Welt, stellte die Entschlüsselung der Maya-Kultur die Archäologen vor große Rätsel. Schlüssel dazu war die Entzifferung der Hieroglyphen, die eines Tages auch Auskunft darüber geben wird, warum es zum Untergang in nur 150 Jahren kam.

Das **Museo Silvanus G. Morley** (auch Museo Tikal genannt) vor dem Eingang nach Tikal stellt Fundstücke aller Art aus. Hier ist auch das berühmte Original der Knochenritzung des „Totenfloßes" zu sehen, das von den Göttern der Unterwelt gerudert wird. Die Nachbildung eines Grabes vermittelt einen Eindruck der Bestattungskultur in Tikal. Geöffnet Mo-Fr 9-17 Uhr, Sa/So 9-16 Uhr. Eintritt 10 Q.

Das **Museum Litico** lohnt in jedem Fall einen Besuch. Die Fotodokumentation über die Ausgrabungsarbeiten der University of Pennsylvania ist sehr empfehlenswert. Außerdem stellt das Museum rund 20 Stelen aus. Liegt an der Straße, Eintritt (noch) frei. Ein großes Modell von Tikal ist zwischen dem Museum und dem Restaurant zu besichtigen.

Unterkunft/ Essen und Trinken

Achtung! Es gibt nur bis ca. 22 Uhr Strom in Tikal. Die Übernachtungsmöglichkeiten unterscheiden sich stark, sind aber alle teuer.

●Das **Tikal Inn** hat keine besondere Atmosphäre, ist aber sauber und gepflegt. 50/70/82 US$, mit Frühstück und Mittagessen inklusive 29 US$ für zwei Pers.

●Das **Jaguar Inn** besitzt Bungalows. EZ 40 US$, DZ 60 US$,TZ 78 US$. Hängematte

Die Nördliche Akropolis

131gu Foto: bh

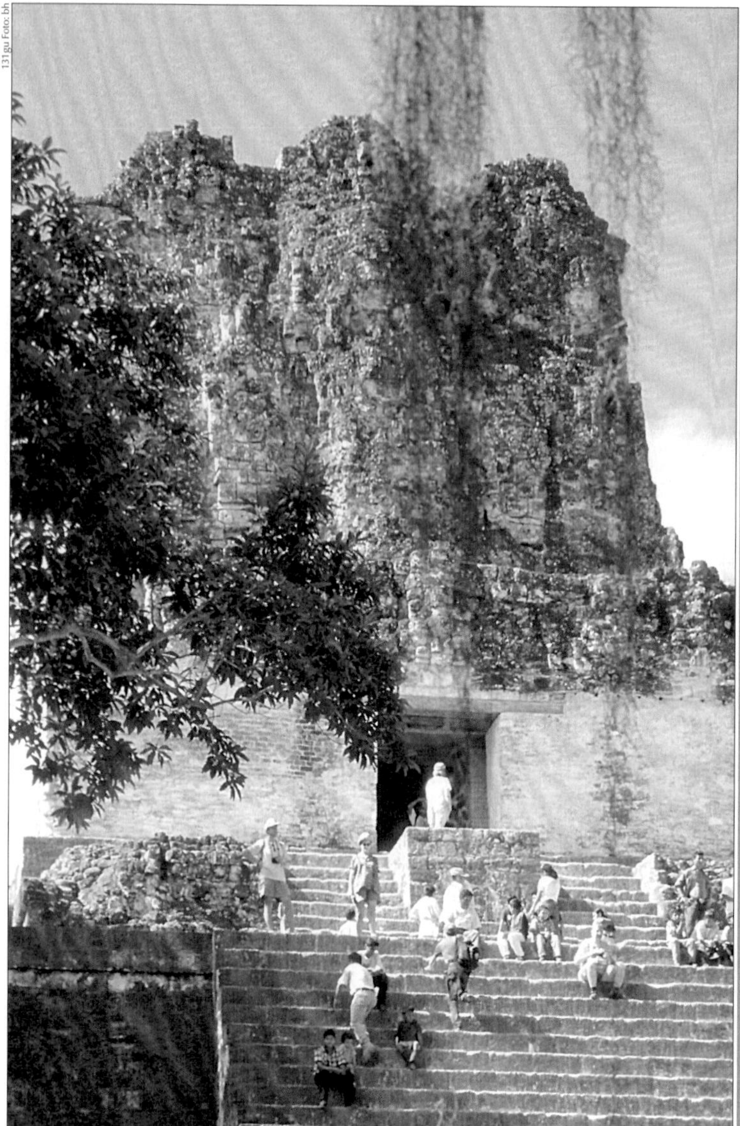

und Zelt möglich. Empfehlenswert. Reservierungen in Flores unter Tel. 79 26 00 02.
- **Jungle Lodge,** Tel. 24 76 87 75. Bungalows. Übernachtung mit Gemeinschaftsdusche kostet die Hälfte. 53/70/75 US$.
- **Camping** kostet 25 Q pro Pers. auf Matten oder in mitgebrachten Hängematten. Nicht empfehlenswert, da nicht sauber und keine Moskitonetze. Auch im Park selbst ist Zelten weder erlaubt noch zu empfehlen.
- Es gibt etliche einfachste *comedores*, oder man isst im Hotel bzw. im **Restaurante del Parque Tikal** am Museum Litico.

Uaxactún

25 km nördlich von Tikal liegt die **Ausgrabungsstätte** Uaxactún, die von Santa Elena außer während der Regenzeit mit dem Bus zu erreichen ist. Eine **Übernachtungsmöglichkeit** gibt es im *Hotel Campamento El Chiclero*, (Tel. 79 26 10 33, 120/160 Q). Im Dorf Uaxactún leben Chicleros und Arbeiter, die bei den Ausgrabungen beschäftigt sind. Eine kleine holprige Graspiste diente früher als Landebahn für den Transport von Chicle und Versorgungsgütern.

Über Uaxactún („Acht Steine") gibt es nur wenig Literatur. Entdeckt hat es 1916 *Sylvanus G. Morley*, der dem Ort den Namen gab, da acht Komplexe durch Straßen miteinander verbunden waren. Die Ausgrabungen fanden von 1926–1931 unter der Aufsicht des *Carnegie Institute of Washington* statt. Schon auf den ersten Blick erkennt man, dass die Bauweise in Uaxactún eine andere ist als im nahe gelegenen Tikal. In der Tat ist Uaxactún älter als Tikal, hat aber während seiner 600-jährigen Besiedlung ebenfalls unterschiedliche Architekturepochen erlebt. Je älter die Gebäude, desto schlechter Statik, Material und Ausführung.

Über die Beziehung Tikals zu Uaxactún

Tikal und Uaxactún lagen viele Jahre im Streit miteinander. Hintergrund war eine alte Konkurrenz und Rivalität der beiden großen, im späten Vorklassikum zu Großmächten angewachsenen Zentren. Bemerkenswert ist die Entfernung der beiden Städte zueinander. Sie betrug nicht einmal einen Tagesmarsch! Trotzdem konnten sie sich zu vollkommen ebenbürtigen Nachbarn entwickeln, denen es im ersten nachchristlichen Jahrtausend nicht gelang, einander den Rang abzulaufen. Während der kriegerischen Auseinandersetzungen kam es jeder Seite darauf an, so viele hoch stehende Gefangene wie möglich zu machen. (Nicht das Töten des Gegners war Ziel, sondern seine Gefangennahme.) Um die endgültige und ultimative Vorherrschaft klarzustellen, machte *Groß-Jaguar-Tatze*, König von Tikal, den Vorschlag, um die beiden Städte zu „spielen". Aus diesem Krieg, der am 16. Januar 378 n. Chr. entschieden wurde, ging Tikal als Sieger hervor und trat somit die langumkämpfte Nachfolge des zu Beginn der klassischen Periode zerfallenen El Mirador an. Der Tag ging als „Sternenkrieg" oder Tlaloc-Venus-Krieg in die Geschichte der Maya ein. Mit dieser Entscheidung war nicht nur der größte Konkurrent für Tikal ausge-

Die Götter der Maya

Die Götterwelt der Maya ist für den Betrachter zunächst verwirrend und nicht leicht zu überblicken. Ihre Zahl im Pantheon lässt sich auch heute noch nicht mit Sicherheit angeben. Die Quellen sind lückenhaft oder noch nicht entschlüsselt, und die spanischen Überlieferungen sind oft auf dem Hintergrund christlich-theologischer Kenntnisse interpretiert worden.

Eine der wertvollsten Quellen sind drei Maya-Handschriften, die der Bücherverbrennung der Konquistadoren entgangen sind: der *Codex Dresdensis* (Sächsische Landesbibliothek, Dresden), der *Codex Tro-Cortesianus* (Museo de América, Madrid) und der *Codex Peresianus* (Bibliotèque Nationale, Paris). Die Codices bestehen aus einem meterlangen, mit einer Kalkschicht überzogenem Papierstreifen, der als Leporello zusammengefaltet wurde. Niedergeschrieben sind hier Beschreibungen von bedeutungsvollen Tagen, astronomische Phänomene, Hinweise für verschiedene Zeremonien und anderes mehr.

Doch ebensowenig wie sich eine lückenlose Chronik des Mayavolkes rekonstruieren lässt, ist es möglich, eine Saga der Göttergeschichte zu entwerfen. Die Zuordnung der Götter wird durch die Tatsache erschwert, dass viele von ihnen dualistische Züge zeigen, also gut und böse, männlich und weiblich zugleich sein können. Es gibt Götter, die in ihrer Wesenheit vierfach auftreten, wie die Gottheit der vier Himmelsrichtungen.

Die Götterwelt der Maya ist mehrheitlich eine Männergesellschaft. Beim Vergleich der Götter-Physiognomien, die alles andere als sympathisch oder vertrauenserweckend wirken, hat sich eine alte und eine junge Generation ergeben. Während sich die alte Generation durch eine charakteristische Augenumrahmung und kantige Gesichtszüge auszeichnet, sind für die junge Generation mandelförmig nach oben verlaufende Augen und eine deformierte Stirn, die als Schönheitsideal galt, typisch. Letztere sollen die Maya durch das Aufbinden von Brettern künstlich erzeugt haben. Ebenso wie den leichten „Silberblick", den eine auf der Nasenwurzel befestigte Perle hervorrief. Ein schielender Gott mit einem Brett vor dem Kopf – eine heitere Vorstellung!

Der Schöpfergott der Maya hieß **Itzamná**. Sein Name bedeutet soviel wie „Haus des Himmels", wobei das Haus den gesamten Kosmos umfasst. Seine scharf gebogene Nase und die eingefallenen Wangenknochen sind Merkmale der alten Göttergeneration. Itzamná soll in Menschengestalt auf die Erde gekommen sein und den Maya die Schrift und das Kalenderwesen gebracht haben.

Der Regengott **Chac** ist der in den Codices am häufigsten abgebildete Gott. Charakteristisch und einzigartig ist seine lange rüsselförmige Nase und die aus dem Mund hängende Zunge. Chac war der Gott des Windes, des Donners und des Blitzes zugleich wie Itzamná ein den Menschen wohlgesonnener Gott, der ihnen Leben schenkte. Der Regengott trat außerdem in vier Wesenheiten auf, die mit den Himmelsrichtungen assoziieren: als weißer Chac im Norden, als gelber Chac im Süden, als schwarzer Chac im Westen und als roter Chac im Osten. In seiner Hand hält er ein Beil, das nach Maya-Glaube Donner erzeugt, sobald die Regengötter es zu Boden werfen.

Ebenfalls zu den guten Göttern zählt **Yum Kaax,** der Maisgott, dessen Physiognomie deutlich seine Zugehörigkeit zur jungen Generation beweist. Yum Kaax hält eine Maispflanze in der Hand, sein Kopfschmuck besteht aus einem Maiskolben mit Blättern. Am eindrucksvollsten ist der Maisgott auf einer Stele in Copán (Honduras) abgebildet.

Ah Puch ist der Name des Todesgottes, dessen Gestalt eine der furchterregendsten des gesamten Pantheons ist. Sein Rücken ist skelettartig dargestellt, sein Kopf zu einem Schädel mit fleischlosem Unterkieferknochen reduziert, und schwarze Flecken auf seinem Körper deuten die fortgeschrittene Verwesung an. Der knochenartige Ohrschmuck ist ein Symbol des Todes und seit der klassischen Zeit Kennzeichen für zum Tode verurteilte Gefangene. Ah Puch ist eine alles Leben bedrohende Gottheit, die in enger Verbindung zu den Kriegs- und Opfergöttern stand.

Eine Mehrfachrolle spielt die alte Mondgöttin **Ixchel**, die gleichzeitig als die Göttin der Webkunst, der Liebe und Ausschweifung und als Verschütterin des Wassers verehrt wird. In den Codices ist sie als alte Frau mit einem Schlangenkopfschmuck dargestellt, die gerade einen Krug Wasser ausgießt. Das Verschütten des Wassers wird als zerstörende Gewalt gedeutet und ist Zeichen ihrer negativen Seite. Positiv dagegen tritt Ixchel als Göttin der Liebe und Geburten auf. Es heißt, sie sei die Frau des Schöpfergottes Itzamná gewesen, und ihr Abbild unter das Bett einer Gebärenden gelegt, verhelfe zu einer leichten Geburt.

Zum Pantheon der Maya gehören eine lange Reihe weiterer Götter und Göttinnen. Die Identität vieler ist noch nicht gesichert, so dass es weiterer Forschergenerationen bedarf, um diese geheimnisvolle Götter-Welt zu enträtseln.

schaltet, sie markierte auch die Geburtsstunde einer völlig neuen Kriegsführung. Ging es seit Mayagedenken immer um die Eroberung und Vernichtung bzw. Gefangennahme des Gegners im traditionellen Zweikampf, fiel dieses Mal dem Sieger das Reich des Verlierers als Beute zu. In Tikal stehen vor der Akropolis zwei Stelen, auf denen die Tracht zu sehen ist, die eigens für diese Eroberung angefertigt wurde. Die unterschiedliche Gesteinsart ist ein Beleg, dass diese Stelen nachträglich – als Beute – mitgenommen und aufgestellt wurden. In der Tat kommen sie aus Uaxactún.

Anders als in Tikal wurden hier richtige Häuser mit Zimmern und Steinbetten gefunden, wie bei **Gruppe B,** wo und enge Türöffnungen auf die Statur der Maya schließen lassen.

Die Architektur der Maya war eng mit der Astronomie verbunden. Die Tempel der **Gruppe E** beispielsweise sind so aufgestellt, dass von der Treppe der Pyramide E-VII aus sich der Punkt des Sonnenaufgangs während der Sonnwendzeiten (21.6./21.12.) und Tagundnachtgleichen (21.3./23.9.) genau hinter einem der drei gegenüberliegenden Tempel befindet. Für die Maya war die Gruppe E ein Observatorium, die der astronomischen Beobachtung diente.

An **Gruppe D** liefen vor einigen Jahren Ausgrabungsarbeiten. Die „Stollen" verbergen in ihrem Innern Reliefs, Treppen, Mauern, Vorsprünge und vieles andere mehr. Die Archäologen kartieren das Entdeckte, schütten jedoch die Bohrlöcher um die Hügel herum wieder zu, da der guatemaltekische Staat weder das Geld für eine vollständige Freilegung noch für die Konservierung der alten Bauwerke aufbringt. Uaxactún wird also nicht weiter ausgegraben werden, die Tempel und Paläste werden wie seit über tausend Jahren unter den Bäumen verborgen bleiben.

Der Petén ist voller Mayastätten, die nur spärlich erforscht sind, aber Interessantes vermuten lassen. 1930 wurde **Nakbé** 30 km südlich von El Mirador an der guatemaltekischen Nordgrenze zu Mexiko zum ersten Mal aus der Luft gesichtet. Doch erst 1987 begannen Untersuchungen, die bewiesen, dass Nakbé aus der Zeit 1000–400 v. Chr. stammt, also zum frühen und mittleren Vorklassikum zählt. Die Archäologen fanden hier 96 km von der nächsten menschlichen Ansiedlung entfernt 75 Bauwerke bis zu einer Höhe von 45 m, geschmückt und verziert mit mythischen Figuren und Masken, des Weiteren behauene Stelen sowie Keramikreste, die Aufschluss über die frühen Handelsbeziehungen im Vorklassikum geben.

Eine **Zeremonialstraße** führt von Nakbé nach **El Mirador,** einem der größten und wichtigsten Zentren des späten Vorklassikums.

Hier standen einige der größten Bauwerke der präkolumbischen Welt, deren Blütezeit um die Jahrtausendwende 150 v. Chr. lag. Bemerkenswert ist vor allem der Tiger-Komplex, der von einem über 40 m hohen Tempel beherrscht wird. Zusammen mit dem so genannten Affen-Komplex und dem Danta-Komplex, der mit 70 m den höchsten bekannten Maya-Tempel besitzt, ergibt El Mirador ein großartiges Ensemble.

Der Geograph *Herbert Wilhelmy* hat nachgewiesen, dass die Maya bereits das besaßen, was heute als „zentralörtliches System" klassische Theorie ist. Das heißt, dass jedes Oberzentrum (z. B. Tikal, Palenque, Chichén Itzá) von Regionalzentren umgeben war (z. B. Tayasal, Nakum, Uaxactún und El Mirador im Falle Tikals) und diese wiederum Mittelzentren besaßen (Nakbé, Desquite, Uxul im Falle El Miradors). 12 große Pyramiden sind bereits im Mittelzentrum El Mirador kartiert worden, doch der extrem schlechte Zugang und knappe Finanzmittel haben eine ausgedehnte Forschungsarbeit bisher nicht zugelassen.

Warum El Mirador zu Beginn der klassischen Periode in Bedeutungslosigkeit versank, ist noch immer ein Rätsel.

Niemals allein nach Nakbé oder El Mirador reisen! Es ist zu gefährlich! Zu viel Dschungel!

Sayaxché

Wer genug Zeit für eine Entdeckung des Petén mitbringt, sollte einen mehrtägigen Ausflug in das 65 km von Flores entfernte Sayaxché planen. Die Fahrt von Flores aus führt in südwestlicher Richtung durch ein Savannengebiet, das ein Achtel der Gesamtfläche des Dept. Petén einnimmt und in dessen Mitte die Siedlung **La Libertad** liegt, die 1795 von Einwanderern aus

Uaxactún

Yucatán gegründet wurde. Die Besonderheit dieses Streifens liegt in der längeren Trockenperiode von drei Monaten pro Jahr. So wurde für diese „Trockeninsel" mit 1000–1500 mm Jahresniederschlag die Hälfte der Regenmenge ermittelt, die sonst für den Petén üblich ist.

Sayaxché bedeutet soviel wie „Astgabel". 14 Lagunen, unzählige Flüsse und 32 Mayastätten in der Umgebung lohnen den Abstecher hierher. Das kleine Dorf am Zusammenfluss des Río Petexbatún und Río de La Pasión hat sich innerhalb weniger Jahre zu einer stattlichen Größe entwickelt. Die Gegend ist heiß, die Luftfeuchtigkeit hoch.

Infos

- Das **Tourismusbüro** *Don Pedro* am Fluss vermittelt Ausflüge und Führungen zu allen sehenswerten Plätzen der Umgebung. (Vorsicht vor überhöhten Preisen!) Von hier aus ist es auch möglich, über den Río de La Pasión und den Usumacinta nach Mexiko (Echeverría) zu gelangen. Der guatemaltekische Grenzort heißt Corozal. Die *lanchas* sind, je nach Benzinpreis, extrem teuer.
- Es gibt **viele Hotels** in Sayaxché, die alle mehr oder weniger einfach sind. Das *Hotel Guayacán* (100/150 Q) befindet sich direkt am Flussufer, nicht weit davon das *Hotel Mayapán*. *Hotel Petexbatún* (nicht zu verwechseln mit der Lodge in der Laguna, s. u.) an der kleineren der beiden Anlegestellen direkt am Fluss. Das beste **Essen** bekommt man im *Yax Kin*.

Die Umgebung von Sayaxché

Laguna Petexbatún

Eine **Flussfahrt** zur Laguna Petexbatún lohnt sich für all diejenigen, die Spaß daran haben, Pelikane, Reiher, Leguane und anderes Getier zu beobachten. Vor vielen Jahren startete die Regierung an der Laguna ein Ansiedlungsprogramm. Als der Boden nach drei Jahren für den Maisanbau unbrauchbar geworden war, begannen die Leute zu fischen, in Unkenntnis der Laichperioden. Der Reichtum der Laguna an seltenen tropischen Fischen gehört seither der Vergangenheit an.

In einer kleinen Bucht, nahe den **Mayastätten** Dos Pilas und Aguateca liegt die Anlage der *Expedición Panamundo*. Übernachten kann man in vier schönen Bungalows mit Palmdächern oder in der auf Stelzen gebauten Lodge (ein Sechsbett-, drei Vierbettzimmer). Eingepasst in die tropische Vegetation, lebt man hier mitten im Wald und nimmt sein Essen in einem aus Bambus konstruierten, nach allen Seiten hin offenen, „Restaurant" ein – inklusive Bar. Das furchterregende Röhren der Brüllaffen ist hier so nah, dass man sie in allernächster Nähe glaubt. Die Lanchafahrt auf dem Fluss von Sayaxché zur Lodge dauert ca. 45 Minuten.

- **Ausflugsfahrten** nach Dos Pilas und Aguateca sind von der Lodge aus möglich. Zu diesen Stätten kommt man nur per Boot.
- **Preise:** Fahrt Sayaxché – Petexbatún – Sayaxché: 40 US$, Übernachtung: 15 US$ p.P. in der Lodge, 30–60 US$ (1–4 Pers.) in den Bungalows. Frühstück 5, Mittag- und Abendessen je 10, Lunchpaket 8 US$ plus 20 % Steuern (IVA und INGUAT auf jeden Posten). 100 US$-Paket: Sayaxché-Ceibal - Petexbatún (eine Übernachtung) – Aguateca – Petexbatún (mit Essen) – Sayaxché.
- **Kontakt** in der Hauptstadt: *Expedición Panamundo*, 6. Av. 14–75, Z 9, Guatemala Ciudad, Tel. 23 31 75 88. Der Geschäftsführer *Roger Brenner* spricht Deutsch.
- **Kontakt** in Sayaxché: *Oficina Panamundo* in St. Elena, Tel. 79 26 05 01.
- **Vorsicht!** Nicht ohne **Mückenschutz** nach Petexbatún fahren. Netze vorhanden.

Aguateca

Von Sayaxché zur Mayastätte Aguateca ist es eine gut zweistündige Bootsfahrt über einen Zufluss des Río de la Pasión und die Laguna Petexbatún. Zusammen mit dem nahe gelegenen **Tamarindito** und der weiter westlich liegenden **Ruinenstätte Dos Pilas** liegt es in einem Schutzgebiet, der Reserva Aguateca-Dos Pilas. Das kleinere, in Restauration befindliche Aguateca liegt hoch über dem Seeufer der Laguna Petexbatún. Es wird von einem 80 m tiefen **Canyon** (*grieta*) zerschnitten, der zu den tiefsten in Guatemala zählt und der Stätte den Namen „Zwillingsstadt" verliehen hat. In dieser stellenweise sehr engen Schlucht, die wie ein unüberwindlicher Burggraben Schutz vor Invasoren bot, fand man bei Ausgrabungen zahlreiche Skelette, die zum Teil fein gearbeitete Jadekronen im Gebiss aufwiesen. Über eine natürliche Kalkbrücke gelangt man zum Zentrum der Anlage, das einen Palast und eine Plaza Mayor besitzt. 14 Stelen um das Zentrum herum erzählen von der Geschichte und den Herrschern Aguatecas. Sie sind teilweise sehr schön restauriert und lassen kunstvolle Reliefs erkennen. Haarsträubend sind die Taten von **Kunsträubern,** die, wenn sie Stelen nicht komplett mitnehmen, so doch große Teile aus den unschätzbaren Steinsäulen heraussägen. Auch der Wald und die *grietas* (s. o.) um Aguateca herum werden geplündert. Die Abgelegenheit des Ortes verführt zum illegalen Holzeinschlag und zur Grabräuberei.

Untersuchungen haben gezeigt, dass Aguateca zur späten Klassik (Ende des 8. Jh.) von **Palisadenwällen** umgeben war, die zur Verteidigung dienen sollten, ein Zeichen für eine Eskalation von Kriegen in dieser Region. Aber auch die aufwendigen Konstruktionen konnten die Stadt nicht retten. Um 790 n. Chr. wurde sie von bisher nicht bekannten Feinden attackiert und besiegt. Viele Gebäude wurden zerstört, die Bewohner flohen oder wurden von den Siegern versklavt.

Seit einigen Jahren wird hier ein **archäologisches Projekt** durchgeführt, das speziell die alltäglichen Aktivitäten der klassischen Maya untersucht. Reiche Keramikfunde in verschiedenen Gebäuden lassen für die Zukunft auf wichtige Erkenntnisse hoffen.

Aguateca besitzt ein kleines „Besucherzentrum". Je nachdem, welche Arbeiter sich dort gerade aufhalten, kann man einen kundigen Führer durch die Stätte finden. Aguateca bietet aber keine Sensationen, da die Freilegungen noch nicht weit fortgeschritten sind. Nur etwas für Maya-Interessierte.

El Ceibal

17 km östlich von Sayaxché liegt die **Mayastätte** El Ceibal. Von der Kreuzung in dem kleinen Aldea El Paraiso aus sind es noch 11 km bis nach Ceibal, das im Parque Nacional El Rosario liegt. Wer ein Auto zur Verfügung hat, kommt hier nur mit Vierrad durch die Sumpflöcher. Mit dem Boot sind die Ruinen ebenfalls von Sayaxché aus zu erreichen. Ceibal liegt versteckt mitten im Dschungel, und sähnlich wie in Quiriguá im Dept. Izabal verfolgen den Besucher Schwärme von Stechmücken. Eine Karte am Eingang zeigt das erstaunliche Ausmaß der Anlage, von der nur der geringste Teil restauriert ist. Archäologen fanden hier einerseits Spuren einer sehr frühen Periode der Mayakultur, andererseits weisen die Abbildungen auf Stelen und Tempeln auf toltekischen Einfluss hin, was bereits das Ende der Mayahochkultur ankündigt. Ceibal ist die einzige Mayastätte in Guatemala, die noch im 10. Jh. besiedelt war.

Das erste Mal erwähnt wurde Ceibal 1892. Der Guatemalteke *Federico Artes* nannte diesen Ort *Saxtanquiqui*, nach dem Maya-Namen eines einheimischen weißen Vogels. Drei Jahre später kartierte *Teobert Maler* die Stätte, die er nach den vielen Ceibalbäumen dort benannte. Es folgten viele Forscher bis in die jüngste Zeit, die einige Strukturen freilegten, andere wieder zuschütteten. Ein kleiner Tempel ist sauber, beinahe etwas zu steril restauriert. Ceibal liegt mit 100 m strategisch günstig auf dem höchsten Punkt der Gegend; es ist in die Gruppen A, B, C und D eingeteilt worden. Gruppe A ist die größte; hier befanden sich Tempel, Pyramiden, Paläste, Plazas und der Ballspielplatz. Dagegen scheint die Gruppe D nahe des Flusses die dichtbesiedeltste gewesen zu sein.

Ein gutes Stück Fußweg entfernt befindet sich der *Circular del Tigre,* eine Art Arena, die ein Jaguarrelief zeigt (im Spanischen bedeutet *tigre* Jaguar und Tiger zugleich). Es hat nicht den Anschein, als ob die Gebäude unter den bewachsenen Hügeln in nächster Zeit freigelegt werden würden.

Die Bootstour dauert zwei Stunden mit anschließendem Marsch durch den Dschungel. Diese Tour ist aufregender als die Mayastätte selbst.

Dos Pilas

In den 1990er Jahren glaubten die Maya-Wissenschaftler, Dos Pilas sei von abgewanderten Maya aus Tikal gegründet worden, die sich mit dem großen Erzfeind Tikals, Calakmul, verbündeten. Durch den sensationellen Fund einer Hieroglyphentreppe in Dos Pilas im August 2001 und die darauffolgende Entschlüsselung des Textes weiß man heute, dass Dos Pilas von Abgesandten Tikals gegründet wurde, um einen wichtigen **strategischen Kontrollpunkt** zu installieren. Die Petexbatun-Region und die Flussläufe des Río Usumacinta sowie des Río de la Pasion waren überaus wichtige Knotenpunkte für die Handelsrouten von West und Ost, Hoch- und Tiefland. Doch wurde der Einfluss Calakmuls und seiner Verbündeten mit den Jahren zu groß. Dos Pilas fiel unter die Herrschaft Calakmuls, womit Tikal seinen Einfluss in der Region gänzlich verlor. Im Januar 2003 konnten Grabräuber die letzten vier Hieroglyphensteine der Treppe von Dos Pilas entwenden. Glücklicherweise waren alle vorher fotografiert und exakt nachgezeichnet worden, so dass man bei einem Besuch perfekt angefertigte Kopien bewundern kann.

Yaxchilán

Wer eine Möglichkeit findet, von Sayaxché aus eine mehrtägige Bootsfahrt den Usumacinta hinunter zur **Mayastätte** Yaxchilán zu machen, sollte es tun. 1888 wurde sie von *Alfred P. Maudslay* entdeckt, der ihr den Namen „Stadt der grünen Steine" gab. Die Ruinen liegen in einer Mäanderschlinge des Flusses 70 km südöstlich von Piedras Negras auf der mexikanischen Seite mitten im Lacandón-Gebiet.

Yaxchilán war durch seine Lage am schiffbaren Oberlauf des Usumacinta ein reger Handels- und Umschlagplatz zwischen 300 und 900 n. Chr. 86 Bauwerke liegen auf mehreren Hügeln der Umgebung. Einige von ihnen sind berühmt wegen ihrer wunderschönen Reliefs auf den Türoberschwellen, die jene von Tikal noch übertreffen. Das kunstvollste Relief von Yaxchilán befindet sich allerdings im Britischen Museum. Eindrucksvoll ist El Laberinto, eine Gewölbekonstruktion, die aus einer Vielzahl von verschachtelten Räumen besteht. Bis heute opfern die Lacandonen in Yaxchilán den Göttern und zelebrieren ihre Riten.

1960 entschloss sich eine Gruppe Kleinbauern von der Küste, im lacandonischen Wald nach neuen Lebensgrundlagen zu suchen. Acht Jahre später entstand die **Kooperative Bethel,** 140 km westlich von Flores direkt an der Grenze zu Mexiko.

● Hier bietet die Koop in ihrer *Posada Maya Bethel* **Übernachtungsmöglichkeiten** an. Diese liegt 1 km vom Dorf entfernt (Tel. 58 01 17 99, einfach, sauber. Acht Bungalows mit Gemeinschaftsdusche und WC. 80/160/ 240 Q). Ausflüge mit Verpflegung sind möglich nach Yaxchilán (Bootsfahrt über den Usumacinta), zum Cenote, einem natürlichen Brunnen, der zu Mayazeiten eine Opferstätte war. Busse von Flores oder Sayaxché aus gehen über La Libertad – El Subín (Kreuzung) – Las Cruces. Da es zu diesem verlassenen Winkel Guatemalas nicht viele verschlägt, sollte man sich gut und genau nach den Verbindungen erkundigen. Der Grenzort Frontera Echeverria (Corozal) nach Mexiko liegt nur eine halbe Bootsstunde nördlicher. Achtung! Auch hier sollte man mit einem guten Mückenschutz ausgerüstet sein.

Piedras Negras

Weiter flussabwärts auf der Höhe von Tikal an der Grenze zu Mexiko liegt Piedras Negras, das man entweder mit dem Boot oder dem Flugzeug von Flores aus erreichen kann.

Wer sich für einen Wassertrip entscheidet, muss wissen, dass der Weg zurück nach Guatemala wegen der vielen Stromschnellen nur über Mexiko führt! Eine Möglichkeit, zurückzukommen, bietet sich weiter nördlich bei La Palma (Mexiko) über den Río San Pedro. Bis El Naranjo muss man

Die Mayastätte El Ceibal

Die Umgebung von Sayaxché

auf dem Fluss fahren. Vor Beginn dieser Tour in jedem Fall genauestens nach Einzelheiten erkundigen! Denn die Fahrt nach Piedras Negras den Usumacinta hinunter ist recht abenteuerlich und nur für Leute, die etwas erfahren sind.

Die **Mayastätte** leitet ihren Namen „Schwarze Steine" von den dunklen Kalksteinen ab. Man hat durch die Interpretation der 35 datierten Stelen von Piedras Negras herausgefunden, dass hier eine Dynastie von sieben Herrschern zwischen 603 und 777 n. Chr. regierte. Zum Teil waren Regenten zur Zeit der Thronbesteigung nicht älter als 13 Jahre. Erinnerungen an den letzten Kaiser von China tauchen auf ...

Die berühmte russisch-amerikanische Mayaforscherin *Tatiana Proskouriakoff* fand hier in den 1950er Jahren zum erstenmal heraus, dass die Inschriften auf den Stelen geschichtliche Daten wiedergeben. Ihre 1960 veröffentlichte Studie öffnete der Mayanistik neue Türen und wurde zum Meilenstein für die Rekonstruktion der Geschichte der Maya.

In Piedras Negras stießen die Archäologen auf mutwillig beschädigte Stelen, bei denen vor allem die Darstellungen von Herrscherköpfen zerstört waren. Das erhärtet die Annahme eines sozialen Umsturzes innerhalb der Untergangstheorien. Die meisten der Stelen und geschnitzten Türsturze befinden sich heute im Museum von Guatemala Ciudad, so dass Piedras Negras an Attraktivität verloren hat.

Triangulo Cultural (Das kulturelle Dreieck) Yaxha, Nakum, Naranjo

(Autor: Dieter Richter)

Mit 270 Arbeitern und 10 Ingenieuren ist es das **größte interdisziplinäre Projekt** der gesamten Mayawelt. Hier wurden in den vergangenen 15 Jahren die in einer geographischen Region von 1200 km² befindlichen Mayastätten auf ihren Baubestand untersucht, Rettungsmaßnahmen an einsturzgefährdeten Gebäuden durchgeführt, einzigartige Tempelpyramiden wissenschaftlich untersucht und in ihrer Bausubstanz gefestigt. Im Gebiet des Triangulo Cultural liegen drei ehemals riesige Maya-Stadtstaaten – Yaxha, Nakum und Naranjo – und 13 Unterzentren. Die am gleichnamigen See liegende Stätte **Yaxha** hat etwas zu bieten, das man in keiner anderen beobachten kann: Schönste Sonnenuntergänge mit verschiedenen Rottönen und Farbspielen über dem See – am besten zu bewundern vom Tempel 216, dem mit 30 m höchsten Yaxhas. Im Gegensatz zu Tikal, wo es morgens zum Sonnenaufgang auf dem Tempel IV häufig sehr voll wird, wird man diese einzigartige Erfahrung hier mit nur wenigen Menschen teilen. Im Yaxha-See befindet sich die von den postklassischen Maya bebaute **Insel Topoxte**. Per Lancha bringt die von Arbeitern des Projektes gegründete Kooperative Besucher für wenig Geld auf die Insel. Dort kann man eine kleinere Stätte bewundern, die durch ihre Lage auf einer Insel eine Besonderheit darstellt und die einzige Stätte des Petén ist, die noch **aufrecht stehende Architektur der Postklassik** aufweist (auf der Insel, auf der heute die Stadt Flores liegt, gab es eine weitere postklassische Stätte, Tayasal, von der heute aber nichts mehr zu sehen ist). Topoxte besitzt ein kleines **zeremonielles Zentrum.** Hier kann man den 14 m hohen und restaurierten Tempel C besteigen, von wo aus man einen Überblick über die Platzanlage hat. Um das zeremonielle Zentrum herum finden sich überall auf der Insel die Überreste vieler palastähnlicher Gebäude. Die Insel ist durchzogen von einem unterirdischen System von winzigen Gängen und Kammern, in denen Rituale durchgeführt und Opfergaben dargebracht wurden.

Im Laufe des Projektes ist Yaxha neben den wissenschaftlichen Arbeiten auch für einen nachhaltigen **Tourismus** vorbereitet worden. Tempel 216 ist freigelegt und restauriert worden, seine ursprünglichen Volumen sind wieder sichtbar, und über eine Holztreppe gelangt man bis zur Spitze des Tempelgebäudes, von wo aus man einen herrlichen Blick über den See hat und in alle Richtungen bis zum Horizont nur Regenwald sieht. An zwei Stellen ragen weitere Gebäudespitzen aus dem grünen Urwaldmeer hervor; architektonische Komplexe, die mittlerweile ebenfalls bestiegen werden können und verschiedene Blickwinkel über die urbane Anlage bieten.

Am Rande des Arbeitercamps kann gratis unter Palmdachkonstruktionen **übernachtet** werden, die extra für Touristen konstruiert worden sind. Hier kann man seine Hängematte aufhängen oder sein Zelt aufschlagen. Verpflegung muss jedoch mitgebracht werden! Am Ostufer gibt es die *Jungle Lodge El Sombrero,* mit Holzhäusern am Seeufer und einem Restaurant mit Seeblick; ca. US$ 30 US pro Zimmer. Die angebotenen Touren nach Topoxte, Yaxha und Nakum sind teuer; man sollte besser vorher einen Preis aushandeln.

Bei verschiedenen Anbietern in Flores kann man Tagestouren nach Yaxha buchen und Zweitagestouren, die eine Dschungelwanderung von Yaxha nach Nakum beinhalten, mit einer Übernachtung im Zelt. Während die Arbeiten in Yaxha langsam dem Ende zugehen, sind sie in Nakum in vollem Gange. Auch hier ist schon eine **Tempelpyramide** restauriert worden, die sich nahe am Kollaps befand. Zurzeit wird in der riesigen Akropolis gearbeitet, die 12 Innenhöfe auf unterschiedlichen Niveaus mit daran angegliederten Palastgebäuden und einigen Tempelkonstruktionen aufweist (zum Vergleich: die Zentralakropolis in Tikal hat nur sechs Höfe). Darunter das Palastgebäude D, mit einer Länge von 122 Metern und 43 Räumen! Die Gelder für die Arbeiten in Nakum laufen im Dezember 2005 aus. Die Verantwortlichen bemühen sich derzeit um eine Verlängerung der Laufzeit des Projektes, in dessen Zuge zwei weitere wichtige Tempelpyramiden freigelegt und restauriert würden.

134gu Foto: bh

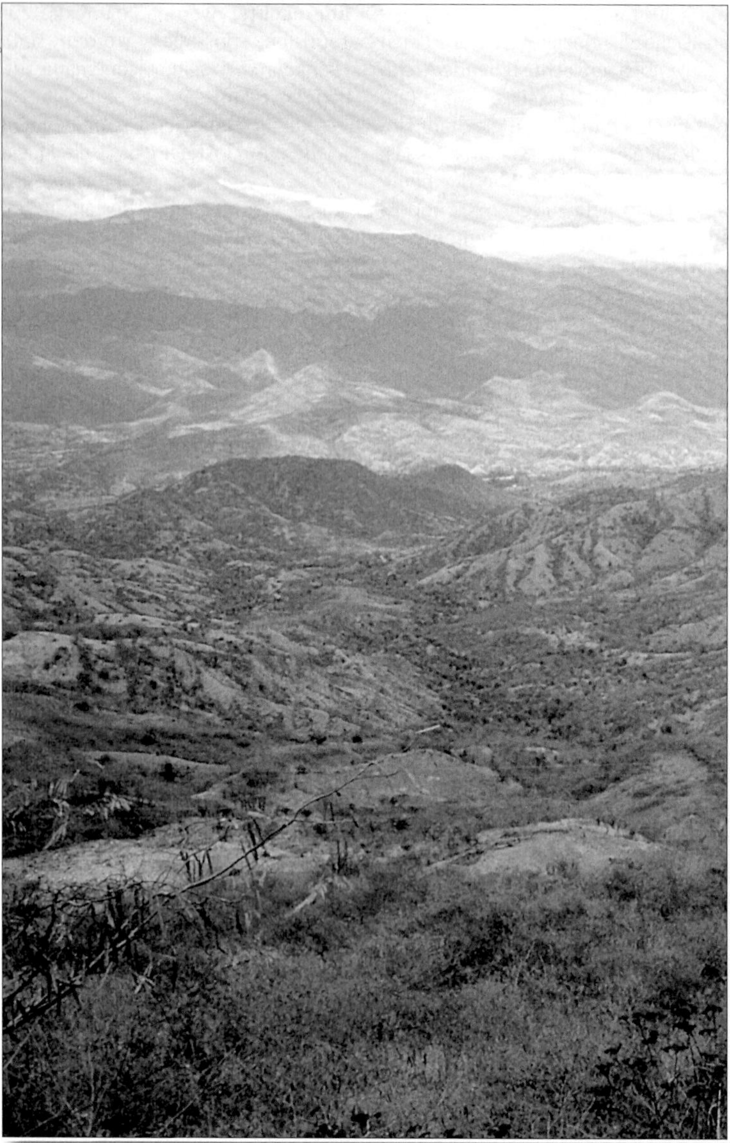

Der Oriente

Zum „Oriente", dem Osten des Landes, zählen die Guatemalteken die **Departemente** El Progreso, Jalapa, Jutiapa, Zacapa und Chiquimula. Zusammen sind sie so groß wie der Alta und Baja Verapaz und besitzen außer der Sierra de Las Minas im Norden von El Progreso und Zacapa keine nennenswerten Erhebungen. Das Klima ist entsprechend warm und trocken. Anders als im „Occidente", dem Westen Guatemalas, lebt im Oriente größtenteils eine Ladinobevölkerung, die als äußerst temperamentvoll gilt. Es fehlen somit die typischen Indígenadörfer mit ihren Adobehütten, die kleinräumliche Landwirtschaft, die unterschiedlichen Trachten, Sprachen und Kulturen.

Nur im Osten der Departemente Zacapa und Chiquimula leben die Chortis, deren Kultur von dem berühmten Mayaforscher *Rafael Girard* untersucht worden ist, sowie die Pocomam im zentralen Teil, die eher ein Inseldasein führen.

Für den Reisenden ist die gesamte Region meist nur Durchgangsstation in die Verapaces, an die Karibik, nach Honduras oder nach El Salvador. Trotzdem gibt es auch aus diesem Teil Guatemalas Interessantes und Wissenswertes zu erzählen und einige Sehenswürdigkeiten zu erwähnen, die einen Besuch lohnen.

Blick über die kargen Hochebenen des Oriente

Dept. El Progreso

Das **Departement El Progreso** wirkt öde und verlassen, besonders während der Trockenzeit. Es fehlen geschlossene Wälder und ein dichtes Flussnetz, so dass weite Teile einen savannenähnlichen Charakter haben. Nur im Norden erhebt sich die Sierra de Las Minas mit dichter Vegetation. In der Regenzeit beginnen allerdings die leuchtend roten *Arboles del amor* zu blühen, die „Liebesbäume", deren Blüten so vergänglich sind wie manchmal die Liebe, so sagt man hier. Ansonsten beherrschen vielerorts riesige Kakteenkolonien das Landschaftsbild.

Wer einen Bus von der Hauptstadt aus Richtung Oriente nimmt, wird wenig später kilometerlange Schlangen von schweren LKWs bemerken. Sie warten täglich am Straßenrand der CA 9 auf eine Zementladung aus dem großen Werk *Cemento Progreso,* für das der Staat die Monopolrechte besitzt. Die Fahrer verbringen oft Tage in der Hängematte unter ihren Lastwagen.

Die Hauptstadt des Dept. El Progreso wird noch immer bei ihrem alten Namen **Guastatoya** genannt, obwohl in den Karten des Landes „El Progreso" verzeichnet ist. Das kleine Städtchen liegt 75 km von der Hauptstadt entfernt. Während der Fiesta am 15. Januar wird hier ein Tanz aufgeführt, der *La danza del calambre* heißt („Wadenkrampftanz"). Hervorzuheben ist, dass die Einwohner Meister der Hüteherstellung aus Palmfasern sind.

●**Übernachtungsmöglichkeit:** *Hotel Casa Guastatoya,* Tel. 79 45 15 89. 75/100/125 Q.

Kurz vor der Kreuzung El Rancho, die eine Umsteigemöglichkeit in die Verapaces bietet, liegt die Zellstofffabrik *CELGUSA.* 1981 begannen die Guatemalteken in dieser holzarmen Gegend mit dem Bau dieses Werkes; es wurde jedoch nie in Betrieb genommen. Die Schulden für das Projekt sind inzwischen schwindelerregend hoch. Jetzt will Guatemala ans Ausland verkaufen, aber, wie der damalige Präsident *Cerezo* betonte, müssten die Besitzer für Kläranlagen sorgen (die nicht vorhanden sind), außerdem das Holz aus Kanada oder irgendeinem anderen Land importieren.

Die **Weiterfahrt** in den Osten führt nun am wichtigsten Fluss Guatemalas entlang, dem Motagua. Sein breites Tal beschreibt gleichzeitig eine der wichtigsten geologischen Plattengrenzen des zentralamerikanischen Subkontinents und ist oft Epizentrum schwerer Erdbeben.

Das sehenswerteste Dorf im Departement ist zweifellos **San Augustín Acasaguastlán.** Es war während der präkolumbischen Zeit von den Maya besiedelt, wie nahe gelegene Ruinen und Keramikfunde beweisen. In den Ausläufern der Sierra de las Minas fand man Jadevorkommen, das „Gold der Maya". Der Ort liegt heute inmitten großer Zuckerrohrfelder nördlich

Mit dem Mecapal werden alle Lasten getragen

des Motagua und der CA 9 kurz hinter El Rancho. Eine Glocke der kolonialen Kirche soll das Datum 1522 tragen. Sie muss von den Spaniern mitgebracht worden sein. Als Töpfer, Instrumentenbauer und Musiker haben sich die Indígenas des Dorfes einen Namen gemacht. Wer sich während der Fiesta am 28. August und der *Semana Santa* (Ostern) hier aufhält, wird bei den Festivitäten hervorragende *Chirimía*-Spieler erleben.

Das Dorf **Jícaro** südöstlich von San Augustín erhielt seinen Namen von der runden Frucht des Jícaro-Baumes, die in der Maya-Mythologie eine Rolle spielt und seither Modell eines Gefäßes ist, das zu kultischen Zwecken benutzt wird.

Verkehrsverbindungen

Von der Hauptstadt aus ins Dept. El Progreso: Bus *Guastatoya* ab 8. Av. 19–49, Z 1 alle 30 Min. bis 19.30 Uhr. *Litegua*, 15. Calle 10–42, Z 1. *Rutas Orientales,* 19. Calle 8–18, Z 1. Letztere zwei sind Erster-Klasse-Pullman-Busse. Sonst 8. Av. zw. 19. und 20. Calle, Z 1. Die Busse halten an allen wichtigen Stationen entlang der CA 9.

Dept. Zacapa

Den Motagua entlang in nordöstliche Richtung durchquert die Atlantik-Fernstraße das Departement Zacapa. Das Tal enthält große Jadeit-Vorkommen, die einst von den Maya abgebaut wurden, die Spanier jedoch nicht besonders interessierten und heute wieder in der Schmuckindustrie verarbeitet werden, wie z. B. in der *Casa del Jade* in Antigua, die die edelsten und teuersten Jadeschmuckstücke herstellt.

Rund um die **Pasabien-Wasserfälle** nahe Teculután bei Km 126 haben sich eine Anzahl größerer Hotels etabliert. Das *Motel Longarone* (30/36 US$) sowie das *Hotel El Atlántico* (30/36/40 US$) haben Restaurants, Pools und sind komfortabel eingerichtet. Das Wasser des Río Pasabien, der in der Sierra de Las Minas entspringt, ist kalt, aber in dieser Hitze schön erfrischend.

Bei der **Kreuzung Río Hondo** (Km 135) gibt es Umsteigemöglichkeiten Richtung Süden nach Chiquimula, Esquipulas und Copán (Honduras). Río Hondo ist ein beliebter LKW-Halt. Wer hier am Abend hängenbleiben sollte, wohnt bei ähnlicher Qualität im *Hotel Sta. Cruz*, Km 126, 130/210 Q.

Eine Kuriosität Guatemalas befand sich lange Zeit ca. 3 km nach der großen Kreuzung Río Hondo Richtung Zacapa. Beim schweren Erdbeben 1976, das hier sein Epizentrum hatte, wurde der Mittelstreifen der Straße auseinandergerissen und die Enden um etwa einen Meter gegeneinander versetzt.

Die gleichnamige Hauptstadt des Departements ist kein bevorzugtes Ziel des internationalen Tourismus, obwohl **Zacapa** ein ausgesprochen hübsches Städtchen mit einer schönen Kathedrale ist und die Zacapanecos freundliche Leute sind.

Noch bevor Zacapa 1896 zum **Eisenbahnknotenpunkt** (Guatemala Ciudad/Puerto Barrios/El Salvador) wurde, hatte es sich zu einem wichtigen Handelszentrum entwickelt. Landwirtschaftliches Hauptprodukt ist Tabak. So bekommt man überall dicke Zigarren angeboten, die zum Teil von den Zacapanecas mit der Hand gerollt werden. Nirgendwo in Guatemala wird man so viele Zigarre rauchende Männer (und Frauen) sehen wie hier. In den fruchtbaren Auen des Motagua wird Obstbau (z. B. Melonen) betrieben, außerdem gibt es eine milchverarbeitende Industrie.

Eine alte Tradition hat die Herstellung von *tablones de panela,* schmale Holzbretter, in deren kreisrunde Vertiefungen die klebrige Zuckerrohrmelasse gegossen wird, um zu den typischen braunen Rohrzuckerblöcken auszuhärten. Die dunkelbraunen Tablones sind sehr beliebte Souvenirs; es gibt sie auf allen Touristenmärkten Guatemalas zu kaufen.

Berühmt ist Zacapa auch wegen der prähistorischen Funde aus dem Motagua-Tal, die im **Paläontologischen Museum von Estanzuela,** 9 km vor Zacapa gelegen, ausgestellt sind. Hier gibt es Skulpturen, Gräber und Werkzeuge aus der Maya-Zeit sowie Skelette ausgestorbener Riesentiere zu besichtigen, wie das eines etwa 30.000 Jahre alten Mastodonten aus dem Jungtertiär, ein Vorfahr der heutigen Elefanten. Das 1974 gegründete Museum ist geöffnet Di–So 9–17 Uhr. Ein Besuch lohnt sich. Über Zapaca gäbe es noch jede Menge zu berichten; ein kleiner Zwischenstopp empfiehlt sich, um hier auf Entdeckung zu gehen.

Unterkunft/Verkehrsverbindungen

- **Übernachtung** in Zacapa im komfortablen *Hotel Miramundo,* 17. Av. 5-41, Z 3, Tel. 79 41 26 76, 95/145 Q. Der Terminal befindet sich am Ortseingang. In Gualán *Hospedajes Sigui,* Barrio La Estación, 90/220 Q.
- **Von der Hauptstadt** aus ins Dept. Zacapa: Erster Klasse mit *Rutas Orientales,* 19. Calle 8-18, Z 1, oder Bus Richtung Atlantik bis Río Hondo, nach Zacapa umsteigen; auch alle Busse nach Chiquimula u. Esquipulas (s.u.).

Dept. Jalapa

Südlich von El Progreso liegt das Departement Jalapa. Nach dem Erdbeben von 1773, das Antigua zerstörte, dachte man daran, die neue Hauptstadt in das Tal von Jalapa zu verlegen, das in der Übersetzung „Überfluss an Sand" heißt. Wegen des Mangels an Trinkwasser entschied man damals anders. Spätere Bewässerungsprojekte gaben der hiesigen Landwirtschaft entscheidende Impulse, so dass heute Tabak und Gemüse zu den Hauptanbauprodukten gehören.

Die Departementshauptstadt **Jalapa** ist 173 km von der Hauptstadt entfernt. Auf ihrer Plaza steht ein versteinerter Baum.

Was man kaum für möglich hält, ist, dass in Jalapa bis zu einer Höhe von 2200 m noch Kaffee kultiviert wird. Entscheidender Vorteil gegenüber vergleichbaren Höhen im Hochland ist das Fehlen von Frost.

Bei **San Pedro Pinula** befindet sich der Wasserfall Los Chorros, der in Kaskaden herabstürzt und auch von Einheimischen besucht wird.

Unterkunft/Verkehrsverbindungen

- **Übernachtungsmöglichkeiten** in einfachen Hotels in der Zone 1.
- **Von der Hauptstadt** aus mit *Unidos Jalapanecos,* 22. Calle 1-20, Z 1 oder mit jedem Bus Richtung Atlantik; kurz vor Sanarate umsteigen.

Dept. Jutiapa

Südlich schließt sich das Departement Jutiapa an, welches auch Grenzgebiet zu El Salvador ist. Es ist eines der wichtigsten **Viehzuchtgebiete** Guatemalas.

Die Lage der gleichnamigen Hauptstadt an der Panamericana ließ den Ort zu einem Handelszentrum werden. **Jutiapa** ist der Geburtsort von *José Milla* (1822-1882), der in seinem Roman *Un viaje al otro mundo pasando por otras partes* die Figur des Juan Chapín erfand. Nach ihnen nennen sich die Guatemalteken Chapines.

Wie Jalapa gehört Jutiapa zur Küstenkordillere und weist kleine Vulkane auf, die jedoch nicht mehr mit denen des Westlichen Hochlandes zu vergleichen sind.

Auf dem Weg nach El Salvador fährt der Bus an **El Progreso** vorbei, in dessen Kirche die Jungfrau von Lourdes verehrt wird.

In **Asunción Mita** weiter westlich siedelten einst mexikanische Einwanderer aus Anáhuac, wie archäologische Funde bewiesen haben. Der Standort war lange Zeit von großer Bedeutung, da er an der alten Handelsroute nach Panama lag.

An der Laguna de Atescatempa vorbei, erreicht die CA 1 (Panamericana) den Grenzort **San Cristóbal Frontera** nach El Salvador. Sie führt weiter nach Santa Ana und San Salvador.

Da das Departement Jutiapa im Süden einen kleinen Anteil an der Pazifikküste hat, zählen die Guatemalteken es nicht mehr zum eigentlichen Oriente.

Unterkunft/ Verkehrsverbindungen

- In Jutiapa gibt es mehrere **Hotels**. *Hotel Mansion La Villa*, 4. Av. 3-55, Zone 3, Tel. 78 44 11 15, 130/200 Q. *Hotel del Sol*, Km 177 Interamericana, 200/350/375 Q. *Hotel Glorymar*, 5. Av. 3-54, Z 3, 75/150 Q. *Belén*, Calle 15 de Septiembre, 60/80 Q.
- **Von der Hauptstadt** aus direkte Busse vom Terminal der Zone 4 mehrmals täglich. Nach San Cristóbal Frontera an die Grenze mit *Melva Internacional*, Vía 6 3-04, Z 4, bis 16 Uhr. Möglich ist auch ein Grenzübergang im weiter südlich gelegenen Valle Nuevo.

Dept. Chiquimula

Das Departement Chiquimula, Durchgang nach Honduras, ist dicht besiedelt. Von Süden nach Norden zieht sich die Sierra del Espíritu Santo am Grenzgebiet entlang. Die Cabecera des Departements gleichen Namens wurde 1765 beim großen Erdbeben zerstört. Der Name Chiquimula leitet sich ab von *chiquito mula* – „kleiner Esel". Es ist ein wichtiges Zentrum im Oriente und durch seine Lage ein quirliger, umtriebiger Ort. Es gibt einen großen Markt, der täglich abgehalten wird. In Chiquimula liegt alles sehr nahe beieinander mehr oder weniger rund um den Parque. Die wichtigsten Busstationen liegen zwischen 10. und 12. Avenida nordwestlich des Parque (nahe 1. und 2. Calle)

Infos

- **Übernachtungsmöglichkeiten** in Chiquimula im *Hotel Chiquimula* 3. Calle 6-51, Z 1 am Parque. Sehr schönes Hotel, empfehlenswert, 40/80 Q (mit AC 60/120 Q). Ebenfalls auf der 3. Calle eine Cuadra weiter westlich *Hotel Hernandez*, 50-150 Q. Die anderen Hotels wie *Hotel Posada Perla de Oriente* 12. Av. 2-30, Z 1, 110/195 Q, und *Hotel Posada Don Adán* 8. Av 4-30, Z 1, 120/200 Q, sind auch alle o.k.
- **Essen** im *La Parillada*. Auch **Internetcafé**.

Um den 15. Januar ist das 50 km entfernte **Esquipulas** Ziel von Tausenden von Pilgern aus ganz Zentralamerika. Gegenstand der Verehrung ist der **Schwarze Christus von Esquipulas** (*Cristo negro*) des Bildhauers *Quirio Cataño*, dessen Kunstwerk heute in der großen **Basilika Santuario** steht, die mit ihren mächtigen Türmen und Kuppeln zu den prächtigsten Bauwerken Guatemalas gehört. An sonnigen Tagen glänzt die weißgekalkte Fassade über dem Ort. Ein Besuch lohnt sich.

Die Frage, warum der Christus schwarz ist, wird immer wieder gestellt. Es heißt, dass die Auftraggeber – Spanier oder Indígenas ist nicht gesichert – Cataño Ende des 16. Jh. baten, eine Statue aus dunklem Holz zu schnitzen, da die Indianer glaubten, ein hellhäutiges Wesen könne von Natur aus nicht gut sein. Der Ruß von Weihrauch und Kerzen färbte den Christus noch dunkler. Weiterhin heißt es, dass die christianisierten Indígenas

DEPT. CHIQUIMULA

Der Oriente

aus dem Verkauf von Baumwolle den Meister für das neue Heiligtum bezahlten. Lange Zeit stand es im Calvario von Esquipulas, bis 1737 der guatemaltekische Erzbischof *Pardo de Figueroa* zum Dank für die Heilung einer schweren Krankheit den Bau für die Basilika anordnete, um dem Wunderheiler einen Platz zu garantieren.

Das Städtchen erhielt seinen Namen von dem Kaziken *Esquipulas,* der den Spaniern den Ort kampflos übergab. Zum Kampf blies dagegen 1954 der vom CIA bezahlte *Castillo Armas*, der mit einem Söldnerheer von Honduras nach Guatemala einrückte, um die Demokratie Guatemalas zu stürzen. Er kam dabei durch Esquipulas. So war der Ort gut gewählt für die zentralamerikanischen Friedensverhandlungen (Mitte der 1980er Jahre), auf denen sich die Präsidenten aller fünf Länder u. a. darauf einigten, die Demokratisierung auf dem Kontinent voranzutreiben.

Wer etwas Zeit mitbringt, kann einen Ausflug in die nahe gelegene *Cueva de Las Minas* machen (auf der Hauptstraße außerhab der Stadt Richtung Honduras zu Fuß zu schaffen). Es ist eine kleine Höhle mit Naherholungscharakter drumherum. Im Río El Milagro nehmen die Einheimischen gerne ein Bad.

Infos

- **Übernachtung:** Bestes Hotel ist das *Hotel El Gran Chortí* außerhalb bei km 222 gelegen. Sehr komfortabel, mit Pool, DZ 600 Q. Günstiger ist *Hotel Payaquí* mit Pool, 150/300 Q, beim Parque. Daneben *Hotel El Peregrino,* 160/210 Q, und *Hotel Los Angeles,* 50/60 Q. Von den Hotels in der Ecke 1. Avenida/10. Calle ist das *Hotel Internacional,* 150/250 Q, das beste. Luxusklasse ist das *Porta Hotel Legendario* 3. Av./8. Calle, 330/375 Q. *Hotel Ivonne,* 7. Av. 3-70, Z 2, 110/190 Q. *Hotel San Judas,* 9. Calle 5-47, Z 1, 150/225 Q.
- Empfehlenswertes **Essen** gibt es im *La Hacienda Steak House, Restaurante Los Arcos* und *La Rotanda.*
- **Verkehrsverbindungen:** von der **Hauptstadt** nach Chiquimula und Esquipulas Pullman *Rutas Orientales,* 19. Calle 8-18, Z 1, bis gegen 18 Uhr; *Rutas Guatesqui,* 19. Calle 8-26, Z 1, mehrmals täglich.

Von Esquipulas aus kann man die **Grenze zu Honduras** bei Agua Caliente passieren. Wer allerdings zu den Ruinen von Copán möchte, muss den Grenzübergang El Florido benutzen, der sich weiter nördlich auf der Höhe von Chiquimula befindet. Von dort aus sind es ca. 15 km nach Copán. **Taxi** zur Grenze ca. 170 Q.

Die Region um **Quetzaltepeque** wird von den Chortí-Indígenas bewohnt, die hier inmitten des ladinogeprägten Umlandes eine Kulturinsel bilden. Die Mayasprache Chortí bedeutet soviel wie „Sprache der Maiszüchter". Der Mayaforscher *Rafael Girard* führte hier in den 1950er und 60er Jahren grundlegende ethnographische Untersuchungen über die Riten und Mythen der Chortís durch. Seine Ergebnisse veröffentlichte er im Buch „Die ewigen Mayas".

Plastische Skulpturen sind ein Kennzeichen von Copán

Abstecher nach Copán

Die Ruinen von Copán in **Honduras** liegen rund 230 km von der guatemaltekischen Hauptstadt entfernt. Von Chiquimula aus fahren regelmäßig Busse *(Transportes Vilma* bzw. *Litegua)*, Colectivos oder Taxis über Vado Hondo nach Jocotán (Übernachtungsmöglichkeit) zum Grenzpunkt El Florido (ca. 60 km, 2–3 Stunden Fahrt auf einer asphaltierten Straße). Auf der Hauptstraße in Chiquimula wird der Shuttle-Service ausgerufen. Möglichst früh dort sein.

Flüge über *Jungle Flying* 27. Calle „C" 15–55, Z 13, Tel. 23 31 49 95 in der Hauptstadt.

Grenze: Wer in Honduras bei einem eintägigen Ausflug nur die grenznahen Ruinen besichtigen möchte, sollte dies bei der Aus- und Einreise unbedingt den Beamten mitteilen; man erspart sich langwierige Formalitäten, da es hierfür eine Art billigeres Besuchervisum gibt, das aber nur zum Besuch der Ruinen berechtigt. Wer mit dem Mietauto kommt, muss es stehen lassen. Minibusse oder Pick-ups fahren zu den Ruinen bzw. zum Ort Copán-Ruinas, dies leider oft zu überhöhten Preisen.

Die Grenze ist täglich geöffnet von 7–18 Uhr. Das Visum kostet den Besucher ca. 35 Q. Das Museum kostet 5 US$ (Eintritt in die Ruinen), der unterirdische Gang (Rosalia-Tempel) stolze 12 US$.

Infos

- **Übernachtungsmöglichkeiten** in Copán-Ruinas: *Hotel Marina Copán* am Parque, sehr schöne Atmosphäre. Bietet besten Komfort. DZ 85 US$. Gute Mittelklasse *Hotel Los Jaguares* und *Plaza Copán*, ebenso *La Casa de Café*, alle zw. 35 und 52 US$. Schön auch *Hotel Acrópoli Maya* einen Block nördlich des Parque, DZ ca. 600 Lemp. *Hotel Paty* am Fußballplatz nordwestl. vom Parque, DZ 20 US$. *Hotel Popol*, nah im Zentrum, DZ 30 US$. Dezentral auf der anderen (südöstl.) Seite *Hostal Iguana Azul*, DZ 10 US$, und *Hotel Los Gemelos* westlich des Plaza. Beide sind beliebte Travellertreffs. Ebenso *Hotel Siesta* mit Restaurant und Bar.
- **Essen:** Frühstück im *La Llama del Bosque*, zwei Blocks westlich vom Parque, und *Carnitas N'ia Lola* und *Vamos a Ver*. Travellertreff ist das *Reggae Roof* westlich des Parques und die *Tunkul Bar* eine Cuadra südlich vom Parque mit Happy Hour täglich von 18–20 Uhr.

In Copán gibt es zwei **Tourismus-Infostellen** in der Nähe des Parque, zwei Banken, eine Wäscherei und ein Book Exchange, eine Spanisch-Schule *(Ixbalanque)*, die auch Wochenendkurse anbietet, mehrere Tour-Operators *(Xukpi Tours, Go Native)* und *Hondutel* (Telefon) sowie eine Post. Infos über dies und anderes in den Bars und Kneipen, wo sich die meisten Traveller treffen.

Copán

Copán gehört neben Tikal und Palenque zu den größten Attraktionen der alten Mayawelt. Als 1841 der amerikanische Forschungsreisende *John L. Stephens* zusammen mit dem Zeichner *Frederik Catherwood* die Ruinen erstmals besuchte, entdeckten sie eine Trümmerstadt „...gleich einer inmitten des Meeres zerschellten Barke...". Die Ruinen hüllte „...eine ungeheure Waldung ein und verbarg sie vor den Blicken der Menschen." *Stephens* erkannte schnell, dass sich hier etwas Einzigartiges unter dem Urwald verbarg. Um das gesamte Areal ausgiebig kartieren und erforschen zu können, sodann die besten Stücke nach New York bringen zu lassen, kaufte er dem Pächter des Geländes die Ruinen schlichtweg ab. In seinen Erinnerungen hört sich dies so an: „So vernehme der Leser, dass ich für Copán fünfzig Dollar zahlte. Wegen des Preises gab es gar keine Schwierigkeit. Ich bot jene Summe, und Don José Maria hielt sie für so übermäßig hoch, dass ich darob in seinen Augen als Narr erschien. Hätte ich mehr geboten, er würde mich wahrscheinlich für etwas Schlimmeres angesehen haben."

Die Ruinen sind noch da, und heute gehört Copán nach über 100 Jahren Forschung zu den besterforschten Mayastätten Mesoamerikas. Nirgendwo sonst erleben wir eine solche Fülle höchster Bilderhauerkunst. Es gehört seit 1980 wie Tikal (1979) zum Weltkulturerbe der Menschheit.

In der beschreibenden Literatur werden die Begriffe Tempel, Struktur und Pyramide oft gleichbedeutend nebeneinander verwendet.

Die Geschichte Copáns

Copán liegt in einem sehr fruchtbaren Tal, windgeschützt, 600 m über dem Meeresspiegel. Diese günstigen Standortfaktoren mögen auch der Grund sein, warum bereits für 1000 v. Chr. eine Besiedlung nachgewiesen werden konnte. Die Gegend war bis 300 v. Chr. dicht bevölkert und eine intensiv agrarisch genutzte Kulturlandschaft. Danach erlebte das Copán-Tal so etwas wie einen Bevölkerungseinbruch, just zu der Zeit, als andernorts die Mayakultur durch das Königtum ihre klassische Form erhielt. Erst um 200 n. Chr. holte Copán wieder auf und setzt das Jahr 160 n. Chr. als offizielles Jahr der Reichsgründung an, wie es auf der Stele 1 angegeben ist. Der große Aufstieg Copáns begann aber mit *Yax-Kuk-Mo'*, dem König „Blauer-Quetzal-Ara", im Jahr 426 (Stele 15). Ihm schreibt man die Gründung jener Herrscherdynastie zu, die während 400 Jahren ununterbrochener Regentschaft insgesamt sechzehn Könige stellte. Altar Q mit seinen rundherum gearbeiteten Reliefs zeigt die Nachfolger, die ihre Autorität ausschließlich von *Yax-Kuk-Mo'* ableiteten. Einige unter ihnen brachten es zu überragender Bedeutung, wie der *Rauch-Imix-Gott K,* der von 628 bis 695 n. Chr. regierte und einer der langlebigsten Könige Copáns war. Der zwölfte Regent machte Copán zu einem Meilenstein der Mayageschichte. Unter seiner imperialen Herrschaft erreichte Copán die größte Flächenausdehnung seiner Geschichte. Er unterwarf machtbesessen das benachbarte Quiriguá und ließ als Zeugen seiner göttlichen Abstammung über das gesamte Tal Stelen aufstellen, die eine Luftlinienausdehnung von 20 km erreichen. Wohlstand und Reichtum prägte die Oberschicht während seiner Zeit und schwang sich zur alleinherrschenden Elite im gesamten Südosten auf.

Nicht genug. Auch *Rauch-Imix-Gott-Ks* Nachfolger *Achtzehn-Kaninchen* sollte sich innerhalb der Dynastie ein Denkmal setzen. Er machte Copán zu einem Kunstzentrum ersten Ranges und öffnete das Tal für Einwanderer. Seine Leistungen fanden im prunkvollen Ausbau, der Renovierung und Umgestaltung des Zentrums Ausdruck. Die verschwenderische Monumentalkunst sollte allen zeigen, dass nur der gottgleiche König im Mittelpunkt stand. Denn inmitten der großartigen Ruinen dürfen wir nicht vergessen, dass es zu jeder Zeit für jeden Herrscher eine Gratwanderung war, seinen Alleinherrschaftsanspruch den Machtgelüsten und Allüren der Aristokratie im Gleichgewicht zu halten. König und Hof, das war zu allen Zeiten und in fast jeder Kultur ein Balanceakt, den oft nur ein Windhauch zum Kippen brachte. Und wie sich Geschichte immer und immer wiederholt, so ruinieren Krieg, Expansion und Herrscherkult letztendlich das Gebilde und kosteten den König den Kopf. Am 3. Mai 738 wird *Achtzehn-Kaninchen* von *Cauac-Himmel*, dem Herrscher von Quiriguá, in einer Schlacht gefangengenommen und auf öffentlicher Bühne geköpft. Es war jener *Cauac-Himmel*, den *Achtzehn-Kaninchen* 13 Jahre zuvor in Quiriguá selbst inthronisiert hatte. Die Geschichte ist „nachzulesen" auf der Hieroglyphentreppe

Die folgenden zwanzig Jahre kam Copán, das von Quiriguá trotz Niederlage nicht annektiert wurde, mit einem recht unbedeutenden Herrscher aus. Erst der Sohn, der 15. Herrscher mit Namen *Rauch-Muschel*, hinterließ wieder ein Denkmal. Unter seiner Herrschaft, die er 749 antrat, schufen Steinmetze, Schreiber und Künstler eines der bedeutendsten Kulturdenkmäler der Neuen Welt: die Hieroglyphentreppe, in der die längste Inschrift des präkolumbischen Amerika eingemeißelt ist. Aus der Ehe mit einer Adligen aus Palenque ging der 16. und letzte große Herrscher von Copán hervor. *Yax-Pac* gab Copán die Gestalt, die wir heute sehen. Er hatte eine der schwierigsten Aufgaben zu bewältigen. Man nimmt an, dass durch die permanente Überbevölkerung und den jahrhundertelangen Raubbau im Copán-Tal die Gesellschaft und die Natur an ihre Grenzen gestoßen war. Hinzu kam der stetige Anstieg der adeligen Sippe, die sich als Nachkommen früherer Könige begriffen und so behandelt werden wollten. Das Unvermögen, die wachsende Bevölkerung noch ausreichend ernähren zu können und die politischen Ränkespiele und Intrigen der Oberschicht ließen das Ende Copáns näherrücken. Das bedeutendste Bauwerk, das er schuf, ist der Tempel 11, der den gesamten Kosmos symbolisiert. Auch Altar Q vor Tempel 16 mit seinen sechzehn Herrschern war *Yax-Pacs* Auftrag. Doch all seine Bemühungen, während der 30 Jahre seiner Regentschaft Copán noch einmal den Glanz vergangener Dynastien zu verleihen, scheiterten. Irgendwann um 820 n. Chr. starb er, man weiß es nicht so genau. *U-Cit-Tok*, der Nachlassverwalter des einstigen großen Reiches und definitiv sein letzter König, begleitete nurmehr den endgültigen Zusammenbruch während der wenigen Jahre, bis auch der letzte Handwerker und Bauer das Tal verließ.

Die Ruinenstätte betritt man durch das **Besucherzentrum,** in dem Informationen und Pläne zu erwerben sind. Wer möchte, kann hier die Dienste von mehr oder weniger seriösen Führern in Anspruch nehmen. Nicht weit vom Besucherzentrum entfernt liegt das architektonisch gewagte Museo de Escultura Maya, das 1996 eingeweiht wurde und einen Besuch wert ist (5 US$ Eintritt). Man betritt es durch einen dunklen Gang, der sozusagen in die Unterwelt der Maya einführt. Es enthält zahlreiche Fundstücke, Wandgemälde, Fassaden und Originalstelen.

Sehenswert ist die Nachbildung des **Templo Rosalila**. Erst 1992 stieß man auf diese Konstruktion, die tief im Innern der Pyramide 16 verborgen war. Die Maya überbauten diesen Tempel seinerzeit so behutsam, dass bis zur Freilegung die Struktur erhalten geblieben war. Er besteht aus drei Stockwerken und besticht vor allem durch sein bezauberndes und faszinierendes Stuckdekor, das zu einem großen Teil mit roter Farbe bemalt worden war und dem Tempel seinen Namen verlieh. Heute gilt Rosalila als eines der wichtigsten religiösen Heiligtümer des 6. Jahrhunderts. Eintritt 12 US$.

Einen Rundgang durch die Ruinen beginnt man am besten bei der Hauptgruppe am nördlichen Ende des Parkes.

Gran Plaza

Die Stelen hier hat Herrscher *18-Kaninchen* aufstellen lassen. Sie sind meist rundherum behauen und zum Teil von bestechender Schönheit. Die drei kleinen Altäre zwischen Stele F und H haben zoomorphe Erscheinungsformen und gelten als Meisterstücke in der Darstellung doppelköpfiger Schlangen. Mit dem Datum 800 n. Chr. trägt einer der Altäre eines der ältesten gemeißelten Daten von Copán. Vor Stele D befindet sich das Grab des Mayaforschers *John Owens*, der hier 1893 an Malaria starb.

Ballspielplatz

Über die **Plaza Central** erreicht man den benachbarten Ballspielplatz. Er gilt als der schönste der Mayawelt. Grundsätzlich gelten die Ballspielplätze als Symbol für die Grenze zwischen natürlicher und übernatürlicher Welt. Das Spiel und seine Regeln folgten daher mythologischen Gesetzen und waren weniger als Leibesübungen gedacht. So beschrieb der gespielte Ball die Flugbahnen der Himmelskörper und musste bestimmte Markiersteine treffen. Doch bis heute weiß man zu wenig darüber, um genaue Aussagen über den Spielverlauf zu machen.

Die letzte Überarbeitung erhielt der Ballspielplatz von König *18-Kaninchen*. Man erkennt Papageienköpfe, die die seitlichen Steinböschungen nach oben hin abschließen, und sich jeweils gegenüberliegen. Die darüberliegenden Kammern dienten vielleicht den Spielern als Umkleidekabinen.

Hieroglyphentreppe

Der Text der Treppe umfasste ursprünglich 62 oder 63 Stufen und erzählt die politische Geschichte Copáns über 200 Jahre von 545 bis 745 n. Chr. Jeder der einst 2200 Steinblöcke ist mit Hieroglyphen überzogen. Die Treppe ist 10 m lang und 20 m hoch. Heute ist rund ein Drittel des Textes übersetzt. Durch Erdbeben und Verwitterung war ein großer Teil der Treppe zusammengefallen, was ihre endgültige Entzifferung erschwert. Die Seiten werden von Schlangen- und Vogelskulpturen flankiert. *Rauch-Muschel,* der vorletzte Herrscher und Auftraggeber, ließ auf jeder zehnten Stufe lebensgroß seine Vorgänger verewigen und schuf somit eines der eindrucksvollsten Denkmäler für eine

Copán

- Stele D
- Stele C
- Stele E
- Stele B
- Stele F
- Stele 4
- Altar H
- Stele A
- Stele H
- Stele I
- Stele J
- Besucherzentrum, Eingang
- Stele E
- *Großer Platz*
- Altar K
- *Ballspielplatz*
- Stele 2
- Stele 1
- Struktur 26
- Hieroglyphentreppe
- Struktur 7
- Altar O
- Stele M
- Stele N
- Altar 41
- Tempel der Inschriften
- Struktur 22
- Struktur 21
- Struktur 20
- Akropolis
- *Östlicher Platz*
- *Westlicher Platz*
- Stele P
- Struktur 13
- Altar Q
- Struktur 16
- Struktur 14
- *Ehem. Bett des Río Copán*
- El Bosque

0 — 100 m

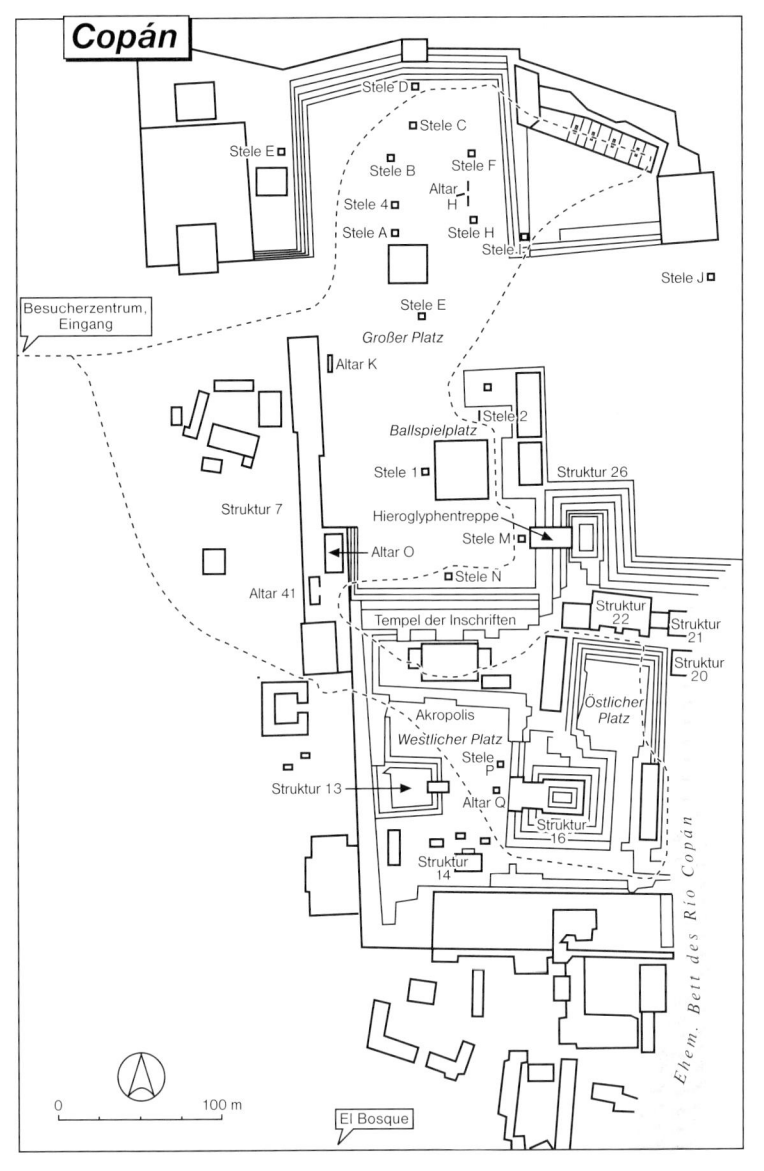

Der Oriente

Dynastie, die Copán zu Macht und Ansehen im Land der Maya verhalf.

Über der Hieroglyphentreppe sitzt der freigelegte Papagayo-Tempel, der von *Yax-Kuk-Mo's* Nachfolgern vielfach überbaut wurde. Er war ein wichtiger Platz, an dem kultische Handlungen vorgenommen wurden.

Zwischen dem Platz der Hiroglyphentreppe und dem Westplatz gelegen erhebt sich der Tempel 11, der auch **Tempel der Inschriften** genannt wird. Mit ihm wollte *Yax-Pac* eines der ehrgeizigsten Bauwerke Copáns schaffen. Wie so oft überbaute er dabei eine bereits bestehende Struktur. Der Tempel symbolisiert die kosmologische Vision, die aus der Interpretation der einzelnen Elemente hervorgeht. So enthält der Tempel u.a. die Darstellung des Himmelsgewölbes mit seinen planetarischen Wesen und von Xilbalba, das als der „Schreckensort" die menschlichen Opfer ins Jenseits ruft. Die Komposition des Baues ist derart komplex, dass sie schon zu Lebzeiten den Architekten und Baumeistern größtes Kopfzerbrechen bereitete. Auch hier ist uns nur ein Abglanz der einstigen Größe und Ausdruckskraft erthalten geblieben. Bemerkenswert ist die Stele N, die zwei Personen (wahrscheinlich *Yax-Pac* und *Rauch-Eichhörnchen*) darstellt.

Westplatz

Erwähnenswert ist der **Altar Q** vor Tempel 16, einem mächtigen Pyramidenbau im Zentrum der Akropolis westlich des Tempel 11. Er ist das Schlüsseldokument der Copán-Forschung. An den Seiten des Altar oder Throns sind die sechzehn Herrscher der Copándynastie im Uhrzeigersinn abgebildet, jeder auf seiner Namensglyphe sitzend. Der Text auf dem Altar berichtet von den wichtigsten Ereignissen und Daten der Herrscher von Copán. Hinter dem Altar fand man ein kleines Verlies, das Knochen von geopferten Jaguaren enthielt.

Zwischen dem West- und dem Ostplatz der Akropolis liegt **Tempel 16,** auf den man erst in jüngster Zeit stieß, da auch er vielfach überbaut war. Er war reich mit den Bildern von Schädeln geopferter Feinde verziert. Eine der Strukturen im Inneren nannte man Tempel Rosalila, wegen ihres roten Stucks. Die Replik ist im Museo de Escultura Maya (s.o.) zu bewundern.

Ostplatz

Hauptanziehungspunkt ist der **Tempel 22,** der von *18-Kaninchen* errichtet wurde und als Vorbild für Tempel 11 diente. Wegen der Schönheit seiner Verzierungen und seiner Reliefs galt er als einer der vollendetsten des Mayalandes. Herausragend waren die vier „Witz-Monster" (*witz* = Anhöhe), die an jeder Ecke des Tempels angebracht waren. Ein großes Schlangenmaul symbolisiert das Tor des Königs zum Jenseits. Von Tempel 22 hat man einen schönen Blick auf Tempel 18, der in seinen Reliefbildern von dem kriegerischen Copán erzählt – eine völlige Abkehr von der üblichen Darstellung, die Herrscher vor allem in ihrer Funktion als Vermittler zwischen dem Diesseits der Menschen und dem Jenseits der Götter zeigen. Es scheint, als hätte *Yax-Pac* des öfteren das bereits geschwächte Copán verteidigen müssen.

Eine weitere Attraktion ist die **Jaguartreppe,** auf der Westseite des Ostplatzes. Die beiden Jaguare zeigen besonders schön die Vertiefungen, in denen einst schwarze Obsidianscheiben eingeschlossen waren, die die typischen dunklen Flecken ihres Fells symbolisierten.

Ca. 2 km außerhalb der Hauptgruppe befinden sich **Las Sepulturas**, rekonstruierte Wohnstätten, die wertvolle Aufschlüsse über die Mittelschicht Copáns ergaben. Eine kunstvolle Steinbank mit Hieroglyphen, die ein Schreiber des Herrschers *Yax-Pac* gemeißelt haben soll, befindet sich im Museum. Seinen Namen erhielt der Ort von dem Brauch der Maya, die Angehörigen in der Nähe des eigenen Wohnhauses zu begraben.

Der „Alte Mann von Copán",
seit 1996 im Museo de Escultura Maya

Die Costa Sur

Die Costa Sur – das Pazifische Tiefland

Die **Costa Sur** Guatemalas ist ein bis zu 50 km breiter Streifen, der einen Teil der pazifischen Flanke Zentralamerikas darstellt. Sie ist eine verkehrsfeindliche und wenig gegliederte Längsküste, die durch die lange Vulkankette nur schwer Zugang ins Hinterland zulässt. Die Vulkane sind auch der Grund, warum die weißen Traumstrände Mexikos weiter südlich in Guatemala plötzlich schwarz sind. Die schwarze Farbe der Strände ist wenig anziehend für den Tourismus. Ein Umstand, den die Tourismusbehörde sehr bedauert, obwohl der Pazifik dadurch natürlich nichts an seiner Großartigkeit einbüßt.

Etwas verwirrend mag der guatemaltekische Umgang des Begriffs Küste für einen Europäer sein. Die Guatemalteken haben da ihre eigene Terminologie. So bezeichnen sie den Strandabschnitt als *orillas del mar* (Ufer des Meeres), den breiten, ebenen und heißen Streifen der Haciendas von Westen nach Osten Costa Cuca, Costa Grande und Costa de Guazacapán. Ab dreihundert Meter bis zum Fuß der Vulkankordillere (Kaffeegürtel) sprechen sie von der Boca Costa. Alle diese Abschnitte zeichnen sich durch tiefgründige, fruchtbare Böden aus, die sich durch die rasche Zersetzung des Gesteins und die Ablagerung mächtiger vulkanischer Aschelagen entwickelt haben. Und alles zusammen ergibt „La Costa".

Schon die Spanier erkannten den Wert der Küstenebenen. Heute ist die Küste das **Zuckerrohr- und Rinderzuchtgebiet** schlechthin im Lande.

Die Costa Sur

Ausgedehnte Zuckerrohrfelder beweisen ebenso die Fruchtbarkeit wie der Anbau von Reis, Mais, Bananen, Mangos, Papayas u. v. a. m. Das Klima lässt z. B. zwei Maisernten pro Jahr zu. Der Anbau von Baumwolle spielt seit langem keine Rolle mehr, was auch mit der Verseuchung des Produktes durch Pestizide zu tun hatte.

Wenn die Felder der Campesinos im Hochland während der Trockenzeit braun und dürr sind, wird eine Fahrt an die Küste wie eine Reise in eine andere Welt. Beherrschend sind aber besonders um Escuintla herum die Zuckerrohrkulturen. Das Zuckerrohr benötigt 9–11 Monate Wachstumszeit und wird von Dezember bis April geerntet. Während dieser Zeit fahren Hunderte von schwer beladenen LKW das Zuckerrohr in die nahe gelegenen *ingenios,* die sich schon von weitem durch braune Rauchschwaden ankündigen. Hier wird das *caña* durch Kochen bis zur Kristallisation eingedickt. Da die Verbreitung des schilfähnlichen Grasgewächses weitgehend mit der der Palme übereinstimmt, kann man in diesem Gebiet beeindruckende Ölpalmenplantagen sehen. Die Küste ist auch Heimat der großen Ceiba-Bäume, und wenn man die Augen offenhält, sieht man viele wunderbare Exemplare.

Das weitgehende Fehlen der indigenen Kultur im Küstengebiet Guatemalas lässt einen nur schwer nachvollziehen, dass gerade hier der Beginn der Maya-Zivilisation stattgefunden haben soll. Die vielen **archäologischen Zeugnisse** erhärten außerdem die Annahme, dass sich im pazifischen Raum der Übergang von einer nomadenhaften Lebensweise zur sesshaften vollzogen hat. Bei der Ankunft der Spanier war die Küstenebene sowie ein Teil der Boca Costa unter der Herrschaft der Pipiles, eines kriegerischen Chichimeken-Stammes, von dem *Girard* annimmt, dass sie Mitte des 7. Jahrhunderts Teotihuacán in Brand gesetzt haben, „das Symbol der Gewaltherrschaft, das sie unterdrückte". Es wird weiterhin angenommen, dass die nachfolgende „Invasion" der Pipiles von Zentralmexiko aus Richtung El Salvador zur Vertreibung mehrerer Kulturen geführt hat.

Die Überflutung der gesamten Mayakultur vom Petén-Tiefland bis zur Küste durch die Pipiles löste eine ernste Krise aus, die zusammen mit anderen Faktoren den endgültigen Zusammenbruch der Mayahochkultur herbeiführte. Eines der Hauptsiedlungsgebiete der Pipiles in Guatemala war San Agustín Acasaguastian im Dept. El Progreso (Oriente).

Während der Kolonialzeit war die Küste vor allem das Produktionsgebiet der natürlichen Farbstoffe **Indigo** und **Koschenille.** Wie damals arbeiten auch heute Indígenas aus dem Hochland zur Erntezeit auf den Haciendas und Fincas. Wenn Indígenas erzählen, dass sie jedes Jahr an die Costa fahren, dann haben die meisten von ihnen trotzdem noch niemals das Meer gesehen. In Tiquisate entstanden in den 1930er Jahren die Bananenplantagen der *United Fruit Company,* nachdem an der Atlantikküste eine Bananenkrankheit *(Sigatoka)* ausgebrochen war. Die Plantagen nahmen riesige Flächen der südlichen Hälfte des Dept. Escuintla ein. Ihr Besitz ging später in privaten Großgrundbesitz über. Es ist also kein Wunder, dass gerade hier an der Küste der Ruf nach Land besonders laut ist.

Unterstützt und getragen wurde die Forderung besonders von einem Mann, der in Guatemala fast schon Legende ist: **Padre Andres Girón.** Als 1986 in Guatemala die Demokratie „ausbrach", marschierte der Pfarrer aus Nueva Concepción mit 15.000 Campesinos in die Hauptstadt, um den damaligen Präsidenten *Cerezo* zu bitten, Kredite für den Kauf von brachliegendem Land zur Verfügung zu stellen. Die Bauern wollten sich zu Kooperativen zusammenschließen und ihren Gewinn gemeinsam erwirtschaften. *Cerezo* machte halbherzige Zusagen, die Präsidentengattin unterstützte (wohl aus Prestigegründen) den Antrag. Inzwischen gehören der von *Girón* gegründeten *Asociación Nacional de Campesinos Pro Tierra* mehr als 200.000 Bauern an. Leider wandelte der Padre seit seiner Entscheidung, aktiv in die Politik zu gehen, auf nicht sehr tugendsamen Pfaden. 1994 wurden sogar Geldunterschlagungen bekannt; seither ist es still um ihn geworden.

Die Küste zu bereisen ist nicht einfach. Die drückende Schwüle steigert sich in den vollbesetzten Bussen bis zur Unerträglichkeit. Obwohl der lange Pazifikstrand ein **Badeparadies** ist, gibt es aufgrund der bescheidenen Infrastruktur nur wenig Möglichkeiten für einen längeren Aufenthalt mit mitteleuropäischen Ansprüchen. Die größeren Städte wie Retalhuleu, Mazatenango oder Escuintla sind alles andere als einladend und empfehlen sich höchstens als Umsteigeorte.

Trotzdem gibt es auch ein paar sehenswerte Ziele, und wer das Land ganz erforschen möchte, muss die Südküste Guatemalas gesehen und die Costeños kennen gelernt haben. Die Guatemalteken lieben ihre Costa Sur. Hier verbringen sie ihre Wochenenden und machen Urlaub, im Gegensatz zum internationalen Tourismus, der mehr Interesse am Hochland hat. Man sollte die Ausflüge an die Küste mit kleinem Gepäck zu machen (Moskitonetz nicht vergessen!) und Rucksack sowie Schlafsack in einem Hotel in der Hauptstadt, Antigua, Panajachel oder sonstwo zu deponieren.

Von West nach Ost

Von Quetzaltenango aus schlängeln sich die Busse steile Serpentinenstraßen über **Colomba** und **Coatepeque** Richtung Pazifik hinunter. Wie bei allen diesen Fahrten vom Hochland in das Küstentiefland beeindruckt der schnelle Wechsel von Klima und Vegetation. Besonders während der Trockenzeit, wenn das Hochland karg und unfruchtbar erscheint, ist der Wechsel in die üppige und verschwenderische Pflanzenwelt der Boca Costa eines der aufregendsten Erlebnisse in Guatemala. (Beschreibung einer ähnli-

Das große Geschäft mit den kleinen Kindern

Weltweit gibt es derzeit ca. 250 Millionen ausgebeutete Kinder. Die meisten von ihnen werden als Arbeitskräfte ausgenutzt. Besonders schwer wiegt der Missbrauch, wenn sie in der Prostitution, im Organhandel oder als illegale Adoptionsobjekte gehandelt werden.

In Guatemala leben fünf Millionen Kinder, von denen zwei Millionen arbeiten, obwohl dies für Kinder unter 14 Jahren verboten ist. Rund die Hälfte im informellen Sektor als Dienstleister wie Schuhputzer, Verkäufer, Parkwächter und dergleichen. Dies ist ein alltägliches Bild und gehört wie in so vielen anderen Entwicklungsländern zur Struktur der Arbeitswelt. Aber auch in diversen Fabriken und auf den Fincas werden schon die Vierjährigen nicht nur um ihre Kindheit, sondern auch um ihre Gesundheit gebracht. So arbeiten Tausende von Kindern in den Cohetes-Fabriken an der Herstellung von Feuerwerkskörpern, in den Kalk-Steinbrüchen des Landes, als Steineklopfer an den Ufern großer Flüsse oder auf Plantagen und Feldern. Ätzender Kalk, hochexplosive Stoffe und ausgebrachtes Gift gefährden und ruinieren ihr Leben.

Ein neuer, überaus einträglicher Markt boomt auf dem Sektor des Adoptionshandels. Im Jahr 2002 wurden 2993 Kinder zur Adoption freigegeben. Dabei verdient sich ein professioneller Händlerring, bestehend aus AnwältInnen, VermittlerInnen und Adoptionsagenturen eine goldene Nase. Denn die meisten Adoptionen werden illegal getätigt. So werden für ein erfolgreich vermitteltes Kind aus Guatemala bis zu 70.000 US$ bezahlt. Der „Einkaufspreis" eines Kindes liegt dagegen bei 33–250 US$. Ein lukratives Geschäft. Kinder werden aber auch per Auftrag erzeugt oder gestohlen. In eigens eingerichteten „Hotels" versorgen Hebammen, Kindermädchen, Mütter und Leihmütter die „Ware", bis die Formalitäten erledigt sind und das Kind mit den erforderlichen Papieren ausgestattet ist. Die Hauptabnehmerländer sind die USA (90 %) und Kanada.

Es ist ein offenes Geheimnis, dass Politiker und prominente Anwälte an diesem Schwarzmarkt beteiligt sind. Dies ist ein Grund, warum das Inkrafttreten der Gesetze über die Rechte der Kinder immer wieder hinausgeschoben und verzögert wird.

chen Fahrt von San Marcos über Pajapita nach Tilapa siehe San Marcos.)

Colomba

Das kleine Städtchen Colomba lebt von der Verarbeitung und dem Vertrieb von **Kaffee,** der unübersehbar das Hauptanbauprodukt dieser Zone darstellt. Früher fanden sich hier noch mehr Bananen, deren Anbau aber mit der Ausdehnung des Kaffees immer weiter nach unten verlegt wurde.

Colomba ist keine Gründung der Spanier. Trotzdem wird auch hier katholische Tradition gepflegt, besonders die Bräuche in der *Semana Santa* (Ostern) sind sehenswert. So verkleiden sich die Männer am Mittwoch der **Osterwoche** als Frauen und verlangen an den Häusern ein Almosen, das bereitwillig gegeben wird. Am Tag darauf verkleiden sie sich als Judas und veranstalten zusammen mit den Kindern einen lärmenden Umzug durch die Straßen. Karfreitags schenkt man in ganz Guatemala einander Brot. Die Indígenas des Hochlandes backen an diesem Tag ein ganz besonders süßes und helles Brot. Allgemein wird während der Osterwoche zum Frühstück Brot gegessen und Schokolade getrunken. Am Karsamstag schließlich wird das große *Queman a Judas,* die öffentliche Verbrennung des Verräters (Puppe), gefeiert.

Coatepeque

Die Straße nach Coatepeque ist besser geworden; sie war lange eine anstrengende Slalomfahrt zwischen den Schlaglöchern hindurch.

Coatepeque, der „Hügel der Schlange", wurde 1770 gegründet und ist heute eine wichtige Stadt für das guatemaltekische Kaffeegeschäft mit vielen *Beneficios* (Kaffeeverarbeitungsbetriebe).

Auf der hübschen Plaza steigt einem schon mal der Geruch von geröstetem Kaffee in die Nase. Die knapp 20 Jahre alte **Kirche** der Stadt ist sehenswert wegen ihrer halbrunden Form aus roten Ziegelsteinen. Coatepeque liegt an der Bahnlinie, die von Ciudad Tecún Umán an der mexikanischen Grenze bis nach Puerto Barrios am Golf von Honduras führt.

Die lange Ausfallstraße Coatepeque ist nach Ex-Präsident Arzú benannt.

Infos

- **Unterkunftsmöglichkeiten:** *Hotel Mansion Residencial,* 0. Av. 11–51, Z 2, Tel. 77 75 20 18. 80/160/240 Q. *Hotel Virginia,* Km 223 Carretera al Pac, Tel. 77 75 05 62. *Hotel Villa Real,* 6. Av. 6–57, Z 1, Tel. 77 75 13 08. Privatbad, Ventilator, TV. 90/150/176 Q. *Hotel Marysehn,* 4. Av. 2–31, Z 1, Tel. 77 75 11 45. 50/100 Q.
- **Essen** im *Fuegos,* 5. Calle 4–14, Z 1, gegenüber der *Municipalidad* im zweiten Stock.
- **Verkehrsverbindungen:** In das 30 km entfernte **Ciudad Tecún Umán** (früher Ayutla) an die mexikanische Grenze ab Terminal am Parque Central.

Von Tecún Umán bzw. Ciudad Hidalgo (Mex.) aus Verbindungen nach Tapachula. Die Grenze bildet der Río Suchiate, über den eine lange Brücke führt. Mehr über diese Grenze am Ende des Kapitels „San Marcos".

Galgos fährt mehrmals täglich nach Quetzaltenango. Zurück in die Hauptstadt ab Plaza von 6.30–19 Uhr. Busverbindungen ebenso nach San Marcos und Retalhuleu.

Der CA 2 nach Osten folgend treffen die Busse auf eine **große Kreuzung,** die den Verkehr in alle vier Himmelsrichtungen verteilt (Guatemala Ciudad, Quetzaltenango, Retalhuleu, mex. Grenze).

Kreuzung El Zarco

El Zarco befindet sich nördlich von Retalhuleu bei Km 175. Der Samalá-Fluss hat mit seinen Nebenflüssen hier einen natürlichen Durchgang durch die Kordilleren geschaffen. Entlang des Samalá bzw. der CA 2 sitzen viele Kleingewerbler, die Schotter verkaufen. Die großen gerundeten Felsblöcke des trockenen Flussbettes werden in mühsamer Kleinarbeit von Erwachsenen und Kindern kleingeklopft. Es ist eine staubige Arbeit in der heißen Sonne, bei der vor allem die Kinder zu leiden haben (siehe Exkurs). Wer in El Zarco auf eine Camioneta wartet, sollte Folgendes wissen: Sind die Busse voll, fahren sie vorbei. Hält ein Bus, kennen die wartenden Guatemalteken kein Pardon und stürmen die letzten Stehplätze. Die Touristen haben dabei meist das Nachsehen. Ich empfehle, Pick-ups anzuhalten. Als Ausländer hat man gute Chancen.

San Sebastian

Ein paar Kilometer vor Retalhuleu liegt San Sebastian, dessen stark zerstörte koloniale Kirche eine der ältesten Glocken in Guatemala aus dem Jahre 1801 besaß. In dieser Gegend befinden sich viele präkolumbische Zeugnisse, wie **Abaj Takalik** (stehender Stein) 30 km von Retalhuleu entfernt im Municipio von El Asintal.

Dabei handelt es sich um eine der frühesten Mayasiedlungen. Man fand hier, eher zufällig, über 100 olmekische Steinskulpturen, die eine hohe Symbolkraft haben; sie versinnbildlichen Tod und Leben, Licht und Dunkel. Besonders bemerkenswert die geschnitzten Jademasken, von denen drei bereits im *Museo de Arqueología y Etnología* in Guatemala Ciudad ausgestellt sind. Zum größten Teil noch unter Vegetation befinden sich Tempel, die einen reichen Stuck zeigen. Am bekanntesten sind die Skulpturen, die einem dicken Babygesicht (Babyface) gleichen oder die Froschskulptur als Symbol der Fruchtbarkeit sowie die Eule, deren Ruf den Tod bedeutet. Der Weg nach Abaj Takalik ist noch immer etwas mühsam. Man muss einen Bus bis El Asintal nehmen. Hier an dem kleinen Abzweig aussteigen, der nach 5 km zur Stätte führt. Mit einigem Glück findet sich eine Mitfahrgelegenheit bis dorthin. Geöffnet tägl. 7–17 Uhr, Eintritt 25 Q; Wasser mitnehmen.

●Wer in San Sebastian **übernachten** will bzw. mit dem Auto unterwegs ist, kann dies im *Hotel & Restaurant La Colonia,* Km 178, Tel. 77 71 00 38, ca. 150 Q, oder im *Hotel & Restaurant Siboney,* Km 180 Cuatro Caminos San Sebastian (Kreuzung), Tel. 77 71 07 11, 190/305/360 Q, tun.

Retalhuleu

Die Departementshauptstadt Retalhuleu liegt bereits in der Costa Cuca und ist das Zentrum einer Region, die reich an Zuckerrohr, Ölpalmen, Gummibäumen und Viehherden ist. Zur Zeit der Gründung durch die Spanier gab es große Grenzprobleme zwischen den Quiché und Mames, so dass *Alvarado* mit seinem Schwert eine Linie zog, weswegen die Stadt heute „Zeichen auf dem Boden" heißt. In Guatemala wird sie aber meist nur „Reu" genannt.

Sie besitzt breite Straßen wie die Calzada Las Palmas, die palmenbestandene Allee und koloniale Gebäude, auf die die Retaltecos stolz sind.

Das meiste spielt sich in Reu um den Parque herum ab, der zum Sitzen, Schauen und Relaxen einlädt. Das wird oft nötig sein, da Retalhuleu die höchsten Temperaturen von Guatemala aufweist. Die Stadt besitzt ein eigenes **Museo de Arqueología y Etnología.** Es entstand aus dem privaten Bemühen heraus, einige der Fundstücke aus den zahlreichen archäologischen Stätten der Umgegend auszustellen. Auch daran sieht man das Engagement der Retaltecos um Kunst und Kultur. Heute besitzt die Stadt ein Museum mit über 700 Objekten in einem schönen Haus.

Berühmt im ganzen Land ist der 1997 eröffnete **Parque acuático Xocomil.** Er wird von der IRTRA, einer Art Arbeiterwohlfahrt, unterhalten und bietet alles, was ein künstlicher Wasserpark haben muss: Wasserstraßen, Pools, Wellenmaschinen etc. Eingebunden ist das alles in eine parkähnliche Anlage mit nachgebauten Mayatempeln usw. Eintritt 75 Q. Durch denselben Eingang gelangt man zum Park Xetutul, Eintritt 200 Q. In der Nähe liegen Hotels höherer Preisklassen.

Da Retalhuleu ein Kreuzungspunkt wichtiger Verbindungen in verschiedene Richtungen ist, gibt es hier aufgrund der Handelsreisenden viele gute Hotels.

Infos

●**Übernachtungsmöglichkeiten** gibt es im *Hotel Posada de Don José*, 5. Calle 3–67, Z 1, Tel. 77 71 01 80, Internet: www.don-jose.com; hier lassen es sich auch die betuchten Guatemalteken am Wochenende wohlergehen. 32/42/51 US$ und teurer. Das seit 1923 existierende *Hotel Astor*, 5. Calle 4–60, Z 1 ist für 150/275/320 Q sehr empfehlenswert. *Hotel Modelo*, mit 60/85/110 Q etwas günstiger, einfach und sauber, Tel. 77 71 02 56. Einfach und billig auch *Hotel Pacífico*, 7. Av. 9–29 nahe des Terminals am Rande des Zentrums; leider nicht wirklich zu empfehlen.
●Retalhuleu besitzt alle **wichtigen Einrichtungen** wie Post, Telgua, Bank rund um den Parque zwischen 5. und 6. Avenida und 5. und 6. Calle.
●**Verkehrsverbindungen:** Nach Retalhuleu und weiter bis an die mexikanische Grenze von der Hauptstadt aus Erster Klasse mit *Galgos*, 7. Av. 19–44, Z 1 bis (El Carmen) Talisman um 5.30, 10 und 15 Uhr und *Rápidos del Sur*, 20. Calle 8–55, Z 1 ebenfalls mehrmals täglich. Ebenso gute Verbindungen von Quetzaltenango über Colombe und Coatepeque aus.

Champerico

Von Retalhuleu nach Champerico ist die rund 40 km lange Straße kerzengerade durch die weite und heiße Ebene gebaut worden. Der kleine **Hafen** stammt aus den Zeiten von *Miguel García Granados* (sein Konterfei ist auf dem 10-Quetzal-Schein) Ende des 19. Jahrhunderts. Hier endet auch eine Nebenstrecke der Eisenbahn.

Die Bedeutung als wichtiger Import- und Exporthafen hat Champerico allerdings verloren. Das Maskottchen von Champerico ist eine Echse. *Lagarto Ruperto* ist am Ende der 3. Calle Richtung Av. Xelajú zu besichtigen. Bemerkenswert sind auch die 3rädrigen motorlosen „Ecotaxis", die man sich für eine Stadtrundfahrt mieten sollte. Heute ist Champerico Ausflugsziel der Guatemalteken, die Sonne, Meer und Strand suchen. Wer baden möchte, sollte sich allerdings Monterrico zum Ziel nehmen, da es dort die besseren Hotels gibt.

Unterkunft/ Verkehrsverbindungen

● **Übernachtungsmöglichkeiten:** *Hotel Miramar*, 2. Calle/Av. Coatepeque, Tel. 77 73 72 31, alle Zimmer mit Ventilator. 50/80/100 Q. *Hotel La Posada del Mar*, Km 222, Dorfeingang, Tel. 77 73 71 01. Einfache Mittelklasse. 125/250/300 Q.

● **Verkehrsverbindungen** nach Retalhuleu aus mehrmals täglich mit Anschluss nach Quetzaltenango oder in die Hauptstadt zurück sind kein Problem.

Mazatenango

Dies kleine Industriestädtchen (Hauptstadt des Departements Suchitepéquez) ist nicht besonders hübsch, aber bedeutend als regionales Zentrum für die Exportproduktion und die Abwicklung des Handels mit den Fincas. Bekannt ist die **Industrie- und Viehzuchtausstellung** während der Faschingsferia.

Der *carnaval* von Mazatenango gehört zu den besonderen Ereignissen in Guatemala Ende Februar, Anfang März. Eine Woche lang wird dann getanzt, gefeiert, gesungen, es werden Umzüge veranstaltet und Schönheitsköniginnen gewählt.

● **Übernachtung:** *Hotel Alba*, Calzada Centenario 0-26, Z 2, Tel. 78 72 02 64. 110/160/200 Q. *Hotel San Luis*, 7. Calle 5-35, Tel. 78 72 17 01. 55/95/150 Q.

Verbindung Atitlán-See – Küste

Wer vom Atitlán See direkt an die Küste will, kann von Santiago Atitlán aus einen Bus nach **Chicacao** nehmen. Dieses Dorf wurde 1889 von dem Atiteco *Francisco Chicajau* gegründet und ist ein Beispiel für die Wanderungsbewegung der Hochlandindígenas in die Nähe ihrer alljährlichen Erntearbeitsplätze auf den Kaffeefincas.

Der häufiger befahrene Weg ist der von San Lucas Tolimán über Patutul und Cocales und umgekehrt. Diese Verbindung liegt weiter westlich und ist seit Jahrhunderten ein Handelsweg zwischen dem Hochland und der Küste. Beide Dörfer liegen inmitten des guatemaltekischen Kaffeegürtels.

Escuintla

Das Departement Escuintla ist eines der Hauptzentren der landwirtschaftlichen Exportproduktion und der Viehzucht. Rund 80 % des Zuckers werden hier produziert.

Eine der umtriebigsten Städte Guatemalas ist die gleichnamige Hauptstadt Escuintla, an der Kreuzung der Pazifik-Fernstraße CA 2 und der CA 9 gelegen. Die Stadt ist heiß und dreckig und alles andere als einladend.

Innerhalb kurzer Zeit hat sich Escuintla aufgrund seiner verkehrsgeographisch günstigen Lage zu einem wichtigen Industrie- und Handelszentrum entwickelt. Keine andere Stadt in Guatemala, außer der Hauptstadt, hat diesen Bevölkerungszuwachs zu verzeichnen. Es gibt kein Museum, keine Sehenswürdigkeit, dafür aber jede Menge Nachtbars und offene Prostitution, wie man das eigentlich von Guatemala nicht gewohnt ist.

Als dies alles noch nicht so war, siedelten hier die *Pipiles.* Der Name Escuintla lautete vormals *Iscuintepeque* und bedeutet „Hügel der Hunde". Er verweist auf die *Tepescuintles,* eine hundegroße Nagerart mit Frischlingsstreifen, die in präkolumbischer Zeit gegessen wurde und noch heute serviert wird. Probieren!

Unterkunft/Verkehrsverbindungen

● **Übernachtungsmöglichkeiten:** *Hotel Costa Sur,* 12. Calle 4-13, Tel. 78 88 18 19. 60/90 Q. *El Merendero,* Av. Centroamerica 9-80, Tel. 77 88 08 47. Gut für Reisende mit Pkw. 96/180/ 270 Q. *Hotel Sarita,* Av. Centroamerica 15-32, Tel. 78 88 04 82. 325/ 375/422 Q. *Hotel Texas,* Av. Centroamerica 15-04, Tel. 78 88 01 83. 160/215/260 Q.
● **Verkehrsverbindungen:** von der Hauptstadt aus mit *Transportes Esmeralda,* 8. Av. 38-41, Z 3 von 7-20 Uhr. Auch alle Pullmanbusse, die nach Retalhuleu fahren, halten in Escuintla.

Nueva Concepción

Im Westen des Departements Escuintla, mitten in der Costa Grande, befindet sich der Ort Pueblo Nuevo Tiqui-

Guatemalas Autobahn an die Küste

sate, der einst das Zentrum der *United Fruit Company* war. Ihr gehörte auch das Land südwestlich davon, auf dem das heutige Nueva Concepción liegt.

Im Zuge der Agrarreform unter der Präsidentschaft von *Jacobo Arbenz* 1951–54 wurde das Land der UFCo enteignet. Als die Demokratie 1954 gestürzt wurde, geriet Oberst *Castillo Armas* unter politischen Druck, so dass er letztendlich dieses Land den Bauern zur Verfügung stellen musste. Die Kreditvergabe und die landwirtschaftliche Beratung waren jedoch so angelegt, dass viele der Campesinos im Laufe der Zeit ihren neuerworbenen Besitz zu Niedrigstpreisen wieder verkaufen mussten.

Santa Lucia Cotzumalguapa

Westlich von Escuintla auf der CA 9 liegt Santa Lucía Cotzumalguapa, in deren Umgebung reiche **archäologische Funde** gemacht wurden, die mexikanische Einflüsse zeigen. Die meisten Skulpturen, Steinmonumente und Reliefs liegen verstreut in den Zuckerrohrfeldern privater Fincas.

●**Übernachtungsmöglichkeiten:** *Hotel El Camino*, Km 90,5, Tel. 78 82 53 16. 120/197/225 Q. *Hotel Santiaguito*, Km 90,4, Tel. 78 82 54 35. Anlage m. Restaurant und Pool. 225/353/400 Q. *Hotel El Turista*, 3. Av. 6–24, Tel. 78 82 50 18. Einfach. 50/80/100 Q.

Archäologische Funde

Ein wichtiger Fundort ist **Bilbao.** Am besten man lässt sich den etwas komplizierten durch die Zuckerrohrfelder führenden Weg dorthin erklären. Hier steht das **Monumento 21,** ein behauener Stein im Flachrelief, der als ältester seiner Art in vorchristliche Zeit (600 v.Chr.) datiert wird und wegen seiner Fülle an Information eines der wichtigsten Steinzeugen der Cotzumalguapa-Kultur darstellt. Viele der Fundstücke sind bereits seit mehr als zehn Jahren in ausländischen Museen, u.a. im Dahlem-Museum in Berlin.

Das Thema des Reliefs ist Wohlstand und Reichtum. Die Zentralfigur, die *Gobernante 1* genannt wurde, ist bekleidet mit einem Schlangengürtel und empfängt Kakaonüsse. Da sie sich von den anderen dargestellten Figuren unterscheidet, nimmt man an, dass es sich hier um einen „ausländischen" Herrscher handelt, der den Tribut seiner Untergebenen entgegen nimmt. Die kleinere Figur links vom Betrachter wird aufgrund seiner magischen Attribute als Priester oder Ratgeber gedeutet. Auch die anderen Steinmonumente in Bilbao zeichnen sich durch ihren reichen erzählerischen Inhalt aus. Bei den Einheimischen ist Bilbao als *Las Piedras* bekannt.

Auf der **Finca Las Illusiones,** in der Nähe der Esso-Tankstelle und dem Fußballfeld, gibt es ein kleines Museum mit ausgestellten Keramikfunden und Reproduktionen von Skulpturen, die in der Gegend entdeckt wurden. Die kleinen Tempel und Pyramiden sind nicht restauriert.

Auf der **Finca El Baúl,** 6 km nördlich von Santa Lucía Cotzumalguapa, die nur mit dem Auto oder unregelmäßig fahrenden Bussen zu erreichen ist, begannen die Ausgrabungen 1982. Hier fand man die älteste Stele mit dem Datum 36 n. Chr. In Tikal trägt die **älteste Stele** der Tiefland-Maya das Datum 292 n. Chr.

In der Kunst von Cotzumalguapa treten oft Symbole auf, die mit dem Ballspiel in Beziehung stehen. So sind die Figuren oft mit einer Art Knieschützer bekleidet. Viele der Monumente auf der Finca El Baúl werden wie im Hochland von den Indígenas verehrt. Am Eingang der Anlage gibt es außerdem in einem Freilichtmuseum Maschinen aus der Gründerzeit zu bewundern.

Der Weg führt von Santa Lucía die 3. Av. aus dem Ort heraus in nördlicher Richtung. Zu Fuß geht man mindestens eine Stunde (ca. 6 km) bis man zum *ingenio* (Zuckerrohrfabrik) kommt.

Auf der **Finca Monte Alto** und **El Transito** 30 km südlich von Santa Lucía Cotzumalguapa wurden Ende der 1960er Jahre Basalt-Skulpturen gefunden, die Ähnlichkeit mit den Olmeken-Köpfen der mexikanischen *La Venta-Kultur* aufweisen. Sie wird als die Mutterkultur Mesoamerikas angesehen. In **La Democracia** sind diese dicken, unförmigen Köpfe und untersetzten Körper mit ihren eng anliegenden Armen und Beinen auf der **Plaza** rund um die große Ceiba und im Museum ausgestellt.

Die La Venta-Zeit reicht zurück bis 1500 v. Chr.; sie erlebte ihre Blütezeit von 800–400 v. Chr. Es ist noch nicht geklärt, wie dieser olmekische Einfluss an der Pazifikküste Guatemalas zustande kam und welche Wanderungsbewegung dieses Volk insgesamt vollzogen hat. Sicher ist aber, dass die La Venta-Kultur jener der Maya um rund 1000 Jahre vorausging, nachweisbare Spuren hinterließ und ebenso plötzlich zusammenbrach wie ein Jahrtausend später die Maya-Zivilisation.

Das sehenswerte **Museo Rubén Chevez Van Dorne** am Parque mit vielen anderen Exponaten ist geöffnet Di–So 9–12 Uhr und 14–17 Uhr.

●**Verkehrsverbindung** von der Hauptstadt nach La Democracia mit Bus *Chatia Gomerana* vom Terminal Zone 4 aus alle 30 Min. Der Bus fährt über Escuintla und Siquinalá weiter nach La Gomera und Sipacate am Pazifik. Ansonsten jeder Bus nach Escuintla oder Retalhuleu nehmen und umsteigen bzw. bei Santa Lucía Cotzumalguapa aussteigen.

Dept. Santa Rosa

Das Departement Santa Rosa ist das südöstlichste Guatemalas und besitzt eine abwechslungsreiche Topographie, die insgesamt einen Höhenunterschied von fast 2000 m aufweist. Zwei große und wichtige Straßen des Landes durchziehen das Departement: die Panamericana CA 1 und die Pazifikfernstraße CA 2. Hauptanbauprodukte in dieser Gegend, die von Touristen kaum besucht wird, sind Kaffee, Mais, Bohnen, Reis, Kartoffeln und Zuckerrohr. Auch hier ist Großgrundbesitz mit Viehzucht stark vertreten.

Bereits vor der Conquista lebten hier die **Xinca-Indígenas,** die ihre Sprache und Kultur weitgehend verloren haben. An ihre Sklavenzeit unter den Spaniern erinnert der Name des großen Flusses Río de Los Esclavos, der von Norden nach Süden durch das Departement fließt.

Eine Sehenswürdigkeit ist die gleichnamige Brücke vier Kilometer von der Cabecera Cuilapa entfernt. Die koloniale Steinbrücke mit ihren elf Bögen wurde 1592 gebaut, ein historisches Juwel in dieser Gegend. Um die Brücke ranken sich viele Geschichten. Sie ist der Stolz der Santaroseños.

Auf dem Weg in die Departementshauptstadt **Cuilapa** befindet sich kurz vor Barbarena die kleine, sichelförmige **Laguna El Pino.** Sie liegt in einer herrlichen Hügellandschaft, besitzt (noch) unbebaute Ufer und (noch) sauberes Wasser. Die Laguna ist ein Naherholungsziel für die Capitaleños geworden, da ein kleiner Park außerdem Grill- und Picknickgelegenheit bietet.

Hier am besten Bus nach Jutiapa nehmen, ab Terminal Zone 4 in der Haupstadt und sich bei Km 47,5 der Panamericana (CA 1) absetzen lassen. Danach entweder zu Fuß 1,5 km gehen oder auf einen Bus nach **Los Rocitos** warten. Das ist das Dorf, das der Laguna El Pino am nächsten liegt. Busse zurück einfach an der CA 1 stoppen.

Ganz im Norden des Depts. liegt die fast kreisrunde völlig unberührte **Laguna de Ayarza.** Ihr Wasser ist tiefblau

Laguna El Pino

und spiegelglatt, ihre steilen Ufer unberührt. Zu erreichen ist dieser ruhige, geheimnisvolle Platz nur während der Trockenzeit mit Auto.

Cuilapa selbst bietet keine Sehenswürdigkeiten, es lohnt sich kaum, länger zu bleiben. Übernachtungsmöglichkeiten sind vorhanden.

●Wer trotzdem einen Halt einlegen will: **Übernachtung** im *Turicentro Los Esclavos,* Aldea Los Esclavos, 210/250 Q.

Puerto San José

Puerto San José lohnt einen Abstecher. Das Städtchen selbst ist zwar nicht besonders schön, aber zur Atmosphäre tragen hier nicht nur die alten Anlagen des ehemaligen Hafens bei, sondern auch die temperamentvollen Costeños und das Leben, das sich hier auf der Straße abspielt. Die Bevölkerung stammt ursprünglich aus Escuintla und Amatitlán und ist im Zuge des Hafenbaus nach San José gekommen. Es findet immer ein kleiner **Fischmarkt** am alten Hafen statt, Fischer leeren hier ihre Netze, und die Händler verkaufen Haifischöl, das gut für die Lungen sein soll.

Die eiserne Hafenrampe, heute verrostet und so gut wie funktionslos für den Schiffsverkehr, wurde 1868 gebaut. Zwölf Jahre nach Befestigung der Rampe folgte der Bau der Eisenbahn, die ab 1884 San José mit der Hauptstadt verband. 1982 verursachte der Hurrikan „David" irreparable Schäden am Kai, der für die Einwohner aus San José mehr als nur ein Erinnerungsstück aus alten Zeiten ist.

Rechts neben den Resten des Bahnhofs steht das zweistöckige blaue Gebäude des Zolls, das unter *Ubico* Ende der 1930er Jahre errichtet wurde. Heute steht dieser Bau leer, nur die *Guardia de Hacendia,* die grüne Privatpolizei Guatemalas, ist hier untergebracht. Daneben steht die *GRANELSA* mit ihren schönen Balkonen, von der aus heute eine Zuckerexportfirma ihre Geschäfte betreibt. Auf der Tafel am Eingang liest man Zielorte wie Bangkok, Seoul oder Loire.

Seit 1985 thront die **Virgen del Mar** (Heilige Jungfrau des Meeres) am Kai auf einem Globus-Sockel, den ein Rosenkranz schmückt. Sie ist die Schutzheilige der Fischer und ihr Blick ist auf das Meer hinaus gerichtet. Im Arm hält sie das Kind, das durch seine Geste die Seemänner empfängt, die „Tag für Tag den Ozean durchqueren auf der Suche nach dem täglichen Brot".

Empfehlenswert ist San José unter der Woche während seines normalen Alltags. Am Wochenende wird San José von den badehungrigen Großfamilien aus der Hauptstadt bevölkert.

Wer sich für den Pazifikhafen Guatemalas, **Puerto Quetzal,** interessiert, muss sich bei der 2 km vom Hafeneingang entfernten *Base Naval* eine Besichtigungsgenehmigung holen. Der Hafen befindet sich wenig außerhalb von San José Richtung Iztapa. Es ist ein eher kleines und unscheinbares Gelände, wird aber von den Sicherheitskräften ebenso aufmerksam kontrolliert, wie Puerto Santo Tomás an der

Puerto San José

Atlantikküste. Man kann die Verladung von riesigen Mengen Zucker, Baumwolle, Kaffee und anderen Exportprodukten beobachten. Verschifft wird von hier aus vor allem nach Asien und an die Westküste des amerikanischen Kontinents. Nur selten kommen hier auch Passagierschiffe an.

Verkehrsverbindungen

Von der Hauptstadt aus *Transportes Unidos,* 4. Av., 1. Calle, Z 9 über Escuintla und weiter nach Iztapa. Auch *Transportes Esmeralda,* 8. Av. 38–41, Z 3. Sonst entsprechenden Bus auf dem Terminal Zone 4 suchen, es wird sich immer einer finden. Von Escuintla aus schnelle Verbindung über die CA 9.

Von Monterrico aus mit dem Boot über den Chiquimulilla-Kanal am Pazifik entlang.

Unterkunft

Ein gutes Hotel zu finden ist sehr schwer in San José.
- Es gibt einige sehr teure Hotels in und um San José (DZ 45 US$ und aufwärts). Moderater im Preis sind *Perla del Mar Beach Hotel,* 100 m von der alten Muelle, Tel. 78 81 32 18; *Hospedaje Maria Piedad,* Callejón 6, Barrio Miramar, Tel. 78 81 29 65, 125/152/175 Q. Die beste Alternative ist das **Hotel Viña del Mar**, Barrio Miramar, Tel. 78 81 12 58. Das **Miramar-Viertel** befindet sich westlich vom Zentrum (bis zum Ende der Hauptstraße, dann rechts) und zieht sich am Strand entlang. Bei der Ankunft in San José also am besten an der Endstation des Busses aussteigen. Über den Preis der einfachen Zimmer lässt sich verhandeln. Das Hotel besitzt einen kleinen Pool und außerdem noch einen direkten Zugang zum Strand. 125/125/200 Q.

Der alte Bahnhof

- **Hospedaje Papillon** in der Nähe des Viña del Mar, Tel. 78 81 10 64. Bis 175 Q.
- In Puerto Quetzal: **Hotel Likin** 5 km östlich auf der Straße von P.Q. nach Iztapa. Reservierung evt. über die Hauptstadt, Tel. 23 32 14 04,13. Calle 1–51, Z 10, Edificio Santa Clara, 8. Stock.

Essen und Trinken

San José ist eine Stadt der *comedores* und Bars. Zwei gute Restaurants sind das **Papillon** in der Nähe des Hotels *Viña del Mar* mit Blick aufs Meer und das gemütliche Restaurant **Costa Grande** mit einer großen Auswahl an Fischgerichten.

Von Escuintla nach Monterrico

Die Fahrt nach Monterrico, einem der am meisten besuchten Pazifikbadeorte, führt in der Regel über Escuintla und Taxisco ans Meer. Monterrico liegt rund 120 km von der Hauptstadt entfernt (*Transportes Cubanita* fährt von der Zone 4 aus direkt drei Mal täglich ab 10.30 Uhr), und wer von dort nach Escuintla aufbricht, wird über die alte Straße nach Palín lange an den großen Vulkanen Pacaya, Acatenango, Fuego und Agua entlangfahren. Bei guter Sicht und klarer Luft bietet sich ein grandioser Anblick. Mit dem Auto wird man die neue Autobahn benutzen. Die Busfahrt (ohne Umsteigezeit gerechnet) dauert ca. 3–4 Std, und man sollte auf der rechten Seite sitzen. Von Escuintla fahren regelmäßig Busse nach Taxisco bzw. nach La Avellana, dem kleinen Ort, von wo es per Boot nach Monterrico geht. Wer in einem direkten Bus nach Taxisco sitzt, muss zwangsläufig auch in Taxisco nach La Avellana umsteigen. Es fahren stündlich Busse.

Eine andere Möglichkeit ist es, mit dem Auto oder Shuttle über Puerto San José und Iztapa über den Fluss (15 Q) nach Puerto Viejo und immer an der Küste entlang bis Monterrico zu fahren.

Wer mit dem Auto fährt, kann einen Stopp im Safari Park **Club Auto Safari Chapín** einlegen, 30 km hinter Escuintla. Die Zebras, Giraffen, Raubkatzen, Affen usw. in diesem privaten Freigehege-Zoo erinnern eher an Afrika als an Guatemala. Geöffnet 9.30–17 Uhr. Montags geschlossen. Kontaktadresse in Guatemala Ciudad, 8. Av. 14–10, Z 10. Die Eintrittspreise variieren.

Taxisco ist die Geburtsstadt eines Politikers, der nach Ansicht der Guatemalteken die Werte Freiheit, Gerechtigkeit, Wahrheit, Würde und Rechtschaffenheit einst zu erklärten Zielen seiner Politik machte: *Juan Jose Arévalo*. Der Pädagogikprofessor war von 1945–51 Präsident Guatemalas, nachdem der größenwahnsinnige Militär *Jorge Ubico* nach fast 30 Jahren Amtszeit von der Oktoberrevolution gestürzt wurde.

In Taxisco gibt es keinen Grund zu übernachten (falls doch: *Beach Hotel Utz Tzaba*, Km 21,8, Aldea El Pumpo, Taxisco, Tel. 23 18 94 52. Europäische Betreiber). Es ist ein kleines, heißes Städtchen ohne nennenswerte Sehenswürdigkeiten. Von hier aus besteht die Möglichkeit, über Guazacapán weiter an die salvadorianische Grenze nach Ciudad Pedro de Alvarado zu fahren. Es ist nur ein kleiner Grenzübergang, daher ist der Busverkehr hüben wie drüben nicht besonders umfangreich.

Von Taxisco aus geht es weiter nach **La Avellana.** Die Busfahrt auf der kerzengeraden Strecke ist extrem heiß, da hier das Klima bereits Südküstencharakter hat. Auch die Natur wandelt sich. Weite, trockene Savannenlandschaften prägen das Bild. Man meint, in Afrika zu sein, aber wer zurückschaut, wird die imposante Kordillere entdecken, die die Pazifikküste Guatemalas begleitet. Die Landwirtschaft kann aufgrund der extremen Trockenheit nur extensiv sein. Schöne Fotomotive sind die perfekt geformten, einzelstehenden Bäume auf den ausgedörrten Weiden.

In La Avellana wartet eine *lancha publica* auf den Bus, die die Passagiere ein Stück über den **Chiquimulilla-Kanal** nach Monterrico bringt. Die Lancha fährt in der Regel erst los, wenn sie bis zum Kippen voll ist (besonders an den Wochenenden). Wer mit dem Auto kommt, kann hier gegen eine Gebühr von 25–50 Q/Nacht sein Gefährt in einem überdachten (Schatten!) Carport abstellen. Die Fahrt mit dem Boot dauert 20 Min. und kostet schlappe 3 Q.

Monterrico liegt direkt am Pazifischen Ozean inmitten eines 2800 Hektar großen **Mangroven-Reservats,** das 1977 vom *Centro de Estudios Conservacionistas (CeCon)* der staatlichen Universität San Carlos eingerichtet wurde und sich *Biotopo Monterrico-Hawaii* nennt.

Unter der Woche ist Monterrico wenig besucht. Es ist ruhig, fast träge. Die Hitze kühlt man am besten mit eisgekühlter Kokosmilch, die es für ein paar Quetzales überall zu kaufen gibt. Abwechslung bietet der wilde Pazifik (Strömungen nicht unterschätzen!), der menschenleere Strand, Ausflüge mit dem Boot und ein Besuch im **Schildkrötenreservat.**

Monterrico ist die Heimat der großen, vom Aussterben bedrohten Wasserschildkröten, die hier ihre Eier ablegen. Von September bis Dezember werden hier jedes Wochenende bei Sonnenuntergang die geschlüpften Schildkröten unter reger Anteilnahme der Touristen ins Meer entlassen. Für ca. 10 Q kann man eine Art Patenschaft für ein Kleines übernehmen. Wessen Schildkrötchen das Schnellste beim Wettlauf im Wasser ist, gewinnt ein Essen in einem der Hotels (Schildkrötensuppe?). Die Besichtigung der Schildkröten im Reservat hängt also von der Jahreszeit ab, dennoch lohnt sich ein kleiner Spaziergang durch das Besucherzentrum für diejenigen, die *Iguanas Verdes* (Grüne Leguane) und jede Menge Kaimane sehen wollen. Auch sie sind gefährdet, da sie noch immer gerne gegessen werden. Eine kleine Ausstellung mit konservierten Meerestieren und Information ist ebenfalls zu besichtigen. Das **Tortugario** ist täglich von 8–12 Uhr und 14–17 Uhr geöffnet; Eintritt 8 Q.

Wer sich darüber hinaus für das Tier- und Pflanzenleben in den Mangroven interessiert, sollte eine Bootstour unternehmen (tägl. morgens, 40 Q). Informationen kann man im Schildkrötengehege einholen oder beim *Proyecto Lingüistico* in Monterrico.

Mangroven *(Rhizophoraceae)* sind besondere Gewächse. Mit so gennanten Stelzwurzeln ausgestattet, leben sie im Gezeitenbereich von tropischen Küstengebieten mit relativ warmer Meeresströmung. Die erhöhte Salzwasserkonzentration und die starken

Das Dorf Monterrico

Schwankungen des Wasserspiegels erfordern eine spezielle Anpassung an den Lebensraum. Die Mangroven besitzen daher Salzdrüsen und ledrige Blätter, die sie vor dem Salzwasser schützen. Die Stelzwurzeln bilden ein undurchdringliches Dickicht und dienen der Sauerstoffversorgung. Besonders begehrt ist das Holz der Mangrovenbäume, da es sehr resistent ist und die Rinde mit einem Gerbstoffanteil von bis zu 40 % in der Ledergerberei eingesetzt werden kann.

Wer länger in Monterrico bleiben möchte, kann hier auch Spanisch lernen. Die Sprachschule ALM aus Antigua und Quetzaltenango hat hier einen kleinen Ableger. Infos gibt es im Hotel *Kaiman Inn*. Es gibt keine Bank im Dorf. Vorsorgen!

●Wenn man schon am Meer ist, sollte man auch am Strand oder in der Nähe **übernachten**. Von der Calle Principal kommend und am Strand links abbiegend ziehen sich einige Hotels entlang. Man kann aber auch von der Anlegestelle aus gleich in den Sandweg links abbiegen. Dieser Weg ist etwas kürzer als durchs Dorf. Am Wochenende sollte man besser reserviert haben, und es ist teurer. Außerdem steigen die Übernachtungspreise in Monterrico schneller als anderswo.

Unterkunft

●**Jonny's Place,** Zimmer und Bungalows mit Kochgelegenheit, 150/190 Q. Die Bungalows (320/390 Q) haben nicht alle den gleichen Standard. Einige davon sind muffelig und nicht zu empfehlen. Tel. 52 06 47 02, 77 62 00 15.
●**Kaiman Inn,** unter der Woche 50 Q/Pers. Am Wochenende teurer. Große Restaurantterrasse. Tel. 56 17 98 80.
●**Café del Sol,** Tel. 58 10 08 21, Internet: www.cafedelsol.com. Sauber, gute Küche. Schweizer Besitzer. 90-150/160-280/200-300 Q.
●**Hotel Baule Beach** ist eines der Ersten hier und seit jeher *der* Travellertreff. Der Zustand des Hotels schwankt seit Jahren von empfehlenswert bis schlimm. 55/125 Q p. P. Tel. 55 37 48 02.
●**El Mangle** hat kleine Bungalows mit je zwei Betten. Nicht ganz am Strand, sondern ein klein wenig zurückversetzt, aber sauber und empfehlenswert. Kein Restaurant. DZ 175 Q am Wochenende. Tel. 55 14 65 17.
●**Pez de Oro,** Bungalows, sehr beliebte Unterkunft. Italienischer Besitzer, gutes Essen. DZ 120 Q (Mo-Do), 170 Q am Wochenende. Tel. 23 68 36 84, 52 04 52 49.
●Am Dorfrand gelegen ist das **Hotel San Gregorio;** guatemaltekischer Geschmack.
●Auf der rechten Seite (von der Calle Principal aus gesehen) **Hotel Paraiso,** 1 km weit abgelegen. Pool und Komfort für 33 US$. Vom Dorf aus Taxi nehmen, Tel. 59 19 02 64.

Essen und Trinken/Nachtleben

Am Abend ist es nicht schwer, irgendwo in einer der Strandbars Unterhaltung zu finden. Ob im *Pez de Oro*, im *Caracol* oder sonstwo. Im Dorf lässt es sich auch einfach aber gut essen. Das *Neptuno* war hervorragend, befindet sich aber gerade im Umbau.

Alternativ lässt es sich auch in **Las Lisas** baden, ein kleines Stranddorf rund 20 km östlich von Monterrico. Um dorthin zu gelangen, kann man entweder mit dem Boot von Monterrico aus auf dem Chiquimullila-Kanal reisen oder man wechselt in Taxisco in den Bus nach El Salvador und steigt an der entprechenden Kreuzung (ziemlich verlassene Gegend) aus, um auf den Bus nach Las Lisas zu warten. Das Fischerdorf ist abgelegen und es ist nicht viel los hier, die Unterkunft sehr einfach.

Von Escuintla nach Monterrico

Erlebnisreicher als eine Busfahrt dieselbe Strecke wieder zurück nach Escuintla ist eine **Bootstour über den Chiquimulilla-Kanal** nach Iztapa. Der Kanal ist von Sipacate bis an die Grenze zu El Salvador ca. 100 km lang und wurde in den 1930er Jahren parallel zum Küstenverlauf angelegt. Die Guatemalteken nennen diesen Streifen zwischen Meer und Festland *médano* (Düne).

Der erste Teil der Strecke von Monterrico aus führt durch eine offene, fast öde Ebene mit eigenartiger Stimmung. Hunderte von weißen *garzas* (Reiher), Enten und andere Wasservögel leben hier in Eintracht mit Zebu-Rindern und Schweinen, die am Ufer weiden. Vegetationsreicher, dichter und üppiger wird es dann im zweiten Teil der Reise, wenn hohe Palmen und dicke Mangobäume die Ufer begleiten. Informationen für eine **Rundfahrt auf dem Kanal** gibt es vor Ort.

Iztapa wird durch den Kanal zweigeteilt. *Lanchas* fahren für ein paar Quetzales Einheimische und Touristen auf die Meerseite. Der Strand ist einigermaßen sauber. Das Klima ist wie in Monterrico sehr heiß, man bewegt sich etwas langsamer, schlürft seinen Liquado und plaudert mit den Leuten, die hier sehr freundlich sind. Iztapa ist ein ruhiges Dörfchen, ein Platz zum Ausruhen, Fischer beobachten oder die Vogelwelt studieren.

Iztapa war der erste Pazifikhafen des Landes. *Alvarado* ließ hier ein Boot für eine Expedition nach Peru bauen. 1540 begann seine Reise nach Mexiko ebenfalls von Iztapa aus, doch Mitte des 19. Jahrhunderts wurde der Hafen in das nahe gelegene San José verlegt.

- **Übernachtungsmöglichkeiten** gibt es im Dorf ausreichend von komfortabel (DZ 150 Q) über Bungalows für 60 Q direkt am Strand bis zu billigen Hospedajes.
- **Verkehrsverbindungen** von Escuintla nach Iztapa: Bus nach Puerto San José nehmen und dort nach Iztapa umsteigen. Die letzte Camioneta in umgekehrter Richtung von Iztapa nach Puerto San José geht gegen 17 Uhr, sonst alle 30 Minuten.

In den Mangroven

148 gu Foto: bh

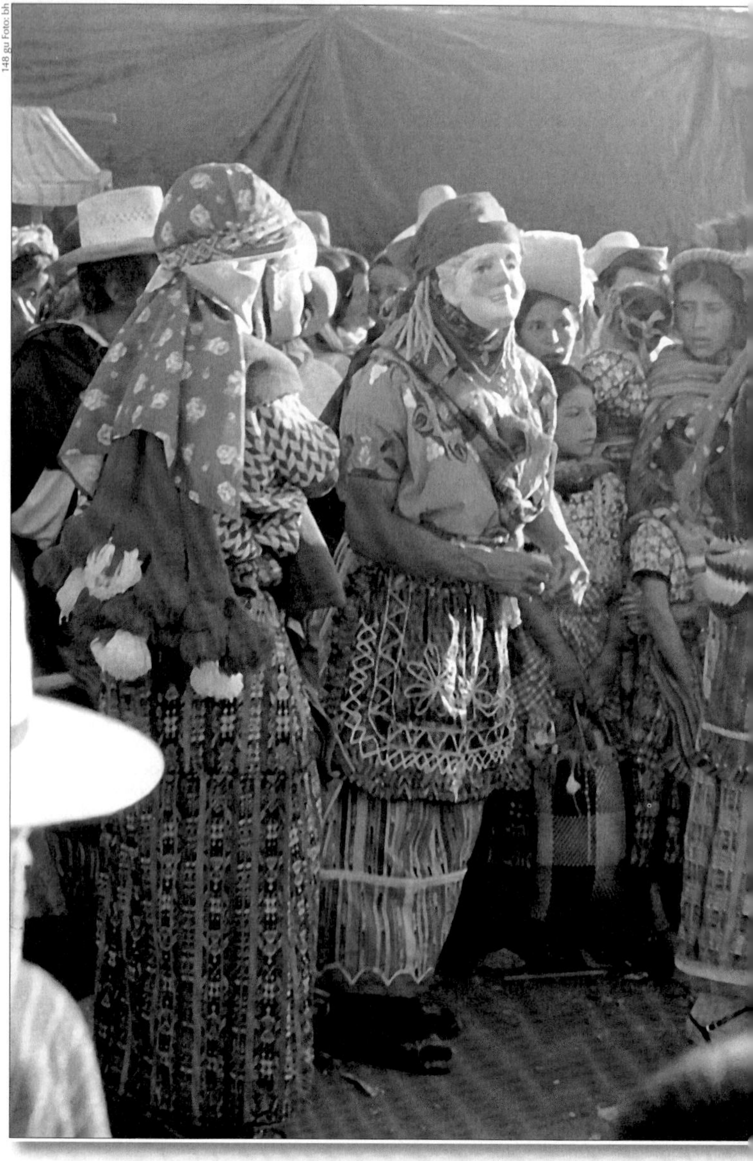

Anhang

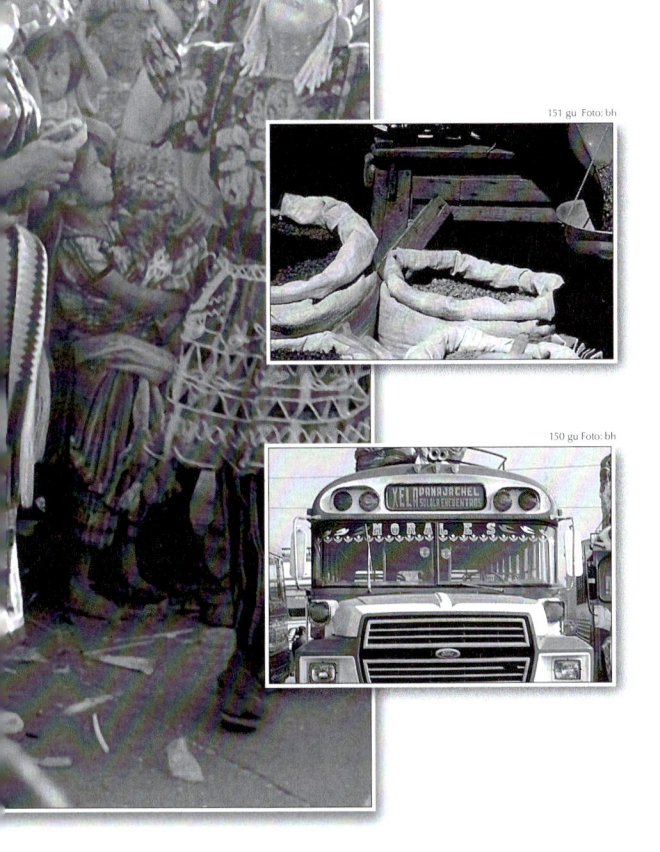

151 gu Foto: bh

150 gu Foto: bh

Literaturhinweise

Maya: Geschichte und Kultur

- *Girard, Rafael:* **Die ewigen Mayas.** Zivilisation und Geschichte. Wiesbaden o. J.

Der Anthropologe *Girard* hat sich in seiner Untersuchung vor allem mit der Mythologie und den Bräuchen der Chortí-Indígenas beschäftigt.

- *Wilhelmy, Herbert:* **Welt und Umwelt der Maya.** Aufstieg und Untergang einer Hochkultur. TB Serie Piper Bd. 1139. München 1990.

Der Tübinger Geograph *Wilhelmy* stellt sich die Frage nach den Voraussetzungen und Gegebenheiten für das Überleben der Maya im Tiefland und untersucht mögliche Ursachen ihres Untergangs. Ein sehr empfehlenswertes Buch!

- *Popol Vuh:* **Das Buch des Rates.** Mythos und Geschichte der Maya. Aus dem Quiché übertragen und erläutert von *Wolfgang Cordan.* Köln 1990, 6. Aufl.

Das Popol Vuh schildert den Mythos der Weltschöpfung und Menschwerdung sowie den Aufstieg und Untergang der Maya-Quiché. Ein großes Dokumente der Menschheitsgeschichte.

- *Chactún* – **Die Götter der Maya.** Quellentexte, Darstellung und Wörterbuch. Hg. von *Christian Rätsch.* Köln 1986. Eine empfehlenswerte Einführung in die Kosmologie und die Bedeutung der Göttergestalten der Maya-Kultur.

- *Gockel, Wolfgang:* **Guatemala,** Honduras, Belize, El Salvador. Maya-Städte und Kolonialarchitektur in Mittelamerika. DuMont Kunst-Reiseführer. Köln 1999.

- *Stierlin, Henri:* **Architektur der Welt.** Maya. Berlin, o. J.

- **Die Welt der Maya.** Mainz 1992. Das Buch zur Hildesheimer Maya-Ausstellung 1992.

Ein fantastisches, reich bebildertes und interessantes Buch zur Geschichte der Maya.

- *Stephens, J. L.:* **Die Entdeckung der alten Mayastätten.** Ein Urwald gibt seine Geheimnisse preis. Stuttgart 1993.

- *Schele, Linda/Freidel, David:* **Die unbekannte Welt der Maya.** Das Geheimnis ihrer Kultur entschlüsselt. Augsburg 1995.

Zwei der anerkanntesten Experten berichten von ihren sensationellen Entdeckungen.

- *Stierlin, Henri:* **Maya – Paläste und Pyramiden im Urwald.** Köln 1997.

- **Versunkene Reiche der Maya.** The National Geographic Society. München 1997. Prächtiger Bildband.

- *Coe, D. Michael:* **Das Geheimnis der Maya-Schrift. Ein Code wird entschlüsselt.** Hamburg 1997.

- **Maya. Gottkönige im Regenwald.** Hrsg. von *Nicolai Grube.* Köln 2000.

Ein 500 Seiten starker, prächtiger, in übersichtlichen Kapiteln gegliederter Band über alles Wissenswerte, was die Welt der alten Maya betrifft.

Sachbücher

● *Galeano, Eduardo:* **Die offenen Adern Lateinamerikas.** Die Geschichte eines Kontinents von der Entdeckung bis zur Gegenwart. Hannover 1992, 7. Aufl. Einstiegs- und Nachschlagewerk für alle, die sich für die Geschichte der Unterdrückung seit der Eroberung durch die Spanier und Portugiesen interessieren.

● *Boris, D./Rausch, R.:* **Zentralamerika. Guatemala, Nicaragua, Honduras, Costa Rica, El Salvador.** Köln 1986, 3. Aufl. Politische Gesamtdarstellung Zentralamerikas. Beschrieben werden die strukturellen Probleme der einzelnen Länder vor dem Hintergrund ihrer historischen Entwicklung.

● **Guatemala.** Der lange Weg zur Freiheit. Herausgegeben von Informationsstelle Guatemala e. V. Mit einem Vorwort von *Helmut Frenz.* Wuppertal 1982. Aus dem Spanischen übersetzt. Beinahe schon ein Standardwerk über Guatemala, inzwischen mit historischem Charakter.

● *Gross, Horst-Eckart:* **Guatemala.** Bericht über einen verdeckten Krieg. Dortmund 1986. Durch Berichte, Dokumentationen, persönliche Eindrücke und Interviews mit Widerstandskämpfern vermittelt Gross dem Leser einen politischen Situationsbericht aus dem Guatemala der 1980er Jahre.

● *Weishaar, Emmerich /Hostnig, Rainer* (Hrsg.), *Ojer Tzil:* **Erzählungen der Maya-Indianer Guatemalas aus dem Stamme der Quiché.** 1995. Zu beziehen über Infostelle Guatemala e. V., Heerstr. 205, 53111 Bonn.

● *Painter, James:* **Guatemala:** False Hope, False Freedom. London 1987. Zu beziehen über: Edition NAHUA, Postfach 10 13 20, Wuppertal.

● *Castano, Camilo:* **Und sei es mit Gewalt.** Die Revolution in Guatemala. Mit sechzehn Exempeln von *Heinz Rudolf Sonntag,* Nachwort von *Gerhard Debus.* Wuppertal, 1986.

● *Gabriel, Leo:* **Aufstand der Kulturen.** Konfliktregion Zentralamerika: Guatemala, El Salvador, Nicaragua. dtv., Allgemeine Reihe Nr. 10956. München 1988, 2. Aufl. Über Geschichte und Kampf zentralamerikanischer Emanzipations- und Widerstandsbewegungen. Empfehlenswert.

● *Nuhn, Helmut* (Hrsg.): **Krisengebiet Mittelamerika.** Interne Probleme, weltpolitische Konflikte. Braunschweig 1985. Experten erläutern die Hintergründe der spannungsgeladenen Region Mittelamerika.

● *Cordova A., Michelena, H.:* **Die wirtschaftliche Struktur Lateinamerikas.** Drei Studien zur politischen Ökonomie der Unterentwicklung. Frankfurt 1974, 4. Aufl.

● **Länderbericht Guatemala.** Statistisches Bundesamt Wiesbaden. Erscheint jährlich neu.

● *Melville, Thomas, Peters, Marjorie:* **Tierra y Poder en Guatemala.** *Educa.* Der katholische Pfarrer *Thomas Melville* und die Nonne *Marjorie Peters* lebten zehn Jahre in Guatemala, bis sie 1967 wegen angeblicher Guerillasympathien ausgewiesen wurden. Das Buch schildert die Ereignisse von der Oktoberrevolution 1945 bis Mitte der 60er Jahre. In Guatemala erhältlich.

LITERATURHINWEISE

- *Schlesinger, S.* u. *Kinzer, S.:* **Bananenkrieg. CIA-Putsch in Guatemala.** München 1984. Die beiden Autoren beschreiben die Rolle der USA und der *United Fruit Company* beim Sturz der demokratischen Arévalo/Arbenz-Regierung 1954.
- *Spahni, Jean-Christian:* **Los Indios de América Central.** Guatemala 1981. *Spahni* schildert die Geschichte der Indígenas von Guatemala bis Panama und beschreibt deren Kultur, Religion, Künste usw. In Guatemala erhältlich.
- *Sterr, Albert:* **Guatemala.** Lautloser Aufstand im Land der Maya. Interviews, Analysen, Reportagen. Köln 1994.
- *Ojalá:* **Guatemalas Flüchtlinge kehren zurück.** Informationsstelle Guatemala e.V./medico international (Hrsg.) Grafenau 1993.
- *Menchú Túm, Rigoberta/Comité de Uni-dad Campesina:* **Klage der Erde.** Der Kampf der Campesinos in Guatemala. Göttingen 1993.
- *Menchú Túm, Rigoberta:* **Leben in Guatemala.** Göttingen 1998. Der 1983 auf spanisch erschienene autobiographische Bericht *Rigoberta Menchús,* der auf einem Interview mit der venezolanischen Autorin *Elisabeth Burgos* basiert.
- *Menchú Túm, Rigoberta:* **Enkelin der Maya.** Autobiographie. Göttingen 1999.
- *Birk, Fridolin* (Hrsg.): **Guatemala: Ende ohne Aufbruch – Aufbruch ohne Ende?** Vervuert Verlag, 1995. Eines der besten Bücher zu Gesellschaft, Politik und Kultur Guatemalas.
- *Birk, Fridolin* (Hrsg.): **Guatemala: Oprimida, Pobre o Princesa Embrujada? Discusiones abiertas sobre economía y sociedad.** Friedrich Ebert-Stiftung Guatemala, 1997.
- *Boueke, Andreas:* **Kampf der Kleinsten.** 21 Reportagen aus Guatemala, 1996.
- *Allebrand, Raimund* (Hrsg.): **Die Erben der Maya. Indianischer Aufbruch in Guatemala.** Bad Honnef 1997.

Das beste Buch, das es derzeit zu Guatemala gibt. Sehr informativ und angemessen kritisch.

- *Kurtenbach, Sabine:* **Guatemala.** Beck'sche LänderReihe. München 1998. Kleines Rundum-Brevier.
- **Myrna und Helen.** Guatemala nach der Militärdiktatur: Die Suche nach den Mördern von *Myrna Mack.* Eine biographische Reportage von *José Flores.* Bremen 1997.

Die Schwester der Ermordeten, *Helen,* kämpft bis heute für die Verurteilung der Schuldigen, die in den Reihen der Miltiärs zu finden sind.

- *Wagner, Regina:* **Los Alemanes en Guatemala 1820–1944.** Guatemala 1996. 2. Auflage.

Das umfangreichste und am besten recherchierte Buch über die deutsche Einwanderung. Spannend und informativ.

- *Heckt, Meike:* **Guatemala. Interkulturelle Bildung in einer ethnisch gespaltenen Gesellschaft.** Interkulturelle Bildungsforschung, Bd. 6. Münster 2000.

Kenntnisreiche Studie, die sich mit den Möglichkeiten und Schwierigkeiten des Bildungssystems beschäftigt.

- *Kühhas, Barbara:* **Die indigenen Frauen Guatemalas. Vom Bürger-**

krieg zum Friedensprozess – der Kampf um politische Partizipation. Frankfurt a. M. 2000.

Ein Beitrag zur Gender-Diskussion, in dem die Maya-Frauen ausreichend zu Wort kommen.

- **Guatemala. Nie wieder. Nunca más.** Bericht des Interdiözesanen Projekts „Wiedergewinnung der geschichtlichen Wahrheit". Hrsg. von *Misereor e. V.*, Aachen 1998. Dokumentation über den 36-jährigen Bürgerkrieg.

Guerilla

- *Payeras, Mario:* **Wie in der Nacht die Morgenröte.** Tagebuch einer guatemaltekischen Guerilla. Zürich 1985. Der Kommandant des „Guerillaheers der Armen" EGP erzählt vom Aufbau, Kampf und Leben der guatemaltekischen Guerilla in den frühen 1970er Jahren.
- *Andersen, Nicolas* (Pseudonym): **Guatemala, Escuela Revolucionaria de Nuevos Hombres.** Mexiko 1982.

Das Buch könnte man als Fortsetzung des Tagebuchs von *Payeras* lesen. Mit Erfahrungsberichten, Zeugnissen und Reflexionen über die revolutionäre Schule der EGP in den Jahren 1981–82.

- *Harbury, Jennifer:* **Geliebter Comandante.**

Die bewegende Geschichte einer Frau, die sich über alle Grenzen hinwegsetzt. München 1998. Rührseliges Andenken der amerikanische Witwe des Guerilleros *Efraim Bamáca*.

Eroberung und Kolonisation

- *Las Casas:* **Bericht von der Verwüstung der Westindischen Länder.** Hrsg. von *Hans Magnus Enzensberger.* Insel TB Nr. 553. Frankfurt a. M. 1981. Der Dominikanermönch und Verteidiger der Indígena beschreibt die Gräueltaten der Spanier bei der Eroberung der Neuen Welt Anfang des 16. Jh.
- *Gage, Thomas:* **Los Viajes de Tomás Gage en la Nueva Espana.** Guatemala 1979. Der irische Dominikanermönch berichtet von seinen Eindrücken der Reise durch Mexiko und Guatemala im Jahre 1625.
- **Das Fünfhundertjährige Reich:** Emanzipation und lateinamerikanische Identität 1492–1992. Medico International 1990.

Sammlung von Vorträgen, Essays und Aufsätzen über die Folgen der Entdeckung und Kolonisierung Amerikas. Sehr empfehlenswert.

- *Todorov, Tzvetan:* **Die Eroberung Amerikas.** Frankfurt 1985.

Der Sprachphilosoph *Todorov* aus Paris schildert in diesem spannend zu lesenden Buch den Zusammenprall der Denkweisen und Kulturen Europas mit jenen Mittelamerikas im 16. Jh.

Zeitschriften

- **¡Fíjate!** Hrsg. Solidarität mit Guatemala e.V. Aboverwaltung: *Ewald Seiler,* Rahel-Varnhagen-Str. 15, 79100 Freiburg, E-Mail: fijate@web.de.
- **ila.** Zeitschrift der Informationsstelle Lateinamerika. Hrsg. s. Guatemala Info (10 x im Jahr). Jahresabo ca. 30 €.

- Correos de Centroamérica. Berichte zu Zentralamerika – Informationen zur Solidaritätsarbeit. Postfach 1203, 8036 Zürich.

Sonstiges

- Cocina guatemalteca. Arte, sabor y colorido. Guatemala 1986, segunda edición. Kochbücher gehören zu den originellsten Mitbringseln.
- *Riedinger, R. u H.:* **Einfaches Weben.** Eine Anleitung nach den Mustern und der Technik der Indianer Guatemalas. Bern 1980. Ein schönes, buntes Buch mit allem Wissenswertem rund um die guatemaltekische Webkunst.
- **Webkunst der Maya.** Mainz 1992. Buch zur Ausstellung in Hildesheim.
- *Werner, David:* **Wo es keinen Arzt gibt.** Reise Know-How Verlag, Bielefeld. Medizinisches Gesundheitsbuch für unterwegs.
- *Hermann, Helmut:* **Reisefotografie.** Reise Know-How Verlag, Bielefeld. Alles über Ausstattung, Technik, Menschen-, Portrait- und Naturfotografie.
- *Heinrich, Volker:* **Reisefotografie digital.** Reise Know-How Verlag, Bielefeld.
- *Richter, Dieter:* **Maya-Kultur erleben.** Reise Know-How Verlag, Bielefeld. Wissenswertes über die Geschichte und das Leben der Maya, ihre Sitten und Gebräuche und ihre Architektur.
- **Kauderwelsch Spanisch für Guatemala,** Reise Know-How Verlag, Bielefeld. Mit begleitendem Tonmaterial.
- Die guatemaltekischen **Antiquariate** in der Hauptstadt sind herrliche Fundgruben, die das Herz eines jeden Bücherwurms höher schlagen lassen. Wer etwas für alte Bücher über Guatemala übrig hat, sollte hier ausgiebig stöbern.

PRAXIS –
für jedes Thema der richtige Ratgeber

Wer weiß schon, wie man sich Vulkanen nähert, Höhlen sicher erkundet, sich im Dschungel orientiert, ein Kanu steuert, seine Flugangst überwindet – oder einfach nur Flüge, Unterkunft und Mietwagen am cleversten bucht und mit einer Digitalkamera auf Reisen umgeht?
Die erfahrenen Autoren der Reihe PRAXIS vermitteln in jedem der über 80 Bände eine Fülle nützlicher Informationen und praktischer Tipps für alle Themen rund um Urlaub und Freizeit.

Hier eine kleine Auswahl:
- Als Frau allein unterwegs
- Clever buchen, besser fliegen
- Drogen in Reiseländern
- Dschungelwandern
- Geologische Erscheinungen entdecken
- Höhlen erkunden
- Maya-Kultur erleben
- Mit dem Auto durch Südamerika
- Reisefotografie digital
- Richtig Kartenlesen
- Sonne, Wind und Reisewetter
- Sprachen lernen im Ausland
- Tango tanzen in Buenos Aires
- Trekking-Handbuch
- Trekking-Routen Nord- und Südamerika
- Vulkane besteigen
- Wildnis-Ausrüstung

Weitere Titel siehe Programmübersicht.

Jeder Titel 144-176 Seiten, reich illustriert, handliches Taschenformat 10,5 x 17 cm, robuste Fadenheftung, Glossar, Register und Griffmarken zur schnellen Orientierung

REISE KNOW-HOW Verlag, Bielefeld

Aktuelle Reise-Gesundheits-Informationen im Überblick: Guatemala

Stand: 10.10.2004
© Centrum für Reisemedizin 2004

Die nachstehenden Angaben dienen der Orientierung, was für eine geplante Reise in das Land an Gesundheitsvorsorgemaßnahmen zu berücksichtigen ist. Die Informationen wurden uns freundlicherweise vom *Centrum für Reisemedizin* zur Verfügung gestellt. Auf der Homepage: www.Travelmed.de werden diese Informationen stetig aktualisiert. Es lohnt sich, dort noch einmal nachzuschauen

Einreise-Impfvorschriften

Bei einem Direktflug aus Europa sind keine Impfungen vorgeschrieben. Bei vorherigem Zwischenaufenthalt (innerhalb der letzten 6 Tage vor Einreise) in einem der aufgeführten Länder (Gelbfieber-Endemiegebiete) wird bei Einreise eine gültige **Gelbfieber-Impfbescheinigung** verlangt (ausgenommen Kinder unter 1 Jahr). Gelbfieber-Impfbescheinigung sind erforderlich bei der Einreise aus:

Angola · Äquat.Guinea · Äthiopien · Benin · Bolivien · Brasilien · Burkina Faso · Burundi · Ecuador · Elfenbeinküste · Franz. Guyana · Gabun · Gambia · Ghana · Guinea · Guinea-Bissau · Guyana · Kamerun · Kenia · Kolumbien · Rep. Kongo · Liberia · Mali · Niger · Nigeria · Panama · Peru · Rwanda · SaoTomé & Principe · Senegal · Sierra Leone · Somalia · Sudan · Suriname · Tanzania · Togo · Tschad · Uganda · Venezuela · Kongo, Demokat. Rep. · Sambia · Zentr.afrik. Republik

Eine gültige **Cholera-Impfbescheinigung** kann – abweichend von den offiziellen Bestimmungen – gelegentlich verlangt werden. Besonders zu beachten bei Ankunft aus einem Land mit Cholera und bei Einreise außerhalb des internationalen Flughafens der Hauptstadt.

Empfohlener Impfschutz

Generell: Tetanus, Diphtherie, Hepatitis A

Je nach Reisestil und Aufenthaltsbedingungen im Lande sind außerdem zu erwägen:

Impfschutz	Reisebedingung 1*	Reisebedingung 2**	Reisebedingung 3***
Typhus	x		
Hepatitis B [1]	x		
Tollwut [2]	x		

[1] vor allem bei Langzeitaufenthalten und engerem Kontakt zur einheimischen Bevölkerung
[2] bei vorhersehbarem Umgang mit Tieren

AKTUELLE REISE-GESUNDHEITS-INFORMATIONEN

***Reisebedingung 1:** Reise durch das Landesinnere unter einfachen Bedingungen (Rucksack-/Trekking-/Individualreise) mit einfachen Quartieren/Hotels; Camping-Reisen, Langzeitaufenthalte, praktische Tätigkeit im Gesundheits- o. Sozialwesen, enger Kontakt zur einheimischen Bevölkerung wahrscheinlich

****Reisebedingung 2:** Aufenthalt in Städten oder touristischen Zentren mit (organisierten) Ausflügen ins Landesinnere (Pauschalreise, Unterkunft und Verpflegung in Hotels bzw. Restaurants mittleren bis gehobenen Standards)

*****Reisebedingung 3:** Aufenthalt ausschließlich in Großstädten oder Touristikzentren (Unterkunft und Verpflegung in Hotels bzw. Restaurants gehobenen bzw. europäischen Standards)

Malaria-Risiko:

Ganzjährig. Mittleres Risiko in ländlichen Gebieten unterhalb 1500 m in folgenden Departements: Alta Verapaz, Escuintla, Huehuetenango, Petén und Quiché; geringes Risiko in den Departements Baja Verapaz, Izabal, Jutiapa, Retalhuleu, San Marcos, Suchitepequez und Zacapa; kein bzw. geringes Risiko in den übrigen Landesteilen, Höhen über 1.500 m und Städten.

Vorbeugung: Ein konsequenter Mückenschutz in den Abend- und Nachtstunden verringert das Malariarisiko erheblich (Expositionsprophylaxe).

Ergänzend ist die Einnahme von Anti-Malaria-Medikamenten (Chemoprophylaxe) evtl. zu empfehlen. Zu Art und Dauer der Chemoprophylaxe fragen Sie Ihren Arzt oder Apotheker, bzw. informieren Sie sich in einer qualifizierten reisemedizinischen Beratungsstelle (s.u.). Malariamittel sind verschreibungspflichtig.

Wichtiger Hinweis:

Es empfiehlt sich immer, rechtzeitig (etwa 4 bis 6 Wochen) vor der Reise eine persönliche Reise-Gesundheits-Beratung bei einem reisemedizinisch erfahrenen Arzt oder Apotheker in Anspruch zu nehmen (Anschriften qualifizierter Beratungsstellen, nach Postleitzahlgebieten sortiert, siehe unten).

Aktuelle Meldungen

Darminfektionen: Risiko für Durchfallerkrankungen landesweit, CHOLERA-Ausbrüche wurden in letzter Zeit nicht gemeldet. Nahrungs- und Trinkwasserhygiene beachten. Eine Cholera-Impfung ist aus ärztlicher Sicht entbehrlich; sie kann jedoch bei Einreise auf dem Landwege bisweilen verlangt werden.

Unter www.travelmed.de finden Sie Adressen von
- Apotheken mit qualifizierter Reise-Gesundheits-Beratung
(nach Postleitzahlgebieten).
- Impfstellen und Ärzte mit Spezialsprechstunde Reisemedizin
(nach Postleitzahlgebieten).
- Abruf eines persönlichen Gesundheitsvorsorge-Briefes für die geplante Reise.

Mit Reise Know-How ans Ziel

Die Landkarten des **world mapping project** bieten gute Orientierung – weltweit.

- Moderne Kartengrafik mit Höhenlinien, Höhenangaben und farbigen Höhenschichten
- GPS-Tauglichkeit durch eingezeichnete Längen- und Breitengrade und ab Maßstab 1:300.000 zusätzlich durch UTM-Markierungen
- Einheitlich klassifiziertes Straßennetz mit Entfernungsangaben
- Wichtige Sehenswürdigkeiten, herausragende Orientierungspunkte und Badestrände werden durch einprägsame Symbole dargestellt
- Der ausführliche Ortsindex ermöglicht das schnelle finden des Zieles
- Wasser abstoßende Imprägnierung
- Kein störender Pappumschlag, der den behindern würde, der die Karte unterwegs individuell falzen möchte oder sie einfach nur griffbereit in die Jackentasche stecken will

Derzeit rund 70 Titel lieferbar (siehe unter www.reise-know-how.de), z. B.:

Cuba	1:850.000
Mexiko	1:2,25 Mio.
Guatemala/Belize	1:500.000

world mapping project
Reise Know-How Verlag, Bielefeld

Mittelamerika

Vulkane, Strände, Mayas, Folklore, dampfende Dschungel, vielfältige Natur: Das ist Mittelamerika. In der Reihe *REISE KNOW-HOW* gibt es für viele mittelamerikanische Staaten Spezialreiseführer, die aktuell recherchiert sind und komplette Informationen enthalten:

Detlef Kirst

Costa Rica

Das komplette Handbuch für das Naturparadies Mittelamerikas
624 Seiten, 61 Karten und Pläne, durchgehend illustriert.

Hans-Gerd Spelleken

Honduras

Das komplette Handbuch für individuelles Reisen und Entdecken
456 Seiten, 35 Karten und Pläne, durchgehend illustriert.

Linda O'Bryan, Hans Zaglitsch

Panama

Natur und Kultur zwischen Atlantik und Pazifik
504 Seiten, 40 Karten und Pläne, durchgehend illustriert.

Helmut Hermann

Mexiko

Das komplette Handbuch für individuelles Reisen und Entdecken
900 Seiten, 100 Karten und Pläne, durchgehend illustriert, großer Farbteil.

Reise Know-How Verlag, Bielefeld

Alle Reiseführer von Reise

REISE KNOW-HOW

Reisehandbücher
Urlaubshandbücher
Reisesachbücher
Rad & Bike

Afrika, Bike-Abenteuer
Afrika, Durch, 2 Bde.
Agadir, Marrak./Südmarok.
Ägypten individuell
Ägypten Niltal
Alaska & Kanada
Algarve
Algerische Sahara
Amrum
Amsterdam
Andalusien
Apulien
Äqua-Tour
Argentinien, Uru., Para.
Athen
Äthiopien
Auf nach Asien!
Australien, Osten/Zentr.
Auvergne, Cevennen

Bahrain
Bali und Lombok
Bali, die Trauminsel
Bangkok
Barcelona
Berlin
Borkum
Botswana
Brasilien
Brasilien kompakt
Bretagne
Budapest
Bulgarien
Burgund

Cabo Verde
Canada & Kanada
Chile, Osterinseln
China Manual
Chinas Norden
Chinas Osten
Cornwall
Costa Blanca
Costa Brava
Costa de la Luz
Costa del Sol
Costa Dorada
Costa Rica
Cuba

Dalmatien
Dänemarks Nordseek.
Disneyland Resort Paris
Dominik. Republik
Dubai, Emirat

Ecuador, Galapagos
El Hierro
Elsass, Vogesen
England – Süden
Erste Hilfe unterwegs
Europa BikeBuch

Fahrrad-Weltführer
Fehmarn
Florida
Föhr
Friaul, Venetien
Fuerteventura

Gardasee
Golf v. Neapel, Kampan.
Gomera
Gotland
Gran Canaria
Großbritannien
Guatemala

Hamburg
Hawaii
Hollands Nordseeins.
Holsteinische Schweiz
Honduras
Hongkong, Macau, Kant.

Ibiza, Formentera
Indien Norden, Süden
Iran
Irland
Island
Israel, palästinens.
  Gebiete, Ostsinai
Istrien, Velebit

Jemen
Jordanien
Juist

Kairo, Luxor, Assuan
Kalabrien, Basilikata
Kalifornien, USA SW
Kambodscha
Kamerun
Kanada Alaska, USA
  Ost, NO, West
Kap-Provinz (Südafr.)
Kapverdische Inseln
Kenia
Kerala
Korfu, Ionische Inseln
Korsika
Krakau
Kreta
Kreuzfahrtführer

Ladakh, Zanskar
Langeoog
Lanzarote
La Palma
Laos
Lateinamerika BikeB.
Libyen
Ligurien
Litauen
Loire, Das Tal der
London

Madagaskar
Madeira
Madrid
Malaysia, Singapur,
  Brunei
Mallorca
Mallorca, Leben/Arbeiten
Mallorca, Wandern auf
Malta
Marokko
Mauritius/La Réunion
Mecklenb./Brandenb.:
  Wasserwandern
Mecklenburg-
  Vorp. Binnenland
Mexiko
Mexiko kompakt
Mongolei
Motorradreisen
München
Myanmar

Namibia
Nepal
Neuseeland BikeBuch
New York City
Norderney
Nordfriesische Inseln
Nordseeküste NDS
Nordseeküste SLH
Nordseeinseln, Dt.
Nordspanien
Normandie

Oman
Ostfriesische Inseln
Ostseeküste MVP
Ostseeküste SLH
Outdoor-Praxis

Panama
Panamericana,
  Rad-Abenteuer
Paris
Peru, Bolivien
Peru kompakt
Phuket
Polens Norden
Prag
Provence
Pyrenäen

Qatar

Rajasthan
Rhodos
Rom
Rügen, Hiddensee

Sächsische Schweiz
Salzburg
San Francisco
Sansibar
Sardinien
Schottland
Schwarzwald – Nord
Schwarzwald – Süd
Schweiz, Liechtenstein
Senegal, Gambia
Singapur
Sizilien
Skandinavien – Norden
Slowenien, Triest

Know-How auf einen Blick

Spaniens Mittelmeerk.
Spiekeroog
Sri Lanka
St. Lucia, St. Vin., Gren.
Südafrika
Südnorwegen, Lofoten
Südwestfrankreich
Sydney
Sylt
Syrien

Taiwan
Tansania, Sansibar
Teneriffa
Thailand
Thailand – Tauch- und Strandführer
Thailands Süden
Thüringer Wald
Tokyo
Toscana
Transsib
Trinidad und Tobago
Tschechien
Tunesien
Tunesiens Küste
Türkei, Hotelführer

Uganda, Ruanda
Umbrien
USA/Canada
USA, Gastschüler
USA, NO, S, SW, W
USA – Südwesten, Natur u. Wandern
USA SW, Kalifornien, Baja California
Usedom

Venedig
Venezuela
Ver. Arab. Emirate
Vietnam

Wales
Warschau

Westafrika – Sahel
Westafrika – Küste
Wien
Wo es keinen Arzt gibt

Yukatan

Zypern

Edition RKH

Abenteuer Anden
Burma – Land der Pagoden
Durchgedreht
Finca auf Mallorca
Geschichten/Mallorca
Goldene Insel
Mallorca, Leib u. Seele
Mallorquinische Reise
Please wait to be seated!
Salzkarawane, Die
Südwärts Lateinamerika
Taiga Tour
Traumstr. Panamerikana
Unlimited Mileage

Praxis

(Auswahl, vollständiges Programm siehe Homepage.)

Aktiv Algarve
Aktiv Andalusien
Aktiv Dalmatien
Aktiv frz. Atlantikküste
Aktiv Gardasee
Aktiv Gran Canaria
Aktiv Istrien
Aktiv Katalonien
Aktiv Marokko
Aktiv Polen
Aktiv Slowenien
Als Frau allein unterwegs
Australien: Reisen/Jobben
Australien: Outback/Bush
Auto durch Südamerika

Ayurveda erleben
Bordbuch Südeuropa
Clever buchen/fliegen
Clever kuren
Drogen in Reiseländern
Fernreisen, Fahrzeug
Fliegen ohne Angst
Fun u. Sport im Schnee
Geolog. Erscheinungen
Gesund. Dtl. Heilthermen
GPS f. Auto, Motorrad
GPS Outdoor
Inline-Skaten Bodensee
Inline Skating
Islam erleben
Kanu-Handbuch
Konfuzianismus erleben
Kreuzfahrt-Handbuch
Küstensegeln
Maya-Kultur erleben
Mountain Biking
Mushing/Hundeschlitten
Orientierung mit Kompass und GPS
Paragliding-Handbuch
Reisefotografie
Reisefotografie digital
Respektvoll reisen
Richtig Kartenlesen
Safari-Handbuch Afrika
Selbstdiagnose unterwegs
Shoppingguide USA
Sicherheit/Bärengeb.
Spaniens Fiestas
Sprachen lernen
Tango in Buenos Aires
Transsib – Moskau-Peking
Trekking-Handbuch
Trekking/Amerika
Trekking/Asien Afrika
Tropenreisen
Unterkunft/Mietwagen
Verreisen mit Hund
Wandern im Watt
Was kriecht u. krabbelt in den Tropen

Wein-Reiseführer Italien
Wein-Reiseführer Toskana
Wildnis-Ausrüst., Küche
Wohnmobil-Ausrüstung
Wohnmobil-Reisen
Wüstenfahren

KulturSchock

Ägypten
Argentinien
Australien
Brasilien
China, VR/Taiwan
Cuba
Familenmanagement
Finnland
Golf-Emirate, Oman
Indien
Iran
Islam
Japan
Jemen
Kambodscha
Kaukasus
Laos
Leben in fremd. Kulturen
Marokko
Mexiko
Pakistan
Polen
Russland
Spanien
Thailand
Türkei
USA
Vietnam

Wo man unsere Reiseliteratur bekommt:
Jede Buchhandlung Deutschlands, der Schweiz, Österreichs und der Benelux-Staaten kann unsere Bücher beziehen. Wer sie dort nicht findet, kann alle Bücher über unsere **Internet-Shops** bestellen.
Auf den Homepages gibt es **Informationen** zu allen Titeln:

www.reise-know-how.de oder www.reisebuch.de

Kauderwelsch Sprechführer

LATEINAMERIKA

Spanisch für Lateinamerika
Kauderwelsch-Band 5

Spanisch für Guatemala
Kauderwelsch-Band 83

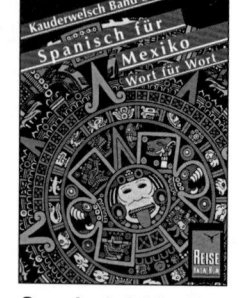

Spanisch f. Mexiko
Kauderwelsch Band 88

Zu allen Kauderwelsch-Bänden ist begleitendes Tonmaterial erhältlich.

REISE KNOW-HOW Verlag, Bielefeld

ReiseWortSchatz
– das Wörterbuch zum Kauderwelsch

Hier finden Sie auf ca. 250 Seiten die **6.000 Wörter und Ausdrücke,** die Sie wirklich brauchen, um jede Situation sprachlich zu meistern – egal welche Vorkenntnisse Sie haben.

- Neben Grund- und Aufbauwortschatz bieten die Bände ein spezielles, für jedes Land **individuell zusammengestelltes Reise- und Landeskunde-Vokabular.**
- Die **einfach zu lesende Lautschrift,** identisch mit der im Kauderwelsch-Band, macht es überflüssig, die Aussprache extra zu büffeln.
- Hinter jedem Verb finden Sie die kompletten **Gegenwartsformen** sowie das **Partizip Perfekt.**
- Auch **konjugierte Formen** der wichtigsten Verben sind alphabetisch eingeordnet.

Bereits erscheinen: **Amerikanisch, Englisch, Französisch, Indonesisch, Spanisch** und **Vietnamesisch.**

HILFE!

Dieses Reisehandbuch ist gespickt mit unzähligen Adressen, Preisen, Tipps und Infos. Nur vor Ort kann überprüft werden, was noch stimmt, was sich verändert hat, ob Preise gestiegen oder gefallen sind, ob ein Hotel, ein Restaurant immer noch empfehlenswert ist oder nicht mehr, ob ein Ziel noch oder jetzt erreichbar ist, ob es eine lohnende Alternative gibt usw.

Unsere Autoren sind zwar stetig unterwegs und versuchen, alle zwei Jahre eine komplette Aktualisierung zu erstellen, aber auf die Mithilfe von Reisenden können sie nicht verzichten.

Darum: Schreiben Sie uns, was sich geändert hat, was besser sein könnte, was gestrichen bzw. ergänzt werden soll. Nur so bleibt dieses Buch immer aktuell und zuverlässig. Wenn sich die Infos direkt auf das Buch beziehen, würde die Seitenangabe uns die Arbeit sehr erleichtern. Gut verwertbare Informationen belohnt der Verlag mit einem Sprachführer Ihrer Wahl aus der über 170 Bände umfassenden Reihe „Kauderwelsch" (siehe unten). Bitte schreiben Sie an:

REISE KNOW-HOW Verlag Peter Rump GmbH, Postfach 140666, D-33626 Bielefeld, oder per E-Mail an: info@reise-know-how.de

Danke!

Kauderwelsch-Sprachführer –
sprechen und verstehen rund um den Globus

Afrikaans ● Albanisch ● Amerikanisch – *American Slang, More American Slang,* Amerikanisch oder Britisch? ● Amharisch ● Arabisch – Hocharabisch, für Ägypten, Algerien, Golfstaaten, Irak, Jemen, Marokko, ● Palästina & Syrien, Sudan, Tunesien ● Armenisch ● *Bairisch* ● Balinesisch ● Baskisch ● Bengali ● *Berlinerisch* ● Brasilianisch ● Bulgarisch ● Burmesisch ● Cebuano ● Chinesisch – Hochchinesisch, kulinarisch ● Dänisch ● Deutsch – *Allemand, Almanca, Duits, German, Nemjetzkii, Tedesco* ● *Elsässisch* ● Englisch – *British Slang, Australian Slang, Canadian Slang, Neuseeland Slang,* für Australien, für Indien ● Färöisch ● Esperanto ● Estnisch ● Finnisch ● Französisch – kulinarisch, für den Senegal, für Tunesien, *Französisch Slang, Franko-Kanadisch* ● Galicisch ● Georgisch ● Griechisch ● Guarani ● Gujarati ● Hausa ● Hebräisch ● Hieroglyphisch ● Hindi ● Indonesisch ● Irisch-Gälisch ● Isländisch ● Italienisch – *Italienisch Slang,* für Opernfans, kulinarisch ● Japanisch ● Javanisch ● Jiddisch ● Kantonesisch ● Kasachisch ● Katalanisch ● Khmer ● Kirgisisch ● Kisuaheli ● Kinyarwanda ● *Kölsch* ● Koreanisch ● Kreol für Trinidad & Tobago ● Kroatisch ● Kurdisch ● Laotisch ● Lettisch ● Lëtzebuergesch ● Lingala ● Litauisch ● Madagassisch ● Mazedonisch ● Malaiisch ● Mallorquinisch ● Maltesisch ● Mandinka ● Marathi ● Modernes Latein ● Mongolisch ● Nepali ● Niederländisch – *Niederländisch Slang,* Flämisch ● Norwegisch ● Paschto ● Patois ● Persisch ● Pidgin-English ● *Plattdüütsch* ● Polnisch ● Portugiesisch ● Punjabi ● Quechua ● *Ruhrdeutsch* ● Rumänisch ● Russisch ● *Sächsisch* ● *Schwäbisch* ● Schwedisch ● *Schwiizertüütsch* ● *Scots* ● Serbisch ● Singhalesisch ● Sizilianisch ● Slowakisch ● Slowenisch ● Spanisch – *Spanisch Slang,* für Lateinamerika, für Argentinien, Chile, Costa Rica, Cuba, Dominikanische Republik, Ecuador, Guatemala, Honduras, Mexiko, Nicaragua, Panama, Peru, Venezuela, kulinarisch ● Tadschikisch ● Tagalog ● Tamil ● Tatarisch ● Thai ● Tibetisch ● Tschechisch ● Türkisch ● Twi ● Ukrainisch ● Ungarisch ● Urdu ● Usbekisch ● Vietnamesisch ● Walisisch ● Weißrussisch ● *Wienerisch* ● Wolof ● Xhosa

Register

*Personen

A

Aasgeier 312
Abaj Takalik 462
Abkürzungen 9
Achtzehn-Kaninchen* 451
Acul 354
Adapter 18
Adobe 254
Adoption 460
Adressen 47, 206
Adufa 150
Agrarreform 82
Agrarsektor 109
Agua 244, 266
Agua Escondida 282
Aguacatán 329
Aguardiente 35
Aguas Amargas 314
Aguas Calientes 402
Aguateca 434
AIDS 128
Ak'Tenamit-Projekt 402
Aldea El Chal 411
Alltagskultur 159
Almolonga 314
Alphabet 182
Alta Verapaz 188, 357, 366
Altiplano 58
Alvarado, Pedro de* 75, 149, 153, 203, 249, 267, 294, 463
Amatitlán 232
Amatitlán-See 230
Amöben 41
Anales de los Cakchiqueles 148
Analphabetismus 16, 129
Ankunft 26
Anreise 17
Antigua 186, 244
  Architektur 245
  Ayuntamiento 249
  Casa Bernal Díaz del Castillo 252
  Casa Popenoe 252
  Catedral Metropolitana 248
  Erzbischofspalast 248
  Kapuzinerkloster 255

Antigua (Fortsetzung)
  Kloster Concepción 258
  Kloster La Recolección 255
  Kloster Nuestra Senora de la Merced 256
  Kloster San Francisco 258
  Kloster San Jerónimo 257
  Kloster Santa Clara 257
  Konvent Santa Catalina 258
  Museo Colonial 252
  Museo de Santiago 249
  Museo del Café 255
  Museo del Libro Antiguo 249
  Musikinstrumentmuseum 254
  Palacio de Los Capitanes Generales 249
  Parque Central 248
  Plaza Mayor 248
  Plaza Real 248
  Recolección-Kloster 246
  Rincón de Sacatepéquez 254
  Universität San Carlos de Borromeo 252
Antonelli, Juan 248
Aquädukt 225
Ara 67
Arana, Francisco Javier* 81, 233
Arbeitsmarkt 108
Arbenz, Jacóbo* 81 f.
Archäologie 390, 429, 434, 444, 466
Architektur 157
Arévalo, Juan Jose* 81, 84, 472
Arévalo, Vinicio Cerezo* 86
Armas, Castillo* 83, 448
Armee 94
Armut 27, 108, 132, 310
Artenschutz 271
Ärzte 42
Arzú, Alvaro* 54, 86
Asturias, Miguel Angel* 160, 210, 245, 362
Asturias, Rodrigo* 101
Asunción Mita 445
Atitlán-See 186, 269
Atoles 34
Aufenthaltsgenehmigung 18
Aufenthaltsverlängerung 26
Aurora 8 de Octubre 1994 360
Ausgrabungsstätten 429
Auslandskrankenversicherung 23

Auslandsverschuldung 108
Ausreise 18, 27
Ausrüstung 18
Außenhandelspartner 107
Außenpolitik 88
Aussichtspunkt Juan Diéguez Olaverri 329
Aussprache 48
Auswanderung 123
Autofahren 53
Autovermietung 26
Ayarza-Lagune 468
Ayotl 150
Azurdia, Peralta* 84
Azteken 238

B

Bäder 314, 320
Bahn 32, 390, 444
Baile de Disfraces 150, 309
Baile de la Conquista 149
Baja Verapaz 357, 359
Ballett 158
Balneario Los Aposentos 240
Bananen 392
Bananera 390
Banken 27
Barillas 332
Barillas, Danilo* 134
Barrios, Justo Rufino* 79, 321
Bäume 408
Baumwolle 113
Belize 418
Bergkatzen 272
Bethel-Kooperative 437
Betteln 27
Bevölkerung 126
Bevölkerungsdichte 407
Bevölkerungswachstum 126
Bier 35, 300
Bilbao 466
Bildung 129
Biosfera Maya-Naturschutzgebiet 407
Biotopo Cerro Cahui 413
Biotopo Chocón Machacas 402
Biotopo del Quetzal 365
Blumenzucht 237
Bobil Pek-Höhle 382
Boca Costa 58

Bohnen 144
Botschaften 20, 30
Brauchtum 152, 334, 368, 461
Briefkästen 47
Bromelien 68
Brotnussbaum 179
Bruderschaften 155
Brujos 152
Brunnen 384
Bruttoinlandsprodukt 107
Buchdruck 249
Buñuelos 34
Burg 387, 402
Bürgerkrieg 87
Bus 21, 28, 190
Busbahnhöfe 193
Busfahrplan 29

C

Cabecera 87
Cabrera, Manuel Estrada* 80
CACIF 118
Cakchiqueles 242, 340
Camionetas 192
Camote 33
Camping 29
Candelaria-Höhlen 379, 382
Canicula 64
Cantel 311
Caracol 150
Caribes 397
Carillo, Gómez* 157
Carrera, Rafael* 79
Castillo San Felipe de Lara 402
Castillo, Jesús* 315
Cataño, Quirio* 328
Catherwood, Frederick 349, 390, 450
Ceiba 67, 234
Cerezo Arévalo, Vinicio* 85, 90, 459
Cerro Cahyub 363
Cerro de La Cruz 265
Cerro de Oro 284
Cerro-Cahui-Biotop 413
Chajul 354
Chalchitán-Ruinen 330
Champerico 463
Chiantla 328
Chicabal 316
Chicacao 464

Chichicastenango 186, 340
Chicle 408
Chilam Balam* 148
Chimaltenango 239
Chinautla 234
Chipi-Chipi 64
Chiquimula 446
Chiquimulilla-Kanal 472
Chirimía 150
Chirmol 33
Chisec 382
Chocón Machacas-Biotop 402
Christianisierung 77, 358
Christo Sepultado 265
Chronik 148
Chuch-Cajaues 152
Churriguerismus 157, 256
Ciudad Vieja 266
Coatepeque 461
Cobán 366
Codex Dresdensis 430
Codex Peresianus 430
Codex Tro-Cortesianus 430
Coe, William R.* 420
Cofradías 155
Colectivos 50
Colomba 461
Colotenango 334
Comalapa 241
Comedores 35
Comité de Unidad Campesina 104
Comunidades de Población
  en Resistencia 104
CONAVIGUA 103
Concepción Chiquirichapa 316
Concepción-Orden 258
CONIC 103
Conquista 75
Coordinación Nacional Indígena
  Campesina 103
Copán 327, 450
Corte 140
Cortés, Hernán* 75, 163, 412
Costa Sur 58, 190, 457
Costumbres 152
Cotzumalguapa-Kultur 466
Cristo negro 446
Cuatro Caminos 290
Cubulco 363

Cucumatz* 345
Cuerva, Beatriz de la* 267
Cuibil-Guits 381
Cuilapa 468
Cuilco 335
Cunén 188, 355

D

Danza de Los Xacalcojes 311
Danza del Venado 150
Demographie 126
Demokratie 85
Departemente 87
Deutsche 376
Díaz, Bernal* 211, 252
Diebstahl 23, 29
Diktatur 84
Dios Estrada, Juan de* 256
Dios Mundo 152
Diplomatische Vertretungen 30
Diskriminierung 136, 156
Dokumente 18
Dolinen 357, 411
Dollar 19
Dolores 411
Dos Pilas-Ruinen 434, 436
Drachen 236
Drogen 31, 132, 136, 319, 408
Dschungel 333
Durchfall 41

E

Eco-Quetzal 372
Einkaufen 32
Einkommen 108
Einreise 18
Einwanderung 376
Einwohnerzahl 16
Eisenbahn 32, 390, 444
El Ceibal 435
El Chol 363
El Estor 385
El Mirador 432
El Progreso 442, 445
El Quiché 337, 366
El Rancho 359
El Remate 413
El Tejar 241

El Tumbador 318
El Zarco 462
Elektrizität 18
Elías, Jorge Serrano* 87
El-Pino-Lagune 468
Emanzipation 130
Embajadas 30
Enchiladas 33
Encomienda 75
Energieversorgung 115, 374
Entwicklungshilfe 120
Epiphyten 68
Erdbeben 61, 246
Erdöl 115
Ernährung 144
Eroberung 75
Eroberungstanz 149
Escuintla 464
Esquipulas 446
Essen 33
Ethnien 16, 78, 126, 156
Euro 19
Evangelikale Bewegung 167
Exil 360
Export 77, 107, 110

F

Farben 143, 458
Fast Food 159
Fauna 66, 402, 408, 434, 472
Feiertage 35
Feilschen 32
Festivals 367
Festtagskalender 35, 38
Fiambre 34
Fiestas 35, 148, 232, 367
Finanzpolitik 115
Flechtarbeiten 155
Flechthandwerk 243
Fleisch 34
Flöhe 52
Flora 66
Flores 412
Flüchtlinge 360
Fluggesellschaften 17, 36
Flugzeug 17
Fotografieren 36
Franziskaner 255, 258
Frauen 37, 130

Fray Bartolomé de Las Casas 381
Fray Diego de Landa* 181
Fremdenverkehrsämter 40
Friedensnobelpreis 356
Friedensvertrag 86, 338
Frijoles 34
Frühstück 34, 42
Fuentes Georginas 313
Fuentes, Miguel Ydígoras* 84
Fusiles y Frijoles 96

G

Galerien 158
García, Romeo Lucas* 85, 359
Garífunas 60, 126, 397
Geburtenkontrolle 128
Geld 19, 27
Geldautomaten 27
Gemüse 144, 312
Generalkapitanat 77
Geographie 58, 357
Gepäck 18
Gepäckversicherung 23
Gerardi, Juan* 134, 167
Geschäfte 46
Geschichte 72, 359, 429
Gesundheit 20, 41, 52, 121, 127, 484
Getränke 33, 34, 145
Gewerkschaften 92
Gewichte 45
Gifttiere 52
Girard, Rafael* 441
Girón, Andres* 459
Gitarrenbau 324
Glas 311
Glauben 163, 334, 430
Glyphen 180
Götter 152, 334, 345, 430
Granados 363
Gringo 42
Grupo de Apoyo Mutuo 103
Grutas de Actun Can 413
Grutas de Lanquín 378
Guacamole 34
Guastatoya 442
Guatemala Ciudad 202
  Archivo General de
    Centro América 210
  Avenida La Reforma 222

Guatemala Ciudad (Fortsetzung)
Bibliothek 210
Candelaria-Viertel 212
Capilla Yurrita 219
Catedral Metropolitana 209
Cementerio General 217
Centro Cívico 214
Centro Comercial 218
Ciudad Olímpica 219
Fußgängerzone 218
Grundriss 205
Iglesia Cerrito del Carmen 211
Iglesia La Merced 211
Iglesia San Francisco 212
INGUAT (Touristeninfo) 214
Instituto Geográfico Militar 226
Kaminaljuyú 220
La Culebra 225
Mapa en Relieve 216
Markthallen 214
Mercado Central 211
Mercado Nacional de Artesanía 225
Minerva-Park 216
Monumento Tecún Umán 225
Municipalidad 214
Museo de Historia Natural y
  Jardín Botánico 219
Museo de los Niños de Guatemala 225
Museo Ixchel 223
Museo Nacional de Arqueología
  y Etnología 225
Museo Nacional de Arte Moderno 225
Museo Nacional de Historia 213
Museo Nacional de
  Historia Natural 225
Museo Paiz de Arte
  Contemporáneo 222
Museo Popol Vuh 223
Nationalkongress 213
Nationalpalast 209
Palacio Episcopal 210
Parque Central 208
Parque Concordia 212
Parque Zoológico La Aurora 225
Plazuela España 222
Portal del Comercio 210
Post 212
San-Carlos-Universität 213
Stadtentwicklung 204

Guatemala Ciudad (Fortsetzung)
Stadtgeschichte 203
Teatro Nacional 214
Templo del Calvario 213
Torre del Reformador 221
Zoo 225
Guerilla 87, 98, 352
Güisquil 33
Gummi 113, 409

H

Handy 43
Hepatitis 20, 41
Herrera, Flavio* 157
Hirschtanz 150
Hochland 58, 68
Hochland, Westliches 289
Hochland, Zentrales 235
Höflichkeit 37
Höhlen 375, 378, 379, 382, 448
Hospedajes 42
Hotels 42
Huehuetenango 323
Huelga de Dolores 105
Huipil 140, 241, 267, 285
Hunahpú 145
Hunde 69
Hygiene 41, 43, 52

I

Ikat-Muster 142
Impfungen 20
Importe 108
Impunidad 88, 135
Incaparina 34
Indígenas 126, 136, 137, 155, 222, 296
Indigo 143, 458
Indios 137
Industrie 113
Inflation 16, 108
Informationen 20, 40
INGUAT 41
Inlandsverschuldung 115
Innenpolitik 87
Insekten 52
Internet 21, 43
Irigoyen, Alvaro Arzú* 86
Itzá 412

Ixbalanqué 145
Ixil-Dreieck 353
Ixil-Sprache 353
Iximché 242
Ixlú 415
Izabal-See 60, 187, 189, 382, 387
Iztapa 475

J

Jacaltenango 333
Jaguar, Großer 423
Jalapa 445
Jícaro 443
Jocotenango 265
Joyabaj 350
Jutiapa 445

K

K'umarkaaj 349
Kaffee 68, 108, 110, 255, 368
Kaibil Balam* 323
Kakao 68
Kakerlaken 52
Kalender 170
Kalkbrücke 378
Kaminaljuyú 220
Kapokbaum 67
Kapuziner 255
Kardamom 60, 112, 377
Karibik 60, 189, 387
Karl V.* 142
Karstlandschaft 357
Karten 21
Katholizismus 163
Kautschuk 113
Kekchí 358, 373
Keramik 154, 363, 375
Kinderarbeit 132, 460
Kinderbanden 220
Kindersterblichkeit 127, 128
Kirche 76, 163
Klarissinnen 257
Klee, Carl Rudolf Friedrich* 80
Kleidung 18, 40
Klima 22, 62, 366
Klusman, Ingrid* 214
Knallkörper 152
Kolonialpolitik 78
Kolumbus, Christoph* 226

Kommunikation 43, 44
Konsulate 20
Kontoeröffnung 20
Kopal 152
Kopalharzbaum 67
Kopfschmuck 141
Korruption 85
Koschenille 143, 458
Kosten 21
Krankheiten 128
Kreditkarten 19, 29
Kreuzungen 191
Kriminalität 22, 29, 116, 132, 134
Küche 33
Kultur 136, 244, 295
Kunsthandwerk 45, 153, 265, 363
Kunstraub 435

L

La Avellana 472
La Buga 398
La Cumbre 359
La Democracia 335, 467
La Libertad 432
La Mesilla 335
La Ruidosa 390
La Venta-Zeit 467
Ladenschluss 46
Ladinos 126, 137, 156
Laguna Chicabal 317
Laguna de Ayarza 468
Laguna de Lemoa 347
Laguna El Pino 468
Laguna Lachuá-Nationalpark 380
Laguna Petexbatún 434
Laienbruderschaften 155
Landa-Alphabet 182
Landeskunde 16
Landívar, Rafael* 157
Landkarten 21
Landschaften 58, 357
Landwirtschaft 109, 177
Lanquín 375, 378
Las Casas, Bartolomé de* 75, 77, 257, 358, 366
Las Lisas 474
Las Nuevas Leyes de Las Indias 76
Las Nueve Sillas 307
Latifundien 109

Laugerud García, Kjell* 84, 91
Lebenshaltungskosten 107
León Carpio, Ramiro de* 87
Liebesbäume 442
Lima, Turcios* 84, 98
Literatur 145, 157, 160
Literaturnobelpreis 162
Lívingston 186, 397
Los Amates 388
Los Baños 314
Los Cuchumatanes 323
Los Encuentros 289
Los Riscos 309
Los Rocitos 468
Los Vahos 314

M

Machaquilá 410
Macho 40, 159
Mack, Helen* 131
Mack, Myrna* 134
Mahagoni 66
Mais 144, 146
Malacatán 322
Malaria 20, 41
Maldonado y Paz, Juana de* 259
Malerei 158, 285, 299
Malinche* 163
Mam 75, 294, 327, 463
Mangroven 69, 473
Maquila-Industrie 114
Maras 220
Mariachis 222
Marimba 150, 151
Mariscos 386
Märkte 44, 308
Marroquín, Francisco* 149, 256
Maße 45
Maudslay, Alfred* 221, 390
Maximón 284, 315
Maya 136, 137, 169, 220
Maya-Architektur 420
Maya-Götter 430
Maya-Schrift 180
Mayasprachen 137
Mayastätten 415, 419, 432, 435, 436, 450, 462
Mazatenango 464
Mehrwertsteuer 45

Mejía Victores, Oscar H.* 85
Memorial de Sololá 148
Menchú, Rigoberta* 104, 131, 156, 356
Menschenrechte 95, 134, 356
Mercedianer 257
Mestizen 126
Mexiko 322, 335
Mietwagen 26, 46
Migration 123
Militär 87, 94, 338, 360, 385
Milla, José* 157, 445
Milpa-System 60
Minifundien 60, 109
Mirador Mario Méndez Montenegro 281
Mirador Santo Tomás 340
Miss-Wahlen 159
Mixco Viejo 237
Möbel 315
Mobiltelefon 43
Modelldörfer 73, 76, 338, 352, 384
Modesto Mendéz 381, 409
Momostenango 308
Monja blanca 68, 362
Montañas del Mico 387, 390
Montenegro, J. C. Méndez* 84
Montenegro, Nineth* 131
Monterrico 190, 472
Monterroso, Augusto* 157
Montt, Rios* 85, 220
Monumento 21 466
Morales 390
Morazán, Francisco* 79
Morley, Sylvanus G.* 390, 429
Moskitos 18
Mudéjar-Stil 254
Müll 217, 312
Musik 148, 399
Musikinstrumente 150, 324
Mythologie 170, 341

N

Nachtleben 222
Nadelhölzer 68
Nahualá 289
Nahualismus 334
Naj Tunich-Höhle 411
Nakbé 432
Nakum 438

Naranjo 438
Nasenbären 420
Nationalblume 68
Nationalhymne 241
Nationalismus 163
Nationalkongress 86
Nationalpark 380
Nationalsymbol 362, 364
Nationaltheater 158
Natur 58
Naturschutz 388
Naturschutzgebiete 123, 288, 365, 380, 407, 434
Nebaj 188, 353
Nebelwald 66
Neoklassizismus 157
Niederschlagsmenge 62
Notfallnummern 46
Notruf 46
Nueva Concepción 465
Nueva Horizonte 411

O

Obst 34
Öffnungszeiten 46
Okarina 150
Ökologie 119, 121
Ökonomie 106
Ökotourismus 119
Olaverri, Juan Diéguez* 329
Olintepeque 307
Oper 315
Opfer 152
Orchideen 68, 362, 368
Oriente 60, 441
Orientierung 47, 205
Osorio, Carlos Arana* 84
Osterprozessionen 248
Ovalle, Rafael Alvarez* 241
Owens, John* 452

P

Pacaya 233
Pajapita 318
Pakete 47
Palín 234
Panajachel 274
Panamericana 190

Panzós 385
Papiere 18
Parque acuático Xocomil 463
Parteien 89
Pasabien-Wasserfälle 444
Pascual Abaj 345
Patriarchat 131
Patrullas de Autodefensa Civil 98
Patzicía 241
Patzún 243
Paz, Manuel* 324, 331
Pazifikküste 69
Pedro, Hermano* 258
Pellecer, Eduardo Luis* 166
Perraje 141
Petén 18, 60, 189, 407
Petencito 415
Petén-Itzá-See 412
Petexbatún-Lagune 434
Pílanzen 66
Philip II* 244, 402
Piedras Negras 437
Pilger 446
Pinol 34
Pizotes 420
Poc-Ente 271
Pocomam-Indianer 237, 358
Polio 20
Politik 86, 88
Polizei 46, 97
Polochic-Tal 382
Pom 152
Popol Vuh 145
Poptún 409
Porres, Diego de* 248, 255
Portillo, Alfonso* 86
Post 47
Postklassik 169
Pozo Vivo 384
Präklassik 169
Preise 21, 43
Presse 54
Privatunternehmer 118
Projecto Ak' Tenamit 402
Projekt Eco-Quetzal 372
Proskouriakoff, Tatiana* 438
Prostitution 460
Puerto Barrios 186, 390, 394
Puerto Quetzal 469

Puerto San José 469
Pullmans 192
Punta Brava 386

Q

Quellen 320, 330, 363, 402
Quetzal (Vogel) 68, 187, 318, 364, 372
Quetzal (Währung) 19
Quetzalcoatl 345
Quetzaltenango 291
  Casa de la Cultura de Occidente 298
  Cerro El Baúl 301
  Edificio Rivera 297
  Kathedrale Espíritu Santo 296
  Kirche San Nicolás 301
  Minervatempel 299
  Museo del Ferrocarril de los Altos 299
  Palacio Municipal 297
  Parque Centroamérica 296
  Pasaje Enriquez 298
  Plazuela del Marimbista 299
  Teatro Municipal 299
Quetzaltepeque 448
Quiché 60, 75, 242, 294, 327, 338, 463
Quiriguá (Ort) 187, 189, 388
Quiriguá (archäolog. Stätte) 388, 390

R

Rabinal 363
Rabinal Achí 148
Rauch-Imix-Gott K* 450
Rassismus 126
Raxrujá 381
Realismus, magischer 161
Reducciones 76
Reformen 79
Regenwald 66, 122, 178, 407
Regenzeit 22, 64
Regierungssystem 86
Reisekosten 18, 21
Reiserouten 188
Reiserücktrittskosten-Versicherung 23
Reisezeit 22
Reiseziele 186
Religion 163, 430
Retalhuleu 462
Revolution, Bürgerliche 81
Rey Marcos-Höhle 375
Reynoso, Diego* 148

Rinderzucht 113, 457
Río Cahabón 378
Río de la Cueva 410
Río Dulce 402
Río Hondo 444
Rivera, Dary Mario* 365
Rompopo 35, 306
Rosel y Avellano, Mariano* 307
Rossbach, Ildefonso* 345
Rückbestätigung, Flug 17
Rum 35
Ruta Maya 119

S

Sacapulas 351
Salamá 188, 362
Salazar, Ramón A.* 157
Salcajá 306
Salsa Picante 33
Salz 351
Samalátal 307
Samayoa, Carmen* 158
San Andrés 414
San Andrés Itzapa 241
San Andrés Semetabaj 281
San Andrés Xecul 306
San Antonio Aguas Calientes 267
San Antonio Huista 333
San Antonio Ilotenango 349
San Antonio Palopó 282
San Augustín Acasaguastlán 442
San Benito 412
San Buenaventura-Wasserfall 288
San Cristóbal Frontera 446
San Cristóbal Totonicapán 307
San Cristóbal Verapaz 373
San Felipe 404
San Felipe de Jesús 265
San Francisco El Alto 308
San Gaspar Ixchil 334
San Ildefonso Ixtahuacán 334
San Jerónimo 362
San Jorge La Laguna 288
San Juan Atitán 333
San Juan Chamelco 374
San Juan Cotzal 188, 354
San Juan del Obispo 266
San Juan Ixcoy 331
San Juan Ostuncalco 314

San Juan Sacatepéquez 236
San Lorenzo 321
San Lucas Tolimán 283
San Luís 409
San Marcos 318
San Marcos La Laguna 287
San Martín Chuchumatán 331
San Martín Sacatepéquez 316
San Mateo Ixtatán 332
San Pablo La Laguna 287
San Pascual 307
San Pedro Carchá 375
San Pedro Jocopilas 351
San Pedro La Laguna 285
San Pedro Pinula 445
San Pedro Sacatepéquez 320
San Pedro Soloma 332
San Sebastian 462
San Sebastian Huehuetenango 333
San Simón 241, 288, 312, 315
San Vicente Pacaya 233
San-Buenaventura-Wasserfall 288
Sanchez, Mario* 83
Santa Ana Huista 333
Santa Apolonia 244
Santa Catarina Ixtahuacán 290
Santa Catarina Palopó 281
Santa Cruz del Quiché 347
Santa Cruz La Laguna 287
Santa Elena 412
Santa Eulalia 332
Santa Lucia Cotzumalguapa 466
Santa María 291
Santa María Chiquimula 309
Santa Maria de Jesús 266
Santa Rosa 467
Santiago Atitlán 284
Santiago Sacatepéquez 235
Santo Tomás de Castilla 395
Sapper, Karl* 376
Sauna 314
Sayaxché 382, 432
Schattenwirtschaft 116
Schecks 19, 27
Schildkröten 472
Schmetterlinge 265
Schmuck 275
Schrift 180
Schwarzmarkt 212

Schwefelquellen Fuentes
  Georginas 313
Sebol 380
Seekuh 402
Sekten 167, 282
Selegua-Tal 333
Semuc Champey 378
Senahú 384
Serenata 326
Serrano, Jorge* 85
Sexto Estado 294
Shuttles 199
Sicherheit 22, 29, 37, 43, 432
Sicherheitskräfte 94
SIDA 128
Siete Altares 400
Sierra de Las Minas 387, 388
Sierra de Santa Cruz 387
Sierra Los Cuchumatanes 58
Sierra Madre 58, 318
Silber 265, 373, 375
Sinterterrassen 378
Skorpione 52
Sololá 273
Sosa, Yon* 98
Souvenirs 32
Speisen 33, 144
Spezialitäten 33
Sport 159
Sprache 16, 50, 137, 138, 373
Sprachführer 48
Sprachschulen 23, 301
Staat 86
Städtebau 254
Stadtstaaten 169
Stelen 391, 435, 467
Stephens, John L.* 349, 390, 450
Steuern 108
Straffreiheit 135
Straflosigkeit 88
Straßenkinder 132
Straßennetz 190
Straßenverkehr 52
Strom 18, 374
Studentenstreik 105
Suárez Gálvez, Alfredo* 209
Symbole 142

T

Tablones 444
Tacaná 318, 322
Tacos 33
Tactic 382
Tajumulco 318, 321
Tamahú 384
Tamales 33
Tamarindito 434
Tambor 150
Tanzdrama 363
Tänze 149, 399
Taxis 26, 50
Taxisco 472
Teatro Vivo 158
Tecpán 243
Tecún Umán* 149, 294, 347, 364
Telefonbuch 51
Telefongesellschaften 51
Telefonieren 50
Telemán 384
Telenovelas 159
Temperaturen 62
Teotihuacán 221
Teppiche 309
Terminales 193
Tetanus 20
Textilien 267, 275, 311
Theater 158
Tierra caliente 62
Tierra fria 64
Tierra templada 64
Tierwelt 66, 408, 434, 472
Tikal 169, 419
  Großer Jaguar 423
  Mundo Perdido 426
  Museo Nacional 423
  Museo Litico 427
  Plaza Mayor 423
  Tempel der Inschriften 426
Tilapa 188, 323
Tillandsien 68
Titulo de los Señores
  de Totonicapán 148
Tocoyales 141
Todos Santos Cuchumatán 330
Tolteken 238
Topoxte 438
Toriello, Jorge* 81
Torrejas 34
Torres, Rodolfo Galeotti* 209, 319
Tortillas 33
Tot, Manuel* 367
Totonicapán 310
Tourismus 107, 117, 270
Tourismus-Polizei 118
Trachten 140, 143, 285, 330, 335, 369
Trampen 51
Traveller 275, 285, 298
Traveller-Schecks 19
Triangulo Cultural 438
Triángulo Ixil 352
Trinken 33
Trinkgeld 51
Tritonsmuschel 150
Trockenzeit 22, 64
Tropen 62
Tropfsteinhöhlen 378, 410, 413
Tucan 67
Tucurú 384
Tun 150
Turkaj Kopal* 345
Tuyuc, Rosalina* 104, 131
Typhus 20
Tzijolaj 150
Tzolkin 175
Tzutuhiles 269, 284

U

Uaxactún 429
Überschwemmung 314, 412
Überweisungen 20
Ubico, Jorge* 80, 221, 472
Umweltschutz 119, 121, 271, 372
Umweltverschmutzung 231
Unabhängigkeitsbewegung 79
Ungeziefer 52
United Fruit Company 80, 392
Universitäten 129
Unterkunft 42
Uspantán 188, 355
Utatlán 188, 349

V

Vásquez, Julio U.* 209
Verapaz 60, 357
Verfassung 86
Verhaltenstipps 37

Verkehr 52
Verkehrsmittel 28, 32, 50, 190
Verkehrsregeln 54
Verkehrsschilder 53
Versicherungen 23
Versorgung, medizinische 127
Viehzucht 445, 457
Villa Canales 234
Villa Nueva 234
Visum 18
Vögel 67
Voladores 344
Völkermord 338
Völkerrecht 87
Volksaufstand 81
Vorklassik 169
Vorwahlen 51
Vulkane 61, 233, 269, 291, 295, 316, 318, 322

W

Wahlen 81
Wahrheitskommission 87
Währung 19
Waisenhaus 405
Wälder 66, 122, 407, 409
Wasserfälle 288, 375, 444, 445
Wasserkraftwerk 374
Wasserpark 463
Wasserverschmutzung 312
Webarbeiten 153
Webhandwerk 267, 306
Wechselkurs 19
Weiße Nonne 68
Weltkulturerbe 244, 391
Weltwirtschaftskrise 80
Wildwasserfahrten 187
Wind 271
Wirtschaft 106, 387, 392
Wolle 154

X

Xelajú 294
Ximénez, Francisco* 148
Xinca 126
Xinca-Indígenas 467
Xocomil 271

Y

Yalijux 384
Yaxchilán 436
Yaxha 438
Yucatán-Halbinsel 60
Yucca 34

Z

Zacapa 443
Zacualpa 350
Zaculeu 327
Zahlensystem 172
Zapote 67
Zeburinder 385
Zecken 410
Zeit 23
Zeitrechnung 172
Zeitungen 54
Zelten 29
Ziegel 241
Zoll 55
Zoo 415, 471
Zucker 111
Zuckerrohr 457
Zuñiga, Mateo de* 256
Zunil 312

Kartenverzeichnis

Stadt- und Lagepläne/Umgebungskarten

Antigua	250
Atitlán-See	272
Chichicastenango	342
Cobán	369
Copán	453
Flores	414
Guatemala Stadt	Umschlag hinten
Huehuetenango	325
Iximché	242
Lívingston	401
Mixco Viejo	237
Panajachel	276
Puerto Barrios	395
Quetzaltenango	292
Ruinen von Zaculeu	329
Tikal	424

Thematische Karten

Durchschnittstemperaturen	65
Hauptverkehrsstraßen u. Entfernungstabelle	196
Naturräume	59
Sprachenvielfalt	139

Kartenatlas

El Petén	II–III
Lago Petén Itza, Flores	IV–V
Huehuetenango, El Quiché	VI–VII
Alta Verapaz, Petén	VIII–IX
Karibik u. Izabal-See	X–XI
El Occidente	XII–XIII
Baja Verapaz, Zentrales Hochland	XIV–XV
El Oriente	XVI–XVII
Costa Sur, westliches u. zentrales Hochland	XVIII–XIX
Costa Sur	XX–XXI
El Oriente u. Costa Sur	XXII–XXIII

Die Autorin

Barbara Honner, Jahrgang 1961, lebt in Tübingen, wo sie Geographie und Germanistik studiert hat und heute in der Tourismusbranche tätig ist.

Im Sommer 1986 reiste sie zum ersten Mal nach Guatemala und arbeitete dort an einem Entwicklungshilfeprojekt im Westlichen Hochland mit. Im selben Jahr lernte sie auch Mexiko, Honduras, Costa Rica und Kolumbien kennen. Drei Jahre später entstand der Plan für einen Reiseführer. Sie lebte über ein Jahr in Quetzaltenango und bereiste von dort aus das Land.

René Meier, geboren 1972 in Basel, ist gelernter Luftverkehrsfachmann. Seit 1999 lebt er in Guatemala und arbeitet dort als Guide. Inzwischen besitzt er eine eigene Agentur *(Viajes Sacbe).* Seit besonderes Interesse gilt den Maya der Klassik und der Kolonialzeit in den Hochlanddörfern. Bei der vorliegenden Auflage wirkte er mit.

Kartenatlas

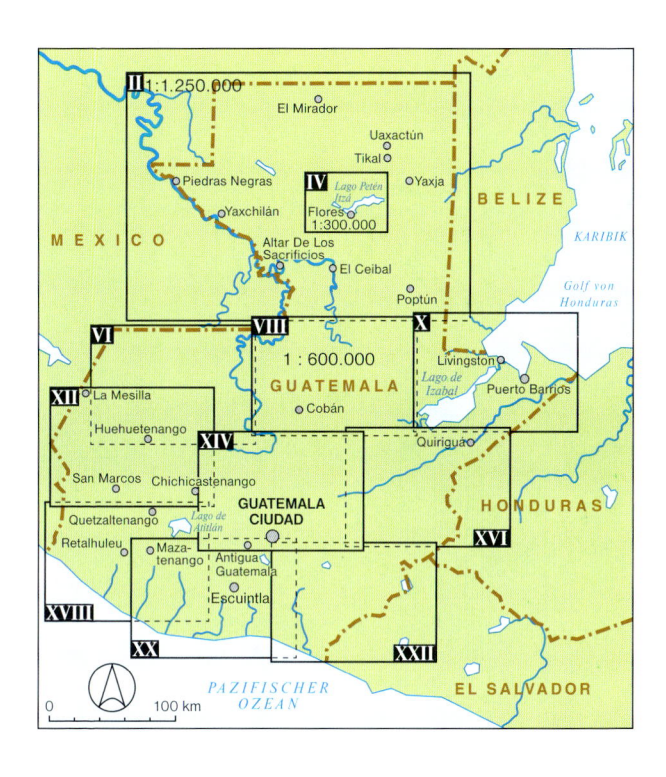

Zeichenerklärung

Maßstab für Karten VI bis XXII
1:600.000
0 — 20 km

- Panamericana
- Hauptstraße
- Nebenstraße
- Schotterpiste, unbefestigte Straße
- Naturpark
- ★ Sehenswürdigkeit

3000 m
2000 m
1000 m
500 m
0

II   La Palma, Las Cruses, El Naranjo, Dos Pilas,

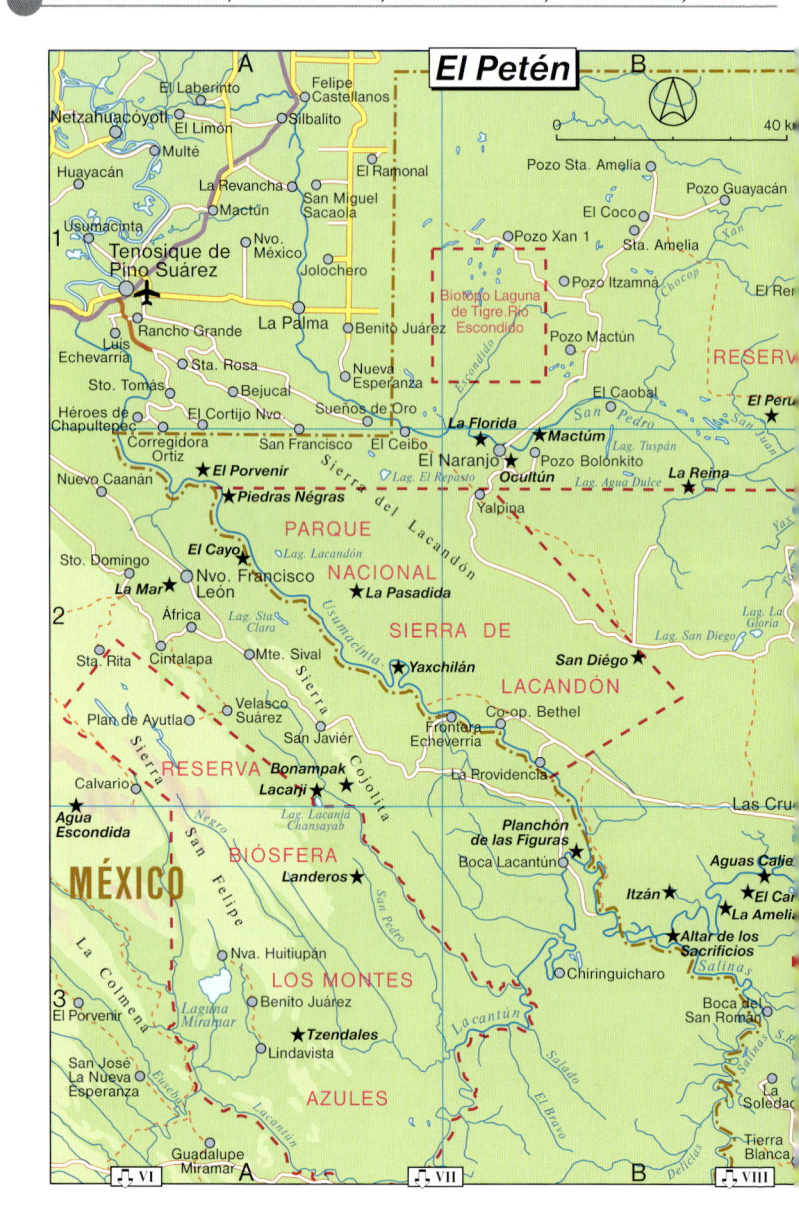

El Petén

Flores, Lago Petén Itzá, Tikal, Uaxactún, Poptún III

IV Flores, La Libertad, San Andrés, San Francisco,

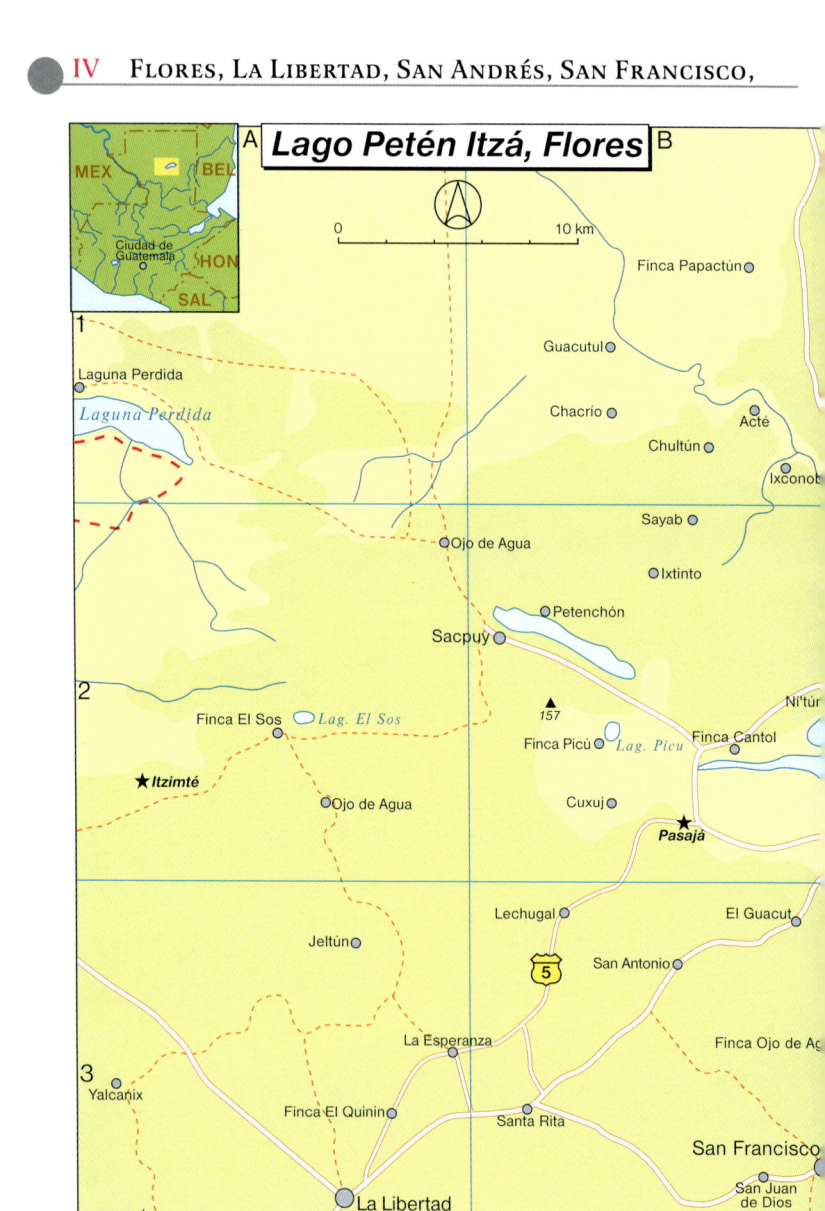

Lago Petén Itzá, Flores

San Benito, Santa Ana, Lago Petén Itzá, San Román V

BIOTOPO EL ZOTZ-SAN MIGUEL-LA PELOTADA

PARQUE NACIONAL TIKAL

Uaxactún, Tikal

▲ 320

○ Huacut

San Pedro

★ **Motul de San José**

Playa Blanca San Román Jobompiché Parque National Cerro Cahui

Petén Itzá ○

▲ 425

○ La Providencia **Hotel Camino Real Tikal**

○ San José *Lago Petén Itzá* El Remate

○ San Andrés Nimá ▲ 131 Tres Nacionales La Reforma El Crúce Macanché

Lag. Salpetén

Lag. Macanche

★ **Tayasal** San Martín *Naranjo*

Flores ★ **Cenote** *Lag. Peténchel* *Ixlú*

La Guitarra Petencito ○ Finca Michoacán

Santa Elena *Lag. Quexil* ○ El Juleque *Ixpop*

San Benito Paxcamán ★ **Paxcamán**

▲ 380

▲ 303 ○ Purucilá ○ Yaxjaj

CA 13

○ Santa Ana

○ Juntecholol

300
150
0 m

kartenatlas

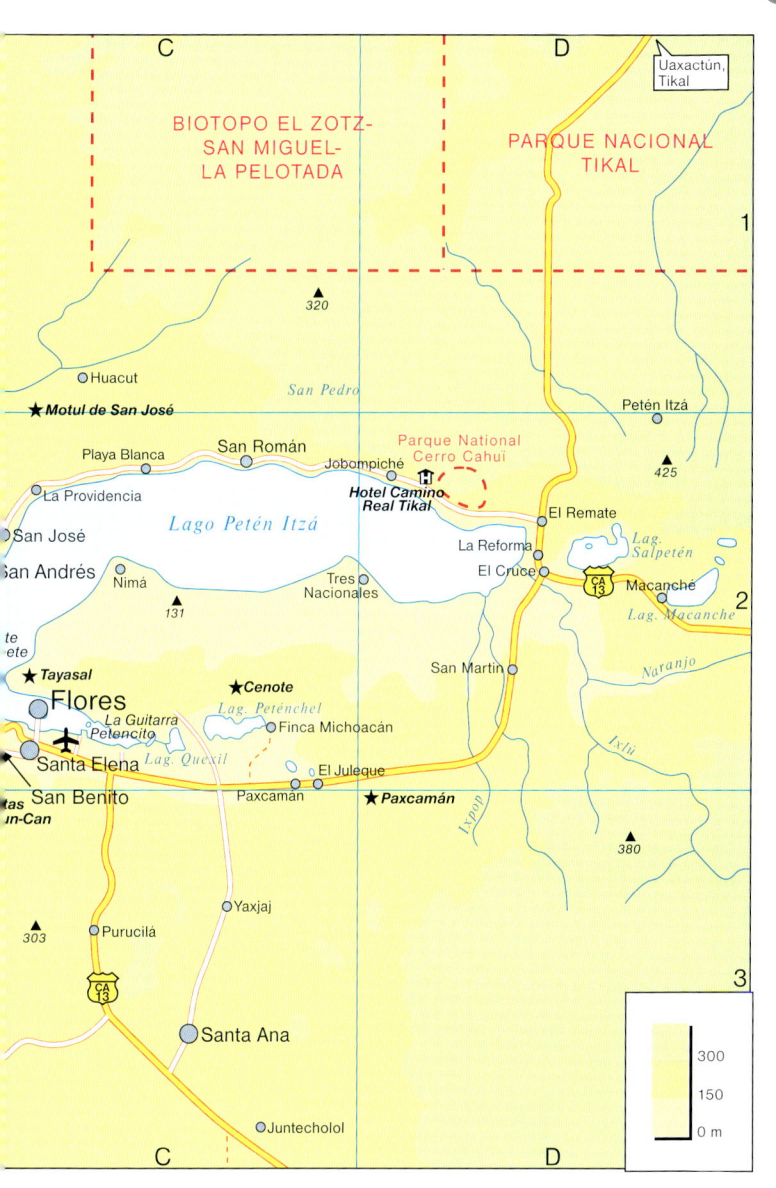

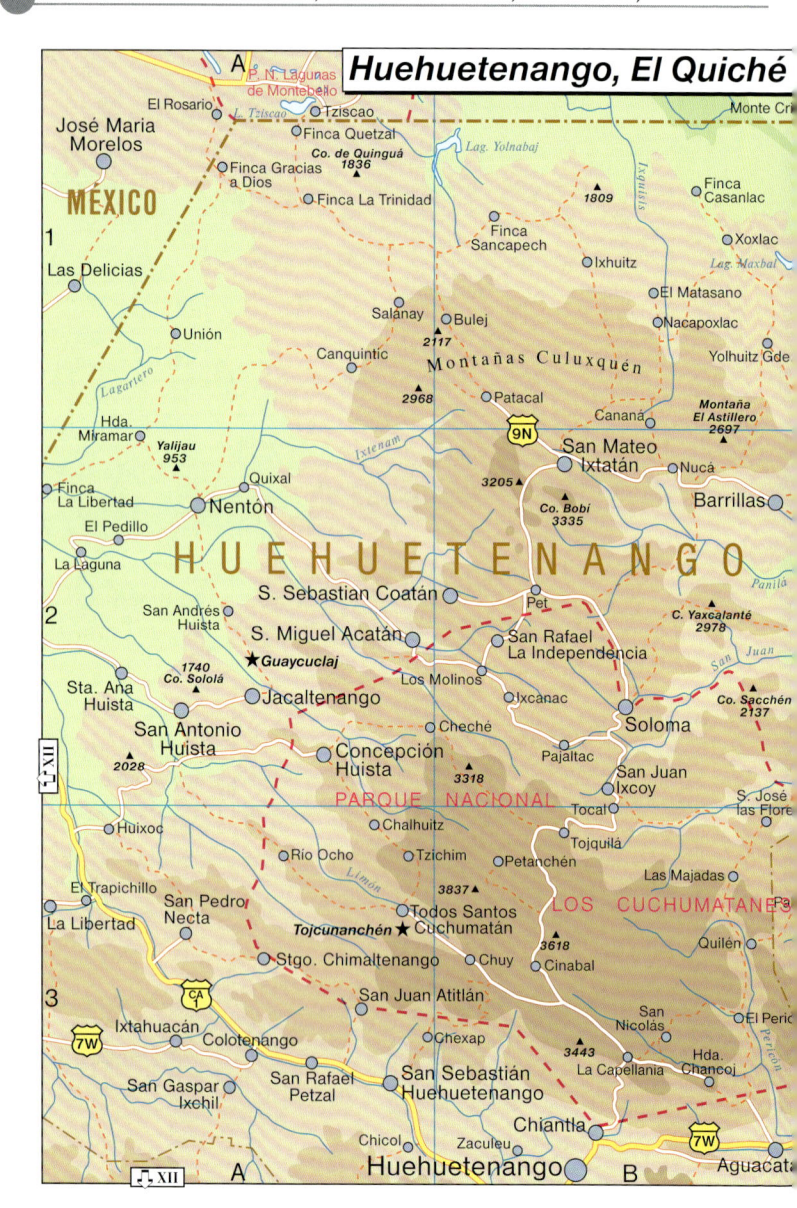

VI Huehuetenango, Jacaltenango, Barillas,

Huehuetenango, El Quiché

(Map)

Locations shown include:
- MÉXICO
- José Maria Morelos
- El Rosario
- P.N. Lagunas de Montebello
- Tziscao
- Finca Quetzal
- Co. de Quinguá 1836
- Finca Gracias a Dios
- Finca La Trinidad
- Lag. Yolnabaj
- 1809
- Finca Casanlac
- Finca Sancapech
- Ixhuitz
- Xoxlac
- Lag. Maxbal
- Las Delicias
- El Matasano
- Nacapoxlac
- Unión
- Salanay
- Bulej
- 2117
- Yolhuitz Gde
- Canquintic
- Montañas Culuxquén
- 2968
- Patacal
- Canana
- Montaña El Astillero 2697
- Hda. Miramar
- Yalijau 953
- Ixtenam
- 9N
- San Mateo Ixtatán
- Nucá
- Finca La Libertad
- Quixal
- 3205
- Barrillas
- El Pedillo
- Nentón
- Co. Bobí 3335
- La Laguna
- HUEHUETENANGO
- S. Sebastian Coatán
- Pet.
- C. Yaxcalanté 2978
- San Andrés Huista
- S. Miguel Acatán
- San Rafael La Independencia
- San Juan
- Sta. Ana Huista
- 1740 Co. Sololá
- ★ Guaycuclaj
- Los Molinos
- Ixcànac
- Co. Sacchén 2137
- Jacaltenango
- Cheché
- Soloma
- San Antonio Huista
- 2028
- Concepción Huista
- 3318
- Pajaltac
- San Juan Ixcoy
- PARQUE NACIONAL
- Tocal
- S. José las Flore
- Huixoc
- Chalhuitz
- Tojquilá
- Rio Ocho
- Tzichim
- Petanchén
- Las Majadas
- El Trapichillo
- San Pedro Necta
- 3837
- LOS CUCHUMATANES
- La Libertad
- Tojcunanchén ★
- Todos Santos Cuchumatán
- Quilén
- 3618
- El Peric
- Stgo. Chimaltenango
- Chuy
- Cinabal
- CA
- San Juan Atitlán
- San Nicolás
- 7W
- Ixtahuacán
- Colotenango
- Chexap
- 3443
- Hda. Chancoj
- La Capellanía
- San Gaspar Ixchil
- San Rafael Petzal
- San Sebastián Huehuetenango
- Chiantla
- 7W
- Chicol
- Zaculeu
- Huehuetenango
- Aguacata
- Monte Cri

Nebaj, Chajul, Uspantán, Santa Rosa, Cunen

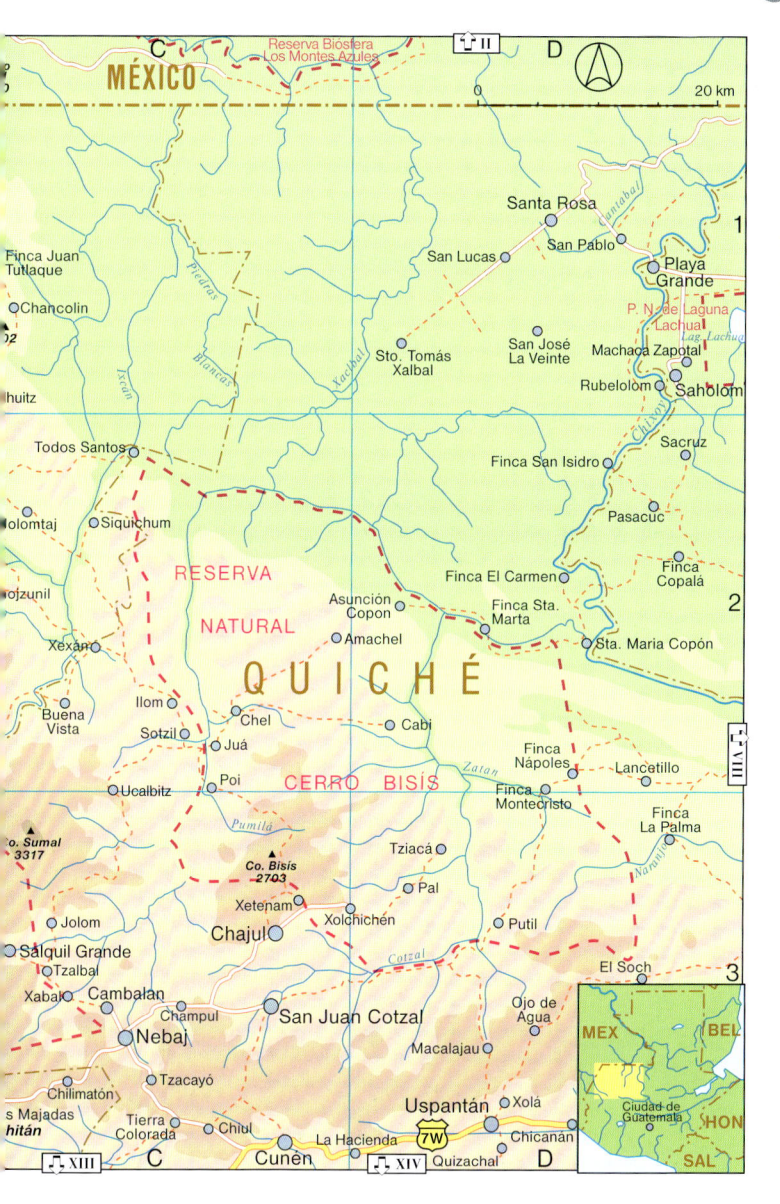

VIII Cobán, San Cristóbal Verapaz, Chisec,

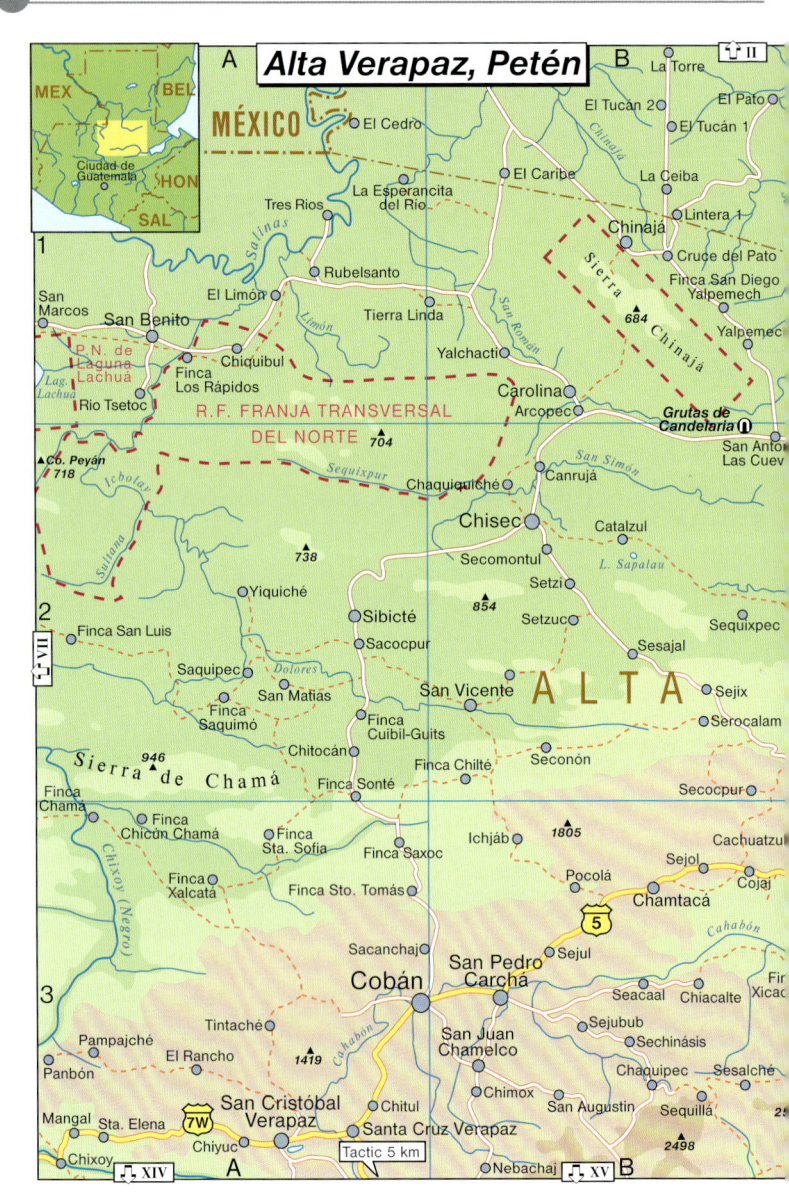

Alta Verapaz, Petén

Cahabón, Lanquín, Fray Bartolomé de las Casas

X MORALES, LAGO DE IZABAL, EL ESTOR, SANTA ELENA,

Punta Gorda, Puerto Barrios, Livingston

Karibik und Izabal-See

XII SAN MARCOS, LA LIBERTAD, CONCEPCIÓN HUISTA,

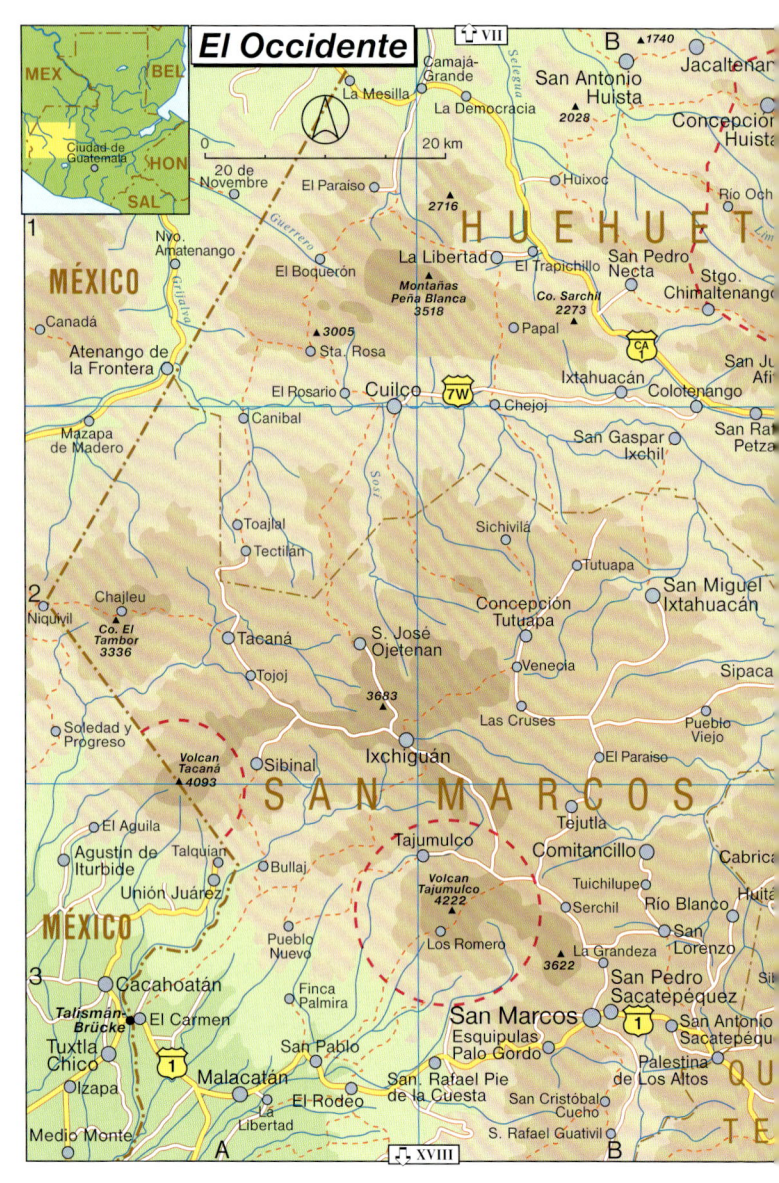

El Occidente

Huehuetenango, Sta. Cruz del Quiché, Nebaj XIII

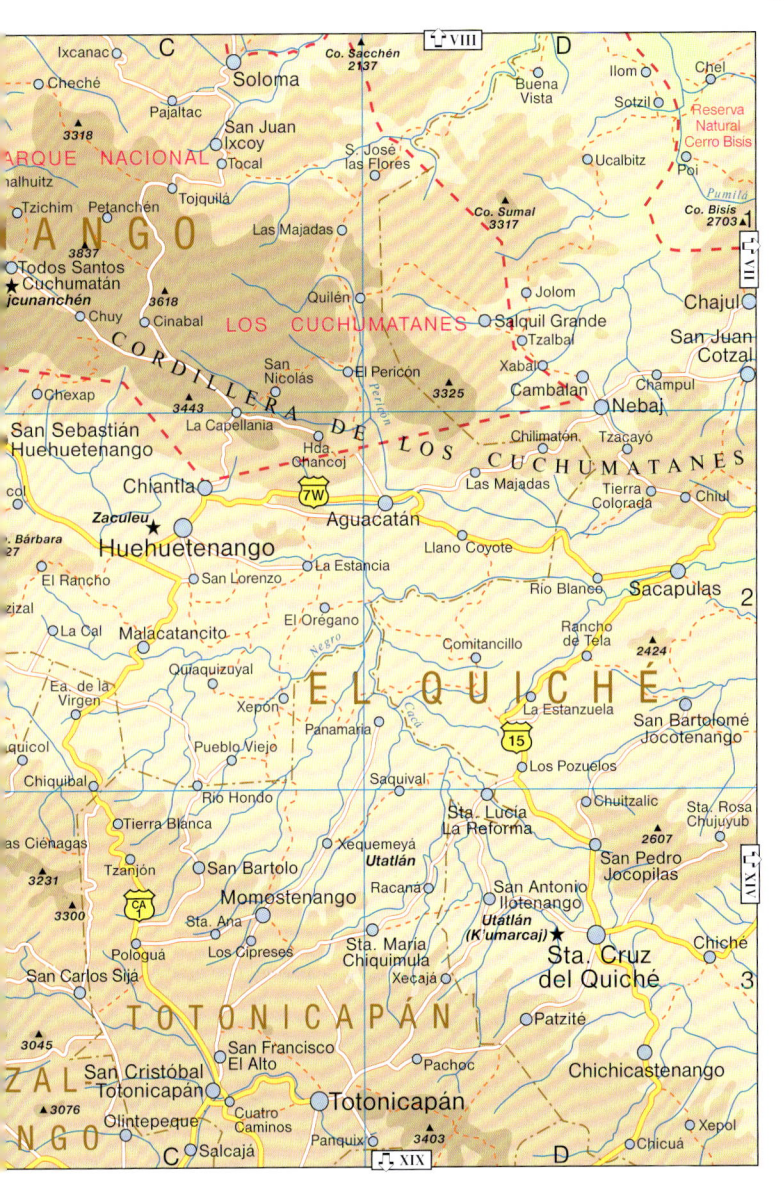

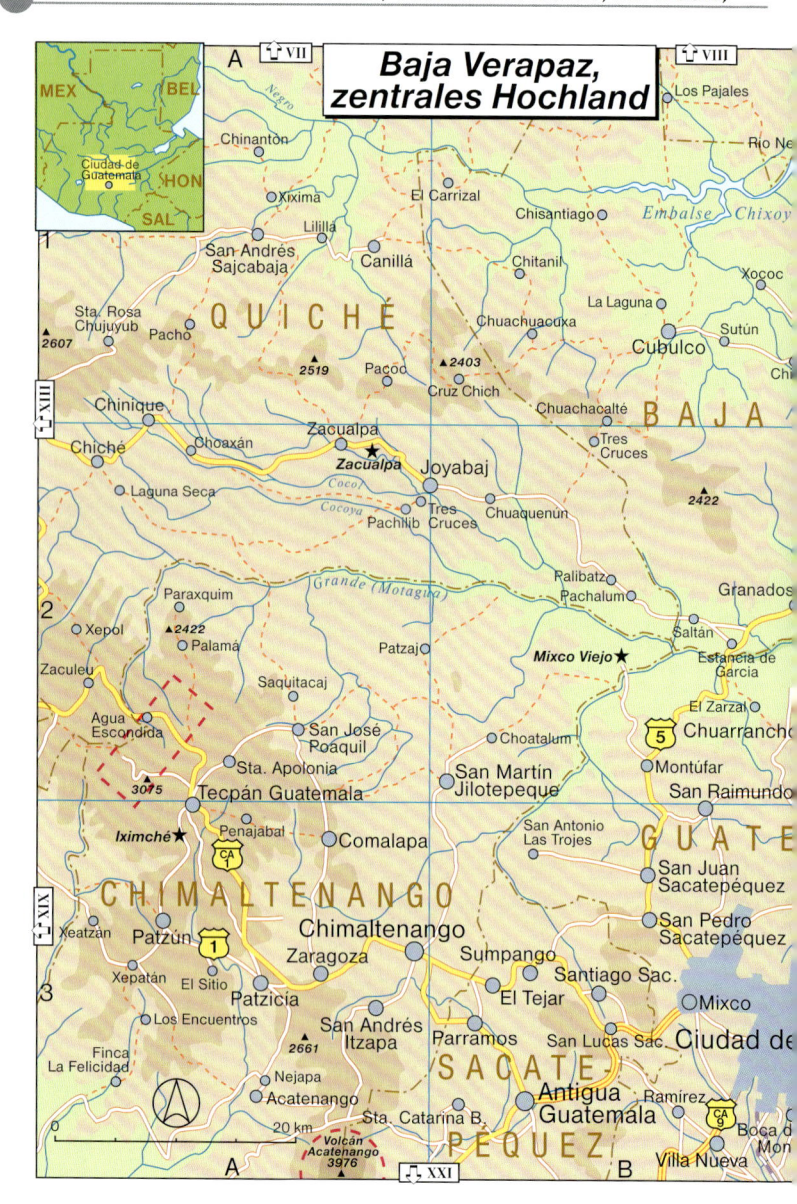

XIV Ciudad de Guatemala, Chimaltenango, Antigua,

JALAPA, EL PROGRESO, SALAMÁ, RABINAL, TUCURÚ XV

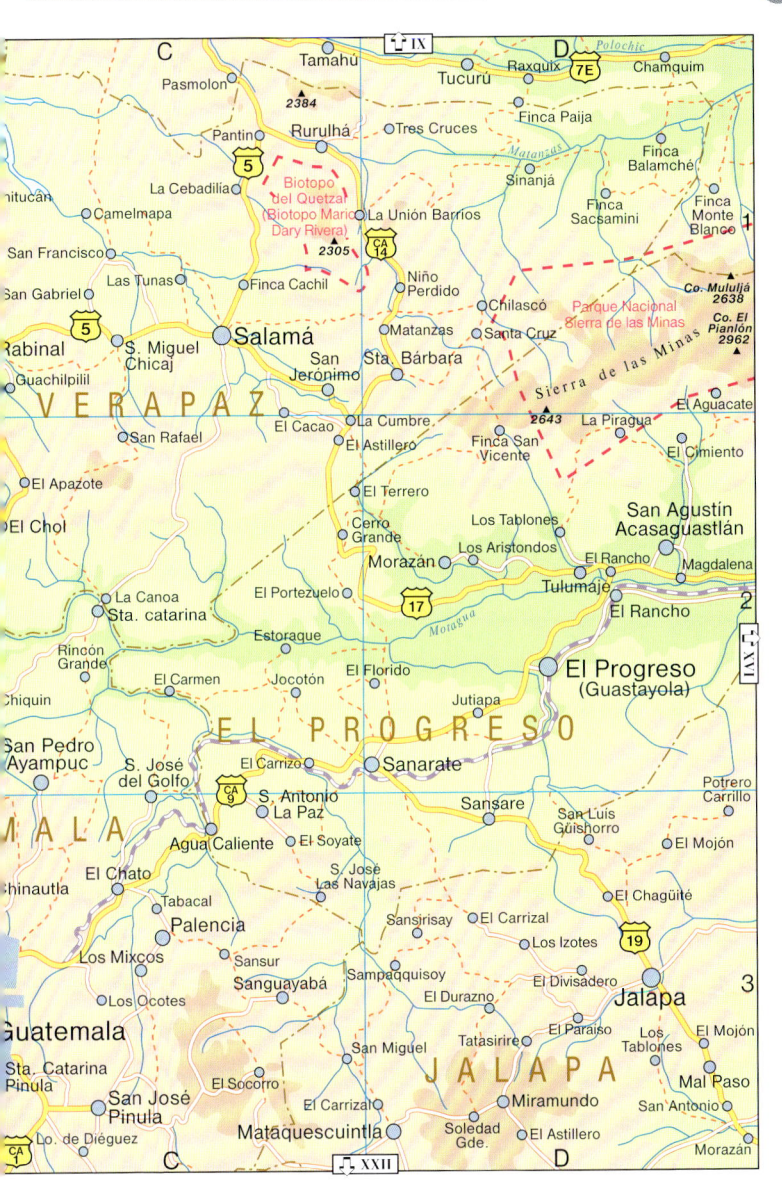

XVI ESQUIPULAS, CHIQUIMULA, ZACAPA, LA TINTA,

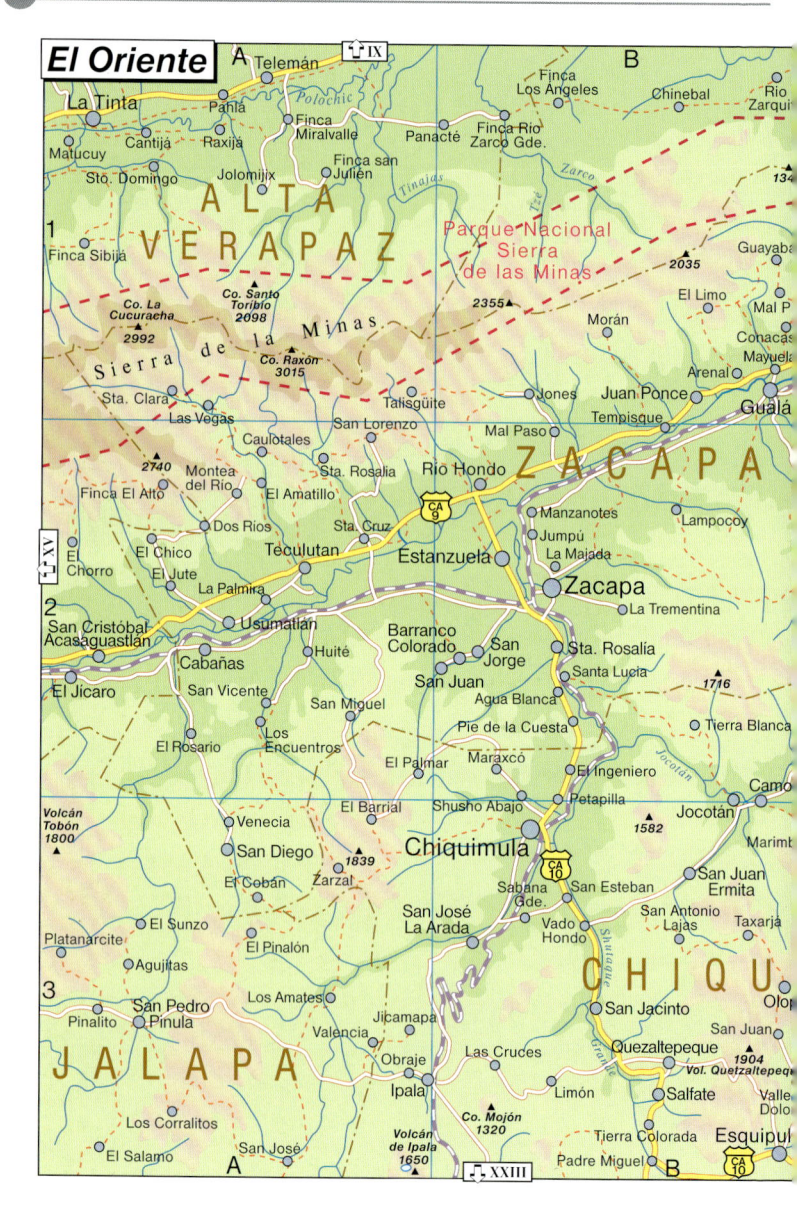

La Unión, Copán (hon), Quiriguá, Los Amates   XVII

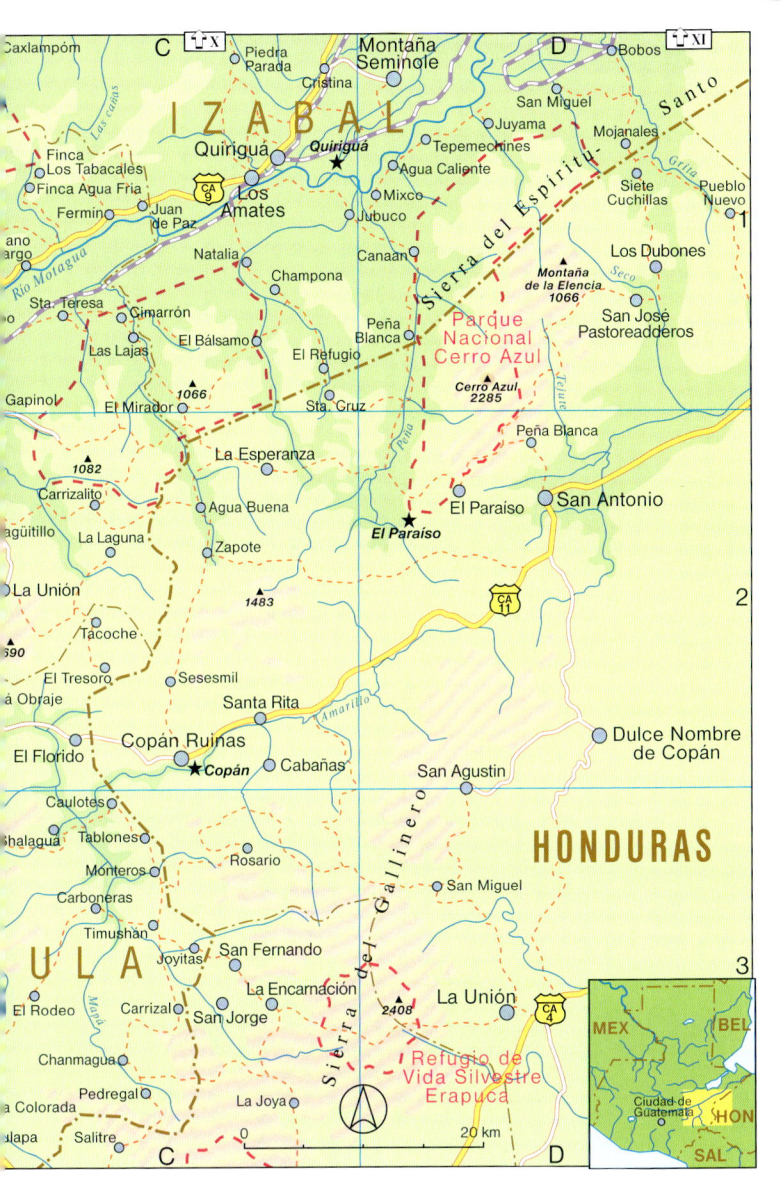

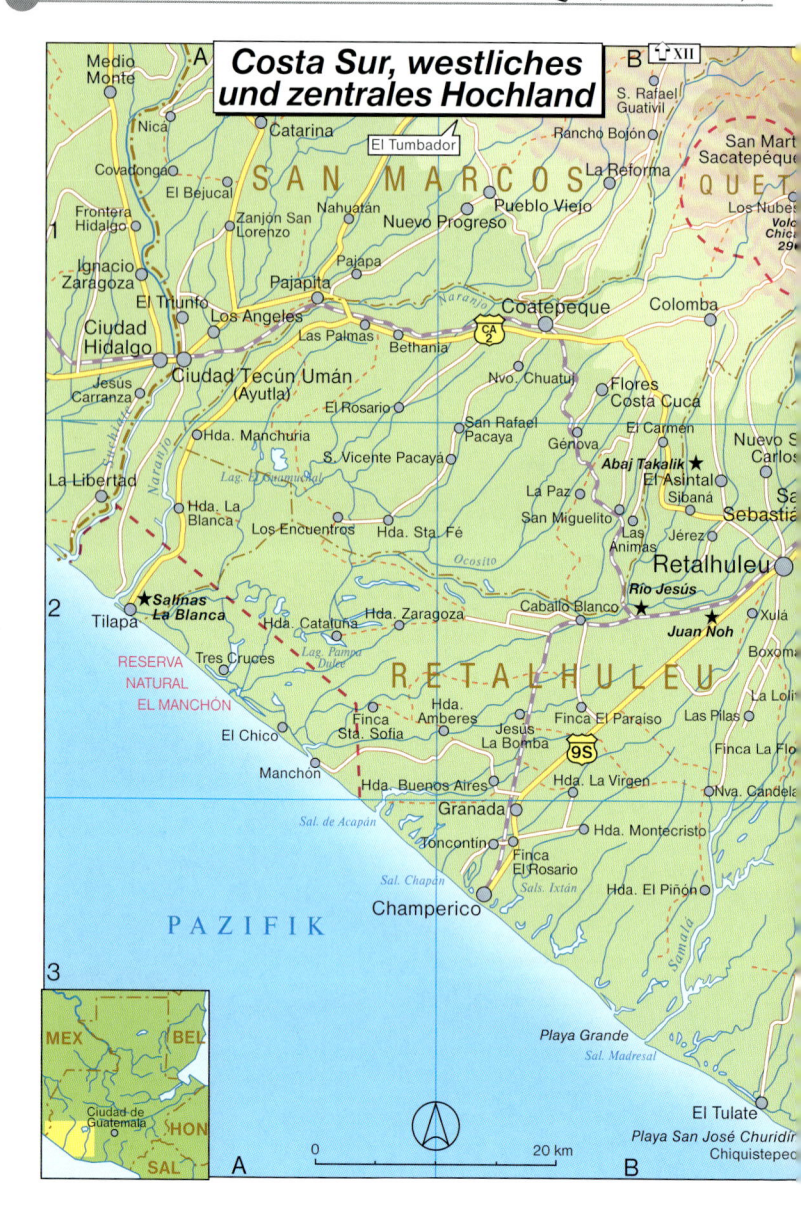

XVIII Champerico, Retalhuleu, Coatepeque, Colombra,

Costa Sur, westliches und zentrales Hochland

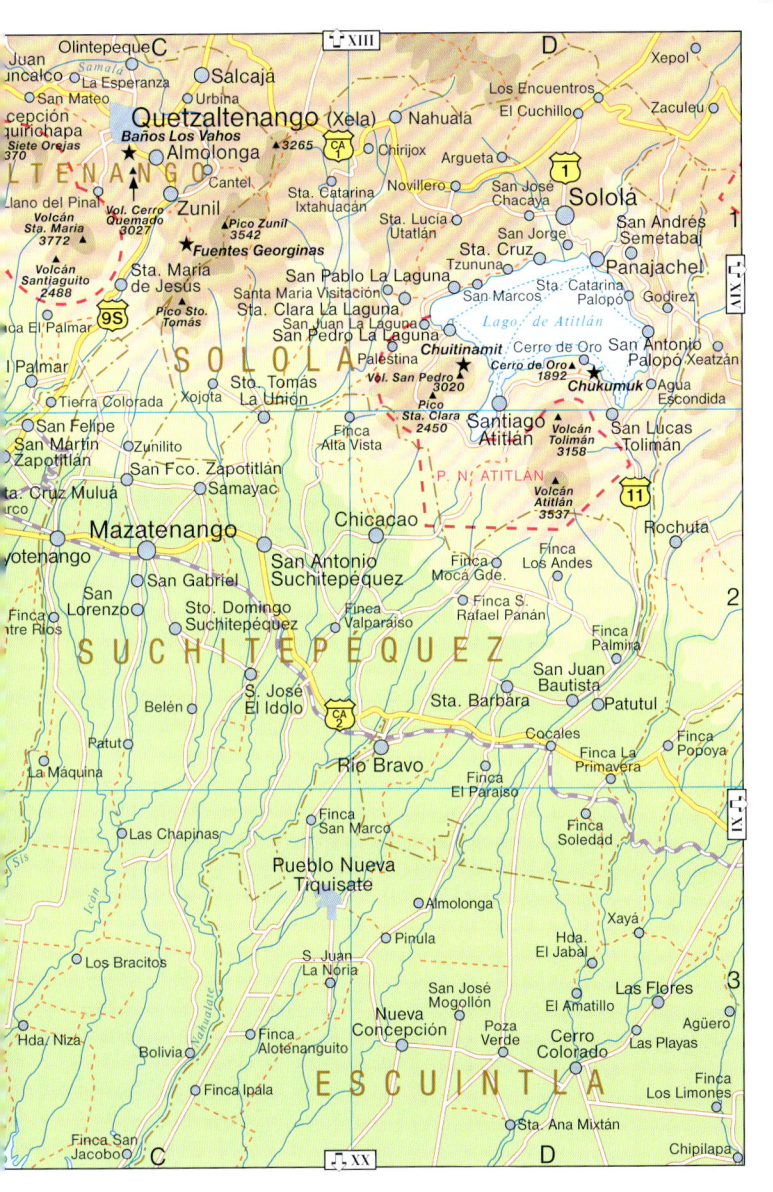

Quetzaltenango, Lago de Atitlán, Panajachel XIX

XX Mazatenango, Chicacao, Nueva Concepción,

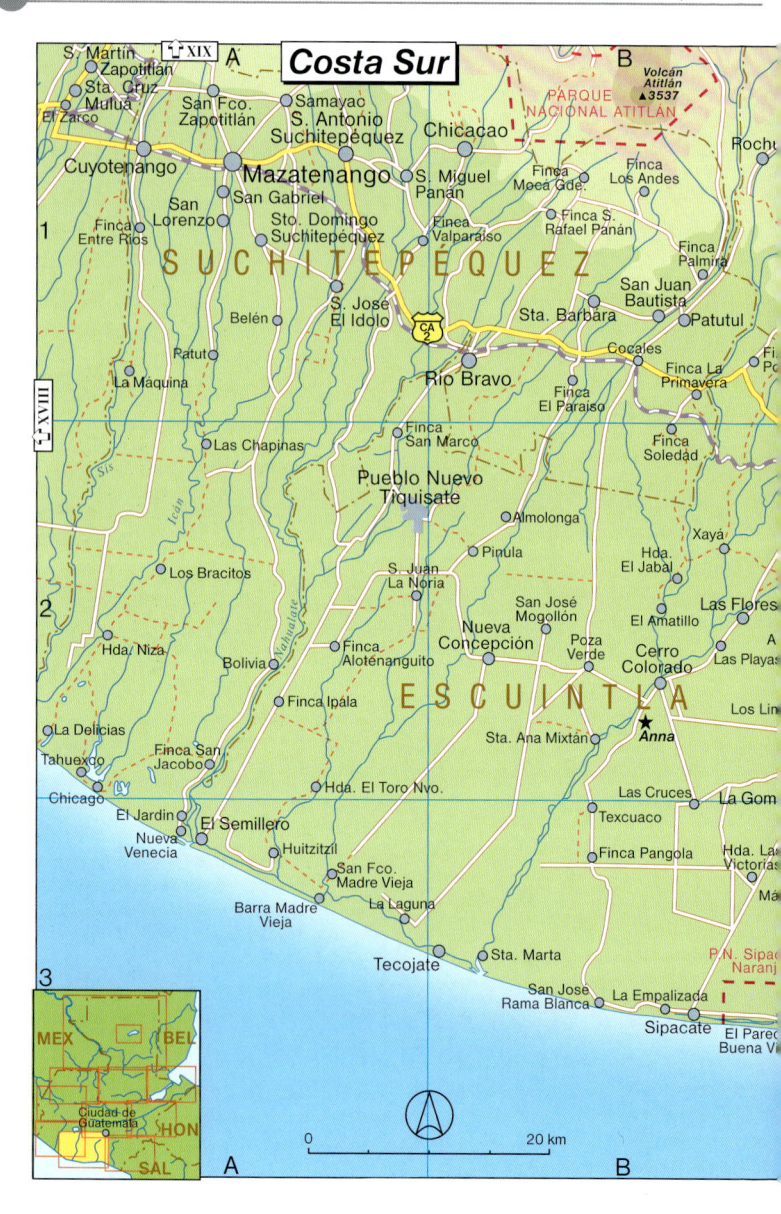

Sta. Lucía Cotzumalguapa, Antigua, Escuintla

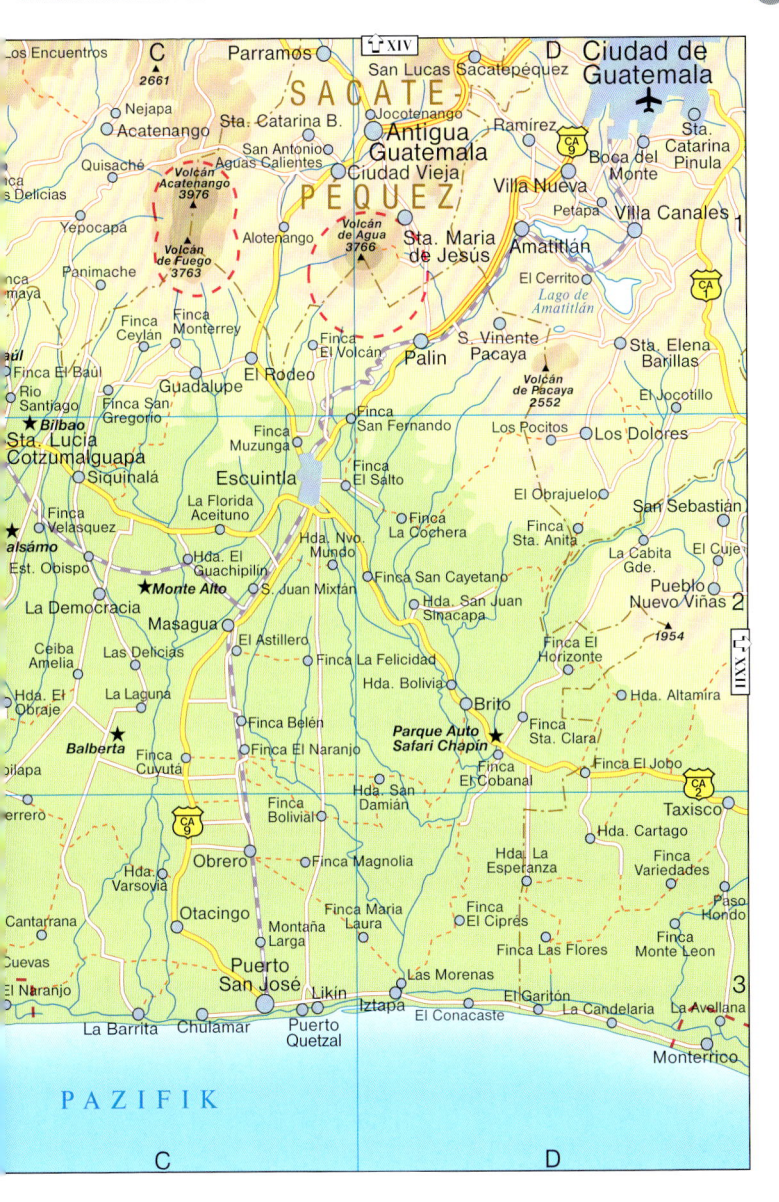

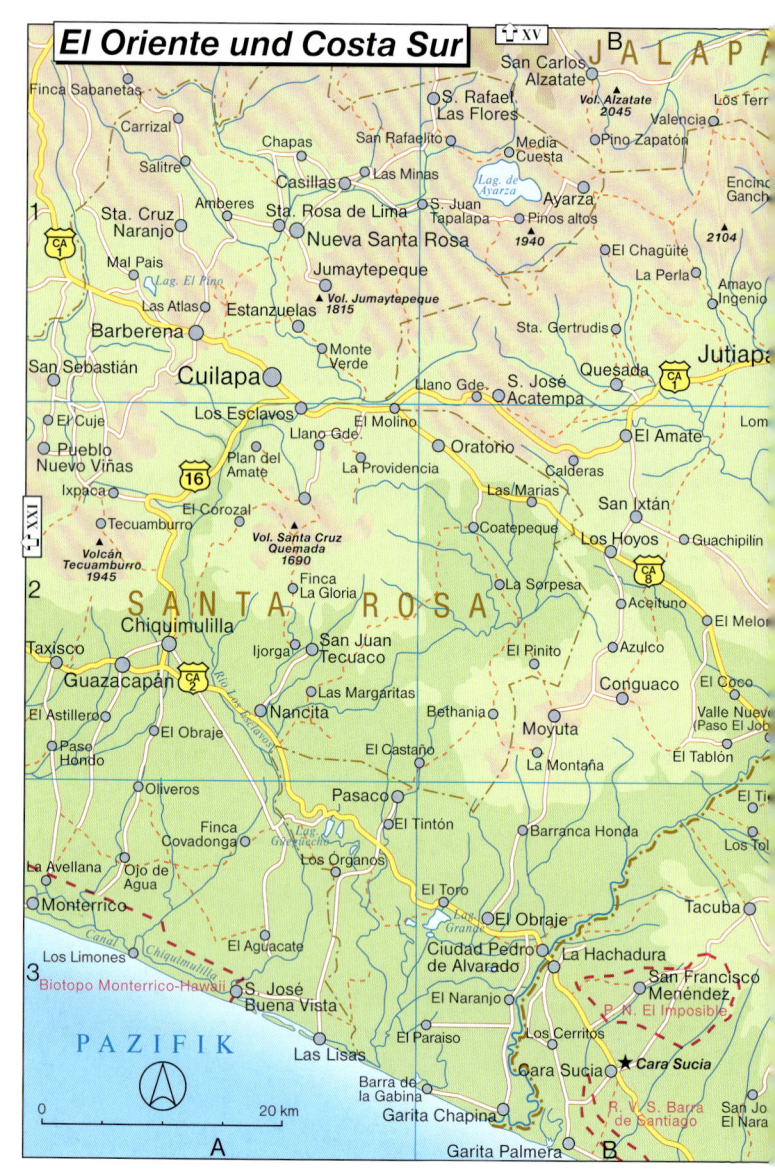

XXII Cuilapa, Jutiapa, Nueva Santa Rosa, Monterrico,

Asunción Mita, El Progreso, Santa Ana (Sal) XXIII

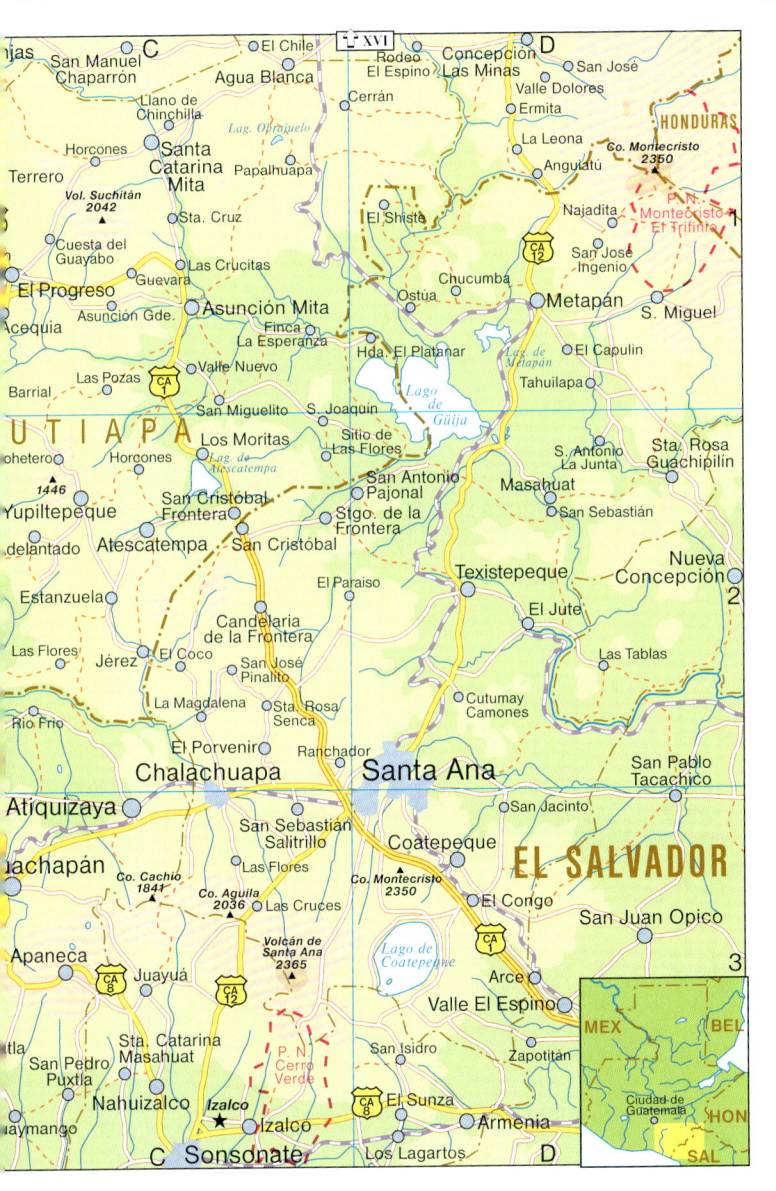

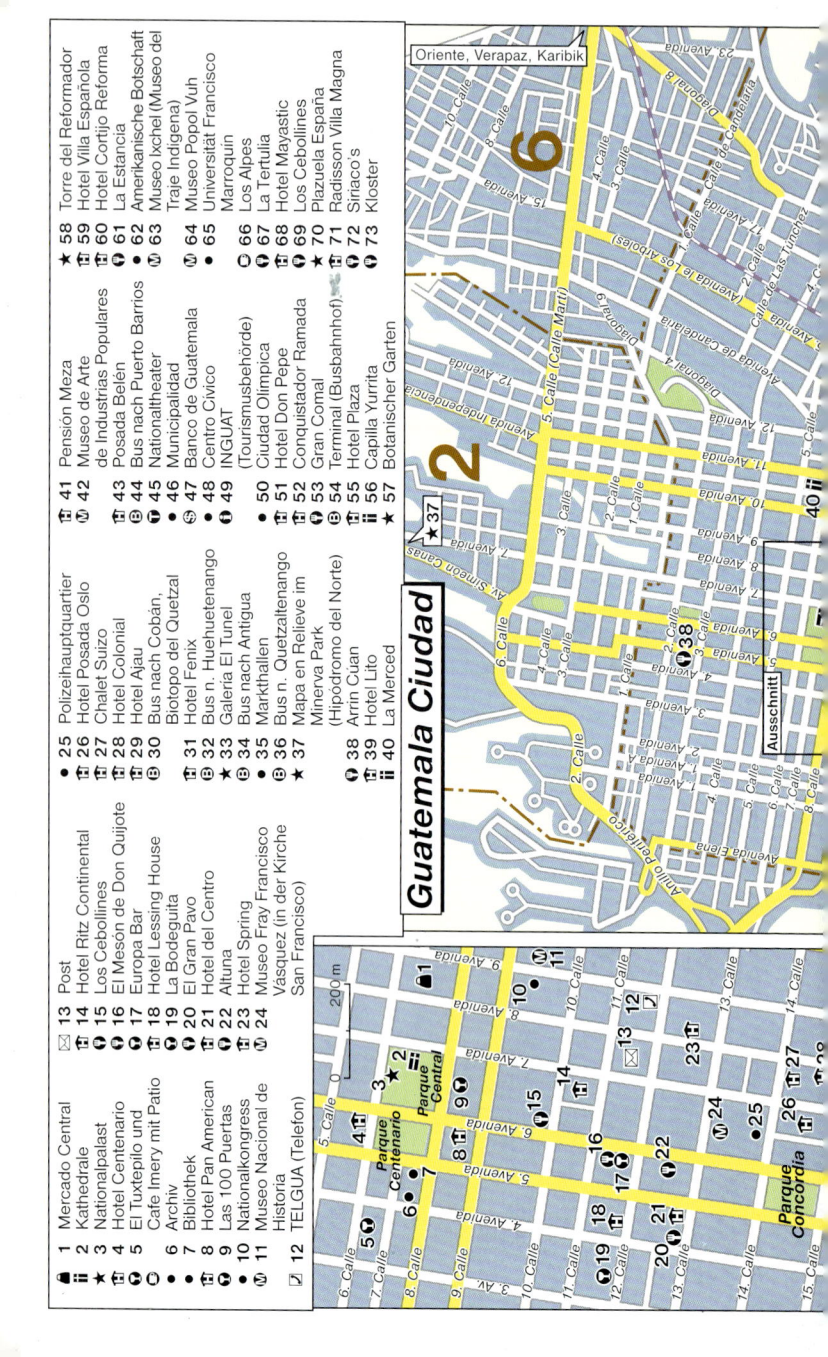

Guatemala Ciudad

- 1 Mercado Central
- 2 Kathedrale
- 3 Nationalpalast
- 4 Hotel Centenario
- 5 El Tuxtepilo und Cafe Imery mit Patio
- 6 Archiv
- 7 Bibliothek
- 8 Hotel Pan American
- 9 Las 100 Puertas
- 10 Nationalkongress
- 11 Museo Nacional de Historia
- 12 TELGUA (Telefon)
- 13 Post
- 14 Hotel Ritz Continental
- 15 Los Cebollines
- 16 El Mesón de Don Quijote
- 17 Europa Bar
- 18 Hotel Lessing House
- 19 La Bodeguita
- 20 El Gran Pavo
- 21 Hotel del Centro
- 22 Altuna
- 23 Hotel Spring
- 24 Museo Fray Francisco Vásquez (in der Kirche San Francisco)
- 25 Polizeihauptquartier
- 26 Hotel Posada Oslo
- 27 Chalet Suizo
- 28 Hotel Colonial
- 29 Hotel Ajau
- 30 Bus nach Cobán, Biotopo del Quetzal
- 31 Hotel Fenix
- 32 Bus n. Huehuetenango
- 33 Galería El Tunel
- 34 Bus nach Antigua
- 35 Markthallen
- 36 Bus n. Quetzaltenango
- 37 Mapa en Relieve im Minerva Park (Hipódromo del Norte)
- 38 Arrin Cuan
- 39 Hotel Lito
- 40 La Merced
- 41 Pension Meza
- 42 Museo de Arte de Industrias Populares
- 43 Posada Belén
- 44 Bus nach Puerto Barrios
- 45 Nationaltheater
- 46 Municipalidad
- 47 Banco de Guatemala
- 48 Centro Cívico
- 49 INGUAT (Tourismusbehörde)
- 50 Ciudad Olímpica
- 51 Hotel Don Pepe
- 52 Conquistador Ramada
- 53 Gran Comal
- 54 Terminal (Busbahnhof)
- 55 Hotel Plaza
- 56 Capilla Yurrita
- 57 Botanischer Garten
- 58 Torre del Reformador
- 59 Hotel Villa Española
- 60 Hotel Cortijo Reforma
- 61 La Estancia
- 62 Amerikanische Botschaft
- 63 Museo Ixchel (Museo del Traje Indígena)
- 64 Museo Popol Vuh
- 65 Universität Francisco Marroquin
- 66 Los Alpes
- 67 La Tertulia
- 68 Hotel Mayastic
- 69 Los Cebollines
- 70 Plazuela España
- 71 Radisson Villa Magna
- 72 Siriaco's
- 73 Kloster